차준희 교수의 영성 시리즈 가운데 출간 기대를 가장 많이 한 책이 바로 『예레미야의 영성』이다. 예레미야서 전공자인 저자가 여기서 최고의 전문성을 발휘할 것이라 믿었기 때문이다. 더불어 21세기 한국 성도에게 예레미야의 영성은 꼭 주목해야 할 분야다. 신앙하는 인간의 내면이 갈등과 우울함에 유독 시달리는 오늘날 우리는 예레미야의 고백을 통해 치유를 받아야 하기 때문이다. 저자는 악덕 고용주로 보이는 하나님께 예레미야가 예언자직 파업으로 맞서려 했다고 흥미롭게 서술한다. 탁월하게 독자의 시선을 주도하는 저자의 글을 통해 우리는 소명을 두고 벌인 개인적 사투가 어떻게 하나님의 거시적인 구속사에 동참하는지 보게 될 것이다.

기민석 한국침례신학대학교 신학과 구약학 교수

『예레미야의 영성』은 한국 구약학 장인(匠人)이자 예레미야 전공학자인 차준희 교수의 농익은 주석학적 열매다. 저자는 예레미야서의 격정적인 메시지를 영성의 은쟁반에 정갈하게 담아 독자들에게 내놓는다. 최신 학문적 논의를 업데이트함으로써 메시지의 시대적 적실성을 명증하게 제시한다. 예언자 예레미야의 파토스가 자기 백성을 향한 하나님의 파토스와 격하게 부딪히면서 진정한 영성의 의미를 곱씹게 한다. 저자의 재치 있고 유려한 글솜씨는 예레미야의 영성의 깊이와 높이를 한껏 풍성하게 드러낸다. 저자는 학문의 고수와 같은 자세로 예레미야서의 가르침을 현학적이지 않으면서도 깊이 있게 풀어낸다. 이 책은 구약전도사라는 저자의 별칭에 딱 맞게 쓴 예레미야 해설서다. 성경을 알고 싶은 진지한 교인들, 설교를 준비하는 목회자와 설교자들, 예레미야서의 전모를 보고 싶은 신학생들 모두에게 진심을 담아 추천한다.

류호준 백석대학교 신학대학원 은퇴교수

처음 나왔을 때부터 신세를 크게 진 책이다. 17년이라는 시간이 흐르는 동안 시대는 더 사나워졌고 어두워졌다. 기준은 모호해졌고 상식은 무너졌다. 교회는 꾑진해졌고 설교는 파리해졌다. 그러는 사이에 저자는 깊어졌고 그윽해졌다. 글은 단단해지고 튼실해졌다. 그래서 책은 더 선명해졌고 묵직해졌다. 참 다행이다. 제 역할을 찾을 듯하다. 제 할 일을 잘할 것 같다. 예언자와 함께 우는 자들이 우후죽순처럼 도처에서 일어나리라 기대한다.

박대영 광주소명교회 책임목사, 「묵상과 설교」 책임 편집 예레미야서는 읽기도 설교하기도 어려운 성경책 중 하나다. 반복되는 심판의 선포에 설교자들은 본문을 기피하거나 간략하게 요약해서 설교하곤 한다. 독자들이 읽어내기도 쉽지 않은 책이다. 예레미야는 자신이 예언한 유다의 멸망을 직접 경험한다. 그는 하나님께 소명을 받은 이후 계속해서 심판을 선포하며 유다 백성에게 하나님을 왕으로 섬기고 하나님과의 언약적 의무를 다하라고 권면했다. 또한 참과 거짓을 대조하며 진정한 진리이신 하나님께 순종하라고 백성들에게 선포했다. 이 책은 예레미야 전문가인 차준희 교수의 인생에 걸친 연구 결과물이다. 예언자적 선포를 찾기 힘든 한국교회 현실 가운데서 예레미야의 소명과 선포를 들으며 하나님의 공의와 사랑을 함께 설교하고 깨닫고자 하는 자들에게 이 책을 추천한다.

송태근 삼일교회 담임목사

본서는 역사적 사실(fact)과 신앙적 진실(truth)을 치우침 없이 다룬다. 예레미야 시대의 역사적 격랑 속에서 어떠한 믿음의 영성이 하나님과 잇닿고 현실을 넘어설 수 있는지를 일관성 있게 증언한다. 그것은 하나님의 마음과 인간의 마음을 동시에 느꼈던 예언자의 "공감의 영성"이었다. 여전히 고립된 영혼들이 방랑하고 있는 21세기 "초연결 사회"에서 차준희 교수는 하나님과 이웃 사이에 눈물 흘릴 수 있는 한 사람을 말씀의 세계로 초대하고 있다.

안근조 호서대학교 연합신학전문대학원 구약학 교수, 한국구약학회 회장

저자의 표현처럼 예레미야서는 저자나 독자 모두 고통으로 외치고 읽어야 하는 책이다. 눈물로 쓴 책이기에 눈물로 읽어야 한다. 읽는 것만으로도 이렇게 괴로운데 예언자는 얼마나 괴로웠을까? 예레미야서를 읽으면 그의 눈물과 불타는 심장이 그대로 느껴진다. 아브라함 요슈아 헤셸이 『예언자들』에서 "선지자란 인간의 마음과 양심을 습격하는 자"라고 했던 정의에 따른다면 그 정점에 서 있는 사람이 바로 예레미야다. 예레미야서를 읽을 때마다 기록된 메시지보다 기록한 메신저가 늘 궁금했다. 이 예언자는 도대체 누구이기에 이리 담대한가? 왕 앞에서 나라의 멸망을 외치는 담력은 어디서 나오며, 미래를 과거형으로 볼 줄 아는 밝은 영안은 어디서 빚어진 것인가? 『예레미야의 영성』이라는 제목이 나의 마음을 사로잡았다. 이 책은 본질적으로 주석서에 가깝지만, 예레미야의 영성을 기반으로 그의 메시지를 친절하게 분석하고 정리한 책이다. 이런 책이 얼마나 반가운지 모른다. 예레미야 전공자의 손에서 탄생한 본서가 부디 읽는 이들의 마음과 양심을 습격하기를 간절히 바란다.

최병락 강남중앙침례교회 담임목사, 월드사역연구소 소장, 『바람을 잡는 그대에게』, 『신의 성품』 외 다수의 책 저자

예언서는 난해하다. 읽기도 공부하기도 가르치기도 벅차다. 내 뜻이 아니라 그분의 뜻을 전하는 것이 예언이고, 내 생각을 접고 그분의 말씀을 선포하는 사람이 예언자다. 하지만 하나님의 메시지가 나의 민족을 겨냥한다면 어떻게 해야 할까? 친일파, 매국노라는 비난을 감수하고 하나님의 뜻은 나라를 내어주는 것이라고 감히 외칠 수 있을까? 여기 눈물의 예언자가 있다. 조국의 멸망을 예언하고 몸소 겪어내야 했던 사람, 항복은 생명이요 결사항전은 죽음이라 외쳐야 했던 사람 예레미야. 일제강점기의 아픔을 겪은 우리에게 그 사명은 무겁고 그 눈물의 의미는 또렷하다. "야웨는 높으시다"로 풀이되곤 하는 그의 이름 뜻이 참으로 얄궂다. 그분의 높음을 위해 그는 얼마나 낮아져야 했던가. 저자는 눈물의 사람 예레미야의 메시지와 삶을 통해 듣고 싶은 것만 듣고 보고 싶은 것만 보는 한국교회, 통회와 자복으로 이끄는 "메시지"보다 평안과 안락을 주는 "마사지"에 탐닉하는 성도들에게 경종을 울린다. 그분의 높음을 위해 우리는 어디로 가야 하는가? 통곡과 탄식을 넘어 새언약으로 나아갈 길은 어디인가? 꾹꾹 눌러 쓴 스물다섯 장의 강의는 우리를 이 짐스러운 질문 앞에 다시 불러 세운다.

홍국평 연세대학교 신과대학 구약학 교수

예레미야의 영성

예레미야의 영성

차준희 지음

눈물의 예언자 예레미야의

치열한 삶과 치열한 메시지

새물결플러스

이 책을
20대 초반부터 한국과 세계의 교회를 가슴에 품고
울고 웃고 티격태격 다투고,
생각할 때나 만날 때마다 보이지 않는 힘을 주고받다가
어느덧 60대에 이르러 이제는 사역의 마무리를 향하는
서울신학대학교 신학과 81학번 동기들에게 헌정합니다.
이 친구들 덕분에 인생이 행복했습니다.

강상구 목사(성동교회)
강신관 목사(예수사랑교회)
강환식 목사(초양교회)
곽철운 목사(미국 시카고 호산나교회)
권선형 목사(대광교회)
금은숙 선교사(영국 런던 어린이전도협회)
김기돈 목사(생태환경잡지 「작은 것이 아름답다」
　　　　의 편집주간)
김동국 목사(일산밝은교회)
김상남 목사(말도교회)
김영학 목사(나사렛대학교 교수)
김영호 목사(부름감리교회)
김윤곤 목사(동군산교회)
김진태 목사(새한교회)
김판호 목사(미국 베데스다신학대학교 총장)
김현갑 목사(주님의교회)
김희근 목사(풍성한교회)
류찬식 목사(안면교회)

문창국 목사(교단 총무)
박경철 목사(시와사랑이있는교회)
박두환 목사(나사렛대학교 교수)
박병배 목사(비전교회)
박상진 목사(샘솟는교회)
박원기 목사(경산교회)
박종배 목사(아멘교회)
박헌창 목사(여명감리교회)
박홍규 목사(동광교회)
박훈서 목사(야촌교회)
봉영찬 목사(미국 하와이 우리교회)
손현창 목사(방패교회)
송성웅 목사(세현교회)
송영선 목사(생명의샘교회)
신남옥 목사(비전교회)
안신기 목사(미국 엘에이 한사랑교회)
양순철 장로(부산동광교회)
여성민 목사(온누리교회)

오생락 목사(하늘평안교회)
오원수 목사(증포교회)
유용국 목사(한영교회)
윤학희 목사(천안교회)
이강덕 목사(제천세인교회)
이규연 목사(미국 뉴저지 주동행교회)
이병만 목사(예람교회)
이성근 목사(안중교회)
이용호 목사(서울신학대학교 교수)
이인성 목사(신두교회)
이정열 목사(문현교회)
이창호 목사(주은교회)
이혁의 목사(보령밀알교회)
이흥재 목사(아산교회)
임봉학 목사(베트남 선교사)
임종운 목사(포도원교회)
임채영 목사(서부교회)

임홍수 목사(시온성교회)
정대영 목사(왕성한교회)
정병식 목사(서울신학대학교 교수)
정승일 목사(전농교회)
정태균 목사(성진교회)
조관호 목사(코너스톤교회)
조기호 목사(은혜제일교회)
조대형 목사(미국 뉴욕 실로암교회)
조인상 목사(미국 뉴욕 주닮는교회)
천석범 목사(오남교회)
최경훈 목사(베드로교회)
최두영 목사(평산등대교회)
추용환 목사(새증평교회)
홍성규 목사(송강중앙교회)

이 외: 곽성용, 나승덕, 나효우, 박병권,
윤관영, 이종혁, 차충호, 채홍식

이 저서는 2023년도 한세대학교 교내학술연구비 지원에 의하여 연구되었음.
This work was supported by the Hansei University Research Fund of 2023.

차례

머리말 17

서론: 심판 그리고 그 너머의 구원도 내다보는 예레미야 21

제1강. 예레미야의 소명:
"너를 여러 나라의 선지자로 세웠노라"(렘 1:4-10) 53
    1. 말씀 사건 양식(렘 1:4) 54
    2. 하나님의 부름(렘 1:5) 56
    3. 부름 받은 자의 거절(렘 1:6) 57
    4. 하나님의 설득(렘 1:7) 58
    5. 하나님의 약속(렘 1:8) 60
    6. 성직 수여식(렘 1:9) 61
    7. 선포 내용(렘 1:10) 62

제2강. 있을 수 없는 배신:
"어느 나라가 그들의 신들을 신 아닌 것과 바꾼 일이 있느냐?"(렘 2:1-13) 65
    1. 광야 시절의 허니문(렘 2:1-2) 66
    2. 야웨의 성물(렘 2:3) 68
    3. "헛것"(nothing)을 쫓다가 "헛것"(no thing)이 되다(렘 2:4-5) 69
    4. 대를 이어 계속되는 배신(렘 2:6-7) 72
    5. 지도자라는 것들이(렘 2:8) 74
    6. 유례를 찾을 수 없는 "신(神)-갈아 치우기"(렘 2:9-12) 76
    7. 버림받으신 하나님: "생수의 근원인 나를 버린 것"(렘 2:13) 79

제3강. 회개와 새로운 삶:
"네가 창녀의 낯을 가졌으므로"(렘 3:1-13) 81
    1. 재결합(회개)의 불가능(렘 3:1-2) 82
    2. 입에 발린 회개와 계속되는 악행(렘 3:3-5) 85
    3. 언니 이스라엘의 파경을 옆에서 보고도 계속되는 동생 유다의 위험한 장난(렘 3:6-10) 89
    4. 이혼녀 언니 이스라엘의 재결합(회개)(렘 3:11-13) 92

제4강. 용서받을 수 없는 유다 백성:
"진리를 구하는 자를 한 사람이라도 찾으면"(렘 5:1-14)   97

1. 심판보다는 용서(렘 5:1)   98
2. 체벌을 통한 회개 촉구(렘 5:2-3)   100
3. 고삐 풀린 황소 같은 지도자들(סוררים, 그돌림)(렘 5:4-6)   103
4. 용서가 불가능한 하나님의 백성(렘 5:7-11)   106
5. 맹목적인 자기도취(렘 5:12-14)   109

제5강. 심판받아 마땅한 유다 백성:
"가장 작은 자로부터 큰 자까지 다 탐욕을 부리며"(렘 6:1-21)   113

1. 이방인에게 유다를 공격하라고 명하시는 야웨(렘 6:1-8)   114
2. 할례받지 못한 귀(렘 6:9-10)   120
3. 돌팔이 의사인 정신적 지도자들(렘 6:11-15)   122
4. 두 가지 안내표지(렘 6:16-19)   126
5. 최상급의 예물이냐, 토라 순종이냐?(렘 6:20-21)   128

제6강. 예레미야의 성전 설교:
"이 집이 너희 눈에는 도둑의 소굴로 보이느냐?"(렘 7:1-15)   131

1. 이곳이 하나님의 성전(聖殿)이라고?(렘 7:1-4)   133
2. 이곳이 진정한 하나님의 성전(聖殿)이 되려면(렘 7:5-7)   140
3. 성전이 도둑의 소굴이 되다니!(렘 7:8-11)   143
4. 어찌 역사의 교훈을 이토록 쉽게 잊어버릴 수 있는가?(렘 7:12-15)   145

제7강. 눈물의 예언자 예레미야:
"내 백성을 위하여 주야로 울리로다"(렘 8:1-9:1)   151

1. 죽음보다 더 비참한 생존자의 운명(렘 8:1-3)   152
2. 짐승만도 못한 유다 백성(렘 8:4-7)   154
3. "율법 소유"보다 "율법 청종"(렘 8:8-9)   157
4. 치명적인 독"(렘 8:14-17)   160
5. 하나님의 탄식과 백성의 탄식, 이 모두를 한 몸으로 느끼는 예언자의 3중 탄식(렘 8:18-9:1)   162

제8강. 예레미야의 좌절:
"곡하는 부녀를 불러 오라"(렘 9:2-26)   173

1. 공동체의 기초인 신뢰가 무너진 사회(렘 9:2-9)   174

   2. 인간의 죄로 인한 생태계의 파괴(렘 9:10-16)   *179*
   3. 시온에서 들려오는 곡(哭)소리(렘 9:17-22)   *182*
   4. 야웨 신앙의 최고 가치(렘 9:23-24)   *186*
   5. 마음의 할례(렘 9:25-26)   *189*

제9강. 중보기도 금지:
"너는 이 백성을 위하여 기도하지 말라"(렘 11:1-23)   *193*

   1. "축복의 언약"이 "저주의 언약"으로(렘 11:1-8)   *194*
   2. 기도가 막히기 전에(렘 11:9-14)   *196*
   3. 제물이 삶을 대신하는가(?)(렘 11:15-17)   *200*
   4. 고난받는 하나님의 종 예레미야(렘 11:18-23)   *203*
   5. 예레미야의 보복(?) 요청 기도(렘 11:20)   *208*

제10강. 하나님과 겨루는 예레미야:
"반역한 자가 다 평안함은 무슨 까닭입니까?"(렘12:1-17)   *213*

   1. 하나님이 그러실 수가!(렘 12:1-4)   *214*
   2. 하나님의 동문서답(렘 12:5)   *220*
   3. 그래도 믿을 것은 하나님밖에(렘 12:6)   *223*
   4. 하나님의 파토스(pathos)(렘 12:7-13)   *227*
   5. 유다의 원수 나라도 하나님의 백성인가?(렘 12:14-17)   *233*

제11강. 제2의 천성인 인간의 죄성:
"표범이 그의 반점을 변하게 할 수 있느냐?"(렘 13:1-27)   *237*

   1. 허리띠는 허리에 있어야(렘 13:1-11)   *238*
   2. "축복의 포도주"인가, "저주의 독주"인가?(렘 13:12-14)   *244*
   3. 산고의 고통과 성폭행의 수치(렘 13:15-22)   *246*
   4. 제2의 천성으로 굳어진 인간의 죄성(렘 13:23-27)   *251*

제12강. 거부당한 기도:
"모세와 사무엘이 내 앞에 섰다할지라도"(렘 14:1-15:4)   *257*

   1. 영욕(榮辱)을 함께(렘 14:1-9)   *258*
   2. "입술예배"(lip service)가 아니라 "손발예배"(life worship)를 보시는 하나님(렘 14:10-12)   *263*
   3. 백성도 거짓 예언자와 동일한 운명(렘 14:13-16)   *266*
   4. 하나님이 거절하실 때까지(렘 14:17-15:4)   *269*

제13강. 사회적 나병환자가 된 예레미야:
"주의 손으로 인하여 홀로 앉았사오니"(렘 15:5-21) — 279

    1. 질책에서 최후의 심판으로(렘 15:5-9) — 280
    2. 청중이 없는 예언자(렘 15:10-14) — 285
    3. 와디(속이는 시내) 같으신 하나님(렘 15:15-18) — 291
    4. 회개가 중단되면 소명도 무효(렘 15:19-21) — 296

제14강. 한평생을 독신으로 살아야 하는 예레미야:
"아내를 맞이하지 말며 자녀를 두지 말지니라"(렘 16:1-21) — 303

    1. 유다의 심판을 삶으로 설교하는 예레미야(렘 16:1-9) — 304
    2. 죄악 된 삶 자체가 심판(렘 16:10-13) — 312
    3. "출-애굽"(Ex-Egypt)에서 "출-바빌로니아"(Ex-Babylonia)로(렘 16:14-15) — 315
    4. 피할 수 없는 하나님의 심판(렘 16:16-18) — 317
    5. 어리석은 우상숭배자보다 더 악한 광기 어린 우상파괴자(렘 16:19-21) — 321

제15강. 가던 길을 멈추고 자기를 점검하는 예레미야:
"나를 고치소서 그리하시면 내가 낫겠나이다"(렘 17:1-27) — 325

    1. 풍요가 아니라 오히려 박탈과 추방(렘 17:1-4) — 326
    2. 웰빙의 근원이신 야웨(렘 17:5-13) — 330
    3. 자신의 정당성이 입증되기를 간구하는 예레미야(렘 17:14-18) — 340
    4. 회복의 축제와 자기성찰의 날인 안식일(렘 17:19-27) — 343

제16강. "공공의 적"이 되어 버린 예레미야:
"그들이 나의 생명을 해하려고 구덩이를 팠나이다"(렘 18:1-23) — 349

    1. "세속의 공간"이 "계시의 공간"으로(렘 18:1-6) — 350
    2. 희망의 미래를 여는 회개(렘 18:7-12) — 353
    3. 처녀 이스라엘이 어찌 그럴 수가?(렘 18:13-17) — 356
    4. 비복음적인 기도?(렘 18:18-23) — 361

제17강. 예레미야의 겟세마네 기도:
"어찌하여 내가 태에서 나와서 나의 날을 부끄러움으로 보내는고"(렘 20:1-18) — 367

    1. 처음으로 채찍에 맞는 예레미야(렘 20:1-6) — 368
    2. 예레미야의 처절한 몸부림(렘 20:7-9) — 372
    3. 절망에서 찬양이(렘 20:10-13) — 378
    4. 예레미야의 거룩한 흔들림(렘 20:14-18) — 387

제18강. 예레미야의 궁전설교:
"너희가 정의와 공의를 행하여"(렘 22:1-30)   *393*

    1. 지도자의 근본 책무인 정의와 공의(렘 22:1-9)   *394*
    2. 백성에게는 지지받았지만 하나님에게는 인정받지 못한 여호아하스(렘 22:10-12)   *402*
    3. 공권력을 사권력으로 남용한 여호야김(렘 22:13-19)   *405*
    4. 인간적인 도움에 취해버린 예루살렘(렘 22:20-23)   *411*
    5. 오아시스로 곡해된 신기루인 여호야긴(렘 22:24-30)   *416*

제19강. 거짓 예언자:
"너희에게 예언하는 선지자들의 말을 듣지 말라"(렘 23:9-32)   *421*

    1. 예언자여! 너머저(렘 23:9-12)   *422*
    2. 죄악의 원천인 예언자들(렘 23:13-15)   *427*
    3. "죽이는 구원 예언"과 "살리는 심판 예언"(렘 23:16-22)   *432*
    4. 가깝고도 먼 하나님(렘 23:23-24)   *438*
    5. 꿈 계시와 말씀 계시(렘 23:25-32)   *441*

제20강. 법정에 선 예레미야:
"네가 반드시 죽어야 하리라"(렘 26:1-24)   *445*

    1. 메시지 변형의 유혹(렘 26:1-7)   *446*
    2. 현상유지 vs. 현상개혁(렘 26:8-9)   *451*
    3. "매우" 늦었지만 "아주" 늦은 것은 아니다(렘 26:10-15)   *454*
    4. 지도자의 반성과 공동체의 샬롬(מלשׁ)(렘 26:16-19)   *457*
    5. 신실한 소수자들이 있기에(렘 26:20-24)   *462*

제21강. 예레미야 vs. 하나냐:
"예레미야의 목에서 멍에를 빼앗아 꺾고"(렘 28:1-17)   *469*

    1. 2년 vs. 70년(렘 28:1-4)   *470*
    2. 전통 기준과 성취 기준(렘 28:5-11)   *476*
    3. 국가의 운명보다 더 중요한 하나님의 의로움(렘 28:12-14)   *481*
    4. 참 신앙 vs. 이데올로기(렘 28:15-17)   *483*

제22강. 예레미야의 편지:
"너희는 집을 짓고 거기에 살며"(렘 29:1-32)   *487*

    1. 새 시대, 새 신앙(렘 29:1-7)   *488*
    2. 희망의 배움터인 포로지(렘 29:8-14)   *497*

    3. 허상 허물기(렘 29:15-20)   *504*
    4. 도덕적 타락과 신학적 왜곡(렘 29:21-23)   *506*
    5. 하나님의 시간표(렘 29:24-32)   *509*

제23강. 새 언약:
"내가 이스라엘 집과 유다 집에 새 언약을 맺으리라"(렘 31:15-34)   *515*

    1. 통곡과 탄식의 종식(렘 31:15-17)   *516*
    2. 소용돌이치는 긍휼(렘 31:18-20)   *519*
    3. 역기능의 회복(렘 31:21-22)   *526*
    4. 내일의 빛 아래서(렘 31:23-26)   *529*
    5. 상생(上生)에서 상생(相生)으로(렘 31:27-30)   *533*
    6. 석비(石碑)에서 심비(心碑)로(렘 31:31-34)   *538*

제24강. 불타는 두루마리 책:
"불에 던져서 두루마리를 모두 태웠더라"(렘 36:1-32)   *549*

    1. "말"(言)로 못하면 "글"(書)로(렘 36:1-8)   *550*
    2. 바룩의 전략적 선택(렘 36:9-12)   *556*
    3. 고위 장관들의 "윈 앤 윈"(win and win)(렘 36:13-19)   *559*
    4. 위험 "전"(before)이 아니라 위험 "속"(in)에서(렘 36:20-26)   *562*
    5. 불에 타도 없어지지 않는 하나님의 말씀(렘 36:27-32)   *565*

제25강. 예레미야의 마지막 설교:
"내 말과 그들의 말 가운데서 누구의 말이 진리인지 알리라"(렘 44:1-30)   *571*

    1. 망하고도 정신 못 차리는 유다 백성(렘 44:1-14)   *572*
    2. 여전히 풍요와 축복만(렘 44:15-19)   *578*
    3. 진리 따라 한평생(렘 44:20-30)   *583*

부록: 초보자를 위한 예레미야서와 예레미야애가의 개관과 메시지   *593*
참고문헌   *627*

머리말

이 책은 2007년 출간한 『예레미야서 다시 보기』를 대폭 개정하고 증보한 결과물이다. 출간 이후 오랜 기간 독자들의 사랑을 받은 이 책은 여러 쇄를 거듭하며 끈질기게 생명을 이어가고 있었다. 그런데 갑자기 출판사가 사정상 문을 닫게 되면서 절판을 피할 수가 없었다. 이후 관심 있는 독자들의 재출간 요구가 끊이지 않고 거듭되었다. 정년을 코앞에 둔 필자는 밀린 숙제를 하는 심정으로 다시 컴퓨터 앞에 앉았다. 이 책 초판 이후 17년간 예레미야서에 관한 전문 연구서들과 주석서들이 국내외에서 많이 출간되었다. 필자는 예레미야서를 전공한 연구자로서 사명감을 가지고 그동안 이 분야의 연구 흐름을 의식적으로 쉬지 않고 주목하며 관련 서적을 모았고 계속해서 업데이트를 해오고 있었다. 이번에 마지막 종지부를 찍게 되면서 예레미야서에 대한 인생숙제를 끝낸 것 같아 스스로 대견해하고 있다.

필자는 한국교회에 예언자의 영성이 수혈되어야 한다는 주장을 평생 해오고 있다. 구약성경의 1/3을 차지하는 예언서는 이사야서(66장), 예레미야서(52장), 에스겔서(48장), 열두 소예언서(67장)로 구성되어 있다. 예언서 가운데 예레미야서(1,364절)는 절로 따지면 이사야서(1,292절)보다 더 길다. 구약성경 사전은 예레미야서의 히브리어 낱말 수가 21,819개로 19,531개로 구성된 시편보다 더 많다고 밝힌다. 알고 보면 예레미야서는 구약에서 가장 긴 책이다.

"빛을 짊어지려는 사람은 화상도 감수해야 한다"는 아프리카 속담은 예레미야에게도 적합하다. 예레미야는 엄청난 고난을 받은 하나님의 종이다. 특히 그는 국가의 멸망을 직접적으로 경험한 유일한 예언자다. 그는 참으로 불행한 시대에 예언 활동을 한 불운한 예언자다. 또한 예레미야는 고통을 당하는 예언자이면서 동시에 고통을 주는 예언자이기도 하다. 예레미야 연구는 여간 고통스러운 일이 아니기 때문이다. 물론 예레미야가 겪었던 고통에 비할 수는 없겠지만 말이다. 예언자의 영성 가운데 예레미야만이 갖고 있는 독특한 면들이 종종 눈에 들어온다. 이 책이 독자들에게 예레미야의 영성을 깨우치고, 그에 압도되어 심장(의지와 결단의 사고기관)과 신장(감정과 정서의 감각기관)을 가득 채워서 말씀을 전하고 싶을 정도로 도전을 주기를 바란다. 일반 독자들의 예레미야서 읽기, 신학생들의 예레미야서 공부, 목회자들의 예레미야서 설교에 이 책이 유용하게 쓰임 받기를 간절히 소망해본다.

이 책은 서울신학대학교 신학과 81학번 동기들에게 헌정하고 싶다. 필자는 누구보다도 동기들의 격려와 응원과 후원을 많이 받았다. 1981년 1학년 1학기 〈구약개론〉 수강 이후 구약학 교수가 되겠다고 결단했을 때부터 동기들은 농담 반 진담 반으로 필자를 늘 차 박사라고 불러주었다. 당시에는 우리 학교 교수님들 가운데도 박사학위 소지자가 거의 없었는데 이런 상황에서 동기들에게 20살부터 구약학 박사라는 호칭을 듣는 영예를 얻은 것이다.

1987년 연세대학교 본대학원 신학과에서 구약학 석사(Th.M.) 학위를 받고, 유학을 떠나기 직전인 1988년 1학기 모교인 서울신학대학교에서 처음으로 시간강사로 부름을 받아 〈예언서〉와 〈성서지리〉를 강의하였다. 이 강의에 군대를 늦게 마치고 복학한 우리 동기들 가운데 몇몇이 기꺼이 수강생이 되어주었다. 교실 안에서는 교수님으로 부르고, 복도로 나오는 순간 이름을 불러주던 시절이 재미있는 추억으로 남아 있다.

유학하는 5년 동안에는 동기 1호 유학생이라고 30여 명의 동기들이 뜻을 모아서 매우 적은 사역비의 십일조를 매달 동기장학금으로 보내주었다. 위기를 느끼는 순간순간마다 동기들의 응원과 후원의 빚 덕분에 유학을 멈출 수 없었다. 1991년에는 아버지께서 주님의 품으로 부르심을 받았는데 유학 중이라 경제적인 사정으로 장례식에도 참석하지 못하는 불효를 저질렀다. 이때도 많은 동기가 조문을 와서 못난 상주의 빈자리를 채워주고, 상주의 몫 이상으로 일을 하며 우중(雨中)에 장지까지 운구를 해주었다. 1993년 귀국했을 때도 이들은 나를 동기 1호 박사라고 진심으로 축하해주고, 자신들의 기쁨과 자랑으로 삼아주었다. 지금은 목사의 자리를 떠난 동기들도 있고, 몇몇 동기들은 대학에서 후학들을 가르치고 있다. 다수는 크고 작은 한 교회의 목사로 사역을 감당하고 있으며, 모두 사역의 마무리를 앞두고 있다. 필자도 은퇴를 2년 앞둔 상태다. 은퇴를 앞두고 뒤를 돌아보니 동기들의 마음이 더더욱 눈에 들어오고, 그 고마움에 무엇이라도 보답하고 싶어졌다. 동기들에게 미력이나마 힘이 되는 한 동기로 끝까지 살아야겠다는 다짐도 해본다.

이 작업에 함께 해준 영원한 조교 홍태민, 이번 학기 조교로 도움을 주는 석박사과정 수업 담당 김현찬, 신대원과정 수업 담당 김정헌, 학부과정 수업 담당 전은혜 조교에게 진심으로 감사를 전한다. 필자는 부족한 것이 너무 많아서 늘 조교들의 도움을 받고 있다. 이 또한 하나님의 엄청난 은혜다. 이와 더불어 기울어져 가는 한국교회를 조금이라도 바로 세우고, 한국교회의 반지성주의를 각성시키려고 신학 선교라는 인고의 노력을 아끼지 않는 새물결플러스의 김요한 대표와 왕희광 편집장을 비롯한 직원 여러분들에게도 감사의 마음을 표하고 싶다.

2024년 8월
한세대학교 신학과 연구실에서
구약전도사 차준희

서론

심판 그리고
그 너머의 구원도 내다보는
예레미야

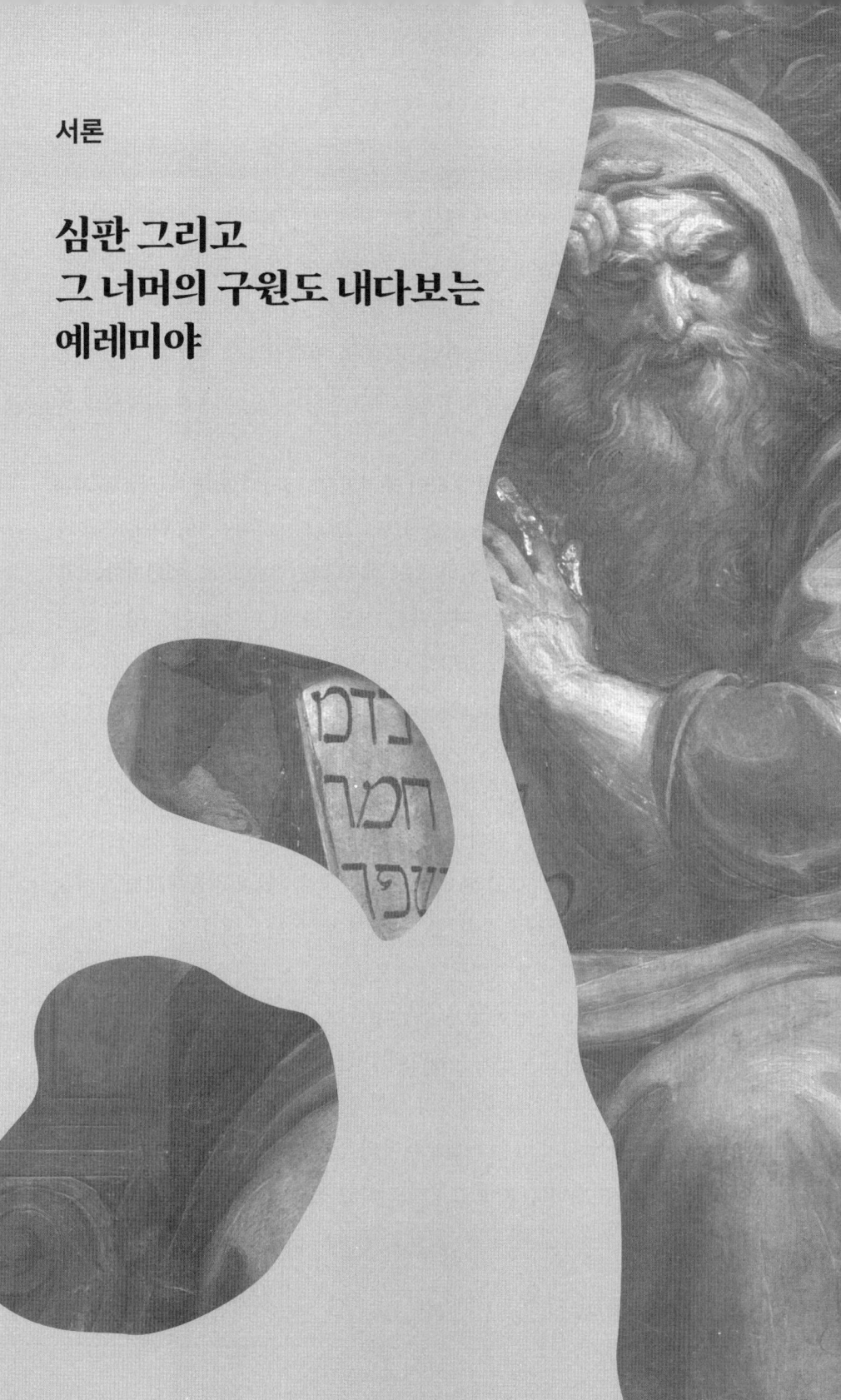

1. 인물

예레미야 1:1은 이 예언자가 제사장 힐기야의 아들이라는 사실과 예루살렘에서 북동쪽으로 4km 떨어진 곳에 위치한 아나돗의 제사장 가문 출신임을 알려주고 있다. 예레미야의 아버지 힐기야는 열왕기하 22장에 등장하는 대제사장 힐기야와 동일인은 아닌 것 같다. 예레미야가 제사장 가문 출신인 것은 분명하지만 그의 활동과 표현에서 제사장적인 전통을 분명하게 끌어내는 것은 쉽지 않다.

예언자 예레미야는 요시야 왕이 통치한 지 13년째 되는 해(기원전 627/6년)에 하나님으로부터 소명을 받는다(렘 1:2). 그는 기원전 587년 유다의 멸망을 직접 체험하게 되는 유일한 문서 예언자다(렘 40:1-6). 예레미야는 요시야, 여호아하스, 여호야김, 여호야긴, 시드기야의 순서로 다섯 왕이 통치하던 유다 왕국 말기 시대에 유다를 대상으로 예언 활동을 하였다.

예레미야 16:1-9의 기사에 따르면, 예레미야는 다가오는 재앙의 상징으로 결혼도 금지당하였고, 자녀도 낳을 수 없었다. 이는 하나님의 명령에 의한 일로서 흔히 예언자의 "상징행동"으로 이해된다. 또한 예레미야는 당시 사회의 중심부에서 밀려난 주변인으로 묘사된다. 그는 고향 사람들의 살해 위협에 시달려야 했고(렘 11:21), 성전 책임자인 바스훌에게는 폭행을 당하고 성전의 한 장소에 갇히기도 하였다(렘 20:2-3). 또한 여호야김 즉위 초에 예루살렘 성전에서 행한 설교 때문에 종교 지도자들과 유다 백성들에게 포위되어 처형당할 뻔한 일도 있었다(렘 26:11).

이어서 여호야김 4년에는 유다에 대한 하나님의 심판 예언을 두루마리 책에 기록한 일로 인하여 체포의 상황에서 간신히 도망하기도 하였다(렘 36:26). 시드기야 통치 때는 바빌로니아의 앞잡이로 몰려서 매를 맞고 서기관 요나단의 집 지하 감옥에 갇히기도 하였다(렘 37:11-15). 예레미야는 자신의 의사와는 반대로 강제로 이집트로 압송당하여(렘 43:4-7) 그곳에서 아마도 기원전 585년경에 사역과 생애를 마감한 것 같다(렘 44장).

> 모세는 40년간 이스라엘을 이집트에서 약속의 땅으로 인도한 반면, 예레미야는 40년간 이스라엘이 약속의 땅에서 쫓겨나고 자신도 결국 이집트로 잡혀가는 것을 목도해야 했다.[1]

예레미야는 참으로 불행한 시대를 살아간 기구한 운명의 예언자였다. 그러나 예레미야 주변에 그를 억압하는 사람만 있었던 것은 아니다. 그를 적극적으로 후원해주고 도와준 사람으로 예레미야 26:24에서는 고위층 관리였던 사반의 아들 아히감이 언급되고, 36:4에서는 바룩이 나온다. 바룩 역시 상당히 높은 관리였던 것으로 보인다.

2. 역사적 배경과 활동 연대

1) 역사적 배경

예레미야는 세계사적인 변혁의 시대에 살았다. 그 당시는 아시리아라는 강대국이 멸망하였고, 신바빌로니아라는 다른 제국이 고대 근동의 지배권을 장악해가고 있었다. 예레미야가 태어났던 기원전 650년경에 아시리아 제국은 마지막 대왕인 앗수르바니팔(Assurbanipal, 기원전 669-630년쯤) 치하에 있었으며, 그때까지만 해도 아시리아의 국력은 정점에 있는 것처럼 보였다. 바빌로니아와 엘람의 폭동은 잔인하게 진압되었고, 반항적인 아랍 족속들은 가차 없이 징계를 받았다. 그러나 이미 이 대제국의 기반에는 몇 개의 균

---

[1] 마빈 A. 스위니, 『예언서』, 홍국평 역(구약학입문시리즈; 서울: 대한기독교서회, 2015), 113.

열이 생겨나고 있었다. 예를 들면, 이제까지 아시리아 제국의 종속국이었던 이집트가 프삼메티코스 1세(Psammetich I) 때에 독립하여서 점차 아시리아의 지배권을 벗어나고 있었다.

예레미야가 소명을 받았던 기원전 627/6년경에 아시리아 제국은 완전히 와해되었다. 바빌로니아에서는 나보폴라사르(Nabopolassar, 기원전 625-605년)가 신바빌로니아(갈대아) 왕조를 건립하고, 아시리아인들의 유산을 넘겨받을 준비를 하고 있었다. 따라서 대제국에 속했던 종속국들은 계속해서 떨어져 나갔다. 다른 많은 속국의 왕들처럼 유다의 요시야 왕 역시 아시리아를 향했던 공물 지급을 중단하였고, 시위하듯이 아시리아 지배의 종교적 상징물을 제거하였다(참조. 왕하 23:4-9; 21:3-7). 더 나아가 요시야는 이전 북왕국 이스라엘의 영토에 세워진 아시리아의 지방 영토를 점령했다(왕하 23:15-20). 당시 아시리아는 이런 와해 과정을 가로막을 능력이 전혀 없었다. 게다가 아시리아는 내부의 혼란으로 국력이 더욱더 쇠퇴하였고, 기원전 612년에는 수도 니느웨가 바빌로니아, 메대와 북쪽의 산지민족(Ummanmanda)에게 공동으로 포위당했다. 결국 니느웨를 내주고 하란에 피신한 아시리아의 중심 정부는 아주 짧은 기간 동안만 버틸 수 있었다(기원전 612-609년).

아시리아 제국이 이런 운명에 처해 있는 동안 약 500년간 근동의 역사에서 물러나 있었던 큰 세력이 다시 한번 등장했다. 이집트가 등장한 것이다. 이집트의 바로 느고(Pharao Necho, 기원전 609-594년)는 시리아와 팔레스타인에 대한 전통적인 지배권을 되돌려 받으려고, 새로 출현한 바빌로니아 권력에 대항하여 아시리아의 용병국으로서 아시리아를 돕기 위해 북으로 진군했다(우리말 개역개정 왕하 23:29의 "앗수르 왕을 치고자"는 "앗수르 왕을 향하여"[즉, 돕고자]로 수정해야 한다). 느고는 원정 도중에 시리아-팔레스타인의 소국들을 굴복시켰다. 이때 므깃도에서 이집트와 맞닥뜨렸던 유다의 요시야는 전사하였고(기원전 609년), 느고가 선택한 여호야김이 유다를 다스릴 왕이 되었다.

그러나 느고는 메소포타미아에 너무 늦게 도착했다. 하란은 이미 멸망당했고, 아시리아의 남은 정부는 완전히 소멸되었다. 이집트는 신바빌로니아 군대에 대한 방패막이로서 아시리아를 보존하고 싶어 했다. 결국 느고는 시리아-팔레스타인을 관리하게 되었다. 그러나 이집트는 기원전 605년 갈그미스에서 느부갓네살(Nebukadnezzar, 기원전 604-562년)에게 결정적으로 패한 후에(렘 46:2), 갑자기 나타난 신흥 제국인 바빌로니아 세력에 그 땅을 비워주어야 했다. 이 지역에 속한 여호야김 치하의 유다도 잘 익은 과일처럼 졸지에 느부갓네살의 손에 떨어지고 말았다.

그다음 10년은 이집트의 도움을 받아 다시 바빌로니아의 지배권의 멍에를 벗어버리려는 시리아와 팔레스타인 소국(小國)들의 그치지 않는 노력으로 점철된다. 이런 시도들은 바빌로니아의 막강한 힘과 이집트의 무력함을 제대로 파악하지 못한 데서 기인한 것이었으며, 결국 좌절되고 말았다. 유다는 반(反)바빌로니아 움직임에 때로는 주도적으로 참여하였으며(렘 27:3), 결국 돌이킬 수 없는 결과를 맞이하고 말았다. 바빌로니아 군대는 기원전 597년에 처음으로 예루살렘 성문 앞에 섰다. 여호야긴 왕이 자기 궁전을 바빌로니아에게 바쳤기 때문에 도시가 공격당하지는 않았다. 여호야긴 왕은 성의 지도층과 함께 바빌로니아로 유배되었다(왕하 24:8-17).

그러나 바빌로니아가 세운 새 왕 시드기야 역시 얼마 지나지 않아 충성 맹세를 깨려고 하였다. 바빌로니아는 복종하지 않는 종속국을 내버려두지 않았다. 결국 예루살렘은 공격을 당했고, 성전과 함께 불에 타 소실되었다. 이로써 다윗 왕조는 패망하고, 유다의 국가로서의 존재는 종말을 맞이하였으며, 거주민 중 많은 수가 메소포타미아로 강제 이주되었다. 오직 지방에서 농사를 짓는 하층민들만 남겨졌다(왕하 25:12). 수많은 유다인이 외국으로, 특히 이집트와 요르단 동쪽 땅으로 흩어졌다. 그럼에도 불구하고 바빌로니아의 3차 유배가 예레미야 52:30에 기록된 것으로 보아(아마 기원전 582년을 말하는 것 같다) 포로기의 유다에서 계속 반란의 시도가 있었던 것으로 보인다. 유다는 바빌로니아의 행정지역 안에 귀속되었다. 이런 역사적인 과정들이 예언자 예레미야의 삶과 활동의 배경을 이룬다.

2) 예레미야의 활동연대(기원전 627/6-585년)

예언서는 특정한 시대와 상황에서, 특정한 대상을 향하여, 특정한 한 사람을 통하여 하나님이 주신 말씀이다. 따라서 예언서를 이해하기 위해서는 무엇보다 본문의 연대를 알아야 한다.[2] 그런데 아쉽게도 예언서는 연대순으로 기록되어 있지 않다. 예레미야의 활동연대와 예레미야서 본문을 연결하면 다음과 같다.[3]

① 요시야 시대(기원전 627-609년): 렘 1-6장

② 여호아하스(살룸) 시대(기원전 609년): 렘 22:10-13

③ 여호야김 시대(기원전 608-598년): 렘 7-20장; 25-26장; 35-36장

④ 여호야긴(고니야) 시대(기원전 597년): 렘 22:24-30

⑤ 시드기야 시대(기원전 597-587년): 렘 21-24장; 27-29장; 32-34장; 37-39장

⑥ 예루살렘 멸망 이후의 시대(기원전 587년 이후): 렘 40-44장

---

2 차준희,『최근 한국교회의 예언서 설교: 역사와 양식에 기초하라!』(한국구약학연구소구약학문고 7; 서울: 대한기독교서회, 2013).

3 베르너 H. 슈미트,『구약성서입문』, 차준희·채홍식 역(서울: 대한기독교서회, 2007), 334-335; 한스-크리스토프 슈미트,『구약, 어떻게 공부할 것인가?: 구약학 연구 안내서』, 차준희·김정훈 역(서울: 대한기독교서회, 2014), 516-518.

(1) 요시야 시대(기원전 627-609년)

예레미야의 소명 시기에 관하여는 학자들 간에 많은 이견이 있다. 과연 예레미야가 실제로 요시야 시대에 예언 활동을 하였는가 하는 점이 논쟁이 된다. 그러나 여전히 다수의 학자들은 예레미야의 초기 활동이 요시야의 시대와 맞물린다고 보고 있다(참조. 렘 3:6; 36:2). 예레미야의 초기 선포는 주로 예레미야 2-6장에서 발견된다. 그러나 이 가운데 예레미야 4:5-6:30에 나오는 "북방의 적"에 관한 예레미야의 선포는 여호야김 시대와 관련된 것으로 보인다. 따라서 이 "북방의 적"은 바빌로니아를 가리킨다고 이해할 수 있다. 그렇다면 특히 예레미야 2:1-4:4은 북왕국의 이방 제의에 대하여 고발하는 내용이며, 북왕국에 대한 구원의 말들(특히 렘 30-31장의 핵심 부분)과 더불어 예레미야의 초기 선포에 포함될 수 있다.

(2) 여호아하스(살룸) 시대(기원전 609년)

여호아하스는 아버지 요시야의 죽음(기원전 609년) 이후 유다 지방의 귀족들에 의하여 선왕의 첫째 아들인 엘리야김(여호야김)을 제치고 왕으로 옹립되었다(왕하 23:30-31). 그러나 여호아하스는 겨우 석 달을 치리한 후에 이집트의 느고에 의하여 폐위되었고, 이집트로 압송되어 그곳에서 죽음을 맞이하였다(왕하 23:31-34). 이에 대하여는 예레미야 22:10-13에 기록되어 있다.

(3) 여호야김 시대(기원전 608-598년)

예레미야 7-20장, 26장, 35-36장은 여호야김 시대와 관련된 내용이다. 예레미야 7장은 특히 여호야김 즉위 초(기원전 608년)에 일어난 사건으로 예레미야의 성전 설교를 다루고, 이에 따라 예레미야에게 가해지는 박해가 묘사된다. 또한 예레미야 36장은 예레미야의 말씀을 기록한 두루마리와 이를 여호야김이 불태운 사건을 알려주고 있다. 여호야김 왕에 대하여는 예레미야의 유다 왕가(王家)에 관한 말씀에서 언급되고 있다(렘 22:13-19). 예레미야는 특히 여호야김의 지나친 사치욕과 가난한 자들에 대한 억압을 탄핵하고 있다.

(4) 여호야긴(고니야) 시대(기원전 597년)

여호야긴은 여호야김의 아들로서 부왕(父王)의 죽음 직후부터 예루살렘이 바빌로니아의 느부갓네살에 의하여 첫 번째로 함락당한 시기(기원전 597년)까지 석 달이라는 짧은 기간만 왕으로 통치하였다(왕하 24:8-9). 예레미야서에는 여호야긴 왕에 대하여 한 번만 언급된다(렘 22:24-30). 이 단락의 전반부(24-26절)는 야웨의 인장반지인 여호야긴이 추방당하는 일에 대하여 말한다. 후반부(28-30절)는 여호야긴의 후손이 다윗의 왕위를 잇지 못할 것임을 기록하고 있다.

(5) 시드기야 시대(기원전 597-587년)

시드기야 시대와 관련한 본문으로는 예레미야 21-24장, 27-29장, 37-39장을 들 수 있다. 예레미야 21-24장은 유다와 예루살렘의 멸망을 선포하는 내용이고, 27-29장은 예레미야가 다수의 거짓 예언자들과 외로이 대결하는 사건과 신제국의 통치자 느부갓네살에게 복종하라는 예레미야의 메시지를 전하고 있다. 예레미야 37-39장은 예루살렘이 바빌로니아에 포위된 상황에서 예레미야가 감옥에 갇혀 있는 상태를 묘사한다. 시드기야는 예루살렘이 멸망하느냐 아니면 존속하느냐의 운명에 영향을 끼치는 결정 앞에 서 있는 이스라엘의 대표자로 묘사된다. 그는 예레미야의 조언을 수용하여 구원을 받을 수도 있었으나(렘 38:17-23), 너무 무기력한 나머지 결국은 그 조언을 받아들이지 못하고 멸망을 자초하는 결정을 하게 된다.

(6) 예루살렘 멸망 이후의 시대(기원전 587년 이후)

이 시기에 대해서는 예레미야 40-44장에만 기록된다. 예루살렘이 함락된 기원전 587년 이후 예레미야는 바빌로니아 군대에 의해서 포로로 잡혀가다가 해방된다. 그는 미스바로 가서 바빌로니아에 의해 총독으로 임명받은 아히감의 아들 그다랴와 함께 동역한다(렘 40장). 이후 그다랴는 왕족인 이스마엘에 의해서 암살되고(렘 41장), 예레미야는 그다랴의 추종자들과 함께 자신의 뜻과는 달리 이집트로 강제 이송된다(렘 42-43장). 예레미야는 그곳에서도 사역 초기와 동일하게 이스라엘의 우상숭배에 대하여 고발하고 심판을 선포해야 했다(렘 44장).

3. 예레미야서의 구조

예언서를 읽기 전에 먼저 전체 구조를 파악해야 한다. 이는 일종의 전체적인 숲을 조망하는 것이다. 전체 숲을 보아야 숲속의 나무를 제대로 이해할 수 있다. 예레미야의 전체적인 구조는 다음과 같다.[4]

---

[4] 차준희, 『예언서 바로 읽기』(서울: 성서유니온선교회, 2013), 78-79.

렘 1-25장   주로 유다 백성을 향한 말씀

1장	서론
1:1-3	표제
1:4-10	예레미야의 소명
1:11-16	두 가지 환상(살구나무 환상과 끓는 가마 환상)
1:17-19	파송
2:1-4:4	이방 제의로 인한 이스라엘에 대한 고발
4:5-6:30	북방으로부터 오는 적
7장	성전 설교(설교의 내용)
8-10장	개별적인 말씀들
11-20장	예레미야의 고백록(탄원: 11장; 12장; 15장; 17장; 18장; 20장)
11장	언약 파기와 예레미야의 첫 번째 탄원(1): 렘 11:18-20
12장	예레미야의 두 번째 탄원(2): 렘 12:1-6
13장	허리띠 상징행위
14장	가뭄 재앙
15장	예레미야의 세 번째 탄원(3): 렘 15:10-21
16장	상징적인 독신생활
17장	지혜의 말씀과 예레미야의 네 번째 탄원(4): 렘 17:14-18
18장	토기장이의 비유와 예레미야의 다섯 번째 탄원(5): 렘 18:18-23
19장	깨진 옹기 상징행위
20장	예레미야의 마지막 여섯 번째 탄원(6): 렘 20:7-18
21-24장	왕과 예언자에 대한 말씀
21:1-23:8	"유다 왕가(王家)"에 대한 말씀
23:9-40	소위 "거짓 예언자들"에 대한 말씀
24장	두 무화과 광주리의 환상
25장	유다와 예루살렘에 관한 심판과 이방 나라에 대한 심판

렘 26-45장 주로 예언자의 활동과 고난에 관한 이야기

26장	성전 설교 이후 예레미야의 운명(설교의 반응)
27-28장	거짓 예언자들과의 갈등
29장	바빌로니아로 끌려간 유다인들에게 보낸 편지
30-31장	소위 "에브라임에 대한 위로의 소책자"
31:31-34	새 언약
32장	아나돗 땅 매입이라는 상징행동

	33장	구원의 말씀
	34장	시드기야의 운명
	35장	레갑 족속의 모범
	36장	바룩이 받아쓴 두루마리와 그 운명
	37-44장	예레미야의 수난사(소위 "바룩의 전기")
	37장	요나단의 집에 갇힌 예레미야
	38장	마른 우물에 갇힌 예레미야와 에벳멜렉의 예레미야 구원
	39장	예루살렘의 함락과 바빌로니아의 사령관을 통한 예레미야의 석방
	40장	총독 그다랴와 함께 머무는 예레미야
	41장	그다랴의 암살과 이집트로의 도피
	42장	이집트로의 이주를 경고하는 예레미야
	43장	예레미야가 이집트로 끌려감과 이집트에 대한 재앙 예고
	44장	이집트에서 우상 숭배하는 유대인들에 대한 심판 예언
	45장	바룩을 향한 구원의 말씀

렘 46-51장   이방 나라를 향한 심판의 말씀

	46장	이집트에 대한 말씀
	47장	블레셋에 대한 말씀
	48장	모압에 대한 말씀
	49장	암몬, 에돔, 다메섹, 아라비아 부족, 엘람에 대한 말씀
	50-51장	바빌로니아에 대한 말씀

렘 52장   부록: 예루살렘 함락과 바빌로니아 포로(왕하 24:18-25:30)

4. 예레미야서의 주요 내용과 중심 사상[5]

1) 예레미야의 소명(렘 1장)[요시야 시대]

이사야가 예루살렘 성전에서 하나님의 천상회의(heavenly council) 장면을 목

---

[5]   예레미야서를 설교하는 데 도움이 되는 우리말로 출간된 양질의 주석서로는 다음을 들 수 있다. J. Bright, 『예레미야』, 번역실 역(국제성서주석; 서울: 한국신학연구소, 1990); J. A. Thompson, 『예레미야(상)』, 최우성 역(반즈성경주석; 서울: 크리스챤서적, 1995); J. A. Thompson, 『예레미야(하)』, 최우성 역(반즈성경주석; 서울: 크리스챤서적, 1996); R. E.

격하고 간접적으로 소명을 체험했다면(사 6장), 예레미야는 어머니의 태 속에 있을 때부터 하나님의 부름을 받아 직접적으로 소명을 경험한다. 이사야의 소명패턴을 "지원병 식"이라 한다면, 예레미야의 소명패턴은 "차출병식"이라 할 수 있다. 예레미야 식 소명패턴은 하나님의 강권적인 "부르심"이 있고(렘 1:5), 이에 대한 부름 받은 자의 "거절"이 뒤이어 나오고(렘 1:6), 하나님의 "설득"(렘 1:7)과 하나님의 동행을 보증하는 "약속"(렘 1:8)으로 이루어진다.

예레미야는 "열방의 선지자"(여러 나라의 선지자)로 부름 받는다. 열방이란 유다를 포함한 이방 나라 전체를 말한다. 하나님의 사람이란 모름지기

Clements, 『예레미야』, 김회권 역(현대성서주석: 목회자와 설교자를 위한 주석; 서울: 한국장로교출판사, 2002); P. C. Craigie, P. H. Kelley, J. F. Drinkard, Jr., 『예레미야 1-25』, 정일오 역(WBC 성경주석; 서울: 도서출판솔로몬, 2003); G. L. Keown, P. J. Scalise, Th. G. Smothers, 『예레미야 26-52』, 정일오 역(WBC 성경주석; 도서출판솔로몬, 2006); 박동현, 『예레미야 1-25장』(대한기독교서회 창립 100주년 기념주석; 서울: 대한기독교서회, 2006); 박동현, 『예레미야 26-52장』(대한기독교서회 창립 100주년 기념주석; 서울: 대한기독교서회, 2006); 송병현, 『예레미야 I』(엑스포지멘터리; 서울: 이엠, 2016); 송병현, 『예레미야 II/예레미야애가』(엑스포지멘터리; 서울: 이엠, 2016); H. Lalleman, 『예레미야/예레미야애가』, 유창걸 역(틴데일 구약주석; 서울: 기독교문서선교회, 2017); T. Longman III, 『예레미야/예레미야애가』, 이철민 역(Understanding the Bible Commentary; 서울: 성서유니온, 2017); C. J. H. Wright, 『예레미야 강해: 심판의 끝, 은혜의 시작』, 안종희 역(BST 시리즈; 서울: IVP, 2018). 또한 다음의 국내 학자들의 예레미야서 풀이와 묵상도 설교에 도움이 될 것이다. 장일선, 『예레미야』(전망성서주해; 서울: 전망사, 1993); 류호준, 『인간의 죄에 고뇌하시는 하나님』(서울: 이레서원, 2006); 차준희, 『예레미야서 다시 보기』(서울: 프리칭아카데미, 2007); 장성길, 『이스라엘의 구원과 회복의 드라마: 예레미야서 주해』(서울: 이레서원, 2007); 김근주, 『특강 예레미야』(서울: 한국기독학생회출판부, 2013); 김광남, 『한국교회, 예레미야에게 길을 묻다: 길 잃은 교회를 위한 대화체 예레미야 강해』(서울: 아바서원, 2013); 김기석, 『끙끙 앓는 하나님: 예레미야 산책』(의왕: 꽃자리, 2017); 한희철, 『예레미야와 함께 울다: 무릎 꿇고 손가락으로 읽는 예레미야』(의왕: 꽃자리, 2018); 김창대, 『예레미야서의 해석과 신학』(서울: 새물결플러스, 2020); 강성열, 『예레미야: 1-25장』(한국장로교총회창립 100주년기념 표준주석; 서울: 한국장로교출판사, 2021); 강성열, 『예레미야: 26-52장』(한국장로교총회창립 100주년기념 표준주석; 서울: 한국장로교출판사, 2022); 김명숙, 『예레미야서 1-25장: 거룩한 독서를 위한 구약성경 주해』(서울: 바오로딸, 2021); 김명숙, 『예레미야서 26-52장: 거룩한 독서를 위한 구약성경 주해』(서울: 바오로딸, 2021).

자신이 속한 공동체(가정이나, 교회나, 교단이나, 민족이나 국가 등)의 이익만을 대변하지 않고, 오로지 전 세계를 향한 하나님의 뜻에 몰두한다. 이 땅의 모든 사람은 하나님의 뜻과 섭리 속에서 태어나고 하나님에 의해 주어진 삶을 산다. 즉 모든 이는 하나님의 소명을 입은 자들이다. 하나님의 사람들은 개인이나 집단의 이익을 넘어서 항상 하나님의 뜻을 우선하는 소명인의 삶을 산다. 즉 하나님 나라와 하나님의 의가 최우선의 관심사다(마 6:33).

2) 예레미야의 성전 설교(렘 7장)[여호야김 시대]

요시야는 기원전 622/1년에 모든 지방 성소들을 폐쇄하고 예루살렘의 성전만 합법적인 성소로 인정하는 종교개혁을 단행한다(왕하 23장). 이후 예루살렘 성전만이 유다의 유일한 성소로 남게 되었다. 그런데 예레미야는 기원전 608년 여호야김의 즉위 초에 등장하여 이 성전이 과거에 실로가 파괴됨 같이 동일한 운명을 맞이하게 될 것이라고 설교하였다(렘 7:1-15; 26장). 당시의 유다 백성들은 세상에서 온갖 죄악을 저지르면서도 성전에서 적당한 제사만 드리면 모든 것이 용서된다고 믿었던 것으로 보인다. 예레미야의 눈에 이 성전은 하나님은 떠나시고 오직 도적들만 우글거리는 "도적의 소굴"이 되어버렸다. 성전이 "하나님이 거하시는 전"이 아니라 "도적이 행세하는 전"이 되어버린 것이다.

예수께서도 예루살렘 성전에서 행해지는 온갖 죄악된 행위들을 뒤엎으시면서 예레미야의 이 표현을 사용하신 적이 있다(마 21:13; 막 11:17; 눅 19:46). 도둑의 소굴이 되어버린 하나님의 전. 예레미야의 성전 설교는 오늘의 교회를 향해서도 메아리치고 있다. 하나님의 사람들이 길과 행위를 바르게 하고, 이웃들 사이에 공의를 행하며, 이방인과 고아와 과부를 도와주며, 하나님만 온전히 섬기면 그들이 속한 교회에 하나님이 영원 무궁히 거하실 것이다(렘 7:5-7). 오늘날 자신을 하나님의 사람이라고 인식하는 자들은 교회에서의 예배만이 아니라 세상 속에서의 예배의 삶도 회복되어야 한다. 여기서 세상에서의 예배적 삶이란 "도덕적인 삶"이며, "공의의 삶"이며, "약자 돌봄의 삶"을 말한다.

3) 예레미야의 탄원(고백록)(렘 11장; 12장; 15장; 17장; 18장; 20장)[여호야김 시대]

예언자들은 하나같이 하나님의 사명을 감당하는 일로 인하여 고난에 빠지게 된다.[6] 그때마다 예언자들은 자신을 부르신 하나님 앞에 나와서 탄원의 기도를 하곤 하였다(왕상 19장의 엘리야). 그러나 다른 예언자들의 탄원기도는 간헐적으로 기록된 반면에, 예레미야의 경우는 놀랄 만큼 자세하고 상당한 분량의 탄원기도가 보도된다(렘 11:18-20; 12:1-6; 15:10-21; 17:14-18; 18:18-23; 20:7-18). 이는 예레미야 개인의 민감한 영성(렘 4:19)에서 기인한 바 크겠지만, 다른 예언자와는 다르게 그는 유독 하나님의 명령에 의하여 외로운 독신의 삶을 살아야만 했기에(렘 16장) 하나님께 더욱더 따질(?) 말이 많았던 것으로 보인다.

예레미야의 탄원기도는 진솔하고 파격적이다. 그는 하나님 때문에 자기 인생이 망가졌다고 신세한탄을 한다.

주를 위하여 내가 부끄러움 당하는 줄을 아시옵소서(렘 15:15).

급기야 하나님을 사기꾼으로 몰아세우기도 한다.

주께서는 내게 대하여 물이 말라서 **속이는 시내** 같으시리이까(렘 15:18).

---

[6] 예언자의 고통에 대하여는 다음을 참조하라. 차준희, 『최근 구약 예언서 이해』(한국구약학 총서 6; 서울: 프리칭아카데미, 2008), 16-40, 특히 36-40.

예레미야의 탄원은 "어찌하여 내가 태에서 나와서 고생과 슬픔을 보며 나의 날을 부끄러움으로 보내는고"(렘 20:18) 하며 대단원의 막을 내린다. 불평과 탄원이 사람을 향하면 말 그대로 부정적인 탄식으로 끝난다. 그러나 불평과 탄원을 하나님 앞으로 가지고 나가서, 하나님을 향하여 토해내면 그것은 "단순한 탄식"이 아니라 "절절한 기도"가 된다. 하나님은 그 어떠한 기도도 소화할 준비가 되어계신 분이다. 어쩌면 그런 기도를 더 듣기 원하시는 분인지도 모른다(렘 33:3).

4) "유다 왕가(王家)"에 대한 말씀(렘 21-22장)[시드기야 시대]

예레미야 21:1-10은 예레미야가 시드기야 왕에게 예루살렘의 멸망을 예고하는 내용이다. 예레미야는 백성에게 두 가지 길을 소개한다. 적군인 바빌로니아에게 항복하는 자에게는 "생명의 길"이 예비되어 있고, 저항하는 자에게는 "사망의 길"이 준비되어 있다.

예레미야 21:11은 "유다 왕의 집에 대한 여호와의 말을 들으라"는 표제로 시작한다. 이는 "유다 왕가(王家)에 관하여 너희는 여호와의 말씀을 들으라"는 뜻이다. 예레미야 21:11-23:8은 소위 "왕들에 관한 말씀"이라 불린다. 우선 왕의 임무는 정의와 공의를 행하여 사회적인 약자들을 돌보는 일임을 분명히 한다(렘 22:3; 참조. 시 72편). 예레미야는 이어서 정의와 공의를 기준으로 여호아하스(기원전 609년), 여호야김(기원전 608-598년), 여호야긴(기원전 598-597년)에 대하여 차례대로 고발하고 심판을 선포한다(렘 22:10-30). 지도자의 본질적 책무는 정의와 공의를 통하여 약한 지체들을 돌보고 세우는 것이다.

5) 소위 "거짓 예언자들에 대한 말씀"(렘 23장)[시드기야 시대]

예레미야 23:1-8은 악한 목자들에 대한 심판과 의로운 왕에 대한 약속을 보여준다. 예레미야 23:9은 "선지자들에 대한 말씀"이라는 표제로 시작한다. 예레미야 23:9-40은 거짓 예언자에 대한 말씀들의 수집물이다. 참 예언과 거짓 예언의 근본적인 구분은 하나님의 거룩한 말씀의 유무에 달려 있다(렘 23:9, 16). 구약성서에서 참 예언과 거짓 예언의 차이에 대하여 예레미야 23장만큼 자세하게 다룬 경우는 없다.[7]

거짓 예언자들에게는 하나님의 말씀이 부족하거나 거의 없다(렘 23:9-12). 거짓 예언자들은 성적으로 타락하거나, 물질을 탐하거나, 권력과 결탁해 있다(렘 23:13-15). 거짓 예언자들은 근거 없는 평안의 예언을 남발한다(렘 23:16-22). 그들은 주로 구원"만" 예언한다(렘 23:23-24). 거짓 예언자들은 하나님의 말씀이 아니라 자신의 꿈(야망, 욕망)에 의존한다(렘 23:25-32). 이러한 차이점들은 오늘날에도 참 메시지와 거짓 메시지를 나누는 중요한 기준이 된다.

6) 무화과 두 광주리의 환상(렘 24장)[시드기야 시대]

예레미야 24장은 "무화과 두 광주리 환상"으로 불린다. 예레미야는 소명 때 처음으로 살구나무 가지 환상과 끓는 가마 환상을 보았다(렘 1:11-19). 첫 번째 환상들(렘 1장)은 유다 백성 전체를 향한 심판을 암시한다. 그러나 두 번째 환상(렘 24장)은 유다 백성을 심판의 대상과 구원의 대상으로 구분한다. 바빌로니아에 잡혀간 유다 포로들은 "극히 좋은 무화과"로서 하나님이 구원하실 것이다. 반면 유다 땅에 남아 있는 자와 이집트 땅에 사는 자들은 "극히 나쁜 무화과"로서 심판과 환란을 당할 것이다. 예언의 말씀이 대상에 따라 구원과 심판으로 나뉜다는 점이 이전에 없던 새로운 점이다.

---

[7] 참 예언과 거짓 예언의 분별에 관하여는 다음 책을 참조하라. 월터 모벌리, 『예언과 분별』(서울: 새물결플러스, 2015).

예레미야는 첫 번째 소명 환상을 통해 심판 예언자로서 사역을 시작하였지만, 두 번째 환상으로 심판 예언자인 동시에 구원 예언자로서 새롭게 사역을 시작한다. 따라서 예레미야 24장을 두 번째 "소명 환상"이라고도 한다. 그런데 구원 예언의 대상은 심판을 경험한 이들이다. 하나님의 은혜는 심판 이후 상처와 아픔을 경험한 자들에게만 주어질 것이다.

7) 유다와 예루살렘에 관한 심판과 이방 나라에 대한 심판(렘 25장)[여호야김 시대]

예레미야는 예언자로서 사역을 시작한 지 23년(기원전 605년)쯤 되었을 때 중간점검 내지는 중간결산을 한다(렘 25:3). 예언자는 꾸준히 하나님의 말씀을 대신하여 전했지만 유다 백성은 전혀 순종하지 않았다. 예레미야는 유다가 70년 동안 바빌로니아를 섬길 것이라고 예언한다(렘 25:1-14). 여기서 70년 기간은 "어림수"이거나 "인간의 수명"(시 90:12)을 말하는 것으로 해석된다. 이는 포로로 잡혀온 사람들은 살아서 유다로 귀환할 수 없음을 말한다. 이어서 예레미야는 주변의 모든 나라들에 대하여 심판(진노의 술잔을 마심)을 예고한다(렘 25:15-38). 이곳에서 간략하게 언급된 이방 나라들을 향한 심판 예언은 이후 예레미야 46-51장에 보다 광범위하게 상술된다.

야웨 하나님은 유다와 이스라엘에 제한된 민족의 신이거나 국가의 신이 아니라 "열방의 하나님"이요 "우주적인 하나님"이시다. 예레미야도 "열방의 선지자"(A Prophet to the Nations)로 부름을 받았다(렘 1:5). 하나님의 사람들은 자신이 속한 공동체와 국가와 민족의 이익에 앞서 열방의 유익, 즉 공공의 유익(공공성)을 우선해야 한다.

8) 성전 설교 이후의 예레미야의 운명(렘 26장)[여호야김 시대]

예레미야 26장은 예레미야가 예루살렘 성전에서 행한 설교를 다루는 매우 유명한 부분이다. 예레미야의 성전 설교 사건은 두 개의 본문에 기록되어 있다. 예레미야 7장은 성전 설교의 "내용"을 담고 있고, 26장은 성전 설교의 "반응"을 보여준다. 이 설교는 요시야가 므깃도 전투에서 뜻밖에 전사(기원전 609년)한 이후 여호야김 즉위 초(기원전 608년)에 예루살렘 성전에서 선포되었다.

이 장은 네 개의 단락으로 구성되어 있다. 첫째, 예레미야의 성전 설교에 대한 개요(1-7절), 둘째, 예레미야의 체포와 심문(8-15절), 셋째, 예레미야를 위한 유다 장로들의 변론(16-19절), 넷째, 예레미야와 같은 예언을 한 또 다른 예언자 우리야의 처형과 예레미야의 처형 모면(20-24절)이다.

진정한 메신저는 주어진 메시지를 감하지 않고 그대로 전해야 한다(2절). 그런데 하나님의 말씀을 정직하게 선포하는 메신저도 필요하지만, 그러한 심판의 메시지를 거부하지 않고 그대로 하나님의 말씀으로 받아들이는 청중도 필요하다(16절: 고관들과 백성, 17절: 장로들, 24절: 아히감). 쓴 소리와 비판적인 소리가 억압되지 않고 허용되고, 적절하게 소통되며, 그 소리를 달게 받아야 건강한 공동체가 된다.

9) 거짓 예언자들과의 갈등(렘 27-28장)[시드기야 시대]

예레미야 27-29장은 모두 시드기야가 통치한 지 사 년째 되는 해(기원전 594년)에 발생한 사건들을 담고 있다(렘 28:1). 여기서 예레미야는 바빌로니아의 느부갓네살에게 무너지지 않을 것이고, 바빌로니아로 탈취당한 성전의 기구들도 곧 되돌아올 것이라는 장밋빛 구원 예언을 남발하는 거짓 예언자들과 싸운다.

예레미야 27장에 따르면, 이스라엘 주변의 나라들이 예루살렘에 모여 안티-바빌로니아 동맹을 구축하려고 국제회의를 열었다(3절). 이 자리에 예레미야는 목에 멍에를 메고 나타나서 바빌로니아에게 항복하는 것이 하나님의 뜻임을 알린다(6-7절). 바빌로니아의 지배를 순순히 수용하면 이방 땅으로 끌려가서 수모를 당하지 않으며, 본토에 머물러 생명은 부지할 수 있다는 것이다(11절). 그러나 저항하면 칼과 기근과 전염병으로 돌이킬 수 없는 국가적 멸망에 이르게 될 것이다(13절). 예레미야는 거짓 예언자들의 거짓 예언에 현혹되지 말 것을 홀로 용감하게 호소한다(15절).

예레미야 28장은 거짓 예언자들과 갈등을 겪은 구체적인 한 사례를 소개한다. 예언자 하나냐의 성전 설교다(1절). 하나냐는 2년 안에 바빌로니아 왕의 멍에가 꺾이고, 성전 모든 기구들과 유배된 모든 유다 사람들이 귀환할 것이라고 확신에 찬 예언을 한다(3-4절). 이 예언을 듣던 예레미야도 개인적으로 이 말씀이 이루어지기를 바란다(6절). 그러나 예레미야는 이전 예언자의 전통적 기준은 심판이었고, 평화의 예언은 성취 여부를 기다려야 함을 지적한다(8절). 하나냐는 예레미야의 멍에를 꺾어버림으로 예레미야에게 공개적으로 망신을 준다(10절). 예레미야는 묵묵히 자신의 길을 간다(12절). 그리고 하나님의 말씀을 기다린다(13절). 그런데 백성이 듣기 원했던 하나냐의 예언은 거짓이었고, 듣기를 거부했던 예레미야의 예언이 참이었다(15절). 하나냐는 율법의 가르침대로 죽음을 맞이했다(신 18:20).

항복하면 살고 저항하면 죽는다. 거짓 예언이 들끓던 당시 예레미야의 메시지다. 때로는 굽혀야 할 때도 있다. 꼿꼿하게 고개를 쳐드는 것만이 항상 옳은 것은 아니다. "찾을 때가 있고 잃을 때가 있으며 지킬 때가 있고 버릴 때가 있으며"(전 3:6). 또한 하나냐는 말씀으로 마사지하는 설교자의 전형이다. 여기서는 "하나냐의 마사지"(massage)와 "예레미야의 메시지"(message)가 충돌한다. 청중에게는 "위로의 마사지"도 필요하지만, 때로는 "경고와 책망의 메시지"도 필요하다. 청중의 귀에 달콤한 말씀이 오히려 독이 될 수도 있다. 거짓 힐링(healing)은 사람을 킬링(killing)할 수도 있다.

10) 바빌로니아로 끌려간 유다인들에게 보낸 편지(렘 29장)[시드기야 시대]

예레미야 29장은 예루살렘과 바빌로니아 간에 오고 간 편지로 구성되어 있다. ① 예레미야가 포로들에게 보낸 편지(1-14절, 21-23절), ② 예레미야가 스마야에게 보낸 편지(24절), ③ 바빌로니아의 스마야가 예루살렘의 스바냐에게 보낸 편지(25-28절), ④ 예레미야가 포로들에게 보낸 또 하나의 편지(31-32절)다.

예레미야의 편지가 담고 있는 주된 골자는 포로의 조기 귀환이라는 헛된 꿈을 접고, 그곳에서 정착하고 뿌리를 내리고 뼈를 묻으라는 것이다(5-7절). 그리고 이방 땅이지만 하나님께 기도하라고, 즉 기도할 수 있다는 점을 알린다. 동시에 하나님의 본심을 드러내 준다. "너희를 향한 나의 생각을 내가 아나니 평안이요 재앙이 아니니라. 너희에게 미래와 희망을 주는 것이니라"(11절).

포로지는 "떠나야 할 곳"이 아니라 "정착할 곳"이다. 포로지는 원한을 키우는 곳이 아니라 대적을 위해서 기도하는 곳이다. 포로지는 기도하는 곳이고, 희망의 하나님을 새롭게 배우는 곳이기에, "포로지"는 "선교지"다. 하나님의 사람이 서 있는 곳은 그 어디라 할지라도, 즉 포로지라 할지라도 알고 보면 선교지이고, 그렇다면 그는 더 이상 "포로"가 아니라 "선교사"다.

11) 소위 "위로의 소책자"(렘 30-31장)[요시아 시대(?)]

예레미야 30-31장은 예레미야서 내에서 가장 많은 약속의 말들이 수집되어 있다. 그래서 이 부분을 소위 이스라엘과 유다를 위한 "위로의 소책자"라고 한다. 예레미야 30장에 따르면, 이들은 재난을 거치고 해방으로 인도될 것이다(4-11절). 그들의 깊은 상처는 치료될 것이다(12-17절). 그리고 그들은 다시 하나님의 백성이 될 것이다(18-24절). 예레미야 31장에서도 위로의 말씀이 이어진다. 흩어진 자들은 귀환할 것이고(1-14절), 그들의 탄원은 응답받을 것이다(15-22절). 이스라엘은 다시 복을 받을 것이고(23-30절), 하나님은 이들에게 새 언약을 약속하시고(31-34절), 이 언약은 영원히 깨지지 않을 것이다(35-40절).

패망한 이스라엘과 유다의 회복은 하나님의 행동 변화에서 출발한다. 하나님이 먼저 돌이키시고, 그 이후에야 비로소 백성의 돌이킴이 가능하다(렘 31:18-19). 우리의 돌이킴은 하나님의 선행적인 돌이킴이 만들어낸 결과다(렘 3:12-13; 호 14:4). "하나님의 회개"가 "우리의 회개"를 가능하게 한다. 그렇다면 회개도 은혜다.

12) 아나돗의 땅 구입이라는 상징행동(32장)[시드기야 시대]

예레미야 32장의 내용은 예루살렘이 파괴되기 직전의 해(기원전 588년)에 해당한다. 유다의 멸망을 앞두고 예레미야는 궁중의 시위대 뜰에 갇혀 있는 상태였다. 그런데 예레미야는 뜻밖에도 아나돗의 땅을 매입하라는 하나님의 명령을 받는다(6-8절). 예레미야는 땅 매입이 당시 정치적 상황으로 보면 전혀 무의미해 보이는 일이지만 하나님께 순종하고 정식으로 아나돗의 땅을 매입한다(9-14절).

백성은 예루살렘을 에워싼 바빌로니아의 군대를 보면서 자신들은 끝장났다고 생각했을 것이다. 국가의 운명은 풍전등화였다. 미래가 암울하다. 그러나 하나님은 짙은 어둠 속에서 새벽을 준비하고 계신다. 하나님은 예레미야에게 땅을 매입하게 함으로써 새로운 시작을 상징적으로 예고하신다. 국가 멸망 이후의 새로운 삶이 있을 것이다. 포로에서 반드시 되돌아올 것이다(44절). 따라서 고향에서 집과 밭과 포도원을 다시 사게 될 날이 올 것이다(15절). 어떤 절망도 그것이 끝이 아니다. 그 이후의 삶이 반드시 있다.

13) 예루살렘과 유다에 대한 구원의 말씀(렘 33장)[시드기야 시대]

예레미야 33장은 예레미야가 시위대 뜰에 갇혀 있을 때 하나님으로부터 받은 두 번째 말씀이다. 첫 번째 말씀은 아나돗의 밭을 매입하라는 명령이었다(렘 32:7). 이는 유다의 회복을 상징적으로 보여준다. 두 번째 말씀도 유다의 회복을 약속한다. 포위당한 예루살렘은 곧 전쟁에 휩싸이고 많은 사람이 전사할 것이다(렘 33:1-5). 그러나 예루살렘은 회복될 것이다(렘 33:6-9). 유다는 포로에서 귀환한 이후 정상적인 농사활동과 사회생활을 되찾을 것이다(렘 33:10-13). 때가 되면 정의와 공의를 실행할 의로운 통치자도 등장할 것이다(렘 33:14-16). 이어서 다윗 왕조의 회복과 성전 재건 및 제사장 제도의 회복이 약속된다(렘 33:17-26). 다윗 왕위와 제사장직은 구약 이스라엘의 삶과 신앙을 뒷받침하는 위대한 두 가지 기둥이었다.

　　예언자는 투옥되었지만 하나님의 말씀은 감금되지 않았다. 예레미야는 예루살렘이 함락되기 직전의 끔찍한 나날을 감옥에서 보냈다. 그는 포위된 성읍과 군영의 감옥이라는 "이중의 감금 상태"에 놓여 있다. 그러나 하나님은 같은 상황에서 다른 미래를 바라보고 계신다. 즉 절망 속에서 희망을 보게 하신다. 희망은 한계에 이른 고통당하는 사람에게 주어지는 하나님의 은혜의 선물이다. 어쩌면 희망이란 아무도 예기치 못할 때 주어지는 삶의 약속이다. 그래서 하나님은 우리에게 미래가 보이지 않을 때도 부르짖으라고 하신다(렘 33:3).

14) 시드기야의 배신(렘 34장)[시드기야 시대]과 레갑 족속의 충성(렘 35장)[여호야김 시대]

예레미야 34장과 35장은 시드기야와 레갑 족속의 대조적인 모습을 부각시킨다. 두 본문은 시간상으로 10년이나 동떨어진 사건을 기술하고 있지만 함께 읽어야 한다. 예레미야 34장은 바빌로니아의 예루살렘에 대한 최후

공격 때(기원전 588년: 시드기야 통치기) 잠시 좋은 해결책(노예 해방법 준수)이 실시되었음에도 불구하고 이를 다시 어기고 돌아선 유다의 선천적인 불순종을 구체적으로 보여준다. 예레미야 35장은 느부갓네살의 유다 공격 초기 때(기원전 598년: 여호야김 통치기) 예루살렘 도시 엘리트들의 불순종과는 대조되는 한 시골 가문(레갑 족속)의 오랜 충성을 상세히 기술한다. "배신에 관한 교훈"(렘 34장)과 "충성에 대한 교훈"(렘 35장)이 서로 대조된다.

시드기야 왕과 지도층들은 성전에서 하나님과 맺은 언약을 잠시 준수하는 시늉만 하다가 국제 정세가 급변하자 불순종의 자리로 복귀한다(렘 34:8-11). 이들에게는 언약적 위반에 대한 심판이 선고된다(렘 34:17-22). 이에 반해 조상과 맺은 약속을 2세기 이상 지켜온 공동체가 있다. 바로 레갑 족속들이다. 이들은 "강력한 순종의 공동체"로 정착 생활의 안락한 풍요를 거부하고 소박한 유목 생활을 지속하라는 조상 요나답의 명령을 평생 준수하며 산다. 이들에게는 미래의 생존이 보장된다.

이 두 본문은 예루살렘과 유다(특히 지도층)가 그들의 하나님이 제정하신 언약을 부주의하게 여기고 상습적으로 불순종한 것과 레갑 사람들이 그들의 조상이 물려준 원칙에 한결같은 열정으로 순종한 것을 대조시킨다.

"최근의 약속도 뻔뻔하게 어긴 사람들" vs. "오래된 약속도 모범적으로 지킨 사람들"
"약속을 어기는 사람들" vs. "약속을 지키는 사람들"
"하나님과의 약속(언약)도 시류에 따라 뒤집는 사람들" vs. "사람(조상)과의 약속(명령)도 한평생 지켜낸 사람들"

언약을 어기면 언약의 복도 무너진다. 언약을 지켜내면 언약의 복은 세워진다.

15) 바룩이 받아쓴 두루마리와 그 운명(렘 36장)[여호야김 시대]

예레미야 36-45장은 유다 국가의 멸망을 앞두고 체포, 고발, 처벌을 당하는 예언자에 관한 내용으로 "예레미야의 수난사"라고 불린다. 또한 이 부분은 예레미야의 직접적인 말이나 글이 아니고 그에 관한 간접적인 내용이기에, 그의 가장 측근이었던 바룩이 쓴 글이라고 하여 "바룩의 전기"(Biography of Baruch)라고도 한다(바룩의 전기에는 렘 26-29장이 포함되기도 함).

예레미야에게 말씀이 임한 여호야김 4년인 기원전 605년은 바빌로니아의 느부갓네살이 갈그미스에서 이집트 군대를 물리친 운명의 해였다(렘 36:1). 고대 근동의 패권이 바빌로니아의 손안에 들어온 것이다. 예레미야는 지난 23년 동안 전한 모든 말씀을 두루마리에 기록하라는 명령을 받는다. 바룩은 예레미야가 구전으로 전하는 말씀을 두루마리 책에 기록하고, 그다음 해(기원전 604년)에 성전 출입이 금지된 예레미야를 대신하여 예루살렘 성전에서 그 말씀을 대신 낭독한다(렘 36:1-10). 고관들은 국무회의의 자리에서 바룩의 입을 통해 직접 그 내용을 청취하고(일종의 청문회) 두려워한다(렘 36:11-19). 아마도 이는 그 당시 국제 정세에 결정적인 영향을 주는 하나님의 최후통첩인 듯 보인다.

두루마리 책의 내용이 국가적으로 매우 중요해 여호야김 왕에게 전달되었다. 그런데 유다 왕은 기록된 하나님의 말씀을 듣자마자 신하들의 만류에도 불구하고 보는 앞에서 말씀을 서기관의 칼로 잘라버리고 난방을 위해 피운 화로에 던져 불살라버렸다(렘 36:20-26). 그리고 서기관 바룩과 예언자 예레미야를 체포하라고 명령한다. 그 이후 하나님의 말씀을 불태운 여호야김에 대한 심판이 예고된다. 그는 치욕적인 최후를 맞이하게 될 것이다. 하나님은 다시 두루마리 책을 만들라고 명령하신다. 이윽고 첫 번째 두루마리보다 더 많은 내용이 추가된 증보판 두루마리가 탄생한다(렘 36:27-32).

이 이야기는 예언자의 "말"(言)이 예언자의 "책"(書), 즉 "구두 예언"에서 "문서 예언"으로 만들어지는 과정을 보여주는 구약성서에서 유일한 본문이다. 하나님은 "말"로 안 되면 "글"을 남겨서라도 당신의 뜻을 전하신다. 제한적인 "선포 사역"이 무제한적인 "문서 사역"으로 바뀐다. 하나님의 말씀은 불 속에 던져졌지만 완전히 타서 소멸되지는 않는다. 또한 하나님의 율법책이 낭독되었을 때 자기 옷을 찢었던 아버지 요시야와는 달리(왕하 22:11), 여호야김은 하나님을 두려워하지도 않고 자기 옷 찢기를 거부하며(렘 36:24), 오히려 하나님의 말씀을 찢어 불태웠다. 남을 찢으면 나도 죽고, 나를 찢어야 남도 산다.

16) 예레미야의 수난사(소위 바룩이 쓴 전기, 렘 37-44장)[시드기야 시대와 기원전 587년 이후]

(1) 구덩이에 던져졌지만, 침묵하지 않는 예레미야(렘 37-38장)

예레미야는 예루살렘 멸망을 앞두고 마지막 몇 년 동안 모진 고난을 당한다. 이를 예레미야의 "비아 돌로로사"(via dolorosa)라고 말하기도 한다. 그의 고난이 그리스도의 수난과 매우 비슷하기 때문이다. 국가 멸망을 가져온 유다의 마지막 왕 시드기야는 자신을 왕으로 세운 바빌로니아에 충성할 것(친바빌로니아 정책)인지, 이집트에 도움을 청할 것(친이집트 정책)인지를 놓고 10년 동안 동요한다. 예레미야는 줄곧 바빌로니아에 항복하는 것이 하나님의 뜻이라고 선포한다. 이 선포로 그는 고발되고 체포되고 처벌받아 결국 생존이 위태로운 구덩이에 갇히기도 한다. 그러나 자신을 은밀하게 찾은 시드기야에게 준 마지막 메시지도 변함없이 바빌로니아에 항복하라는 것이었다(렘 38:17). 예레미야는 항복하면 도시와 성전도 보전되고 생명도 부지할 수 있다고 했다.

예레미야는 생명이 위험한 순간에도 하나님의 말씀을 철회하거나 왜곡하지 않는다. 항복을 주장하는 예레미야와 항전을 주장하는 고관들이 충돌한다. 하나님의 뜻은 "항복"하면 살고 "항전"하면 죽는다는 것이다. 지금은 항복할 때다. 바빌로니아의 심판이 하나님의 심판이기 때문이다. "힘없는 신앙적 애국주의"는 "힘 있는 호전적 애국주의" 앞에 무력하다. 그래도 진실은 침묵하지 않는다.

(2) 예루살렘의 함락과 그 직후의 혼란(렘 39-41장)

18개월에 걸친 바빌로니아의 포위 상황을 버티던 예루살렘은 결국 시드기야 통치 11년 되는 해(기원전 587년)에 함락된다. 예레미야는 바빌로니아 왕의 명령으로 감옥 뜰에서 석방된다(렘 39장). 석방 후 예레미야는 바빌로니아행을 거부하고 유다 땅에 머물기로 결정한다. 그리고 미스바에서 총독으로 임명된 그다랴에게로 가서 유다의 재건 사업에 힘을 보탠다.

그다랴는 "사반의 손자 아히감의 아들"로 반복해서 소개된다(렘 40:7, 9). 이것은 그다랴가 요시야의 개혁 운동을 지지했고(왕하 22:12), 예레미야가 성전에서 린치를 당하지 않도록 보호했으며(렘 26:24), 예레미야의 두루마리를 고관들에게 알려 정부의 외교정책을 바로잡으려 했던 저명한 사반 집안 출신임을 강조한다(렘 36:11-12, 25). 그러나 그다랴는 왕족이며 왕의 장관인 이스마엘 일행에 의해서 암살을 당한다(렘 41장). 국가 멸망 이후 유다는 또다시 대혼란에 빠진다.

이 단락에서는 두 사람의 구원이 주목된다. 한 사람은 왕의 승낙을 받아서 예레미야를 죽음의 위험에서 건져낸 왕궁 내시 에티오피아 사람 에벳멜렉이고(렘 38:7-13; 39:15-18), 또 한 사람은 바빌로니아의 사령관에 의해 감옥에서 석방된 예레미야다(렘 39:11-14; 40:1). 하나님의 큰 심판 중에도 구원의 역사는 멈추지 않는다. 심판의 한복판에도 구원은 있다.

(3) 이집트에서의 마지막 사역(렘 42-44장)

예루살렘 함락 이후 유다 백성은 방향을 잃는다. 게다가 그다랴 총독의 암살은 바빌로니아의 응징에 불을 붙인 격이다. 남은 유다 백성은 예레미야의 예언자로서의 권위를 인정하고 그에게 하나님의 뜻을 묻는 기도를 부탁한다(렘 42:1-6). 그런데 10일 후에 주어진 하나님의 응답은 이집트로 이주하지 말고 유다 땅에 눌러앉아 살라는 것이었다(렘 41:7-22).

그때 예레미야가 대언한 하나님의 말씀은 거부당한다. 오히려 예레미야는 거짓 예언자로 몰린다(렘 43:2). 급기야 예레미야는 물론 바룩도 억류되어 이집트로 끌려간다(렘 43:4-7). 억지로 이집트 땅에 이른 예레미야에게 하나님의 말씀이 임한다. 하나님은 느부갓네살이 이집트도 침공하여 굴복시킬 것이라고 말씀하신다(렘 43:8-13). 그들이 피신한 이집트도 안전지대가 아니다.

예레미야 44장은 예레미야의 마지막 사역과 말씀을 보여준다. 예언자의 마지막 메시지는 동족 유다의 우상숭배를 비판하는 것이다(렘 44:1-14). 그러나 이집트에 정착한 유다 사람들은 보란 듯이 우상인 "하늘의 여왕"(The Queen of Heaven)을 섬긴다(렘 44:15-19). 이 신은 다산(多産)과 풍요의 여신이다. 따라서 하늘의 여왕 숭배는 특히 여자를 중심으로 가정에서 인기가 많았다. 그들은 "우상은 번영을 주고 여호와는 고통만 준다"고 확신한다(렘 44:17-18). 결국 예레미야는 이들에게 심판을 선포할 수밖에 없었다(렘 44:20-30).

예레미야가 소명 때 받은 메시지도 유다의 우상숭배에 대한 고발이었다(렘 1:16). 그는 여호야김 즉위 초(기원전 608년)의 성전 설교에서도 하늘의 여왕 숭배를 반대했다(렘 7:16-19). 그의 인생 말년의 마지막 메시지도 동일하다. 예레미야는 40년 동안 일평생 메시지를 바꾸지 않았다. 그의 마지막 선포이자 확신은 이것이다. "누구의 말이 진리인지 알리라"(렘 44:28). 진리는 "청중의 동의"가 아니라 "역사의 동의"로 입증된다.

17) 바룩을 향한 구원의 말씀(렘 45장)[여호야김 시대]

예레미야 45장은 연대적으로 볼 때 36장과 연결된다. 두 장 모두 같은 해(기원전 605년)에 일어난 사건을 다룬다. 예레미야서에는 개인에게 구원을 약속하는 본문이 오직 두 군데밖에 없다. 하나는 에벳멜렉에게 주신 약속이고(렘 39:15-18), 나머지 하나는 바룩에게 주신 약속이다(렘 45장). 이곳에서 바룩은 "줄어들지 않는 고통"(3절)과 "이루어지지 않은 야망"(5절)으로 한탄하고 있는 것 같다.

예레미야는 이에 대하여 반응한다. 하나님은 "당신이 직접 세운 것을 헐기도 하고, 직접 심은 것을 뽑기도 한다"(4절). 이는 하나님이 친히 오랫동안 심혈을 기울여 기르신 것을 헐어야 하는 창조주의 고통을 말한다. 이 말씀은 "하나님의 더 크신 고통" 앞에 "바룩 자신의 사소한(?) 고통"을 보라는 것이다. 하나님은 바룩의 고통을 무시하지 않고, 알고 계시며 인정하신다. 하나님은 사람의 모든 환난에 동참하시기 때문이다(사 63:9). 그러니 자신의 고통에만 집착하지 말라고 하신다.

하나님은 바룩의 야망을 질책하신다(5절). 엄청난 죽음의 시대에 개인적 야망("네가 너를 위하여 큰일을 찾느냐")은 허망한 것이다. 지금은 생존이 문제다. "다가올 전쟁에서 너는 살아남을 것이다. 네가 가질 유일한 전리품은 너의 생명이 될 것이다." 유다 왕국과 권력자들을 집어삼키는 끔찍한 파멸 가운데서 보잘것없이 작은 한 사람이 그 생명을 약속받는다. 희망은 중앙이 아니라 주변에 존재한다. 국가는 망해도 민족과 민초들은 남는다. 희망은 연약하고 상처받은 사람들 가운데서 시작되고 나타난다.

18) 이방 나라를 향한 심판의 말씀(렘 46-51장)[여호야김 시대와 시드기야 시대]

(1) 열방에 대한 심판과 구원(렘 46-49장)

예레미야 46-51장에는 이방 나라를 향한 심판의 말씀이 수집되어 있다. 이 말씀은 이집트에서 시작하여 바빌로니아에서 끝난다. 예레미야는 먼저 이집트에 대한 하나님의 말씀을 전한다(렘 46장). 이곳에는 역사적 시기가 서로 다른 예언이 제시된다. 첫째, 이집트는 갈그미스 전투에서 바빌로니아에 패할 것이다(기원전 605년, 렘 46:2-12). 둘째, 이집트는 느부갓네살에게 침공을 당할 것이다(기원전 568년, 렘 46:13-26). 그러나 이집트의 회복도 예언된다(렘 46:26). 이어서 블레셋에 대한 예언이 언급된다(렘 47장). 이 예언에는 희망이나 회복에 대한 언급이 없다.

예레미야 48장에 기록된 모압에 대한 예언은 비교적 상당히 길다. 모압은 자만과 자기만족으로 인하여 심판을 받는다(렘 48:26, 29). 이 단락에서 "하나님이 모압을 위해 우신다"는 표현이 세 번이나 나온다는 사실은 주목할 만하다(렘 48:31-32, 36). 하나님이 자기 백성은 물론이고 "다른 나라 백성의 고난을 보고도 우신다"는 사실은 하나님의 성품에 대한 매우 놀랍고 중요한 통찰이다. 이 단락은 모압의 회복 예언으로 끝난다(렘 48:47).

예레미야 49장은 다섯 나라에 대한 예언으로 구성되어 있다.

① "암몬"은 심판과 회복이 모두 예고된다(렘 49:1-6).
② "에돔"에 관한 예언은 심판만 나오고, 그 이후 회복의 약속은 언급되지 않는다(렘 49:7-22). 에돔은 광야 시절부터 이스라엘과 오랫동안 관계가 좋지 않아서(민 20:14-21), 늘 비난과 심판의 대상이 된다.
③ "다메섹"에 대한 심판(렘 49:23-27),
④ "게달과 하솔"에 대한 심판(렘 49:28-33),
⑤ "엘람"에 대한 심판(렘 49:34-39)이 연이어 기록된다.

이방 나라에 대한 심판의 말씀은 하나님이 모든 열방을 다스리고 있다는 점을 보여준다. 이방의 모든 나라는 하나님을 모른다고 할지라도, 정의와 공의의 하나님 앞에서 책임을 져야 하고 하나님께 심판을 받는다. 야웨 하나님은 이스라엘의 민족 신이나 국가 신이 아니라 열방을 창조하시고 통치하시는 우주적인 하나님이시다.

(2) 바빌로니아의 몰락(렘 50-51장)

예레미야 50-51장은 바빌로니아의 몰락을 예언하고 있다. 이와 더불어 이스라엘의 회복을 약속한다(렘 50:17-20). 이 단락의 핵심 내용은 예레미야 50:1-3과 51:54-58에 기록되어 있다. "온 세계의 망치"(렘 50:23)로 한때 크게 쓰임 받았던 바빌로니아는 최고의 국가라는 오만으로 결국 하나님으로부터 버림받아 "돌처럼 강 속으로 가라앉을 것"(렘 51:63)이다. 이 부분은 예레미야가 시드기야 왕 제4년(기원전 594년) 바빌로니아에 보낸 책에 기록된 말씀이다(렘 51:59-64). 그렇다면 바빌로니아의 멸망 예언은 기원전 597년에 바빌로니아에 끌려간 1차 포로들에게 주어진 메시지였다. 강력한 제국도 영원하지 않다는 메시지는 유다 포로들에게 희망의 불씨가 되었을 것이다.

악이 영원히 승리하지는 못한다. 교만, 탐욕, 공격, 폭력, 죽음은 궁극적으로는 멸망할 것이다. 하나님은 압제가 영원히 지속되도록 허용하지 않으신다. 압제의 상징인 바빌로니아는 어느 시대나 존재한다. 그러나 바빌로니아는 시한부다. 언젠가는 돌처럼 가라앉을 것이다.

19) 부록: 예루살렘 함락과 바빌로니아 포로(렘 52장)[시드기야 시대]

예레미야 51:64은 "예레미야의 말이 이에 끝나니라"라고 기록하고 있다. 그렇다면 예레미야서는 51장이 마지막 장이다. 따라서 예레미야 52장은 부록이다. 이 부록 부분은 열왕기하 24:18-25:30의 내용에서 차용한 것으로 보인다.

이 부록은 예레미야의 심판 예언과 구원 예언이 옳았음을 입증하고 있다. 예레미야가 심판을 예언한 대로 시드기야는 처형되었고(렘 52:1-11), 예루살렘 성전은 철저히 파괴되었다(렘 52:12-23). 그리고 유다 백성들은 포로로 사로잡혀 갔다(렘 52:24-30). 예레미야의 심판 예언은 당대에는 거절되었으나 역사는 그의 손을 들어주었다. 그의 구원 예언도 예기치 않은 다윗의 후손 여호야긴의 사면 복권으로 희미하게나마 꿈틀거리기 시작한다(렘 52:31-34). 이는 단지 작은 희망의 빛이지만 예레미야의 구원 예언을 상기시키는 확실한 빛이다.

5. 나가는 말

구약의 정경 예언자 가운데 유다와 예루살렘 성전의 멸망(기원전 587년)을 실제로 체험한 유일한 예언자가 바로 예레미야다(기원전 627/6-585년). 그는 국가와 성전 멸망의 근본적인 원인은 사랑(헤세드)과 정의(미쉬파트)와 공의(체다카)의 하나님을 버리고(렘 9:24), 세상적인 풍요를 약속하는 우상을 섬긴 것에 있음을 줄곧 선포해왔다. 예레미야는 사역 초기(렘 1:16)에도 사역 말기(렘 44:7-10)에도 동일한 메시지를 전한다. 영적 우상숭배와 도덕적 악행은 밀접하게 연관되어 있다. 우상숭배는 야웨를 버리는 것이다. 야웨를 버리는 것은 야웨의 길을 버리는 것이다. 야웨의 길에는 종교적인 것은 물론이고, 사회적이고 경제적 영역의 긍휼과 정의가 포함된다. 예레미야의 외침이 오늘의 한국교회에도 크게 들려온다.

[15] 네 아버지(요시야)가 **정의와 공의를 행하지 아니하였느냐.**

그때에 그가 형통하였었느니라.

16)그는 **가난한 자와 궁핍한 자를 변호하고 형통하게 하였나니 이것이 나를 앎이 아니냐**(렘 22:15-16).

제1강

예레미야의 소명

"너를 여러 나라의 선지자로 세웠노라"
(렘 1:4-10)

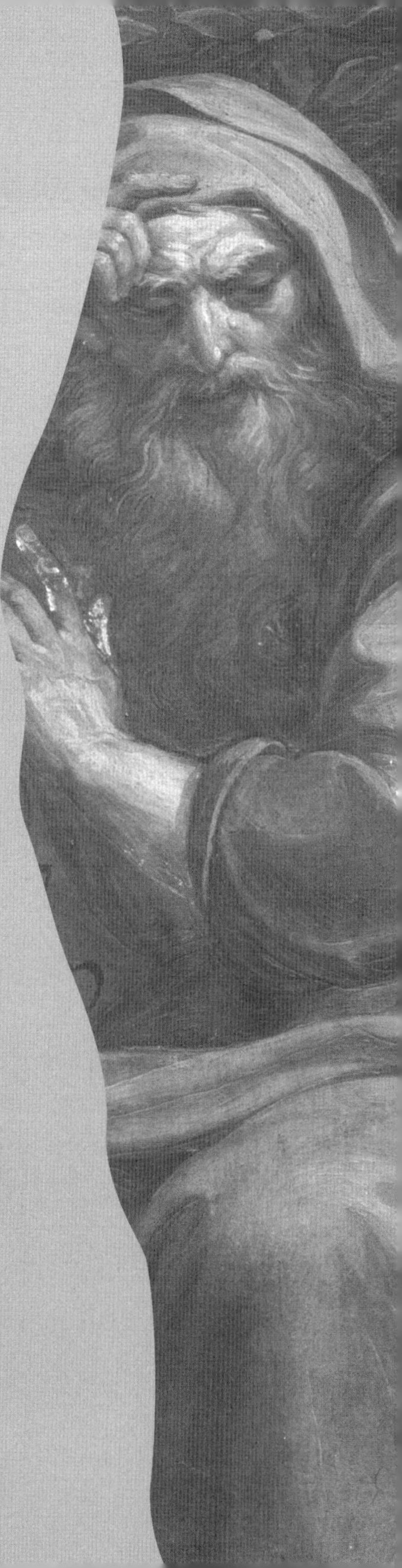

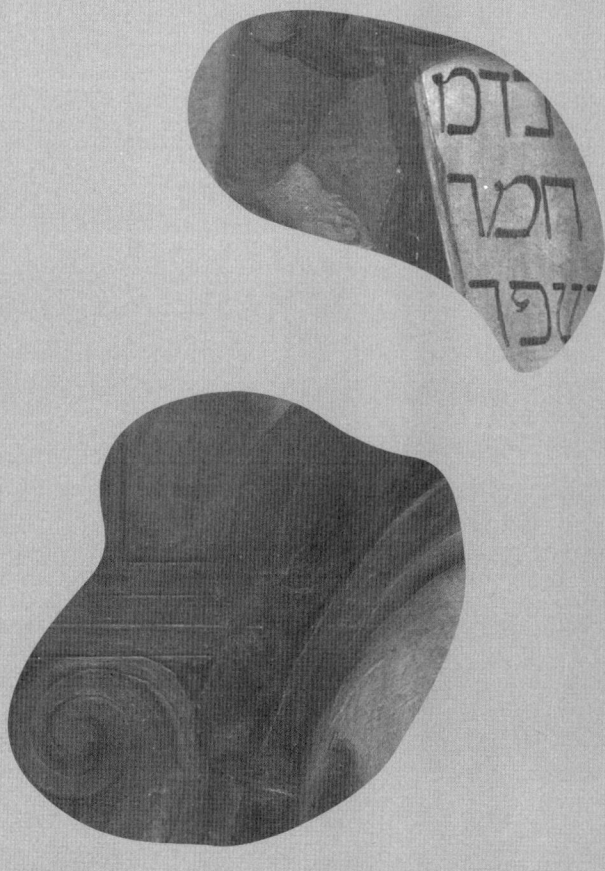

예레미야 1:4-10은 예레미야(기원전 627-585년경 활동)의 소명에 관한 본문이다. 예언자의 소명 본문은 두 가지 유형으로 나뉜다.

첫째는 "대화 형식"이다. 이것은 하나님과 부름 받은 자 간의 직접적인 대화를 통하여 소명이 이루어진다. 대화 형식은 다음의 네 가지 구성 요소로 형성되어 있다.

① 하나님의 부름
② 부름 받은 자의 거절
③ 하나님의 설득
④ 하나님의 약속

모세(출 3-4장), 기드온(삿 6장), 사울(삼상 9-10장), 예레미야의 소명(렘 1장)이 이러한 형식에 속한다.

둘째는 "천상회의 환상 형식"이다. 이것은 부름 받은 자가 환상 중에 목격한 천상의 회의(heavenly council)를 통하여 소명이 이루어진다. 여기에 속하는 대표적인 경우가 이사야(사 6장)와 에스겔(겔 1-3장)의 소명이다.

전자인 대화 형식이 "강압적인 소명"이라면 후자인 천상회의 환상 형식은 "자발적인 소명"이다. 다시 말해 전자에 속한 사람을 "차출병"(差出兵)이라 한다면, 후자는 "지원병"(志願兵)이라 할 수 있다. 따라서 예레미야는 하나님의 강압에 의하여 징병된 차출병에 속한다.

1. 말씀 사건 양식: "여호와의 말씀이 내게 임하니라"(렘 1:4)

예레미야의 소명 보도는 "여호와의 말씀이 내게 임하니라"라는 소위 말씀

사건 양식(Wortereignisformel/word-event-formular)[1]으로 시작한다. 이러한 표현은 한 인간의 전 생애를 결정짓는 심각한 소명 사건의 도입치고는 눈에 띌 정도로 너무나 간단하다.

예레미야보다 선배 예언자인 이사야(기원전 740-701년)는 신비한 환상을 통하여 천상의 존재인 스랍들에게 둘러싸여 높이 들린 야웨의 보좌를 본다(사 6:1). 예레미야보다 후배 예언자인 에스겔(기원전 593-571년)은 불이 번쩍번쩍하고 광채를 발하는 신기한 사건을 목도하고 결국 "여호와의 영광의 형상의 모양"을 본다(겔 1:28). 그러나 예레미야의 소명 체험은 "여호와께서 그 손을 내밀어 그의 입에 대신 사건"(렘 1:9) 외에는 별다른 신비한 것이 없다. 그의 소명에는 이사야와 에스겔 예언자와 같은 특별한 신비체험이 없다. 단지 야웨의 말씀이 임한 것뿐이다. 말씀 계시 이외는 더 이상 또 다른 종류의 계시는 없다.

예레미야에게 중요한 것은 하나님과의 "만남의 형식"이 아니라 "만남 사건 자체와 그에게 주어진 말씀의 내용"이었다.[2] 야웨의 말씀만 그에게 임한 것이다. 예언자에게 이보다 더 중요한 것이 있을까? 하나님의 말씀의 대언자(代言者)인 메신저들에게는 "신비한 체험"도 중요하지만 이보다 더 중요한 것은 "말씀의 주어짐"이라 할 수 있다.

---

1   이 양식은 구약에서 약 90회 나오며, 구원 예언 또는 심판 예언의 도입구로 쓰임으로, 이 구절의 내용이 하나님의 계시임을 밝혀준다. M. 드라이차, W. 힐브란츠, H. 슈미트, 『구약성서 연구 방법론: 주석방법론 입문서』, 하경택 역(서울: 비블리카아카데미아, 2005), 181-182.
2   W. Rudolph, *Jeremia* (HAT; Tübingen: J. C. B. Mohr, 1968), 5.

2. 하나님의 부름: "너를 여러 나라의 선지자로 세웠노라"(렘 1:5)

1) "안다"와 "구별하다"

하나님은 모태에 짓기도 전에 그를 알았고 그가 배에서 나오기도 전에 그를 구별하였다. 여기서 "안다"로 번역한 히브리어 "야다"(יָדַע)는 단순히 지적인 앎을 넘어서 상대의 생각, 의도, 감정적 차원, 즉 총체적인 인간을 대상으로 하는 앎을 뜻한다. 또한 여기서 "내가 너를 알았다"는 표현은 아모스 3:2의 "내가 땅의 모든 족속 가운데 너희만 알았다"에서 나타난 바같이 "선택"의 의미를 가진다.

다음에 나오는 "성별하다"(קָדַשׁ, 카다쉬)라는 말은 문자적으로는 "거룩하게 하다"인데, 이는 윤리적이거나 도덕적인 품성 또는 자질을 가리키는 말이 아니라 일상적인 쓰임새에서 벗어나서 특별히 취급받게 되었다는 뜻이다. 즉 하나님이 쓰시기 위해서 따로 떼어놓았음을 의미하는 종교적인 개념이다. 예레미야는 특별한 존재로 선택된 것이다.

이러한 일이 "태어나기 전"에 결정되었다는 것은 벗어날 수 없는 "직무의 불가피성"을 표현한다. 예레미야는 출생할 때부터 세상과의 관계에만 얽혀 있는 "자연인"(세속인)이 아니고 그곳에서 벗어나 일평생을 하나님과의 관계 안에서만 삶의 의미를 갖는 "신앙인"이며 하나님이 주신 삶의 과제로 항상 씨름하는 "사명자"다. 이러한 이유로 예레미야와 같이 하나님께 붙들린 사람들의 삶은 항상 하나님의 뜻에 초점을 맞추어야 한다.

2) 여러 나라의 선지자

예레미야는 "여러 나라의 선지자"(A Prophet to the Nations)로 세움을 받는다. "여러 나라"(גּוֹיִם, 고임)란 "민족들"(nations)을 가리키는 말이다. 이 단어는 주로 이방 민족들을 뜻하지만 때로는 유다 백성을 가리키기도 한다.

너희가 내게 대하여 제사장 나라가 되며 **거룩한 백성**(גּוֹי, 고이)이 되리라(출 19:6).

따라서 여기서 여러 나라란 유다를 포함한 이방 민족들 모두를 가리키는 말이다. 예레미야의 특별한 사명은 유다를 포함한 이방 나라 전체를 위한 것이며 오직 유다만을 위한 사명은 아니었다. 그는 맹목적인 국수주의자(國粹主義者)들이나 편협한 민족주의자(民族主義者)들과는 전혀 다른 길을 걸어야 했다(렘 29:5-7; 38:1-6).

사실 야웨 하나님의 주권에는 어떠한 한계도 없기 때문에 예레미야의 사역 범위도 한계가 있을 수 없다. 야웨 하나님이 "전 세계의 하나님"이시기 때문에 하나님의 종들은 "전 세계의 종"으로서 당연히 전 세계를 향한 하나님의 뜻을 간파하고 전해야 한다. 거짓 예언자는 자기 백성의 안녕만 추구하는 폐쇄적인 전망에 기초하지만, 참 예언자는 세계 역사라는 넓은 차원의 맥락에 기초한다.[3] 예레미야에게 주어진 사명과 같이 하나님의 사람들의 사명은 전 세계를 상대로 하는 임무라는 사실을 잊지 말아야 한다.

3. 부름 받은 자의 거절: "슬프도소이다"(렘 1:6)

"슬프도소이다"라는 단어는 히브리어로 "아하"(אֲהָהּ)다. 이 단어의 문자적 의미는 "아!"라는 외침이다. 예레미야의 이러한 탄성은 그가 공포와 절망감에 사로잡혀 있음을 잘 드러낸다. 예레미야는 하나님의 부름을 거절할 수밖에 없었다. 그는 거절의 근거로 그가 처한 현 상황을 다음과 같이 제시한다.

---

[3] G. von Rad, "Die falschen Propheten"(1933), in: R. Smend(Hrgs.), *Gesammelte Studien zum Alten Testament,*. Bd. 2, ThB 48, 1973, 212-223.

> 나는 아이라 말할 줄을 알지 못하나이다(렘 1:6).

이러한 이의(異義)는 "절대로 못 합니다"가 아니라 "아직은 아닙니다"라는 뜻이다. 여기서 "아이"로 번역한 히브리어 "나아르"(נַעַר)는 나이를 정확하게 한정하기는 어렵지만 보통 "소년"이나 "청년"을 가리킨다(참조. 삿 8:14). 청소년기는 경험이 부족하고 아직은 성숙하지 못한 상태. 따라서 그에게는 백성들을 설득할 만한 능력과 언변이 부족하다.

> 나의 하나님 여호와여 주께서 종으로 종의 아버지 다윗을 대신하여 왕이 되게 하셨사오나 종은 작은 **아이**(נַעַר, 나아르)라 출입할 줄을 알지 못하고(왕상 3:7).

> 모세가 여호와께 아뢰되 "오, 주여 나는 본래 말을 잘하지 못하는 자니이다. 주께서 주의 종에게 명령하신 후에도 역시 그러하니 나는 입이 뻣뻣하고 혀가 둔한 자니이다"(출 4:10; 참조. 출 6:12, 30).

사실 소명 당시 아이에 지나지 않았던 예레미야는 백성 전체를 향하여 발언할 만한 능력도 없었고, 사역을 시작할 적합한 시기도 아닐 뿐만 아니라 그만한 자격도 없었다. 이러한 권위의 부재로 그에게 주어진 과제는 사실상 불가능했다. 즉 "자격 미달"과 "임무의 불가능성"이 그가 제시한 거절의 이유라고 할 수 있다.

4. 하나님의 설득: "너는 아이라 하지 말라"(렘 1:7)

하나님은 예레미야의 이러한 이의 제기에 대하여 즉시로 답변하시고 설득하신다(렘 1:7).

첫째, 여기에는 하나님의 부르심을 입은 자들은 "자신의 능력"이 아니라 "부르신 자의 능력"에 의존해야 한다는 뜻이 담겨 있다.[4] 인간의 부적격성과 무경험은 오히려 하나님의 가능성이 발휘될 수 있는 최적의 기회가 되기 때문이다.[5]

둘째, 부름 받은 자가 스스로 부족하고 자격 미달이라고 생각할 때가 바로 하나님이 쓰시기에 적기라는 뜻도 내포되어 있다(삿 6:15[기드온]; 삼상 9:21[사울]). 자기 스스로 능력과 자격이 충분하다고 생각한다면 그 일은 맡기신 이의 일이 아니라 자신이 하는 일이 되기 때문이다. 이러한 측면에서 하나님의 일은 항상 인간적인 자격으로만 하는 것은 아니다. 하나님의 부르심, 즉 소명 그 하나만으로도 충분할 때가 있다.

하나님의 설득은 예레미야의 이의를 물리치면서 시작한다.

> 너는 아이라 말하지 말고 내가 너를 누구에게 보내든지 너는 가며 내가 네게 무엇을 명령하든지 너는 말할지니라(렘 1:7).

예레미야에게 주어진 일은 하나님이 가라고 하는 곳에 가서, 전하라고 하신 말씀을 전하는 것뿐이다. 그게 전부다. 여기서 하나님이 예레미야에게 청중을 설득시키라고 요구하지 않는다는 점에 주목해야 한다. 예언자란 말씀의 심부름꾼으로서 "보냄을 받은 장소"에서 "주어진 말씀만 전달"하면 된다. 전달자의 책임은 그가 전한 메시지에 대한 청중의 수용 여부에 있는

---

[4] G. Wanke, *Jeremia. Teilband 1: Jeremia 1,1-25,14* (ZBAT; Zürch: Theologischer Verlag, 1995), 29.

[5] J. A. 톰슨, 『예레미야(상)』, 최우성 역(반즈 신구약 성경주석; 서울: 크리스챤서적, 1992), 202.

것이 아니다. 수용 여부를 걱정하지 말고 그저 받은 메시지를 전하기만 하면 된다.

> 그들은 심히 패역한 자라. 그들이 듣든지 아니 듣든지 너는 내 말로 고할지어다(겔 2:7).

다만 전달자의 책임은 그가 받은 메시지를 가감하거나 왜곡하지 않고 전달받은 그대로 정확하게 전달하였느냐에 있다(렘 26:2). 즉 메신저들에게는 "말씀의 정확도"가 "말씀의 전달력"이나 "말씀의 설득력"보다 훨씬 더 중요하다. 그렇다면 오늘의 메신저들이 정녕 의식해야 하는 것은 메시지를 듣는 회중의 숫자나 그들의 반응보다는 오히려 매 순간 자신이 내리신 메시지의 오차를 계산하고 계시는 하나님이어야 하지 않을까?

5. 하나님의 약속: "내가 너와 함께하여 너를 구원하리라"(렘 1:8)

하나님은 예레미야에게 "그들로 인하여 두려워하지 말라"라고 권면하신다. 여기에는 예레미야가 감당해야 할 임무가 위협적인 적대감을 유발시킬 것이라는 사실이 전제되어 있다. 여기서 "그들"이란 아마도 18절에서 언급한 "온 땅과 유다 왕들과 그 지도자들[고관들]과 그 제사장들과 그 땅 백성[지방 유지들]"일 것이다. 예레미야 자신을 제외한 모든 사람이 그의 적이 된다. 이는 실로 두려운 일이 아닐 수 없다.

이런 예레미야에게 "내가 너와 함께하여 너를 구원하리라"는 하나님의 약속이 주어진다. 이는 예레미야가 위험한 상황에 놓이기 "전"(before)이 아니라 그 상황 "속"(in)에서 지켜주시겠다는 약속이다. 그렇다면 예레미야에게 고난과 위협 그리고 박해가 배제되지 않는다. 이는 십자가를 피하게 한다는 것이 아니라 십자가 안에서, 즉 십자가를 지는 가운데서 구원하겠다는 약속이다.

하나님으로부터 특별한 부르심을 입은 자라고 해서 이 땅에서 고난과 무관한 삶을 사는 것은 아니다. 이것이 회피할 수 없는 신앙인의 현실이라면 한 신앙인의 다음과 같은 기도가 우리의 기도가 되어야 하지 않을까?

> 내가 지극히 사랑하는 아이들에게
> 평탄한 길만을 주지 마소서.
> 쉬운 길만을 걷지 못하게 하소서.
> 때로는 역경과 환난을 주소서.
> 그리고 그 속에서 내 아이들을 지키시는 하나님을 만나게 하소서.
> 그 신앙으로 어려움을 극복하게 하소서.

6. 성직 수여식: "내가 내 말을 네 입에 두었노라"(렘 1:9)

하나님은 그 손을 예레미야의 입에 대시고 "내가 내 말을 네 입에 두었노라"고 말씀하신다. 이러한 행위는 구약성서에서 더 이상 유례를 찾아볼 수 없는 독특한 현상으로 일종의 "상징행위"에 해당한다.[6] 신적인 영역과 인간의 영역 간에 접촉이 이루어진 것이다. 이로써 예레미야는 하나님의 입이 된다.

> 너는 나의 입이 될 것이라(렘 15:19).

---

6 G. Wanke, *Jeremia. Teilband 1: Jeremia 1,1-25,14*, 29.

예레미야가 메신저로서의 전권(全權)을 위임받는 성직 수여식이 행해지고 있다. 메신저는 자기가 하고 싶은 말을 하는 사람이 아니다.

> [6] 선지자 예레미야가 말하니라. "아멘, 여호와는 이같이 하옵소서. 여호와께서 네가 예언한 말대로 이루사 여호와의 성전 기구와 모든 포로를 바벨론에서 이곳으로 되돌려 오시기를 원하노라. [7] 그러나 너는 내가 네 귀와 모든 백성의 귀에 이르는 이 말을 잘 들으라. [8] 나와 너 이전의 선지자들이 예로부터 많은 땅들과 큰 나라들에 대하여 전쟁과 재앙과 전염병을 예언하였느니라"(렘 28:6-8).

메신저는 하나님이 주시는 말씀만을 대변하는 사람이다.

> [19] 너희를 넘겨줄 때에 어떻게 또는 무엇을 말할까 염려하지 말라. 그때에 너희에게 할 말을 주시리니 [20] 말하는 이는 너희가 아니라 너희 속에서 말씀하시는 이 곧 너희 아버지의 성령이시니라(마 10:19-20).

7. 선포 내용: "뽑고…건설하며"(렘 1:10)

하나님은 예레미야를 여러 나라와 여러 왕국 위에 세운다.

> 보라! 내가 오늘 너를 여러 나라와 여러 왕국 위에 세워(렘 1:10a).

여기서 "세우다"(פָּקַד, 파카드)라는 동사는 "대리인/감독자로서 일을 맡기다"라는 뜻이다.[7]

---

7   W. Rudolph, *Jeremia*, 7.

> 요셉이 그의 주인에게 은혜를 입어 섬기매 그가 요셉을 가정 **총무로 삼고**
> (פָּקַד, 파카드) 자기의 소유를 다 그의 손에 위탁하니(창 39:4).

예레미야는 이 땅 위에 있는 하나님의 대리인이다. 이제 그의 말은 인간의 말 같이 흔히 효과 없이 허공을 울리는 소리나, 덧없이 사라지는 연기가 아니라 늘 강력하게 효력을 미치는 하나님의 말씀이다.

> 여호와의 말씀이니라. 내 말이 불같지 아니하냐, 바위를 쳐서 부스러뜨리는 방망이 같지 아니하냐(렘 23:29; 참조. 사 55:10-11).

그가 하나님의 대리인으로 전하는 선포 내용은 "뽑고, 파괴하며, 파멸하고, 넘어뜨리며, 건설하고, 심게 하는 것"이다. 이를 자세히 살펴보면 심판에 해당하는 말씀이 네 가지이고 구원에 관한 것은 두 가지다. 이는 예언자 예레미야가 앞으로 선포해야 할 메시지의 성격을 잘 보여준다.

첫째, 그는 주로 심판을 선포하여야 한다. 둘째, 그러나 심판의 선포에만 머무를 수는 없다. 그는 구원도 전해야 한다. 셋째, 그런데 그 구원은 반드시 심판을 받고 난 다음에 주어지는 것이다. 역으로 말하면 구원을 받기 위해서 먼저 심판을 받아야 한다. 하나님의 구원은 인간의 힘에 의존하지 않는 인간의 "영점상황"(零點狀況: Nullpunktsituation, zero point situation)에서 시작한다.[8] 다른 말로 하면 구원은 "절대적인 무로부터"(*ex nihilo*, from nothing) 이루어지는 하나님의 창조라고 할 수 있다.

---

[8] "영점상황"이라는 용어는 한스 발터 볼프에게서 따온 것이다. 한스 발터 볼프, 『예언과의 만남』, 차준희 역(서울: 대한기독교서회, 1999), 47-48.

하늘이여, 위로부터 공의를 뿌리며

구름이여 의를 부을지어다.

땅이여, 열려서 구원을 싹트게 하고

공의도 함께 움돋게 할지어다.

나 여호와가 이 일을 창조하였느니라(사 45:8 등).[9]

예언자적 선포란 모름지기 현실에 대하여 우선적으로는 비판적이다. 그러나 거기서 그치면 미완성이다. 청중의 기대를 뛰어넘는 희망도 포함한다(렘 32:6-15; 겔 33:10-11; 37:11-12). 예언자는 결국 구원과 희망을 선포하는 자다.

여호와의 말씀이니라. 너희를 향한 나의 생각을 내가 아나니 **평안**이요 재앙이 아니니라. 너희에게 **미래와 희망**을 주는 것이니라(렘 29:11).

예언자는 맹목적인 낙관론에 사로잡힌 사람들에게는 하나님의 심판을 예고하고, 절망적인 비관론의 포로가 된 사람들에게는 하나님의 구원을 약속한다. 예언자는 그 시대가 보지 못하는 앞선 시대를 먼저 깨닫고, 내일의 눈으로 오늘을 해석한다.

---

9   W. Brueggemann, *A Commentary on Jeremiah: Exile and Homecoming* (Grand Rapids, Michigan: Wm. B. Eerdmans Publishing Co, 1998), 25.

제2강

있을 수 없는 배신

"어느 나라가 그들의 신들을 신 아닌 것과
바꾼 일이 있느냐?" (렘 2:1-13)

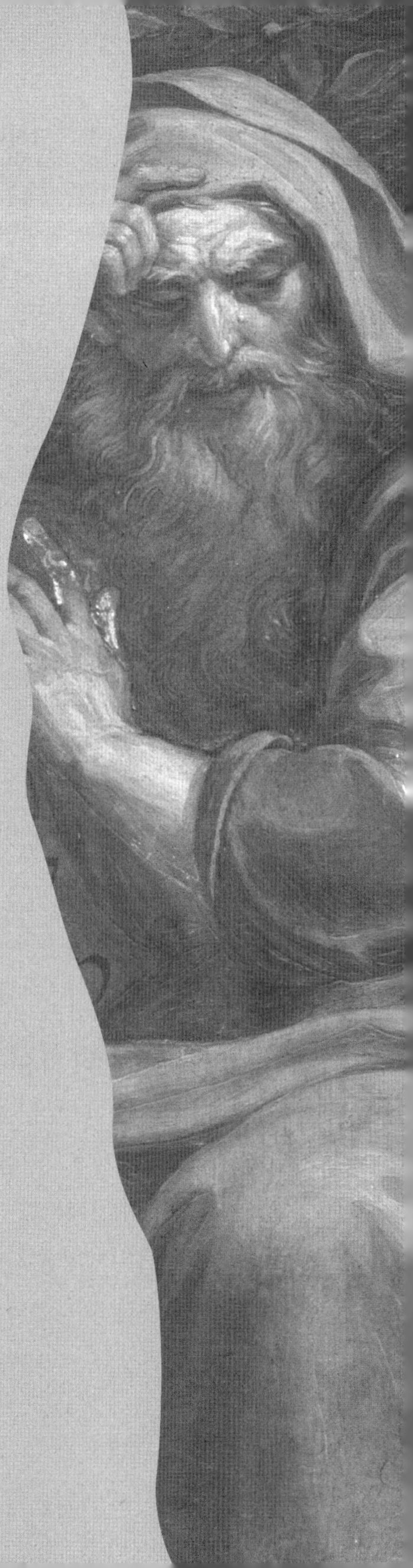

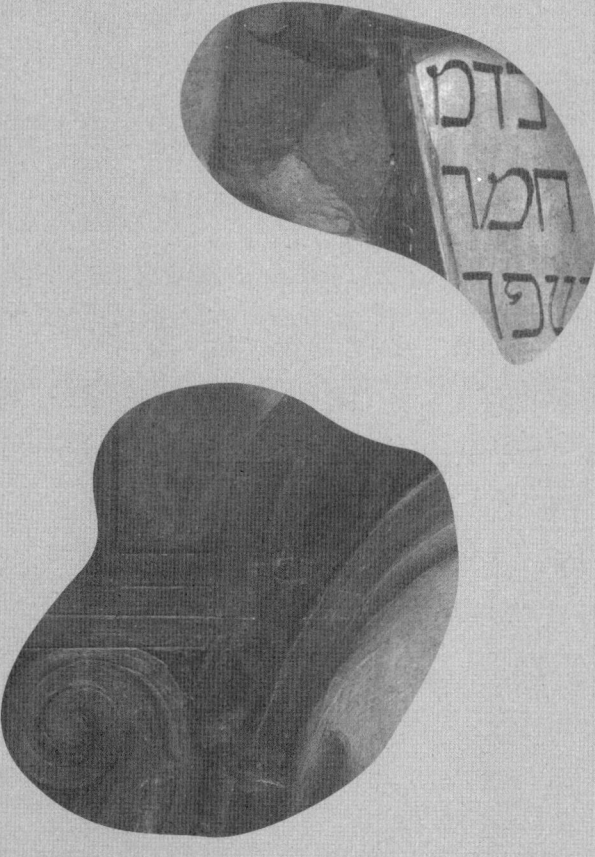

1. 광야 시절의 허니문: "광야에서 나를 따랐음이니라"(렘 2:1-2)

하나님은 예레미야를 통하여 광야 시절을 회고하며 예루살렘 사람들에게 전한다. 그때는 하나님과 이스라엘의 관계가 좋았다.

> 1)여호와의 말씀이 내게 임하니라.
> 이르시되 2)"가서 예루살렘의 귀에 외칠지니라.
> 여호와께서 이와 같이 말씀하시기를
> 내가 너를 위하여 **네 청년 때의 인애**와
> **네 신혼 때의 사랑**을 기억하노니
> 곧 씨 뿌리지 못하는 땅,
> 그 광야에서 나를 따랐음이니라"(렘 2:1-2).

역사적으로 보면 이스라엘은 출애굽 사건을 통하여 하나님의 백성이 되었다.

> 너희가 내게 대하여 제사장 나라가 되며 **거룩한 백성**이 되리라(출 19:6).

또한 시내산에서 언약을 맺음으로 이스라엘은 야웨의 백성이 되고 야웨는 이스라엘의 하나님이 되심이 확증되었다(출 24장). 따라서 가나안 땅에 들어가기 전 광야 시절은 이스라엘 민족의 어린 시절이라 할 수 있다. 그때 이스라엘은 청순한 새색시처럼 순수한 사랑으로 오직 야웨만을 따랐다. 하나님과 이스라엘의 관계는 둘 사이에 그 무엇도 끼어들 틈이 없을 정도로 오직 하나님만 아는 밀착된 사랑의 관계였다(호 2:15). 즉 광야 시절은 첫사랑을 나누던 달콤한 "허니문의 시기"였다.

그러나 광야가 허니문의 장소라고 해서 모든 조건이 완비된 이상적인 곳은 아니었다. 그곳은 씨를 뿌리지 못하는 땅이었고, 사막과 구덩이 땅, 건조하고 사망의 그늘진 땅이어서 사람이 다니지 않고 거주하지 않는 땅이었다.

> 그들이 우리를 애굽 땅에서 인도하여 내시고
> **광야 곧 사막과 구덩이 땅,**
> **건조하고 사망의 그늘진 땅,**
> **사람이 그곳으로 다니지 아니하고**
> **그곳에 사람이 거주하지 아니하는 땅**을
> 우리가 통과하게 하시던
> 여호와께서 어디 계시냐 하고 말하지 아니하였도다(렘 2:6).

그런 척박한 땅에서 이스라엘 백성은 하나님과 완벽한 조화의 관계를 유지했던 것이다.

2절은 이스라엘이 처음에는 하나님을 잘 섬겼다는 점을 말하고 있을 뿐만 아니라 사람의 힘으로는 도무지 살아갈 수 없는 환경에 처해 있을 때 하나님의 은혜가 더 크게 역사하였다는 점도 드러낸다. 먹고 마실 것이 제대로 없고 온갖 위험이 도사리고 있는 그곳에서 그들은 하나님만 의지하였고 하나님은 크신 은혜로 그들을 돌보아주신 것이다. 보통 사람들은 지나고 나서야 비로소 최악의 형편이 오히려 하나님의 은혜로 향하는 통로였음을 깨닫게 된다. 그러나 성숙한 신앙인이라면 고난 이후가 아니라 고난의 한복판에서도 이 점을 놓치지 말아야 하지 않을까? 아무리 고단하고 고난의 삶을 산다 해도 오늘 역시 은혜의 날임을 놓치지 말자.

2. 야웨의 성물: "이스라엘은 여호와를 위한 성물 곧 그의 소산 중 첫 열매이니"(렘 2:3)

하나님의 말씀은 예레미야를 통하여 계속해서 주어진다.

> 이스라엘은 **여호와를 위한 성물**
> 곧 그의 소산 중 첫 열매이니
> 그를 삼키는 자면 모두 벌을 받아
> 재앙이 그들에게 닥치리라.
> 여호와의 말씀이니라(렘 2:3).

이스라엘 백성이 "여호와의 성물"이라는 말씀은 하나님이 여러 민족 가운데서 이스라엘만 당신의 소유로 따로 떼어 놓아 성별하심으로써, 하나님은 이스라엘에 대해 특별한 권리를 지닌다는 뜻이다. 또한 이스라엘은 제사장과 그 직계 외에는 손을 대지 못하고 다른 용도로 사용하지 못하는 "처음 열매"처럼(레 22:10-16), 오직 하나님에게만 속하는 존재다.

> 네 토지에서 **처음 거둔 열매의 가장 좋은 것**을 가져다가 너의 하나님 여호와의 전에 드릴지니라(출 23:19).

이스라엘은 온전히 그리고 배타적으로 하나님의 소유다. 따라서 하나님의 뜻에 반하여 야웨의 처음 열매를 삼키는 자, 즉 이스라엘을 공격하는 자는 벌을 받게 된다. 이 본문은 이스라엘 초기에 일어난 이집트(출 14장)와 아말렉(출 17장)으로 인한 위험에서 이스라엘이 구출된 사건을 가리키는 것으로 보인다.[1] 이스라엘의 초기 시대는 야웨로부터 엄청난 은혜를 입었다. 사실 그러한 은혜가 없었더라면 이스라엘의 역사는 이집트와 광야에서 이미 끝장났을 것이다. 그러나 하나님의 은혜가 어찌 이스라엘 백성에게만 국한되겠는가! 이러한 은혜는 오늘날 하나님의 모든 백성에게도 해당한다.

3. "헛것"(nothing)을 쫓다가 "헛것"(no thing)이 되다: "나를 멀리하고 가서 헛된 것을 따라 헛되이 행하였느냐"(렘 2:4-5)

예레미야는 2절에서 "예루살렘 사람"을 향해 외치고 있다. 그런데 여기에서는 "야곱의 집과 이스라엘 집 모든 가족"을 향하여 말하고 있다.

> **야곱의 집과 이스라엘의 집**
> **모든 족속들아,**
> 여호와의 말씀을 들으라(렘 2:4).

야곱은 열두 지파 시조들의 아버지다. 따라서 예레미야가 "야곱과 이스라엘"을 언급한 것은 이스라엘 역사의 시작을 가리킨다고 볼 수 있다.[2] 예레미야의 선포는 유다와 예루살렘(2절)뿐만 아니라, 당시에는 이미 망한 북이스라엘 백성을 향한다. 예언자의 메시지는 과거와 현재 모두를 아우르고 있다.

하나님은 이들의 조상들이 행한 일을 거론하며 책망조로 질문하신다.

---

1 G. Wanke, *Jeremia. Teilband 1: Jeremia 1,1-25,14* (ZBAT; Zürch: Theologischer Verlag, 1995), 34.
2 W. McKane, *Jeremiah I Vol. I* (ICC; Edinburgh: T&T Clark, 1986), 31; W. Werner, *Das Buch Jeremia Kapitel 1-25* (NSKAT; Stuttgart: Verlag Katholisches Bibelwerk, 1997), 46.

나 여호와가 이와 같이 말하노라.

너희 조상들이 내게서 무슨 불의함을 보았기에

나를 멀리하고 가서

헛된 것을 따라 헛되이 행하였느냐(렘 2:5).

여기서 "조상들"은 이전 세대를 대표하는 말이다. 히브리어로 "헛된 것"은 전도서에서 많이 쓰인 "헤벨"(הֶבֶל,)이라는 단어다.

전도자가 이르되
헛되고(הֶבֶל, 헤벨) **헛되며**(הֶבֶל, 헤벨)
헛되고(הֶבֶל, 헤벨) **헛되니**(הֶבֶל, 헤벨)
모든 것이 **헛되도다**(הֶבֶל, 헤벨)(전 1:2).

이 단어는 "허무/바람/무의미"를 뜻한다. 그런데 이 단어가 여기서는 히브리어 정관사 "하"(הַ)를 동반하고 있다. 즉 히브리어로는 "하헤벨"(הַהֶבֶל)이다. "헤벨"(הֶבֶל)이라는 명사는 가나안 종교의 주신(主神)인 "바알"과 비슷한 발음을 갖고 있다.[3] 사실 이는 바알을 가리키는 말로, 바알을 얕보는 표현이다.[4] 즉 바알은 허무하고, 바람에 지나지 않으며, 아무런 의미도 없다는 것이다.

이스라엘은 "바알"(헛된 것)을 쫓다가 결국 스스로가 헛된 것이 되고 말았다. 북이스라엘의 멸망이 이를 증명해준다. 북이스라엘은 "여호와의 율례와 여호와께서 그들의 조상들과 더불어 세우신 언약과 경계하신 말씀을

---

3   J. A. 톰슨, 『예레미야(상)』, 최우성 역(반즈 신구약 성경주석; 서울: 크리스챤서적, 1992), 229-230.

4   J. R. Lundbom, *Jeremiah 1-20* (AB; New York: Doubleday, 1999), 259.

버리고 **허무한 것**(הֶבֶל, 헤벨)을 뒤따라 **허망하며**(הֶבֶל, 헤벨) 또 여호와께서 명령하사 따르지 말라 하신 사방 이방 사람을 따라 그들의 하나님 여호와의 모든 명령을 버리고…바알을 섬기다"(왕하 17:15-16)가 결국 망국의 길로 접어들게 되었다. 이스라엘은 "거품"(הֶבֶל, 헤벨: nothing)을 쫓다가 스스로 "거품"(הֶבֶל, 헤벨: no thing)이 되었다.[5]

> 옛적에 내가 이스라엘을 만나기를
> 광야에서 포도를 만남같이 하였으며
> 너희 조상들을 보기를
> 무화과나무에서 처음 맺힌 첫 열매를 봄 같이 하였거늘
> **그들이 바알브올에 가서 부끄러운 우상에게 몸을 드림으로**
> **저희가 사랑하는 우상같이 가증하여졌도다**(호 9:10).

> 우상들을 만드는 자들과
> 그것을 의지하는 자들이
> **다 그와 같으리로다**(시 115:8).

인간은 자신이 섬기는 신에 의해서 그의 삶이 결정된다. 최고의 가치를 두는 사랑(혹은 숭배)의 대상이 그 사람의 가치관을 결정한다. 바알은 물질과 풍요의 신이다. 현대 물질문명의 사람들에게 거의 신으로 간주되는 현대판 바알인 물질과 풍요는 사실 허상이다. 그 허상을 쫓는 삶의 끝도 허무할 수밖에 없다.

---

[5] W. Brueggemann, *A Commentary on Jeremiah: Exile and Homecoming* (Grand Rapids, Michigan: Wm. B. Eerdmans Publishing Co, 1998), 34.

돈을 사랑함이 일만 악의 뿌리가 되나니 이것을 탐내는 자들은 미혹을 받아
믿음에서 떠나 많은 근심으로써 자기를 찔렀도다(딤전 6:10).

4. 대를 이어 계속되는 배신: "너희가 이리로 들어와서는 내 땅을 더럽히고"
(렘 2:6-7)

이스라엘 백성의 조상들은 그들을 이집트의 억압에서 구원하시고 척박한 광야에서 인도해주신 야웨 하나님을 더 이상 찾지 않았다.

> 그들이 우리를 애굽 땅에서 인도하여 내시고
> 광야 곧 사막과 구덩이 땅,
> 건조하고 사망의 그늘진 땅,
> 사람이 그곳으로 다니지 아니하고
> 그곳에 사람이 거주하지 아니하는 땅을
> 우리가 통과하게 하시던
> **여호와께서 어디 계시냐 하고 말하지 아니하였도다**(렘 2:6).

그런데 그 조상의 후예들도 하나님을 외면하기는 마찬가지다. 7절에서 하나님은 "너희"를 인도하여 가나안 땅에 들어가게 하였다는 사실을 상기시키신다.

> 내가 너희를 기름진 땅에 인도하여
> 그것의 열매와 그것의 아름다운 것을 먹게 하였거늘
> 너희가 이리로 들어와서는 내 땅을 더럽히고
> 내 기업을 역겨운 것으로 만들었으며(렘 2:7).

여기서 "너희"는 예레미야와 동시대의 사람을 말한다. 하나님은 그들의 조상에게 기름진 땅을 주었고 그 땅의 열매와 아름다운 것을 먹게 하셨다.

> 7)네 하나님 여호와께서 **너를 아름다운 땅에 이르게 하시나니** 그곳은 골짜기든지 산지든지 시내와 분천과 샘이 흐르고 8)밀과 보리의 소산지요 포도와 무화과와 석류와 감람나무와 꿀의 소산지라(신 8:7-8).

그로 인해 그들의 후손인 이스라엘 백성은 어느 정도는 풍요로움 속에서 생활할 수 있었다. 그러나 그들은 "하나님의 땅"을 더럽히고 "하나님의 기업(상속지)"을 "역겨운 것"으로 만들었다. 이것은 5절에서 암시한 바와 같이 바알 숭배로 인한 결과를 가리킨다.

그들의 삶의 터전인 가나안 땅은 본디 하나님의 땅으로서 하나님이 선물로 허락하신 땅이었다. 따라서 그 땅에서의 삶은 야웨 하나님의 뜻에 합당해야 한다.

> 네 조상의 하나님 여호와께서 네게 주셔서 차지하게 하신 땅에서 너희가 평생에 지켜 행할 규례와 법도는 이러하니라(신 12:1).

그러나 그들은 약속의 땅에서조차 하나님을 거역하고 있다. 하나님은 먼저 은혜로 약속의 땅을 주셨다. 그리고 나서 그 은혜에 합당한 삶을 요구하셨다. 그런데 하나님이 선사한 출애굽의 은혜와 광야 인도의 은혜를 저버린 조상들과 같이 그 후예들도 약속의 땅을 주신 은혜를 배반한다. 이스라엘의 반역은 대를 이어 그칠 줄 모른다. 인간의 죄성은 이토록 뿌리가 깊다.

> 네가 잿물로 스스로 씻으며

수다한 비누를 쓸지라도

네 죄악이 내 앞에 그대로 있으리니(렘 2:22).

은혜에 제대로 보답은 못 할지언정 최소한 은혜를 저버리는 일은 피해야 하지 않는가!

5. 지도자라는 것들이: "제사장들은 여호와께서 어디 계시냐 말하지 아니하였으며"(렘 2:8)

예레미야는 당시 지도자들의 잘못을 질책한다.

> 제사장들은 여호와께서 어디 계시냐 말하지 아니하였으며
> 율법을 다루는 자들은 나를 알지 못하며
> 관리들도 나에게 반역하며
> 선지자들은 바알의 이름으로 예언하고 무익한 것들을 따랐느니라(렘 2:8).

여기서 "율법(הַתּוֹרָה, 토라)을 다루는 자들"이란 바로 앞에 언급된 제사장들을 달리 부른 것으로 보인다.[6] "관리들"이란 문자적으로는 "목자들"(הָרֹעִים, 하로 임)이라는 낱말이다. 목자란 구약성서와 고대 중동의 나라에서 왕을 비롯한 정치 지도자를 가리키는 말이다. 하나님의 은혜에 합당하게 사는 법을 알

---

[6] W. Rudolph, *Jeremia* (HAT; Tübingen: J. C. B. Mohr, 1968), 16; J. Schreiner, *Jeremia 1-25,14* (NEB; Würzburg: Echter Verlag, 21985), 19-20; G. Wanke, *Jeremia. Teilband 1: Jeremia 1,1-25,14*, 36; 그러나 "율법을 다루는 자"가 누구인지에 대해서는 논란이 되고 있다. 예를 들면, W. McKane은 이를 "율법교사들"(teachers of Torah)로 이해하며 (W. McKane, *Jeremiah 1-25*, ICC; Edinburgh: T&T Clark, 1986, 32), 최근에는 "서기관들"(scribes)로 해석하는 학자도 있다(J. R. Lundbom, *Jeremiah 1-20*, 261).

려주는 율법을 정확하게 가르쳐야 할 책임을 맡은 제사장들이 야웨를 찾지도 않을뿐더러 아예 야웨 자체를 모른다. 하나님의 뜻에 따라 백성을 돌볼 책임을 맡은 정치 지도자들은 오히려 야웨의 뜻을 거역한다. 하나님의 뜻을 전해야 할 책임이 있는 예언자들은 바알에게 의지하여 예언하고 그 이방 신을 추종한다.

하나님의 말씀을 전하고(예언자), 그 말씀을 보존하고 가르치며(제사장), 그 말씀대로 백성을 돌볼 책임을 맡은(정치가) 지도자들이 자기 자리를 벗어난다. 이것이 이스라엘의 비극이다. 하나님의 뜻이 책임자들의 사역을 통해서 백성들에게 제대로 전달되지 않는다. 하나님의 뜻을 드러내는 것이 지도자들의 본연의 임무다. 하나님은 각각의 분야에 지도자들을 세워서 당신의 뜻이 전달되고 실현되기를 원하신다. 지도자가 자기 자리를 지키지 못하면 그 공동체는 위기에 처하고 붕괴된다.

> 30)이 땅을 위하여 성을 쌓으며 성 무너진 데를 막아서서 나로 하여금 멸하지 못하게 할 사람을 내가 그 가운데에서 찾다가 찾지 못하였으므로 31)내가 내 분노를 그들 위에 쏟으며 내 진노의 불로 멸하여 그들 행위대로 그들 머리에 보응하였느니라. 나 주 여호와의 말이니라(겔 22:30-31).

따라서 어느 시대건 지도자들이 바로 서야 한다. 그들이 보여주어야 할 올바른 지도력이란 어떤 것인가? 이는 자신과 자신이 속한 집단의 이익을 뒤로하고 하나님의 뜻을 우선적으로 받드는 지도력이어야 한다. 그곳이 교회이건 국가이건 간에 말이다. 지도자의 탐욕이 죽어야 공동체가 산다. 지도자가 희생해야 공동체가 산다.

6. 유례를 찾을 수 없는 "신(神)-갈아 치우기": "나의 백성은 그의 영광을 무익한 것과 바꾸었도다"(렘 2:9-12)

이스라엘의 끊임없는 배역은 드디어 하나님의 소송 사건(lawsuit)으로 이어진다.

> 그러므로 내가 다시 **싸우고**(ריב, 리브)
> 너희 자손들과도 **싸우리라**(ריב, 리브).
> 여호와의 말씀이니라(렘 2:9).

여기서 "싸우다"는 히브리어로 "ריב"(리브)이며 이는 "소송을 걸다"라는 뜻이다. 하나님이 당신의 백성을 대상으로 소송을 거신다. 이는 세계사적으로 유례를 찾을 수 없는 사건이 일어났기 때문이다. 예레미야는 깃딤섬들과 게달에 사람을 보내어 어느 나라가 그들의 신들을 다른 신과 바꾼 일이 있는지 알아보라고 명령한다.

> 너희는 **깃딤섬들**에 건너가 보며
> **게달**에도 사람을 보내
> 이 같은 일이 있었는지를 자세히 살펴보라(렘 2:10).

"깃딤"은 본래 키프로스섬 주민을 말한다. 그런데 이는 지중해 동쪽 지역의 주민들 전부를 가리키기도 한다.

> **깃딤 해변**에서 배들이 와서
> 앗수르를 학대하며

에벨을 괴롭힐 것이나

그도 멸망하리로다 하고(민 24:24).

따라서 이스라엘을 중심으로 보면 이곳은 "서쪽 끝"을 가리킨다. "게달"은 시리아-아라비아 광야에 거하는 아랍 부족을 가리킨다.[7]

주께서 이같이 내게 이르시되

품꾼의 정한 기한 같이

일 년 내에 **게달**의 영광이 다 쇠멸하리니(사 21:16).

따라서 이는 "동쪽 끝"을 말한다. 깃딤섬들과 게달로 가보라는 말은 동서(東西)의 끝단으로, 곧 이곳저곳을 다 알아보라는 뜻이다. 또한 깃딤과 게달 사람들은 상인이다.[8]

아라비아와 **게달**의 모든 고관은 네 손아래 **상인**이 되어 어린 양과 숫양과 염소들, 그것으로 너와 거래하였도다(겔 27:21).

물건을 교환하여 먹고사는 일을 업으로 삼고 있는 자들이라 할지라도 그들의 신(神)만큼은 교환하지 않는다. 어느 나라를 가보아도 그들의 신과 다른 신을 바꾼 사례는 없다.

어느 나라가 그들의 신들을 신 아닌 것과 바꾼 일이 있느냐?(렘 2:11a)

---

7 G. Wanke, *Jeremia. Teilband 1: Jeremia 1,1-25,14*, 37.
8 J. R. Lundbom, *Jeremiah 1-20*, 266.

그런데 하나님의 백성 이스라엘은 야웨 하나님("그 영광")을 신도 아닌 것 ("무익한 것")과 바꾼 것이다.

> 그러나 나의 백성은 그의 영광을 무익한 것과 바꾸었도다(렘 2:11b).

그들은 하나님을 "가치가 더 떨어지는 것"과 바꾸었을 뿐만 아니라 이를 통해 "전혀 가치가 없는 것"을 취했다.[9] 이 같은 행실은 세계사적으로 유례를 찾아볼 수 없는 유일무이한 사건이다. 창조 이후 세계의 역사와 이스라엘의 역사를 지켜보고 있는 하늘도 믿을 수 없는 이 광경을 보고 놀라지 않을 수 없다.[10]

> 너 하늘아,
> 이 일로 말미암아 놀랄지어다.
> 심히 떨지어다.
> 두려워할지어다(렘 2:12).

이스라엘은 하늘도 놀랄 "신(神)-갈아 치우기"라는 죄악을 저지른 것이다. 물질과 풍요의 화신인 바알이 무익한 것으로 보이지 않고, 물리칠 수 없는 유혹의 대상이 되고 있음이 솔직한 오늘의 현실이다. 그것에 끌려 사는 하나님의 백성은 자신도 모르는 사이에 "하나님-갈아 치우기"라는 무서운 죄악에 빠져 있는 것이다.

---

9 S. Herrmann, *Jeremia* (BKAT; Neukirchen-Vluyn: Neukirchener Verlag, 1986), 124.
10 W. Werner, *Das Buch Jeremia Kapitel 1-25*, 48-49.

7. 버림받으신 하나님: "생수의 근원인 나를 버린 것"(렘 2:13)

마지막으로 하나님의 탄식이 이어진다.

> 내 백성이 두 가지 악을 행하였나니
> 곧 그들이 **생수의 근원**되는 나를 버린 것과
> 스스로 웅덩이를 판 것인데
> 그것은 그 물을 가두지 못할 터진 웅덩이들이니라(렘 2:13).

이스라엘은 생수의 근원인 하나님을 버렸다. 그리고 "물을 담을 수 없는 터진 웅덩이"인 바알을 택하였다. 바알은 아무런 유익을 줄 수 없기 때문에 "터진 웅덩이"로 비유된다. 그들은 출애굽부터 오늘에 이르기까지 그들에게 구원을 베푸신 야웨 하나님을 배반하고, "아무것도 아닌 것"이요 전혀 "도움이 못 되는 것" 곧 바알을 추종한다. 하나님은 친히 "내 백성"이라고 부르시고 아끼는 자들인 당신의 백성으로부터 철저히 외면당하고 버림받았다.

이스라엘이 버린 하나님은 "생명을 주는 물의 근원"이시다. 이에 대한 필론(Philo)의 해석에 따르면 "하나님은 생명보다 귀한 분으로서, 그는 생명의 지속적인 원천이시다."[11] 이는 예수님의 말씀에서도 다시 한번 반복되고 있다.

> 내가 주는 물을 마시는 자는 영원히 목마르지 아니하리니 내가 주는 물은 그

---

[11] M. Fishbane, "*The Well of Living Water: A Biblical Motif and Its Ancient Transformations*," M. Fishbane & E. Tov(eds.), *"Sha'arei Talmon": Studies in the Bible, Qumran, and the Ancient Near East Presented to Shemaryahu Talmon* (Winona Lake, IN: Eisenbrauns, 1992), 16.

속에서 영생하도록 솟아나는 샘물이 되리라(요 4:14).

제3강

회개와 새로운 삶
"네가 창녀의 낯을 가졌으므로"(렘 3:1-13)

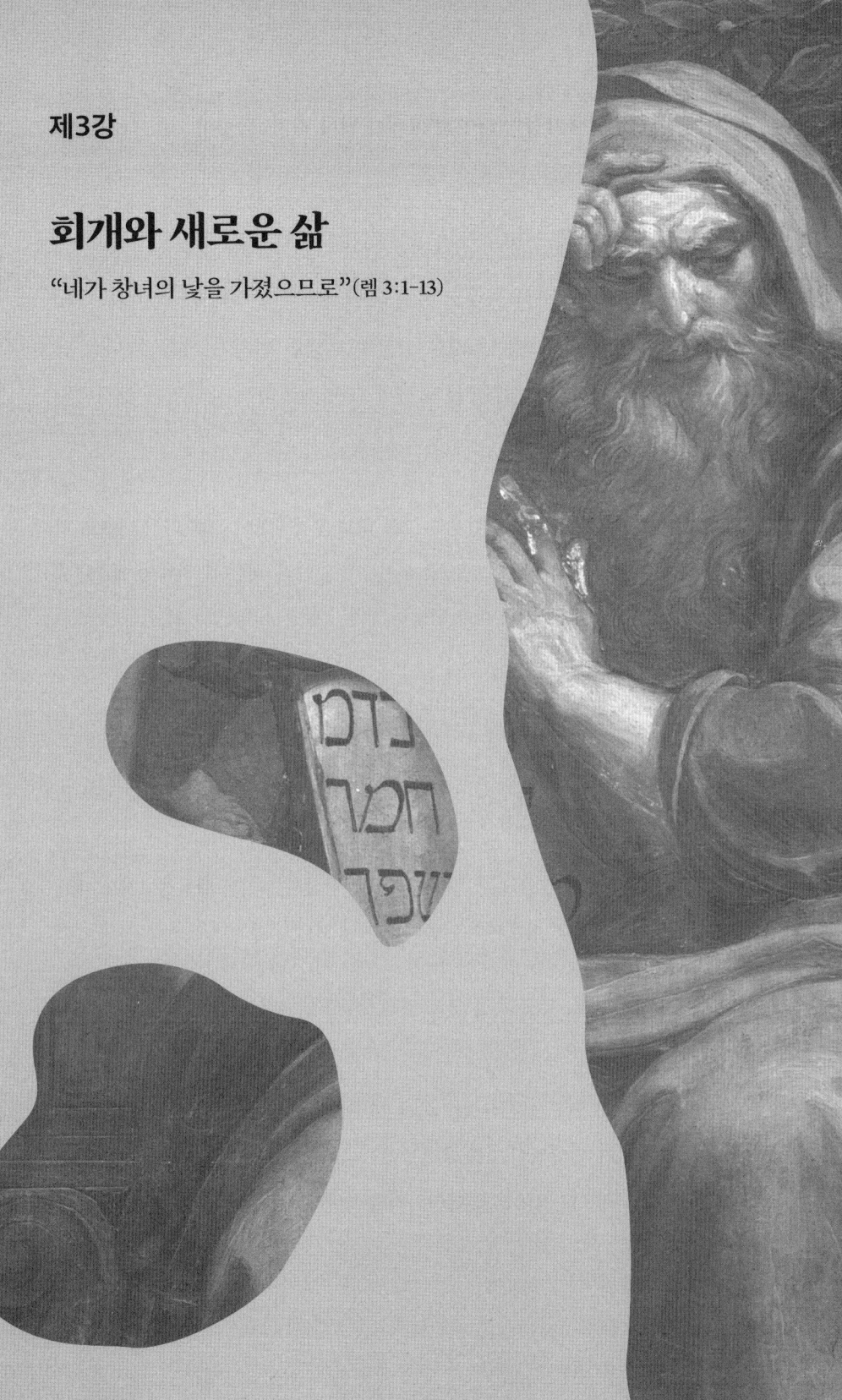

1. 재결합(회개)의 불가능: "타인의 아내가 된다 하자. 남편이 그를 다시 받겠느냐?"(렘 3:1-2)

예레미야는 3:1-5에서 유다 백성들을 자기 남편에 대해 배도(背道)한 아내로 묘사한다. 예레미야는 신명기 24:1-4의 율법으로 거슬러 올라간다. 이혼인법 조항에 따르면 불미스러운 일로 이혼당한 여자가 이혼 후 다른 남자와 결혼했을 경우 전남편은 그 여자와 다시 재혼하지 못하도록 금지되었다.

> **그 여자는 이미 몸을 더럽혔은즉 그를 내보낸 전남편이 그를 다시 아내로 맞이하지 말지니** 이 일은 여호와 앞에 가증한 것이라. 너는 네 하나님 여호와께서 네게 기업으로 주시는 땅을 범죄하게 하지 말지니라(신 24:4).

이러한 배경을 염두에 두고 예레미야는 1절에서 논쟁조로 질문한다.

> 그들이 말하기를 "가령 사람이 그의 아내를 버리므로 그가 그에게서 떠나 타인의 아내가 된다 하자. 남편이 그를 다시 받겠느냐? 그리하면 그 땅이 크게 더러워지지 아니하겠느냐?" 하느니라. "네가 많은 무리와 행음하고서도 내게로 돌아오려느냐?" 여호와의 말씀이니라(렘 3:1).

그는 연속해서 세 가지를 질문한다.

> 첫째, 가령 사람이 그의 아내를 버리므로 그가 그에게서 떠나 타인의 아내가 된다 하자. 전남편이 그를 다시 받겠느냐?
> 둘째, 그리하면 그 땅이 크게 더러워지지 아니하겠느냐?

셋째, 네가 많은 무리와 행음하고서도 내게로 돌아오겠느냐?

이에 대한 대답은 당연히 "아니오"다. 이런 경우 재결합은 있을 수 없는 일이다. 이제 재결합은 불가능하다.

그런데 유다 백성의 현 상황은 이러한 율법적 상황보다 더 심각하다. 그들은 야웨 하나님과 합법적으로 이혼한 상태가 아니라 정상적인 관계에서 부정을 행했다. 그것도 강요에 의한 것이 아니라 자발적으로 말이다.

> 네 눈을 들어 헐벗은 산을 보라.
> 네가 행음하지 아니한 곳이 어디 있느냐?
> **네가 길가에 앉아 사람들을 기다린 것이**
> 광야에 있는 아라바 사람 같아서
> 음란과 행악으로 이 땅을 더럽혔도다(렘 3:2; 참조. 렘 2:23-24 등).

게다가 다른 "한" 남자만 상대한 것도 아니고 "여러 명"의 정부들("많은 무리")에게 마치 호세아의 부정한 아내 고멜처럼 창녀와 같은 짓을 했던 것이다.[1] 정상적이고 합법적으로 이루어진 이혼 상태라 할지라도 한 번이라도 재혼을 했으면 본 남편에게로 돌아가는 것이 법적으로 불가능한 상황인데, 하물며 이런 지경에까지 이른 유다 백성이 본 남편 되시는 야웨 하나님께 되돌아가는 것은 더욱 불가능한 일이다. 이들의 돌이킴은 전적으로 불가능하다.

구약성서 예언자들의 통찰에 의하면 인간에게는 본래 회개할 능력이

---

1   W. Rudolph, *Jeremia* (HAT; Tübingen: J. C. B. Mohr, 1968), 25.

없다.²

> **그들의 행위가 그들로 자기 하나님에게 돌아가지 못하게 하나니**
> 이는 음란한 마음이 그 속에 있어
> 여호와를 알지 못하는 까닭이라(호 5:4; 참조. 호 5:6; 11:5).

> 주 여호와의 말씀이니라.
> "네가 잿물로 스스로 씻으며
> 네가 수다한 비누를 쓸지라도
> **네 죄악이 내 앞에 그대로 있으리니**"(렘 2:22; 참조 렘 2:30; 6:10).

흑인인 에티오피아 사람이 그들의 피부색을 바꿀 수 없고, 표범이 자기 가죽의 반점을 지울 수 없듯이 사람은 악한 행실에서 돌이킬 수 없다(렘 13:23). 예레미야는 죄란 이미 지울 수 없는 인간의 "두 번째 본성"(Zweite Natur)이 되었다고 본다.³

죄인인 인간은 원래 절망적이다. 인간의 능력으로는 회개가 불가능하다면 어떻게 해야 회개가 가능한가? 여기서 인간의 능력을 넘어선 초월적인 하나님의 은혜가 필연적으로 요구된다. 인간은 "회개함으로써 구원받는 것"이 아니라 "구원받았기 때문에 회개할 수 있는 것"이다. 하나님의 은혜가 인간의 회개보다 선행한다. 하나님의 은혜가 인간의 회개를 가능하게

---

2   "비록 예레미야서의 메시지가 일종의 회개 촉구로 읽혀왔을지라도, 예레미야서의 대부분은 이전 예언자들의 태도를 반영하며 심지어 그것을 좀 더 강력하게 보존한다. 이제는 돌이키기에 너무 늦었다. 선고는 이미 내려졌고 심판은 가까이 왔다." 도널드 E. 고웬, 『구약 예언서 신학』, 차준희 역 (서울: 대한기독교서회, 2004), 252.
3   차준희(편저), 『구약 예언서 이해』(천안: 한국신학연구소, 1996), 65-93, 특히 79-80.

하는 것이다. 따라서 회개는 인간의 능력이나 공로의 결과가 아니고 오로지 하나님만 주실 수 있는 은혜의 결과다. 결국 회개도 은혜의 표시다.

> 혹 네가 **하나님의 인자하심이 너를 인도하여 회개하게 하심**을 알지 못하여 그의 인자하심과 용납하심과 길이 참으심이 풍성함을 멸시하느냐(롬 2:4).

2. 입에 발린 회개와 계속되는 악행: "보라 네가 이같이 말하여도 악을 행하여 네 욕심을 이루었느니라"(렘 3:3-5)

가나안의 신들(바알)에 대한 끊임없는 구애(행음)에도 불구하고 백성들은 그들이 원하는 땅의 풍요를 얻지 못했다. 여기서 예레미야가 말하는 "행음"(行淫)이란 두 가지 의미를 갖고 있다.

첫째, 행음이란 하나님과 더불어 우상을 함께 섬기는 "종교 혼합적인 행동"을 가리킨다. 예레미야는 선배 예언자 호세아와 같이 하나님과 그의 백성의 관계를 부부관계로 이해한다.

> 가서 예루살렘의 귀에 외칠지니라.
> 여호와께서 이와 같이 말씀하시기를
> "내가 너를 위하여 네 청년 때의 인애와
> **네 신혼 때의 사랑을 기억하노니**
> 곧 씨 뿌리지 못하는 땅,
> 그 광야에서 나를 따랐음이니라"(렘 2:2).

> 여호와께서 이르시되
> "그날에 **네가 나를 내 남편이라 일컫고**

다시는 내 바알이라 일컫지 아니하리라"(호 2:16).

이미 하나님과 결혼한 백성이 또 다른 정부(情夫)인 가나안의 신 바알을 섬기다면 이는 곧 간음이요 행음이다.

둘째, 행음이란 바알 신 숭배의식에서 수반되는 "실제적인 행음 행위"를 가리킨다. 바알 숭배의식에 따라서 남성 숭배자들은 바알 신전에 있는 여사제로 보이는 성전 창기와 몸을 섞는다.

> 13)그들이 산꼭대기에서 제사를 드리며
> 작은 산 위에서 분향하되
> 참나무와 버드나무와 상수리나무 아래에서 하니
> 이는 그 나무 그늘이 좋음이라.
> 이러므로 너희 딸들은 음행하며
> 너희 며느리들은 간음을 행하는도다.
> 14)너희 딸들이 음행하며
> 너희 며느리들이 간음하여도
> 내가 벌하지 아니하리니
> **이는 남자들도 창기와 함께 나가며**
> **음부와 함께 희생을 드림이니라.**
> 깨닫지 못하는 백성은 망하리라(호 4:13-14).

여성 숭배자들은 신전의 미동(美童) 혹은 남창과 행음을 한다.

> 이스라엘 여자 중에 창기가 있지 못할 것이요. 이스라엘 남자 중에 **남창**이 있지 못할지니(신 23:17; 참조. 왕상 14:24; 왕하 23:7).

그런데 이러한 행음 의식은 뜻밖에도 단비(10월과 11월에 내리는 이른 비)와 늦은 비(3월과 4월에 내리는 비)가 그치는 결과를 낳았다.

> 그러므로 **단비가 그쳤고**
> **늦은 비가 없어졌느니라**(렘 3:3a).

농작물의 풍요에 결정적인 영향을 끼치는 이른 비와 늦은 비는 당시 가나안 사람들이 생각하고 있었던 것같이 바알의 관장 사항이 아니었다. 사실 이것조차도 야웨 하나님의 주권에 속한 것이다.

> 또 너희 마음으로
> **우리에게 이른 비와 늦은 비를 때를 따라 주시며**
> 우리를 위하여 추수 기한을 정하시는
> **우리 하나님 여호와를 경외하자 말하지도 아니하니**
> (렘 5:24; 참조. 렘 14:1-22; 왕상 17:3; 사 5:6).

그러나 비를 그치게 한 하나님의 조처에도 유다 백성은 아무런 반성도 하지 않는다. 예레미야의 표현에 의하면 그들은 창녀의 낯을 가져서 수치를 모른다.

> 그럴지라도 네가 창녀의 낯을 가졌으므로
> 수치를 알지 못하느니라(렘 3:3b).

유다의 뻔뻔스러움은 이미 도가 지나쳤다. 유다 백성들은 가뭄이 이 땅을 휩쓸자 그동안 무시했던 야웨 하나님께 부르짖는다. 그들은 하나님을 "아버지와 청년 시절의 보호자"로 부른다.

> 나의 **아버지여**,
> 아버지는 **나의 청년 시절의 보호자**시오니(렘 3:4).

"보호자"란 "길들인 동물", "황소", "친구", "동료", "남편", "가정이나 부족의 장"이라는 뜻을 가지고 있다.[4] 여기서는 "친구"를 가리키는 말로 쓰인 것 같다.[5] 즉 하나님은 "아버지"요, "젊은 시절의 친구"라는 것이다. 여기서 "젊은 시절의 친구"라고 부르는 것은 예레미야 2:2에 나오는 "청년 때의 인애와 신혼 때의 사랑", 즉 좋은 관계를 유지하였던 옛 시절의 관계를 들먹이는 것이다.

그들은 이러한 호칭으로 "하나님과의 신뢰의 관계"를 노골적으로 드러내며 동시에 "하나님의 용서"를 기대한다.

> 노여움을 한없이 계속하시겠으며
> 끝까지 품으시겠나이까(렘 3:5a).

이것은 얼핏 보면 진정한 고백으로 보이나 사실은 입에 발린 거짓 회개였다. 이는 행위가 없는 입술만의 고백이었기 때문이다. 그들의 고백(말)과 행동(삶) 사이의 심각한 불일치가 어찌 하나님의 눈에 숨겨질 수가 있겠는가!

> 보라! 네가 이같이 말하여도

---

4 J. A. 톰슨, 『예레미야(상)』, 최우성 역 (반즈 신구약 성경주석; 서울: 크리스챤서적, 1992), 265.
5 J. Schreiner, *Jeremia 1-25,14* (NEB; Würzburg: Echter Verlag, 21985), 27.

악을 행하여 네 욕심을 이루었느니라(렘 3:5b).

회개는 입술의 말장난이 아니다. 입뿐만 아니라 몸도 돌이켜야 한다.

> [12)]여호와의 말씀에
> "너희는 이제라도 금식하고
> 울며 애통하고
> **마음을 다하여 내게로 돌아오라" 하셨나니**
> [13a)]너희는 옷을 찢지 말고 마음을 찢고
> **너희 하나님 여호와께로 돌아올지어다**(욜 2:12-13a).

진정한 회개는 죄의 고백인 동시에 바른 삶의 실천이다.[6] 좀 더 엄격하게 말하면, 참 회개는 "고백의 차원"에서라기보다는 "삶의 차원"에서 이루어진다.

3. 언니 이스라엘의 파경을 옆에서 보고도 계속되는 동생 유다의 위험한 장난: "그의 반역한 자매 유다가 두려워하지 아니하고 자기도 가서 행음함을 내가 보았노라"(렘 3:6-10)

예레미야 3:6-10은 요시야 왕(기원전 639-609년) 때 예레미야에게 임한 말씀들이다. 예레미야는 여기서 이미 멸망당한 북이스라엘의 운명을 거론하면서 남유다의 그칠 줄 모르는 악행에 대하여 질타를 가한다. 북이스라엘 백성들은 바알 숭배에 심취해 있었다.

---

6 차준희, 『구약신앙과의 만남』(서울: 대한기독교서회, 2002), 100-112, 특히 112.

요시야 왕 때에 여호와께서 또 내게 이르시되 "너는 배역한 이스라엘이 행한 바를 보았느냐? 그가 모든 높은 산에 오르며 모든 푸른 나무 아래로 가서 거기서 행음하였도다"(렘 3:6).

하나님은 예나 지금이나 늘 기다려 주시는 분이다. 하나님은 이스라엘 백성들이 이 일을 다 행한 후에, 그들에게 "이제라도 돌아오라"고 호소하셨다. 그러나 그들은 하나님의 호소를 끝까지 무시했다.

그가 이 모든 일들을 행한 후에 내가 말하기를 "그가 내게로 돌아오리라 하였으나 아직도 내게로 돌아오지 아니하였고 그의 반역한 자매 유다는 그것을 보았느니라"(렘 3:7).

따라서 예레미야는 하나님이 돌이킬 줄 모르는 이스라엘의 간음으로 인하여 결국 그들을 내어 쫓았고 이혼증서까지 써주었다고 말한다.

내게 배역한 **이스라엘**이 간음을 행하였으므로 내가 그를 내쫓고 그에게 이혼서까지 주었으되(렘 3:8a).

이는 기원전 722년에 있었던 북왕국의 멸망을 가리킨다(왕하 17:7-18).[7]

놀라운 사실은 북왕국의 자매인 남유다 백성들이 이 모든 사건을 옆에서 지켜보았음에도 불구하고 그들은 두려워 하지 않고 아무런 거리낌 없이 행음을 계속하였다는 것이다.

---

7 W. Werner, *Das Buch Jeremia Kapitel 1-25* (NSKAT; Stuttgart: Verlag Katholisches Bibelwerk, 1997), 63.

8b)그의 반역한 **자매 유다**가 두려워하지 아니하고 자기도 가서 행음함을 내가 보았노라. 9)그가 돌과 나무와 더불어 행음함을 가볍게 여기고 행음하여 이 땅을 더럽혔거늘(렘 3:8b-9).

남유다는 자매 국가의 파국이 웅변(雄辯)하는 교훈을 전혀 깨닫지 못했다.

"이 모든 일이 있어도 그의 반역한 자매 유다가 진심으로 내게 돌아오지 아니하고 거짓으로 할 뿐이니라." 여호와의 말씀이니라(렘 3:10).

이 점에서 유다의 죄는 이스라엘의 죄보다 훨씬 더 크다고 할 수 있다.

여호와께서 내게 이르시되 **"배역한 이스라엘은 반역한 유다보다 자신이 더 의로움이 나타났나니"**(렘 3:11).

북이스라엘은 배도하여 그 결과 국가의 멸망이라는 엄청난 파국을 당했지만 그래도 그들은 이전에 선례가 없었다는 점을 변명이라도 할 수 있었을 것이다. 그러나 남유다는 자매 나라인 북이스라엘이 당한 사건이 주는 경고를 받고서도 자기의 길을 바꾸지 않았다는 비난을 면할 수 없게 되었다. 이러한 역사 해석은 비슷한 시기에 바빌로니아에서 활동한 에스겔에게서도 발견된다.

51)**사마리아는 네 죄의 절반도 범하지 아니하였느니라.** 네(예루살렘)가 그들(사마리아와 소돔)보다 가증한 일을 심히 행하였으므로 네 모든 가증한 행위로 네 형(사마리아)과 아우(소돔)를 의롭게 하였느니라. 52)네가 네 형과 아우를 유리하게 판단하였은즉 너도 네 수치를 담당할지니라. 네가 그들보다 더욱

가증한 죄를 범하므로 그들이 너보다 의롭게 되었나니 네가 네 형과 아우를 의롭게 하였은즉 너는 놀라며 네 수치를 담당할지니라(겔 16:51-52).

자매 이스라엘의 운명은 유다의 운명을 예시하는 전조이자 경고였다. 그러나 유다 백성들은 그 경고를 간과하거나 무시한 나머지 돌이킬 수 없는 망국의 철퇴를 맞은 것이다. 역사적 사건 속에는 늘 하나님의 뜻이 숨겨져 있는 법이다.

[19]이는 하나님을 알 만한 것이 그들 속에 보임이라. 하나님께서 이를 그들에게 보이셨느니라. [20]창세로부터 그의 보이지 아니하는 것들 곧 그의 영원하신 능력과 신성이 그가 만드신 만물에 분명히 보여 알려졌나니 그러므로 그들이 핑계하지 못할지니라(롬 1:19-20).

하찮아 보이는 범인(凡人)의 일상적인 삶이라 할지라도 역사를 이루는 한 구성요소이기에 우리 모두의 삶 속에도 하나님의 뜻이 담겨 있다고 보아야 한다. 오늘의 삶 속에서도 여전히 함께하시는 하나님의 손길을 간파하는 능력이 곧 영성이라 할 수 있다. 따라서 그리스도인에게 영성은 부수적인 것이 아니라 어쩌면 운명을 결정하는 본질적이고 필수적인 요소다. 영성의 부재가 북이스라엘은 물론 남유다의 멸망도 초래했다. 따라서 깨어 있는 영성의 유무는 한 공동체의 흥망성쇠를 결정할 수도 있다.

4. 이혼녀 언니 이스라엘의 재결합(회개): "배역한 이스라엘아, 돌아오라"(렘 3:11-13)

예레미야는 3:11-13에서 하나님으로부터 북이스라엘 백성에게 회개를 선포하라는 명령을 받는다.

> 너는 가서 북을 향하여 이 말을 선포하여 이르라. 여호와께서 이르시되 "**배역한 이스라엘아, 돌아오라.** 나의 노한 얼굴을 너희에게로 향하지 아니하리라. 나는 긍휼이 있는 자라. 노를 한없이 품지 아니하느니라." 여호와의 말씀이니라(렘 3:12).

위에서 언급한 바와 같이 예레미야 3:1-5에서는 회개가 불가능했다. 그런데 여기서는 회개가 가능하다고 나온다. 본문의 이러한 차이를 어떻게 이해해야 하는가? 우리는 이러한 차이점을 통하여 오히려 예언서에 나타난 회개의 본질을 알게 된다.[8]

첫째, 먼저 회개는 심판을 경험한 자들에게만 가능하다. 두 본문에서 예레미야의 선포 대상이 다르다는 점을 주목해 보아야 한다. 예레미야 3:1-5 그리고 3:6-10에서는 그의 선포 대상이 아직은 심판을 경험하지 않은 남유다 백성이고,[9] 3:11-13에서는 선포 대상이 이미 심판을 경험한 북이스라엘 백성이다. 참고로 예레미야의 활동 시기는 북왕국의 멸망(기원전 722년)과 남유다의 멸망(기원전 587년) 사이에 해당한다. 요시야의 영토 확장 정책으로 옛 북이스라엘 땅의 일부를 회복한 사건이 이 선포의 전제된 상황으로 작용한 듯하다(왕하 23:15-20). 아무튼 예언자는 멸망을 앞둔 유다 백성에게는 회개가 불가능함을 보았다. 유다 백성들은 하나님과 아직은 정식으로 이혼(심판)한 사이가 아니다. 그러나 하나님이 정식으로 이혼증서를

---

[8] 예레미야서에 나타난 "회개"(שוב, 슈브)에 관한 충분한 연구를 위해서는 다음을 참조하라. W. L. Holladay, *The Root SHUB in the Old Testament: Particular Reference to its Usage in Covenantal Context* (Leiden: E. J. Brill, 1958), 128-139.

[9] W. Rudolph, *Jeremia*, 25.

주고 내쫓은, 즉 이미 멸망한 이스라엘 백성들에게서는 회개의 가능성을 본다. 따라서 예레미야의 회개 촉구는 심판을 피하기 위한 것이 아니라 심판 이후에 주어지는 하나님의 구원에 참여하도록 초대하는 것이다.[10]

둘째, 그러므로 회개는 어느 정도 죄의 값을 치르고 난 다음에 주어지는 것이다. 예레미야는 3:12b에서 하나님은 긍휼이 있으시고 노를 한없이 품지 아니하시는 분이기 때문에 하나님의 노한 얼굴을 이스라엘에게 향하지 아니하겠으니 이제는 돌아오라고 외친다. 즉 하나님의 진노가 끝이 났으니 이제는 회개할 수 있다는 것이다. 그런데 하나님의 진노는 이스라엘이 죄의 값을 치르고 난 다음에야 비로소 그친다. 이스라엘 백성은 정식 이혼에 의한 유배를 통하여 그들의 죄의 값을 지불한 것이다(참조. 사 40:2). 그러나 유다 백성은 아직 법적으로 이혼하지 않은 상태이기 때문에 유배라는 정식이혼절차(왕국의 멸망)를 거치고 나서야 비로소 죄 사함을 받을 수 있다. 그들에게는 회개 이전에 반드시 치러야 할 죄의 값인 심판이라는 사건이 기다리고 있다.

셋째, 회개는 자신의 잘못을 스스로 인정하고 철저하게 고백하는 것이다. 예레미야는 3:13에서 북이스라엘 백성에게 죄를 자복하도록 촉구한다.

> 너는 오직 네 죄를 자복하라. 이는 네 하나님 여호와를 배반하고 네 길로 달려 이방인들에게로 나아가 모든 푸른 나무 아래로 가서 내 목소리를 듣지 아니하였음이라. 여호와의 말씀이니라(렘 3:13).

회개란 자신의 죄를 깊이 깨닫고 그 죄에 대한 하나님의 심판이 정당했음을 인정하는 것이다.

---

10   W. Rudolph, *Jeremia*, 29.

예레미야 3:1-5에서는 율법에 의하여 하나님과 유다의 재결합이 차단된다. 그러나 3:11-13에서는 율법이 하나님에 의해서 극복된다. 하나님은 자신이 제정하신 율법을 스스로 어기시면서까지 당신의 백성을 사랑하신 것이다.[11]

> [8)]에브라임이여,
> 내가 어찌 너를 놓겠느냐?
> 이스라엘이여,
> 내가 어찌 너를 버리겠느냐?
> 내가 어찌 너를 아드마 같이 놓겠느냐?
> 어찌 너를 스보임 같이 두겠느냐?
> 내 마음이 내 속에서 돌이키어
> 나의 긍휼이 온전히 불붙듯 하도다.
> [9)]내가 나의 맹렬한 진노를 나타내지 아니하며
> 내가 다시는 에브라임을 멸하지 아니하리니
> 이는 내가 하나님이요,
> 사람이 아님이라.
> 네 가운데 있는 거룩한 이니
> 진노함으로 네게 임하지 아니하리라(호 11:8-9).

하나님의 사랑은 율법도 초월한다. 하나님은 율법으로서는 불가능한 것도 가능하게 하시기 때문이다.

11　한스. W. 볼프, 『예언과의 만남』, 차준희 역(서울: 대한기독교서회, 1999), 31-56, 특히 50-55.

율법이 육신으로 말미암아 연약하여 할 수 없는 그것을 하나님은 하시나니(롬 8:3).

그런데 여기서는 하나님의 은혜가 무차별적으로 임한 것은 아니다. 심판의 경험 유무가 회개의 가능과 불가능, 즉 하나님의 은혜의 유무를 결정하는 기준이 되었다. 우리는 여기서 하나님의 은혜는 전적으로 하나님의 주권적 자유에 속하지만, 때로는 인간의 상태와 태도도 고려됨을 알 수 있다. 은혜도 은혜받을 만한 자에게 임하는 모양이다.

나는 은혜 베풀 자에게 은혜를 베풀고 긍휼히 여길 자에게 긍휼을 베푸느니라(출 33:19).

제4강

용서받을 수 없는 유다 백성

"진리를 구하는 자를 한 사람이라도 찾으면"
(렘 5:1-14)

1. 심판보다는 용서: "한 사람이라도 찾으면 이 성읍을 용서하리라"(렘 5:1)

예레미야 5:1-6은 야웨 하나님과 예레미야가 나누는 대화의 내용이다. 1절에서 하나님은 예레미야에게 예루살렘 거리로 나가서 "정의를 행하며 진리를 구하는 한 사람"을 찾으라고 명령하신다. 과연 "정의(מִשְׁפָּט, 미쉬파트)를 행하며 진리(אֱמוּנָה, 에무나)를 구하는 삶"이란 어떤 것일까? 물론 현재의 본문에서는 이에 대하여 더 이상 자세히 언급하지 않는다.

그러나 이러한 삶은 예레미야 22:3의 말씀에 근거할 때 이방인, 고아, 과부와 가난한 자 등과 같은 사회적인 약자들(personae miserae)을 돌보며 그들과 연대하는 삶이라고 할 수 있다.[1]

> 여호와께서 이와 같이 말씀하시되
> "너희가 **정의**(מִשְׁפָּט, 미쉬파트)와 **공의**(צְדָקָה, 체다카)를 행하여
> 탈취당한 자를 압박하는 자의 손에서 건지고
> **이방인**과 **고아**와 **과부**를 압제하거나 학대하지 말며
> 이곳에서 무죄한 피를 흘리지 말라"(렘 22:3).

이는 예레미야가 유다의 왕들에 대하여 선포한 다음의 말씀에서도 확인된다.

> 15)네 아버지(요시야)가 먹거나 마시지 아니하였으며
> **정의**(מִשְׁפָּט, 미쉬파트)와 **공의**(צְדָקָה, 체다카)를 행하지 아니하였느냐?

---

[1] W. Werner, *Das Buch Jeremia Kapitel 1-25* (NSKAT; Stuttgart: Verlag Katholisches Bibelwerk, 1997), 79.

그때에 그가 형통하였었느니라.

16)그는 **가난한 자와 궁핍한 자를 변호하고** 형통하였나니

이것이 나를 앎이 아니냐?

여호와의 말씀이니라(렘 22:15-16).

하나님은 그런 사람이 한 명이라도 있다면 예루살렘을 용서하겠다고 하신다. 예레미야는 그리스 철학자 디오게네스(Diogenes)처럼 예루살렘 거리를 돌아다녀야 했다. 이 장면은 창세기 18:22-32의 사건과 유사하다. 그때에는 소돔성이 멸망을 면하기 위해서 의인 10명이 필요했다. 그러나 예레미야에게는 단 한 명만이 요구된다. 우리는 여기서 하나님의 본성이 진노가 아니고 사랑임을 다시금 발견하고, 하나님의 의도가 처벌이 아니고 용서라는 사실도 배우게 된다.² 하나님은 당신의 뜻에 맞추어 사는 사람이 "한" 사람이라도 있다면 예루살렘 성읍 "전체"를 용서하려고 하신다.

1절에서 명령형이 무려 4번이나 나온다. 이러한 상태는 우리말 개역개정 성서보다 새번역 성서의 번역에 보다 잘 반영되었다.

예루살렘 모든 거리를 **두루 돌아다니며**(שׁוּט, 슈트),

둘러보고(רָאָה, 라아)

찾아보아라(יָדַע, 야다).

예루살렘의 모든 광장을 **샅샅이 뒤져 보아라**(בָּקַשׁ, 바카쉬)(렘 5:1, 새번역).

너희는 예루살렘 거리로 **빨리 다니며**(שׁוּט, 슈트)

그 넓은 거리에서 **찾아**(בָּקַשׁ, 바카쉬)

---

2   W. Rudolph, *Jeremia* (HAT; Tübingen: J. C. B. Mohr, 1968), 37.

보고(רָאָה, 라아)

알라(יָדַע, 야다)(렘 5:1, 개역개정).

이렇게 동사가 명령형으로 4번씩이나 언급된 것은 "사태의 긴박성"을 보여준다.[3] 이러한 명령에는 정의를 행하며 진리를 구하는 자를 "한 명"이라도 빨리 찾아와서 제발 심판만은 면하라는 하나님의 간절한 호소가 담겨 있다.

하나님은 심판을 즐기시는 분이 아니다. 하나님은 심판보다는 용서와 구원의 의지가 더 강하시다.

너희를 향한 나의 생각을 내가 아나니 **평안이요 재앙이 아니니라**. 너희에게 **미래와 희망을 주는 것이니라**(렘 29:11).

정의와 공의를 실천하는 한 사람 때문에 그가 속한 공동체 전부가 심판으로부터 구원받는다는 사실은 세상의 이치로는 이해하기 어려운 하나님의 크신 은혜라 아니할 수 없다.

2. 체벌을 통한 회개 촉구: "그들을 치셨을지라도 그들이 아픈 줄을 알지 못하며"(렘 5:2-3)

예레미야는 하나님이 찾는 사람이 없다고 답변한다.

그들이 여호와께서 살아 계심을 두고 맹세할지라도

---

[3] J. Schreiner, *Jeremia 1-25,14* (NEB; Würzburg: Echter Verlag, 21985), 40.

실상은 거짓 맹세니라(렘 5:2).[4]

그 성읍에는 의인이 한 사람도 없다는 것이다. 사기꾼과 거짓말쟁이만이 있을 뿐이다.

이어서 예레미야는 유다 역사 속에 나타난 하나님의 개입을 회고한다.

> 여호와여,
> 주의 눈이 진리를 찾지 아니하시나이까.
> **주께서 그들을 치셨을지라도**
> 그들이 아픈 줄을 알지 못하며
> **그들을 멸하셨을지라도**
> 그들이 징계를 받지 아니하고
> 그들의 얼굴을 바위보다 굳게 하여
> **돌아오기를 싫어하므로**(렘 5:3).

하나님은 역사 속에서 여러 차례 그들을 치셨으나 그들은 아픈 줄을 모른다. 즉 정신을 못 차린다. 하나님이 그들을 멸망시키신 것인데도 그들은 그 멸망에서 교훈[하나님의 뜻] 받기를 거절한다. 오히려 그들은 얼굴을 바윗돌보다도 더 굳게 하고 하나님께로 돌아오기를 거절한다. 하나님은 체벌을 통하여 당신의 백성이 되돌아오기를 원하셨다. 선배 예언자 아모스(기원전 760년)도 하나님이 심판을 통하여 이스라엘 백성이 회개하기를 촉구하셨다

---

4 렘 5:2은 "하나님의 말씀"으로 볼 수도 있고(독일성서공회해설성경), "예언자의 말"로도 간주할 수 있다(취리히해설성경). 이를 "예언자의 말"로 보는 대표적인 해석으로는 다음을 참조하라. W. H. Schmidt, *Das Buch Jeremia Kapitel 1-20* (ATD; Göttingen: Vandenhoeck & Ruprecht, 2008), 141.

는 사실을 선포한 적이 있다.

> 내가 너희 중에 **전염병** 보내기를
> 애굽에서 한 것처럼 하였으며
> **칼**로 너희 청년들을 죽였으며
> 너희 **말들**을 노략하게 하며
> 너희 **진영의 악취**로 코를 찌르게 하였으나
> **너희가 내게로 돌아오지 아니하였느니라.**
> 여호와의 말씀이니라(암 4:10).

아모스의 청중들이 회개를 거절하였듯이 예레미야의 청중들도 양심이 바윗돌보다 더 굳어버려 돌아오기를 거절한다. 체벌을 통한 회개 촉구는 무위(無爲)로 끝나버렸다. 하나님의 은혜의 손길이 보란 듯이 거절당한 것이다.

그런데 하나님의 심판은 당신의 백성을 향한 마지막 손길이 아니다. 하나님의 체벌은 하나님의 백성들을 본래의 상태로 되돌이키기 위한 교육적 수단이지, 그것 자체가 목적은 아니다.

> 주께서 인생으로 고생하게 하시며
> 근심하게 하심은
> 본심이 아니시로다(애 3:33).

하나님의 본심은 마치 사랑하는 자녀를 잠시 매를 들어서라도 잘못된 행실을 바로 잡아주려고 애쓰는 부모의 심정과도 같다.

8)징계는 다 받는 것이거늘 너희에게 없으면 사생자요 친아들이 아니니라. 9)또 우리 육신의 아버지가 우리를 징계하여도 공경하였거든 하물며 **모든 영의 아버지께 더욱 복종하며 살려 하지 않겠느냐?** 10)그들은 잠시 자기의 뜻대로 우리를 징계하였거니와 오직 하나님은 우리의 유익을 위하여 그의 거룩하심에 참여하게 하시느니라. 11)무릇 징계가 당시에는 즐거워 보이지 않고 슬퍼 보이나 후에 그로 말미암아 연단받은 자들은 의와 평강의 열매를 맺느니라(히 12:8-11; 참조. 잠 3:11; 13:24; 23:13-14).

때때로 우리에게 주어지는 "사람 막대기"와 "인생 채찍"이 하나님의 사랑의 매일 수도 있다는 사실을 깨닫는다면 우리의 인생은 본래적인 정상 궤도에서 크게 빗겨 나가지 않을 것이다.

3. 고삐 풀린 황소 같은 지도자들(דלים, 그돌림): "그들도 일제히 멍에를 꺾고 결박을 끊은지라"(렘 5:4-6)

예레미야는 하나님이 찾으시는 사람을 직접 찾아 나선다. 그는 먼저 "비천한 자들"(דלים, 달림)을 만난다.

> 내가 말하기를
> 이 무리는 **비천하고**(דלים, 달림)
> 어리석은 것뿐이라.
> 여호와의 길,
> 자기 하나님의 법을 알지 못하니(렘 5:4).

이 비천한 자들이란 아마도 수공업자, 농부들, 소매상인들이었을 것이다.[5] 이들은 "여호와의 길" 즉 "하나님의 법"(מִשְׁפָּט, 미쉬파트)에 관한 관심보다는 매일매일의 생계를 유지하는 일이 더 급선무였을 것이다. 이들이 야웨의 길, 곧 하나님의 법을 알지 못했다는 말은 그들의 이해와 지식의 빈곤을 가리키는 것으로 보인다.[6] 이들은 자신들의 생계에 몰두할 수밖에 없어서 하나님의 징계에 대해 무감각해 있었고, 시대의 징조들을 읽을 수도 없었고 그렇게 할 의지도 능력도 없었던 것으로 보인다. 아무튼 비천한 자들의 생활형편을 고려한다면 정의(מִשְׁפָּט, 미쉬파트)와 진리(אֱמוּנָה, 에무나)에 대한 그들의 무관심은 어느 정도 이해는 된다.

예레미야는 이번에는 방향을 돌려서 "지도자들"(גְּדֹלִים, 그돌림) 혹은 "귀인들"을 찾아가서 만난다.

> 내가 **지도자들**(גְּדֹלִים, 그돌림)에게 가서
> 그들에게 말하리라.
> 그들은 여호와의 길,
> 자기 하나님의 법을 안다 하였더니
> 그들도 일제히 멍에를 꺾고 결박을 끊은지라(렘 5:5).

이들은 야웨의 길, 곧 하나님의 법을 마땅히 아는 자들로 묘사되고 있다. 이 부류에는 아마도 교육받은 지도계층들이 속하였을 것이다. 예를 들면 궁중의 관리들, 지도급 백성들, 제사장들, 지혜자들, 예언자들을 말한다.[7] 이들은

---

5   G. Wanke, *Jeremia. Teilband 1: Jeremia 1,1-25,14* (ZBAT: Theologischer Verlag, 1995), 69.
6   J. A. 톰슨, 『예레미아(상)』, 최우성 역(반즈 신구약 성경주석; 서울: 크리스챤서적, 1992), 328.
7   W. Werner, *Das Buch Jeremia Kapitel 1-25*, 79; G. Wanke, *Jeremia. Teilband 1: Jeremia 1,1-*

부유하고 영향력 있는 지도층 인사들이었다. 비천한 자들과 달리 이들은 하나님의 법을 잘 알고 있으며 더 나아가 그것을 실현시키는 것이 그들의 의무였다.

> 내가 이르노니
> **야곱의 우두머리들과**
> **이스라엘 족속의 통치자들아**, 들으라.
> 정의(מִשְׁפָּט, 미쉬파트)를 아는 것이 너희의 본분이 아니냐(미 3:1).

그런데 그 지도자들은 하나님의 법이라는 멍에를 스스로 꺾고 결박을 끊어버렸다. 그들은 고삐 풀린 황소가 되어버린 것이다. 황소는 일상적으로 멍에를 메고 결박 지어서 쟁기를 끈다. 이 장면은 멍에를 부수고 가죽 끈을 끊으면서 반발하는 행동을 묘사한다. 지도자들의 이러한 삶은 비천한 자들과 같은 무지에서 나온 것이 아니고, 그들에게 잘 알려진 하나님의 의지에 대한 의도적인 반역에서 비롯된 것이다. 따라서 예레미야의 한 사람 찾기는 실패한다.

결국 유다 백성들에게는 불가피하게 하나님의 심판이 선고된다.

> 그러므로 수풀에서 나오는 사자가 그들을 죽이며
> 사막의 이리가 그들을 멸하며
> 표범이 성읍들을 엿본즉
> 그리로 나오는 자마다 찢기리니
> 이는 그들의 허물이 많고

25, 14, 69.

반역이 심함이니이다(렘 5:6).

예루살렘의 멸망을 자초한 일은 비천한 자들보다도 지도자들의 책임이 더 크다. 지도자란 그 사회에서 비교적 더 많은 특권을 누리는 사람들을 말한다. 그러나 특권에는 그에 준하는 의무가 수반된다. 특권을 가진 자는 다른 사람들을 섬길 수 있어야 한다. 곧 특별한 권리는 "군림의 무기"가 아니라 "섬김의 도구"다. 따라서 "섬기는 지도력"(a servant leadership)이야말로 진정한 지도력이라 할 수 있다. 지도자들이 자신에게 주어진 특권에 비례하여 구성원들을 섬기지 아니하면 그 공동체는 불행해진다. 우리가 진정 두려워해야 하는 점은 하나님이 많이 맡긴 자에게는 그만큼 많은 것을 찾으신다는 사실이다.

알지 못하고 맞을 일을 행한 종은 적게 맞으리라. **무릇 많이 받은 자에게는 많이 요구할 것이요 많이 맡은 자에게는 많이 달라 할 것이니라**(눅 12:48).

4. 용서가 불가능한 하나님의 백성: "내가 너를 어찌 사하겠느냐"(렘 5:7-11)

예레미야 5:7-11은 다시 한번 유다 백성의 배신에 대해서 말한다.

> 내가 어찌 너를 용서하겠느냐?
> 네 자녀가 나를 버리고
> 신이 아닌 것들로 맹세하였으며
> 내가 그들을 배불리 먹인즉
> 그들이 간음하며
> 창기의 집에 허다히 모이며(렘 5:7).

그들은 하나님을 버리고 신이라고도 할 수 없는 것(바알)들을 숭배한다. 하나님이 그 백성들을 만족시켜주셨고 또 그들이 필요로 하는 것들을 모두 주셨음에도 불구하고 그들은 하나님을 떠나 창기의 집에서 간음을 행한다. 여기서 "간음"이란 바알 제의에서 행해지는 행음의식(Hurendienst)을 말한다(렘 2:20-25). 이 행음은 "종교적인 배도"를 상징적으로 표현한 것뿐만 아니라 이와 더불어 "부도덕한 육체적 행위" 자체까지 포함하는 것으로 보인다.[8]

종교적인 매춘 행위는 페니키아와 시리아 지역의 다산(多産) 여신 제사에서도 늘 수반되는 일이었다. 하나님의 백성들은 욕정이 가득한 호색가가 되어버렸다.

> 그들은 두루 다니는 살진 수말 같이
> 각기 이웃의 아내를 따르며 소리 지르는도다(렘 5:8).

이 지경에 이른 백성들을 하나님이 어찌 용서하실 수 있겠는가?

> [9]내가 어찌 이 일들에 대하여 벌하지 아니하겠으며
> 내 마음이 이런 나라에 보복하지 않겠느냐?
> [10]너희는 그 성벽에 올라가 무너뜨리되
> 다 무너뜨리지 말고 그 가지만 꺾어버리라.
> 여호와의 것이 아님이니라(렘 5:9-10).

여기서 "가지"는 포도나무의 가지를 가리킨다(렘 48:32; 참조. 렘 18:5). 포도

---

8 J. A. 톰슨, 『예레미야(상)』, 331.

원은 예루살렘을 가리키고(렘 2:21; 참조. 사 5:1-7), 그 가지는 예루살렘 안에 사는 유다 백성을 지시한다. 하나님은 예루살렘을 심판하시지만, 완전히 끝장내지는 않고 그 가지만 꺾어버리려고 하신다. 이 말씀은 하나님이 유다에 내릴 심판으로 야웨와 그의 백성이 맺은 관계가 완전히 끝장난 것은 아니라는 사실을 암시한다.

> 나 여호와가 말하노라. 그때에도 내가 너희를 진멸치는 아니하리라(렘 5:18; 참조. 렘 4:27).

10절에서 "너희"는 내용상 유다를 침입해올 "외국 군대"를 가리키지만, 이는 하나님이 그 적군들에게 직접적으로 명령하신 것이라기보다는 야웨께서 다른 나라 사람들을 끌어들여 자기 백성을 벌하시려고 한다는 강한 뜻을 드러내기 위한 일종의 수사적 명령이라고 볼 수 있다.[9] 11절에서는 유다 백성을 향한 심판의 이유가 제시된다.

> 여호와의 말씀이니라.
> 이스라엘 집과 유다의 집이 내게 심히 반역하였느니라(렘 5:11).

하나님은 무조건 용서만 하시는 분이 아니다. 때로 당신의 백성들의 잘못된 행실에 대해서 벌하심으로 잘못을 바로잡아 주시기도 한다. 따라서 지혜자가 주는 다음의 권고는 늘 귀담아 들을 만한 가치가 있다.

---

9 박동현, 『예레미야(1)』(대한기독교서회 창립 100주년 기념 성서주석; 서울: 대한기독교서회, 2006), 259.

> 11)내 아들아, 여호와의 징계를 경히 여기지 말라.
> 그 꾸지람을 싫어하지 말라.
> 12)대저 여호와께서 그 사랑하시는 자를 징계하시기를,
> 마치 아비가 그 기뻐하는 아들을 징계함 같이 하시느니라(잠 3:11-12).

5. 맹목적인 자기도취: "선지자들은 바람이라. 말씀이 그들의 속에 있지 아니한즉"(렘 5:12-14)

예레미야는 백성들의 말을 인용하면서 이 단락을 시작한다.

> 그들이 여호와를 인정하지 아니하며 말하기를
> **"여호와께서는 계시지 아니하니**
> **재앙이 우리에게 임하지 아니할 것이요.**
> **우리가 칼과 기근을 보지 아니할 것이며"**(렘 5:12).

유다 백성들은 심판 예언자들을 통한 하나님의 말씀을 곧이듣지 않는다. 그들은 야웨를 인정하지 않는다. 야웨를 아무것도 아닌 분으로 간주하는 것이다. 즉 그들에게 야웨는 예언자를 통해서 선포한 심판을 현실화시킬 능력이 없다.

> 그때에 내가 예루살렘에서 찌꺼기 같이 가라앉아서
> 마음속에 스스로 이르기를
> **"여호와께서는 복도 내리지 아니하시며**
> **화도 내리지 아니하시리라"** 하는 자를
> 등불로 두루 찾아 벌하리니(습 1:12).

여기서 "여호와께서 계시지 않는다"는 표현은 무신론적인 선언이라기보다는 야웨의 말씀을 멸시하는 일을 뜻하는 것으로 보인다.[10] 또한 "우리가 칼과 기근을 보지 아니할 것이다"는 표현은 아마도 당시대에 근거 없는 구원을 남발하는 "거짓 예언자들"의 말씀에 의존하고 있는 것 같다.

[13]이에 내가 말하되 슬프도소이다. 주 여호와여, 보시옵소서. **선지자들**(거짓 예언자들)이 그들에게 이르기를 "**너희가 칼을 보지 아니하겠고 기근은 너희에게 이르지 아니할 것이라**. 내가 이곳에서 너희에게 확실한 평강을 주리라" 하나이다. [14]여호와께서 내게 이르시되 "**선지자들**(거짓 예언자들)이 내 이름으로 **거짓 예언을 하도다**. 나는 그들을 보내지 아니하였고 그들에게 명령하거나 이르지 아니하였거늘 그들이 거짓 계시와 점술과 헛된 것과 자기 마음의 거짓으로 너희에게 예언하는도다"(렘 14:13-14).

예레미야는 이러한 예언자들을 "바람"(רוּחַ, 루아흐)으로 간주하고, 그들 속에 하나님의 "말씀"이 있지 않다고 단정 짓는다.[11]

선지자들(거짓 예언자)은 **바람**(רוּחַ, 루아흐)이라.
말씀이 그들의 속에 있지 아니한즉
그같이 그들이 당하리라(렘 5:13).

---

10   G. Wanke, *Jeremia. Teilband 1: Jeremia 1,1-25,14*, 72.
11   G. Wanke, *Jeremia. Teilband 1: Jeremia 1,1-25,14*, 71; W. Werner, *Das Buch Jeremia Kapitel 1-25*, 81. 사실 13절이 "백성의 말"인지 "예레미야의 말"인지는 현재의 본문에서는 불분명하다. 따라서 이에 대해서는 학자들 간에도 의견의 일치를 이루지 못한 상태다. W. Rudolph와 같은 학자는 13절을 "백성의 말"로 본다. W. Rudolph, *Jeremia*, 39.

여기서 "바람"이란 히브리어로 "루아흐"(רוּחַ)다. 루아흐는 보통 "바람", "호흡(숨)", "영"이라는 의미로 쓰인다.[12] 여기서는 루아흐가 "바람/헛된 것"이라는 의미로 쓰였다. 즉 거짓 예언자들에게는 "하나님의 말씀"이 없고 "헛된 바람/허풍"(רוּחַ, 루아흐)만 있다.[13]

이와는 대조적으로 참 예언자 예레미야의 심판 메시지는 강력한 하나님의 말씀이다.

내(야웨)가 네(예레미야) 입에 있는 나의 말을 불이 되게 하고
이 백성을 나무가 되게 하여 불사르리라(렘 5:14).

유다 백성들은 재앙이 그들에게 닥치지 않을 것이라고 말하였던 거짓 예언자들의 예언에 현혹되어 자기만족에 도취되어 있었던 것으로 보인다. 그렇다면 이 백성들도 거짓 예언자들에게 속은 피해자가 아닌가? 따라서 그들에게 책임을 추궁하는 것은 너무 심한 것이 아닐까? 그들에겐 너무 억울한 처사가 아닐까? 일부는 거짓 예언을 분별하지 못하여 넘어간 경우도 있을 수 있다. 그러나 그런 사람이라 할지라도 참과 거짓을 분별하지 못한 책임에서 완전히 자유로울 수는 없다.

예레미야는 이런 현상에 대하여 좀 더 깊숙이 들여다보고 있다. 거짓 예언자가 아닌 또 다른 일부는 거짓 예언을 속으로 반기며 이를 이용하기도 한다. 예레미야는 이 점을 마지막 부분에서 분명히 집고 넘어간다.

30)이 땅에 무섭고 놀라운 일이 있도다.

---

12   차준희, 『구약성서의 신앙』(천안: 한국신학연구소, 1997), 209-241, 특히 214-218.
13   특히 문서 예언서에 나타난 "예언과 하나님의 영"의 관계에 대해서는 다음을 참조하라. 차준희, 『구약신앙과의 만남』(서울: 대한기독교서회, 2002), 137-168.

> [31)]선지자들은 거짓을 예언하며
> 제사장들은 자기 권력으로 다스리며
> **내 백성은 그것을 좋게 여기니**
> 마지막에는 너희가 어찌하려느냐(렘 5:30-31).

어떤 백성들은 거짓 예언을 의도적으로 기대하고 즐겼다. 아마도 이러한 처신이 자신의 이익에 도움이 되었을 것이다. 따라서 거짓 예언을 기회로 삼고, 이에 편승한 자들은 당연히 그 책임을 감당해야 한다.

오늘날에도 참과 거짓을 구분하지 못하는 맹목적인 자기도취에 빠진 사람들이 적지 않다. 예나 지금이나 참 메시지와 거짓 메시지를 구별해야 하는 통찰력이 절실히 요구된다. 따라서 오늘의 성도들도 말씀을 들을 때 (설교, 성경특강, 성경공부 등) 베뢰아 사람들처럼 깨어 있어야 하며, 그 말씀을 철저히 따지면서 공부해야 한다.

> 베뢰아에 있는 사람들은 데살로니가에 있는 사람들보다 더 너그러워서 **간절한 마음으로 말씀을 받고 이것이 그러한가 하여 날마다 성경을 상고하므로**[공부함으로](행 17:11).

제5강

심판받아 마땅한 유다 백성

"가장 작은 자로부터 큰 자까지 다 탐욕을 부리며"
(렘 6:1-21)

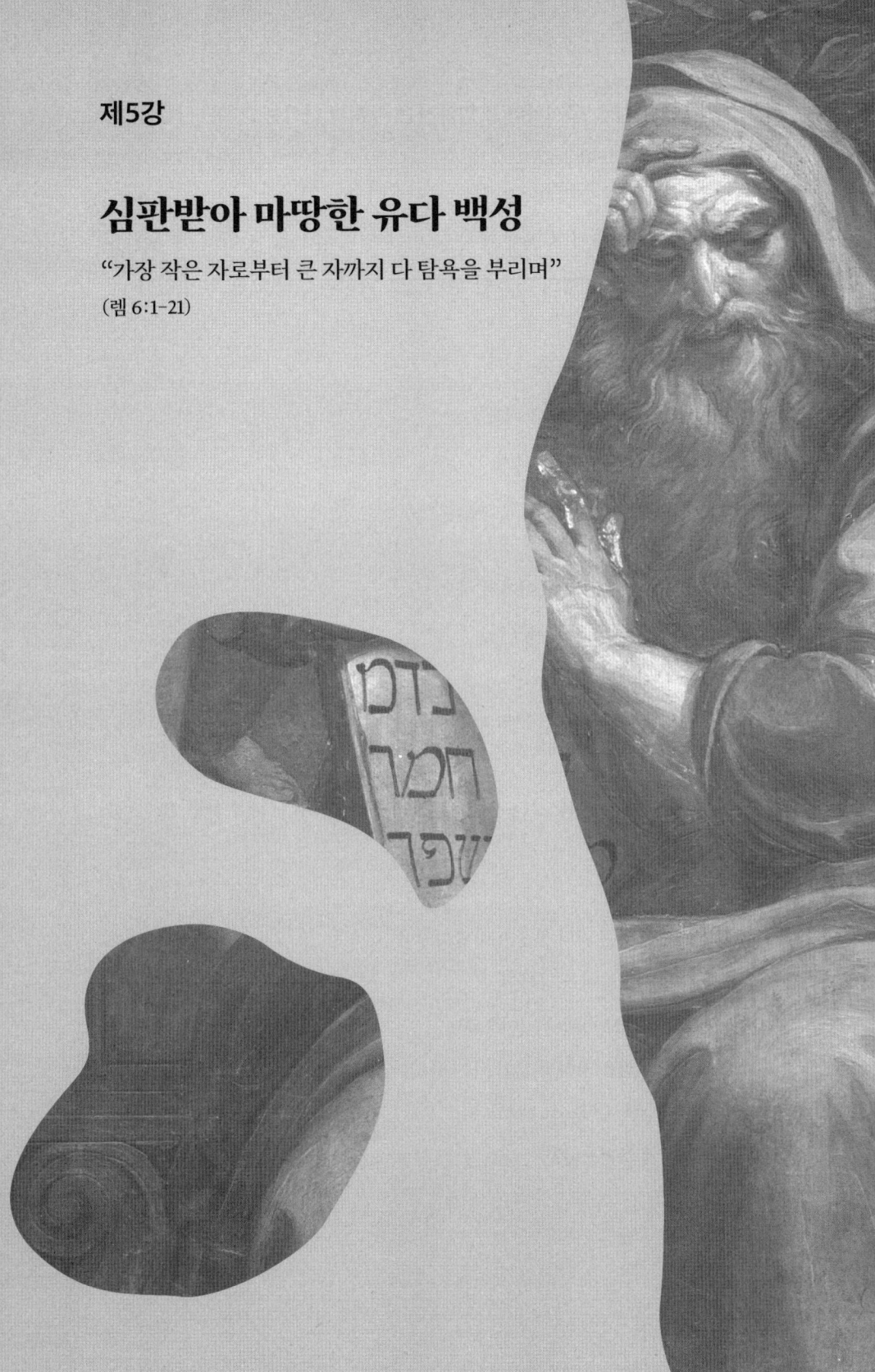

1. 이방인에게 유다를 공격하라고 명하시는 야웨: "너희는 그[유다]를 칠 준비를 하라"(렘 6:1-8)

예레미야는 4:5-6에서 북방에서 재앙과 큰 멸망이 임할 것이기 때문에 유다 백성들에게 예루살렘의 견고한 성안으로 피하라고 권고한 적이 있다.

> 5)너희는 유다에 선포하며
> 예루살렘에 공포하여 이르기를
> "이 땅에서 나팔을 불라" 하며
> 또 크게 외쳐 이르기를
> "너희는 모이라.
> **우리가 견고한 성으로 들어가자 하고**
> 6)시온을 향하여 깃발을 세우라,
> **도피하라, 지체하지 말라,**
> 내가 북방에서 재난과 큰 멸망을 가져오리라"(렘 4:5-6).

그러나 이제는 예루살렘도 더 이상 안전지대가 아니다. 예루살렘 또한 침략당하기 직전이다.

> 29)기병과 활 쏘는 자의 함성으로 말미암아
> 모든 성읍 사람들이 도망하여
> 수풀에 들어가고 바위에 기어오르며
> 각 성읍이 버림을 당하여 거기 사는 사람이 없나니
> 30)멸망을 당한 자여,
> 네가 어떻게 하려느냐?

네가 붉은 옷을 입고

금장식으로 단장하고

눈을 그려 꾸밀지라도

네가 화장한 것이 헛된 일이라.

연인들이 너를 멸시하여 네 생명을 찾느니라.

31)내가 소리를 들은즉

여인의 해산하는 소리 같고

초산하는 자의 고통하는 소리 같으니

이는 시온의 딸의 소리라.

그가 헐떡이며

그의 손을 펴고 이르기를

"내게 화가 있도다.

죽이는 자로 말미암아

나의 심령이 피곤하도다" 하는도다(렘 4:29-31).

따라서 예레미야는 6:1에서 예루살렘 성안에 피난 와 있던 자기 지파 사람인 베냐민 자손들에게 이제는 예루살렘을 떠나라고 외친다.[1]

베냐민 자손들아,

예루살렘 가운데로부터 피난하라.

드고아에서 나팔을 불고

---

[1] 이른바 "도주명령(die Aufforderungen zur Flucht) 양식"에 대해서는 다음을 참조하라. R. Bach, *Die Aufforderungen zur Flucht und zum Kampf im alttestamentlichen Prophetenspruch* (WMANT; Neukirchen-Vluyn: Neukirchener Verlag, 1962); P. D. Miller, Jr., "The Divine Council and Prophetic Call to War," *VT* 18, 1968, 100-107.

벧학게렘에서 깃발을 들라.

재앙과 큰 파멸이 북방에서 엿보아 옴이니라(렘 6:1).

그는 "드고아"(Tekoa, תְּקוֹעַ)와 "벧학게렘"(בֵּית־הַכֶּרֶם, 벧게렘: Bet-Kerem)으로 도피하라고 한다. 드고아는 베들레헴에서 남쪽으로 8km 떨어진 곳에 있고, 벧학게렘의 위치는 아직도 알 수 없으나 아마도 라맛 라헬(Ramat Rahel)로 추정된다. 이곳은 베들레헴에서 북쪽으로 5km 떨어진 곳에 있다.[2] 아무튼 두 지역은 예루살렘의 남쪽에 위치한 곳으로, 예루살렘 사람들이 달아나야 할 방향을 가리킨다. 즉 북쪽으로부터 오는 적이 예루살렘에 임박해 있음을 알 수 있다. 놀랍게도 예레미야는 예루살렘의 몰락을 하나님의 심판으로 해석한다.

아름답고 우아한 시온의 딸을 내가 멸절하리니(렘 6:2).

3절의 "목자들"은 저마다 자기 군대(양떼)를 거느리고 진군해오는 적국의 왕들이다. 이들은 바빌로니아의 느부갓네살과 그와 동맹한 자들을 가리킨다. 그들은 예루살렘에서 자기 양떼들에게 풀을 먹이기 위해 각자의 분할지를 선택하여 자기 장막을 친다.

목자들이 그 양떼를 몰고 와서
주위에 자기 장막을 치고
각기 그 처소에서 먹이리로다(렘 6:3).

---

[2]　G. Wanke, *Jeremia. Teilband 1: Jeremia 1,1-25,14* (ZBAT; Zürch: Theologischer Verlag, 1995), 78 각주 77.

이곳에서 "너희는 그를 칠 준비를 하라"(렘 6:4)는 소리가 들린다.

> ⁴⁾너희는 **그를 칠 준비를 하라**(קַדְּשׁוּ, 카다쉬).
> 일어나라.
> 우리가 정오에 올라가자.
> 아하, 아깝다.
> 날이 기울어 저녁 그늘이 길었구나.
> ⁵⁾일어나라.
> 우리가 밤에 올라가서
> 그 요새들을 헐자 하도다(렘 6:4-5).³

이 말은 문자적으로 "그를 칠 전쟁을 거룩히 하라(קַדְּשׁוּ, 카다쉬)"다. 우리말 번역 "준비하다"에 해당하는 히브리어 동사 "카다쉬"(קַדְּשׁוּ)는 성전(聖戰)에 앞선 고대의 종교의식을 암시한다. 고대 중동에서 전쟁을 개시하는 결정을 내리기에 앞서 종교적 제사를 드리는 것은 일반적인 일이었다. 여기서는 공격 시각을 제의적으로 결정하는 것과 관련된 것으로 보인다. 따라서 이는 "거룩한 전쟁" 즉 "야웨의 전쟁"을 말한다.⁴ 이 전쟁은 어떠한 차단도 용납하지 않는 무자비하고 엄격한 것이다. 정오의 타오르는 작렬과 한밤중의 위험도 예루살렘 도시의 집들을 황폐시키는 전쟁을 중지시킬 수 없다.

> ⁵⁾너는 **밤에 찾아오는 공포**와
> **낮에 날아드는 화살**과

---

3   G. Wanke, *Jeremia. Teilband 1: Jeremia 1,1-25*, 14, 78.
4   W. Werner, *Das Buch Jeremia Kapitel 1-25* (NSKAT; Stuttgart: Verlag Katholisches Bibelwerk, 1997), 86.

> 6)어두울 때 퍼지는 전염병과
>
> **밝을 때 닥쳐오는 재앙을**
>
> 두려워하지 아니하리로다(시 91:5-6).

> 다 칼을 잡고 싸움에 익숙한 사람들이라.
>
> **밤의 두려움으로 말미암아**
>
> 각기 허리에 칼을 찼느니라(아 3:8).

북쪽에서 오는 적들에게 이러한 명령을 내리시는 분은 다름 아닌 야웨 하나님이시다.

> **만군의 여호와께서 이와 같이 말하노라.**
>
> "너희는 나무를 베어서
>
> 예루살렘을 향하여 **목책**(木柵, 솔를라)을 만들라"(렘 6:6a).

하나님이 당신의 백성들을 심판하신다. 그것도 적들의 공격을 통하여. 진군해오는 적들은 하나님의 심판의 도구인 셈이다. 하나님은 대적들에게 예루살렘 주변의 나무를 다 베어버리고, 그 나무를 가지고 목책을 세우라고 명령하신다. 여기서 "목책"(סֹלְלָה, 솔를라, a wooden fence)은 옛날에 전쟁할 때 높은 데 자리 잡고 성벽으로 잘 방비된 성읍을 공격할 수 있도록 성 바깥에 큰 통나무 같은 것으로 만드는 "높은 둔덕"(토성)을 말한다.[5]

---

5   박동현, 『예레미야(1)』(대한기독교서회 창립 100주년 기념 성서주석; 서울: 대한기독교서회, 2006), 291.

⁸⁾그가 들에 있는 너의 딸들을 칼로 죽이고

너를 치려고 사다리를 세우며

토성(סֹלְלָה, 솔를라)을 쌓으며

방패를 갖출 것이며

⁹⁾공성퇴를 가지고 네 성을 치며

도끼로 망대를 찍을 것이며(겔 26:8-9).

야웨의 전쟁은 본디 야웨 하나님이 당신의 백성을 위해서 그들 대신 앞서서 싸워주시는 전쟁이다. 척박한 광야에서 젖과 꿀이 흐르는 가나안 땅으로의 진입도 사실은 야웨 전쟁의 선물이었다.

내가 아모리 사람을 그들 앞에서 멸하였나니

그 키는 백향목 높이와 같고

강하기는 상수리나무 같으나

내가 그 위의 열매와 그 아래의 뿌리를 진멸하였느니라(암 2:9).

당신의 백성들 앞에서 수많은 적들을 물리쳐주신 하나님이 이제는 방향을 돌려 오히려 당신의 백성을 치려고 하신다. 어찌하여 이러한 지경에 이르렀는가? 하나님의 성 예루살렘에는 오직 포악한 것들뿐이었기 때문이다.

이는 벌 받을 성이라.

그중에는 오직 포학한 것뿐이니라(렘 6:6b).

다음 구절에서는 예루살렘의 포학에 대하여 좀 더 자세하게 언급된다.

7) 샘이 그 물을 솟구쳐냄 같이

그가 그 악을 드러내니

폭력과 탈취가 거기에서 들리며

질병과 살상이 내 앞에 계속하느니라.

8) 예루살렘아,

너는 훈계를 받으라.

그리하지 아니하면 내 마음이 너를 싫어하고

너를 황폐하게 하여 주민이 없는 땅으로 만들리라(렘 6:7-8).

하나님이 우리를 위하시는 "구원의 하나님"이신가 아니면 우리를 치시는 "심판의 하나님"이신가 하는 문제는 그분을 향한 우리의 자세에서 판가름 나기도 한다.

2. 할례받지 못한 귀: "그 귀가 할례를 받지 못하였으므로"(렘 6:9-10)

예레미야 6:9-15은 하나님과 예레미야의 대화로 구성되어 있다. 하나님은 예레미야에게 포도 따는 자가 늘 남은 포도가 있는지를 철저히 살펴보는 것같이, 야웨의 포도원에 여전히 남아 있을지도 모르는 이스라엘의 남은 자를 찾아보도록 명령하신다.

만군의 여호와께서 이와 같이 말씀하시되

"포도를 따듯이

그들이 이스라엘의 남은 자를 말갛게 주우리라.

너는 포도 따는 자처럼

네 손을 광주리에 자주자주 놀리라" 하시나니(렘 6:9).

그러나 포도나무 덩굴에는 아무런 열매도 남아 있지 않았다. 예레미야의 결론은 한마디로 절망이었다. 그의 말과 경고는 할례받지 못한 귀에 들린 것이다.

> 내가 누구에게 말하며
> 누구에게 경책하여 듣게 할꼬.
> 보라!
> **그 귀가 할례를 받지 못하였으므로**
> 듣지 못하는도다(렘 6:10a).

다른 곳에서 "입술의 할례"(출 6:12, 30)와 "마음의 할례"(레 26:41; 신 10:16; 30:6)라는 말이 쓰이고 있지만, "귀의 할례"라는 표현은 드물게 나온다(참조. 행 7:51). 위의 경우들에서 할례를 받지 않았다는 말은 신체의 그 기관이 닫혀 있는 상태, 즉 제 기능을 하지 못하는 상태를 의미한다.[6] 닫혀 있는 귀에는 어떤 말과 경고도 쇠귀에 경을 읽는 격이다.

할례받지 못한 귀의 의미를 할례의식과 연관하여 달리 해석해볼 수도 있다. 이스라엘 백성에게 할례란 야웨 하나님이 그들과 체결한 언약의 표징이다. 이를 통하여 이스라엘은 하나님과 특별한 관계를 형성한다(창 17:1-14). 즉 할례란 신학적인 의미를 갖고 있다. 따라서 이스라엘의 귀가 할례를 받지 못하였다는 말은 하나님과의 관계, 즉 하나님의 말씀에 귀를 기울이고 그 말씀을 받아들여서 순종하는 관계가 깨어졌다는 것이다.[7]

---

6 J. A. 톰슨, 『예레미야(상)』, 최우성 역(반즈 신구약 성경주석; 서울: 크리스챤서적, 1992), 354.
7 W. Werner, *Das Buch Jeremia Kapitel 1-25*, 87-88.

보라!
여호와의 말씀을 그들이 자신들에게 욕으로 여기고
이를 즐겨 하지 아니하니(렘 6:10b).

하나님 앞에 바로 서기 위해서는 무엇보다도 귀가 할례를 받아야 한다. 귀가 하늘을 향하여 늘 열려 있어서 하나님의 음성을 들을 수 있어야 한다. 삶의 탈진 속에서 죽기를 소원하였던 "로뎀나무의 엘리야"가 새로운 사명을 받은 "호렙산의 엘리야"로 탈바꿈한 것도 하나님의 세미한 음성을 포착할 수 있었던 할례받은 귀가 있었기 때문이다.

3. 돌팔이 의사인 정신적 지도자들: "내 백성의 상처를 가볍게 여기면서 말하기를 평강하다"(렘 6:11-15)

예언자 예레미야는 하나님의 분노와 같은 분노가 자기 안에 가득 채워져 있음을 느낀다.

그러므로 여호와의 분노가 내게 가득하여 참기 어렵도다(렘 6:11a).

우리는 여기서 예레미야가 감당해야 할 직무의 무익성에 대하여 탄식하는 최초의 본문을 만난다.[8] 예레미야의 탄식은 예레미야의 특징을 이룰 정도로 나중에 보다 더 집중적으로 전개된다(예. 렘 11:18-23; 12:1-6 등등). 하나님의 분노는 나이와 성에 차별 없이 모두에게 임한다. 나이 든 노인은 물론

---

8   W. Rudolph, *Jeremia* (HAT; Tübingen: J. C. B. Mohr, 1968), 44.

이고, 결혼한 지 얼마 되지 않은 남편과 아내도,[9] 심지어 거리에서 뛰노는 천진난만한 어린아이들과 한참 꿈에 부풀어 있을 젊은이들에게도 임한다.

> 그것을 거리에 있는 아이들과
> 모인 청년들에게 부으리니
> 남편과 아내와
> 나이 든 사람과 늙은이가 다 잡히리로다(렘 6:11b).

그야말로 완전한 파멸과 재앙이 아닐 수 없다. 이처럼 포괄적이고 전면적인 심판의 메시지는 12절에서 보다 구체적으로 묘사된다.[10]

> 내가 그 땅 주민에게 내 손을 펼 것인즉
> 그들의 집과 밭과 아내가 타인의 소유로 이전되리라.
> 여호와의 말씀이니라(렘 6:12).

결국 이들 모두가 나라를 잃고 포로로 끌려갈 것이다.

예레미야 6:13-15은 유다 백성이 모든 것을 상실하고 포로로 유배될 수밖에 없는 이유를 제시한다. 가장 작은 자로부터 큰 자에 이르기까지 모든 계층의 사람들이 그 마음에 자신의 이익만을 탐했기 때문이다. 모두가 물질적인 탐욕에 사로잡혀 있었다. 특히 시대가 아무리 타락해도 그래서는 안 될 예언자와 제사장 같은 정신적인 지도자들의 사기 행각이 가장 심각한 문제였다.

9 　강성열, 『예레미야 1-25장』(한국장로교총회창립 100주년기념 표준주석; 서울: 한국장로교출판사, 2021), 128.
10 　강성열, 『예레미야 1-25장』, 128.

이는 그들이 가장 작은 자로부터 큰 자까지 다 탐욕을 부리며
선지자로부터 제사장까지 다 거짓을 행함이라(렘 6:13).

그들은 백성의 상처를 건성으로 다루었다.

그들이 내 백성의 상처를 가볍게 여기면서(רָפָא, 라파) 말하기를
"평강하다, 평강하다" 하나 평강이 없도다(렘 6:14).

여기서 "상처"(שֶׁבֶר, 셰베르)는 한 공동체가 심각하게 붕괴된 상태를 가리키는 말로서, "골절/뼈 따위가 부러뜨려짐"(fracture)으로 번역할 수 있다.¹¹ "여기다"라는 동사는 히브리어로 "치료하다"(רָפָא, 라파)라는 의미를 가진다. 당시의 정신적인 지도자들은 마치 돌팔이 외과 의사같이, 환자들의 심각한 골절 상태를 정밀검사도 하지 않고 의례적이고 건성으로("상처를 가볍게 여기면서") 곧 회복될 것이라는 근거 없는 확신만 심어주었다.¹² 만사가 제대로 잘 되고 있으므로 걱정할 필요가 없다는 것이다. 그러나 사실 이 백성의 상처는 심각할 정도로 위중한 상태였다.

이들에게는 허황되고 사실이 아닌 빈말 같은 땜질식의 치료가 아니라 긴급하고 근본적인 대수술이 요구된다. 정신적인 지도자들은 사태의 심각성을 진지하게 고민도 하지 않고 의도적으로 덮어버리고 거짓된 평강만을 남발한다(미 3:5; 겔 13:10). 이들은 가증한 일을 행하면서도 부끄러운 줄을 모른다. 이런 자들에게 어찌 하나님의 심판이 내리지 않겠는가?

---

11   W. L. Holladay, *Jeremiah 1: A Commentary on the Book of the Prophet Jeremiah Chapters 1-25* (Hermeneia; Philadelphia: Fortress Press, 1986), 216.

12   J. R. Lundbom, *Jeremiah 1-20* (AB; New York: Doubleday, 1999), 430.

"그들이 가증한 일을 행할 때에 부끄러워하였느냐?
아니라. 조금도 부끄러워하지 않을 뿐 아니라
얼굴도 붉어지지 않았느니라.
그러므로 그들이 엎드러지는 자와 함께 엎드러질 것이라.
내가 그들을 벌하리니
그때에 그들이 거꾸러지리라."
여호와의 말씀이니라(렘 6:15).

정신적인 지도자들은 그가 속한 사회의 정신적인 건강을 책임진 일종의 의사 역할을 한다. 그들은 이 민족과 국가의 아픔과 상처를 진지하게 진단하고 처방할 수 있어야 한다. 때로 중병에 걸려 있으면서도 통증도 못 느끼는 무감각한 환자들에게도 근원적인 질병을 찾아내어 일러 주어야 한다. 이 진단을 통해 자신이 환자인지를 알고 있는 "자각 환자"도 살아야 하고, 스스로 환자인지도 모르는 "무자각 환자"도 살아야 한다. 그래야 그 공동체가 건강하게 보전될 수 있다.

공동체가 와해되면 그 폐해는 환자뿐만 아니라 의사에게도 찾아온다. 그래서 환자의 죽음은 의사의 파멸이기도 하다. 환자가 살아야 의사도 산다. 환자와 의사는 생명공동체다. 가정, 교회, 사회, 국가는 모두 서로 얽혀 있는 생명공동체다. 어느 한쪽이라도 붕괴되면 나머지도 온전할 수 없다. 따라서 생명 지키기와 생명 살리기는 생명이 있는 우리 모두를 살리는 모두의 책무이자 사명이기도 하다.

4. 두 가지 안내표지: "옛적 길로 행하라, 파수꾼의 나팔 소리를 들으라"(렘 6:16-19)

하나님은 유다 백성이 갈 길을 못 찾아 방황할 때 바른 방향을 향하도록 두 개의 안내표지(Wegweiser)를 선물로 주셨다.[13] 첫 번째 안내표지는 "토라"(תּוֹרָה, 율법)다.

> 여호와께서 이와 같이 말씀하시되
> "너희는 길에 서서 보며
> **옛적 길 곧 선한 길**이 어디인지 알아보고
> 그리로 가라.
> 너희 심령이 평강을 얻으리라" 하나
> 그들의 대답이 "우리는 그리로 가지 않겠노라" 하였으며(렘 6:16).

여기서 "옛적 길 곧 선한 길"[14]이란 전통적인 가르침, 즉 "토라"(תּוֹרָה)를 가리킨다(렘 6:19).[15]

두 번째 안내표지는 "예언자"다.

> 내가 또 너희 위에 **파수꾼**[예언자]을 세웠으니
> 나팔 소리를 들으라(렘 6:17).

---

13   W. Rudolph, *Jeremia*, 46.
14   "옛적 길"을 상기시키는 양식에 대해서는 다음을 참조하라. N. C. Habel, "Appeal to Ancient Tradition as a Literary Form," *ZAW* 88(1976), 253-272.
15   W. Brueggemann, *A Commentary on Jeremiah: Exile and Homecoming* (Grand Rapids, Michigan: Wm. B. Eerdmans Publishing Co, 1998), 73.

하나님은 본래 당신의 백성이 멸망당하기를 원하지 않으신다. 그래서 그들에게 파수꾼을 세워주셨다. 파수꾼의 직무는 그들에게 미칠 재앙을 미리 보고 경고하는 것이다. 이러한 역할도 예언자의 임무에 속한다(겔 3:17-21; 33:1-9). 예언자는 하나님의 살아 있는 증인으로서 인간의 삶 한복판에서 하나님의 목소리를 대변하는 자다.

그러나 유다 백성들은 하나님의 선물인 토라가 제시하는 선한 길을 거부하고, 하나님의 뜻을 보여주는 예언자의 목소리도 무시한다. 드디어 유다 백성들에게 어쩔 수 없이 하나님의 심판이 선고된다.

> 18)그러므로 너희 나라들아, 들으라.
> 무리들아, 그들의 당할 일을 알라.
> 19)땅이여, 들으라.
> 내가 이 백성에게 재앙을 내리리니
> **이것이 그들의 생각의 결과라.**
> **그들이 내 말을 듣지 아니하며**
> **내 율법**(תּוֹרָה, 토라)**을 거절하였음이니라**(렘 6:18-19).

여기서 "내 말"이란 예언자의 경고를 말하고, "내 율법"은 하나님의 가르침인 토라를 가리킨다. 유다에게 주어진 하나님의 특별한 선물인 토라와 예언자가 철저히 거부되고 있다. 감히 하나님의 선물을 거절하다니 유다의 패역이 너무 심한 것은 아닌가?

"토라의 가르침"과 "예언자의 외침"은 하나님의 백성들이 하나님의 자녀답게 살길을 알려주는 하나님의 은혜의 선물이다. 하나님의 말씀에 대한 순종 여부가 생명과 사망 그리고 복과 화를 결정한다(신 30:15-18). 시편 저자의 고백과 같이 오직 야웨의 율법을 즐거워하여 그의 율법을 주야로 묵상하는 자, 바로 그가 복된 자다.

> ¹⁾복 있는 사람은
> 악인들의 꾀를 따르지 아니하며
> 죄인들의 길에 서지 아니하며
> 오만한 자들의 자리에 앉지 아니하고
> ²⁾오직 여호와의 율법을 즐거워하여
> 그의 율법을 주야로 묵상하는도다(시 1:1-2).

5. 최상급의 예물이냐, 토라 순종이냐?: "시바에서 유향과 먼 곳에서 향품을 내게로 가져옴은 어찌함이냐"(렘 6:20-21)

유다 백성들은 하나님의 선물인 토라와 예언자의 목소리를 거절하고 그 대신 호화로운 제사를 드린다. 예레미야는 이들에게 다음과 같이 하나님의 말씀을 대변한다.

> 시바에서 유향과
> 먼 곳에서 향품을 내게로 가져옴은 어찌함이냐?
> 나는 그들의 번제를 받지 아니하며
> 그들의 희생제물을 달게 여기지 않노라(렘 6:20).

시바는 아라비아 남부에 있었던 시바 왕국을 가리키는데 이곳에서 생산되는 유향이 특히 유명했다(참조. 왕상 10:1-13; 시 72:10-15; 겔 27:22). 유향은 제사 때 피우는 향으로서 제의 의식에서 기쁨의 분위기를 자아낸다(참조.

출 30:34-38). 향품은 인도에서 들여왔던 것 같다.[16] 이들이 준비한 제물들은 먼 외국에서 들여온 값비싸고 희귀한 것들이었다.

토라가 부인(否認)된 공동체의 제의를 과연 하나님이 받으실까? 최상급의 예물이 토라의 순종을 대신할 수 있을까? 예레미야가 강조하는 바는 토라의 순종과 분리된 의례적인 행사가 하나님 보시기에는 아무런 의미도 가치도 없다는 것이다.

> 그러므로 여호와께서 이와 같이 말씀하시니라.
> "보라! 내가 이 백성 앞에 장애물을 두리니
> 아버지와 아들들이 함께 거기에 걸려 넘어지며
> 이웃과 그의 친구가 함께 멸망하리라"(렘 6:21).

토라의 순종이 없는 예배는 아무런 소용이 없다. 예언자가 거부하는 것은 "의식(예배) 자체"가 아니라 의식(예배)에 합당한 "삶이 결여된 의식"(예배)이었다. "모든 예배"를 거부하는 것이 아니라 "특정한 예배"를 거부하는 것이다. 하나님은 값비싼 제물로 치장된 예배보다 소박하게 하나님의 말씀을 듣고 그 토라에 순종하는 것을 원하신다.

> 여호와께서 번제와 다른 제사를
> 그의 목소리 청종하는 것을 좋아하심 같이 좋아하시겠나이까.
> **순종이 제사보다 낫고**
> **듣는 것이 숫양의 기름보다 나으니**(삼상 15:22).

---

[16] W. Rudolph, *Jeremia*, 47; J. A. 톰슨, 『예레미야(상)』, 360.

우리의 예배가 하나님이 받으시는 예배가 되기 위해서는 "물질의 예물"보다 "삶의 예물"이 더 중요함을 깨달아야 한다. 하나님은 물질로 드려지는 예배보다 삶으로 드려지는 예배를 더 원하신다.

그러므로 형제들아, 내가 하나님의 모든 자비하심으로 너희를 권하노니 너희 몸을 하나님이 기뻐하시는 거룩한 산 제물로 드리라. 이는 너희가 드릴 **영적 [합당한/참되고 사리에 맞는] 예배**니라(롬 12:1).

제6강

예레미야의 성전 설교

"이 집이 너희 눈에는 도둑의 소굴로 보이느냐?"
(렘 7:1-15)

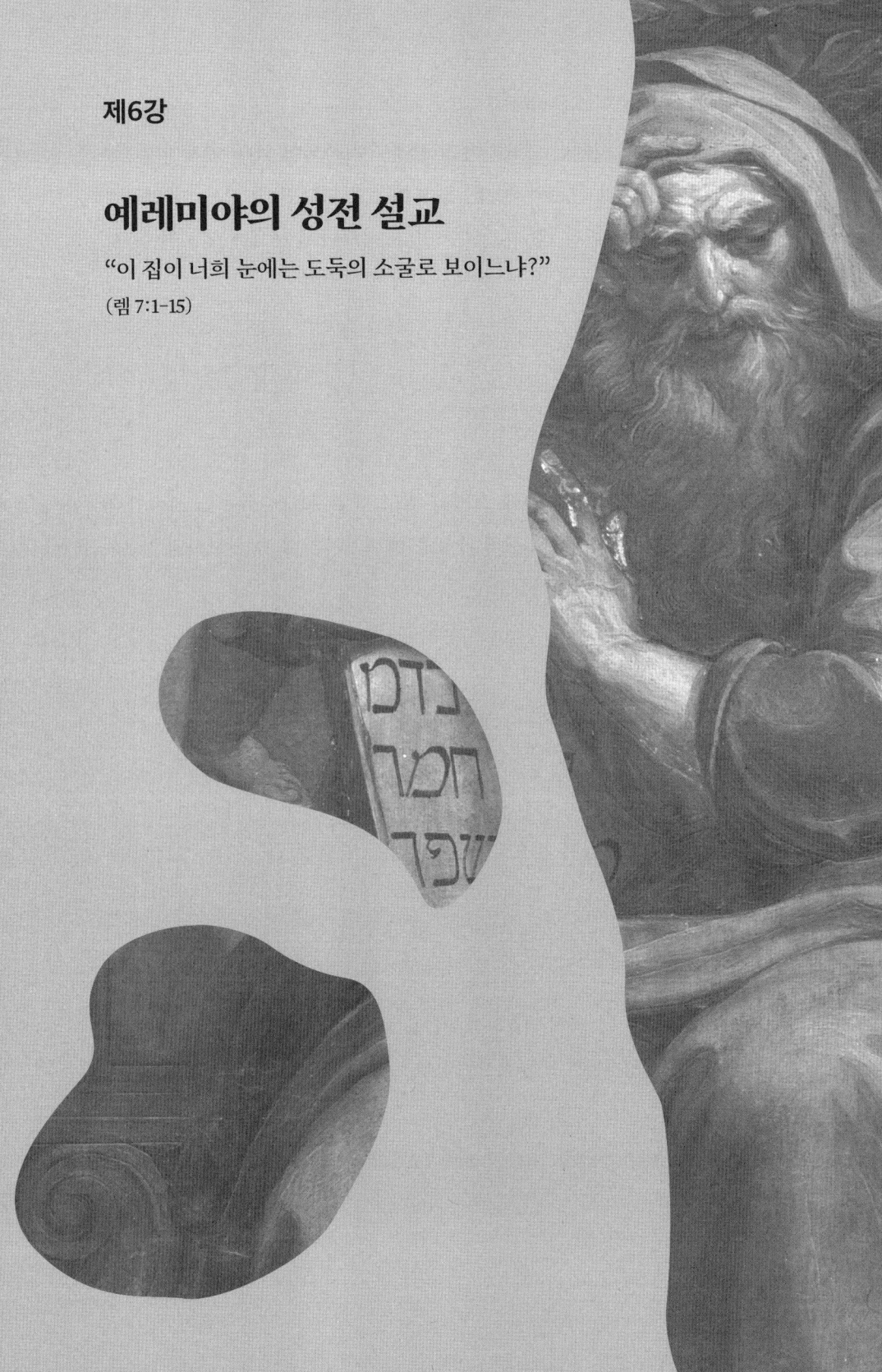

예레미야 7:1-15은 예레미야의 "성전 설교"(temple sermon)라고 불리는 유명한 단락이다. 이 사건은 예레미야 26장에도 기록되어 있다. 예레미야 7장이 예레미야의 성전 설교의 "내용"을 보여주고 있다면, 26장은 이 설교에 대한 유다 백성의 "반응"을 기록하고 있다. 예레미야 26:1에 의하면 이 설교는 여호야김 왕의 즉위 초(기원전 608년)에 행해졌다.

유다의 왕 요시야의 아들 **여호야김이 다스리기 시작한 때**에 여호와께로부터 이 말씀이 임하여 이르시되(렘 26:1).

예레미야는 기원전 627/6년에 소명을 받고 예언자로서 활동을 시작한다(렘 1:2).[1] 흔히 예레미야 1-6장의 내용을 예레미야의 초기 선포사역(기원전 627/6-622년)에 대한 기록이라고 한다.

예레미야 7장의 성전 설교는 예레미야의 예언활동의 두 번째 기간에 속한다(기원전 608-597년). 예레미야의 활동에는 기원전 622년부터 608년까지의 공백기가 있다. 따라서 그는 요시야의 종교 개혁이 시작하는 해인 기원전 622년부터 침묵기에 들어간 것으로 볼 수 있다. 기원전 609년 요시야의 죽음과 608년 그의 아들 여호야김의 즉위는 예레미야가 예언자로 재등장하는 계기가 되었던 것으로 보인다. 약 14년간의 침묵기를 깨고 처음으로 행한 설교가 오늘의 본문이다. 그러나 예레미야는 이 설교로 인하여 죽음의 위협을 당하고 계속해서 박해를 받게 된다.

예레미야가 여호와께서 명령하신 말씀을 모든 백성에게 전하기를 마치매 제사장들과 선지자들과 모든 백성이 그를 붙잡고 이르되 "네가 반드시 죽어야

---

1 베르너 H. 슈미트, 『구약성서입문』, 차준희·채홍식 역(서울: 대한기독교서회, 2007), 333.

하리라"(렘 26:8).

1. 이곳이 하나님의 성전(聖殿)이라고?: "이곳이 여호와의 성전이라 하는 거짓 말을 믿지 말라"(렘 7:1-4)

예레미야는 예루살렘 성전 문 앞에서 예배하러 들어오는 유다 백성들에게 말씀을 선포하라는 하나님의 명령을 받는다.

> ¹⁾여호와께로부터 예레미야에게 말씀이 임하니라. 이르시되 ²⁾"너는 **여호와의 집 문에 서서 이 말을 선포하여** 이르기를 '여호와께 예배하러 이 문으로 들어가는 (모든) 유다 사람들아, 여호와의 말씀을 들으라'"(렘 7:1-2).

"여호와의 집 문에 서서" 신탁을 전하라고 명령을 내린 건, 이곳이 사람들의 왕래가 가장 잦은 곳이기 때문일 것이다. 성전에 많은 사람이 모여 있었던 걸로 보아("모든 유다 사람들"), 이스라엘의 큰 명절을 맞아 전국 각지에서 많은 사람이 예루살렘 성전으로 몰려든 것으로 보인다. 이때 그 유명한 성전 설교가 선포된다.

예레미야는 무엇보다 먼저 하나님의 본심을 분명히 전한다.

> 만군의 여호와 이스라엘의 하나님께서 이와 같이 말씀하시되 **"너희 길과 행위를 바르게 하라. 그리하면 내가 너희로 이곳에 살게 하리라"**(렘 7:3).

성전 설교의 본래적 의도는 심판이 아니었다. 구원이었다.

> 그런즉 너희는 너희 길과 행위를 고치고 너희 하나님 여호와의 목소리를 청종

하라. 그리하면 여호와께서 너희에게 선언하신 재앙에 대하여 뜻을 돌이키시리라(렘 26:13).

엄청난 군중을 이룬 유다 백성들은 성전 앞에서 "여호와의 성전이라, 여호와의 성전이라, 여호와의 성전이라"(렘 7:4) 하며 외친다. 이러한 이른바 "야웨 성전 삼창"은 열정적이며 열광적으로 맹세하는 호소를 뜻한다.[2]

땅이여, 땅이여, 땅이여,
여호와의 말을 들을지니라(렘 22:29; 참조. 사 6:3).

이들은 왜 여호야김 왕의 즉위 초(기원전 608년)에 예루살렘 성전으로 몰려와서 "여호와의 성전이라, 여호와의 성전이라, 여호와의 성전이라"면서 일제히 복창을 하며 들어오고 있을까? 이런 상황을 이해하기 위해서는 남유다의 근본 신앙을 먼저 살펴보아야 한다.

남유다에는 특히 그들의 버팀목이 되어온 양대 신앙이 있다.

첫 번째는 "다윗 왕조 신앙"이다. 이는 다윗 계통의 왕조와 나라는 멸망하지 않고 영원히 지속된다는 신앙이다.

"**네 집과 네 나라**가 내 앞에서 영원히 보전되고 **네 왕위가 영원히 견고하리라**"
하셨다 하라(삼하 7:16).

---

[2] W. Rudolph, *Jeremia* (HAT; Tübingen: J. C. B. Mohr, 1968), 53; M. Görg, "Das Tempelwort in Jer 7,4," *BN* 18(1982), 7-14 특히 13: 이러한 삼창(三唱)은 바빌로니아의 맹세문서들(Beschwörungstexten)에서도 나타난다. J. Herrmann, "Zu Jer 22,29; 7,4," *ZAW* 62 (1949-1950), 321-322.

두 번째는 "시온 신앙"이다. 이에 따르면 시온은 하나님이 택하시고 거주하시는 장소이기 때문에 이방 나라가 공격해도 절대로 무너지지 않는다.

> [4)]한 시내가 있어 나뉘어 흘러
> **하나님의 성 곧 지존하신 이의 성소를 기쁘게 하도다[선택].**
> [5)]**하나님이 그 성 중에 계시매[거주]**
> 성이 흔들리지 아니할 것이라.
> 새벽에 하나님이 도우시리로다.
> [6)]뭇 나라가 떠들며
> 왕국이 흔들렸더니
> **그가 소리를 내시매 땅이 녹았도다[난공불락].**
> [7)]만군의 여호와께서 우리와 함께 하시니
> **야곱의 하나님은 우리의 피난처시로다**(셀라)**[피난처]**
> (시 46:4-7; 참조. 시 132:13-14).

즉 시온 신앙은 시온의 불가침 신앙을 말한다. 당시 유다 백성들은 "다윗 왕조 불패신앙"과 "시온 불패신앙"을 가지고 있었다.

 그런데 기원전 608년 요시야의 뜻밖의 전사로 신앙의 양대 기둥 가운데 하나인 다윗 왕조 신앙은 더 이상 버팀목이 되어주지 못했다. 유다 백성의 기대를 한 몸에 받았을 것으로 생각되는 종교 개혁의 영웅 요시야 왕이 이집트의 바로 느고에 의해 므깃도에서 뜻밖에도 전사하고 말았다.

> 요시야와 같이 **마음**을 다하며 **뜻**을 다하며 **힘**을 다하여 **모세의 모든 율법을 따라 여호와께로 돌이킨 왕은 요시야 전에도 없었고 후에도 그와 같은 자가 없었더라**(왕하 23:25).

요시야 당시에 애굽의 왕 바로 느고가 앗수르 왕을 치고자 하여 유브라데강으로 올라가므로 **요시야 왕이 맞서 나갔더니 애굽 왕이 요시야를 므깃도에서 만났을 때에 죽인지라**(왕하 23:29).

유다는 예기치 못한 엄청난 국가적 비운을 맞았다. 국정 지지도가 매우 높았던 요시야 왕이 허망하게 사라지고, 요시야를 죽인 이집트 왕은 유다 백성 스스로 옹립한 여호아하스를 끌어내리고 여호야김을 유다의 꼭두각시 왕으로 세웠다(왕하 23:30-35). 여호야김이 즉위할 당시 유다는 국가적으로 한 치 앞을 내다볼 수 없는 어둡고 불안한 시기였다. 따라서 유다 백성들은 다윗 왕조 신앙을 의심할 수밖에 없었고, 마지막 버팀목이요 보루로 생각하는 시온 신앙의 실체인 예루살렘 성전으로 몰려온 것이다.

당시 예루살렘 성전은 유다의 유일한 성소로서 무엇과도 비교할 수 없는 절대적인 지위를 차지했다. 기원전 622/1년에 실시된 요시야의 종교개혁(특히 예배성소의 단일화 정책)으로 지방의 모든 성소들은 폐쇄되거나 파괴되었고, 예루살렘 성전만이 유일하게 합법적인 성소로 남았기 때문이다.

5)옛적에 유다 왕들이 세워서 유다 모든 성읍과 예루살렘 주위의 산당들에서 분향하며 우상을 섬기게 한 제사장들을 폐하며 또 바알과 해와 달과 별 떼와 하늘의 모든 별에게 분향하는 자들을 폐하고 6)또 여호와의 성전에서 아세라 상을 내다가 예루살렘 바깥 기드론 시내로 가져다 거기에서 불사르고 빻아서 가루를 만들어 그 가루를 평민의 묘지에 뿌리고 7)또 여호와의 성전 가운데 남창의 집을 헐었으니 그곳은 여인이 아세라를 위하여 휘장을 짜는 처소였더라. 8)**또 유다 각 성읍에서 모든 제사장을 불러오고 또 제사장이 분향하던 산당을 게바에서부터 브엘세바까지 더럽게 하고 또 성문의 산당들을 헐어 버렸으니** 이 산당들은 그 성읍의 지도자 여호수아의 대문 어귀 곧 성문 왼쪽에 있었더

라(왕하 23:5-8).

이제 유다 백성이 하나님과 만날 수 있는 합법적인 제의 장소는 오직 한 곳 밖에 없다. 유다 백성의 "야웨 성전 삼창"은 이런 배경에서 나온 것이다. 이러한 고백에는 하나님이 예루살렘 성전에 계시기 때문에 이 성전은 안전과 평화 그리고 번영을 보장한다는 생각이 깔려 있다.

그러나 어찌된 일인지 예레미야는 이를 거짓말이라고 일갈한다.

> 너희는 이것이 여호와의 성전이라, 여호와의 성전이라, **여호와의 성전이라 하는 거짓말을 믿지 말라**(렘 7:4).

성전이라고 모두 하나님이 거하시는 곳은 아니라는 것이다. "건물의 외양"이 아니라 "하나님의 임재" 여부가 하나님의 성전인지 아닌지를 결정한다.

> 내가 참으로 **주를 위하여 계실 성전을 건축하였사오니** 주께서 영원히 계실 처소로소이다 하고(왕상 8:13; 참조. 대상 36:15).

하나님의 임재는 의무적인 것이 아니다. 즉 하나님을 위해서 지어진 건물이라고 하나님이 당연히 거해야 하는 것은 아니다. 하나님의 임재는 전적으로 하나님의 주권적 자유에 속한다. 하나님이 지금까지 성전에 계셨던 것은 순전히 은혜의 발로(發露)였다.[3] 하나님은 성전을 언제든지 떠나실 수도 있고 적들에 의해서 파괴되도록 내버려두실 수도 있다.[4]

---

[3] J. A. 톰슨, 『예레미야(상)』, 최우성 역(반즈 신구약 성경주석; 서울: 크리스챤서적, 1992), 381.
[4] W. Werner, *Das Buch Jeremia Kapitel 1-25* (NSKAT; Stuttgart: Verlag Katholisches

내가 내 집을 버리며

내 소유를 내던져

내 마음으로 사랑하는 것을

그 원수의 손에 넘겼나니(렘 12:7).

따라서 성전 자체에 신비한 마력이라도 있다는 듯이 성전을 짓고 그것을 치장하는 것에만 혈안이 된 미신적인 성전신앙은 성서적이라고 보기 어렵다.

예수님의 죽음으로 성전의 휘장이 찢긴 것은 일종의 성전 폐기선언이 아닌가? 그 어떤 교회 건물도 하나님의 임재를 강요할 수도 보장할 수도 없다.

하늘은 나의 보좌요

땅은 나의 발판이니

너희가 나를 위하여 무슨 집을 지으랴?

내가 안식할 처소가 어디랴(사 66:1).

오늘날 흔히 말하는 교회는 엄격하게 구분하자면, 성전이 아니다. 단지 예배당일 뿐이다. 예수님이 바로 성전이다.[5]

성 안에서 내가 성전을 보지 못하였으니 이는 **주 하나님 곧 전능하신 이와 및 어린 양이 그 성전이심이라**(계 21:22).

Bibelwerk, 1997), 96.

5 J. R. Lundbom, *Jeremiah 1-20* (AB; New York: Doubleday, 1999), 472-473.

그리고 또한 예수님을 따르는 성도들이 성전이다.

> 너희는 **너희가 하나님의 성전**인 것과 하나님의 성령이 너희 안에 계시는 것을 알지 못하느냐(고전 3:16).

> [20]너희는 사도들과 선지자들의 터 위에 세우심을 입은 자라. 그리스도 예수께서 친히 모퉁잇돌이 되셨느니라. [21]그의 안에서 건물마다 서로 연결하여 주 안에서 성전이 되어가고 [22]**너희도 성령 안에서 하나님이 거하실 처소가 되기 위하여** 그리스도 예수 안에서 함께 지어져 가느니라(엡 2:20-22).

그러므로 교회와 성전을 무조건적으로 동일시해서는 안 된다. 성전은 건물이 아니다. 성전은 예수님과 성도라는 "영적 인격체"(spiritual personality)다. 교회 건축은 신앙생활의 효율성을 위한 수단이지 그것이 신앙생활의 궁극적이거나 주된 목적이 될 수는 없다. 극단적으로 말하면 교회를 건축하기 위해서 신앙생활 하는 것은 아니다.

그동안 한국교회의 신앙생활은 "예수 믿고, 헌금 많이 하고, 교회만 건축하면 다다"라는 식이었다고 해도 과언이 아닌 것 같다. "교회를 짓기 전에 먼저 빈민가에 가서 그들의 눈이 무엇을 말하는지 들으라"고 했던 마하트마 간디의 말은 무엇이 "중심"이고 무엇이 "주변"인지를 잘 드러내고 있다. 그동안 한국교회는 자기 교회 "벽돌 쌓기"에만 너무나 전력해온 것은 아닌가? 이제부터라도 눈에 보이는 성전[교회건물]을 위한 "벽돌 쌓기 신앙"에서 눈에 보이지 않는 성전[예수님과 사람들]을 위한 "벽돌 나눔 신앙"으로 방향을 선회해야 하지 않을까?

고대 교회의 가장 위대한 교부로 평가받는 요안네스 크리소스토모스(-407년)의 복음서 강해 중 일부의 내용은 오늘의 우리에게도 큰 울림을 준다.

그리스도의 식탁이 금으로 된 잔으로 가득 차 있으나 그리스도께서 굶주림으로 죽으신다면 무슨 유익이 있겠습니까? 여러분은 먼저 배고픈 이들을 넉넉히 채워 주고 난 다음 그 나머지 것으로 제대를 장식하십시오.…나그네로서 밤의 거처를 찾아 헤매는 사람을 볼 때도 여러분의 생각을 그리스도께 돌리십시오.…여러분이 가난한 사람들을 도와주는 일을 성전을 장식하는 일보다 먼저 하기를 간절히 청하는 바입니다.…성전을 장식할 때 고통받는 형제를 멸시하지 마십시오. **살로 된 성전이 돌로 된 성전**보다 훨씬 가치 있기 때문입니다 (볼드체는 저자의 것).[6]

2. 이곳이 진정한 하나님의 성전(聖殿)이 되려면: "너희 길과 행위를 바르게 하라"(렘 7:5-7)

그렇다면 어떻게 해야 성전이 단순히 건물만이 아니고 하나님이 거하시는 전이 될 수 있을까? 야웨께서 계속해서 성전에 거하시고 또 그들이 예루살렘에 영원 무궁히 살기 위해서는 중요한 조건이 따른다.

> 너희 길과 행위를 바르게 하라. 그리하면 내가 너희로 이곳에 살게 하리라(렘 7:3).

그것은 길과 행위를 바르게 하는 것이다. 그들이 "이곳"(약속의 땅)에서 계속해서 살 수 있는가의 문제는 그들이 "이곳"에서 바르게 사느냐의 문제와 직결된다. 예레미야는 이들에게 보다 구체적으로 권고한다.

---

[6] 요한 크리소스토무스, 『성무일도』, Homilia in Matthaeum, 50,4. 아달베르 함만, 『교부와 만나다』, 이연학·최원호 역(서울: 비아, 2019), 253-254에서 재인용.

⁵⁾너희가 만일 길과 행위를 참으로 바르게 하여 이웃들 사이에 정의를 행하며 ⁶⁾이방인과 고아와 과부를 압제하지 아니하며 무죄한 자의 피를 이곳에서 흘리지 아니하며 다른 신들 뒤를 따라 화를 자초하지 아니하면(렘 7:5-6).

이들에게 요구되는 바른 삶이란

① 길과 행위를 바르게 하고(도덕적 삶)
② 이웃들 사이에 정의를 행하며(정의의 삶)
③ 이방인과 고아와 과부를 압제하지 말며, 무죄한 자의 피를 이곳에서 흘리지 아니하며(약자 돌봄)
④ 다른 신들을 좇아 화를 자초하지 않는 것(하나님만 섬기는 삶)이다(렘 7:5-6).

이러한 삶에서 생명의 미래가 열린다.

내가 너희를 이곳에 살게 하리니 곧 너희 조상에게 영원무궁토록 준 땅에니라(렘 7:7).

여기서 건물성전(교회)을 진정한 하나님의 성전으로 만드는 조건이 제시된다. 이는 교회로 들어오는 사람마다 교회에 오기 전의 자신의 일상생활을 바로잡는 것이다. 교회에 와서 열심히 예배를 드리고, 기도 소리를 높이는 것보다 먼저 일상에서 자신의 "길"과 "행위"를 바로잡아야 한다. "일상에서" 도덕적 삶을 살아야 한다. "일상에서" 정의의 삶을 살아야 한다. "일상에서" 약자를 돌보는 삶을 살아야 한다. "일상에서" 하나님의 주 되심을 의식하며 살아야 한다. 일상이 바로 서야 예배가 바로 선다.

공의와 정의가 심각하게 결핍되어 있는 사회와 가정에, 그리고 한 개인에게 허울 좋은 종교 행위란 위선이요, 자기 속임수요, 무엇보다도 하나님에 대한 모독이기 때문이다.[7] 교회 바깥에서 살아가는 삶이 바르지 못하면 아무리 교회에 와서 예배를 잘 드리고 헌금을 많이 바쳐도 쓸모가 없다.

[23)]그러므로 예물을 제단에 드리려다가 거기서 네 형제에게 원망 들을 만한 일이 있는 것이 생각나거든 [24)]예물을 제단 앞에 두고 **먼저 가서 형제와 화목하고 그 후에 와서 예물을 드리라**(마 5:23-24).

하나님의 다스림과 통치의 영역은 종교적인 것은 물론 사회적인 것을 포함한 그의 백성의 삶 전체이기 때문이다. 따라서 삶이 바르지 못한 사람의 헌금과 헌물은 더 이상 하나님이 기뻐하시는 "예물"이 아니라 오히려 하나님을 괴롭히고 모독하는 "뇌물"로 간주될 수밖에 없다.

[11)]여호와께서 말씀하시되
"너희의 무수한 제물이 내게 무엇이 유익하뇨?
나는 숫양의 번제와 살진 짐승의 기름에 배불렀고
나는 수송아지나 어린 양이나 숫염소의 피를 기뻐하지 아니하노라.
[12)]너희가 내 앞에 보이러 오니
이것을 누가 너희에게 요구하였느냐?
내 마당만 밟을 뿐이니라.
[13)]**헛된 제물을 다시 가져오지 말라.**

---

7 류호준, "예언자의 종교-제의(宗敎-祭儀) 비판과 그 현대적 의미(예레미야의 성전 설교를 중심으로)",「백석학원 25주년 기념 논문집」, 25, 2001, 64-78, 특히 70.

> 분향은 내가 가증히 여기는 바요
> 월삭과 안식일과 대회로 모이는 것도 그러하니
> **성회와 아울러 악을 행하는 것을 내가 견디지 못하겠노라.**
> 14)내 마음이 너희의 월삭과 정한 절기를 싫어하나니
> 그것이 내게 무거운 짐이라. 내가 지기에 곤비하였느니라"(사 1:11-14).

하나님은 "성회(聖會)와 아울러 악을 행하는 일"에 지칠 대로 지쳐 계신다(사 1:13). 한마디로 말하면 일상적인 삶 속에서 바르게 사는 것이 교회를 진정한 하나님의 성전으로 만드는 길이다. 참 신앙인이란 신앙공동체 내부는 물론 바깥에서도 바르게 사는 자들이며, 예배 때의 고백과 일상적인 삶과의 오차 폭을 줄이기 위해 이 세상에서 기꺼이 손해 보고 희생하며 사는 자들이다.

> 선을 행함으로 고난받는 것이 하나님의 뜻일진대 악을 행함으로 고난받는 것보다 나으니라(벧전 3:17).

3. 성전이 도둑의 소굴이 되다니! : "이 집이 너희 눈에는 도둑의 소굴로 보이느냐"(렘 7:8-11)

예레미야는 성전으로 몰려드는 무수한 군중을 이룬 유다 백성들을 향하여 정면으로 질타한다.

> 보라! 너희가 무익한 거짓말을 의존하는도다(렘 7:8).

그들을 향하여 죄목을 낱낱이 폭로한다.

너희가 도둑질하며 살인하며 간음하며 거짓 맹세하며 바알에게 분향하며 너희가 알지 못하는 다른 신들을 따르면서(렘 7:9).

그들은 하나님의 계명을 가볍게 보고 온갖 죄악들(도둑질[8계명], 살인[6계명], 간음[7계명], 거짓 맹세[9계명], 우상 숭배[1계명])을 저지른다. 온갖 죄들에 찌들려 있음에도 불구하고 성전에 들어와서는 "우리가 구원을 얻었다"고 떠들어댄다.

내 이름으로 일컬음을 받는 이 집에 들어와서 내 앞에 서서 말하기를 **"우리가 구원을 얻었나이다" 하느냐?** 이는 이 모든 가증한 일을 행하려 함이로다(렘 7:10).

예레미야는 윤리적인 부패에도 불구하고 잘못된 미신적 안전의식에 사로잡힌 동족의 행태를 신랄하게 비판한다.

불행하게도 당시의 유다 백성들은 자신들의 부정한 행실에 대한 각성이나 돌이킴도 없이 그저 성전에 가서 제물을 많이 드리고 예배만 드리면 모든 문제가 해결된다고 생각한 것 같다. 이들은 예루살렘 성전을 야웨가 계시는 "여호와의 전"(הֵיכַל יְהוָה, 헤칼 야웨)으로 보았지만, 예레미야의 눈에 비친 이 성전이란 단지 "이 집"(הַבַּיִת הַזֶּה, 하바이트 하제), 즉 야웨 하나님이 이미 떠나버린 하나의 "건물"(집)에 불과하였다. 예언자는 여기서 의도적으로 "여호와의 집"이라는 표현구를 회피하고, 그 대신 야웨(יְהוָה)를 생략하고 그 자리에 냉소적이고 거리감을 표시하는 지시대명사 "이것"(הַזֶּה, 하제)을 사용한 것으로 보인다.[8] "전"(הֵיכַל, 헤칼)이라는 단어도 "집"(בַּיִת, 바이트)으로 바

---

8 차준희, 『구약성서의 신앙』(천안: 한국신학연구소, 1997), 124.

꾸어 비중을 격하시킨다.
 더 나아가 이 집이 예언자의 눈에는 "도둑의 소굴"로 보인다.

"내 이름으로 일컬음을 받는 이 집이 너희 눈에는 **도둑의 소굴**로 보이느냐. 보라! **나 곧 내가 그것을 보았노라**" 여호와의 말씀이니라(렘 7:11).

성전 밖에서 바르게 살지 않으면서도 성전에 들어와 안심하는 유다 백성들은 마치 부당한 방법으로 얻은 재물을 가지고 남이 모르는 동굴에 들어와 숨고 희희낙락하며 다음 도둑질을 계획하는 강도와 같다. 야웨 하나님은 도둑의 소굴로 변질된 성전에 더 이상 머무실 수가 없다. 예레미야는 야웨의 현존과 성전이 이미 분리되었음을 간파한다. 온갖 부정한 일로 더럽혀지고 회개할 줄도 모르는 사람들이 우글거리는 곳에 어떻게 거룩하신 하나님이 거하실 수 있겠는가!
 비기독교인들의 눈에 비친 한국교회는 더 이상 도덕적인 양심가들의 모임이 아니다. 사회적 비리 사건에서 우리는 기독교인들이 주인공(?)으로 등장하는 비극적인 뉴스를 심심찮게 본다. 예레미야의 눈에 혹시 우리 교회도 도둑의 소굴로 보이지는 않을까?

4. 어찌 역사의 교훈을 이토록 쉽게 잊어버릴 수 있는가?: "내가 처음으로 내 이름을 둔 처소 실로에 가서 내가 어떻게 행하였는지를 보라"(렘 7:12-15)

예레미야는 이미 멸망하여 파괴된 실로 성소에 관한 역사를 소환한다.

너희는 **내가 처음으로 내 이름을 둔 (나의) 처소 실로**에 가서 내 백성 이스라엘의 악에 대하여 내가 어떻게 행하였는지를 보라(렘 7:12).

구약성서에서 예루살렘 성전과 더불어 오로지 실로 성소만이 "여호와의 전"(היכל יהוה, 헤칼 야웨)이라고 불린다.

> 그들이 **실로**에서 먹고 마신 후에 한나가 일어나니 그때에 제사장 엘리는 **여호와의 전**(היכל יהוה, 헤칼 야웨) 문설주 곁 의자에 앉아 있었더라(삼상 1:9).

> 하나님의 등불은 아직 꺼지지 아니하였으며 사무엘은 하나님의 궤 있는 **여호와의 전**(היכל יהוה, 헤칼 야웨) 안에 누웠더니(삼상 3:3).

사실 실로는 하나님께서 "처음으로" 당신의 이름을 두신 하나님의 처소였다. 우리말 성서에는 "처소" 앞에 있는 "나의"라는 소유대명사가 생략되어 있다. 이 소유대명사는 야웨와 실로의 밀접한 관련성을 강조한다. 실로는 여호수아 시대부터 회막이 설치된 매우 오래된 성소였다.

> 이스라엘 자손의 온 회중이 **실로에 모여서 거기에 회막을 세웠으며** 그 땅은 그들 앞에서 돌아와 정복되었더라(수 18:1).

실로의 성소는 일찍이 사사시대부터 법궤가 안치되어 있었던 매우 유서 깊은 순례지이기도 하였다.

> **하나님의 집이 실로에 있을 동안에** 미가가 만든바 새긴 신상이 단 자손에게 있었더라(삿 18:31).
>
> 또 이르되 "보라! 벧엘 북쪽 르보나 남쪽 벧엘에서 세겜으로 올라가는 큰 길 동쪽 **실로에 매년 여호와의 명절이 있도다**" 하고(삿 21:19).

실로는 이스라엘의 큰 축제일(가을철 추수 축제일, 장막절, 신년 축제일 등)이 되면 수많은 인파의 순례 행렬이 끝이 보이지 않던 장소이기도 하다.

하나님은 유다의 악에 대하여 끊임없이 경고하고 돌이키기를 간절히 원하셨다. 그러나 유다 백성은 끝까지 하나님의 말씀을 무시하였다.

여호와의 말씀이니라. "이제 너희가 그 모든 일을 행하였으며 내가 너희에게 **말하되 새벽부터 부지런히 말하여도 듣지 아니하였고 너희를 불러도 대답하지 아니하였느니라**"(렘 7:13).

결국 하나님은 예루살렘을 실로와 같이 심판하시기로 결정하셨다.

그러므로 **내가 실로에 행함 같이** 너희가 신뢰하는바 내 이름으로 일컬음을 받는 이 집(예루살렘 성전) 곧 너희와 너희 조상들에게 준 이곳에 행하겠고(렘 7:14).

예루살렘은 이미 파괴되어버린 실로의 운명과 동일시된다.

실로 성소의 파괴는 흔히 생각하고 있는 기원전 11세기 중엽 블레셋 사람들에 의해서라기보다는 기원전 722년 아시리아 사람들에 의해서라고 판단된다.[9] 12절에 따르면 실로 성소의 파괴는 단순히 엘리와 그의 아들들의 범실(凡失) 때문이 아니라 "내 백성 이스라엘의 악", 즉 북이스라엘의 죄악에서 비롯된 것으로 보인다.

---

9   D. G. Schley, *Shiloh: A Biblical City in Tradition and History* (JSOTS; Sheffield: JSOT Press, 1989), 171-180; 이에 대한 자세한 논의를 위해서는 다음을 참조하라. Jun-Hee Cha, *Micha und Jeremia* (BBB; Weiheim: Beltz Athenäum Verlag, 1996), 52와 각주 267.

> 59)하나님이 들으시고 분내어
> **이스라엘을 크게 미워하사**
> 60)사람 가운데 세우신 장막
> 곧 **실로의 성막**을 떠나시고(시 78:59-60).**10**

실로 성소가 북왕국 멸망 때 파괴되었다는 판단은 15절의 심판 선포와도 자연스럽게 이어진다.

> "내가 너희 모든 형제 곧 **에브라임 온 자손**을 쫓아낸 것[기원전 722년] 같이 내 앞에서 **너희(유다 백성)**를 쫓아내리라[기원전 587년]" 하셨다 할지니라 (렘 7:15).

예레미야가 기원전 608년의 유다 청중들에게 400여 년 전에 발생한 사무엘 시대의 사건보다는 100여 년 전에 일어난 실로 파괴 사건을 예로 드는 것이 훨씬 더 설득력을 주었을 것이다.

    예레미야는 예루살렘 성전을 결코 적들이 침범할 수 없는 불가침의 영역으로 보는, 미신으로 가득 찬 당시 유다 백성들에게 실로의 파괴 사건이 갖는 교훈을 상기시킨다. 하나님이 처음으로 이 땅에 당신의 이름을 두신 장소가 바로 실로 성소였다. 그런데도 하나님께서는 그곳을 심판하셨다. 역사적인 비중으로 본다면 예루살렘 성전은 하나님의 첫사랑이었던 실로에 비하면 차선일 수밖에 없다. 예루살렘은 다윗 시대에 와서야 비로소 정복되었고(삼하 5:6-12), 솔로몬이 이곳에 성전을 짓고 법궤를 안치함으로 하나님이 거하시는 성소가 되었다(왕상 8장).

---

10   차준희, 『시인의 영성(2): 시편 51-100편 해설과 묵상』(서울: 새물결플러스, 2022), 323.

첫사랑인 실로도 가차 없이 심판하신 하나님 앞에 조강지처도 아닌 예루살렘이 감히 치외법권이 될 수 있는가? 북이스라엘 백성들이 범한 죄악으로 인하여 실로는 더 이상 거룩한 성소가 될 수 없었다. 하나님은 결국 당신의 첫사랑인 실로를 포기하실 수밖에 없었다. 실로의 폐허더미는 하나님의 엄정한 심판에 예외란 있을 수 없다는 냉혹한 역사적 교훈을 웅변하고 있다. 예레미야는 외친다.

나의 첫사랑 실로에 가보라!(렘 7:12-14)

북이스라엘의 몰락과 패망의 교훈을 잊었는가?(렘 7:15)

우리가 역사를 끊임없이 되짚어 보아야 할 이유는 역사의 오류를 되풀이하지 않기 위함이다. 우리는 이스라엘의 자손들이 수많은 역사적 사건을, 그것이 하나님의 위대한 구원의 역사이건 조상들의 비극적 실패의 역사이건 기회 있을 때마다 늘 낭독하고 기억하며 추억하고 있다는 사실을 다시금 곱씹어 보아야 한다.

이스라엘의 국립묘지 옆에 있는 유대인 육백만 학살 기념관인 야드 바쉠[11] 전시실 2층의 동판에 바알 셈 토브라는 유대인 학자의 말로 알려진 문구가 있다.

망각은 나라를 망하게 하지만 기억은 구원에 이른다.[12]

---

11 히브리어 "야드"(יָד)는 "손"을 말하며 "기념하다"는 의미이다. "바쉠"(וָשֵׁם)은 "그리고 이름"이라는 뜻이다. 따라서 야드 바쉠(וָשֵׁם יָד)은 "손 그리고 이름" 즉 "이름을 기념하다"는 뜻이다("내가 내 집에서, 내 성 안에서 아들이나 딸보다 나은 기념물과 이름[야드 바쉠, יָד וָשֵׁם]을 그들에게 주며 영원한 이름을 주어 끊어지지 아니하게 할 것이며", 사 56:5).
12 김진우, 『이스라엘? 이스라엘!』(서울: 대한기독교서회, 2003), 157.

그렇다. 역사의 망각은 또다시 동일한 화(禍)를 불러일으킬 수 있다. 지나간 역사에서 교훈을 얻고 이를 계속해서 후손에게 전수하는 민족에게는 미래가 있는 법이다. 과거의 기억이 현재의 생존과 미래를 보장하기 때문이다. 따라서 역사적 반추(反芻)는 곧 오늘의 생존을 위한 필수조건이다.

제7강

눈물의 예언자 예레미야

"내 백성을 위하여 주야로 울리로다"(렘 8:1-9:1)

1. 죽음보다 더 비참한 생존자의 운명: "사는 것보다 죽는 것을 원하리라"(렘 8:1-3)

예레미야 8:1-3은 유다 백성에게 임할 하나님의 심판을 묘사한다. 이 심판은 죽음으로도 끝나지 않는다. 이미 죽어서 매장된 자들에게도 임한다. 살육으로도 성에 차지 않을 정도로 약탈욕에 사로잡힌 적들에 의해서 매장된 지 오래되어 뼈만 남은 사체들이 그 묘실에서 마구 파헤쳐진다.

> 여호와의 말씀이니라. "그때에 사람들이 유다 왕들의 뼈와 그의 지도자들의 뼈와 제사장들의 뼈와 선지자들의 뼈와 예루살렘 주민의 뼈를 그 무덤에서 끌어내어"(렘 8:1).

유다 백성들의 모든 뼈는 이들이 살아 있을 때 신들로 섬겼던 해와 달 그리고 하늘의 많은 별들 아래 공개적으로 흩어진다. 죽은 자들은 그 뼈가 흩뿌려지는 능욕을 당할 것이다.

> 그들이 사랑하며 섬기며 뒤따르며 구하며 경배하던 해와 달과 하늘의 뭇 별 아래에서 펼쳐지게 하리니 그 뼈가 거두이거나 묻히지 못하여 지면에서 분토 같을 것이며(렘 8:2).

우상인 천체(天體) 신들에 대한 제사 관행은 특히 므낫세 당시에는 흔히 볼 수 있는 보편적 현상이었다.

> 2)므낫세가 여호와 보시기에 악을 행하여 여호와께서 이스라엘 자손 앞에서 쫓아내신 이방 사람의 가증한 일을 따라서 3)그의 아버지 히스기야가 헐어버

린 산당들을 다시 세우며 이스라엘의 왕 아합의 행위를 따라 바알을 위하여 제단을 쌓으며 아세라 목상을 만들며 **하늘의 일월 성신을 경배하여 섬기며** ⁴⁾여호와께서 전에 이르시기를 "내가 내 이름을 예루살렘에 두리라" 하신 여호와의 성전에 제단들을 쌓고 ⁵⁾또 여호와의 성전 두 마당에 **하늘의 일월성신을 위하여 제단들을 쌓고**(왕하 21:2-5; 참조. 왕하 23:4-5).

그러나 이러한 우상들은 그들의 신봉자들이 멸시받는 상태에서도 전혀 도움이 되지 못한다. 그저 무기력하게 바라만 보고 있을 뿐이다.

이렇게 흩어진 뼈들은 거두어지거나 묻히지 못하고 땅 위에서 거름이 될 것이다. 고대 이스라엘에서 시체가 농토의 거름으로 쓰이는 것은 극도의 멸시로 간주되었다.

> 너는 이같이 말하라.
> "여호와의 말씀에
> **사람의 시체가 분토같이**
> **들에 떨어질 것이며**
> **추수하는 자의 뒤에 버려져**
> **거두지 못한 곡식단 같이 되리라**" 하셨느니라
> (렘 9:22; 참조. 렘 16:4; 왕하 9:37; 시 83:10).

오늘날의 중동 전쟁에서도 그러한 멸시와 모독이 종종 행해지고 있다. 그런데 이 심판의 태풍을 피해 가까스로 목숨을 부지한 생존자들의 탄식이 들려온다.

"이 악한 민족의 남아 있는 자, 무릇 내게 쫓겨나서 각처에 남아 있는 자들이

사는 것보다 죽는 것을 원하리라." 만군의 여호와의 말씀이니라(렘 8:3).

생존자들은 시체로서 능욕을 당하는 것을 오히려 더 부러워한다. 이러한 기현상은 그들이 감수해야 할 고통의 크기를 드러낸다. 차라리 죽는 것이 덜 고통스러울 것이다. 하나님의 심판은 이토록 가혹했다. 요한계시록의 한 본문도 이러한 상태를 마지막 때의 고난에 견준다.

> 그날에는 사람들이 죽기를 구하여도 죽지 못하고 죽고 싶으나 죽음이 그들을 피하리로다(계 9:6).

2. 짐승만도 못한 유다 백성: "공중의 학은 그 정한 시기를 알고"(렘 8:4-7)

하나님은 유다 백성의 고집스러운 행실을 도저히 이해하실 수 없었다. 예레미야는 하나님을 대신하여 유다 백성들에게 반문한다.

> 4) 너는 또 그들에게 말하기를
> "여호와의 말씀에
> 사람이 엎드러지면 어찌 일어나지 아니하겠으며
> 사람이 **떠나갔으면**(שׁוּב, 슈브) 어찌 **돌아오지**(שׁוּב, 슈브) 아니하겠느냐?
> 5) 이 예루살렘 백성이 항상
> 나를 **떠나**(שׁוּב, 슈브) **물러감**(מְשֻׁבָה, 메슈바)은 어찌함이냐?
> 그들이 거짓을 고집하고 **돌아오기**(שׁוּב, 슈브)를 거절하도다"(렘 8:4-5).
>
> 누구나 넘어지면, 다시 일어나지 않겠느냐?
> 누구나 **떠나가면**(שׁוּב, 슈브), 다시 **돌아오지**(שׁוּב, 슈브) 않겠느냐?

그런데도 어찌하여 예루살렘의 이 백성은,

떠나면(שׁוּב, 슈브) 늘 **떠나 있음**(מְשֻׁבָה, 메슈바)을 고집하고,

거짓된 것에 사로잡혀서 **돌아오기**(שׁוּב, 슈브)를 거절하느냐?

(렘 8:4-5, 필자 사역)

여기서는 히브리어 동사 "슈브"(שׁוּב, 돌이키다/회개하다)가 4번 언급되고, 슈브(שׁוּב) 동사에서 파생된 명사 "메슈바"(מְשֻׁבָה)가 1번 사용된다. 즉 "돌이키다"라는 단어가 강조되고 있다. 이는 현재 하나님을 떠나 있는 유다 백성이 하나님께 다시 돌아올 것을 강하게 촉구하는 것으로 보인다. 하나님은 당신의 백성이 돌아오기를 원하신다.

한 번의 잘못(돌이킴), 즉 한 번 정도 길을 잘못 들어서는 것은 이해된다. 여기서 문제 삼는 것은 "한 번의 실수"가 아니라 "늘 떠나 있는 상태"와 "거짓된 것에 사로잡혀 있는 상태"다.[1] 유다 백성은 한번 넘어지면 절대 일어나지 않는다. 길을 떠나면 도대체 되돌아오지 않는다. 그들은 한번 빗나가면 그 배반을 계속해서 고집한다.

하나님은 당신의 판단을 의도적으로 의심이라도 하시듯 다시 한번 그들의 현주소를 살피신다. 하나님은 귀를 기울이고 들어보셨다.

내가 귀를 기울여 들은즉

그들이 정직을 말하지 아니하며

그들의 악을 뉘우쳐서

내가 행한 것이 무엇인고 말하는 자가 없고

전쟁터로 향하여 달리는 말 같이 각각 그 길로 행하도다(렘 8:6).

---

[1] W. Rudolph, *Jeremia* (HAT; Tübingen: J. C. B. Mohr, 1968), 60-61.

그러나 유다 백성들은 바른 말을 하지 않고 그 누구도 "내가 이런 일을 저지르다니!" 하며 자신의 악행을 뉘우치지도 않는다. 예외 없이 모두가 가던 길로 계속 갔다. 마치 싸움터로 내딛는 말과도 같이. 하나님의 총체적인 재검토에도 불구하고 처음의 결과에는 변함이 없다. 그들의 완고함은 그 어느 것과도 비길 데 없이 상식을 뛰어넘는다.

이때 예레미야는 자연계로 눈을 돌린다. 그리고 탄식한다.

공중의 학은 그 정한 시기를 알고
산비둘기와 제비와 두루미는 그들이 올 때를 지키거늘
내 백성은 **여호와의 규례**(טפשמ, 미쉬파트)를 알지 못하도다(렘 8:7).

날짐승들은 하나님의 피조물로서 하나님이 세운 자연의 이치("정한 시기"와 "올 때")를 오차 없이 따른다. 그러나 하나님의 백성인 유다 백성들은 "하나님이 세우신 질서"(טפשמ, 미쉬파트, 규례)를 알지 못한다. 유다 백성들은 짐승들만도 못하다. 이러한 탄식은 선배 예언자인 이사야의 선포를 생각나게 한다.

소는 그 임자를 알고
나귀는 그 주인의 구유를 알건마는
이스라엘은 알지 못하고
나의 백성은 깨닫지 못하는도다(사 1:3).

하나님이 동물에게 "본능"을 주셨다면 인간에게는 "양심"을 주셨다. 동물은 그 "본능코드"에 맞추어 자신들의 삶의 궤도를 좀처럼 일탈하지 않는다. 물론 인간들이 훼방만 하지 않는다면 말이다. 그렇다면 모든 피조물 가운데 가장 뛰어난 존재로 자처하는, 사실 자칭 만물의 영장인 사람이 자신의 "양심코드"와 어긋나는 삶을 살아서야 되겠는가? 적어도 하나님의 백성이라고 하면 한 번쯤은 몰라도 두 번 다시는 양심에 어긋나는 삶을 살지 않도록 노력해야 한다. 양심은 하나님의 목소리라는 사실을 늘 되새겨야 한다!

3. "율법 소유"보다 "율법 청종": "여호와의 말을 버렸으니 그들에게 무슨 지혜가 있으랴"(렘 8:8-9)

예레미야 8:8-9은 내용상 상당히 애매모호하기 때문에 그 의미를 확실히 알 수는 없다. 예레미야서를 본격적으로 연구하기 시작한 초기의 몇몇 학자들은 8절에 나오는 "여호와의 율법"을 요시야의 종교개혁 때 발견된 "신명기"로 간주하고(왕하 22:8), 이 본문을 근거로 예레미야가 요시야의 종교개혁과 신명기에 대하여 반대의 입장을 취했다고 판단하였다.[2] 그러나 여기서 언급된 "여호와의 율법"이 신명기였다고 단정 지을 수는 없다.[3] "여호와의 율법"이 무엇을 가리키는지 현재의 본문 상황에서는 더 이상 알 수 없기 때문이다. 아마도 그것은—현재의 오경은 아닌—문서로 된 율법(חוֹרָה, 토라)이었을 것이다.

예레미야는 7b절에서 유다 백성이 "여호와의 규례"를 깨닫지 못하는 것을 꾸짖었다.

내 백성은 **여호와의 규례**(מִשְׁפָּט, 미쉬파트)를 알지 못하도다(렘 8:7b).

---

2   B. Duhm(1901), K. Marti(1904), D. C. H. Cornill (1905) 등.
3   J. R. Lundbom, *Jeremiah 1-20* (AB; New York: Doubleday, 1999), 513.

아마도 이에 대하여 그 백성들은 다음과 같이 대꾸하였을 것이다.

> 무슨 소리냐!
> 우리는 여호와의 규례를 잘 알고 있다.
> 우리가 그것을 여호와의 율법 속에 기록하지 않았느냐!
> 그것은 우리가 지금 보관도 하고 있다.[4]

이에 대해서 예레미야는 그들이 소유한 율법 자체에 대해서는 비판하지 않는다.[5] 다만 야웨의 율법을 전수하는 과정에서 서기관들이나 현자들이 의도적으로 백성들에게 불어넣었을 허황된 자만심, 곧 율법을 소유함으로써 지혜를 독점할 수 있는 특권이 자신에게 부여되었다는 자만심을 공격한다.

> 너희가 어찌 "우리는 지혜가 있고
> 우리에게는 여호와의 율법이 있다 말하겠느냐?"
> 참으로 서기관의 거짓의 붓이 거짓되게 하였나니(렘 8:8).

여기서 예레미야는 "여호와의 율법"의 내용인 "여호와의 말씀"을 부각시킨다. 즉 종교 지도자들은 율법을 가지고 있었지만 정작 그 말씀에는 귀를 기울이지 않았다는 것이다.

> 지혜롭다 하는 자들은 부끄러움을 당하며
> 두려워 떨다가 잡히리라.

---

4 J. 브라이트, 『예레미야』, 한국신학연구소 번역실 역(국제성서주석; 서울: 한국신학연구소, 1990), 208.
5 J. Schreiner, *Jeremia 1-25,14* (NEB; Würzburg: Echter Verlag, 21985), 64.

보라!

그들이 여호와의 말을 버렸으니

그들에게 무슨 지혜가 있으랴(렘 8:9).

야웨의 율법은 야웨의 말씀을 담고 있는 그릇이다. 그 그릇에 하나님의 말씀이 빠져 있다면 그것은 쓸모없는 빈 그릇에 불과하다. 율법은 소유의 대상이 아니다. 율법은 공부/묵상(시 1:2)과 청종(신 28:9)의 대상이다.

오직 여호와의 율법을 즐거워하여

그의 율법을 **주야로 묵상하는도다**(시 1:2).

여호와께서 네게 맹세하신 대로 너를 세워 자기의 성민이 되게 하시리니 이는 네가 네 하나님 **여호와의 명령을 지켜 그 길로 행할 것임이니라**(신 28:9).

따라서 성경의 내용을 피상적으로 많이 아는 것보다 한 가지라도 그 안에 담긴 하나님의 참뜻을 제대로 깨닫고 실천하는 것이 더 중요하다. 성경을 소유하고만 있지 그 참뜻을 알지도 못하면서 알려고 하지도 않는 게으른 신앙인들이 얼마나 많은가? 간절한 마음으로 하나님의 말씀을 받고 이것이 그러한가 하여 날마다 성경을 깊이 공부하는 것이 성도의 마땅한 자세다.

베뢰아에 있는 사람들은 데살로니가에 있는 사람들보다 더 너그러워서 간절한 마음으로 말씀을 받고 이것이 그러한가 하여 날마다 성경을 상고하므로(행 17:11).

4. 치명적인 독: "내가 술법으로도 제어할 수 없는 뱀과 독사를 보내리니"(렘 8:14-17)

예레미야 8:14-17[6]은 공포에 빠진 유다 백성에 대하여 말하고 있다. 예레미야는 유다 백성에게 닥칠 상황을 미리 내다보고 이들의 탄식을 통해 임박한 그들의 절박한 상태를 표현한다.

> 우리가 어찌 가만히 앉았으랴.
> 모일지어다.
> 우리가 견고한 성읍들로 들어가서
> 거기서 멸망하자(렘 8:14a).

그들은 "어찌 가만히 앉아서 죽을 수 있느냐? 차라리 견고한 성읍들로 들어가서 거기서 멸망하자"며 절규하고 있다. 그들은 견고한 성읍이라 할지라도 심판이 잠깐 지체될 뿐이라는 사실을 잘 알고 있다. 그곳은 영원한 피난처가 아니라 잠시 머무는 도피처에 불과하였다. 그들은 자신들에게 닥친 재앙의 원인도 제대로 파악하고 있다. 이 재앙은 그들의 죄로 인한 하나님의 심판이다.

> [14b]우리가 여호와께 범죄하였으므로
> 우리 하나님 여호와께서 우리를 멸하시며

---

[6] 렘 8:10-12은 6:12-15의 내용과 같다. 이 단락에 대한 해설은 이 책의 118-121을 참조하라. 렘 8:13은 6:12-15에 없는 내용이다. 이 구절은 하나님의 심판선고다. 하나님은 과일나무인 포도나무와 무화과나무에서 그 열매인 포도와 무화과를 다 따버리는 것에 비겨서 당신이 유다를 망하게 하시겠다는 뜻을 밝힌다.

우리에게 독한 물을 마시게 하심이니라.
15)우리가 평강을 바라나 좋은 것이 없으며
고침을 입을 때를 바라나 놀라움뿐이로다(렘 8:14b-15).

예레미야는 단(Dan)에서 들려오는 적군이 타고 오는 말들의 울음소리를 듣는다.

그 말의 부르짖음이 **단**에서부터 들리고
그 준마들이 우는 소리에 온 땅이 진동하며
그들이 이르러
이 땅과 그 소유와 성읍과
그중의 주민을 삼켰도다(렘 8:16).

단 지역은 이전의 북이스라엘 북쪽 경계에 위치한 도시다. 따라서 단 지역이 적군의 도착 소식을 가장 먼저 듣게 되는 첫 번째 도시일 것이다. 그 말들의 울음소리에 온 땅이 진동하는 것으로 보아 적들의 숫자가 엄청나게 많았음을 느낄 수 있다. 적들은 쳐들어와 이 땅과 그 안에 가득 찬 것들, 그리고 성읍과 거기 사는 사람들을 집어삼킨다.

이러한 불길한 예상이 17절에서 하나님의 말씀으로 확인된다.

여호와의 말씀이니라.
"내가 술법으로도 제어할 수 없는 뱀과
독사를 너희 가운데 보내리니
그것들이 너희를 물리라" 하시도다(렘 8:17).

사람을 물어서 죽게 하는 불뱀 이야기는 민수기 21:6-9에 언급되어 있다. 거기서도 야웨께서 자기 백성을 심판하기 위해 불뱀을 보내는 내용이 나온다. 그때에는 구리뱀을 만들어 불뱀에게서 구원을 받을 수 있었다. 그러나 이번에는 그런 구원이 없다. 그 어떤 주술적 주문(전 10:11; 참조. 사 3:3)도, 그리고 그 어떤 부적(사 3:20; 참조. 민 21:4-9)도 독을 중화할 수 없다.[7] 독사로 상징되는 다가오는 심판은 마술로도 제거할 수 없는 불가피한 것이다.

5. 하나님의 탄식과 백성의 탄식, 이 모두를 한 몸으로 느끼는 예언자의 3중 탄식: "딸 내 백성이 상하였으므로 나도 상하여 슬퍼하며"(렘 8:18-9:1)

예레미야 8:18-9:1(9:1은 히브리어 본문에서는 8:23이다)은 유다 백성에게 임할 심판에 대한 예레미야의 반응을 보여준다. 그의 반응은 탄식과 슬픔으로 가득 차 있다. 이는 예레미야서 안에서 가장 강력한 예레미야의 "내적 번민"(Pathos)을 잘 묘사하고 있다. 이 단락의 분위기는 바로 앞 단락인 예레미야 8:4-17과는 대조적이다. 여기서는 더 이상 동족에 대한 비판과 심판이 아니라 그들을 위한 염려와 비애가 등장한다. 이 백성은 "죽음에 이르는 병"(sick to death)을 앓고 있기 때문이다.[8]

> 길르앗에는 유향이 있지 아니한가.
> 그곳에는 의사가 있지 아니한가.
> 딸 내 백성이 치료를 받지 못함은 어찌 됨인고(렘 8:22).

---

[7] W. Werner, *Das Buch Jeremia Kapitel 1-25* (NSKAT; Stuttgart: Verlag Katholisches Bibelwerk, 1997), 106.

[8] W. Brueggemann, *A Commentary on Jeremiah: Exile and Homecoming* (Grand Rapids, Michigan: Wm. B. Eerdmans Publishing Co, 1998), 91.

이 단락은 예언자의 탄식(18-19a상), 백성의 탄식(19a하), 하나님의 탄식(19b), 백성의 탄식(20절), 예언자의 탄식(8:21-9:1)으로 구성되어 있다.[9] 하나님의 탄식을 중심으로 백성의 탄식, 예언자의 탄식이 둘러싸고 있다.

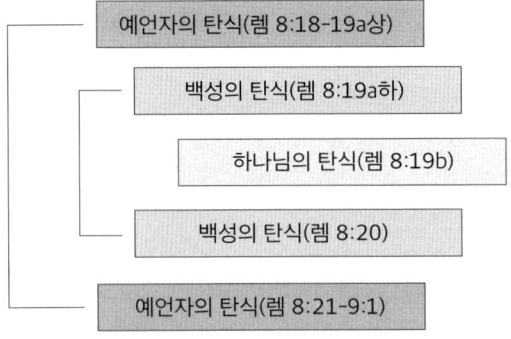

이러한 짜임새가 보여주듯이 예레미야는 결코 자기 민족의 고난을 냉소적으로 구경하는 사람이 아니었다. 그는 자기 백성의 고통과 탄식에 함께 동참하며, 긴밀히 연결되어 그들과 함께 깊은 통증을 느낀다.

> 내 마음이 병들었도다(렘 8:18).

> 나도 상하여 슬퍼하며 놀라움에 잡혔도다(렘 8:21).

> 어찌하면 내 머리는 물이 되고
> 내 눈은 눈물 근원이 될꼬(렘 9:1).

---

[9] W. H. Schmidt, *Das Buch Jeremia Kapitel 1-20* (ATD; Göttingen: Vandenhoeck & Ruprecht, 2008), 201.

예레미야는 불치병에 걸려 삶의 희망이 끊어진 백성들을 생각하면서 하염없이 흐르는 눈물을 주체할 수 없었다.

그는 유다 백성에게 임할 심판을 미리 느끼며 깊이 탄식한다.

슬프다. 나의 근심이여,
어떻게 위로를 받을 수 있을까?
내 마음이 병들었도다(렘 8:18).

이 부분은 새번역이 원문에 더 가깝다.

나의 기쁨이 사라졌다.
나의 슬픔은 나을 길이 없고,
이 가슴은 멍들었다(렘 8:18, 새번역).

앞을 내다보는 예언자 예레미야의 눈에는 유다 백성들이 이방 땅으로 사로잡혀 가는 모습이 벌써 눈에 선하다.

딸 내 백성의 **심히 먼 땅**에서 부르짖는 소리로다(렘 8:19a상).

그리고 사로잡혀 간 먼 땅으로부터 들려오는 동족의 부르짖는 소리를 듣는다.

여호와께서 **시온**에 계시지 아니한가(시온 신앙).
그의 왕이 그 가운데 계시지 아니한가(다윗 왕조 신앙; 렘 8:19a하).

특히 남유다에서는 "시온 신앙"과 "다윗 왕조 신앙"이 유다 백성의 신앙의 양대 기둥이었다. 하나님이 택하시고 거주하시는 예루살렘(시온) 성전과 영원히 왕위가 지속된다는 다윗 왕조는 유다 백성의 구원을 보장해주는 것으로 간주되었다. 이 두 가지 질문에는 시온과 유다 왕이 어려움에 빠졌을 때 마땅히 도와주셔야 할, 그것을 약속한 야웨가 아무런 조치를 취하시지 않음을 이해할 수 없어서 당황하는 모습이 담겨 있다. 따라서 이는 도움을 구하는 외침이 아니라 백성들의 입에서 나오는 좌절과 낙담과 절망의 표현이다.

어찌 이럴 수 있단 말인가?

이에 대하여 하나님도 탄식하신다.

그들이 어찌하여 그 조각한 신상과 이방의 헛된 것들로
나를 격노하게 하였는고 하시니(렘 8:19b).

백성들은 야웨께서 자기들을 버리셨다고 절망적으로 부르짖는다. 하지만 야웨 하나님도 어쩔 수 없이 그들을 버리실 수밖에 없는 이유를 밝히면서 괴로워하신다. 줄기차게 경고하였던 헛된 우상숭배가 여전히 멈추지 않았던 것이다. 하나님은 그들의 지속적인 우상숭배로 인해 격동하며, 상처를 입고 아파하며, 속상해하고 불쾌해하고 분노하신다.[10] 유다의 심판은 하나님에게도 적지 않은 충격이었다.

이런 식으로 19절에서는 백성은 백성대로, 하나님은 하나님대로, 각자

---

[10] 크리스토퍼 라이트, 『예레미야: 심판의 끝, 은혜의 시작』, 안종희 역(BST 성경강해; 서울: IVP, 2018), 3.

의 입장에서 괴로워하여 내뱉는 탄식이 예언자의 인격 안에서 서로 마주치게 되고, 그 결과 예언자도 괴로움을 겪게 되었다. 여기서 범죄한 까닭에 하나님으로부터 벌을 받아 고통을 겪는 백성과, 당신의 백성을 사랑하지만 벌하실 수밖에 없었고, 그렇게 벌 받도록 처신한 백성을 안타깝게 보시는 하나님 사이에 서서, 양쪽의 괴로움을 한 몸에 지고 울부짖는 예언자의 모습이 드러난다.[11]

유다 백성의 절망감은 이어지는 탄식의 내용에서도 드러난다.

> 추수할 때가 지나고
> 여름이 다하였으나
> 우리는 구원을 얻지 못한다(렘 8:20).

"추수할 때"는 곡물 농사의 만물(첫 열매)을 거두는 때로서 대략 5-6월이다. 이러한 추수철이 지나고 여름으로 접어들면 포도, 무화과, 올리브, 석류, 대추야자 등의 과일 농사가 절정에 이르는 수확의 계절이다. 따라서 추수철로부터 여름을 지나는 사이의 기간은 추수에 대한 기대감으로 가득하다.[12]

> [5)]눈물을 흘리며 씨를 뿌리는 자는
> **기쁨으로 거두리로다.**
> [6)]울며 씨를 뿌리러 나가는 자는
> **반드시 기쁨으로 그 곡식 단을 가지고 돌아오리로다**(시 126:5-6).

---

11 박동현, 『예레미야(1)』(대한기독교서회 창립 100주년 기념 성서주석; 서울: 대한기독교서회, 2006), 376.
12 김명숙, 『예레미야서 1-25장』(거룩한 독서를 위한 구약성경 주해; 서울: 바오로딸, 2021), 204.

그러나 기쁨은커녕 유다 백성은 먹을 양식도, 파종할 씨앗도, 재앙에서 구해줄 이도 없는 상황에 처하게 된다("우리는 구원을 얻지 못한다"). 여름 과일을 거두어들이는 철이 지났지만 아무런 소득이 없다. 이런 일은 이미 하나님의 심판으로 예고되었다.

> 여호와의 말씀이니라.
> "내가 그들을 진멸하리니
> **포도나무에 포도가 없을 것이며**
> **무화과나무에 무화과가 없을 것이며**
> 그 잎사귀가 마를 것이라.
> 내가 그들에게 준 것이 없어지리라" 하셨나니(렘 8:13).

> 그 말의 부르짖음이 단에서부터 들리고
> 그 준마들이 우는 소리에 온 땅이 진동하며
> 그들이 이르러 **이 땅과 그 소유와**
> 성읍과 그중의 주민을 **삼켰도다**(렘 8:16).

미래를 위한 삶의 기초가 완전히 무너졌다. 곧 다가올 겨울과 신년을 최소한의 식량도 없이 마주해야 한다. 적지 않은 기간의 궁핍과 기아를 각오해야 한다. 이제는 생존 자체가 불투명한 극한 상황에 몰린 것이다.[13] 어쩔 수 없는 상황에 처하자 백성의 입에서 낙담과 절망의 탄식이 터져 나온다.
    이러한 백성의 탄식에 예언자 예레미야도 함께 괴로워하며 탄식한다.

---

13   G. Fischer, *Jeremia 1-25* (HThKAT; Freiburg: Herder Verlag, 2005), 347.

> 딸 내 백성이 상하였으므로
> 나도 상하여 슬퍼하며
> 놀라움에 잡혔도다(렘 8:21).

예레미야는 범죄한 백성이 겪을 재난을 내다보고 함께 괴로워하며 그들과의 "깊은 연대감"("딸 내 백성")을 드러내 보여준다. 예언자가 지금 울부짖고 있는 까닭은 예언자 자신의 죄나 자신에게 닥칠 재난에 있지 않고, 백성이 겪는 괴로움에 있다.[14]

예레미야의 탄식은 계속해서 이어진다.

> 길르앗에는 유향이 있지 아니한가.
> 그곳에는 의사가 있지 아니한가.
> 딸 내 백성이 치료를 받지 못함은 어찌 됨인고(렘 8:22).

길르앗의 유향은 매우 유명하다.

> 그들이 앉아 음식을 먹다가 눈을 들어 본즉 한 무리의 이스마엘 사람들이 **길르앗**에서 오는데 그 낙타들에 향품과 **유향**과 몰약을 싣고 애굽으로 내려가는 지라(창 37:25).

길르앗의 유향은 상처 치료라는 의학적인 목적으로 사용되는 경우가 많았다.[15]

---

14 박동현, 『예레미야(1)』, 377.
15 P. J. King, *Jeremiah: An Archaeological Companion* (Louisville, Kentucky: Westminster John Knox Press, 1993), 153-154. "길르앗"(Gilead)은 "발삼(balsam) 나무"로 유명했다. 이 나무

처녀 딸 애굽이여,

길르앗으로 올라가서 유향을 취하라.

네가 **치료를 많이 받아도**

효력이 없어 낫지 못하리라(렘 46:11).

바벨론이 갑자기 넘어져 파멸되니

이로 말미암아 울라.

그 상처를 위하여 유향을 구하라. 혹 나으리로다(렘 51:8).

예레미야의 삼중 수사의문문("유향이 있지 아니한가", "의사가 있지 아니한가", "치료를 받지 못함은 어찌 됨인고")은 상처 입은 백성에게 치료와 회복의 가망이 전혀 보이지 않는 데 대한 깊은 탄식으로 이해된다. 이제 예언자가 할 수 있는 일은 머리가 온통 물이 되고, 눈이 눈물샘이 될 정도로 밤낮으로 그저 우는 것밖에 없다.

어찌하면 내 머리는 물이 되고

내 눈은 눈물 근원이 될꼬.

죽임을 당한 딸 내 백성을 위하여

주야로 울리로다(렘 9:1).

예레미야는 한편으로는 야웨의 떠나심을 탄식하는 백성들의 울부짖음을 듣고, 또 다른 한편으로는 백성들이 우상숭배로 자신을 떠남에 대해 통탄

에서 나는 수지로 만든 연고는 상처를 치료하는 데 사용되었다. 여기서 "밤"(balm: 상처 치료를 위한 향유나 연고)이란 단어가 유래했다. 크리스토퍼 라이트, 『예레미야: 심판의 끝, 은혜의 시작』, 174 각주 15.

해하시는 야웨의 울부짖음도 듣는다. 예언자란 하나님과 백성 사이에 서서 하나님의 말씀뿐만 아니라 백성의 말도 들어야 한다. 따라서 예레미야는 자업자득으로 겪는 괴로움 앞에서 낙심하는 백성의 탄식과 그 백성에게 분노하시며 괴로워하시는 야웨의 탄식을 함께 느끼며 탄식한다. 예레미야는 하나님과 백성 사이에 서서 양쪽의 괴로움을 한 몸에 지니고 몸부림치고 있다.[16] 그는 하나님에 대한 동정과 인간에 대한 동정으로 가득 찬 사람이었다. 그래서 사람들 앞에서는 하나님을 변호하고, 하나님 앞에서는 사람들을 변호했다.[17]

이와 같이 하나님의 아픔과 백성의 아픔 모두에 민감한 것이 예레미야만이 가지는 독특한 영성이다. 얼마나 많은 사람이 하나님의 고통과 백성의 고통을 함께 느낄 수 있을까? 오늘날에도 하나님의 마음과 주변 사람들의 마음을 제대로 헤아리는 예레미야의 영성이 절실히 필요하다. 이러한 "공감의 영성"(Spirituality of Sympathy)은 특히 하나님을 먼저 만난 자들에게 요구된다.

> [8]마지막으로 말하노니 너희가 **다 마음을 같이하여 동정하며 형제를 사랑하며 불쌍히 여기며** 겸손하며 [9]악을 악으로, 욕을 욕으로 갚지 말고 도리어 복을 빌라. 이를 위하여 너희가 부르심을 받았으니 이는 복을 이어받게 하려 하심이라(벧전 3:8-9).

공감은 값싼 동정도 아니고 슬픈 연민도 아니다. 공감은 눈높이를 맞추는

---

16 "백성의 탄식"과 "하나님의 탄식"이 예언자의 탄식 안에서 서로 만난다는 점에서 예레미야 8:19은 다른 어느 곳에서도 찾아볼 수 없는 특색 있는 본문이다. 박동현, 『주께서 나를 이기셨으니: 설교를 위한 예레미야서 연구』(개정증보판; 서울: 한국성서학연구소, 2000), 130.
17 아브라함. J. 헤셸, 『예언자들』, 이현주 역(서울: 삼인, 2004), 208.

것이고, 함께 느끼는 것이다. 예수님도 "공감의 영성"을 지니신 분이다.

14) 그러므로 우리에게 큰 대제사장이 계시니 승천하신 이 곧 하나님의 아들 예수시라. 우리가 믿는 도리를 굳게 잡을지어다. 15) 우리에게 있는 대제사장은 **우리의 연약함을 동정하지 못하실 이가 아니요.** 모든 일에 우리와 똑같이 시험을 받으신 이로되 죄는 없으시니라(히 4:14-15).

공감은 사람의 마음에 흐르는 눈물과 피를 치료해준다.

제8강

예레미야의 좌절

"곡하는 부녀를 불러오라" (렘 9:2-26)

1. 공동체의 기초인 신뢰가 무너진 사회: "어떤 형제든지 믿지 말라"(렘 9:2-9)

예레미야는 유다 백성을 떠나 광야에서 홀로 거하였으면 하며 탄식한다.

> 내가 광야에서 나그네가 머무를 곳을 얻는다면
> 내 백성을 떠나가리니(렘 9:2a).

이는 과거에 예언자 엘리야가 백성이 있는 곳을 떠나 홀로 광야로 들어가서 죽기를 구하였던 일을 생각나게 한다(왕상 19:4). 그런데 엘리야는 생명의 위협을 느꼈기 때문인 것에 반해, 예레미야는 동족들의 간음과 반역을 더 이상 가까이서 볼 수 없었기 때문이다.

> 그들은 다 간음하는 자요
> 반역한 자의 무리가 됨이로다(렘 9:2b).

예레미야의 눈에 비친 이 백성은 이미 하나님을 떠난 지 오래다.

> 내 백성이 두 가지 악을 행하였나니
> 곧 **그들이 생수의 근원되는 나를 버린 것**(עזב, 아자브)과
> 스스로 웅덩이를 판 것인데
> 그것은 그 물을 가두지 못할 터진 웅덩이들이니라(렘 2:13).

이 백성이 하나님을 버렸음에도 불구하고 하나님은 이들을 버리지 않으셨다. 예레미야도 지금까지는 이들을 떠나지 않았다. 그러나 이제는 예레미야의 인내심과 동정심도 한계에 도달한 것처럼 보인다. 그들이 하나님을 "떠

난 것"(עזב, 아자브)같이 예레미야도 드디어 그들에게서 "떠나기"(עזב, 아자브)를 원한다.

예레미야를 좌절시킨 것은 백성의 간음과 반역이었다. 여기서 "간음"이란 이 백성이 종교적으로 하나님을 떠난 것(배교)뿐만 아니라 윤리적으로도 타락한 것(성적 타락)을 말한다. 이러한 윤리적인 타락상이 계속해서 열거된다. 그들의 혀는 거짓을 말하며 진실하지 못하며 쉬지 않고 악을 행한다.

> 여호와의 말씀이니라.
> "그들이 활을 당김 같이
> 그들의 혀를 놀려 거짓을 말하며
> 그들이 이 땅에서 강성하나
> 진실하지 아니하고
> 악에서 악으로 진행하며
> 또 나를 알지 못하느니라"(렘 9:3).

여기서 예레미야가 "그들이 활을 당김 같이 혀를 놀려 거짓을 말하며"라는 군사적인 이미지를 사용한 것은, 그만큼 유다 백성의 언어생활이 공격적이고 파괴적이었기 때문이다. 특히 강성해진 자들에게 문제가 많았다. 그들은 강성해질수록 진실성에서 멀어졌고, 악에 악을 더할 뿐이며, 야웨가 자신들의 하나님이심을 알려고(ידע, 야다) 하지도 않았다.[1]

이들의 죄상이 보다 더 자세히 언급된다.

---

[1] 강성열, 『예레미야 1-25장』(한국장로교총회창립 100주년기념 표준주석; 서울: 한국장로교출판사, 2021), 173.

너희는 각기 이웃을 조심하며

어떤 형제든지 믿지 말라.

형제마다 **완전히 속이며**(עָקוֹב יַעְקֹב, 아코브 야코브)

이웃마다 다니며 비방함이라(렘 9:4).

"형제마다 완전히 속이며"에서 "완전히 속이다"는 말은 히브리어로 "아코브 야코브"(עָקוֹב יַעְקֹב)다. 여기서 "야코브"(יַעְקֹב)의 발음이 족장 야곱(히브리어: יַעֲקֹב, 야아코브)과 비슷하다. 따라서 이 말은 "형제마다 야곱처럼 서로 속인다"라는 것을 뜻한다.[2] 야곱은 그의 형 에서의 장자권과 축복권을 속여서 빼앗은 장본인이다(창 25:27-34; 27:1-40). 예레미야는 이러한 언어유희를 통하여 이 백성이 그들의 조상인 사기꾼 야곱보다 더 나을 것이 없음을 말한다.

이 나라는 이웃은 물론이고 형제간에도 믿을 수 없게 되었다. 형제들끼리도 서로 속이며 이웃마다 돌아다니며 서로 비방하기 때문이다.

5)"그들은 **각기 이웃을 속이며**

진실을 말하지 아니하며

그들의 혀로 거짓말하기를 가르치며

악을 행하기에 지치거늘

6)네가 사는 곳이 **속이는 일**(מִרְמָה, 미르마) 가운데 있도다.

그들은 **속이는 일**(מִרְמָה, 미르마)로 말미암아

나를 알기를 싫어하느니라"

---

[2] G. Wanke, *Jeremia, Teilband 1: Jeremia 1,1-25,14* (ZBAT; Zürch: Theologischer Verlag, 1995), 104-105.

여호와의 말씀이니라(렘 9:5-6).

6a절의 "네가 사는 곳이 속이는 일 가운데 있도다. 그들은 속이는 일로 말미암아"는 직역하면 "네가 앉아 있는 곳은 거짓에 거짓이 쌓인 곳이며"이다. 여기서 "거짓/속이는 일"로 번역한 히브리어 "미르마"(מִרְמָה)는 이삭이 에서에게 야곱의 기만 행위에 대해 알려줄 때 쓴 단어다.

> 이삭이 이르되 "네 아우가 와서 **속여**(מִרְמָה, 미르마) 네 복을 빼앗았도다"(창 27:35).

따라서 이 구절도 아버지와 형을 속인 야곱에 빗대어 유다 백성의 죄를 꾸짖고 있는 셈이다.[3] 이 백성은 하나님을 알아 모시지도 않을 뿐 아니라(렘 9:3), 하나님을 아는 것을 거부하고 싫어하기까지 하였다("나를 알기를 싫어하느니라", 렘 9:6).

이러한 상황에서 하나님의 심판은 피할 수 없게 되었다. 이제 하나님의 징계와 보복은 불가피하다.

> 그러므로 만군의 여호와께서 이와 같이 말씀하시되
> "보라! 내가 내 딸 백성을 어떻게 처치할꼬,
> 그들을 녹이고 연단하리라"(렘 9:7).

유다 백성은 겉으로 하는 말과 속의 생각이 다르다.

---

[3] 김명숙, 『예레미야서 1-25장』(거룩한 독서를 위한 구약성경 주해; 서울: 바오로딸, 2021), 210.

> 그들의 혀는 죽이는 화살이라.
> 거짓을 말하며
> 입으로는 그 이웃에게 평화를 말하나
> 마음으로는 해를 꾸미는도다(렘 9:8).

모든 사람들에 대한 철저한 불신이 그 시대의 풍조가 되어버렸다. 상대의 말을 더 이상 믿을 수 없는, 이웃 간의 신뢰가 깨진 곳에서는 당연히 공동생활의 기반이 무너진다. 예레미야가 2절에서 "간음"이라는 단어를 사용한 것은 우연이 아니다. 이 단어는 본래 부부간의 정절을 깨뜨리는 것을 뜻한다. 예레미야는 부부관계를 사회의 신뢰도를 가늠하는 측정기로 간주하고 있다. 부부관계란 생활공동체 가운데 가장 민감하고 중요한 형태로서 이는 백성 공동체의 현 상태를 보여주는 영상이다.[4] 이러한 관계가 깨뜨려졌다는 것(간음)은 곧 유다 공동체의 붕괴를 예시한다.

> 내가 이 일들로 말미암아 그들에게 벌하지 아니하겠으며
> 내 마음이 이런 나라에 보복하지 않겠느냐(렘 9:9).

부부간의 은밀한 관계에 공공연히 제3자가 개입되고, 형제간에도 서로 속이는 사회라면 이미 모든 관계가 깨어진 곳이라 할 수밖에 없다. 몸을 섞은 부부간에도 믿을 수 없고 피를 나눈 형제간에도 믿을 수 없는 곳에서 과연 누구를 믿고 살 수 있단 말인가? 그 누구도 믿을 수 없다면 그 공동체는 이미 무너진 것이나 마찬가지다. 자신 이외의 모든 사람이 의심의 대상이 되어버렸다.

---

4 G. Wanke, *Jeremia, Teilband 1: Jeremia 1,1-25,14*, 105.

그런데 참으로 불행하게도 상호 간의 불신풍조가 만연한 것은 과거 유다만의 일이 아니다. 오늘의 우리 사회도 그에 못지않다. 그러나 지금도 늦지 않았다. 공동체의 붕괴라는 심판을 피하기 위해서 먼저 무너진 신뢰의 기초부터 바로 세워야 한다. 에스겔이 그토록 목메어 찾아 나섰던, "성 무너진 데를 막아서서 하나님으로 하여금 멸하지 못하게 할 사람"(겔 22:30)은 바로 부부간의 신뢰 그리고 형제간의 신뢰부터 회복시키는 자다. 그리하여 신뢰의 폭을 점점 더 확대해나가야 한다.

2. 인간의 죄로 인한 생태계의 파괴: "내가 산들을 위하여 울며 부르짖으며" (렘 9:10-16)

예레미야는 하나님의 심판을 재촉하는 이 패역한 백성에게 재앙이 들이닥칠 것이라는 사실에 고통스러워하고 있다. 드디어 이 고통의 신음이 밖으로 터져 나왔다.

> 내가 산들을 위하여 울며 부르짖으며
> 광야 목장을 위하여 슬퍼하나니
> 이는 그것들이 불에 탔으므로 지나는 자가 없으며
> 거기서 가축의 소리가 들리지 아니하며
> 공중의 새도 짐승도 다 도망하여 없어졌음이라(렘 9:10).

그런데 뜻밖에도 예언자는 여기서 자연의 재앙을 슬퍼하고 있다. 가축과 새와 짐승들이 모두 자취를 감춰버린 것이다. 생태계가 파괴된 것이다.[5]

---

5   W. Brueggemann, *A Commentary on Jeremiah: Exile and Homecoming* (Grand Rapids,

누가 이렇게 하였는가? 이는 하나님이 하신 일이다.

내가 예루살렘을 무더기로 만들며
승냥이 굴이 되게 하겠고
유다의 성읍들을 황폐하게 하여
주민이 없게 하리라(렘 9:11).

하나님은 왜 그렇게 하셨는가? 예레미야도 의아해하며 질문한다.

지혜가 있어서 이 일을 깨달을 만한 자가 누구며
여호와의 입의 말씀을 받아서 선포할 자가 누구인고?
이 땅이 어찌하여 멸망하여
광야 같이 불타서 지나가는 자가 없게 되었느냐(렘 9:12).

이에 대해 하나님이 직접 답을 주신다. 그들이 하나님의 율법을 버리고 그 목소리를 순종하지 않고 우상인 바알을 따랐기 때문이다.

13)여호와께서 말씀하시되 "이는 그들이 내가 그들의 앞에 세운 **나의 율법을 버리고 내 목소리를 순종하지 아니하며** 그대로 행하지 아니하고 14)그 마음의 완악함을 따라 그 조상들이 자기에게 가르친 **바알들을 따랐음이라**"(렘 9:13-14).

하나님의 심판이 또 선고된다. 이 또한 당연한 결말이다.

Michigan: Wm. B. Eerdmans Publishing Co, 1998), 97.

15)그러므로 만군의 여호와 이스라엘의 하나님께서 이와 같이 말씀하시니라.
"보라! 내가 그들 곧 이 백성에게 쑥을 먹이며
독한 물을 마시게 하고
16)그들과 그들의 조상이 알지 못하던
여러 나라 가운데에
그들을 흩어버리고
진멸되기까지
그 뒤로 칼을 보내리라" 하셨느니라(렘 9:15-16).

유다 백성의 심판은 사필귀정이다. 하지만 자연이 당하는 심판은 억울하지 않을까? 죄는 사람이 저지르고 그 심판은 자연도 받는다는, 즉 사람의 죄와 자연의 재앙 사이에 밀접한 관계가 있다는 사실은 예언자들의 공통된 통찰이다(호 4:1-3; 학 1:9-11 등).[6]

어쩌면 예언자들이 이러한 말씀을 선포하였을 때 당시의 청중들은 쉽게 이해하기 어려웠을 것이다. 그러나 환경에 대한 관심이 어느 시대보다 고조된 오늘날은 이러한 주장에 어렵지 않게 수긍할 수 있을 것이다. 하나님이 창조하신 처음 세상은 하나님 스스로 보시기에도 감탄할 만큼 좋았다(창 1:31). 그러나 오늘날은 모든 피조물들이 탄식하고 있다.

피조물이 다 이제까지 함께 탄식하며 함께 고통을 겪고 있는 것을 우리가 아느니라(롬 8:22).

---

[6] J. A. 톰슨, 『예레미야(상)』, 최우성 역(반즈 신구약 성경주석; 서울: 크리스챤서적, 1992), 433.

인간의 오만과 죄악이 그토록 좋았던 이 세상을 생태계가 파괴된 참혹한 쓰레기장으로 만든 것이다. 신앙인들은 지구환경을 본래의 상태로 회복하고 보전하는 일에 누구보다도 먼저 앞장서야 한다. 신앙인에게 환경보전은 단순한 자연보호의 차원이 아니라 하나님의 창조와 구원에 관련된 심각한 신학적인 과제이기 때문이다.

3. 시온에서 들려오는 곡(哭)소리: "우리가 아주 망하였구나"(렘 9:17-22)

하나님은 유다의 멸망을 내다보고 그들의 장송곡을 불러줄 여인들을 불러오라고 명령하신다.

> 만군의 여호와께서 이와 같이 말씀하시되
> "너희는 잘 생각해보고
> **곡하는 부녀**를 불러오며
> 또 사람을 보내 **지혜로운 부녀**를 불러오되"(렘 9:17).

고대 중동의 모든 나라와 같이 이스라엘에도 초상이나 재앙을 당하면 목소리를 높여 비명을 지르며 매장지까지 따라가며 소리 내어 우는 것을 전문적으로 하는 남자(암 5:16)와 여자가 있었다(대하 35:25).[7] 본문이 말하는 "곡하는 부녀"란 이렇게 직업적으로 호곡(號哭)하는 자를 말한다. 여기서는 이들을 "지혜로운 부녀"로 부르고 있다. 이때 "지혜롭다"는 말은 "슬기로움"이

---

[7] W. Werner, *Das Buch Jeremia Kapitel 1-25* (NSKAT; Stuttgart: Verlag Katholisches Bibelwerk, 1997), 111. 이집트의 고분 벽화들 가운데 어떤 것은 직업적으로 곡하는 자들이 헝클어진 머리와 옷을 입은 채 사자(死者)와 무덤까지 동행하기 위해 한 배 가득히 실려 있는 장면을 그린 것이다. J. D. Douglas(ed.), *The New Bible Dictionary*, 1962, 171.

라는 인성적 특성을 말하는 것이 아니고 어떤 일을 전문적으로 잘 수행한다는 뜻이다.[8] 예레미야가 대언한 하나님의 말씀은 계속해서 이어진다.

> 그들로 빨리 와서 우리를 위하여 애곡하여
> 우리의 눈에서 눈물이 떨어지게 하며
> 우리 눈꺼풀에서 물이 쏟아지게 하라(렘 9:18).

"그들을 빨리 부르라"는 말은 사태의 긴박성을 나타낸다. 곡하는 부녀들은 빨리 와서 마땅히 울어야 할 사람들이 울 수 있도록 자극을 주어야 한다.
이어지는 19절에서는 애곡의 내용이 제시된다.

> 이는 시온에서 통곡하는 소리가 들리기를
> "우리가 아주 망하였구나.
> 우리가 크게 부끄러움을 당하였구나.
> 우리가 그 땅을 떠난 것은
> 그들이 우리 거처를 헐었음이로다" 함이로다(렘 9:19).

이 구절은 시온 백성의 통곡 소리를 인용한다. 유다와 예루살렘의 파괴로 말미암은 통곡 소리가 시온에서부터 들려온다. 물론 이러한 곡소리는 앞으로 닥칠 재난 상황에서 백성이 보일 반응을 말한다. 그런데 이 소리는 예언자만 듣는다. 남들은 아직 듣지 못하는 탄식 소리가 예언자의 귀에는 아주 생생하게 들려온다.

---

[8] 박동현, 『주께서 나를 이기셨으니: 설교를 위한 예레미야서 연구』(개정증보판; 서울: 한국성서학연구소, 2000), 140.

예레미야는 부녀들을 소환하여 다음과 같이 말한다.

부녀들이여,
여호와의 말씀을 들으라.
너희 귀에 그 입의 말씀을 받으라.
너희 딸들에게 애곡하게 하고
각기 이웃에게 슬픈 노래를 가르치라(렘 9:20).

곡하는 부녀들에게 "자신의 딸들에게도 애곡을 가르치고 각기 이웃들에게 조가(弔歌)를 가르치라"는 것은 전문 애곡꾼만으로는 부족할 터이니 주변 여자들에게도 애도하는 법을 가르쳐야 한다는 뜻이다.[9] 또한 다음 세대("너희 딸들에게")에서도 애가가 필요함을 말하고 있는 것으로, 이는 재앙이 한 세대로 끝나지 않음을 암시한다. 게다가 준비되지 않은 주변의 이웃들도 급조하여 곡하는 일을 맡아야 할 정도로 재앙이 실로 엄청나다. 즉 가능한 모든 부인들이 총동원되어야 할 정도로 그 참상은 대대적이고 실로 참혹할 것이다.

이어지는 구절은 애곡의 이유를 제시한다.

무릇 사망이 우리 창문을 통하여 넘어 들어오며
우리 궁실에 들어오며
밖에서는 자녀들을
거리에서는 청년들을 멸절하려 하느니라(렘 9:21).

---

[9] 김명숙, 『예레미야서 1-25장』, 218.

죽음이 백성들이 살고 있는 집들의 창문을 통하여 넘어 들어왔고, 왕족의 거주지인 왕궁에까지 들이닥쳤다. 거리에서는 어린아이들이 죽어가고, 장터에서는 젊은이들이 죽어간다. 집이나 왕궁 같은 건물 안에서만 죽는 것이 아니라 길거리나 장터에서도 다음 세대를 이끌어 갈 젊은 세대가 죽어간다. 결국 건물 안이든 밖이든 안전한 공간은 어디에도 없다. 희망이 완전히 사라져 버린 상황이 아닐 수 없다.[10]

이 단락의 마지막 절인 22절은 죽은 사람들이 너무 많아서 시체를 거두는 일조차 할 수 없는 처참한 상황을 보여준다.

> 사람의 시체가 분토와 같이 들에 떨어질 것이며
> 추수하는 자의 뒤에 버려져
> 거두지 못한 곡식단 같이 되리라(렘 9:22).

예레미야는 아무도 듣지 못하는, 어쩌면 아무도 듣기 싫어하는 소리를 먼저 듣고, 들으려고 한다. 예언자는 늘 말씀하고 계시는 하나님의 소리에 민감하게 반응한다. 그리고 백성들의 신음에도 귀를 기울인다. 하나님의 소리를 영적으로 먼저 듣고 백성들에게 전달하고, 백성들의 탄식 소리를 몸으로 듣고 이를 하나님께 아뢰는 일이 예언자가 하는 일이다. 예언자는 "말하는 자"(speaker)이기 전에 먼저 "듣는 자"(listener)다. 말을 잘하기 위해서는 무엇보다도 먼저 말을 잘 들어야 한다. 그런데 우리는 말하는 것에만 너무 익숙해 있다. 우리의 기도가 때로는 "말하는 기도"(발성기도: vocal prayer)만이 아니라 "듣는 기도"(마음기도: mental prayer)가 되어 하나님이 하시는 말씀에 귀가 열리는 체험도 해야 한다. 동시에 이웃의 내면에 감추어진 마음의 말

---

10 강성열, 『예레미야 1-25장』, 180-181.

도 진심으로 들을 수 있어야 한다.

4. 야웨 신앙의 최고 가치: "사랑(חֶסֶד, 헤세드)과 정의(מִשְׁפָּט, 미쉬파트)와 공의 (צְדָקָה, 체다카)를 행하는 것"(렘 9:23-24)

백성들은 예언자의 재난 선포에 맞서 자신들의 능력을 앞세우며 자랑한 것으로 보인다. 그러나 이때 하나님은 당신의 예언자 예레미야를 통해서 다음과 같이 경고하신다.

> 지혜로운 자는 그의 **지혜**(חָכְמָה, 호크마)를 자랑하지 말라.
> 용사는 그의 **용맹**(גְּבוּרָה, 게부라)을 자랑하지 말라.
> 부자는 그의 **부함**(עֹשֶׁר, 오쉐르)을 자랑하지 말라(렘 9:23).

"용맹"과 "부함"은 지혜문학에서 평가가 엇갈리고 있다. 예를 들어, 잠언 16:32에 따르면 용맹은 노를 참는 것보다 열등한 것으로 평가된다.

> **노하기를 더디하는 자는 용사보다 낫고**
> 자기의 마음을 다스리는 자는 성을 빼앗는 자보다 나으니라(잠 16:32).

또한 재물은 의리보다 못하며(잠 11:4), 재물은 의지의 대상이 되지 못한다(잠 11:28).

> **재물은 진노하시는 날에 무익하나**
> 공의는 죽음에서 건지느니라(잠 11:4).

자기의 재물을 의지하는 자는 패망하려니와
의인은 푸른 잎사귀 같아서 번성하리라(잠 11:28).

그러나 대부분의 경우 지혜, 용맹, 부는 전통적으로 추구할 만한 가치가 있는 것으로 간주된다.[11] 예를 들면, 잠언 4:7은 "지혜(חָכְמָה, 호크마)가 제일이니 지혜를 얻으라"고 권하고 있다. 인격화된 지혜의 속성으로 잠언 8:14에서는 "용맹"(גְּבוּרָה, 게부라)이 언급되고, 18절에서는 "부"(עֹשֶׁר, 오쉐르)가 제시된다(참조. 잠 3:16; 14:24).

> 내게는 계략과 참 지식이 있으며
> 나는 명철이라.
> 내게 **능력**(גְּבוּרָה, 게부라)이 있으므로(잠 8:14; 참조. 욥 12:13).

> **부**(עֹשֶׁר, 오쉐르)귀(כָּבוֹד, 카보드)가 내게 있고
> 장구한 재물과 공의도 그러하니라(잠 8:18; 참조. 잠 3:16; 14:24).

여기서 예레미야는 지혜, 용맹, 부 자체를 거부하는 것이 아니다. 이러한 것들을 자랑거리로 삼는 것을 비판한다.

그러면 무엇을 자랑해야 하는가? 예레미야는 두 가지를 말한다.

> "자랑하는 자는 이것으로 자랑할지니
> 곧 명철하여 **나를 아는 것**(יָדַע, 야다)과
> 나 여호와는

---

[11] W. Werner, *Das Buch Jeremia Kapitel 1-25*, 112.

사랑(חֶסֶד, 헤세드)과 정의(מִשְׁפָּט, 미쉬파트)와 공의(צְדָקָה, 체다카)를
땅에 행하는 자인 줄 깨닫는 것이라.
나는 이 일을 기뻐하노라"
여호와의 말씀이니라(렘 9:24).

첫째는 하나님을 아는 것(יָדַע, 야다)이다. 둘째는 하나님이 사랑(חֶסֶד, 헤세드)과 정의(מִשְׁפָּט, 미쉬파트)와 공의(צְדָקָה, 체다카)를 땅에 행하는 분인 줄 깨닫는 것이다. 이것이 자랑거리가 되어야 한다. 하나님을 안다는 것은 단순히 하나님을 이론적으로 안다는 것이 아니다. 구약성서에서 말하는 "앎"이란 곧 "삶"을 말한다. 하나님을 안다는 것은 이 땅에서 하나님이 원하시는 사랑과 정의와 공의를 행하는 것이다. 이런 점에서 이 두 가지 요구는 외적으로는 두 가지로 보이지만 내적으로는 한 가지다. 예레미야는 요시야 왕에 대한 언급에서 이 점을 다시 한번 부각시킨다.

15)네[여호야김]가 백향목을 많이 사용하여 왕이 될 수 있겠느냐?
네 아버지[요시야]가 먹거나 마시지 아니하였느냐?
정의(מִשְׁפָּט, 미쉬파트)와 **공의**(צְדָקָה, 체다카)를 행하지 아니하였느냐?
그때에 그가 형통하였었느니라.
16)그는 가난한 자와 궁핍한 자를 변호하고 형통하였나니
이것이 **나를 앎**("다아트"[דַּעַת]: 동사 "야다"[יָדַע]의 명사형)이
아니냐(렘 22:15-16).

하나님은 자신의 지혜, 용맹, 부를 자랑하는 자를 물리치시고 하나님을 아는 것, 즉 사랑과 정의와 공의를 행하는 자를 기뻐하신다. 우리는 여기서 야웨 신앙의 최고 가치를 만나게 된다. 즉 하나님을 아는 것은 그분이 원하시

는 것을 행하는 것이다.

하나님은 오늘도 당신의 백성들의 삶 속에서 사랑과 공의와 정의를 찾고 계신다. 우리는 여기서 하나님이 기뻐하시는 것은 하나님을 종교적으로 "예배하기"보다 하나님의 뜻대로 "살기"라는 사실에 주목할 필요가 있다 (참조. 삼상 15:22; 암 5:21-24; 호 6:6; 미 6:6-8). 물론 기독교 신앙이 윤리와 동일시될 수는 없다. 기독교는 윤리보다 더 높은 가치체계다. 그러나 윤리가 없는 기독교는 더 이상 기독교가 아니다. 오늘날 한국교회는 안타깝게도 세상이 기대하는 상식 수준의 윤리에도 미치지 못하는 상태다. 오늘의 우리에게 절실히 요구되는 것은 그 무엇보다도 사랑과 공의와 정의를 실천하는 "도덕적인 영성"(ethical spirituality)이 아닐까?

5. 마음의 할례: "이스라엘은 마음의 할례를 받지 못하였느니라"(렘 9:25-26)

예레미야 9:25-26의 본문은 약간 모호하다. 개역개정 성서는 25절을 "할례 받은 자와 할례 받지 못한 자"로 번역하고 있다.

여호와의 말씀이니라.
"보라! 날이 이르면
할례 받은 자와 할례 받지 못한 자를
내가 다 벌하리니"(렘 9:25).

그런데 새번역은 "몸에만 할례를 받은 사람들"로 번역하고 있다.

나 주의 말이다.
"그날이 이르면,

몸에만 할례를 받은 사람들에게,

내가 모두 벌을 내리겠다"(렘 9:25, 새번역).

히브리어 본문의 문자적 의미는 "포피에 할례 받은 모든 사람"을 뜻한다.[12] 26절에 나열된 이집트, 유다, 에돔, 암몬, 모압 사람들도 모두 할례를 받은 민족들로 언급된다.[13]

> 곧 애굽과 유다와 에돔과 암몬 자손과
> 모압과 및 광야에 살면서 살쩍을 깎은 자들에게라.
> 무릇 모든 민족은 할례를 받지 못하였고
> 이스라엘은 마음에 할례를 받지 못하였느니라 하셨느니라(렘 9:26).

따라서 문맥의 흐름에 맞추어 "몸(포피)에만 할례 받은 자"라는 번역이 더 적절해 보인다.[14] 26절의 뒷부분도 "이 모든 민족들과 이스라엘도 마음의 할례를 받지 못하였다"라고 보아야 한다. 이들은 모두 "몸의 할례"를 받았다. 그러나 하나님의 눈에는 무할례자들이다. 진정한 할례란 "몸의 할례"가 아니라 "마음의 할례"이기 때문이다.

할례란 하나님께 대한 전폭적인 헌신을 가시적으로 몸에다 표현한 것이다. 그러나 "하나님과의 연대감"(Gottesgemeinschaft)이 없다면 이 표시란 무익한 것이 된다. "마음의 할례"란 그 마음이 하나님과의 연대감을 의식하

12　박동현, 『예레미야(1)』(대한기독교서회 창립 100주년 기념 성서주석; 서울: 대한기독교서회, 2006), 403.

13　J. R. Lundbom, *Jeremiah 1-20* (AB; New York: Doubleday, 1999), 573.

14　대부분의 현대 주석가들도 이러한 번역을 따르고 있다. W. Rudolph, *Jeremia* (HAT; Tübingen: J. C. B. Mohr, 1968), 68; G. Wanke, *Jeremia, Teilband 1: Jeremia 1,1-25,14*, 110; W. Werner, *Das Buch Jeremia Kapitel 1-25*, 113; J. R. Lundbom, *Jeremiah 1-20*, 573 등.

며 그분의 뜻을 실천하는 삶을 말한다.

네 하나님 여호와께서 **네 마음과 네 자손의 마음에 할례를 베푸사 너로 마음을 다하며 뜻을 다하여 네 하나님 여호와를 사랑하게 하사** 너로 생명을 얻게 하실 것이며(신 30:6).

[25]네가 율법을 행하면 할례가 유익하나 만일 율법을 범하면 네 할례는 무할례가 되느니라. [26]그런즉 무할례자가 율법의 규례를 지키면 그 무할례를 할례와 같이 여길 것이 아니냐. [27]또한 본래 무할례자가 율법을 온전히 지키면 율법 조문과 할례를 가지고 율법을 범하는 너를 정죄하지 아니하겠느냐. [28]무릇 표면적 유대인이 유대인이 아니요 **표면적 육신의 할례가 할례가 아니니라.** [29]오직 **이면적 유대인이 유대인이며 할례는 마음에 할지니** 영에 있고 율법 조문에 있지 아니한 것이라. 그 칭찬이 사람에게서가 아니요 다만 하나님에게서니라 (롬 2:25-29).

형식적인 신앙 연륜의 외투(몸의 할례)보다 하나님을 향한 나뉨이 없는 마음과 묵묵한 실천(마음의 할례)이 더 값지다.

제9강

중보기도 금지

"너는 이 백성을 위하여 기도하지 말라"
(렘 11:1-23)

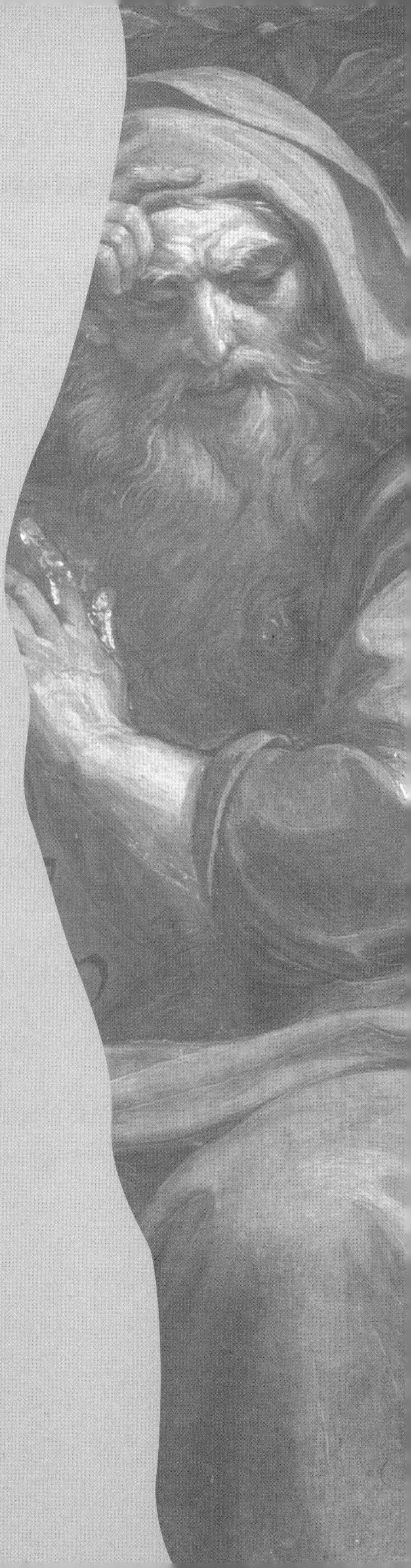

1. "축복의 언약"이 "저주의 언약"으로: "그들이 행하지 아니한 이 언약의 모든 규정대로 그들에게 이루게 하였느니라"(렘 11:1-8)

예레미야 11장은 언약을 깨뜨린 하나님의 백성과 그 결과를 기록하고 있는 1-17절, 그리고 예레미야를 죽이려고 하는 아나돗 사람들의 음모를 보여주는 18-23절로 구성되어 있다. 첫 번째 단락에서 가장 많이 등장하는 단어는 "언약"(Bund/Covenant)이다. 또한 야웨로부터 예레미야에게 임한 첫 번째 말씀도 "언약의 말씀을 들으라"는 것이었다.

> 1)여호와께로부터 예레미야에게 임한 말씀이라. 이르시되 2)"너희는 **이 언약의 말을 듣고 유다인과 예루살렘 주민에게 말하라**"(렘 11:1-2).

이 언약은 하나님과 이스라엘이 맺은 것이다. 히브리어 "베리트"(בְּרִית)는 보통 "언약"으로 번역하지만, 여기서는 모든 사람에게 지워진 "의무/책임/책무"라는 뜻을 가리킨다.[1] 따라서 언약의 말씀을 들으라는 것은 하나님으로부터 주어진 책무에 철저히 복종하라는 것이다. 이 책무란 하나님의 뜻에 맞추어 사는 것이다. 이 언약의 말씀에 불순종하면 저주가 임할 것이다. 언약의 파기는 하나님과의 관계 청산과 다르지 않다. 이는 언약의 저주 조항에 따른 하나님의 저주를 불러들인다.

> 그들에게 이르기를 이스라엘의 하나님 여호와께서 이와 같이 말씀하시되 "**이 언약의 말을 따르지 않는 자는 저주를 받을 것이니라**"(렘 11:3).

---

1 G. Wanke, *Jeremia, Teilband 1: Jeremia 1,1-25,14* (ZBAT; Zürich: Theologischer Verlag, 1995), 120.

그러나 언약의 말씀에 순종하면, 즉 하나님의 목소리에 순종하고 그분의 모든 명령을 따라 행한다면, 이스라엘은 하나님의 백성이 되고 하나님은 이스라엘의 하나님이 되신다.

> 이 언약은 내가 너희 조상들을 쇠풀무 애굽 땅에서 이끌어내던 날에 그들에게 명령한 것이라. 곧 내가 이르기를 "너희는 내 목소리를 순종하고 나의 모든 명령을 따라 행하라. 그리하면 **너희는 내 백성이 되겠고 나는 너희의 하나님이 되리라**"(렘 11:4).

"너희는 내 백성이 되겠고 나는 너희의 하나님이 되리라"는 표현을 일컬어 "언약공식"(Bundesformel)이라 한다. 하나님과 이스라엘은 언약으로 맺어진 관계다. 언약에 충실하게 사는 사람은 젖과 꿀이 흐르는 땅의 수혜자가 될 것이다.

> 내가 또 너희 조상에게 한 맹세는 그들에게 **젖과 꿀이 흐르는 땅을 주리라 한 언약**을 이루리라 한 것인데(렘 11:5).

따라서 이스라엘에게 다가오는 재난은 하나님이 임의로 아무렇게나 내리시는 이해할 수 없는 재난이 아니다. 하나님과 맺은 언약을 파기한 결과로서 주어질 미리 예고된 재난이었다.

> [6]여호와께서 내게 이르시되 "너는 이 모든 말로 유다 성읍들과 예루살렘 거리에서 선포하여 이르기를 너희는 이 언약의 말을 듣고 지키라. [7]내가 너희 조상들을 애굽 땅에서 인도하여 낸 날부터 오늘까지 간절히 경계하며 끊임없이 경계하기를 너희는 내 목소리를 순종하라 하였으나 [8]그들이 순종하지 아니하며

귀를 기울이지도 아니하고 각각 그 악한 마음의 완악한 대로 행하였으므로 **내가 그들에게 행하라 명령하였어도 그들이 행하지 아니한 이 언약의 모든 규정대로 그들에게 이루게 하였느니라**" 하라(렘 11:6-8).

언약을 파기하는 행위는 하나님의 자녀로서 누리게 되는 축복을 정지시키고 저주 발동의 버튼을 누르는 것이다. 하나님이 원하시는 "축복의 언약"이 원치 않는 "저주의 언약"으로 변질될 수 있다. 이는 변함이 없으신 신실하신 하나님에 대하여 자신의 이익을 위해서라면 하나님께 대한 신실함마저도 헌신짝처럼 쉽게 내버리는 인간들이 빚어낸 비극이다. 늘 "좋으신 하나님"(사랑)만 바라볼 것이 아니라 때로는 우리의 신실치 못함에 "사람의 매"와 "인생의 채찍"을 드시는 "까칠한 하나님"(공의)도 볼 수 있어야 균형 잡힌 성숙한 신앙인이라 할 수 있다.

나는 그에게 아버지가 되고 그는 내게 아들이 되리니 그가 만일 죄를 범하면 내가 **사람의 매**와 **인생의 채찍**으로 징계하려니와(삼하 7:14).

2. 기도가 막히기 전에: "내게 부르짖을 때에 내가 듣지 아니하리라"(렘 11:9-14)

하나님은 이스라엘을 이집트에서 구원한 날부터 예레미야가 활동하는 지금까지 계속해서 수많은 하나님의 사람들을 보내어 경고하셨다. 그러나 마이동풍이었다.

7)내가 너희 조상들을 애굽 땅에서 인도하여 낸 날부터 오늘까지 간절히 경계하며 끊임없이 경계하기를 너희는 내 목소리를 순종하라 하였으나 8)그들이 순종하지 아니하며 귀를 기울이지도 아니하고 각각 그 악한 마음의 완악한 대

로 행하였으므로 내가 그들에게 행하라 명령하였어도 그들이 행하지 아니한 이 언약의 모든 규정대로 그들에게 이루게 하였느니라 하라(렘 11:7-8).

결국 예레미야는 유다의 반역을 지적한다.

여호와께서 또 내게 이르시되 "유다인과 예루살렘 주민 중에 반역이 있도다"(렘 11:9).

"반역"이란 주군을 배신하는 행위를 뜻한다. 여기서는 10a절에서 언급되는 "우상숭배"를 가리킨다.[2] 유다 백성들은 주군이신 야웨를 배신하고 우상을 숭배했다.

그들이 내 말 듣기를 거절한 자기들의 선조의 죄악으로 돌아가서 **다른 신들을 따라 섬겼은즉**(렘 11:10a).

그들은 하나님의 말씀 듣기를 거절한 조상들이 저질렀던 죄악을 안타깝게도 반복한다. 그들은 조상들의 죄악으로부터 돌이키기는커녕 고의적으로 귀를 막은 채 몸을 "돌려", "자기들의 선조의 죄악으로 돌아갔다."[3] 결국 그들은 하나님과 맺은 언약을 깨뜨렸다.

이스라엘 집과 유다 집이 내가 그들의 조상들과 맺은 언약을 깨뜨렸도다(렘

---

2 김명숙, 『예레미야서 1-25장』(거룩한 독서를 위한 구약성경 주해; 서울: 바오로딸, 2021), 246.
3 크리스토퍼 라이트, 『예레미야: 심판의 끝, 은혜의 시작』, 안종희 역(BST 시리즈; 서울: IVP, 2021), 197.

11:10b).

여기서 예레미야는 처음으로 북이스라엘과 남유다가 모두 언약을 깨뜨렸다고 분명하고 명백하게 말한다.[4] 결국 그들에게 재앙이 예고된다.

> 그러므로 나 여호와가 이와 같이 말하노라. "보라! 내가 재앙을 그들에게 내리니 그들이 피할 수 없을 것이라"(렘 11:11a).

조상 때부터 그칠 줄 모르고 지속되어 내려온 불순종의 역사가 결국 그들의 기도마저 무익하게 만들어버렸다.

> 그들이 내게 부르짖을지라도 내가 듣지 아니할 것인즉(렘 11:11b).

이스라엘이 하나님의 말씀을 듣지 않음같이 이제는 하나님도 그들의 부르짖음을 듣지 않기 때문이다. 결국 언약을 파기한 자들의 기도는 듣는 이가 없고, 메아리도 없는 공허한 외침에 지나지 않았다. 그들이 하나님의 기도 응답 거부에 부딪혀 지금까지 섬겨왔던 우상들에게 가서 부르짖을지라도, 그 우상들은 재앙의 때에 그들을 구원해줄 수 없다.

> 유다 성읍들과 예루살렘 주민이 그 분향하는 신들에게 가서 부르짖을지라도 그 신들이 그 고난 가운데서 절대로 그들을 구원하지 못하리라(렘 11:12).

그들은 수많은 우상들을 성읍과 예루살렘의 골목만큼이나 많이 세웠고, 바

---

[4] 크리스토퍼 라이트, 『예레미야: 심판의 끝, 은혜의 시작』, 안종희 역, 197.

알에게 향을 피우며 섬겨왔다.

> 유다야, 네 신들이 네 성읍의 수와 같도다. 너희가 예루살렘 거리의 수대로 그 수치스러운 물건의 제단 곧 바알에게 분향하는 제단을 쌓았도다(렘 11:13).

이제 이스라엘 백성의 심판은 돌이킬 수 없게 되었다. 그들의 부르짖음도 돌파구를 만들지 못하고 차단되어버렸다. 더 기가 막히는 사실은 예언자의 중보기도도 중지당한 일이다.

> **그러므로 너는 이 백성을 위하여 기도하지 말라.** 그들을 위하여 부르짖거나 구하지 말라. 그들이 그 고난으로 말미암아 내게 부르짖을 때에 내가 그들에게서 듣지 아니하리라(렘 11:14).

이제는 예언자의 개입도 무용지물이다. 예언자란 먼저 백성의 편에 서서 그들을 위해서 "중보기도 하는 것"(Mediator/Intercessor)이 첫 번째 사명이요, 하나님의 편에 서서 그들에게 그분의 "말씀을 전달하는 것"(Messenger)이 두 번째 사명이다. 그러나 예언자의 첫 번째 사명이 거부된다. 하나님이 친히 기도를 금하신 것이다.

재앙의 때에 이스라엘의 기도는 전혀 효과가 없고, 그들의 도움이 될 줄로 믿고 숭배했던 우상들도 속수무책이며, 마지막 보루인 예언자의 중보기도도 거절되었다. 이스라엘은 기도의 때를 놓쳐버렸다. 하나님이 더 이상 듣지 않기로 하셨을 때는 이미 모든 것이 늦은 것이다. 이때는 스스로 기도할 수도 없을뿐더러 그 누구의 기도도 효과가 없다. 하나님이 기도의 문을 닫으시는데 누가 감히 그 문을 열 수 있겠는가? 따라서 기도가 늘 가능한 것은 아니다. 기도가 불가능한 순간도 있다. 기도가 막히는 순간이 올 수도 있다. 기도가 막히기 전에, 즉 기도할 수 있을 때, 그때가 바로 은혜의 때라는 사실을 명심해야 한다. 기도할 수 있을 때 기도할 수 있는 것은 큰 축복이다.

> 너희는 여호와를 만날 만한 때에 찾으라.
> 가까이 계실 때에 그를 부르라(사 55:6).

3. 제물이 삶을 대신하는가(?): "거룩한 제물 고기로 네 재난을 피할 수 있겠느냐"(렘 11:15-17)

예레미야 11:15-16은 문서 전달 과정에서 심각한 파손을 입어서 이 본문을 원래의 상태로 복구하는 것은 거의 불가능해 보인다.[5] 따라서 이 본문의 복구는 모두 추측에 의한 것일 뿐이다. 이 부분은 그리스어 번역본(LXX)에 의존한 우리말 새번역의 번역이 비교적 본문의 본뜻을 잘 드러내고 있다.[6]

> [15)]나의 사랑하는 자가 많은 악한 음모를 꾸미더니
> 나의 집에서 무엇을 하려느냐?
> 거룩한 제물 고기로 네 재난을 피할 수 있겠느냐?
> 그때에 네가 기뻐하겠느냐?
> [16)]여호와께서는 그의 이름을 일컬어
> 좋은 열매 맺는 아름다운 푸른 감람나무라 하였었으나

---

5   W. Werner, *Das Buch Jeremia Kapitel 1-25*, 126.
6   이 본문에 관한 한 보통 그리스어 번역본(LXX)의 번역이 원문에 더 가까운 본문으로 수용된다. W. Rudolph, *Jeremia*, 78; J. R. Rundbom, *Jeremiah 1-20* (AB; New York: Doubleday, 1999, 630.

큰 소동 중에

그 위에 불을 피웠고

그 가지는 꺾였도다(렘 11:15-16, 개역개정).

15)내가 사랑하는 유다가 악한 음모나 꾸미더니,

내 성전에 들어와서 어쩌자는 것이냐?

살진 짐승을 희생 제물로 바친다고 해서,

재난을 피할 수 있겠느냐?

구원의 기쁨을 누릴 수 있겠느냐?

16)유다야,

한때에 나 주(主)도 너를

'잎이 무성하고 열매가 많이 달린 올리브 나무'라고 불렀으나,

이제는 요란한 천둥소리와 함께

내가 그 잎을 불로 사르고,

그 가지를 부러뜨리겠다(렘 11:15-16, 새번역).

예레미야는 이 백성들이 성전을 "도피처"나 "보험"으로 삼는 행태에 도전한다. 백성들은 우상을 가슴에 품고도 성전을 방문해 양다리를 걸치려 한다.[7] 하지만 그들의 기도가 하나님께 이르지 못함같이, 그들의 희생 제물도 하나님께 아무런 영향을 줄 수 없다.[8] 성전예배도, 희생 제물도 그들에게 닥칠 재난의 방향을 돌이킬 수는 없다.

하나님은 유다를 "내가 사랑하는 자"(ידידי, 야디디, 렘 11:15)라고 부르

---

[7] 김명숙, 『예레미야서 1-25장』, 248.
[8] P. C. Craigie, P. H. Kelley, J. F. Drinkard, Jr., *Jeremiah 1-25* (WBC; Dallas, Texas: Word Books, 1991), 171.

고, 또한 "잎이 무성하고 열매가 많이 달린 올리브 나무"(렘 11:16)라 칭하고 있다. 이사야도 유다 백성을 "나의 사랑하는 자"로 칭한 바 있다.

> 나는 **내가 사랑하는 자**(ידידי, 야디디)를 위하여 노래하되
> 내가 사랑하는 자의 포도원을 노래하리라.
> **내가 사랑하는 자**(ידידי, 야디디)에게 포도원이 있음이여
> 심히 기름진 산에로다(사 5:1).

호세아도 북왕국 이스라엘을 가리켜 "감람나무"라 표현한 바 있다.

> 그(이스라엘)의 가지는 퍼지며
> **그의 아름다움은 감람나무와 같고**
> 그의 향기는 레바논 백향목 같으리니(호 14:6).

이렇듯 하나님의 백성은 원래 하나님과 바른 관계를 맺고 있었다. 그러나 지금은 아니다. 그들은 본래의 궤도를 한참 이탈했다. 결국 하나님은 "요란한 천둥소리"(큰 소동)와 함께 그 잎을 불사르고 그 가지를 부러뜨리기로 작정하셨다. 감람나무(올리브 나무)와도 같던 유다 백성은 휘몰아치는 태풍 속에서 번개에 맞아 가지가 부러지고 불에 타서 잿더미가 되고 말 것이다.[9] 그들이 저지른 우상숭배("바알에게 분향함")라는 죄악이 하나님의 심판을 불러들인 것이다.

---

9   강성열, 『예레미야 1–25장』(한국장로교총회창립 100주년기념 표준주석; 서울: 한국장로교출판사, 2021), 209.

바알에게 분향함으로 나의 노여움을 일으킨 이스라엘 집과 유다 집의 악으로 말미암아 그를 심은 만군의 여호와께서 그에게 재앙을 선언하셨느니라(렘 11:17).

불의의 삶("악한 음모") 및 물신(物神)인 바알 숭배("바알에게 분향함")를 근절하지 않는다면 지금까지 지속되어온 성전 출입도, 제아무리 값비싸고 정성스러운 제물이라도 소용이 없다. 예배와 예물이 어찌 의롭지 못한 삶을 대신할 수 있는가? 예배와 예물이 사람을 정화하는 것이 아니라 정반대로 사람이 예배와 예물을 거룩하게 하는 것이다. 똑바로 살아야 하나님을 제대로 만날 수 있는 법이다. 물론 제대로 하나님을 만나야 똑바로 살 수 있다는 역도 성립된다.

4. 고난받는 하나님의 종 예레미야: "나는 끌려서 도살당하러 가는 순한 어린 양과 같으므로"(렘 11:18-23)

예레미야 11:18-23은 예레미야가 유다 백성의 언약 위반(렘 11:1-8)과 그에 상응하는 하나님의 심판(렘 11:9-17)을 선포함으로 인하여 당하는 뜻밖의 고통에 관하여 다루고 있다. 이 단락(렘 11:18-23)은 예레미야 개인의 상황을 들여다볼 수 있는 일련의 본문들(렘 11:18-23; 12:1-6; 15:10-21; 17:14-18; 18:18-23; 20:7-18) 가운데 첫 번째 본문이다.[10] 학자들은 이 본문들이 흔히 성 아우구스티누스(St. Augustine)의 『고백록』(*Confessions*)과 유사하다고 하

---

10 필자는 렘 11:18-23과 12:1-6을 구분하여 각각 하나의 고백으로 본다. 최근에 출간된 다음의 책도 필자와 같은 견해다. 브랜트 A. 스트런, 『간추린 구약개론』, 정의현 역(서울: CLC, 2022), 169.

여 "예레미야의 고백(록)"(The Confession of Jeremiah)이라고 부르고,[11] "예레미야의 탄원"(The Lament of Jeremiah)이라고도 부른다. 이 시문에서 예레미야는 비통한 마음으로 자신의 운명에 대해 탄식하며, 개인적으로 하나님께 하소연하며 때로는 원망하기도 한다.[12]

예레미야의 첫 번째 고백 본문(렘 11:18-23)은 세 가지 구성요소로 짜여 있다.

① 불평(18-19절)
② 간구(20절)
③ 하나님의 응답(21-23절)

예레미야는 자신을 암살하려는 음모와 의도를 하나님의 은혜로 알아차린다.

여호와께서 내게 알게 하셨으므로
내가 그것을 알았나이다.
그때에 주께서 그들의 행위를 내게 보이셨나이다(렘 11:18).

그는 도살장으로 끌려가는 순한 어린 양 신세가 되었다.

---

11 클라우스 코흐, 『예언자들(2): 바벨론과 페르시아 시대』, 강성열 역(서울: 크리스챤다이제스트, 1999), 65.
12 H. Cunliffe-Jones는 예언자 예레미야의 개인적 특질을 다섯 가지로 요약한다. ① 하나님께 대한 뿌리 깊은 개인적인 정직성, ② 용기와 신실성, ③ 부도덕과 우상숭배에 대한 열렬한 증오, ④ 그의 백성의 고난에 대한 민감성, ⑤ 약속된 회복에 대한 소망. H. Cunliffe-Jones, *The Book of Jeremiah* (London: SCM Press, 1960), 32-36.

나는 끌려서 도살당하러 가는 순한 어린 양과 같으므로

그들이 나를 해하려고 꾀하기를

우리가 그 나무와 열매를 함께 박멸하자.

그를 살아 있는 자의 땅에서 끊어서

그의 이름이 다시 기억되지 못하게 하자 함을

내가 알지 못하였나이다(렘 11:19).

이러한 양 이미지는 예언자 자신이 아무런 잘못 없이 억울하게 목숨을 잃을 뻔했다는 점과 적들이 자신을 죽이려고 꾸민 음모를 전혀 모르고 있었다는 사실을 말한다.[13] 예레미야를 해치려는 "그들"은 "고향 아나돗 사람들"이다(렘 11:21). 예레미야와 아나돗 사람들 간의 관계는 마치 주인이 자기 동물을 잡아서 죽이려고 끌고 가지만 그 동물은 그 사실을 전혀 눈치채지 못하고 있는 것과 같다.[14] 예레미야는 하나님의 도움이 없었더라면 완전히 제거될 뻔했다. 그의 존재와 활동("그 나무와 열매")이 사람들의 기억 속에서 완전히 사라질 뻔한 것이다.[15] 그것도 남도 아니고 고향 사람들에 의해서 말이다.

예레미야로서는 그들의 음모가 엄청난 충격으로 다가왔을 것이다. 자신의 사회적이고 심리적인 안전판이라 할 수 있는 고향 사람들이 작당하여 자신을 죽이고자 했으니, 얼마나 큰 충격이었겠는가?[16] 아나돗 사람들이 왜 예레미야를 이렇게 제거하려고 했는지는 더 이상 정확히 알 수 없다. 아

13　박동현, 『예레미야(1)』(대한기독교서회 창립 100주년 기념 성서주석; 서울: 대한기독교서회, 2006), 452.
14　J. A. 톰슨, 『예레미야(상)』, 최우성 역(반즈 신구약 성경주석; 서울: 크리스챤서적, 1992), 484.
15　J. Schreiner, *Jeremia 1-25,14* (NEB; Würzburg: Echter Verlag, 21985), 82.
16　강성열, 『예레미야 1-25장』, 212.

마도 21절에서 아나돗 사람들이 예레미야에게 야웨의 이름으로 예언하지 말라고 위협한 것으로 보아 그의 철저한 심판 메시지가 주원인으로 작용한 듯싶다.[17]

> 여호와께서 아나돗 사람들에 대하여 이와 같이 말씀하시되 "그들이 네 생명을 빼앗으려고 찾아 이르기를 **너는 여호와의 이름으로 예언하지 말라. 두렵건대 우리 손에 죽을까 하노라**" 하도다(렘 11:21).

아무튼 어느 누구라도 자신이 처한 사회에서 거부당하고 버림받는다는 것은 엄청난 충격과 슬픔이 아닐 수 없다. 그런데 모두에게 거부당해도 언제나 받아줄 것 같은 어머니의 품 같은 고향에서조차 내몰린다는 것은 마치 인생의 막바지에 선 것 같은 충격이었을 것이다.

그러나 하나님은 당신이 보내신 예언자의 편을 들어주신다. 아나돗 사람들에게는 예언자에게 침묵을 강요한 죄, 즉 하나님의 말씀을 봉쇄한 죄로 심판이 예고된다.

> [22]그러므로 만군의 여호와께서 이와 같이 말씀하시니라. "보라! 내가 그들을 벌하리니 청년들은 **칼**에 죽으며 자녀들은 **기근**에 죽고 [23]**남는 자가 없으리라.** 내가 아나돗 사람에게 재앙을 내리리니 곧 그들을 벌할 해에니라"(렘 11:22-23).

"칼과 기근"은 전쟁의 소용돌이 속에서 닥치는 재난을 상징한다. "남는 자가 없으리라"는 표현은 과장법에 속한다. 왜냐하면 바빌로니아 유배가 끝

---

17   W. Rudolph, *Jeremia*, 83.

난 뒤 귀환한 백성 목록에 아나돗 사람 128명이 포함되어 있기 때문이다.

> 아나돗 사람이 백이십팔 명이요(스 2:23).

> 아나돗 사람이 백이십팔 명이요(느 7:27).

이런 과장법은 열왕기상 19:10에도 나타난다. 엘리야는 아합 왕과 이세벨 왕비의 박해 때문에 살아남은 예언자가 자기뿐이라고 했다. 하지만 열왕기상 18:13에 따르면 하나님의 예언자가 100명이 더 있었다.[18]

> 이세벨이 여호와의 선지자들을 죽일 때에 내가 여호와의 선지자 중에 **백 명을 오십 명씩 굴에 숨기고 떡과 물로 먹인 일**이 내 주에게 들리지 아니하였나이까(왕상 18:13).

어찌 되었든 하나님의 종 예레미야의 인생이 너무 가혹한 것은 아닌가? 그가 하나님의 말씀을 대언하지 않았다면, 아니 청중이 듣기 원하는 말씀만 전했다면 이런 수모와 역경을 겪지 않아도 되는 것 아닌가? 그의 선포가 "땀 흘림이 없는 번영", "분투가 없는 축복", "고난이 없는 성공", "사회적 정의가 없는 민족의 영화", "인격적 성결함이 없는 하나님의 인정" 등을 부추겼다면 예레미야는 틀림없이 인기를 누리며 대접받고 잘 살았을 것이다.[19]

그러나 하나님의 종은 세상의 인기에 빌붙기보다는 그를 부르신 한 분

18　김명숙, 『예레미야서 1-25장』, 256.
19　리차드 로렌스, "깨어진 언약(예레미야 11-15장)", 「그말씀」, 61, 1997(9월), 91-92.

의 눈에 자신의 시선을 고정시킨다. 이와 같이 하나님의 뜻에 사심 없이 순복(順服)하는 삶은 고독하고 괴로운 길일 수도 있다. 세상에서 인기가 없는 것은 물론이고, 가까운 사람들에게 외면당하는 수모도 겪어야 하기 때문이다. 고향 나사렛에서 배척당하신 예수님처럼 말이다(눅 4:29; 참조. 막 3:21).

놀랍게도 이런 고난은 "하나님의 부재"에서 온 것이 아니라 오히려 "하나님의 임재"에서 비롯된다. "하나님의 버리심"이 아니라 "하나님의 끌어안으심"에서 온 것이다. 따라서 하나님의 임재가 빚어낸 고난이라면 힘겹지만 뜨거운 눈물로 감사하며 어느 정도는 감수해야 하지 않을까?

²⁾내 형제들아, 너희가 여러 가지 시험을 당하거든 온전히 기쁘게 여기라. ³⁾이는 너희 믿음의 시련이 인내를 만들어내는 줄 너희가 앎이라(약 1:2-3).

5. 예레미야의 보복(?) 요청 기도: "그들에 대한 주의 보복을 내가 보리이다"
(렘 11:20)

이제는 예레미야의 간구 부분(렘 11:20)을 좀 더 자세히 살펴보기로 하자.

"**공의**(צֶדֶק, 체데크)로 판단하시며
사람의 마음(신장/콩팥과 심장/마음)을 감찰하시는 만군의 여호와여,
나의 **원통**(רִיב, 리브)함을 주께 아뢰었사오니
그들에게 대한 주의 **보복**(נְקָמָה, 네카마)을
내가 보리이다" 하였더니(렘 11:20).

그는 하나님을 "공의(צֶדֶק, 체데크)의 심판자"라고 부르고, 그가 "사람의 마음속을 훤히 들여다보시는 분"이심을 강조한다. 우리말 번역인 "사람의 마

음"은 오역이다. 이는 "신장/콩팥"(כְּלָיוֹת, 켈라요트)과 "심장/마음"(לֵב, 레브)으로 바로잡아야 한다. 그리고 "나의 원통함을 주께 아뢰었사오니 그들에게 대한 주의 보복을 내가 보리이다" 하고 하나님께 기도한다. 여기서 "원통"이라는 단어는 히브리어로 "리브"(רִיב)에 해당하는 "다툼사건/송사"라는 뜻의 법률 용어다. "보복"(נְקָמָה, 네카마)이라는 단어도 마찬가지로 법률 용어로서 "공의로운 조치"를 뜻한다.[20] 따라서 "원통과 보복"이라 함은 예레미야가 적들과 갈등 관계에 있는 상황을 보여준다. 이 사건에는 "나"(예레미야: 죄 없는 피해자)와 "여호와"(의로운 재판관)와 "나를 박해하는 자들"(아낫 사람들: 불의한 가해자)의 삼각관계가 여실히 드러난다.

예레미야는 소명 사건 때 하나님이 그의 입에 당신의 말씀을 넣어주시는 체험을 한 바 있다.

여호와께서 그의 손을 내밀어 내 입에 대시며 여호와께서 내게 이르시되 "보라! **내가 내 말을 네 입에 두었노라**"(렘 1:9).

그런데 그는 자신의 입에서 나온 하나님의 말씀으로 박해를 받고 있다. 예레미야는 "하나님의 입"이다.

그러므로 만군의 하나님 여호와께서 이와 같이 말씀하시니라.
"너희가 이 말을 하였은즉
볼지어다!
내가 **네 입에 있는 나의 말**을 불이 되게 하고

---

[20] W. Brueggemann, *A Commentary on Jeremiah: Exile and Homecoming* (Grand Rapids, Michigan: Wm. B. Eerdmans Publishing Co, 1998), 116.

이 백성을 나무가 되게 하여 불사르리라"(렘 5:14).

여호와께서 이와 같이 말씀하시되
"네가 만일 돌아오면
내가 너를 다시 이끌어 내 앞에 세울 것이며
네가 만일 헛된 것을 버리고 귀한 것을 말한다면
너는 나의 입이 될 것이라.
그들은 네게로 돌아오려니와
너는 그들에게로 돌아가지 말지니라"(렘 15:19).

그렇다면 하나님이 주신 말씀으로 예레미야를 박해하는 것은 곧 그에게 말씀을 넣어주신 야웨 하나님을 박해하는 것이기에 결국 "예레미야의 적"은 곧 "하나님의 적"이 된다. 따라서 하나님이 직접 보복(공의로운 조치)하셔야 한다는 것이다. 그래서 예레미야는 "내가 보복하게 해달라"고 간구하지 않고, "주님이 보복하시는 것을 나로 보게 해줄 것"을 간구한다. 따라서 예레미야의 보복 요청 기도는 단순히 한 개인의 억울함을 풀어주는 차원이 아니라 하나님의 공의를 이루는 보다 심오한 차원의 기도다. 이 기도가 야웨 신앙과 일치함과 동시에 정당하다는 것은 21-23절에 나타난 하나님의 기도 응답에서도 잘 알 수 있다.[21]

예레미야가 "하나님의 공의로운 조치"를 요청한 것은 정당한 일이었다. 이러한 요구는 이후에도 여러 차례 계속된다.[22] 예레미야가 자신이 직접 벌주는 일에 나서지 않고 그 일을 하나님께 맡긴다는 점에 주목해야 한다.

---

21 W. Rudolph, *Jeremia*, 85.
22 예를 들면, 렘 12:1-3; 15:15; 17:18; 18:21-23; 20:12 등이다.

보복은 사람의 일이 아니다. 하나님이 하시는 일이다.

> 그들이 실족할 그때에 **내가 보복하리라.**
> 그들의 환난 날이 가까우니
> 그들에게 닥칠 그 일이 속히 오리로다(신 32:35).

> 내 사랑하는 자들아, 너희가 친히 원수를 갚지 말고 하나님의 진노하심에 맡기라. 기록되었으되 "**원수 갚는 것이 내게 있으니 내가 갚으리라**"고 주께서 말씀하시니라(롬 12:19).

예레미야는 보복이 하나님의 손에서 행사되기를 간구하며 기다린다. 이는 옳다. 성경이 가르쳐주는 기도의 길은 "어두운 감정"을 무조건 덮으라고 하지 않는다. 오히려 그것들을 솔직하게 드러내라고 한다. 그것들을 하나님께 내보이라는 것이다. 이러한 행위는 "심오한 믿음의 행동"이다. 예레미야는 분노와 증오를 "기도 속"으로 가지고 간다. 예레미야의 보복 기도는 잘못된 것이 아니다.

그런데 예수님과 그 뒤를 이은 스데반은 자신을 해치는 사람들을 위해서 하나님께 기도하고 있다.

> 이에 예수께서 이르시되 "**아버지여, 저들을 사하여 주옵소서.** 자기들이 하는 것을 알지 못함이니이다" 하시더라. 그들이 그의 옷을 나눠 제비 뽑을 새(눅 23:34; 참조. 행 7:60).

예수님과 스데반의 기도는 매우 바람직하다. 예수님은 원수마저 사랑하라고 명령하셨다.

제9강 중보기도 금지 **211**

나는 너희에게 이르노니 **너희 원수를 사랑하며** 너희를 박해하는 자를 위하여 기도하라(마 5:44).

물론 예수님 이전에도 보복을 금지하거나, 악을 악으로 갚지 말라는 원칙이 이따금 있기는 했다. 그러나 원수를 사랑해야 한다는 명령을 만들어 증오하는 사람에게도 선한 일을 하라고 말한 것은 예수님이 처음이다. 더 파격적인 것은 이 원수가 "개인의 원수"가 아니라 "민족의 원수"(로마)라는 점이다. 당시 유대 사회에서 이미 개인적인 원수는 사랑해야 할 "이웃"의 범주에 들어 있었다. 당시 사람들은 예수님의 이 말을 들었을 때 자연스럽게 로마인을 떠올렸을 것이다.[23]

당연히 "예레미야의 옳음"보다 "예수님과 스데반의 바람직함"이 한 차원 높은 성숙한 태도다. "옳음"보다 "바람직함"이 더 성숙한 단계다. 하지만 그렇다고 정당한 보복을 간구하는 탄원이 억압되거나 비난받아서는 안 된다. 이 과정도 존중되어야 한다. "옳음의 단계"를 거치고 나야 비로소 자연스럽게 "바람직함의 단계"로 넘어가는 것이다. 따라서 예레미야의 보복 요청 기도도 용서를 향해 가는 과정으로서 여전히 유효하다.

---

[23] 리처드 보컴, 『예수: 생애와 의미』, 김경민 역(서울: 비아, 2016), 131.

제10강

하나님과 겨루는 예레미야

"반역한 자가 다 평안함은 무슨 까닭입니까?"
(렘 12:1-17)

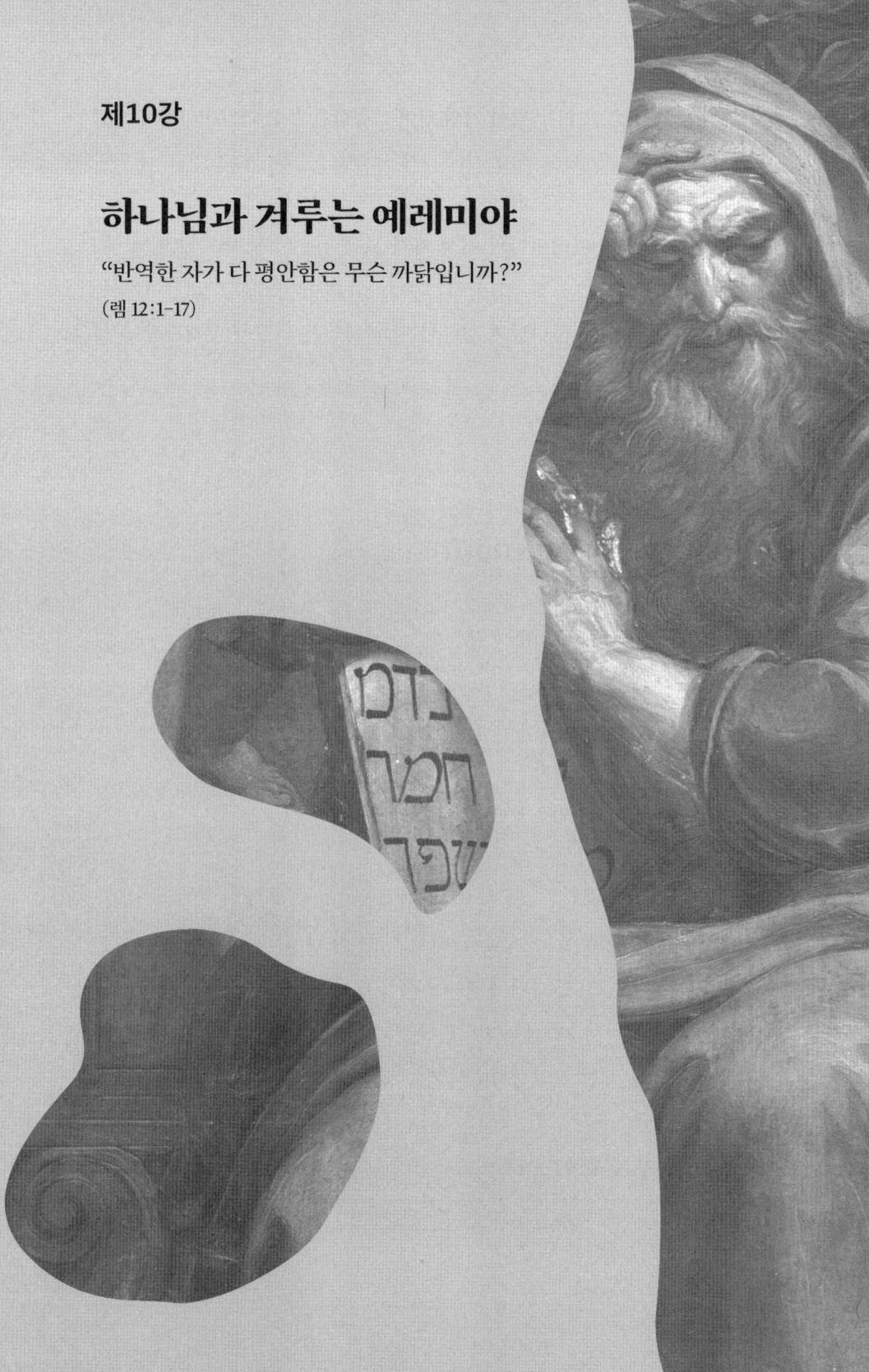

1. 하나님이 그러실 수가! : "악한 자의 길이 형통함은 무슨 까닭이니이까"(렘 12:1-4)

예레미야 12:1-6은 예레미야의 여섯 가지 고백 가운데 두 번째 고백에 해당한다(렘 11:18-23; 12:1-6; 15:10-21; 17:14-18; 18:18-23; 20:7-18). 여기서 예언자는 먼저 자신이 하나님과 변론할 때 하나님은 의로우신 재판관이시라고 고백한다.

> 여호와여,
> 내가 주와 변론할(ריב, 리브) 때에는
> **주께서 의로우시니이다**(렘 12:1a).

그리고 바로 하나님께 따지듯이 묻는다.

> 그러나 내가 주께 질문하옵나니
> **악한 자의 길이 형통하며**
> **반역한 자가 다 평안함은 무슨 까닭이니이까**(렘 12:1b).

"변론하다/쟁변하다"(ריב, 리브)라는 단어는 법정용어다. 또한 질문의 내용으로 보아 이는 "불평의 수준"을 넘어서 "고소의 단계"에 이르고 있다. 예언자가 자신을 부르신 하나님께 불평하는 정도가 아니라 그 하나님을 고소하는 것이다.[1] 여기서 제기된 의인의 불행과 악인의 행복이라는 수수께끼 같은 현실적인 문제는 구약성서에서 자주 볼 수 있는 주제다.

---

[1] J. R. Lundbom, *Jeremiah 1-20* (AB; New York: Doubleday, 1999), 648.

¹²⁾볼지어다.

이들은 악인들이라도 항상 평안하고

재물은 더욱 불어나도다.

¹³⁾내가 내 마음을 깨끗하게 하며

내 손을 씻어 무죄하다 한 것이 실로 헛되도다

(시 73:12-13; 참조. 욥 21:7-15; 말 3:14-15).

이 주제를 구약성서의 예언문학에서 예언자로서는 예레미야가 처음으로 제시한다.²

예레미야는 하나님이 악인들을 심으시고 그들이 뿌리가 박히고 장성하여 열매를 맺도록 해주셨음을 지적하고 있다.

주께서 그들을 심으시므로

그들이 뿌리가 박히고

장성하여 열매를 맺었거늘(렘 12:2a).

이러한 나무 이미지는 구약성서에서 야웨와 그의 율법을 제대로 신뢰하는 자를 가리킬 때 사용된다.

⁷⁾그러나 무릇 **여호와를 의지하며**

여호와를 의뢰하는 그 사람은

복을 받을 것이라.

---

2   서인석, "예레미야의 고백록", 『오늘의 구약성서 연구』(서울: 성바오로출판사, 1983), 189. W. Rudolph의 관찰에 의하면 이러한 주제는 구약성서에서 렘 12장 본문이 처음으로 다루고 있다. W. Rudolph, *Jeremia* (HAT; Tübingen: J. C. B. Mohr, 1968), 85.

8)그는 물가에 심어진 나무가

그 뿌리를 강변에 뻗치고

더위가 올지라도 두려워하지 아니하며

그 잎이 청청하며

가무는 해에도 걱정이 없고

결실이 그치지 아니함 같으리라(렘 17:7-8; 참조. 시 1:1-3).

그러나 이 본문의 그들은 절대로 하나님을 진심으로 믿는 자들이 아니다. 그들은 입으로는 늘 하나님을 내세우지만 마음, 곧 중심은 하나님을 멀리하고 있다.

그들의 입은 주께 가까우나

그들의 마음은 머니이다(렘 12:2b).

같은 인간인 예레미야가 보아도 그들은 경건한 체하는 것이지 본심은 그렇지 않다. 입술만 경건하다. 그런데 인간의 중심을 꿰뚫어 보시는 하나님이 경건의 가면으로 가려진 그들의 본모습을 모르실 리가 없지 않은가!
뒤이어 탄원시의 주요한 요소인 무죄 선언이 나온다.

여호와여,

주께서 나를 아시고

나를 보시며

내 마음이 주를 향하여 어떠함을 감찰하시오니(렘 12:3a).

예레미야가 보기에 처벌받아 마땅한 악한 자들은 처벌받지 않고, 오히려 고난받는 쪽은 하나님에 의하여 부름 받았으며 또한 하나님의 충실한 종으로 애쓰고 있는 예레미야 자신이었다. 예레미야는 고향 사람들의 협박에 시달리기도 하였다.

> 여호와께서 아나돗 사람들에 대하여 이와 같이 말씀하시되 "**그들이 네 생명을 빼앗으려고 찾아** 이르기를 너는 여호와의 이름으로 예언하지 말라 **두렵건대 우리 손에 죽을까 하노라**" 하도다(렘 11:21).

예레미야는 결국 악인을 처벌해달라는 간구로 기도를 마감한다.

> 양을 잡으려고 끌어냄과 같이
> 그들을 끌어내시되
> **죽일 날을 위하여 그들을 구별하옵소서**(렘 12:3b).

여기에 덧붙여서 4a절에서 예레미야는 악인들의 악한 행실은 인간 상호 간의 공동생활을 파손할 뿐만 아니라 온 땅의 자연 질서에도 심각한 악영향을 끼친다는 점을 강조한다.

> 언제까지 이 **땅**이 슬퍼하며
> 온 지방의 **채소**가 마르리이까?
> **짐승**과 **새**들도 멸절하게 되었사오니(렘 12:4a).

이어서 지금까지 언급한 악인의 정체가 4b절에서 드디어 드러난다.

> 이는 **이 땅 주민**이 악하여 스스로 말하기를

"그가 우리의 나중 일을 보지 못하리라" 함이니이다(렘 12:4b).

그들은 "이 땅의 거민", 즉 유다 백성이었다. 그들은 "그가 우리의 나중 일을 보지 못하리라"라고 은밀히 말하며 죄의식은커녕 오히려 악행을 즐기고 있는 것처럼 보인다.

악한 일에 관한 징벌이 속히 실행되지 아니하므로
인생들이 악을 행하는 데에 마음이 담대하도다(전 8:11).

그들이 하나님을 시인하나 행위로는 부인하니
가증한 자요 복종하지 아니하는 자요
모든 선한 일을 버리는 자니라(딛 1:16).

여기서 그들이 말하는 "그"는 누구를 가리킬까? 사실 이 지칭의 대상은 예레미야와 하나님 둘 다 가능하다.[3] 그러나 여기서는 후자의 것을 취한다. 즉 그들은 하나님이 인간의 감추어진 의도를 간파하시고, 올바르게 행하신다는 점을 부인한다. 그들은 입술로는 하나님을 들먹이지만 마음속으로는 하나님과 무관한 가치관을 가지고 있다. 사실 자신들이 악하고 패역한 삶을 살아도 별 탈 없이, 아니 오히려 더 잘 살고 있으니 그들에게 하나님의 존재와 능력이 부인되는 것은 어쩌면 당연하지 않은가. 이런 자들을 "실제적/실천적 무신론자"(practical atheist)라 한다.

---

3   J. Schreiner, *Jeremia 1-25,14* (NEB; Würzburg: Echter Verlag, 21985), 84; W. Werner, *Das Buch Jeremia Kapitel 1-25* (NSKAT; Stuttgart: Verlag Katholisches Bibelwerk, 1997), 130.

악인은 그의 교만한 얼굴로 말하기를

"여호와께서 이를 감찰하지 아니하신다" 하며

그의 모든 사상에 "하나님이 없다" 하나이다(시 10:4).

그때에 내가 예루살렘에서 찌꺼기같이 가라앉아서

마음속에 스스로 이르기를

"여호와께서는 복도 내리지 아니하시며

화도 내리지 아니하시리라"

하는 자를 등불로 두루 찾아 벌하리니(습 1:12).

이처럼 악인이 형통해지는 현실은 예레미야에게 쉽게 이해될 수 없다. 여기서 예레미야가 고민하는 것은 "악인의 불의한 행위"가 아니고, 악인이 형통해지도록 방치하여 의롭지 못해 보이는 "하나님의 통치 방식"이다.[4]

그러나 하나님이 하시는 일이 이해되지 않을 때가 어디 한두 번인가.

8)이는 **내 생각이 너희의 생각과 다르며**

내 길은 너희의 길과 다름이니라.

여호와의 말씀이니라.

9)이는 하늘이 땅보다 높음 같이

내 길은 너희의 길보다 높으며

내 생각은 너희의 생각보다 높음이니라(사 55:8-9).

---

4   D. H. Bak, *Klagender Gott-Klagender Menschen. Studien zur Klage im Jeremiabuch* (BZAW 193; Berlin: Walter de Gruyter, 1990), 117.

사실 알고 보면 인간이 하나님에 대하여 "아는 것"보다 "모르는 것"이 더 많지 않은가. 공부를 할수록 아는 것이 쌓이는 기쁨보다 아직도 모르는 것이 많다는 사실을 깨닫고 좌절할 때가 종종 있다. 이처럼 인간은 하나님의 신비 앞에서 언제나 새롭게 배워야 하는 "영원한 학생"에 불과하다.[5] 따라서 신앙은 곧 배움이다. 모든 신앙인은 하나님을 가장 많이 알고 있는 예수 그리스도가 도달하신 장성한 분량까지 이르도록 겸손히 평생을 배우며 자라가야 한다.

> [13)]우리가 다 하나님의 아들을 믿는 것과 아는 일에 하나가 되어 온전한 사람을 이루어 **그리스도의 장성한 분량이 충만한 데까지 이르리니** [14)]이는 우리가 이제부터 어린아이가 되지 아니하여 사람의 속임수와 간사한 유혹에 빠져 온갖 교훈의 풍조에 밀려 요동하지 않게 하려 함이라. [15)]오직 사랑 안에서 참된 것을 하여 범사에 **그에게까지 자랄지라.** 그는 머리니 곧 그리스도라. [16)]그에게서 온몸이 각 마디를 통하여 도움을 받음으로 연결되고 결합되어 각 지체의 분량대로 역사하여 그 몸을 자라게 하며 사랑 안에서 스스로 세우느니라(엡 4:13-16).

2. 하나님의 동문서답: "어찌 능히 말과 경주하겠느냐"(렘 12:5)

드디어 하나님의 첫 번째 대답이 떨어진다. 그런데 그 대답은 뜻밖에도 "책망"이다.

> 만일 네가 보행자와 함께 달려도 피곤하면
> 어찌 능히 말과 경주하겠느냐.

---

5   서인석, "예레미야의 고백록", 189.

네가 평안한 땅에서는 무사하려니와

요단 **강물이 넘칠 때**(גְּאוֹן, 가온)에는 어찌하겠느냐(렘 12:5).

여기서 "강물이 넘칠 때"로 번역한 히브리어 "가온"(גְּאוֹן)은 흔히 "숲속으로"라는 말로 옮겨진다.[6]

보라! 사자가 요단의 **깊은 숲**(גְּאוֹן, 가온)에서 나타나듯이(렘 50:44).

예레미야 당시 요단강가의 숲에는 사자들이 숨어 있었다.

보라! **사자가 요단강의 깊은 숲**(גְּאוֹן, 가온)에서 나타나듯이(렘 49:19).

그런데 이게 무슨 말인가? 하나님의 말씀은 악한 자들을 처벌할 것이라는 예레미야 11:21-23의 일상적이고 통상적인 대답이 전혀 아니다. 이 대답은 참으로 이례적이어서 예레미야뿐만 아니라 오늘의 우리도 당황스럽게 한다.

예레미야의 진지한 질문은 하나님의 "동문서답"에 의해서 완전히 무시당하고 만 격이다. 이는 사실 "경고조의 책망이며 질책"에 해당한다.[7] 예레미야의 현 상황은 뛰어다니는 "말"도 아니고 걸어 다니는 "보병"과 경주하고 있다. 그것도 사자가 득실거리는 위험한 "요단의 숲"도 아니고 "평화로운 땅"에 놓여 있다. 이는 마치 "본 게임도 아니고 예선 게임, 아니 몸을

---

[6] W. H. Schmidt, *Das Buch Jeremia Kapitel 1-20* (ATD; Göttingen: Vandenhoeck & Ruprecht, 2008), 237, 각주 27.

[7] G. Wanke, *Jeremia. Teilband 1: Jeremia 1,1-25,14* (ZBAT; Zürich: Theologischer Verlag, 1995), 127.

푸는 연습단계에서 벌써 지쳐버렸느냐" 하는 질책이다. 예레미야는 "이제 겨우 그 길의 출발점에 서 있다"[8]는 사실을 깨달아야 했다. 예레미야가 하나님의 종으로서 앞으로 감수해야 할 고통에 비하면 지금의 고통은 아무것도 아니라는 것이다.

하나님이 이 땅에서 하시는 처사가 "옳은 것"인지 아니면 "잘못된 것"인지를 따지는 "옳고 그름의 문제"가 졸지에 다른 방향으로 향하게 된다. 갑자기 "복종의 문제"가 이슈로 떠오른 것이다. 하나님의 대답, 즉 하나님의 유일한 요구는 인간적인 이해를 초월하는 "보다 철저한 복종"(more radical obedience)이다.[9] 하나님의 말씀은 놀랍게도 여기서 멈춘다. 야속할 정도다. 이해를 포기한 복종이 가져다줄 이후의 유익에 대하여는 단 한마디의 언급도 없다.

아마도 예레미야는 하나님의 질책에 그만 압도당하였을 것이다. 마치 욥이 폭풍 가운데서 말씀하시는 하나님 앞에서 압도되어 침묵하였듯이 말이다(욥 40:3-5; 42:1-6). 이때 하나님의 대답에 대하여 예레미야가 어떻게 반문했는지는 더 이상 언급되지 않는다. 아마도 이후 그의 생애를 볼 때 그는 하나님의 촉구에 복종하여 그 어려운 예언직의 길을 계속해서 걸어간 것으로 보인다. 예레미야가 만난 하나님은 이해할 수 없지만, 그렇다고 벗어나거나 외면할 수 있는 분도 아니다.

사람들은 대부분 태양이 빛나고 모든 것이 잘되어 갈 때는 하나님에 대한 신앙을 지속하기 쉽다. 아니 즐겁다. 순풍에 돛을 단 듯이 인생이 순항하며 행복하면 찬송이 저절로 터져 나오기도 한다. 그러나 갑자기 구름이 끼고 비가 오는 날도 온다. 우리가 제기한 질문에 대한 속 시원한 대답도 없

---

[8] 게르하르트 폰 라트, 『예언자들의 메시지』, 김광남 역(서울: 비전북, 2011), 397.
[9] W. Brueggemann, *A Commentary on Jeremiah: Exile and Homecoming* (Grand Rapids, Michigan: Wm. B. Eerdmans Publishing Co, 1998), 120.

다. 하나님의 철저한 부재를 경험할 뿐이다. 이렇게 신앙의 회의에 부닥치고 삶의 방향감각을 상실할 것 같은 상태라 할지라도 계속 믿음을 지켜갈 수 있어야 하지 않을까. 예레미야처럼.

3. 그래도 믿을 것은 하나님밖에: "네 형제와 아버지의 집이라도 너를 속이며"(렘 12:6)

하나님의 두 번째 대답은 책망을 넘어서 "경고"에 이른다.

> 네 형제와 아버지의 집이라도 너를 속이며
> 네 뒤에서 크게 외치나니
> 그들이 네게 좋은 말을 할지라도
> 너는 믿지 말지니라(렘 12:6).

예레미야의 고통은 "외적 요인"인 타인과의 갈등과 위험한 주변 환경뿐만 아니라 "내부적 요인"인 가족 내에서도 지속된다. 가족은 밖에서 받은 온갖 스트레스와 수모를 포근하게 이해해주고 감싸 안아주고 풀어주는 안식처다. 그런데 이제 가족들도 신뢰할 수 없는 지경에 이르렀다. 하나님은 예레미야에게 가족도 믿지 말라고 준엄하게 경고하신다.

사실 예레미야는 이미 모든 사람의 저줏거리가 되어야 했다.

> 내게 재앙이로다.
> 나의 어머니여,
> 어머니께서 나를 온 세계에 다투는 자와
> 싸우는 자를 만날 자로 낳으셨도다.

내가 꾸어주지도 아니하였고

사람이 내게 꾸이지도 아니하였건마는

다 나를 저주하는도다(렘 15:10).

예레미야가 당하는 따돌림과 저주는 여기서 끝나지 않는다. 그의 "친한 친구들"마저도 그를 버리고 공격하였다.

나는 무리의 비방과

사방이 두려워함을 들었나이다.

그들이 이르기를

"고소하라. 우리도 고소하리라" 하오며

내 친한 벗도

다 내가 실족하기를 기다리며

"그가 혹시 유혹을 받게 되면

우리가 그를 이기어

우리 원수를 갚자" 하나이다(렘 20:10).

예레미야는 온갖 고통을 철저하게 홀로 견뎌내야만 했다. 사회와 가족 그리고 친구들과의 신뢰할 만한 교제와 필요한 도움이 완전히 차단된 고독한 삶만이 예레미야에게 주어진 것이다. 그러면 어쩌란 말인가. 그 누구도 신뢰할 수 없다면 누구를 믿고 살란 말인가! 하나님의 대답은 분명하다.

사람들이 아니다.

네 하나님인 나를 믿어라.

오직 나만을!¹⁰

사실 사람은 "믿음과 의지의 대상"이 아니다. 사람은 "사랑과 사귐의 대상"일 뿐이다.

> ³⁾**귀인들을 의지하지 말며**
> **도울 힘이 없는 인생도 의지하지 말지니**
> ⁴⁾그의 호흡이 끊어지면 흙으로 돌아가서
> 그날에 그의 생각이 소멸하리로다.
> ⁵⁾야곱의 하나님을 자기의 도움으로 삼으며
> 여호와 자기 하나님에게 자기의 소망을 두는 자는 복이 있도다(시 146:3-5).

사람을 "사랑"하되 "의지"하지는 말아야 한다. 사람은 "하나님의 형상"으로 만들어졌기 때문에 가능성이 있지만, 또한 사람은 "죄인"이기 때문에 온전하게 믿을 수 있는 존재는 아니다. 예레미야가 이제 의지해야 할 분은 오직 하나님 한 분밖에 없다.

> ⁸⁾여호와께 피하는 것이
> 사람을 신뢰하는 것보다 나으며
> ⁹⁾여호와께 피하는 것이
> 고관들을 신뢰하는 것보다 낫도다(시 118:8-9).

하나님은 아브라함에게도 오직 당신만을 믿고 따르도록 부르신 적이 있다.

---

10 W. Brueggmann, *A Commentary on Jeremiah: Exile and Homecoming*, 120.

여호와께서 아브람에게 이르시되 "너는 너의 **고향**과 **친척과 아버지의 집**을 떠나 내가 네게 보여줄 땅으로 가라"(창 12:1).

"고향"(지연의 보호막)과 "친척과 아버지의 집"(혈연의 보호막)을 떠나 하나님이 지시하시는 땅으로 향하는 아브라함, 그는 철저히 하나님의 손가락(하나님의 보호막) 하나에 남은 삶을 맡겼다. 아브라함은 "인간의 보호막"인 고향과 친척과 아버지의 집을 떠나서 하나님 한 분과만 동행하는 삶으로 부름을 받은 것이다. 인간의 보호막에서 떨어져 나와 하나님 앞에 고독하게 홀로 서 있어 본 자만이 하나님의 은혜를 제대로 맛볼 수 있다. 이는 "하나님의 보호막"에서만 느낄 수 있는 것이다.

그렇다면 사실 예레미야는 혼자가 아니었다. 그의 옆에는 하나님이 늘 계셨다. 허울뿐인 "인간의 울타리"를 벗어 던지자 강력한 "하나님의 울타리"가 그의 둘레를 감싸고 돈 것이다.

주께서 **그와 그의 집과 그의 모든 소유물을 울타리로 두르심이 아니니이까**. 주께서 그의 손으로 하는 바를 복되게 하사 그의 소유물이 땅에 넘치게 하셨음이니이다(욥 1:10).

하나님은 예레미야의 절대 고독 체험을 통하여 인간이 홀로 있으면서도 절대적인 하나님이 그와 늘 함께하심을 느끼는 "고독의 영성"을 가르치신다. 예레미야는 "하나님! 제게 어떻게 이러실 수 있습니까?"라고 탄식하지만, 하나님은 이런 과정들을 통해 예레미야가 사람과 환경을 의지하지 말고 오직 하나님만 의지하며 당당하게 설 수 있는 "고독의 영성을 소유한 자"로 만들어 가신다. 예레미야를 완전히 고독으로 밀어 넣으면서도 그에게서 단 한 순간도 눈을 떼지 않으셨던 하나님! 고독의 순간, 그분의 존재가 드디어 뚜렷하게 드러난다.

4. 하나님의 파토스(pathos): "내 마음으로 사랑하는 것을 그 원수의 손에 넘겼나니"(렘 12:7-13)

예레미야 12:7-13은 황폐해진 자기 땅에 대한 하나님의 탄식을 묘사하고 있다. 이 단락은 당신의 백성을 적의 손에 넘길 수밖에 없어서 이를 가슴 아파하시는 하나님의 애통함을 보여준다.[11] 이 본문은 열왕기하 24:1-4의 사건을 배경으로 하는 것 같다.[12] 기원전 601년 바빌로니아의 왕 느부갓네살이 이집트 원정에 실패하자 유다의 왕 여호야김은 지난 3년 동안 바빌로니아에 바쳐왔던 조공을 끊고 다시 이집트 쪽으로 기운다. 바빌로니아에 반역을 한 것이다. 이때 느부갓네살은 당시 자신의 봉신 국가들인 아람, 모압, 암몬 국가의 군대를 모아서 여호야김을 치도록 했다(기원전 597년).

> 1)여호야김 시대에 바벨론의 왕 느부갓네살이 올라오매 **여호야김이 삼 년간 섬기다가 돌아서 그를 배반하였더니** 2)여호와께서 그의 종 선지자들을 통하여 하신 말씀과 같이 갈대아의 부대와 **아람의 부대**와 **모압의 부대**와 **암몬 자손의 부대**를 여호야김에게로 보내 유다를 쳐 멸하려 하시니(왕하 24:1-2).

하나님은 더 이상 주저할 수 없게 되었고, 결국 자기 백성에게 진노하셔서 그들을 벌할 수밖에 없었다.

---

11 김명숙, 『예레미야서 1-25장』(거룩한 독서를 위한 구약성경 주해; 서울: 바오로딸, 2021), 261.
12 W. Werner, *Das Buch Jeremia Kapitel 1-25*, 130.

> 내가 **내 집**을 버리고
> **내 소유**를 내던져
> **내 마음으로 사랑하는 것**을
> 그 원수의 손에 넘겼나니(렘 12:7).

여기서 "내 집"은 "성전"을 의미한다(렘 7:10-11; 11:15). 하나님은 당시 타락한 성전을 내칠 수밖에 없었다. "내 집", "내 소유", "내 마음으로 사랑하는 것"이라는 표현은 백성을 향한 하나님의 애정을 고스란히 드러낸다. 이런 야웨 하나님은 "금쪽같은 내 새끼"를 원수의 손에 넘길 수밖에 없는 부모와 같다.

7-9절에서 계속해서 "내 소유"라는 단어가 반복되고 있다.

> 내가 **내 소유**를 내던져(렘 12:7).

> **내 소유**가 숲속의 사자같이 되어서(렘 12:8).

> **내 소유**가 내게 대하여는 무늬 있는 매가 아니냐(렘 12:9).

이 "소유/기업"(נַחֲלָה, 나할라)이라는 말은 본디 이스라엘 사람이 자기 씨족의 전체 소유지에서 개인적으로 차지하는 몫의 땅이다. 이 소유는 다른 사람에게 넘겨줄 수 없다(참조. 왕상 21장). 그러나 하나님은 동족인 다른 지파에게도 양도가 불가능한 기업(נַחֲלָה, 나할라)을 전혀 다른 민족에게 넘기신다. 하나님이 당신의 백성을 "버리고, 내던지고, 원수의 손에 넘겨버리고" 만 것이다.

어찌하여 이런 일이 생겨났을까. 유다 백성과 나라는 하나님의 귀한 소유이고(신 32:9), 하나님이 특히 사랑하는 백성이 아닌가. 그러나 유다 백성은 "하나님께 부르짖는 사자"가 되어버렸다.

> **내 소유가 숲속의 사자 같이 되어서**
> **나를 향하여 그 소리를 내므로**
> 내가 그를 미워하였음이로라(렘 12:8).

더 나아가 유다 백성은 "주인에게 대드는 포악한 매"가 되어버렸다.[13]

> 내 소유가 내게 대하여는
> **무늬 있는 매가 아니냐.**
> 매들이 그것을 에워싸지 아니하느냐.
> 너희는 가서 들짐승들을 모아다가
> 그것을 삼키게 하라(렘 12:9).

그들은 포악해졌고 파괴적이며 난폭해졌다. 하나님이 그토록 사랑하는 당신의 백성이 오히려 하나님을 적극적으로 대적하며 공격하고 있는 것이다. 그러자 "다른 매들"이 하나님의 백성을 치려고 에워싸는 지경에 이르렀다(렘 12:9a). 여기서 "다른 매들"은 유다의 적들을 상징한다. 하나님은 매들끼리만 이 먹이를 먹지 말고 다른 들짐승들까지 불러 모아서 나누어 뜯어 먹으라고 명하신다.

> **들의 모든 짐승들아,**

13　김명숙, 『예레미야서 1-25장』, 263.

> 숲 가운데의 모든 짐승들아,
>
> 와서 먹으라(사 56:9).

이는 역설적인 명령으로 하나님의 백성이 겪어야 할 재난의 도가 극에 달함을 상징한다.[14]

이어지는 구절은 하나님이 자기 백성과 그들이 살던 땅이 겪는 어려움을 보고 괴로워하시며 탄식하는 모습을 보여준다.

> 많은 목자가 **내 포도원**을 헐며
>
> **내 몫**을 짓밟아서
>
> **내가 기뻐하는 땅**을 황무지로 만들었도다(렘 12:10).

여기서 "많은 목자"는 위에서 언급했듯이 아람과 모압과 암몬의 이웃 민족의 통치자들을 가리킨다. 유다의 패악은 더 이상 그대로 방치할 수 없는 지경에 도달했다. 하나님은 이제 그들을 벌할 수밖에 없다. 침략군들(목자들)이 하나님의 포도원을 짓밟아 버리도록 할 수밖에 없으신 것이다. 하나님은 백성이 당신을 거슬러 야수(사자와 매)같이 되어버렸기 때문에 그들을 벌하지 않을 수 없다. 하지만 그렇게 자기 백성을 벌하시는 순간에도 하나님은 당신의 소유("내 포도원", "내 몫", "내가 기뻐하는 땅"), 즉 자신의 사랑을 그토록 많이 받던 곳을 괴로움에 빠뜨리는 것 때문에 스스로 심히 괴로워하신다.[15]

하나님의 탄식은 여기서 멈추지 않는다. 더더욱 절망적인 것은 온 땅이

---

14 박동현, 『예레미야(1)』(대한기독교서회 창립 100주년 기념 성서주석; 서울: 대한기독교서회, 2006), 463-464.

15 박동현, 『예레미야(1)』, 466.

폐허가 되었는데도 그 일을 마음에 두는 사람이 아무도 없다는 사실이다.

> 그들이 이를 황폐하게 하였으므로
> 그 황무지가 나를 향하여 슬퍼하는도다.
> **온 땅이 황폐함은 이를 마음에 두는 자가 없음이로다**(렘 12:11).

유다 땅이 이처럼 어려운 처지에 빠진 것은 재난 자체보다도 재난을 만났을 때 마음 써주는 사람이 아무도 없다는 데 있다. 야웨 하나님이 돌보시던 땅이 하나님께로부터 버림을 받으며 아무도 그 땅을 돌보아 주지 않아 더욱 불쌍한 지경에 이르게 된다.[16] 하나님의 탄식은 깊어만 간다.

유다 땅을 파괴하는 자들, 즉 심판의 도구로 선택된 이방 군대들이 광야의 모든 메마른 산으로 몰려오고, "여호와의 칼"이 땅 이 끝에서 저 끝에 이르는 모든 지역을 삼킨다. 어느 누구도 평안(שׁלוֹם, 샬롬)을 누릴 수 없는 상황에 이르고 만다.

> 파괴하는 자들이 광야의 모든 벗은 산 위에 이르렀고
> 여호와의 칼이 땅 이 끝에서 저 끝까지 삼키니
> **모든 육체가 평안(שׁלוֹם, 샬롬)하지 못하도다**(렘 12:12).

하나님이 직접 심판을 집행하시는데 과연 누가 평안(שׁלוֹם, 샬롬)을 누릴 수 있겠는가! 이로써 줄곧 평화(평안)를 선전하였던 거짓 예언자들의 예언이 잘못된 것임이 백일하에 드러나고 말았다.[17]

---

[16] 박동현, 『예레미야(1)』, 464-465.
[17] 강성열, 『예레미야 1-25장』(한국장로교총회창립 100주년기념 표준주석; 서울: 한국장로교출판사, 2021), 226.

> 그들이 딸 내 백성의 상처를 가볍게 여기면서 말하기를
> "**평강**(מלוֹם, 샬롬)**하다, 평강**(מלוֹם, 샬롬)**하다**" 하나
> **평강**(מלוֹם, 샬롬)이 없도다(렘 8:11).

이방 군대들이 유다로 쳐들어와 유다 땅은 황폐해지고 약탈당하였으므로 거둘 곡식이 하나도 없게 되었다.

> 무리가 밀을 심어도 가시를 거두며
> **수고하여도 소득이 없은즉**
> 그 소산으로 말미암아 스스로 수치를 당하리니
> 이는 여호와의 분노로 말미암음이니라(렘 12:13).

유다 백성은 아무리 열심히 밀을 심어도 가시만을 거두고, 아무리 수고해도 소득이 없다. 결국 농산물 수확의 결핍으로 수치를 당하게 된다. 이 모든 일의 결과는 순전히 유다 백성을 향한 야웨의 분노로 인함이다. 어쩔 수 없는 심판 앞에서 하나님은 그들을 사랑하기에 심히 괴로워하신다. 하나님은 심히 슬퍼하신다. 하나님의 파토스(pathos)는 점점 깊어만 간다. 하나님은 당신의 백성이 마땅히 받아야 할 징계를 내리면서도 여전히 고뇌하고 계신다.

하나님은 본질적으로 징계를 기뻐하시지 않는다. 그럼에도 불구하고 그가 징계하는 까닭은 그래야만 하기 때문에 어쩔 수 없어서 하는 것이다. 더 나아가 징계가 궁극적으로는 하나님과 그의 백성 간의 깨어진 교제 관계를 회복시켜주기 때문이다.[18] 과연 우리는 징계에 담긴 하나님의 피눈물

---

[18] 리차드 로렌스, "깨어진 언약(예레미야 11-15장)", 「그말씀」, 61, 1997(8월), 90-91.

나는 심정(pathos)을 얼마나 헤아릴 수 있는가?

> "에브라임은 나의 사랑하는 아들, 기뻐하는 자식이 아니냐?
> 내가 그를 책망하여 말할 때마다 깊이 생각하노라.
> 그러므로 그를 위하여 내 창자가 들끓으니
> 내가 반드시 그를 불쌍히 여기리라."
> 여호와의 말씀이니라(렘 31:20).

5. 유다의 원수 나라도 하나님의 백성인가?: "내가 그들을 뽑아낸 후에 그들을 다시 인도하리니"(렘 12:14-17)

예레미야 12:14-17은 유다의 원수 민족들에 대한 예언이다. 유다 나라를 황폐하게 한 원수 나라들도 사실 선한 나라들은 아니었다. 그들은 하나님의 백성을 꾀어서 바알 우상을 숭배하게 하고, 유다 백성이 사로잡혀 가자 유다의 소유지(기업)도 차지했다. 그러나 그 대가로 그들도 자신의 땅에서 쫓겨나게 될 것이다.

> 내가 내 백성 이스라엘에게 기업으로 준 소유에 손을 대는 나의 모든 악한 이웃에 대하여 여호와께서 이와 같이 말씀하시니라. **"보라! 내가 그들을 그 땅에서 뽑아버리겠고 유다 집을 그들 가운데서 뽑아내리라"**(렘 12:14).

유다 백성들도 심판을 받았지만 심판이 그들의 마지막이 아니며, 심판은 과정이고 궁극적인 결과는 구원이다. 그들에게 심판은 구원을 위한 수단이다. 그런데 유다의 원수 나라인 이방 나라의 운명은 어떻게 되는가? 그들은 심판으로 끝나는 것인가? 한때 심판의 도구로 쓰임 받았다가 궁극적으로는 버림을 받는 것인가? 하나님의 사랑은 유다라는 한 민족으로만 국한된단 말인가? 그렇지 않다. 하나님의 뜻은 궁극적으로 모든 민족이 유다의 하나님을 바라보면서 함께 사이좋게 사는 것이다(사 2:2-4; 미 4:1-5). 이를 위해서는 두 가지 선행되어야 할 일이 있다.

첫 번째, 심판을 반드시 받아야 한다. 그러고 나서야 비로소 하나님이 스스로 돌이키심으로써 본래의 위치로 각자를 되돌리신다.

내가 그들을 뽑아낸 후에 내가 돌이켜 그들을 불쌍히 여겨서 각 사람을 그들의 기업으로, 각 사람을 그 땅으로 다시 인도하리니(렘 12:15).

두 번째, 하나님의 법을 부지런히 배우며 지켜야 한다.

그들이 내 백성의 도를 부지런히 배우며 살아 있는 여호와라는 내 이름으로 맹세하기를 자기들이 내 백성을 가리켜 바알로 맹세하게 한 것같이 하면 그들이 내 백성 가운데에 세움을 입으려니와(렘 12:16).

즉 하나님의 주권을 고백하고 수용하면 유다의 최대 적들이라 하더라도 구원의 희망이 있다. 그럼에도 불구하고 유다의 대적들이 하나님께 순종하지 않는다면 결국은 멸절될 것이다.

"**그들이 순종하지 아니하면** 내가 반드시 그 나라를 뽑으리라. 뽑아 멸하리라." 여호와의 말씀이니라(렘 12:17).

누가 하나님의 백성인가? 유다 민족의 피가 흘러야 하나님의 백성인가? 아니다. 하나님의 백성의 소속성은 인종, 혈연, 지연과 무관하다. 이는 신앙과 종교에 의해 결정된다.[19] 사실 이스라엘이라는 공동체의 출발도 "혈통 중심"이 아니라 "신앙 중심"의 공동체였다. 이스라엘의 시작이라 할 수 있는 출애굽 공동체는 수많은 잡족(雜族)이 포함된 공동체였다.[20]

> [37)]이스라엘 자손이 라암셋을 떠나서 숙곳에 이르니 유아 외에 보행하는 장정이 육십만 가량이요 [38)]**수많은 잡족**과 양과 소와 심히 많은 가축이 그들과 함께하였으며(출 12:37-38).

그들은 야웨 하나님을 자신들의 하나님으로 고백하는 무리였다(수 24:14-18). 따라서 하나님의 주권을 인정하고 받아들이는 자, 즉 이방인도 하나님의 법에 순종하면 하나님의 택함 받은 백성이 될 수 있다(사 56:3-8; 욜 2:32). 나의 원수도 마찬가지다. 나와 우리의 원수는 나와 우리에게만 원수이지 하나님의 원수는 아니다. 그들도 하나님이 아끼시는 하나님의 백성이다.

> [10)]여호와께서 이르시되 "네가 수고도 아니하였고 재배도 아니하였고 하룻밤에 났다가 하룻밤에 말라버린 이 박넝쿨을 아꼈거든 [11)]하물며 이 큰 성읍 니느웨에는 좌우를 분변하지 못하는 자가 십이만여 명이요 가축도 많이 있나니 **내가 어찌 아끼지 아니하겠느냐?**" 하시니(욘 4:10-11).

"나 중심"(Ego-centric)의 가치관에서 벗어나 "하나님 중심"(Theo-centric)의 가치관으로 세상을 본다면 세상이 달리 보인다. 그리되면 지금까지와는 다

---

19 G. Wanke, *Jeremia. Teilband 1: Jeremia 1,1-25,14*, 131.
20 차준희, 『출애굽기 다시보기』(서울: 프리칭아카데미, 2004), 119.

른 세상에서 살 수 있지 않을까. 내가 바뀌면 세상도 바뀐다. 만민도 선민과 다르지 않다.

제11강

제2의 천성인 인간의 죄성

"표범이 그의 반점을 변하게 할 수 있느냐?"
(렘 13:1-27)

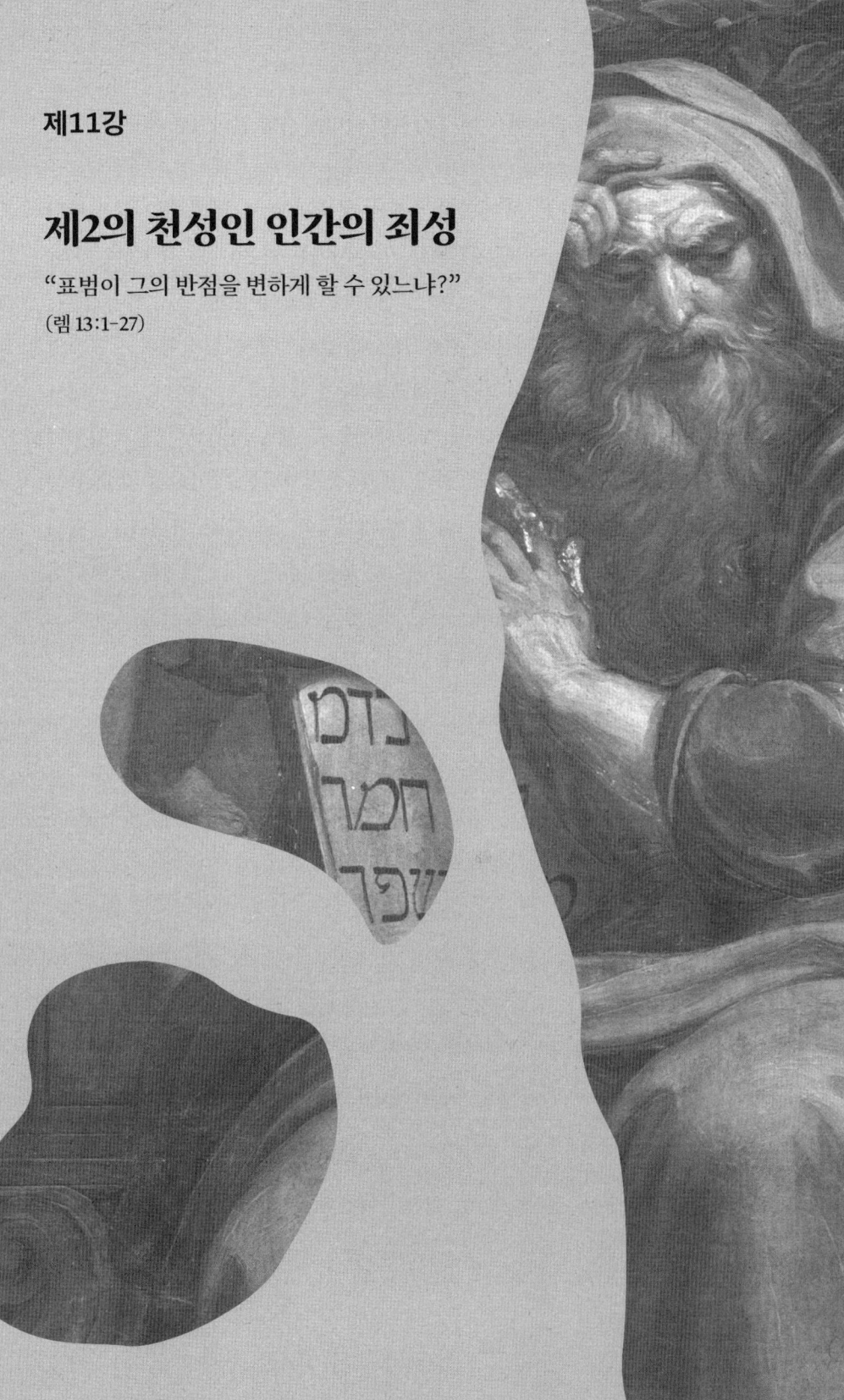

1. 허리띠는 허리에 있어야: "띠가 사람의 허리에 속함 같이"(렘 13:1-11)

예레미야 13:1-11은 예레미야서에서 맨 처음으로 나타나는 상징행위(Symbolische Handlung)를 보여준다. 구약성서에는 약 30개의 상징행위가 나오는데 이 가운데 약 절반에 가까운 분량이 예레미야서에 집중되어 있다.[1] 예언자의 상징행위는 다음과 같은 특징이 있다.[2] 첫째, 상징행위는 현재의 삶에서 앞으로 일어날 사건을 선취(先取)하여 선포하는 것이다. 즉 미래사건의 선취모사(先取模寫)다. 둘째, 상징행위는 그 행동 자체보다는 그 행동이 내포하고 있는 의미가 더 중요하다. 셋째, 상징행위는 의미만을 갖고 있는 것이지, 그 자체에 어떤 마력이나 힘이 내재되어 있는 것은 아니다. 즉 미래의 사건을 실제화하는 것은 그 자체적인 힘이 아니라, 그 행위를 명령하신 하나님의 능력에서 비롯된다. 넷째, 상징행위는 하나님의 행위를 소개하고 표현함으로써 예언자의 메시지를 강화시켜준다.[3]

상징행위는 보통 세 가지 구성요소로 이루어진다.

① 실행명령
② 실행보도
③ 해석[4]

---

1 예를 들면, 예레미야 13장, 16장, 18장, 19장, 27-28장, 32장, 43장, 51장 등을 언급할 수 있다. W. Werner, *Das Buch Jeremia Kapitel 1-25* (NSKAT; Stuttgart: Verlag Katholisches Bibelwerk, 1997), 134-136.
2 차준희, "예레미야의 상징행동", 『구약신앙과의 만남』(서울: 대한기독교서회, 2002), 192-207.
3 예언자의 상징행위에 관한 연구로는 다음을 참조하라. W. D. Stacey, *Prophetic Drama in the Old Testament* (London: Epworth, 1990).
4 베르너 H. 슈미트, 『구약성서입문』, 차준희·채홍식 역(서울: 대한기독교서회, 2007), 253.

예레미야 13:1-11의 본문도 이러한 구성요소들을 잘 보여준다. 즉 이 단락은 1절의 명령과 2절의 보도[붙들어 매어둠과 꼭 붙어 있음], 또 3-4절의 명령과 5절의 보도[떨어져 나감], 또 한 번 6절의 명령과 7절의 보도[되찾아옴], 그리고 8-11절의 해석[떨어져 나감의 결과]으로 구성되어 있다.

하나님은 예레미야에게 베 띠를 사서 허리에 두르고 물에 닿게 하지 말라고 명령하신다.

> 여호와께서 이와 같이 내게 이르시되 "너는 가서 베 띠를 사서 네 허리에 띠고 물에 적시지 말라" 하시기로(렘 13:1).

"베 띠"란 속옷처럼 허리에서 무릎 위까지 가리는 아마포로 된 천이었을 것이다. 예레미야는 하나님의 명령대로 띠를 사서 허리에 둘렀다.

> 내가 여호와의 말씀대로 띠를 사서 내 허리에 띠니라(렘 13:2).

하나님은 또다시 허리에 두른 띠를 가지고 유브라데로 가서 거기서 그것을 바위틈에 숨기라고 하신다.

> 3)여호와의 말씀이 다시 내게 임하여 이르시되
> 4)"너는 사서 네 허리에 띤 띠를 가지고 일어나 유브라데로 가서 거기서 그것을 바위틈에 감추라" 하시기로(렘 13:3-4).

예레미야는 이번에도 말씀대로 행한다.

> 내가 여호와께서 내게 명령하신 대로 가서

그것을 유브라데 물가에 감추니라(렘 13:5).

그러고 난 다음에 여러 날이 지나고 나서 하나님의 말씀이 또다시 임하였다. 하나님은 다시 유브라데로 가서 거기 감추어 두었던 띠를 취하라고 명령하신다.

여러 날 후에 여호와께서 내게 이르시되 "일어나 유브라데로 가서 내가 네게 명령하여 거기 감추게 한 띠를 가져오라" 하시기로(렘 13:6).

예레미야가 그곳에 가서 띠를 취하니 그 띠가 썩어서 더 이상 사용 불가능한, 쓸모없는 것이 되어버렸다.

내가 유브라데로 가서 그 감추었던 곳을 파고 띠를 가져오니 띠가 썩어서 쓸 수 없게 되었더라(렘 13:7).

여기까지가 1-7절의 내용이다. 여기서 가장 문제가 되는 것은 "유브라데"(פְּרָת, 페라트)라는 강 이름이다. 이 지명은 메소포타미아에 있는 유프라테스강을 가리킨다. 그런데 예루살렘에서 유프라테스강까지는 약 1,000km 떨어져 있다. 예레미야가 이 거리를 두 번씩이나 왕복했다면 약 4,000km를 여행한 셈이 된다. 이 거리는 이후 에스라가 바빌로니아에서 귀환 공동체를 거느리고 예루살렘으로 귀환할 때 대상(隊商)과 함께 빠른 길로 여행했음에도 불구하고 약 넉 달 정도 걸렸다.

[8)]이 에스라가 올라왔으니 왕의 제칠 년 다섯째 달이라. [9)]**첫째 달 초하루에** 바벨론에서 길을 떠났고 하나님의 선한 손의 도우심을 입어 **다섯째 달 초하루에**

예루살렘에 이르니라(스 7:8-9).

예레미야가 실제로 그 정도의 거리를 여행했으리라고 보기에는 무리가 있다.[5] 이 지명의 문제는 다른 측면에서 풀이가 가능하다. 그리스어 번역본인 아퀼라(Aquila) 역본에는 이 지명이 "파라"(Parah)로 나와 있다. 이 파라라는 지역은 예레미야의 고향인 아나돗에서 약 6킬로미터 떨어진 북동쪽에 위치한 곳이다.[6]

아윔과 **바라**(Parah)와 오브라와(수 18:23).

"페라트"(פְּרָת, 유브라데)와 "파라"(פָּרָה)는 철자와 발음이 서로 매우 유사하다. 아마도 본문의 필사 과정에서 파라(פָּרָה)를 페라트(פְּרָת)로 잘못 기록한 것으로 보인다.[7] 예레미야는 자신의 고향에서 가까운 곳에 위치한 물이 풍부한 "파라"라는 곳에 가서 하나님의 명령을 수행한 것으로 보인다.

상징행위에서 가장 절정을 이루는 부분은 그 행위의 뜻을 풀이해주는 본문이다. 8-11절의 본문이 상징행위의 해석 부분에 해당한다. 이 부분은 세 번에 걸친 상징행위의 의미를 풀이하고 있다.

---

5 이에 대한 학자들의 다양한 해석에 대해서는 다음을 참조하라. 차준희, "예레미야의 상징행동", 『구약신앙과의 만남』, 193-194.

6 G. Wanke, *Jeremia. Teilband 1: Jeremia 1,1-25,14* (ZBAT; Zürich: Theologischer Verlag, 1995), 131 각주 157.

7 이렇게 이해하는 가장 최근의 저술로는 다음을 보라. J. R. Lundbom, *Jeremiah 1-20* (AB; New York: Doubleday, 1999), 669; J. Goldingay, *The Book of Jeremiah* (NICOT; Grand Rapids, Michigan: Eerdmans Publishing Company, 2021), 348; 강성열, 『예레미야 1-25장』 (한국장로교총회창립 100주년기념 표준주석; 서울: 한국장로교출판사, 2021), 234-235; 김명숙, 『예레미야서 1-25장』(거룩한 독서를 위한 구약성경 주해; 서울: 바오로딸, 2021), 270-271.

첫 번째 명령과 보도(렘 13:1-2)에 따르면 허리띠를 허리에 띠고 있을 때는 띠가 원래의 상태로 잘 보존되어 있었다. 예레미야가 허리띠를 허리에 붙들어 맨 것처럼, 하나님은 당신의 백성을 꼭 붙들어 매어두셨다. 하나님이 백성을 꼭 붙들어 매어두시고 백성은 하나님께 꼭 붙어 있으면 아무런 문제가 없다.

두 번째 명령과 보도(렘 13:3-5)에 의하면 허리띠는 예레미야의 허리에서 떨어져 나와 강가의 바위틈에 숨게 된다. 이는 유다 백성이 하나님의 품을 떠나 있음을 상징한다.

세 번째 명령과 보도(렘 13:6-7)는 하나님의 품을 떠난 백성의 결과를 보여준다. 결국 허리띠는 썩어서 쓸데없는 띠가 되어버렸다. 유다 백성은 하나님의 징벌로 썩은 허리띠와 같이 더 이상 쓸모없는 자가 된 것이다.

하나님은 그들이 떠난 이유를 알려 주신다.

8)여호와의 말씀이 내게 임하니라. 이르시되 9)"여호와께서 이와 같이 말씀하시니라. 내가 **유다의 교만과 예루살렘의 큰 교만**을 이같이 썩게 하리라"(렘 13:8-9).

그들은 교만해서 하나님의 품을 떠난 것이다.

10절은 그들의 교만이 무엇을 말하는지를 보다 구체적으로 설명해준다.

이 악한 백성이 내 말 듣기를 거절하고 그 마음의 완악한 대로 행하며 다른 신들을 따라 그를 섬기며 그에게 절하니(렘 13:10).

하나님은 당신의 백성들을 자신에게 붙들어 매어두시기를 원하신다.

여호와의 말씀이니라. "띠가 사람의 허리에 속함 같이 **내가 이스라엘 온 집과 유다 온 집으로 내게 속하게 하여** 그들로 내 백성이 되게 하며 내 이름과 명예와 영광이 되게 하려 하였으나 그들이 듣지 아니하였느니라"(렘 13:11).

누구든지 하나님께 붙잡힌 상태에서 그대로 붙어 있으면 하나님의 백성으로서의 본래적인 모습을 유지할 수 있고 더불어 "하나님의 이름과 명예와 영광"이 될 수 있다. 허리띠가 허리에 붙어 있는 것이 당연하고 자연스럽듯이 하나님의 사람들은 하나님께 속해 있어야 한다. 아기는 어미의 품에 있을 때 가장 평안하고 아름답다.

> 실로 내가 내 영혼으로 고요하고 평온하게 하기를
> **젖 뗀 아이가 그의 어머니 품에 있음 같게 하였나니**
> 내 영혼이 젖 뗀 아이와 같도다(시 131:2).

또한 인간은 하나님께로부터 온 존재다.

> 하나님이 이르시되 "**우리의 형상을 따라 우리의 모양대로 우리가 사람을 만들고** 그들로 바다의 물고기와 하늘의 새와 가축과 온 땅과 땅에 기는 모든 것을 다스리게 하자" 하시고(창 1:26).

> **여호와 하나님이 땅의 흙으로 사람을 지으시고** 생기를 그 코에 불어넣으시니 사람이 생령이 되니라(창 2:7).

따라서 사람은 하나님의 품에 아기 같이 안겨 있을 때가 가장 평안하고 자연스럽다. 자기가 있어야 할 자리를 제대로 깨닫고 그 자리를 지키는 것이 가장 아름다운 삶이 아닐까?

2. "축복의 포도주"인가, "저주의 독주"인가? : "내가 이 땅의 모든 주민으로 잔뜩 취하게 하고"(렘 13:12-14)

예레미야 13:12-14은 예레미야가 포도주 가죽부대 이미지를 사용하여 유다 백성에게 심판을 선포하는 내용이다. 예레미야는 먼저 청중들도 아무 문제 없이 받아들이는 통속적인 농담으로 운을 띄운다.[8]

> 그러므로 너는 이 말로 그들에게 이르기를 "이스라엘의 하나님 여호와의 말씀에 '**모든 가죽부대가 포도주로 차리라**' 하셨다 하라. 그리하면 그들이 네게 이르기를 '모든 가죽부대가 포도주로 찰 줄을 우리가 어찌 알지 못하리요' 하리니"(렘 13:12).

"모든 가죽부대(항아리)가 포도주로 차리라"는 말은 술꾼들이란 포도주를 가득 채우려고 만들어둔 포도주 가죽부대와 같다는 뜻의 당시 유행하던 농담이다. 유다 백성들은 이 농담을 농담으로만 받아들여 농담조로 되받고 있다.

> 모든 가죽부대가 포도주로 찰 줄을 우리가 어찌 알지 못하리요(렘 13:12).

그러나 그들은 예레미야가 하나님의 이름으로 말한 것의 참 의미를 제대

---

8   P. C. Craigie, P. H. Kelley, J. F. Drinkard, Jr., *Jeremiah 1-25* (WBC; Dallas, Texas: Word Books, 1991), 192.

로 깨닫지 못하고 있다. 예레미야는 이 농담을 화제의 실마리로 삼았을 뿐 결국은 유다의 파멸을 말하고 있다. 지도층들도 백성들도 모두가 포도주로 가득 채워진 가죽부대가 될 것이다.

> 너는 다시 그들에게 이르기를 "여호와의 말씀에 보라! 내가 이 땅의 모든 주민과 다윗의 왕위에 앉은 왕들과 제사장들과 선지자들과 예루살렘 모든 주민으로 잔뜩 취하게 하고"(렘 13:13).

즉 "포도주로 가득 채워진다"(full with wine)는 술꾼들의 농담은 결국 "포도주(독주)에 취해 인사불성이 된다"(full with drunkenness)는 심판의 말이다.⁹ 유다 백성은 포도주로 가득 채워진 술독인 셈이다.

그들은 포도주에 만취하여 비틀거리고 서로 부딪치며 상대를 해치는 지경에 이른다.¹⁰ 자제력을 상실한 그들에게는 부모도 자식도 없다.

> 또 그들로 피차 충돌하여 상하게 하되 부자(父子) 사이에도 그러하게 할 것이라(렘 13:14a).

이 "분노의 잔"(가죽부대)이 바빌로니아가 아니라 하나님에게서 온다는 사실은 충격이자 비극이다.

> 내가 그들을 불쌍히 여기지 아니하며 사랑하지 아니하며 아끼지 아니하고 멸하리라(렘 13:14b).

---

9 W. Brueggemann, *A Commentary on Jeremiah: Exile and Homecoming* (Grand Rapids, Michigan: Wm. B. Eerdmans Publishing Co, 1998), 129.
10 렘 25:15-16, 27; 49:12 등을 참조하라.

그들에게 임할 파멸은 무자비하고 가혹하게, 그리고 일말의 동정도 없이 비극적으로 전개된다.

잔(가죽부대)은 채워져야 한다. 그런데 그 잔의 진가는 잔 자체가 아니라 그 잔의 내용물로 결정된다. 기쁨의 포도주로 채워진 "축복의 잔"이 될 것인가(신 7:13; 시 104:15; 전 8:7), 아니면 이성을 마비시켜 천륜마저 저버리게 하는 독주로 채워진 "진노의 잔"이 될 것인가?(사 28:7) 우리 안에 출렁이는 포도주는 남을 즐겁게 해주는 "축복의 포도주"인가, 아니면 자신은 물론 타인도 황폐하게 하는 "저주의 독주"인가?

3. 산고의 고통과 성폭행의 수치: "네가 고통에 사로잡힘이 산고를 겪는 여인 같지 않겠느냐"(렘 13:15-22)

예레미야 13:15-16은 유다를 향한 야웨의 마지막 경고를 보여준다.

> 15)너희는 들을지어다.
> 귀를 기울일지어다.
> 교만하지 말지어다.
> 여호와께서 말씀하셨음이라.
> 16)그가 어둠을 일으키시기 **전**,
> 너희 발이 어두운 산에 거치기 **전**,
> 너희 바라는 빛이 사망의 그늘로 변하여
> 침침한 어둠이 되게 하시기 **전에**
> 너희 하나님 여호와께 영광을 돌리라(렘 13:15-16).

그러나 예레미야는 야웨의 말씀을 멸시하며 교만하고 자기 고집만을 내세우는 백성들이 하나님의 최후통첩에도 여전히 귀를 기울이지 않을 것이라는 사실을 이미 알고 있는 것 같다. 이제 그들을 향한 멸망은 더 이상 피할 수 없게 되었다. 따라서 예레미야는 그의 백성의 운명에 대한 깊은 슬픔만을 토로하며 통곡할 수밖에 없었다.

> 너희가 이를 듣지 아니하면
> 나의 심령이 너희 교만으로 말미암아
> **은밀한 곳에서 울 것이며**
> 여호와의 양 떼가 사로잡힘으로 말미암아
> **눈물을 흘려 통곡하리라**(렘 13:17).

또한 예레미야는 "왕과 왕후"(실제로는 "모후" 혹은 "태후"[queen mother]를 뜻함)도 왕의 지위에서 축출되어 평민의 신분으로 폐위되고("영광의 면류관이 내려졌다") 유다 백성들과 더불어 바빌로니아로 유배될 것이라고 예고하고 있다.

> 너는 **왕과 왕후에게 전하기를**
> "스스로 낮추어 앉으라.
> 관 곧 영광의 면류관이 내려졌다" 하라(렘 13:18).

당시 "모후"는 임금의 오른쪽에 앉을 만큼 영향력이 대단했다.

> 밧세바가 이에 아도니야를 위하여 말하려고 솔로몬 왕에게 이르니 왕이 일어나 영접하여 절한 후에 다시 왕좌에 앉고 그의 어머니를 위하여 자리를 베푸니 **그가 그의 오른쪽에 앉는지라**(왕상 2:19).

이는 아마 기원전 597년에 여호야긴 왕과 그의 모후 느후스다가 유다의 상
류층들과 더불어 포로로 잡혀간 사건을 가리키는 것으로 보인다(왕하 24:8-
16). 유다의 왕권이 땅에 떨어진 것이다. 예레미야는 그런 일이 발생하기 훨
씬 이전에 그 재난이 닥칠 것을 미리 내다보고 있다.

이러한 사건이 구체적으로 무엇을 뜻하는지는 19절에서 소개된다.

네겝의 성읍들이 봉쇄되어 열 자가 없고
유다가 **다 잡혀가되** 온전히 잡혀가도다(렘 13:19).

"네겝"은 유다 최남단에 위치한 광야다. 그래서 네겝은 "남쪽"과 동의어로
종종 쓰인다. 네겝의 성읍들이 봉쇄되었다는 표현은 북쪽의 성읍들은 이미
무너진 상태임을 암시한다. 즉 유다 왕국은 남쪽 지방까지 위협받고 있다.[11]
또한 유다 백성이 다 사로잡혀 가는 엄청난 사태가 벌어졌다. 여기서 "잡혀
가다"라는 동사가 두 번 쓰일 뿐만 아니라 "온전히"라는 부사까지 덧붙여
크게 강조된다.[12]

예레미야 13:20-27은 예루살렘이 당하게 될 고통과 수치를 비교적 상
세히 기록해준다. 예레미야의 선포는 명령형으로 시작된다.

너는 눈을 들어
북방에서 오는 자들을 보라(렘 13:20a).

여기서 "너"가 여성을 가리키고 있다는 점에 주목할 필요가 있다. 이것은

---

11 김명숙, 『예레미야서 1-25장』, 278.
12 박동현, 『예레미야(1)』(대한기독교서회 창립 100주년 기념 성서주석; 서울: 대한기독교서
    회, 2006), 487.

아마도 "예루살렘"을 가리키는 것으로 보인다.[13] 그는 예루살렘 도성을 향하여 "눈을 들어 북방에서 오는 자들을 보라. 네게 맡겼던 양 떼, 네 아름다운 양 떼는 어디 있느냐"(렘 13:20b)라고 추궁하는 조로 질문한다. 여기서 "북방에서 오는 자"는 바빌로니아 군대를 가리킨다. 또한 "아름다운 양 떼"란 유다 백성을 말한다. 예레미야의 추궁은 이어진다.

> 너의 친구 삼았던 자를
> 그가 네 위에 우두머리로 세울 때에
> 네가 무슨 말을 하겠느냐?
> 네가 고통에 사로잡힘이
> 산고를 겪는 여인 같지 않겠느냐(렘 13:21).

여기에서 "친구"란 아마도 유다가 이전에 아시리아 사람들에게 대항하려고 손잡은바 있었던 바빌로니아 사람들일 것이다(참조. 왕하 20:12-19).[14] 20-21절은 한때는 친구였던 바빌로니아가 예루살렘을 침공(기원전 597년)하거나 정복(기원전 587년)했던 사건을 암시하는 것 같다. 바빌로니아의 공격을 받아 그들에게 정복당한 여인 예루살렘 도성은 고통에 사로잡혀 산고를 겪는 여인에 비유된다. "산고의 고통"이란 견딜 수 없는 고통 앞에서 아무런 도움을 받을 수 없는 상황을 가리킨다(참조. 렘 4:31; 6:24; 22:23; 호 13:13; 사 26:17 등).[15]

고통 중에 있는 유다 백성들은 "어찌하여 이런 일이 내게 닥쳤는고"(렘 13:22a) 하며 괴로워한다. 예나 지금이나 양심이 마비된 사람들은 그들의

---

13 G. Wanke, *Jeremia. Teilband 1: Jeremia 1,1-25,14*, 137.
14 J. Schreiner, *Jeremia 1-25:14* (NEB; Würzburg: Echerter Verlag, 21985), 90.
15 W. Werner, *Das Buch Jeremia Kapitel 1-25*, 140-141.

"죄악" 때문에 심판이 임한다는 사실을 깨닫지 못한다. 또한 유다의 심판은 그들의 치부가 노출되는 것에 비유된다.

> 네 죄악이 크므로
> 네 치마가 들리고
> 네 발뒤꿈치가 상함이니라(렘 13:22b).

"치마를 들춘다"라는 표현은 성폭행에 대한 완곡한 어법이다.

> 보라! 내가 네게 말하노니
> 만군의 여호와의 말씀에
> **"네 치마를 걷어 올려**
> **네 얼굴에 이르게 하고**
> **네 벌거벗은 것을 나라들에게 보이며**
> **네 부끄러운 곳을 뭇 민족에게 보일 것이요"**
> (나 3:5; 참조. 신 22:30; 27:20; 사 47:3).

"발뒤꿈치가 상하다"는 표현은 문자적으로 번역하면 "발뒤꿈치가 큰 곤욕을 치르다"라는 것으로 이 역시 같은 의미를 지닌 완곡한 어법이다.[16] "발뒤꿈치"란 생식기를 가리키는 완곡어법이다(참조. 삼상 24:3; 사 6:2; 7:20 등). 예레미야는 파멸당한 여인 예루살렘의 상태를 발가벗겨지고 성폭행당한 육체로 표현한다.

16　J. A. 톰슨, 『예레미야(상)』, 최우성 역(반즈 신구약 성경주석; 서울: 크리스챤서적, 1992), 521.

여인이 당하는 고통 가운데 가장 큰 고통은 새 생명을 낳을 때 겪는 산고의 고통이며, 또한 여인으로서 겪는 가장 큰 수치는 육체가 유린당하는 성폭행이 아닐까. 이것들은 죄의 결과로 묘사된다. 최악의 고통과 극도의 수치심을 겪게 된 유다 백성의 "어찌하여 이런 일이"라는 외마디 절규는 오늘도 여기저기서 들려온다. 죄의 결과는 이처럼 소름 끼치는 것이다. 사소한 죄라도 결국은 죽음의 고통과 죽음으로 내모는 극도의 수치심으로 치닫게 한다. 그래서 죄의 삯은 사망이라 하지 않는가!

> 죄의 삯은 사망이요, 하나님의 은사는 그리스도 예수 우리 주 안에 있는 영생이니라(롬 6:23).

4. 제2의 천성으로 굳어진 인간의 죄성: "구스인이 그의 피부를 변하게 할 수 있다면 너희도 선을 행할 수 있으리라"(렘 13:23-27)

예레미야 13:23은 더 이상 어찌할 수 없는 유다의 상태를 묘사한다.

> 구스인이 그의 피부를,
> 표범이 그의 반점을 변하게 할 수 있느냐?
> 할 수 있을진대
> 악에 익숙한 너희도 선을 행할 수 있으리라(렘 13:23).

"구스인"이란 에티오피아 사람을 가리킨다. 피부가 검은 에티오피아 사람이 그의 피부를 바꿀 수 있느냐? 물론 "아니요!"다. 표범이 얼룩덜룩한 반점을 바꿀 수 있느냐? 이 또한 "아니요!"다. 이것들은 전혀 불가능하다. 예레미야는 말한다. 이러한 것들이 가능하다면 악에 익숙한 유다 백성들도 선을 행할 수 있을 것이다. 사실상 유다의 돌이킴은 불가능하다. 따라서 하나님의 처벌도 불가피하다. 예루살렘은 더 이상 무슨 변화를 일으킬 만한 능력도 그런 의지도 없기 때문이다.

이들에게 주어지는 하나님의 첫 번째 심판은 다음과 같다.

24)"그러므로 내가 그들을 사막 바람에 불려가는
검불같이 흩으리로다."
25)여호와의 말씀이니라.
"이는 네 몫이요
내가 헤아려 정하여 네게 준 분깃이니
네가 나를 잊어버리고
거짓을 신뢰하는 까닭이라"(렘 13:24-25).

야웨 하나님은 유다 백성을 사막 바람에 날려 다니는 검불처럼 산산이 흩으리라고 하신다. 이는 유다의 멸망과 바빌로니아로의 포로와 더불어 각 나라로 뿔뿔이 흩어지는 것을 암시한다. 이것이 "네 몫이요 내가 헤아려 정하여 네게 준 분깃이다"라는 표현은 유다가 스스로 불러들인 합당한 처벌이라는 뜻이다.[17] 여기서 "거짓"은 우상 바알을 가리킨다. 이는 유다 백성의 극심한 우상숭배를 고발하는 메시지다.[18]

이들에게 두 번째 하나님의 심판이 주어진다.

그러므로 내가(גַּם־אֲנִי, 베감 아니) 네 치마를 네 얼굴에까지 들춰서

17　G. Fischer, *Jeremia 1-25* (HThKAT; Freiburg: Verlag Herder, 2005), 464.
18　강성열,『예레미야 1-25장』, 245.

네 수치를 드러내리라(렘 13:26).

첫 단어인 "그러므로 내가"(וְגַם־אָנִי, 베감 아니)는 "그리하여 나도"라는 의미로, 히브리어 문장의 첫 머리에 주어가 나옴으로 강조의 뜻을 내비친다.[19] 이제는 죄에 상응하여 철저하게 심판하시겠다는 하나님의 확고한 의지가 엿보인다.

젊은 여인으로 의인화된 유다 백성은 그의 치마가 얼굴까지 들어 올려서 그 몸의 수치가 드러나는 방식으로 심판을 받을 것이다. 이는 남편(하나님)을 배신한 불륜녀(예루살렘)에게 주어지는 벌이다.[20]

4) 이는 마술에 능숙한 미모의 음녀가 많은 음행을 함이라.
그가 그의 음행으로 여러 나라를 미혹하고
그의 마술로 여러 족속을 미혹하느니라.
5) 보라! 내가 네게 말하노니
만군의 여호와의 말씀에
"네 치마를 걷어 올려 네 얼굴에 이르게 하고
네 벌거벗은 것을 나라들에게 보이며
네 부끄러운 곳을 뭇 민족에게 보일 것이요"(나 3:4-5).

마지막 27절은 하나님의 고발(27a절)과 탄식(27b절)을 담고 있다.

"내가 너의 간음과 사악한 소리와

---

19 박동현, 『예레미야(1)』, 492.
20 김명숙, 『예레미야서 1-25장』, 281.

들의 작은 산 위에서 네가 행한

음란과 음행과 가증한 것을 보았노라.

화 있을진저! 예루살렘이여,

네가 얼마나 오랜 후에야 정결하게 되겠느냐" 하시니라(렘 13:27).

27a절은 유다의 음행을 여러 가지 낱말로 길게 표현한다. 그들은 음란하게 소리를 지르면서 간음을 행했다. "들의 작은 산 위에서"라는 표현은 "들 위에서 작은 산 위에서"라고 직역할 수도 있다. 이는 "들이건 작은 산이건" 가리지 않고 예루살렘이 우상을 숭배했다는 뜻을 포함한다.[21]

네가 옛적부터 네 멍에를 꺾고

네 결박을 끊으며 말하기를

"나는 순종하지 아니하리라" 하고

모든 높은 산 위에서와

모든 푸른 나무 아래에서

너는 몸을 굽혀 행음하도다(렘 2:20).

하나님은 자신이 똑똑히 이러한 "음란"을, 이러한 "음행"을, 이러한 "가증한 것"을 지켜보았다고 다시 한번 분명히 짚으신다.

27b절은 하나님의 탄식이다. 마지막 탄식인 "화 있을진저! 예루살렘이여, 네가 얼마나 오랜 후에야 정결하게 되겠느냐"는 표현은 예레미야가 아직도 그들에 대해 희망을 갖고 있다는 것을 보여주는 것이 아니라,[22] 예루살

---

21 김명숙, 『예레미야서 1-25장』, 282.
22 이렇게 보는 입장으로는 다음을 들 수 있다. J. A. 톰슨, 『예레미야(상)』, 523.

렘이 여전히 죄의 구렁텅이에서 머물러 있는 것을 좋아하고 더 이상 개선의 여지가 없음을 날카롭게 "비난"하는 것이거나,[23] 더 이상의 기대를 포기하는 "단념"이거나,[24] 혹은 안타까운 "탄식"을 의미할 수도 있다.[25]

> 큰일 났구나,
> 너 예루살렘아,
> 너는 깨끗하지 못한데,
> 언제까지 그리하려느냐?

예루살렘의 깨끗하지 못한 상태가 도무지 달라질 기미가 보이지 않음을 탄식하는 이 말씀은 유다가 달라질 것을 전혀 기대할 수 없다는 이 단락의 첫 구절인 23절의 탄식과 짝을 이루어[26] 일종의 수미상관(inclusio)을 이루고 있다.

유다의 죄성은 지속적이고 이미 굳어버린 만성습관이 되어버렸다. 그러나 어찌 유다 백성만 그렇다고 말할 수 있는가. 인간은 모두 그러하다. 모든 인간의 죄성은 마치 타고난 것 같은 "제2의 천성"이 되어버렸다. 성서의 인간학은 "모든 인간은 죄인이다"(롬 3:23)라는 명제에서 출발한다. 인간의 죄악은 하나님의 품이라는 인류의 자궁에서 떨어져나감으로 시작되었다(창 3장). 따라서 인간의 본래 자리인 하나님의 품으로 돌아갈 때만 죄의 문제가 해결될 수 있다. 내가 하나님 안에, 하나님이 내 안에 계실 때 비로소 죄로부터 자유로울 수 있다.

---

23 W. Rudolph, *Jeremia* (HAT; Tübingen: J. C. B. Mohr, 1968), 97.
24 W. Werner, *Das Buch Jeremia Kapitel 1-25*, 142.
25 박동현, 『예레미야(1)』, 492.
26 박동현, 『예레미야(1)』, 492.

¹⁾나는 참포도나무요 내 아버지는 농부라. ²⁾무릇 내게 붙어 있어 열매를 맺지 아니하는 가지는 아버지께서 그것을 제거해버리시고 무릇 열매를 맺는 가지는 더 열매를 맺게 하려 하여 그것을 깨끗하게 하시느니라. ³⁾너희는 내가 일러준 말로 이미 깨끗하여졌으니 ⁴⁾내 안에 거하라. 나도 너희 안에 거하리라. 가지가 포도나무에 붙어 있지 아니하면 스스로 열매를 맺을 수 없음 같이 너희도 내 안에 있지 아니하면 그러하리라. ⁵⁾**나는 포도나무요 너희는 가지라. 그가 내 안에, 내가 그 안에 거하면 사람이 열매를 많이 맺나니 나를 떠나서는 너희가 아무것도 할 수 없음이라**(요 15:1-5).

제12강

거부당한 기도
"모세와 사무엘이 내 앞에 섰다 할지라도"
(렘 14:1-15:4)

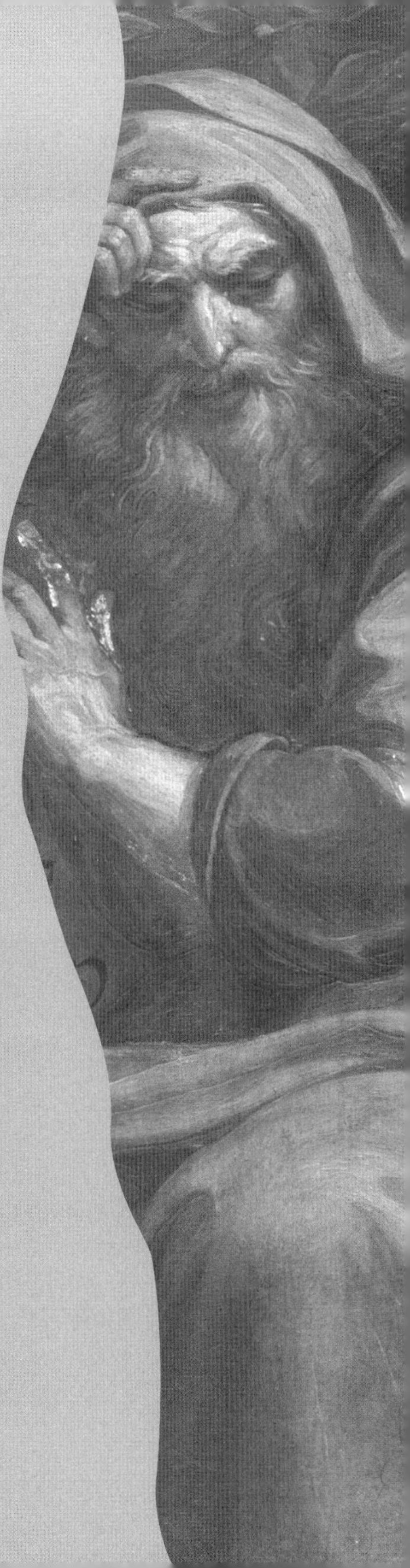

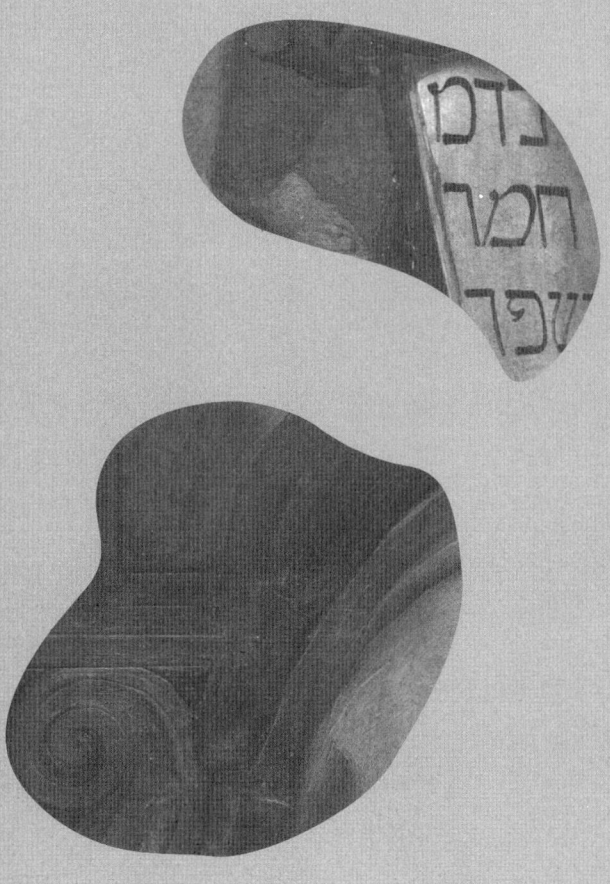

1. 영욕(榮辱)을 함께: "우리를 버리지 마옵소서"(렘 14:1-9)

예레미야 14:1-9에는 심한 가뭄으로 인한 참혹한 상황(2-6절)과 이에 대한 백성의 탄식(7-9절)이 묘사되어 있다. "가뭄에 대하여 예레미야에게 임한 여호와의 말씀이라"(14:1)는 이어 나오는 예레미야 14:2부터 15:4까지의 표제에 해당한다. 먼저 첫 번째 단락(렘 14:2-6)부터 살펴보자.

> 유다가 슬퍼하며
> 성문의 무리가 피곤하여
> 땅 위에서 애통한다(렘 14:2).

여기서 "성문의 무리"란 직역하면 "그 여자(유다)의 성문들"이 된다. 이 성문은 곧 도시를 가리킨다. 유다와 그 도시들은 예루살렘과 같이 힘없이 땅바닥에 주저앉아서 통곡한다. 신분이 높은 귀인들은 관습을 따라 그들의 종을 물 길으러 보냈으나 우물에도 물은 비어 있었다. 그 종들은 수치스럽고 부끄러워 머리를 가린다.

> 귀인들은 자기 사환들을 보내어
> 물을 얻으려 하였으나
> 그들이 우물에 갔어도 물을 얻지 못하여
> 빈 그릇으로 돌아오니
> 부끄럽고 근심하여
> **그들의 머리를 가리며**(렘 14:3).

머리를 가리는 행동은 깊은 절망감을 표현한다.

> 다윗이 감람산 길로 올라갈 때에 **그의 머리를 그가 가리고** 맨발로 울며 가고 그와 함께 가는 모든 백성들도 **각각 자기의 머리를 가리고** 울며 올라가니라 (삼하 15:30).

> 모르드개는 다시 대궐 문으로 돌아오고 하만은 번뇌하여 **머리를 싸고** 급히 집으로 돌아가서(에 6:12).

농부들도 땅에 비가 오지 않아 밭이 갈라지니 깊은 절망감에 그들의 머리를 가린다.

> 땅에 비가 없어 지면이 갈라지니
> 밭 가는 자가 부끄러워서
> **그의 머리를 가리는도다**(렘 14:4).

들의 야생동물도 고통을 겪기는 매한가지다. 특히 야생 암사슴이 새끼를 낳았지만 풀이 없어 새끼에게 젖을 줄 수 없기 때문에 결국 자기 새끼를 내버릴 수밖에 없게 되었다.

> 들의 암사슴은 새끼를 낳아도
> 풀이 없으므로 내버리며(렘 14:5).

마찬가지로 들 나귀들도 벌거벗은 언덕에 올라 배회하면서 늑대처럼 숨을 헐떡이는데 그 눈동자에는 힘이 하나도 없다.

> 들 나귀들은 벗은 산 위에 서서

승냥이 같이 헐떡이며

풀이 없으므로 눈이 흐려지는도다(렘 14:6).

"힘이 풀려버린 눈"이란 죽음이 다가오고 있기 때문에 실제적으로 꼼짝도 못하게 된 눈을 묘사한다.[1]

마지막에 언급된 암사슴과 들 나귀의 처신은 당시의 고통이 얼마나 참혹했는가를 잘 보여준다. 갓 낳은 새끼에 대한 어미 동물의 애정은 본능적으로 절대적이다. 그런데도 자기 새끼를 버릴 수밖에 없다. 최소한 자신의 생명이라도 건지기 위해서다. 또한 들 나귀는 목숨이 가장 질기고 끈질긴 동물이다.[2] 그런 동물도 이제 더 이상 견딜 수 없게 된 것이다. 유다 백성이 처한 가뭄의 현실은 "비어 있는 우물"(물이 없음), "말라버린 초원"(비가 없음), "기아로 죽어가는 야생동물"(풀이 없음)이란 묘사로 더욱 생생하게 그려지고 있다. 가뭄은 사람들(귀족과 농부)뿐만 아니라 온갖 들짐승과 초원 등 모든 생명체를 위협하고 있다.

두 번째 단락(렘 14:7-9)은 이러한 가뭄에 처한 백성들의 탄원을 보여준다. 이 탄원은 아래와 같이 공동체 탄원시의 형식을 띠고 있다.

하나님을 부름: "여호와여"(7a절)
　　"이스라엘의 소망이시오 고난당한 때의 구원자시여"(8a절)
죄 고백: "우리의 죄악이 우리에게 대하여 증언할지라도"(7a절)
　　"우리가 주께 범죄하였나이다"(7b절)
탄원: "어찌하여 이 땅에서 거류하는 자 같이"(8b절)

---

[1] J. A. 톰슨, 『예레미야(상)』, 최우성 역(반즈 신구약 성경주석; 서울: 크리스챤서적, 1992), 531 각주 11.
[2] W. Rudolph, *Jeremia* (HAT; Tübingen: J. C. B. Mohr, 1968), 99.

"어찌하여 놀란 자 같으시며 구원하지 못하는 용사
　　같으시니이까"(9a절)
신뢰 고백: "주는 그래도 우리 가운데 계시고
　　우리는 주의 이름으로 일컬음을 받는 자이오니"(9b절)
간구: "주는 주의 이름을 위하여 일하소서"(7a절)
　　"우리를 버리지 마옵소서"(9b절)

이 탄원시는 외견상 백성들이 행한 탄원시로 보이지만 현재의 맥락에서는 탄식 예배에 참석한 예레미야가 이 백성과 함께 그들을 위해서 야웨 앞에서 올린 기도로 보인다.[3] 예레미야는 자기 백성과 자신을 동일시하고 있으며 이 민족의 죄악들을 고백하면서 이 민족에게 자비를 베풀어달라고 하나님께 기도를 드린다(참조. 렘 14:11).[4] 그는 하나님께 당신의 이름, 즉 하나님의 명예를 위해서 이 백성을 가뭄에서 구원해달라고 간구한다(참조. 시 25:11; 79:9; 109:21 등).

여호와여,
우리의 죄악이 우리에게 대하여 증언할지라도
주는 주의 이름을 위하여 일하소서.
우리의 타락함이 많으니이다.
우리가 주께 범죄하였나이다(렘 14:7).

하나님은 이스라엘의 소망이시고 고난당한 때의 구원자가 아니신가!

---

[3] G. Wanke, *Jeremia. Teilband 1: Jeremia 1,1-25,14* (ZBAT; Zürich: Theologischer Verlag, 1995), 142.
[4] J. A. 톰슨,『예레미야(상)』, 531.

이스라엘의 소망이시오

고난당한 때의 구원자시여(렘 14:8a).

예레미야는 어찌하여 하나님은 이 땅에 거하는 나그네(גֵּר, 게르)같이, 오직 하룻밤 잠시 묵고자 들른 길손처럼 이토록 당신의 백성들에게 무관심하신가 하며 탄식한다.

어찌하여 이 땅에서 거류하는 자 같이,

하룻밤을 유숙하는 나그네같이 하시나이까(렘 14:8b).

이 탄식은 계속된다. 어찌하여 하나님은 놀라움에 사로잡힌 사람처럼, 위기에서 구원할 힘이 없는 용사처럼 되셨는가?

어찌하여 놀란 자 같으시며

구원하지 못하는 용사 같으시니이까?

여호와여,

주는 그래도 우리 가운데 계시고

우리는 주의 이름으로 일컬음을 받는 자이오니

우리를 버리지 마옵소서(렘 14:9).

9b절에 나오는 "우리는 주의 이름으로 일컬음을 받는 자이오니"라는 표현은 문자적으로 번역하면 "당신의 이름이 우리 중에서 불리나이다"이다. 이 어구는 "우리는 당신의 백성으로서 당신의 것이라"는 소유권을 뜻한다. 이 탄원시는 "우리 중에 거하시는 하나님, 우리는 당신의 것이니 우리를 버리지 마옵소서" 하는 간구로 끝난다.

예레미야는 자신의 민족이 가뭄으로 생존권에 위협을 느낄 때, 그들의 탄식 예배에 참여하여 그들과 함께 하나님 앞에 나아가 죄를 고백한다. 즉 이 가뭄은 단순한 자연적 재난이 아니라 이 백성의 죄로 인한 하나님의 심판이다. 예레미야는 동족의 죄에서 자신을 제외시키지 않는다. 자신도 그 죄를 함께 짊어지고 통감한다. 그런데 유다 백성들이 아무리 동족이라 하지만, 그들은 예레미야를 죽이려 하고 박해하는 자들이 아닌가(렘 11:18-23). 그래도 예레미야는 그 유다 백성들의 운명에 자신을 예속시킨다. 하나님의 사람이란 모름지기 그가 상대해야 하고 섬겨야 할 상대가 자신을 어떻게 대하든지 그와 영욕(榮辱)을 함께하는 공동운명체라는 의식을 한시도 망각해서는 안 된다.

2. "입술예배"(lip service)가 아니라 "손발예배"(life worship)를 보시는 하나님: "그들의 발을 멈추지 아니하므로 여호와께서 그들을 받지 아니하고"(렘 14:10-12)

일반적으로 공동체의 탄식 예배 때 "우리를 버리지 마옵소서"라는 간구로 끝나면 이어서 제사장이나 성소 예언자가 등장하여 하나님의 이름으로 임박한 구원을 선포한다.[5] 다음 단락인 예레미야 14:10-12이 바로 이 부분, 즉 하나님의 응답에 해당한다. 그런데 그 응답은 일반적인 예상과는 정반대다.

그들이 금식할지라도 내가 그 부르짖음을 듣지 아니하겠고 번제와 소제를 드

---

5 W. Rudolph, *Jeremia*, 99; J. R. Lundbom, *Jeremiah 1-20* (AB; New York: Doubleday, 1999), 709.

릴지라도 내가 그것을 받지 아니할 뿐 아니라 칼과 기근과 전염병으로 내가 그들을 멸하리라(렘 14:12).

이 대답은 그들이 기대했던 구원이나 위로가 아니고 심판이다. 그들은 가뭄의 극복을 위해서 탄원 기도를 했는데, 하나님의 응답은 기근의 지속뿐만 아니라 칼과 전염병의 심판을 더 가중시키신다는 것이다. 하나님은 왜 이렇게 가혹하게도 심판을 결정하셨는가? 그 이유는 10절에서 언급된다.

> 여호와께서 이 백성에 대하여 이와 같이 말씀하시되 "그들이 어그러진 길을 사랑하여 그들의 발을 멈추지 아니하므로 여호와께서 그들을 받지 아니하고 이제 그들의 **죄**(עָוֹן, 아본)를 기억하시고 그 **죄**(חַטָּאת, 하타트)를 벌하시리라" 하시고(렘 14:10).

유다 백성들이 "어그러진 길을 사랑하여 그들의 발을 멈추지 아니하였기" 때문이다. 즉 그들은 하나님 앞에서 탄식 예배 때 예레미야도 함께 행한 탄원기도에 언급되어 있듯이 자신들의 "**죄악**"(עָוֹן, 아본)과 "**범죄**"(חַטָּאת, 하타트)를 자백했다.

> 여호와여,
> 우리의 **죄악**(עָוֹן, 아본)이 우리에게 대하여 증언할지라도
> 주는 주의 이름을 위하여 일하소서.
> 우리의 타락함이 많으니이다.
> 우리가 주께 **범죄**(חַטָּאת, 하타트)하였나이다(렘 14:7).

그러나 그들의 삶은 그들이 예배 때 회개한 죄악을 청산하지 않고 계속해

서 반복하고 있었다. 입술(예배)과 손발(삶)이 따로 움직이는 고질적인 이중적인 삶이 하나님의 심판을 불러들인 것이다. 따라서 야웨께서 그들을 받지 아니하고 이제 그들의 죄(עָוֹן, 아본)를 기억하시고 그 죄(חַטָּאת, 하타트)를 벌하실 수밖에 없게 되었다(렘 14:10b). 이 지경에 이르렀기 때문에 예레미야에게 이 백성들을 위한 중보기도 금지령이 또다시 떨어진다. 이번이 세 번째 기도 금지령이다.

여호와께서 또 내게 이르시되 **"너는 이 백성을 위하여 복을 구하지 말라"**
(렘 14:11; 참조. 렘 7:16; 11:14).

예레미야는 유다 백성들의 가뭄 극복을 위한 탄식 예배 때 함께 참여하여 간절한 마음으로 하나님께 기도를 올렸지만 이 간구는 무위로 끝난다. 하나님은 이 백성의 탄원기도를 거절하신다. 그리고 예레미야에게 더 이상 이 백성들을 위하여 기도하지 말 것을 명령하신다. 또한 그들에게 기근 심판도 부족하여 칼과 전염병이라는 새로운 심판이 가중된다. 예배 때의 고백이 삶으로 이어지지 않자 가중처벌이 내려졌다. 삶의 고백으로 실천되지 않는 입술만의 고백이나 회개는 거짓 회개다. 하나님은 "예배 때의 고백"(lip service)에 넘어가시는 분이 아니다. 그 "고백에 합당한 삶"(life worship)을 살고 있는지를 정확하게 살피신다. 하나님의 눈은 거짓된 경건의 가면 이면에 숨겨진 본래의 얼굴을 꿰뚫어 보고 계신다.

여호와의 눈은 온 땅을 두루 감찰하사 전심으로 자기에게 향하는 자들을 위하여 능력을 베푸시나니 이 일은 왕이 망령되이 행하였은즉 이후부터는 왕에게 전쟁이 있으리이다 하매(대하 16:9; 참조. 슥 4:10).

작은 일의 날이라고 멸시하는 자가 누구냐?

사람들이 스룹바벨의 손에 다림줄이 있음을 보고 기뻐하리라.

이 일곱은 온 세상에 두루 다니는 여호와의 눈이라 하니라(슥 4:10).

3. 백성도 거짓 예언자와 동일한 운명: "그들의 예언을 받은 백성은 기근과 칼로 말미암아"(렘 14:13-16)

예레미야는 백성들을 위한 중보기도를 금지당한다. 아마도 그의 내면은 인간적 감정(동족을 위한 중보사역)과 하나님의 명령(중보사역의 금지) 사이에서 갈등하고 있는 것 같다. 이러한 갈등이 표출된 것인지 모르지만, 예레미야는 하나님의 명령에도 불구하고 다시 한번 백성 편들기를 시도한다. 이 백성들이 헛된 구원을 예언하는 거짓 예언자들에게 현혹되었다는 것이다.

> 슬프도소이다. 주 여호와여, 보시옵소서. **선지자들이 그들에게 이르기를** "너희가 칼을 보지 아니하겠고 기근은 너희에게 이르지 아니할 것이라. 내가 이곳에서 너희에게 확실한 평강을 주리라" 하나이다(렘 14:13).

이 백성들도 따지고 보면 일종의 피해자라는 점을 감안해달라는 것이다. 사실 이 백성들이 "여호와는 우리 가운데(성전) 계신다"(렘 14:9)고 고백하고 있는 점과 "여호와께서 이곳(성전)에서 확실한 평강을 주실 것이다"(렘 14:13)라는 거짓 예언자들의 주장은 서로 일치하고 있다. 이러한 헛된 안전의식은 예레미야를 반대하며 미래에 대하여 지나치게 낙관적이었던 거짓 예언자들의 전형적인 주장이었다.

> 그들(선지자와 제사장)이 내 백성의 상처를 가볍게 여기면서 말하기를

> "**평강하다, 평강하다**" 하나
>
> 평강이 없도다(렘 6:14; 참조. 렘 27:16-17; 28:1-4 등).

하나님은 이 점에 대해서 그 예언자들은 하나님의 이름으로 거짓을 예언하고 있다고 분명히 말씀하신다.

> **선지자들이 내 이름으로 거짓 예언을 하도다.** 나는 그들을 보내지 아니하였고 그들에게 명령하거나 이르지 아니하였거늘 그들이 **거짓 계시**와 **점술과 헛된 것**(히브리어는 "헛된 점술")과 **자기 마음의 거짓**으로 너희에게 예언하는도다 (렘 14:14).

그들은 야웨의 이름으로 설교(예언)하지만 그 설교는 거짓이다. 그것은 "기만적인 계시"이며 "헛된 점술"이며 "스스로 꾸며낸 속임수"에 불과하다. 예레미야서 안에서는 처음으로 참 예언과 거짓 예언의 구분이 분명히 명시된다.[6] 결국 하나님이 보내지 않았는데도 하나님의 이름으로 예언하는 거짓 예언자들에게 하나님의 판결이 선고된다.

> 그러므로 **내가 보내지 아니하였어도 내 이름으로 예언하여** 이르기를 "칼과 기근이 이 땅에 이르지 아니하리라" 하는 선지자들에 대하여 여호와께서 이와 같이 말씀하셨노라. "그 선지자들은 칼과 기근에 멸망할 것이요"(렘 14:15).

그런데 이러한 예언자들의 예언을 받아들인 백성들은 어떤 판결을 받았는가? 의외로 이 백성들에게 내려진 판결도 그들이 선호했던 거짓 예언자들

---

6 W. Rudolph, *Jeremia*, 101.

에게 주어진 판결과 같다.

> **그들의 예언을 받은 백성은 기근과 칼로 말미암아 예루살렘 거리에 던짐을 당할 것인즉** 그들을 장사할 자가 없을 것이요 그들의 아내와 아들과 딸이 그렇게 되리니 이는 내가 그들의 악을 그 위에 부음이니라(렘 14:16).

유다 백성들은 자신들을 장사지내줄 자도 없이 예루살렘 거리에 내던져질 것이다.

> 그들이 사랑하며 섬기며 뒤따르며 구하며 경배하던 해와 달과 하늘의 뭇 별 아래에서 펼쳐지게 하리니 **그 뼈가 거두이거나 묻히지 못하여 지면에서 분토 같을 것이며**(렘 8:2).

이스라엘 사람들에게 매장되지 못하고 죽는다는 것은 감당할 수 없는 가장 무서운 저주 중 하나로 간주되었다.[7] 그렇다면 유다 백성의 입장에서는 너무 억울한 심판이 아닐까? 잘못된 판단과 선택 때문에 감당해야 할 심판치고는 너무 가혹한 것은 아닐까? 그러나 이 백성의 심판은 단순히 그들이 거짓 예언자의 예언을 받아들였기 때문만은 아니다. 그들의 악행도 거짓 예언자 못지않다. 그래서 하나님은 "그들의 악을 그 위에 부음이니라"(16절)고 말씀하신다. 백성들은 심판의 책임을 다른 예언자에게 미룰 수 없다.

    당시의 유다 백성들은 탄식 예배에 참여하여 죄를 고백했지만(렘 14:7) 그 고백은 형식적이고 습관적인 행위에 지나지 않았고 그들의 실제적인 삶은 이미 체질화된 악행에서 벗어나지 않았다(렘 14:10). 그들은 자신의 삶의

---

[7] J. A. 톰슨,『예레미야(상)』, 536.

잘못된 부분을 들추어내거나 책망하지 않고 성전에 오기만 하면 별문제 없이 평안할 것이라는, 듣기 좋은 말만 하는 인기 있는 예언자들의 위로의 메시지에 익숙해져 있었다.

> 선지자들은 거짓을 예언하며
> 제사장들은 자기 권력으로 다스리며
> **내 백성은 그것을 좋게 여기니**
> 마지막에는 너희가 어찌하려느냐(렘 5:31).

한편으로 청중이 듣기 원하는 설교만을 하는 예언자는 다수의 청중들의 열렬한 환호와 그들이 자발적으로 드리는 풍성한 복채(卜債)에 길들여 있고, 하나님의 법도보다는 세상적인 처세를 따르며, 다른 한편으로 출세한 청중들은 그들의 세상살이를 하나님의 이름으로 인정해주고 복을 빌어주는 예언자의 설교에 큰 위로와 은혜를 받는다. 이들은 상부상조(?)의 관계를 형성한다. 그러나 "대책 없는 책망의 설교"도 문제지만 "근거 없는 위로의 설교"도 문제다. "책망이 없는 위로"는 물론이고 "위로가 없는 책망"도 불완전한 것이다. 한국교회의 강단이 어느 한쪽으로 치우치지 않고 중심을 잡아가도록 메신저뿐만 아니라 청중도 함께 노력해야 할 것이다. 청중은 자신의 귀에 거슬리는 설교에도 기꺼이 마음을 열어야 한다. 쓴 약이 몸에는 좋은 법이다. 메신저와 청중은 공동 운명체이기 때문이다.

4. 하나님이 거절하실 때까지: "내 마음은 이 백성을 향할 수 없나니"(렘 14:17-15:4)

유다 백성이 가뭄으로 겪고 있는 굶주림의 고통은 훨씬 더 심각한 재앙의

한 조짐에 불과하였다. 하나님은 칼과 기근과 전염병으로 자기 백성을 심판하시기로 작정하신다(렘 14:12). 이런 상황을 미리 생생하게 내다보고 있는 예레미야는 흐르는 눈물을 주체할 수 없었다.

> 너는 이 말로 그들에게 이르라.
> **"내 눈이 밤낮으로 그치지 아니하고**
> **눈물을 흘리리니**
> 이는 처녀 딸 내 백성이 큰 파멸,
> 중한 상처로 말미암아 망함이라"(렘 14:17).

밤낮으로 그치지 않는 눈물은 괴로움의 정도가 엄청나고 괴로운 상황이 지속된다는 점을 암시한다.[8] "처녀 딸 내 백성"이라는 표현은 제 잘못으로 벌을 받아도 그들은 여전히 자신과 동족이며, 동시에 그렇게 고통을 겪는 백성을 향해 안타까워하는 예언자의 마음을 표현한다. 예레미야는 동족의 운명을 자신의 운명과 별개의 것으로 간주하지 않는다.

들에 나가면 칼에 죽은 자들이, 성읍에 들어가면 기근으로 사경을 헤매는 자들이 널브러져 있다. 엄청난 재난 앞에서 사태를 수습하고 선도해야 할 지도자들인 예언자들이나 제사장들도 우왕좌왕하며 어찌할 바를 모른다.[9]

> 내가 들에 나간즉 칼에 죽은 자요

---

[8] 박동현, 『예레미야(1)』(대한기독교서회 창립 100주년 기념 성서주석; 서울: 대한기독교서회, 2006), 511.
[9] W. Werner, *Das Buch Jeremia Kapitel 1-25* (NSKAT; Stuttgart: Verlag Katholisches Bibelwerk, 1997), 145; G. Wanke, *Jeremia. Teilband 1: Jeremia 1,1-25,14*, 146.

내가 성읍에 들어간즉 기근으로 병든 자며
선지자나 제사장이나 알지 못하는 땅으로 두루 다니도다(렘 14:18).

나라가 위태로워졌지만 지도자에 속하는 예언자나 제사장도 일반 백성과 다를 바 없다. 지도자들도 이런 재난을 예상하지 못한 것으로 보인다. 모두가 엄청난 재난 앞에서 어찌할 줄을 모른다.

백성들의 탄원의 절규가 다시 한번 터져 나온다(렘 14:19-22). 이 단락은 다음과 같은 요소로 구성되어 있다.

19a절: 탄원
19b절: 고통의 상황 진술
20절: 죄의 고백
21절: 간구
22절: 신뢰의 고백

이번에도 예레미야는 그의 동족과 자신을 동일시하면서 그들과 함께 하나님께 탄원한다.

주께서 유다를 온전히 버리시나이까?
주의 심령이 시온을 싫어하시나이까?
어찌하여 우리를 치시고 치료하지 아니하시나이까(렘 14:19a).

여기서 예레미야는 부정적인 답변이 확실시되는 삼중 수사 의문문(19a절)과 한 개의 직설법 문장(19b절)을 통해서 유다 백성이 당하고 있는 고통스러운 현실을 있는 그대로 드러내며 탄원한다.[10] 처음 두 개의 의문문은 "하나님이 유다를 온전히 버리실 리가 없고", "시온을 싫어하실 리가 없다"는 점을 강하게 부각시킨다. 이를 근거로 "어찌하여 우리를 빨리 돕지 아니하시는가?"라는 식의 셋째 의문문으로 현재 처한 황당한 상황에 대하여 강력하게 탄원한다.

19b절의 직설법 문장은 고통의 상황을 진술한다.

우리가 평강을 바라도 좋은 것이 없고
치료받기를 기다리나 두려움만 보나이다(렘 14:19b).

"평강"(שָׁלוֹם, 샬롬)을 바라나 "좋은 것"(טוֹב, 토브)은 없고, "치료"(מַרְפֵּא, 마르페)를 바라나 "두려움"(בְעָתָה, 베아타)뿐이다. 백성은 절망적인 상황에 처해 있다.

이어서 백성의 두 번째 탄원(렘 14:19-22)이 등장한다. 두 번째 탄원은 첫 번째 탄원(렘 14:7-9)보다 훨씬 더 절실하다. 두 번째 탄원의 죄의 고백에는 "자신의 죄"는 물론 "조상의 죄악"까지도 포함된다.

여호와여, **우리의 악과**
우리 조상의 죄악을 인정하나이다.
우리가 주께 범죄하였나이다(렘 14:20).

21절은 하나님께 드리는 간구다.

10　강성열, 『예레미야 1-25장』(한국장로교총회창립 100주년기념 표준주석; 서울: 한국장로교출판사, 2021), 260.

주의 이름을 위하여 우리를 미워하지 마옵소서.

주의 영광의 보좌를 욕되게 마옵소서.

주께서 우리와 세우신 언약을 기억하시고 폐하지 마옵소서(렘 14:21).

첫 번째 탄원에서는 간구의 근거로 "주의 이름"(7a절)만 언급된다. 이에 비해 두 번째 탄원에서는 간구의 근거로 "주의 이름"뿐만 아니라 "주의 영광의 보좌"(성전이 있는 예루살렘)와 "주께서 우리와 세우신 언약"이 첨부된다. 하나님이 구원해주셔야 할 온갖 근거가 총동원된 듯싶다.

22절은 신뢰의 고백이다.

"**이방인의 우상** 가운데 능히 **비**를 내리게 할 자가 있나이까?

하늘이 능히 **소나기**를 내릴 수 있으리이까?

우리 하나님 여호와여,

그리하는 자는 주가 아니시니이까?

그러므로 우리가 주를 앙망하옵는 것은

주께서 이 모든 것을 만드셨음이니이다" 하니라(렘 14:22).

예레미야는 이방인들이 섬기는 우상들 가운데 비를 내릴 수 있는 신은 그 어디에도 없고, 야웨 하나님의 피조물인 하늘도 소나기를 내릴 수 없다고 고백한다. 그는 야웨 하나님만이 이 두 가지, 즉 "비"와 "소나기"를 주실 수 있다고 확신하며 고백한다.

또 너희 마음으로 "우리에게 **이른 비와**

늦은 비를 때를 따라 주시며

우리를 위하여 추수 기한을 정하시는

우리 하나님 여호와를 경외하자" 말하지도 아니하니(렘 5:24).

그가 목소리를 내신즉
하늘에 많은 물이 생기나니
그는 땅끝에서 구름이 오르게 하시며
비를 위하여 번개 치게 하시며
그 곳간에서 바람을 내시거늘(렘 10:13).

예레미야는 야웨 하나님이 이 모든 것(비와 소나기)을 다 창조하셨다는 사실에 근거하여 오직 하나님만 바라보고 그에게 희망을 걸겠다고 다짐한다.[11] 유다 백성은 지속되는 가뭄의 재난 속에서 비나 소나기를 부어주시는 하나님의 개입을 간절히 간구하고 있다.

이어지는 예레미야 15:1-4은 예레미야와 백성의 탄원에 대한 하나님의 대답이다. 하나님은 7-9절의 탄원 기도를 들으시고 10-16절에서 대답하셨듯이, 19-22절의 탄원 기도에 대해 15:1-4에서 응답하신다. 하나님의 최종적인 대답은 냉정할 정도로 단호하다.

여호와께서 내게 이르시되 **"모세와 사무엘**이 내 앞에 섰다 할지라도 내 마음은 이 백성을 향할 수 없나니 그들을 내 앞에서 쫓아 내보내라"(렘 15:1).

모세와 사무엘은 이스라엘 역사상 하나님과 그의 백성 사이를 중재한 가장 탁월한 중보자로 통한다.

---

[11] 강성열, 『예레미야 1-25장』, 262.

그의 제사장들 중에는 **모세**와 아론이 있고

그의 이름을 부르는 자들 중에는 **사무엘**이 있도다.

그들이 여호와께 간구하매 응답하셨도다(시 99:6).

하나님은 이스라엘 백성이 광야 시절을 보낼 때 반복되는 불평과 죄악으로 그들을 여러 차례 심판하려고 하셨으나 그때마다 모세의 중보기도로 마음을 바꾸셨다.

¹¹⁾모세가 그의 하나님 여호와께 구하여 이르되 "여호와여, 어찌하여 그 큰 권능과 강한 손으로 애굽 땅에서 인도하여 내신 주의 백성에게 진노하시나이까? ¹²⁾어찌하여 애굽 사람들이 이르기를 '여호와가 자기의 백성을 산에서 죽이고 지면에서 진멸하려는 악한 의도로 인도해 내었다'고 말하게 하시려 하나이까? 주의 맹렬한 노를 그치시고 뜻을 돌이키사 주의 백성에게 이 화를 내리지 마옵소서. ¹³⁾주의 종 아브라함과 이삭과 이스라엘을 기억하소서. 주께서 그들을 위하여 주를 가리켜 맹세하여 이르시기를 '내가 너희의 자손을 하늘의 별처럼 많게 하고 내가 허락한 이 온 땅을 너희의 자손에게 주어 영원한 기업이 되게 하리라' 하셨나이다." ¹⁴⁾**여호와께서 뜻을 돌이키사 말씀하신 화를 그 백성에게 내리지 아니하시니라**(출 32:11-14; 참조. 민 14:13-20; 신 9:18-29 등).

사무엘도 백성들을 위한 중보기도로 하나님의 마음을 움직여 민족의 위기를 극복하였다.

⁸⁾이스라엘 자손이 사무엘에게 이르되 "당신은 우리를 위하여 우리 하나님 여호와께 쉬지 말고 부르짖어 우리를 블레셋 사람들의 손에서 구원하시게 하소서" 하니 ⁹⁾사무엘이 젖 먹는 어린 양 하나를 가져다가 온전한 번제를 여호와

께 드리고 **이스라엘을 위하여 여호와께 부르짖으매 여호와께서 응답하셨더라**(삼상 7:8-9; 참조. 삼상 12:19-23).

그러나 이제는 이런 모세와 사무엘이 "동시에"[12] 동원되어도 더 이상 하나님은 이 백성들을 구원할 수 없게 되었다. 이런 상황에서 예레미야의 중보기도라 한들 효과가 있을 리가 있겠는가! 하나님은 여기서 네 번째로 예레미야에게 기도를 중지하라고 하신다.

그런즉 **너는 이 백성을 위하여 기도하지 말라**. 그들을 위하여 부르짖어 구하지 말라. 내게 간구하지 말라. 내가 네게서 듣지 아니하리라(렘 7:16).

그러므로 **너는 이 백성을 위하여 기도하지 말라**. 그들을 위하여 부르짖거나 구하지 말라. 그들이 그 고난으로 말미암아 내게 부르짖을 때에 내가 그들에게서 듣지 아니하리라(렘 11:14).

여호와께서 또 내게 이르시되 "**너는 이 백성을 위하여 복을 구하지 말라**"(렘 14:11).

당연히 탄원 예배를 드리려고 성전 앞뜰에 모였던 백성들은 하나님 앞에서 쫓겨나야 했다. "만민이 기도하는 집"인 성전에서 기도 때문에 쫓겨나야 하는 비극적인 사건이 발생한 것이다. 하나님과의 교제가 단절된 백성을 기다리는 것은 오직 "죽음", "칼", "기근", "포로로 끌려가는 것"밖에 없었다.

---

12   J. R. Lundbom, *Jeremiah 1-20* (AB; New York: Doubleday, 1999), 720.

그들이 만일 네게 말하기를 "우리가 어디로 나아가리요" 하거든 너는 그들에게 이르기를 "여호와께서 이와 같이 말씀하시니라. '죽을 자는 **죽음**으로 나아가고 칼을 받을 자는 **칼**로 나아가고 기근을 당할 자는 **기근**으로 나아가고 포로 될 자는 **포로 됨**으로 나아갈지니라' 하셨다" 하라(렘 15:2).

3-4절에서 야웨는 유다 백성에게 닥치게 될 엄청난 재난을 예고하신다.

3)여호와의 말씀이니라. "내가 그들을 네 가지로 벌하리니 곧 **죽이는 칼**과 **찢는 개**와 **삼켜 멸하는 공중의 새**와 **땅의 짐승**으로 할 것이며 4)유다 왕 히스기야의 아들 므낫세가 예루살렘에 행한 것으로 말미암아 내가 그들을 세계 여러 민족 가운데에 흩으리라"(렘 15:3-4).

유다 백성이 전쟁터에서 죽으면 그 시체를 개가 찢고 새와 짐승이 뜯어먹을 것이다. "죽이는 칼"이 전쟁을 뜻한다면, 나머지 셋은 죽은 뒤에 시체가 들개와 짐승과 새에게 훼손되는 것을 말한다. 전쟁에서 목숨을 잃는 것만 해도 비극인데, 죽은 뒤에 더 처참한 꼴을 겪게 될 것이라는 말씀이다.[13]

그뿐만 아니라 야웨는 "그들을 세계 여러 민족 가운데 흩으신다"고 하신다. 문자적으로 보면 "그들로 세계 열방에게 두려움이 되게 하리라"다. 이는 세계 여러 나라 사람이 유다 백성에게 닥친 재난을 보고 소스라치게 놀라고 크게 두려워하게 된다는 뜻이다(렘 24:9; 29:18; 34:17).[14]

유다 왕 히스기야의 아들 므낫세는 선친의 종교개혁을 뒤엎어버린 유다 백성의 탈선의 뿌리로 간주된다. 따라서 므낫세는 유다 왕국 멸망의 원

---

13 박동현, 『예레미야(1)』, 521.
14 박동현, 『예레미야(1)』, 521.

흉으로 지목되곤 한다.

그러나 여호와께서 유다를 향하여 내리신 그 크게 타오르는 진노를 돌이키지 아니하셨으니 이는 **므낫세가 여호와를 격노하게 한 그 모든 격노 때문이라**(왕하 23:26).

예레미야는 하나님께로부터 이 백성을 위해서 더 이상 기도하지 말라는 최후의 통첩을 받을 때까지 기도했다(렘 15:1). 이것은 네 번째 중보기도 금지 명령이었다.

예레미야 14장에 기록된 것만 보아도 그는 자기 백성을 위하여 끊임없이 중보기도하는 자였다. 그는 생명을 위협하는 가뭄을 극복하기 위한 탄원 예배에 참여하여 이 백성과 자신을 동일시하며 함께 죄를 고백하고, 이 백성의 구원을 위하여 하나님께 기도하였다(렘 14:7-9). 그러나 하나님은 그의 중보기도를 금하신다(렘 14:11). 이때가 세 번째 중보기도 금지 명령이었다.

하지만 그의 중보기도는 여기서도 멈추지 않는다. 예레미야는 어떻게 해서라도 이 백성을 구명(救命)하려고 갖은 노력을 다 기울인다(렘 14:13-15). 그럼에도 불구하고 이 또한 소용이 없었다(렘 14:16). 예레미야는 또 한 번 이 백성을 위하여 기도한다(렘 14:19-22). 하지만 이 백성에게 임할 심판은 이스라엘 역사상 최고의 중보 기도자들(모세와 사무엘)이 "모두" 동원되어도 이제는 돌이킬 수 없다(렘 15:1). 자기 민족을 위한 예레미야의 끈질긴 중보사역은 실로 감동적이다. 하나님의 기도 저지에도 불구하고 중보자의 기도는 계속되었다. 중보사역은 한두 번 해보고 마는 일이 아니다. 하나님의 일을 맡은 자들이라면 모름지기 이러해야 하지 않을까?

제13강

사회적 나병 환자가 된 예레미야

"주의 손으로 인하여 홀로 앉았사오니"
(렘 15:5-21)

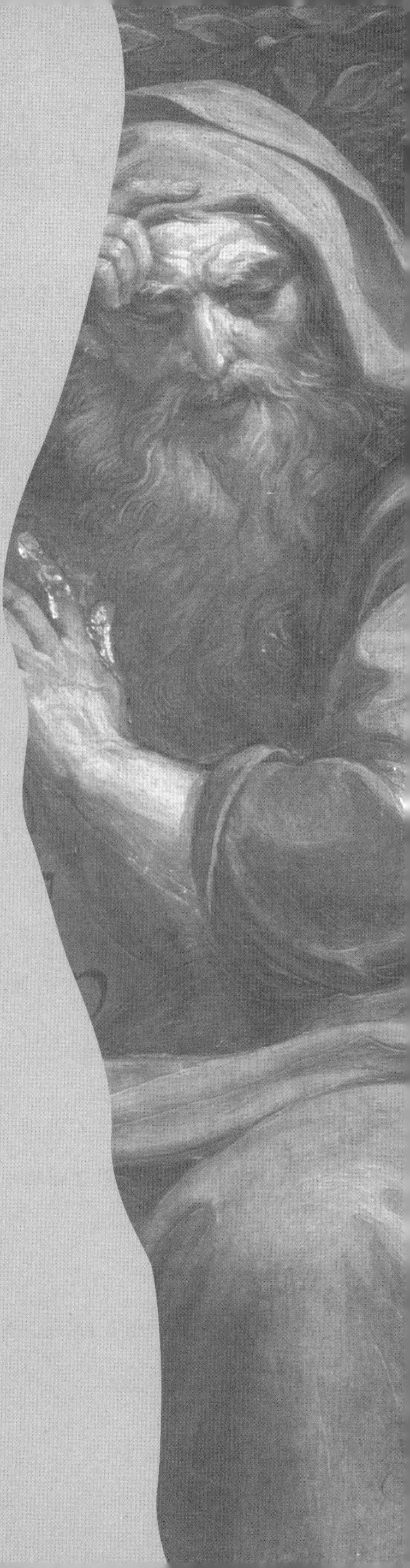

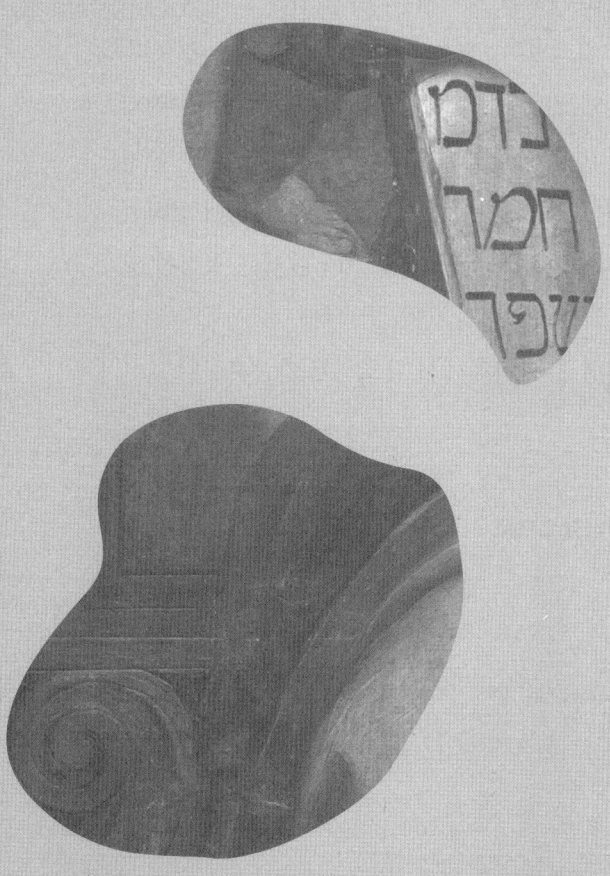

1. 질책에서 최후의 심판으로: "그 남은 자는 그들의 대적의 칼에 붙이리라"
(렘 15:5-9)

예레미야 15:5-9은 예루살렘에 임할 심판의 상황을 상세하게 묘사하고 있다. 5절은 수사학적인 질문으로 시작한다.

> 예루살렘아,
> 너를 불쌍히 여길 자 누구며,
> 너를 곡할 자 누구며,
> 돌이켜 네 평안을 물을 자 누구뇨(렘 15:5).

예루살렘은 엄청난 재난을 경험하게 될 것이다. 그러나 아무도 이에 대하여 동정하거나 그들의 죽음에 최소한의 예(장례)를 갖추지도 않을 것이다. 아무도 그들의 평안(שׁלוֹם, 샬롬)에 관심이 없다. 샬롬(שׁלוֹם, shalom)은 야웨의 특별한 선물이다. 그런데 현재 야웨는 돌보는 것을 중지하셨고, 아무도 야웨의 돌봄을 기대할 수 없게 되었다.[1] 더 나아가 어느 누구도 그들이 당하는 재난이 부당하다고 주장하지도 못한다. 결과적으로 예루살렘은 철저히 고립되고 냉혹한 고독 속에 빠질 것이다.

6절에서 재난의 이유가 밝혀진다. 야웨께서 단호하게 말씀하신다.

> 여호와께서 이르시되
> "네가 나를 버렸고 내게서 물러갔으므로

---

1 W. Brueggemann, *A Commentary on Jeremiah: Exile and Homecoming* (Grand Rapids, Michigan: Wm. B. Eerdmans Publishing Co, 1998), 142.

네게로 내 손을 펴서 너를 멸하였노니"(렘 15:6a).

여기서는 "너"라는 인칭대명사가 유독 강조되고 있다. 예루살렘 백성들이 저지른 야웨 하나님에 대한 고의적인 거부가 파국의 원인이다. 그래서 하나님이 당신의 손을 펴서 당신의 백성을 멸하셨다고 하신 것이다. 여기서 하나님의 심판이 미래형이 아니고 완료형으로 나오고 있는 점이 눈길을 끈다. 이러한 시제는 이미 일어난 사건을 말하는 것이 아니고 앞으로 일어날 미래적 사건의 확실성을 표현하는 "예언자적 완료형"(prophetic perfect)에서 비롯된 것이다. 하나님의 강력한 손은 한때 이집트의 군대를 무력화시키시고 이스라엘 백성들을 구원하셨다.

> 여호와께서 **강한 손**과 편 팔과 큰 위엄과 이적과 기사로 우리를 애굽에서 인도하여 내시고(신 26:8).

그런데 그 강력한 구원의 손을 이제는 당신의 백성을 심판하시기 위해서 펴신다.[2] 하나님이 이렇게 심판을 작정하시기까지는 수많은 시간을 인내하고 기다리셨다. 그러나 이제는 하나님의 인내가 한계점에 도달하게 되었다.

> 이는 내가 뜻을 돌이키기에 지쳤음이로다(렘 15:6b).

심판의 대상이 예루살렘에 국한되지 않고 모든 도시("그 땅의 여러 성문")로

---

[2] "여호와의 손"이 구원과 진노의 도구로 쓰인 경우에 대한 보다 자세한 논의를 위해서 다음을 참조하라. P. D. Miller, Jr., J. J. M. Roberts, *The Hand of the Lord: A Reassessment of the "Ark Narrative" of 1 Samuel* (The Johns Hopkins Near Eastern Studies; Baltimore: The Johns Hopkins University, 1977).

확대되었다.

> 내가 그들을 **그 땅의 여러 성문**에서 키로 까불러
> 그 자식을 끊어서 내 백성을 멸하였나니
> 이는 그들이 자기들의 길에서 돌이키지 아니하였음이라(렘 15:7).

예레미야는 예루살렘과 유다의 심판을 묘사하기 위해서 세 가지 이미지를 동원한다.

> 8)그들의 **과부**가 내 앞에 바다 모래보다 더 많아졌느니라.
> 내가 대낮에 파멸시킬 자를 그들에게로 데려다가
> 그들과 **청년들의 어미**를 쳐서
> 놀람과 두려움을 그들에게 갑자기 닥치게 하였으며
> 9)**일곱을 낳은 여인**에게는 쇠약하여 기절하게 하며
> 아직도 대낮에 그의 해가 떨어져서
> 그에게 수치와 근심을 당하게 하였느니라.
> 그 남은 자는 그들의 대적의 칼에 붙이리라.
> 여호와의 말씀이니라(렘 15:8-9).

즉 "홀어미 이미지"(렘 15:8a), "청년들의 어미 이미지"(렘 15:8b), "일곱 자식의 어미 이미지"(렘 15:9a) 등이다. 먼저 첫 번째인 "홀어미 이미지"를 살펴보자. 하나님이 이 땅의 자식들을 끊어서 당신의 백성을 멸하였으며, 이로 인하여 과부가 바다 모래보다 더 많아지게 되었다(렘 15:7b-8a). 이는 하나님이 족장 아브라함에게 약속하셨던 말씀인 "내가 네게 큰 복을 주고 네 씨로 크게 번성하여 하늘의 별과 같고 바닷가의 모래와 같게 하리니 네 씨가

그 대적의 성문을 차지하리라"(창 22:17)는 말씀에서 족장의 후손들이 과부로 대체된 것이다. 바닷가의 모래와 같이 많아져야 할 자손들은 죽어 나가고 그 자리를 과부들이 채운다. 한 여인에게 남편과 자식의 죽음은 모든 희망이 상실된 것과 같다.³

두 번째인 "청년들의 어미 이미지"에서는 첫 번째보다 더 심각해진 상황을 보여준다.

> 내가 **대낮에** 파멸시킬 자를 그들에게로 데려다가
> 그들과 **청년들의 어미**를 쳐서
> 놀람과 두려움을 그들에게 갑자기 닥치게 하였으며(렘 15:8).

보통 적들의 공격은 은밀하게 이루어지고 밤중에 이루어지는 것이 상례다. 그러나 여기서의 적들의 공격은 대낮에 그것도 갑작스럽게 이루어진다. 이는 당연히 더욱더 파괴적이고 경악의 상황으로 몰아가게 된다.

세 번째인 "일곱 자식의 어미 이미지"는 또 다른 측면에서 심판의 심각성을 그려주고 있다. "일곱 자식의 어미"라는 표현은 충족되거나 완전한 어머니의 모습을 묘사하는 격언구다.

> 이는 네 생명의 회복자이며 네 노년의 봉양자라. 곧 너를 사랑하며 **일곱 아들보다 귀한** 네 며느리가 낳은 자로다 하니라(룻 4:15; 참조. 삼상 2:5 등).⁴

---

3 G. Wanke, *Jeremia. Teilband 1: Jeremia 1,1-25,14* (ZBAT; Zürich: Theologischer Verlag, 1995), 150.
4 P. C. Craigie, P. H. Kelley, J. F. Drinkard, Jr., *Jeremiah 1-25* (WBC; Dallas, Texas: Word Books, 1991), 375.

한 여인이 일곱 자식을 두었다는 것은 하나님의 큰 축복을 받은 증거였다. 그런데 이런 어머니가 쇠약하여 기절하며 대낮에 그의 해가 떨어져서 수치와 근심을 당하게 될 것이다(렘 15:9). 복덩어리들인 일곱 자식이 한꺼번에 적들의 칼날에 몰살당하였다. 이러한 소식을 접한 어머니의 심정을 상상해 보라. 당시의 유다 백성들은 일곱 자식을 모두 가슴에 묻어야 했던 어머니의 심정과 같이 삶의 의미를 완전히 상실하고 하늘이 무너지는 경험을 감수해야만 했다.

이 단락은 남은 자들도 그 대적의 칼에 붙이리라는 가혹한 말씀으로 끝을 맺는다(렘 15:9). 여기서 남은 자는 7a절에서 언급된 "키로 까부를" 때 어쩔 수 없이 남게 되는 알곡에 해당한다. 이는 어느 누구도 피할 수 없는 "심판의 총체성"을 의도적으로 표현한 것이다.[5] 이제는 남은 자들에게도 파국이 선고되었다. 예루살렘과 유다는 하나도 남김없이 완전히 제거될 것이다. 지금까지 회개를 유도하였던 "질책을 위한 심판"(punishment as chastisement, 7절)이 이제는 더 이상의 출구가 없는 "최후의 심판"(punishment as termination, 9절)이 되어버렸다.[6]

예루살렘과 유다의 하나님은 무한히 참으시는 인내의 하나님임이 틀림없다. 그러나 그 인내도 한계에 도달할 수 있다. 우리는 길이 참으시는 하나님에만 너무 익숙해져 있는 것은 아닌지 돌아보아야 한다. 하나님의 질책이 최후의 심판으로 돌변하기 전에, 하나님의 용서와 인내가 그 효력을 발휘하는 은혜의 기간 동안 아직은 작은 실수가 용납되는 순간에 자신을 쳐서 더 복종시킴으로써 두렵고 떨리는 마음으로 구원을 이루어가야 할 것이다.

---

5   G. Wanke, *Jeremia. Teilband 1: Jeremia 1,1-25,14*, 151.
6   W. Brueggemann, *A Commentary on Jeremiah: Exile and Homecoming*, 143.

그러므로 나의 사랑하는 자들아, 너희가 나 있을 때뿐 아니라 더욱 지금 나 없을 때에도 항상 복종하여 **두렵고 떨림으로 너희 구원을 이루라**(빌 2:12).

2. 청중이 없는 예언자: "내게 재앙이로다. 나의 어머니여, 다 나를 저주하는도다"(렘 15:10-14)

예레미야 15:10-21은 예레미야의 세 번째 탄원이다.[7] 이 단락은 다음과 같이 구성되어 있다.

① 10절: 예레미야의 탄원
② 11-14절: 하나님의 응답
③ 15-18절: 예레미야의 탄원
④ 19-21절: 하나님의 훈계와 구원 신탁

예레미야의 탄원은 다음과 같이 시작한다.

내게 재앙이로다.
나의 어머니여,
어머니께서 나를 온 세계에 다투는 자와
싸우는 자를 만날 자로 낳으셨도다(렘 15:10a).

"내게 재앙이로다"(אוֹי־לִי, 오이-리)라는 표현은 탄원에서 전통적으로 나타나

---

[7] 렘 11:18-12:6은 흔히 첫 번째 탄원으로 간주한다. 하지만 여기서는 11:18-23과 12:1-6을 나누어 두 개의 탄원으로 간주한다.

는 절규다. 이 표현은 예레미야 20:14과 욥기 3:3의 생일의 저주보다는 심각하지 않지만 위협을 느끼는 인간 실존을 보여주는 극단적인 표현이기도 하다.

내 생일이 저주를 받았더면,
나의 어머니가 나를 낳던 날이 복이 없었더면(렘 20:14).

1)그 후에 욥이 입을 열어
자기의 생일을 저주하니라.
2)욥이 입을 열어 이르되
3)**내가 난 날이 멸망하였더라면,**
사내아이를 배었다 하던 그 밤도 그러하였더라면(욥 3:1-3).

구약성서에서 임신과 출생은 하나님의 특별한 관여와 돌봄과 결부되어 있다.

13)**주께서 내 내장을 지으시고**
나의 모태에서 나를 만드셨나이다.
14)내가 주께 감사하오옴은
나를 지으심이 심히 기묘하심이라.
주의 행사가 기이함을
내 영혼이 잘 아나이다(시 139:13-14; 참조. 시 22:10; 127:3 등).[8]

---

8 W. Werner, *Das Buch Jeremia Kapitel 1-25* (NSKAT; Stuttgart: Verlag Katholisches Bibelwerk, 1997), 151.

그런데 예레미야는 이와는 대조적으로 자신의 출생을 탄원의 근본 원인이 되는 사건으로 본다. 왜냐하면 자신의 출생을 불안한 삶의 시작으로 인식하였기 때문이다.[9] 예언자는 자신이 온 세계에서 "다툼"(רִיב, 리브, contention)과 "싸움(충돌)"(מָדוֹן, 마돈, strife)을 당하고 있다고 탄원한다. 여기서 "다툼"과 "충돌"은 법정에서의 법적 논쟁과 법적 변론을 뜻한다.[10] 예레미야는 모두와 "다투는 자"(אִישׁ רִיב, 이쉬 리브, a man of strife)와 "싸우는 자"(אִישׁ מָדוֹן, 이쉬 마돈, a man of contention)의 신세가 되어버렸다. 그는 예언자가 된 이후 자신에게 적대감을 가진 자들과 만나는 것이 일상이 되고 말았다.[11] 대개 충돌이 발생하기 쉬운 상거래에 개입된 적도 없는데, 즉 그는 채권자도 아니고 채무자도 아닌데 모든 사람이 그를 적대시하고 비난한다고 탄원한다.

> 내가 꾸어 주지도 아니하였고
> 사람이 내게 꾸이지도 아니하였건마는
> 다 나를 저주하는도다(렘 15:10b).

예레미야 15:11 본문은 이해하기가 상당히 어렵다.

> 여호와께서 이르시되
> "내가 진실로 너를 강하게 할 것이요
> 너에게 복을 받게 할 것이며
> 내가 진실로 네 원수로 재앙과 환난의 때에

---

9 W. Werner, *Das Buch Jeremia Kapitel 1-25*, 151.
10 J. A. 톰슨, 『예레미야(상)』, 최우성 역(반즈 신구약 성경주석; 서울: 크리스챤서적, 1992), 548.
11 강성열, 『예레미야 1-25장』(한국장로교총회창립 100주년기념 표준주석; 서울: 한국장로교출판사, 2021), 273.

네게 간구하게 하리라"(렘 15:11).

히브리어 본문(MT, 마소라)은 "그가 말했다"(אָמַר, 아마르)로 시작하는 데 반하여, 그리스어 본문(LXX, 칠십인역)은 "아멘"(그리스어: γένοιτο, 게노이토; 히브리어: אָמֵן, 아멘)으로 시작하기 때문이다. 따라서 이 본문은 히브리어 본문을 따르면 야웨가 화자(話者)가 되고, 그리스어 본문을 따르면 예레미야가 화자가 된다.[12] 그리스어 본문을 취하면 11절은 10절에 이어진 예레미야의 탄원이 되고, 히브리어 본문을 수용하면 11절은 12-14절과 연결된 하나님의 심판선포가 된다. 여기서는 대다수의 현대 번역본들처럼 히브리어 본문을 따르기로 한다. 이러한 맥락에서 보면 11절은 하나님이 예레미야에게 동행 약속을 확증하는 구절이고, 12-14절은 하나님이 반항하는 유다 백성들을 향하여 심판을 선포하는 말씀이 된다. 앞선 10절에서 예레미야는 백성이 자신을 저주하고 있다고 불만을 토로했다. 그래서 야웨 하나님이 이러한 불평에 대한 응답으로서 자신의 맹세를 드러내고 계신 것이다.

여호와께서 이르시되
"**내가 진실로** 너를 강하게 할 것이요
너에게 복을 받게 할 것이며
내가 진실로 네 원수로 재앙과 환난의 때에
네게 간구하게 하리라"(렘 15:11).

---

[12] 이 부분에 대하여 학자들의 견해가 양분된다. 마소라 본문(MT)을 따르는 학자들로는 W. L. Holladay, W. McKane, J. R. Lundbom, G. Fischer, W. H. Schmidt, 가장 최근의 C. M. Maier(2022년) 등이 있고, 대부분의 현대 영어번역본(NEB, REB, NIV, NRSV 등)도 이를 따른다. 그러나 그리스어 본문(LXX)을 수용하는 학자들도 적지 않다. 예를 들면, W. Rudolph, J. Schreiner, G. Wanke 등이다.

야웨 하나님은 예레미야의 탄원에 대하여 자신이 진정으로 그를 강하게 할 것이고 그에게 복을 받게 하실 것을 약속하신다(11a절). 또한 예레미야의 원수들, 즉 그를 괴롭히는 자들이 재앙과 환난을 당하게 하실 것이고, 결국 그들이 재앙과 환난을 견디지 못하고 예레미야를 찾아와서 도움을 호소하게 될 것이라고 약속하신다(11b절). 이 구절은 조금 과장하면 하나님이 이렇게 말씀하신 것과 다를 바 없다.

만일 내가 너에게 충실하지 못했다면, 나로 저주당하게 하라.[13]

예레미야 15:12-14은 유다 백성들을 향한 심판 선포다. 12절에서 언급된 "북방의 철과 놋"은 바빌로니아의 군사력을 말하는 것으로 보인다.

누가 능히 철 곧 **북방의 철과 놋**을 꺾으리요(렘 15:12).

어느 누구도 쉽사리 철과 놋을 꺾을 수 없듯이 북방으로부터 진격해오는 바빌로니아의 공격을 물리치는 것은 불가능하다.[14] 유다는 모든 죄로 인하여 모든 재산을 빼앗길 것이다.

그러나 네 모든 죄로 말미암아
네 국경 안의 모든 재산과 보물로
값없이 탈취를 당하게 할 것이며(렘 15:13).

---

13 P. C. Craigie, P. H. Kelley, J. F. Drinkard, Jr., *Jeremiah 1-25*, 383-384.
14 J. Schreiner, *Jeremia 1-25:14* (NEB; Würzburg: Echter Verlag, 21985), 100.

결국 유다 백성들은 바빌로니아 땅에 포로로 압송당할 것이다.

네 원수와 함께 네가 알지 못하는 땅에 이르게 하리니
이는 나의 진노의 맹렬한 불이 너희를 사르려 함이라(렘 15:14).

이 단락(렘 15:10-14)은 예언자의 탄원과 하나님의 응답을 보여준다. 특히 예언자의 탄원에서 드러나듯이 예레미야는 이제 자신의 말에 귀를 기울여 주는 "청중이 없는 예언자"가 되어가고 있으며, 만나는 이마다 하루 종일 조롱과 야유를 퍼붓는 절망적인 상황으로 곤두박질쳐졌다. 키르케고르에 따르면 절망은 죽음에 이르는 병이다. 예레미야의 절망은 그의 살려는 욕망과 의지를 완전히 꺾어버렸을 것이다.[15] 청중을 향하여 외쳐야 하는 선포자에게 귀를 주는 청중이 없기 때문이다. 그러나 그에게는 하나님이란 유일한 청중이 계셨다. 아무도 없는 그 자리에 하나님이 앉아서 듣고 계신 것이다. 하나님은 예레미야의 편이 되어주시면서 세미한 음성으로 말씀하신다.

내가 반드시 너를 강하게 할 것이요
너에게 복을 받게 할 것이다.
네 원수를 반드시 무릎 꿇게 할 것이다.

---

15 로날드 클레멘츠, 『예레미야』, 김회권 역(현대성서주석; 서울: 한국장로교출판사, 2002), 157.

3. 와디(속이는 시내) 같으신 하나님: "주께서는 물이 말라서 속이는 시내 같으시리이까"(렘 15:15-18)

예레미야의 탄원은 여기서 멈추지 않는다. 그의 탄원은 15:15-18에서 이어지고 있다. 예레미야는 15:15에서 자신의 무죄를 변호한다.

> 여호와여, 주께서 아시오니
> 원하건대 주는 나를 기억하시며 돌보시사
> 나를 박해하는 자에게 보복하시고(םקנ, 나캄)
> 주의 오래 참으심을 말미암아
> 나로 멸망하지 아니하게 하옵시며(렘 15:15a).

여기서 "보복하다"(םקנ, 나캄)는 법정 용어로서, 이는 단순한 감정적인 차원의 의미가 아니고, 피해자가 당한 피해 상황에 대한 법적인 "조정" 내지는 "보상"을 뜻한다.[16] 예레미야는 적들에 대한 야웨의 인내가 자신에게는 고통의 지속을 의미한다고 야웨께 호소한다. 그리고 이제 그 비난의 화살을 야웨 하나님께로 향한다.

> 주를 위하여
> 내가 부끄러움을 당하는 줄을 아시옵소서(렘 15:15b).

예레미야에게 고통을 주었던 백성들에 대한 분노가 이제는 하나님을 향한

---

16   G. Wanke, *Jeremia. Teilband 1: Jeremia 1,1-25,14*, 154.

고발이 되었다.¹⁷ 기도자의 고통은 자신의 상태가 전혀 책망할 것이 없는 자신의 행위에 상응하지 않는다는 사실로 인하여 더 고통스럽다.

예레미야는 자신을 "주의 이름으로 일컬음을 받는 자"로 이해한다.

> 만군의 하나님 여호와시여,
> **나는 주의 이름으로 일컬음을 받는 자라**(렘 15:16a).

이 표현구가 야웨의 이름과 결부되어 사용되는 경우는 "백성"(사 63:19)이나 "법궤"(삼하 6:2), "성전"(렘 7:10; 왕상 8:43) 혹은 "예루살렘"(렘 25:29)이다. 그러나 이 표현이 한 개인과 연결되는 경우는 이곳 16절밖에 없다.¹⁸ 이 표현은 "여호와의 소유"를 의미한다. 예레미야는 자신이 하나님의 소유임을 인정하고 확신하고 있다.

그래서 그에게는 하나님의 말씀만이 삶의 유일한 근거가 되었다.

> 내가 주의 말씀을 얻어 먹었사오니
> **주의 말씀은 내게 기쁨과 내 마음의 즐거움이오나**(렘 15:16b).

그는 하나님 때문에 혹은 하나님을 위하여 모든 것을 상실하는 고통을 맛보았다. 오로지 하나님의 말씀만이 그에게 위로와 평정을 가져다주었다. 이것만이 예레미야에게 남아 있는 유일한 삶의 자원이었다. 하나님의 말씀은 사실상 세상이 보기에는 "아무것"(nothing)도 아니지만, 예레미야에게는 "모든 것"(everything)이 된다. 그가 아무것도 아닌 자로 영락(零落)했다는

---

17 W. Rudolph, *Jeremia* (HAT; Tübingen: J. C. B. Mohr, 1968), 108.
18 W. Werner, *Das Buch Jeremia Kapitel 1-25*, 153.

것은 그가 하나님의 말씀 때문에 가족으로부터 외면당하고, 아나돗의 고향 사람들로부터 배척당했으며, 동료 인간들의 조소와 야유 속에서 그 어떤 위로도 발견할 수 없었다는 뜻이다. 그는 하나님의 말씀 때문에 정상적인 사람이 누리는 모든 것을 잃어버린 것이다.[19]

예레미야는 모든 인간관계로부터 고립되어 있는 자신의 처지를 한탄한다.

> 내가 기뻐하는 자의 모임 가운데 앉지 아니하며
> 즐거워하지도 아니하고
> **주의 손에 붙들려 홀로 앉았사오니**(렘 15:17a).

이 구절을 나병 환자에 대해 규정하는 레위기 13:45-46과 연결하여 보면, 예레미야는 사회에서 격리된 "사회적인 나병 환자"로 취급받는다.

> [45)] **나병 환자**는 옷을 찢고 머리를 풀며 윗입술을 가리고 외치기를 "부정하다, 부정하다" 할 것이요 [46)]병 있는 날 동안은 늘 부정할 것이라. **그가 부정한즉 혼자 살되 진영 밖에서 살지니라**(레 13:45-46).

예레미야가 겪는 인간관계로부터의 철저한 고립은 종종 하나님의 말씀으로 극복될 수도 있었다. 고립된 상황에서도 하나님의 말씀으로 인하여 기쁨과 즐거움을 경험하기 때문이다(렘 15:16). 하지만 이번에 찾아온 그의 고립은 이 땅을 넘어서 하늘에까지 확장되었다.

---

19   로날드 클레멘츠, 『예레미야』, 158-159.

이는 주께서 분노로

내게 채우셨음이니이다(렘 15:17b).

이러한 예레미야의 고백은 한 시편 저자의 고백과도 유사하다. 시인도 예레미야와 같이 인간관계가 완전히 차단되었다.

주께서 내가 아는 자를 내게서 멀리 떠나게 하시고

나를 그들에게 가증한 것이 되게 하셨사오니

나는 갇혀서 나갈 수 없게 되었나이다(시 88:8).

시인은 하나님으로부터도 버림 받은 것 같이 생각되었다.

여호와여,

어찌하여 나의 영혼을 버리시며

어찌하여 주의 얼굴을 내게서 숨기시나이까(시 88:14).

예레미야가 보기에 하나님이 더는 그의 옆에 계시지 않는다. 하나님은 약속하신 것과 달리 그와 동행하지도 않으신다(렘 1:8, 19).[20] 예레미야는 자신이 사람들은 물론이고 하나님으로부터도 버림 받은 자라고 느꼈다.

    기도자의 순수한 행위와 자신이 처한 고통의 상태 사이에서 벌어지는 실존적인 모순은 예언자로 하여금 결국 야웨를 고발하는 데까지 이르게 한다. 야웨의 정의가 계속해서 의문시되자 드디어 "탄원"이 "고발"로 바뀌게 된다. 고통의 끝이 보이지 않자, 예레미야는 하나님을 "속이는 시내"라고까

---

[20] W. Brueggemann, *A Commentary on Jeremiah: Exile and Homecoming*, 148.

지 몰아붙인다.

> 나의 고통이 계속하며
> 상처가 낫지 아니함은 어찜이니이까?
> 주께서는 내게 대하여
> 물이 말라서 **속이는 시내** 같으시리이까(렘 15:18).

"속이는 시내"(wadi, 와디)는 우기에는 순식간에 많은 물이 흐르지만 건기에는 바짝 말라버리는 샘이나 시내를 가리킨다. 그 변덕스러움 때문에 속이는 시내로 불린다.

> **내 형제들은 개울과 같이 변덕스럽고**
> 그들은 개울의 물살같이 지나가누나(욥 6:15).

예레미야는 자신의 소명 때 주어진 "내가 너와 함께하겠다"는 약속의 말씀이 성취되지 않았다고 생각하고, 한때 "생수의 근원"이라고 불렀던 동일한 하나님을 여기서는 "속이는 시내"(wadi, 와디)로 바꾸어 불렀다.

> 내 백성이 두 가지 악을 행하였나니
> 곧 그들이 **생수의 근원되는 나**를 버린 것과
> 스스로 웅덩이를 판 것인데
> 그것은 그 물을 가두지 못할 터진 웅덩이들이니라(렘 2:13).

예레미야의 소명 초기에 생수의 근원인 하나님은 터진 웅덩이로서 아무것도 담을 수 없는 이방 신들(바알)과는 전혀 다른 분이었다. 그러나 여기에서 예레미야는 하나님에 대한 고발을 통해 야웨 하나님을 아무도 도울 수 없는 쓸모없는 이방 신들과 동일한 존재로 취급하고 있는 것 같다.[21] 아무튼 예레미야의 "탄원"은 "비난"이 되었고, 결국 하나님에 대한 "고발"이 되었다. 적어도 이 순간은 예레미야가 하나님께 환멸을 느끼고 있는 것 같다.

예레미야가 겪고 있는 환멸과 갈등의 진정한 발원지는 사람들이 아니다. 즉 제사장들도, 동료 예언자들도, 왕들 그리고 아나돗의 고향 사람들도 아니다. 야웨 하나님이 그가 당하는 문제의 근원이었다.[22] 한 인간이 형성하고 있는 모든 관계 가운데 가장 중요한 핵심은 사실 인간관계라기보다 하나님과의 관계라고 할 수 있다. 하나님과의 관계가 바르고 건강하다면 나머지 관계의 회복은 시간 문제이기 때문이다. 하나님께 속았다고 느낀 예레미야는 물고기 뱃속의 요나와 같이 또는 논쟁하는 욥과 같이 모든 것을 그만두려고 한다. 하나님을 "사기꾼"(속이는 시내)이라고 부를 정도로 하나님과의 관계뿐만 아니라 하나님의 존재 자체를 철저하게 의심하며 고민하게 된 것이다. 이러한 선배 신앙인의 실존적이고 신앙적인 고뇌를 값싼 은총에 길들여진 오늘의 신앙인들이 얼마나 이해할 수 있을까?

4. 회개가 중단되면 소명도 무효: "네가 만일 돌아오면 내가 너를 다시 이끌어서 내 앞에 세울 것이며"(렘 15:19-21)

예레미야 15:19-21은 하나님의 훈계(19절)와 구원신탁(20-21절)을 보여준다. 보통 탄원이 일어나는 삶의 자리는 제의(Ritual)의 현장으로, 이곳에서는 탄원 이후에 응답으로 바로 구원신탁(Heilsorakel)이 뒤따른다. 그런데 이

21　J. Schreiner, *Jeremia 1-25, 14*, 102.
22　W. Brueggemann, *A Commentary on Jeremiah: Exile and Homecoming*, 147.

본문에서는 예레미야의 탄원 이후 곧바로 구원신탁이 나오는 것이 아닌, 책망조의 훈계(19절)가 뒤따르고 그 이후에 구원신탁이 주어진다(20-21절).

예레미야 15:19a은 앞선 12:5과 마찬가지로 훈계조이고 책망하는 논조다. 이 부분은 기도자가 앞서서 말했던 고발에 전혀 대꾸하지 않고, 뜻밖에도 기도자의 회개를 요구한다.

> 네가 만일 돌아오면
> 내가 너를 다시 이끌어서
> 내 앞에 세울 것이며(렘 15:19a).

이것이 "기도자의 무죄 고백"을 문제 삼는 것인지, 혹은 야웨에 대한 "기도자의 고발"이 적절하지 못하다고 말하는 것인지는 불분명하다. 두 번째 경우가 더 개연성이 있어 보인다.[23] 아마도 하나님을 "속이는 시내"로 간주한 심한 발언이 돌이킴의 지점인 듯하다.[24] 예레미야가 평온한 일상성을 벗어나 혼동의 상황에서 내뱉은 말이긴 하지만, 그럼에도 넘지 않아야 할 선을 벗어났기에 선 안으로 돌아오라는 훈계로 보인다. 야웨의 행위의 정당성에 대한 의문 제기와 인간적 공로에 대한 하나님의 보상을 인간적으로 계산하는 것에서 비롯된 예언자의 고발이 적절치 않다는 판단도 포함된다. 야웨의 정의는 인간적인 짧은 소견으로는 제대로 파악할 수 없다(참조. 욥 40:1-5; 42:1-6 등). 하나님의 훈계에서 나타난 "내(여호와) 앞에 서다"(לְפָנַי תַּעֲמֹד, 레파나이 타아모드)라는 표현은 보통 예언자의 직무를 가리킨다.

---

[23] G. Wanke, *Jeremia. Teilband 1: Jeremia 1,1-25,14*, 155.

[24] W. H. Schmidt, *Das Buch Jeremia. Kapitel 1-20* (ATD; Göttingen: Vandenhoeck & Ruprecht, 2008), 283.

길르앗에 우거하는 자 중에 디셉 사람 엘리야가 아합에게 말하되 "**내가 섬기는**(עָמַדְתִּי לְפָנָיו, 아마드티 레파나브) 이스라엘의 하나님 여호와께서 살아 계심을 두고 맹세하노니 내 말이 없으면 수년 동안 비도 이슬도 있지 아니하리라" 하니라(왕상 17:1; 참조. 왕상 18:15).

엘리사가 이르되 "**내가 섬기는**(עָמַדְתִּי לְפָנָיו, 아마드티 레파나브) 만군의 여호와께서 살아 계심을 두고 맹세하노니 내가 만일 유다의 왕 여호사밧의 얼굴을 봄이 아니면 그 앞에서 당신을 향하지도 아니하고 보지도 아니하였으리이다"(왕하 3:14; 참조. 왕하 5:16).

어찌 악으로 선을 갚으리이까마는
그들이 나의 생명을 해하려고 구덩이를 팠나이다.
내가 주의 분노를 그들에게서 돌이키려 하고
주의 앞에 서서(עָמְדִי לְפָנֶיךָ, 아므디 레파네카) 그들을 위하여
유익한 말을 한 것을 기억하옵소서(렘 18:20).

즉 예레미야가 선 안으로 돌아오면, 예언자로서의 자신의 초기 임무로 복귀할 것이다.

이어지는 예레미야 15:19b은 훈계와 조건적인 약속이다.

네가 만일 헛된 것을 버리고
귀한 것을 말한다면
너는 나의 입이 될 것이라.
그들은 네게로 돌아오려니와
너는 그들에게로 돌아가지 말지니라(렘 15:19b).

하나님은 예레미야에게 "헛된 말"에서 떠나 "귀한 말"을 하라고 훈계하신다. 현재 예레미야의 모든 말은 부정적이고 파괴적이며 "헛된 말"로 간주된다. 이는 환멸에 찬 사람의 전형적인 특징이다. 하나님은 이것을 보시고 점잖게 타이르신다. 하나님의 대변자로서 건전하고 긍정적이며 건설적인 "귀한 말"로 돌아가라고 훈계하신다. 하나님은 우리가 질문하거나 불평하거나 항의하는 것을 허용하신다. 시편은 이런 감정으로 가득하다. 그러나 이런 분위기 속에 오래 머물러서는 안 된다. 하나님은 우리를 불러서 그런 "헛된 말"에서 벗어나게 하신다.[25]

그리하면 예레미야는 다시 "여호와의 입"이 될 것이다(렘 1:9). 이 또한 예레미야가 자신의 본래 임무인 예언자직에 복귀될 것이라는 말씀이다. 하나님은 예레미야에게 "그들이 너에게 설복되어야지, 네가 그들에게 설복당해서는 안 된다"고 말씀하신다. 예레미야는 야웨께로 방향을 돌이킬지언정 유다 백성들에게 돌아가서는 안 된다.[26]

예레미야 15:20-21에 와서 드디어 구원신탁이 주어진다.

내가 너로 이 백성 앞에
견고한 놋 성벽이 되게 하리니
그들이 너를 칠지라도
이기지 못할 것은
내가 너와 함께하여
너를 구하여 건짐이라(렘 15:20).

---

[25] 크리스토퍼 라이트, 『예레미야 강해: 심판의 끝, 은혜의 시작』, 안종희 역(BST 시리즈; 서울: IVP, 2018), 247-248.
[26] 강성열, 『예레미야 1-25장』, 279.

이는 예레미야가 첫 소명을 받을 때에 하나님으로부터 받았던 말씀과 유사하다.

> 18)"보라! 내가 오늘 너를 그 온 땅과 유다 왕들과
> 그 지도자들과 그 제사장들과 그 땅 백성 앞에
> 견고한 성읍, 쇠기둥, 놋 성벽이 되게 하였은즉
> 19)그들이 너를 치나
> 너를 이기지 못하리니
> 이는 내가 너와 함께하여
> 너를 구원할 것임이니라."
> 여호와의 말이니라(렘 1:18-19).

예언자는 여기서 자신의 소명을 재확인하게 된다. "소명의 거절"로 시작된 탄원(10절)이 "소명의 갱신"(20절)으로 막을 내리고 있다. 예레미야는 여기서 "제2의 소명"을 경험했다고 볼 수 있다. 하나님은 예레미야가 처음 시작할 때 들었던 것과 같은 소명과 위임, 곧 그의 사역을 시작하게 했던 말씀을 반복하여 말씀하신다. 사명은 계속된다. 사역은 끝나지 않았다.[27]

오직 예레미야는 그의 내면을 지배하던 절망의 최저점에 도달한 후, 비로소 하나님께서 주시는 구원의 확신이라는 전환점을 맞이할 수 있을 것이다.

> 내가 너를 악한 자의 손에서 건지며
> 무서운 자의 손에서 구원하리라(렘 15:21).

---

27 크리스토퍼 라이트, 『예레미야 강해: 심판의 끝, 은혜의 시작』, 248.

그의 구원이 그 자신의 가장 참혹한 고난의 심연에서 발견되었다는 것이 대단히 중요하다.[28] 철저하게 절망하면 앞이 보인다. 철저하게 절망하면 새로운 세계가 보인다.

예레미야는 하나님으로부터 인정받거나 위로의 말씀을 듣지 못한다. 오히려 돌이키라는 질책을 받는다. 야웨는 그가 거친 탄원으로 죄를 지었다고 하신다. 예레미야는 그가 참회하라고 촉구해야 했던 백성들보다 나은 것이 없었다. 이제 그는 백성들을 이끌기보다는 오히려 그들의 수준으로 내려가게 되었다. 따라서 그에게 남은 유일한 가능성은 회개하는 것밖에 없다. 그렇지 않으면 그는 예언자직을 상실할 위험에 처하게 된다. 여기서 우리는 역설을 발견한다. 자신의 소명이 주는 부담 때문에 탄원을 내뱉은 사람에게, 야웨로부터 주어진 결정적인 말씀은 그 소명을 계속해서 유지해야 한다는 것이었다.

여기서 아마도 예레미야는 새로운 깨달음에 도달한 것으로 보인다. 한편으로 이러한 고통의 삶이 실제로는 그의 진정한 삶이 될 수도 있다. "그만 내려놓으려는 것"이 "계속 간직해야 할 것"이라는 깨우침이다. "외면"하고 싶은 것이 "직면"해야 할 것이다. 진정한 예언자가 된다는 것은 하나님도 겪고 계시는 긴장으로 가득 찬 상황에 기꺼이 서서 하나님처럼 지치는 상태를 견디는 것이다.[29]

다른 한편으로 하나님은 당신에게 반항적인 사람을 당신의 메신저로 사용할 수 없다. 반항적인 태도를 뉘우치고 자기 십자가를 짊어지는 예언자에게 하나님의 도움이 새롭게 보장된다. 예레미야 15:20-21에서는 예레미야 1장에 나오는 용어들과 유사한 단어들이 언급되는 것으로 보아 이 구

---

28 로날드 클레멘츠, 『예레미야』, 162.
29 테렌스 E. 프레타임, 『구약에 나타난 하나님의 고통』, 조덕환 역(서울: 시들지않는소망, 2024), 289.

절은 "새로운 소명"이라고 할 수 있다.[30] 소명이란 한 번으로 끝나는 것이 아니다. 소명이 꺼지지 않고 계속해서 불타오르려면 끊임없는 "자기반성" 과 "회개"라는 땔감이 필요하다. 지금 서 있는 자리에서의 자기반성과 회개는 소명을 지속시키는 땔감이다.

---

30 W. Rudolph, *Jeremia*, 109.

제14강

한평생을 독신으로 살아야 하는 예레미야

"아내를 맞이하지 말며 자녀를 두지 말지니라"
(렘 16:1-21)

1. 유다의 심판을 삶으로 설교하는 예레미야: "너는 이 땅에서 아내를 맞이하지 말며"(렘 16:1-9)

예레미야 16장은 예레미야의 두 번째 상징행동이다(첫 번째는 13장이다). 예레미야는 "내가 기뻐하는 자의 모임 가운데 앉지 아니하며 즐거워하지도 아니하고 주의 손을 인하여 홀로 앉았사오니 이는 주께서 분노로 내게 채우셨음이니이다"(렘 15:17)라며 탄식한 적이 있다. 예레미야 16장은 그가 어떻게 이런 상황에 처하게 되었는지를 보다 자세히 기록해주고 있다. 특히 예레미야 16:1-9은 15:17의 실례에 해당된다.[1] 이 단락(렘 16:1-9)은 세 개의 상징행동으로 구성되어 있다.

① 결혼 금지(1-4절)
② 조문 금지(5-7절)
③ 잔치 참여 금지(8-9절)

여기에는 상징행동의 전형적인 요소가 나타난다. 즉 상징행동 양식은 실행명령, 실행보도, 해석이라는 요소로 구성되어 있다. 2절, 5a절, 8절이 "실행명령"에 해당하고, 3-4절, 5b-7절, 9절이 "해석"으로 분류된다. 여기서도 볼 수 있듯이 상징행동 양식에서 "실행보도" 요소가 생략되는 것은 흔한 일이다. 예언자가 하나님의 명령을 받아 순종했다는 것은 자명한 일로 보이기 때문이다.[2]

하나님의 말씀이 예레미야에게 임하였다.

---

1   W. Rudolph, *Jeremia* (HAT; Tübingen: J. C. B. Mohr, 1968), 110.
2   베르너 H. 슈미트, 『구약성서입문』, 차준희·채홍식 역(서울: 대한기독교서회, 2007), 253.

여호와의 말씀이 또 내게 임하여 이르시되(렘 16:1).

그런데 그 명령은 뜻밖의 내용을 담고 있었다. 결혼과 자녀 출산을 금지당한 것이다.

너는 이 땅에서 **아내를 맞이하지 말며 자녀를 두지 말지니라**(렘 16:2).

고대 이스라엘에서 "독신"은 아주 드문 일이었다. 더군다나 독신이라는 것은 거의 전례가 없기 때문에 구약성서에서는 이를 표현하는 히브리어 단어조차 없는 상태다.[3] 그래서 흔히 독신이란 불행과 수치 혹은 자녀를 가질 수 없는 하나님의 심판으로 간주되었다.[4]

> 그날에 일곱 여자가 한 남자를 붙잡고 말하기를
> "우리가 우리 떡을 먹으며 우리 옷을 입으리니
> **다만 당신의 이름으로 우리를 부르게 하여**
> **우리가 수치를 면하게 하라**" 하리라
> (사 4:1; 참조. 창 30:1; 삼상 1:5-7; 사 47:9; 호 9:14).

> 그날이 오면,
> 일곱 여자가 한 남자를 붙잡고 애원할 것이다.
> "우리가 먹을 것은 우리가 챙기고,

---

3   L. Köhler, *Hebrew Man* (London: SCM Press, 1956), 89; P. C. Craigie, P. H. Kelley, J. F. Drinkard, Jr., *Jeremiah 1-25* (WBC; Dallas, Texas: Word Books, 1991), 216.
4   G. Wanke, *Jeremia. Teilband 1: Jeremia 1,1-25,14* (ZBAT; Zürich: Theologischer Verlag, 1995), 157.

우리가 입을 옷도 우리가 마련할 터이니,
다만 우리가 당신을
우리의 남편이라고 부르게만 해주세요.
시집도 못 갔다는 부끄러움을
당하지 않게 해주세요"(사 4:1, 새번역).

또한 자녀를 낳음으로써 형성되는 가족은 구성원들을 상호 보호해주고, 부모는 노년기에 이르면 장성한 자녀들을 통하여 생활의 안정을 얻게 된다.

네 부모를 공경하라. 그리하면 네 하나님 여호와가 네게 준 땅에서 네 생명이 길리라(출 20:12).

오늘날과 같은 보험제도도 없고 노년기를 보장하는 연금 같은 국가적 시책도 없는 고대 이스라엘의 상황에서는 자녀만이 부모의 미래를 책임지고 여생을 보장할 수 있었다.[5] 따라서 자녀는 인생에서 가장 중요한 요소 가운데 하나였다.

3) 보라! 자식들은 여호와의 기업이요
태의 열매는 그의 상급이로다.
4) 젊은 자의 자식은
장사의 수중의 화살 같으니
5) 이것이 그의 화살통에 가득한 자는 복되도다.

---

5 W. Werner, *Das Buch Jeremia Kapitel 1-25* (NSKAT; Stuttgart: Verlag Katholisches Bibelwerk, 1997), 157.

그들이 성문에서 그들의 원수와 담판할 때에
수치를 당하지 아니하리로다(시 127:3-5).

게다가 예레미야에게 주어진 명령은 특이한 강조형이다. 여기서 사용된 부정사("말며", "말지니라")는 보다 일상적인 히브리어 부정사인 "알"(אל)이 아니라 강력한 신적인 금지를 뜻하는 부정사 "로"(לא)다. "로"(לא)라는 부정형 부사는 "항구적인 금지"의 뜻을 나타내는 것으로, 예언자가 어떠한 상황에서도 결혼을 해서는 안 된다는 것을 강조하고 있다. 이와 같은 용례가 십계명에서도 나타난다. 어떤 의미에서 예레미야는 그에게만 해당하는 "특별한 계명"을 받았던 것이다.[6]

결국 예레미야에게 주어진 결혼 금지는 인간이 사랑하는 부부간에 기본적으로 누릴 수 있는, 아니 마땅히 누려야 하는 "즐거움(위로)의 상실"(Trostlosigkeit)을 의미한다.

아내를 얻는 자는 복을 얻고
여호와께 은총을 받는 자니라(잠 18:22; 참조. 잠 5:15-23).

네 헛된 평생의 모든 날
곧 하나님이 해 아래에서 네게 주신 모든 헛된 날에
네가 사랑하는 아내와 함께 즐겁게 살지어다.
그것이 네가 평생에 해 아래에서 수고하고 얻은 네 몫이니라(전 9:9).

---

6 J. A. 톰슨, 『예레미야(상)』, 최우성 역(반즈 신구약 성경주석; 서울: 크리스챤서적, 1992), 566.

또한 자녀가 없다는 것은 미래에 대한 보장이 없다는 "희망의 상실"(Hoffnungslosigkeit)을 의미한다.[7] 따라서 이 명령은 예레미야가 예언자직을 수행하는 데 가족의 부담을 덜어주기 위해서 주어진 것이 아니다.[8] 하나님은 예레미야의 모든 삶을 당신의 메시지로 만드셨다. 예언자의 독신 생활은 유다의 미래를 보여주는 표시다. 이는 유다 백성들이 곧 맞게 될 상황, 즉 결혼도 할 수 없게 되고 자식도 없게 되는 가혹한 현실을 미리 묘사하고 있다.[9]

부연하여 설명하면 2절이 상징행동의 구성요소인 실행명령이라면, 3-4절은 해석이 된다. 2절은 예레미야 개인에게 주어진 명령이지만, 그 의도는 국가적인 재앙을 담고 있다. 유다의 자녀들과 그들을 낳은 어미들과 아비들 모두 독한 병으로 죽음을 맞이하고, 아무도 정상적으로 매장될 수 없게 될 것이다.

3)이곳에서 낳은 자녀와 이 땅에서 그들을 해산한 어머니와 그들을 낳은 아버지에 대하여 여호와께서 이와 같이 말씀하시오니 4)"**그들은 독한 병으로 죽어도 아무도 슬퍼하지 않을 것이며 묻어 주지 않아** 지면의 분토와 같을 것이며 칼과 기근에 망하고 그 시체는 공중의 새와 땅의 짐승의 밥이 되리라"(렘 16:3-4; 참조. 렘 8:2).

하나님의 은총의 표시인 자녀들도 여기서 제외되지 않는다. 이는 임박한 심판의 참혹성을 강조하고 있다.

예레미야 16:5a에서 하나님은 예레미야에게 상을 당한 초상집의 조문

---

7 W. Werner, *Das Buch Jeremia Kapitel 1-25*, 158.
8 아쉽게도 W. Rudolph는 이렇게 이해하고 있다. W. Rudolph, *Jeremia*, 111.
9 차준희, 『구약신앙과의 만남』(서울: 대한기독교서회, 2002), 201.

을 금지시키신다.

초상집에 들어가지 말라.
가서 통곡하지 말며
그들을 위하여 애곡하지 말라(렘 16:5a).

여기서 "초상집"으로 번역한 단어는 히브리어로 "베트 마르제아흐"(מַרְזֵחַ בֵּית)다. "마르제아흐"(מַרְזֵחַ)[10]라는 히브리어의 뜻은 아직까지도 불분명하지만, 이 문맥의 장례의식 분위기에 따르면 이 본문에서 "베트 마르제아흐"(בֵּית מַרְזֵחַ)를 "초상집"으로 이해하는 것이 가장 무난해 보인다.[11] 예레미야 16:5b은 그 이유를 자세히 설명해주고 있다.

"내가 이 백성에게서 나의 평강을 빼앗으며
인자와 사랑을 제함이라."
여호와의 말씀이니라(렘 16:5b).

한마디로 말하면, 하나님이 이 백성에게서 하나님의 "평강"(שָׁלוֹם, 샬롬, peace)과 "인자"(חֶסֶד, 헤세드, steadfast love)와 "긍휼"(רַחֲמִים, 라하밈, mercy)을 제거하셨기 때문이다. 즉 당신의 백성을 향한 하나님의 은혜가 종료된 것이다. 하나님의 은혜가 종료되자 하나님의 백성들에게는 피비린내 나는 살상이 대대

---

10 히브리어 "마르제아흐"(מַרְזֵחַ)는 의미가 분명치 않아서 논쟁 중인 단어다. 여러 가지 가능성이 제시되고 있으나 두 가지 가능성이 주목을 받고 있다. 즉 "사자제의"(死者祭儀, Totenkult) 혹은 "조상제의"(Ahnenkult)와 관련이 있는 것으로 보는 견해와 가나안에서 실행되었던 제의와 연관된 것으로 보는 견해가 있다. G. Wanke, *Jeremia. Teilband 1: Jeremia 1,1-25,14*, 158, 각주 210.

11 W. Werner, *Das Buch Jeremia Kapitel 1-25*, 158.

적으로 이루어진다. 큰 자든지 작은 자든지 모든 계층의 사람들이 매장도
되지 못할 것이다.

> 큰 자든지 작은 자든지 이 땅에서 죽으리니
> **그들이 매장되지 못할 것이며**
> 그들을 위하여 애곡하는 자도 없겠고
> 자기 몸을 베거나
> 머리털을 미는 자도 없을 것이며(렘 16:6).

이 같은 사태는 고대 중동 지역 사람들에게는 저주로 간주되었다.[12] 매장도 되지 못하는 상황이기 때문에 애곡하는 자도, 자기 몸을 베는 자도, 대머리가 되게 하는 자도 없을 것이다.[13]

예레미야 16:7에서는 상을 당한 자에게 음식과 음료를 초상집에 가져다주는 것이 언급된다.[14]

> 그 죽은 자로 말미암아 슬퍼하는 자와
> **떡을 떼며 위로하는 자가 없을 것이며**
> 그들의 아버지나 어머니의 상사를 위하여
> **위로의 잔을 그들에게 마시게 할 자가 없으리라**(렘 16:7).

---

12 J. A. 톰슨, 『예레미야(상)』, 566.
13 이러한 의식들은 아마도 "사자제의"(死者祭儀, Totenkult)의 한 요소일 것이다. 따라서 이러한 의식은 이후 이스라엘에서는 금지되었다(레 19:27-28; 21:5; 신 14:1). G. Wanke, *Jeremia. Teilband 1: Jeremia 1,1-25,14*, 158.
14 이러한 관습은 성서에서 겔 24:17, 22 그리고 호 9:4에서만 언급된다(참조. 삼하 1:12; 3:35). 고대 이스라엘의 장례 풍습에 대해서는 다음을 참조하라. R. de Vaux, *Ancient Israel*, Vol. 1 (New York: McGraw-Hill, 1961), 59-61.

초상집의 음식과 음료는 시체로 인하여 부정해진 것으로 간주되었기 때문에 초상집의 밖에서 안쪽으로 운반되어야 했다.[15]

"죽은 자들을 위하여 슬퍼하지 말고 조용히 탄식하며 수건으로 머리를 동이고 발에 신을 신고 입술을 가리지 말고 **사람이 초상집에서 먹는 음식물을 먹지 말라**" 하신지라(겔 24:17).

"슬픔의 떡"(Trauerbrot)과 "위로의 잔"(Trostbecher)이 초상집으로 운반된다는 것은 장례의식이 종료되었음을 뜻한다. 일반적으로 이날은 죽은 사람을 땅속에 매장하는 날이다.[16]

예레미야의 조문금지 행동은 유다의 임박한 심판 상황을 미리 행동으로 보여준다. 유다는 곧 심판으로 대부분 죽게 되어 그들을 묻어줄 사람도, 장례를 치러 줄 사람도, 조문할 사람도 없을 것이다.

하나님의 세 번째 명령이 주어진다. 잔칫집에 들어가지 말라는 것이다.

너는 잔칫집에 들어가서
그들과 함께 앉아 먹거나 마시지 말라(렘 16:8).

신랑과 신부의 소리를 더는 들을 수 없다는 것은 결혼식이 더는 없음을 뜻한다.

만군의 여호와 이스라엘의 하나님께서 이와 같이 말씀하시니라. "보라! 기뻐

---

15 W. Rudolph, *Jeremia*, 111.
16 J. Schreiner, *Jeremia 1-25,14* (NEB; Würzburg: Echter Verlag, 21985), 104.

하는 소리와 즐거워하는 소리와 **신랑의 소리와 신부의 소리를 내가 네 목전,
네 시대에 이곳에서 끊어지게 하리라**"(렘 16:9).

이는 이 백성에게 미래가 없다는 것을 말한다. 왜냐하면 더는 가정을 이룰 수 없고 자녀도 낳을 수 없기 때문이다.

예레미야가 당시에는 전무후무했던 독신 생활을 해나간다는 사실은 그를 조롱과 경멸의 대상이 되게 하기에 충분했을 것이다. 기본적인 사회적 책임, 곧 장례식이나 결혼식에 참석하는 등의 의무를 이행하지 못한다는 것은 사회적 불명예를 낳았을 것이다. 그러나 예언자 예레미야의 삶은 당시 유다의 미래를 미리 보여주는 표시였다. 하나님의 메신저인 예레미야의 인간으로서의 "삶"과 그가 받고 전한 "메시지"는 하나였다. 말씀대로 살고, 그 말씀을 삶으로 외치는 자가 예레미야였다. 하나님의 말씀을 전하는 자의 삶은 하나님의 메시지를 위한 도구여야 한다. 하나님은 메신저의 "입"만 부르신 것이 아니라 메신저의 "삶" 전체를 부르신다. 복음은 입만이 아니라 삶으로도 전하는 것이다. 삶이 곧 메시지다.

2. 죄악 된 삶 자체가 심판: "너희가 거기서 주야로 다른 신들을 섬기리니"(렘 16:10-13)

예레미야 16:10-13은 주로 심판의 이유에 대해 기록하고 있다. 먼저 유다 백성들의 반문이 제기된다.

여호와께서 우리에게 이 모든 큰 재앙을 선포하심은 어찌 됨이며 우리의 죄악은 무엇이며 우리가 우리 하나님 여호와께 범한 죄는 무엇이냐(렘 16:10).

예레미야는 이에 대해 하나님을 대신하여 심판의 이유를 명확하게 알려준다. 즉 유다의 조상들이 하나님을 버리고 다른 신들을 섬겼으며 하나님의 법(תּוֹרָה, 토라)을 지키지 않았다는 것이다.

> 너는 그들에게 대답하기를 "여호와께서 말씀하시되 '너희 조상들이 나를 버리고 다른 신들을 따라서 그들을 섬기며 그들에게 절하고 나를 버려 **내 율법을 지키지 아니하였음이라**'"(렘 16:11).

여기서 "조상"은 이집트에서 출애굽한 이후 예레미야의 시대까지 이르는 모든 세대를 가리킨다.[17] 그러나 그중에서도 현재 세대의 책임이 더 크다.

> **너희가 너희 조상들보다 더욱 악을 행하였도다.** 보라! 너희가 각기 악한 마음의 완악함을 따라 행하고 나에게 순종하지 아니하였으므로(렘 16:12).

이러한 죄악에 대한 하나님의 처벌이 선고된다.

> **내가 너희를 이 땅에서 쫓아내어 너희와 너희 조상들이 알지 못하던 땅에 이르게 할 것이라.** 너희가 거기서 주야로 다른 신들을 섬기리니 이는 내가 너희에게 은혜를 베풀지 아니함이라(렘 16:13).

여기서 특이한 사실이 주목된다. 죄와 처벌이 내용적으로 밀접하게 상호 연결되어 있다. 이스라엘이 하나님을 버렸기 때문에 하나님도 이스라엘을 버릴 수밖에 없다. 이스라엘이 이방신들을 숭배하기 때문에 그들은 그 우

---

17 W. Werner, *Das Buch Jeremia Kapitel 1-25*, 159.

상들이 있는 곳으로 옮겨갈 수밖에 없다.[18] 고국에서 추방되어 이방 땅에서 이방신을 섬기는 것은 하나님이 내버려두신 결과다.

우상을 섬기는 것은 이스라엘이 선택한 죄인 동시에 하나님에 의해서 주어진 심판이기도 하다.[19] 죄와 심판이 결합된다. "뿌린 대로 거둔다"(*jus talionis*, 동태 복수법)는 원칙이 여기서도 적용된다고 할 수 있다.[20] 죄악된 삶 속에서 아무런 문제 없이 잘 살고 있는 것같이 보이는 현실은 사실 그 자체가 심판을 받은 상태일 수도 있다. 내버려두심도 심판의 일종이다. "내버려두심의 심판"(일명 "내비도[내버려둬]의 심판")도 있다.

> 그러므로 하나님께서 그들을 마음의 정욕대로 **더러움에 내버려두사** 그들의 몸을 서로 욕되게 하게 하셨으니(롬 1:24).

> 이 때문에 하나님께서 그들을 부끄러운 **욕심에 내버려두셨으니** 곧 그들의 여자들도 순리대로 쓸 것을 바꾸어 역리로 쓰며(롬 1:26).

> 또한 그들이 마음에 하나님 두기를 싫어하매 하나님께서 그들을 **그 상실한 마음대로 내버려두사** 합당하지 못한 일을 하게 하셨으니(롬 1:28).

---

18 G. Wanke, *Jeremia. Teilband 1: Jeremia 1,1-25,14*, 159.
19 우상숭배가 죄인 동시에 처벌이라는 죄와 심판의 상호관계에 대한 연구로는 다음을 참조하라. P. D. Miller, Jr., *Sin and Judgment in the Prophets* (SBL Monograph; Chico, Calif.: Scholars Press, 1982).
20 W. Rudolph, *Jeremia*, 111.

3. "출-애굽"(Ex-Egypt)에서 "출-바빌로니아"(Ex-Babylonia)로: "북방 땅과 쫓겨났던 모든 나라에서 인도하여 내신 여호와"(렘 16:14-15)

예레미야 16:14-15은 포로로 잡혀간 유다 백성들의 귀환을 약속해주고 있다. 예레미야는 하나님의 구원의 말씀을 대언한다.

> 14)여호와의 말씀이니라. "그러나 보라! 날이 이르리니 다시는 이스라엘 자손을 애굽 땅에서 인도하여 내신 여호와께서 살아 계심을 두고 맹세하지 아니하고 15)이스라엘 자손을 북방 땅과 그 쫓겨났던 모든 나라에서 인도하여 내신 여호와께서 살아 계심을 두고 맹세하리라. **내가 그들을 그들의 조상들에게 준 그들의 땅으로 인도하여 들이리라**"(렘 16:14-15).

이스라엘 백성들이 다시는 자신을 이집트 땅에서 인도하여 내신 야웨의 살아 계심으로 맹세치 아니하고(렘 16:14), 북방 땅과 그 모든 쫓겨났던 나라에서 인도하여 내신 야웨의 살아 계심으로 맹세할 날이 이를 것이라고 알려주고 있다(렘 16:15). 앞으로 야웨 하나님이 이들을 그 열조에게 준 그들의 고향 땅으로 인도하여 주실 것이기 때문이다. 여기서 "북방 땅"은 바빌로니아를 가리키고, "쫓겨났던 모든 나라"는 전 세계에 흩어진 유다인들, 즉 디아스포라를 뜻한다. "출-애굽"(Ex-Egypt)의 경험에서 깨닫게 된 고대의 신앙고백(렘 16:14)이 "출-바빌로니아"(Ex-Babylonia)의 경험으로 새롭게 깨닫게 될 새로운 신앙고백(렘 16:15)으로 바뀔 것이다.

이 두 구절은 구원의 말로, 예레미야 23:7-8과 유사하다.

> 7)그러므로 여호와의 말씀이니라. "보라! 날이 이르리니 **그들이 다시는 이스라엘 자손을 애굽 땅에서 인도하여 내신 여호와의 사심으로 맹세하지 아니하고**

8)이스라엘 집 자손을 북쪽 땅, 그 모든 쫓겨났던 나라에서 인도하여 내신 여호와의 사심으로 맹세할 것이며 그들이 자기 땅에 살리라" 하시니라(렘 23:7-8).

이는 바빌로니아 포로지에서 본국으로 귀환하는 것을 의미한다. 이 단락은 하나님의 마지막 말씀이 심판이나 추방이 아니라 구원이라는 사실을 강조한다.[21] 얼핏 보면 이 단락은 심판의 말씀이 주를 이루는 예레미야 16장에는 어울리지 않아 보인다. 그러나 "뽑고 파괴하며 파멸하며 넘어뜨리며[심판] 건설하고 심게 하였느니라[구원]"(렘 1:10)라는 예레미야의 소명기사에서도 언급되고 있듯이, 예레미야가 하나님으로부터 받은 말씀은 심판만이 전부가 아니다. 심판이 주를 이루지만 심판 너머로 구원도 있다. 예레미야 16:10-13은 심판을 예고하고, 14-15절은 구원을 약속한다. 14절의 첫 단어는 히브리어 "라켄"(לָכֵן, "그러므로")이다. 얼핏 보기에 "라켄"(לָכֵן, "그러므로")이라는 접속어는 어색해 보인다. 그러나 이는 고난이 크면 클수록 구원의 시간도 임박했음을 표현한 것이다.[22]

> 그러나(לָכֵן, "그러므로") 여호와께서 기다리시나니
> 이는 너희에게 은혜를 베풀려 하심이요,
> 일어나시리니
> 이는 너희를 긍휼히 여기려 하심이라.
> 대저 여호와는 정의의 하나님이심이라.
> 그를 기다리는 자마다 복이 있도다(사 30:18).

21　J. Schreiner, *Jeremia 1-25:14*, 105.
22　W. Rudolph, *Jeremia*, 112.

야웨 하나님은 당신의 백성들을 향하여 두 가지 행동을 취하신다(참조. 렘 31:27-28). 야웨의 첫 번째 행동은 유다 백성의 국외추방이다(렘 16:13). 두 번째 행동은 추방으로부터 본국으로 귀환시키는 일이다(렘 16:14-15). 포로로 끌려간 유다 백성들의 귀환은 반드시 일어날 것이다. 하나님의 백성들은 과거의 "출-애굽"이라는 흘러간 노래만 흥얼거릴 것이 아니라 "출-바빌로니아"라는 아직 현실화되지 않은 미래의 구원을 기대하고 미리 노래해야 한다. 이를 전문적인 용어로 "종말론적 찬양"(eschatological hymn)이라고 한다.

> 9)너 예루살렘의 황폐한 곳들아,
> 기쁜 소리를 내어 함께 노래할지어다.
> 이는 여호와께서 그의 백성을 위로하셨고
> 예루살렘을 구속하셨음이라.
> 10)여호와께서 열방의 목전에서
> 그의 거룩한 팔을 나타내셨으므로
> 땅끝까지도 모두 우리 하나님의 구원을 보았도다(사 52:9-10).

종말론적 찬양은 아직 현실화되지 않은 미래의 구원 상황을 미리 앞당겨 찬양한다. 하나님의 사람들은 과거를 오늘까지 "늘려" 사는 것(출-애굽)만이 아니라 미래를 오늘로 "앞당겨" 살 줄(출-바빌로니아)도 알아야 한다.

4. 피할 수 없는 하나님의 심판: "그들이 내 얼굴 앞에서 숨기지 못하며"(렘 16:16-18)

예레미야 16:16-18은 유다 백성들이 하나님의 심판을 모면할 길이 없음을 표현하고 있다. 하나님은 어부를 통하여 유다 사람들을 낚게 하고 그 후에 더 많은 포수(砲手)를 통하여 그들을 사냥하게 하실 것이다.

여호와의 말씀이니라.
"보라! 내가 **많은 어부**를 불러다가
그들을 낚게 하며
그 후에 **많은 포수**를 불러다가
그들을 모든 산과 모든 언덕과 바위틈에서 사냥하게 하리니"(렘 16:16).

"어부 이미지"는 예레미야와 동시대에 활동한 예언자 하박국도 유사하게 사용하고 있는데, 여기서 어부는 바빌로니아를 가리킨다.

14)주께서 어찌하여 사람을 바다의 고기 같게 하시며
다스리는 자 없는 벌레 같게 하시나이까?
15)그(갈대아 사람=바빌로니아)가 낚시로 모두 낚으며
그물로 잡으며 투망으로 모으고
그리고는 기뻐하고 즐거워하여
16)그물에 제사하며
투망 앞에 분향하오니
이는 그것을 힘입어 소득이 풍부하고
먹을 것이 풍성하게 됨이니이다.
17)그가 그물을 떨고는
계속하여 여러 나라를 무자비하게 멸망시키는 것이 옳으니이까(합 1:14-17).

예레미야 본문에서의 "포수 이미지"도 바빌로니아를 가리키고 있는 것으

로 보인다. 예레미야는 어부와 포수의 이미지를 통하여 임박한 심판의 총체성을 표현한다. 즉 아무도 하나님의 심판에서 벗어날 수 없다.[23] 이러한 심판의 총체성은 하나님의 말씀으로 다시 한번 강조된다.

> 이는 내 눈이 그들의 행위를 살펴봄으로
> 그들이 내 얼굴 앞에서 숨기지 못하며
> **그들의 죄악이 내 목전에서 숨겨지지 못함이라**(렘 16:17).

하나님은 유다의 악과 죄를 배나 갚으실 것이라고 말씀하신다.

> 내가 우선 그들의 악과 죄를 **배나 갚을 것은**(렘 16:18a).

여기서 "두 배"란 기원전 597년과 587년의 두 번에 걸친 바빌로니아 포로 경험을 가리킨다.[24] 또한 앞선 어부와 포수 이미지도 각기 기원전 597년과 587년의 포로 경험을 암시하는 것으로 보인다.[25] 이어서 심판의 이유가 언급된다.

> 그들이 그 미운 물건의 시체로 내 땅을 더럽히며
> 그들의 가증한 것으로
> 내 기업에 가득하게 하였음이니라(렘 16:18b).

"미운 물건의 시체"라는 표현은 이방신들은 이미 죽은 우상들이고, 따라서

---

23 G. Wanke, *Jeremia. Teilband 1: Jeremia 1,1-25,14*, 161.
24 G. Wanke, *Jeremia. Teilband 1: Jeremia 1,1-25,14*, 161.
25 W. Rudolph, *Jeremia*, 112; P. C. Craigie, P. H. Kelley, J. F. Drinkard, Jr., *Jeremiah 1-25*, 397.

이것들은 시체와 같이(레 21:11; 신 21:22) 혹은 동물의 썩은 사체와 같이(레 11:8, 11, 24 등) 땅을 부정하게 만든다는 것이다. 즉 이방 신들의 숭배는 결국 야웨의 선물인 땅과 기업을 더럽히는 것이 된다.

예레미야는 16:18에서 "우선"이라는 단어로 시작한다.

내가 **우선** 그들의 악과 죄를 배나 갚을 것은(렘 16:18).

여기서 "우선"이란 어부와 포수를 통한 이러한 심판이 먼저 일어나야 16:14-15의 약속이 이루어질 수 있다는 것을 말한다. 유다 백성들에게 결국은 귀환이라는 구원이 이루어질 것이다(렘 16:14-15). 그러나 그 구원은 심판을 경험하고 나서야 비로소 실현된다(렘 16:16-18). 심판 없이 주어지는 구원은 없다. 하나님이 주시는 구원은 심판이라는 값을 치른 후에 주어진다. 아무런 대가도 없이 주어지는 것은 진정한 은총일 수 없다.

오늘날 기독교 공동체가 고백하고 있는 "예수를 믿음으로 구원받는다"는 이신득의(以信得義)의 진리도 예수께서 십자가의 죽음이라는 심판을 대신 받음으로써, 즉 인간들의 죗값을 대신 치르고 이루어낸 사건에서 비롯된 것이다. 예수의 핏값으로 이루어진 은총이기에 이는 "값비싼 은총"이 아닐 수 없다. "값비싼 은총"을 "값싼 은총"으로 변질시켜서는 안 된다. 예수의 대속적인 십자가 사건을 믿음으로 구원받아 예수의 제자가 된 사람들은 이 땅에 살면서 예수께서 대신 짊어지신 나의 십자가의 한 모퉁이라도 함께 짊어지고 가야 하지 않을까. 내가 감당해야 할 "내 십자가"를 외면하면 예수가 짊어지셔야 할 "예수의 십자가"는 더 무거울 수밖에 없다.

누구든지 나를 따라오려거든 자기를 부인하고 **자기 십자가를 지고 나를 따를 것이니라**(막 8:34; 참조. 마 16:24; 눅 9:23).

5. 어리석은 우상숭배자보다 더 악한 광기 어린 우상파괴자: "사람이 어찌 신 아닌 것을 자기의 신으로 삼겠나이까?"(렘 16:19-21)

예레미야 16:19-21은 이방인들의 야웨 하나님 인식에 대하여 다루고 있다. 예레미야는 "열방의 선지자"(렘 1:5)라는 이름에 걸맞게 이방 세계를 잊어버리지 않는다. 예레미야 16:19-20은 예레미야의 기도다. 이 기도는 야웨 하나님을 부름으로 시작한다.

> 여호와,
> 나의 힘,
> 나의 보장,
> 환난 날의 피난처시여(렘 16:19a).

이는 특히 탄원시와 감사시에서 전형적으로 나타나는 표현법이다. 고난의 시간에 기도자는 신뢰하는 자세로 야웨를 향하고, 야웨가 이방 민족들에게도 구원을 베풀 것을 기대한다.

> 민족들이 땅끝에서 주께 이르러 말하기를
> "우리 조상들의 계승한 바는
> 허망하고 거짓되고 무익한 것뿐이라"(렘 16:19b).

형식상 예레미야 16:19b과 20절은 이방인의 고백을 인용한 것처럼 보인다.

> 19b)민족들이 땅끝에서 주께 이르러 말하기를

"우리 조상들의 계승한 바는

허망하고 거짓되고 무익한 것뿐이라.

20)사람이 어찌 신 아닌 것을

자기의 신으로 삼겠나이까"(렘 16:19b-20).

그러나 이는 예레미야의 기대를 이런 형식을 담아 표현한 것이다. 예레미야는 이방 백성들이 자신이 섬겨온 신들이 무익한 우상이라는 사실을 깨닫게 될 날이 올 것이라는 확신을 가지고 있다.

이어서 나오는 예레미야 16:21은 구원의 말씀이다.

보라! 이번에 그들에게 내 손과 내 능력을 알려서

그들로 내 이름이 여호와인 줄 알게 하리라(렘 16:21).

이 구원 선포는 이방 민족들이 야웨의 행동을 인식하게 될 것이라고 말한다. 이방 민족들로 하여금 야웨만이 참 하나님이심을 인식하게 하는 행동은 예레미야 16장의 문맥에서는 포로로 끌려간 유다를 본국으로 귀환시키는 것(렘 16:14-15)과 동일시된다(겔 36:22-24, 33-36).[26] 이방 나라들이 야웨 하나님을 인정한다면, 유다 백성에게도 결정적인 결과를 가져다준다. 모든 나라가 야웨께서 전 세계의 주님이시라는 사실을 깨닫는다면, 유다 백성들이 역사 속에서 계속 반복해서 저질렀던 야웨로부터 떠나려는 엄청난 유혹이 한꺼번에 제거될 것이다.[27] 이와 같이 예레미야는 유다의 심판과 구원뿐만 아니라 이방 나라의 구원에도 깊은 관심을 갖고 있다.

---

26 G. Wanke, *Jeremia. Teilband 1: Jeremia 1,1-25,14*, 162.
27 W. Werner, *Das Buch Jeremia Kapitel 1-25*, 163.

예레미야가 이방 백성의 입을 통하여 말한 "사람이 어찌 신 아닌 것을 자기의 신으로 삼겠나이까"(렘 16:20)는 유다의 우상숭배자들을 향한 안타까움을 표현한 것으로 보인다. 여기서는 18절의 위협을 촉발했던 격렬한 분노와 신랄한 비난의 어조는 온데간데없이 사라졌다. 사실 우상을 숭배하는 사람들은 "악인"이라기보다는 "어리석은 자들"이다. 그들은 불가능한 것을 시도하고 하나의 환영(幻影)을 만들어내는 일 외에 아무것도 할 수 없다.

따라서 이 부분은 좀 더 성찰해볼 필요가 있다. 왜냐하면 인류의 역사는 사실 우상숭배자들보다는 우상과 우상숭배자들을 파괴하는 폭력성과 분노 때문에 더 많은 고통을 경험해왔기 때문이다. 즉 우상숭배를 반대하는 사람들은 흔히 그들이 제거하려고 의도하였던 우상숭배보다 오히려 더 나쁜 죄악으로 판명된 야만적인 광기와 분노를 과시해왔던 것이 사실이다!(십자군 전쟁, 마녀사냥 등) 예레미야는 16:19-20에서 우상숭배에 대한 야만적인 분노와 광기 어린 적개심을 품기보다는 오히려 그것의 어리석음과 허무함을 안타깝게 느꼈던 것으로 보인다. 그래서 예레미야는 자신에게 하나님에 대한 참된 앎을 허락하신 하나님의 성호(聖號)를 찬양하였다.

여호와,
나의 힘,
나의 요새,
환난 날의 피난처시여(렘 16:19a).

사실 알고 보면 우상으로 향하는 사람들은 "박해의 대상"이라기보다는 "연민의 대상"이다. 그들은 자신에게 어떠한 선(善)도 가져다주지 못하는 헛된

것을 추구하고 있기 때문이다.[28]

> 내 백성이 두 가지 악을 행하였나니
> 곧 그들이 생수의 근원되는 나를 버린 것과
> 스스로 웅덩이를 판 것인데
> **그것은 그 물을 가두지 못할 터진 웅덩이들이니라**(렘 2:13).

우리의 기준으로 아무리 그릇된 길을 걷는다 할지라도 그 길을 걷는 자들을 집요하게 공격하고 혐오하는 것은 하나님의 백성이 취할 자세가 아니다. "사랑과 정의"는 함께 가야 한다. "사랑 없는 정의"는 "정의 없는 사랑" 보다 더 나쁘다. "아이고 내 새끼" 하면서 무조건 감싸는 것도 잘못이지만, 애를 바로잡는다며 매질로 애를 죽이는 부모는 크게 잘못된 것이다. "정의 없는 사랑"도 "사랑 없는 정의"도 기독교가 아니다. 이 두 가지는 오늘날 기독교의 가장 큰 위험이다. 내 편만을 위한 사랑은 있으되 정의가 없는 교회가 있는가 하면, 내 편은 정의이므로 다른 편에게는 모질게 비판만 하는 교회도 있다. 사랑과 정의가 함께한다면 박해보다는 연민이 좀 더 크게 작동할 것이다.

28　로날드 클레멘츠, 『예레미야』, 166.

제15강

가던 길을 멈추고
자기를 점검하는 예레미야

"나를 고치소서. 그리하시면 내가 낫겠나이다"
(렘 17:1-27)

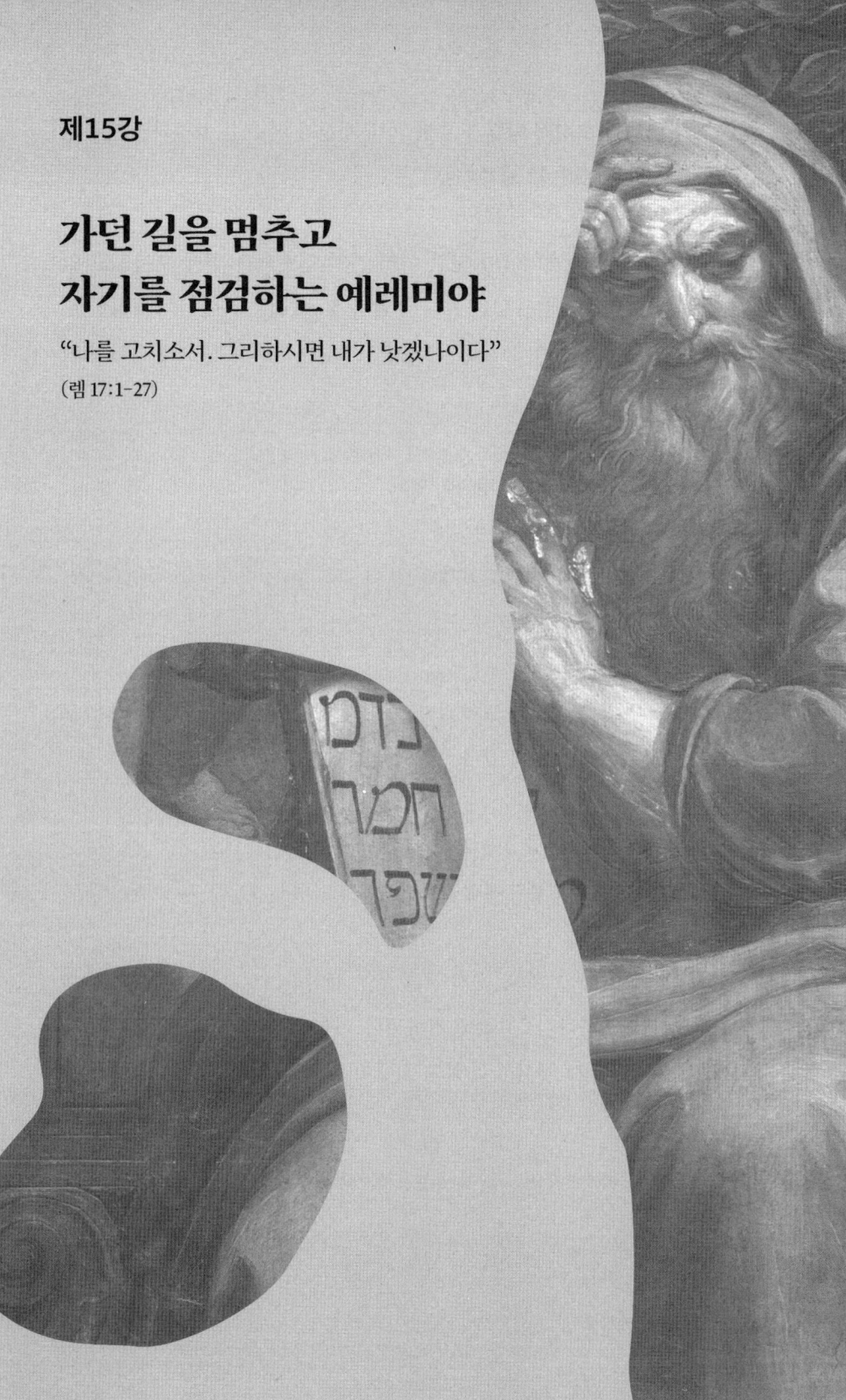

1. 풍요가 아니라 오히려 박탈과 추방: "네 재산과 네 모든 보물과 산당들로 노략을 당하게 하리니"(렘 17:1-4)

예레미야 17장은 예레미야가 전한 여러 가지 선포들을 한데 모아놓고 있다. 즉 1-4절은 제거될 수 없는 유다의 범죄, 5-11절은 하나님의 정당한 보응, 12-18절은 예레미야의 탄원기도, 19-27절은 안식일 성수에 대하여 기록하고 있다.

① 1-4절: 제거될 수 없는 유다의 범죄
② 5-11절: 하나님의 정당한 보응
③ 12-18절: 예레미야의 탄원기도
④ 19-27절: 안식일 성수

예레미야는 유다의 죄악이 그들의 마음과 제단 뿔에 철필로 기록되어 있고 금강석 끝으로 새겨졌다고 한다.

유다의 죄는 **금강석 끝 철필**로 기록되되
그들의 **마음판**과 그들의 **제단 뿔**에 새겨졌거늘(렘 17:1).

여기서 "철필"(עֵט, 에트)은 단순히 글을 쓰는 펜이라기보다는 조각도와 같은 연장을 말한다.[1] 따라서 "철필로 기록되다"라는 표현은 "금강석 끝으로 새기다"라는 평행구가 암시하고 있는 것같이 글자를 쓰는 수준이 아니라 돌

---

1 J. A. 톰슨, 『예레미야(상)』, 최우성 역(반즈 신구약 성경주석; 서울: 크리스챤서적, 1992), 585.

에다 비문을 새겨 넣는 것과 같은 수준을 말한다. 그런데 이러한 새김의 장소로 언급된 곳이 "사람의 마음"과 "제단의 뿔"이다. "사람의 마음속"은 마치 돌판에 새기듯이 본디 하나님의 계명을 새겨 넣어야 할 곳이다.

인자와 진리가 네게서 떠나지 말게 하고
그것(하나님의 법)을 네 목에 매며
네 마음판에 새기라(잠 3:3).

이것(계명)을 네 손가락에 매며
이것(계명)을 **네 마음판에 새기라**(잠 7:3).

그런데 사람의 마음속에 하나님의 계명이 아니라 백성의 죄가 지울 수 없게 단단하게 새겨져 있다. 야웨께서 유다의 죄를 유다의 마음판에 새겨 넣었다. 여기서 동사("새겨졌다")가 수동태형으로 표시된 것은 야웨가 행위자임을 암시해준다.[2]

또한 그 죄가 "제단 뿔"에 새겨져 있다는 것은 그 죄가 사함을 받지 못하고 계속해서 하나님의 기억 속에 머물러 있음을 뜻한다. 레위기 16:18에 따르면, 제단의 뿔은 속죄의 날에 희생동물의 피를 바름으로써 이스라엘의 부정을 정화시키고 성화시킬 수 있었다.[3]

그는 여호와 앞 제단으로 나와서 그것을 위하여 속죄할지니 곧 **그 수송아지의 피와 염소의 피를 가져다가 제단 귀퉁이 뿔들에 바르고**(레 16:18).

---

[2] W. Werner, *Das Buch Jeremia Kapitel 1-25* (NSKAT; Stuttgart: Verlag Katholisches Bibelwerk, 1997), 164.

[3] W. Werner, *Das Buch Jeremia Kapitel 1-25*, 165.

그런데 피로 덮여야 할 자리에 죄악이 지울 수 없이 새겨져 있는 것이다. 유다의 죄는 제단의 뿔에 희생동물의 피가 뿌려지는 행위를 통하여도 더는 정화될 수 없다. 따라서 제단의 뿔은 유다의 "속죄의 증인"이 아니라 "죄악의 증인"이 된다.[4] 1절은 유다의 죄가 영구적으로 각인되어 있어서 더는 뒤집을 수도 없고, 변경할 수도 없고, 부정될 수도 없고, 망각될 수도 없음을 보여준다.

2절은 유다의 죄악에 대하여 보다 자세하게 묘사하고 있다.

> 그들의 자녀가 **높은 언덕** 위 **푸른 나무** 곁에 있는 그 **제단들**과
> **아세라들**을 생각하도다(렘 17:2).

유다의 죄는 그들이 가나안의 제의에 몰두한 나머지 정작 야웨로부터는 멀어졌다는 점에 있다. 이 절은 유다 백성들이 가나안의 풍요제의를 행하고 있음을 보여준다. 높은 언덕, 푸른 나무, 제단, 아세라[5] 등은 가나안 제의의 상징들이다.

> 2)너희가 쫓아낼 민족들이 그들의 신들을 섬기는 곳은 **높은 산**이든지 작은 산이든지 **푸른 나무** 아래든지를 막론하고 그 모든 곳을 너희가 마땅히 파멸하며 3)그 **제단**을 헐며 주상을 깨뜨리며 **아세라 상**을 불사르고 또 그 조각한 신상들을 찍어 그 이름을 그곳에서 멸하라(신 12:2-3; 참조. 왕상 14:23; 왕하 17:10).

---

4   G. Wanke, *Jeremia. Teilband 1: Jeremia 1,1-25,14* (ZBAT; Zürich: Theologischer Verlag, 1995), 163.
5   여기서 "아세라들"(אֲשֵׁרִיהֶם, 아세레헴)은 나무로 된 물건으로 아마 아세라 여신을 상징하는 나무 기둥이었던 것 같다. R. de Vaux, *Ancient Israel: Its Life and Institution* (London: Darton, Longman & Todd Ltd., 1961), 285-287.

유다 백성들은 곤경에 처할 때 야웨를 찾기보다는 오히려 가나안의 제의에 참여하여 이방 신에게 기도를 드렸다. 이러한 현상은 이방제사를 제거하려던 요시야의 종교개혁(기원전 622년)이 사실상 성공하지 못했음을 암시하고 있다.[6]

유다 백성들은 풍요와 다산을 기대하고 이를 관장하는 신으로 알려진 가나안 신들을 찾아 제사를 드렸다. 그러나 그들의 의도와는 정반대로 유다 백성들은 소유하고 있던 것마저도 박탈당하고 하나님으로부터 선물로 주어진 기업에서 추방되어 자신도 모르는 땅에서 원수를 섬기는 포로의 처지로 전락하게 될 것이다.

> 3)들에 있는 나의 산아,
> 네 온 영토의 죄로 말미암아
> **내가 네 재산과 네 모든 보물과**
> **산당들로 노략을 당하게 하리니**
> 4)**내가 네게 준 네 기업에서 네 손을 뗄 것이며**
> **또 내가 너로 하여금 너의 알지 못하는 땅에서 네 원수를 섬기게 하리니**
> 이는 너희가 내 노를 맹렬하게 하여
> 영원히 타는 불을 일으켰음이라(렘 17:3-4).

이는 유다의 지울 수 없는 죄악으로 인하여 야웨의 꺼지지 않는 진노의 불을 끌어들였기 때문이다. 유다 백성들은 더 많은 풍요를 갈망했으나, 그나마 소유하고 있던 것마저 모두 박탈당하고 이방 나라로 추방될 것이다.

---

6 G. Wanke, *Jeremia. Teilband 1: Jeremia 1,1-25,14*, 164.

2. 웰빙의 근원이신 야웨: "여호와를 의지하며 여호와를 의뢰하는 그 사람은 복을 받을 것이라"(렘 17:5-13)

이 단락(5-13절)은 5절의 "마음이 여호와에게서 떠난(סור, 수르) 그 사람"과 13절의 "여호와를 떠나는(סור, 수르) 자"가 수미상관(inclusio)을 이루는 것으로 보아 하나의 단락으로 묶일 수 있다. 5-11절은 지혜시로도 분류되는 시편 1편을 인용하여 저주를 받을 자와 복을 받을 자를 대조한다. 12-13절은 심판자이신 하나님을 찬양하는 영광송이다.[7] 이 영광송에서 예레미야는 야웨를 버리고 떠난 자들에게 상응하는 벌을 야웨가 내리시리라는 확신을 표현한다.

5-11절은 하나님의 말씀으로 시작한다(5a절). 이 구절들은 아마도 1-4절에 대한 구체적인 해설로 보인다.[8] 5-6절은 "저주를 받을 것이다"(ארור, 아루르)로 시작하는 "저주 선언"(Flugspruch)이고, 7-8절은 이와는 대조적으로 "복을 받을 것이다"(ברוך, 바루크)로 시작하는 "축복 선언"(Segensspruch)이다(우리말 성서는 번역상 이 부분을 문장의 맨 마지막에 두었다). 이 저주 선언과 축복 선언은 서로 대칭을 이루고 있다.

5절은 저주받을 사람의 행태를 알려준다.

> 무릇 사람을 믿으며
> 육신으로 그의 힘을 삼고
> 마음이 여호와에게서 떠난
> **그 사람은 저주를 받을 것이라**(렘 17:5).

---

[7] 김명숙, 『예레미야서 1-25장』(거룩한 독서를 위한 구약성경 주해; 서울: 바오로딸, 2021), 331.

[8] J. Schreiner, *Jeremia 1-25:14* (NEB; Würzburg: Echter Verlag, 21985), 108.

여기서 "사람을 믿는다"는 것은 인간의 지혜와 무력에 의존하는 것을 뜻한다. 이에 대한 본보기로 유다의 왕들을 들 수 있다. 유다의 왕들은 대부분 인간적인 지혜와 무력(무기)에 의존하여 왕정군주제를 유지시켰다. 이는 하나님의 요구를 무시한 처사다.[9] 야웨는 인간적인 지혜와 용맹과 재물이 아니라 사랑과 공의와 정의를 원하신다.

> 23)여호와께서 이와 같이 말씀하시되
> "**지혜로운 자**는 그의 **지혜**를 자랑하지 말라.
> **용사**는 그의 **용맹**을 자랑하지 말라.
> **부자**는 그의 **부함**을 자랑하지 말라.
> 24)자랑하는 자는 이것으로 자랑할지니
> 곧 명철하여 나를 아는 것과
> 나 여호와는 **사랑**과 **정의**와
> **공의**를 땅에 행하는 자인 줄 깨닫는 것이라.
> 나는 이 일을 기뻐하노라."
> 여호와의 말씀이니라(렘 9:23-24).

따라서 예레미야는 사람과 힘을 의지하는 이들의 행위를 야웨에게서 떠난 행위라고 일갈하고 있다. 이들은 마치 사막의 떨기나무와 같아서 마르고 쓸모없는 채로 내버려질 것이며, 소금에 절어 인적이 없는 땅에서 살 것이다.

그는 사막의 떨기나무 같아서

---

[9] W. Brueggemann, *A Commentary on Jeremiah: Exile and Homecoming* (Grand Rapids, Michigan: Wm. B. Eerdmans Publishing Co, 1998), 159.

좋은 일이 오는 것을 보지 못하고
광야 간조한 곳, **건건한(소금기 있는) 땅**,
사람이 살지 않는 땅에 살리라(렘 17:6).

고대 중동 지방의 저주 문서에 따르면 소금은 땅이 소산을 내지 못하게 한다.[10]

그 온 땅이 유황이 되며 소금이 되며 또 불에 타서 심지도 못하며 결실함도 없으며 거기에는 아무 풀도 나지 아니함이 옛적에 여호와께서 진노와 격분으로 멸하신 소돔과 고모라와 아드마와 스보임의 무너짐과 같음을 보고 물을 것이요(신 29:23).

그 주민의 악으로 말미암아
옥토가 변하여 염전이 되게 하시며(시 107:34).

7절은 저주받을 사람(5절)과 정반대의 복받을 사람을 소개한다.

무릇 여호와를 의지하며
여호와를 의뢰하는
그 사람은 복을 받을 것이라(렘 17:7).

여기서 두 번째 구절을 문자적으로 번역하면 "그의 신뢰를 여호와께 두는

---

10 박동현, 『주께서 나를 이기셨으니: 설교를 위한 예레미야서 연구』(개정증보판; 서울: 한국성서학연구소, 2000), 345.

사람"이라 할 수 있다. 즉 복을 받을 사람은 야웨만을 신뢰의 초점으로 삼는다. 이러한 사람은 시냇가에 심어진 나무처럼 생명력이 넘칠 것이다.

> **그는 물가에 심어진 나무가**
> 그 뿌리를 강변에 뻗치고
> 더위가 올지라도 두려워하지 아니하며
> 그 잎이 청청하며
> 가무는 해에도 걱정이 없고
> 결실이 그치지 아니함 같으리라(렘 17:8).

아마도 9-11절은 5-8절의 "행위와 결과의 관계"에 대한 일반적인 반문에 대하여 대답하는 것으로 보인다. 즉 "마음이 여호와로부터 떠나 있는지"(5절)의 여부를 누가 알 수 있느냐는 것이다. 이러한 반문이 9절에 표현되고 있다.

> 만물보다 **거짓되고 심히 부패한 것**은 마음이라.
> **누가 능히 이**(마음)**를 알리요마는**(렘 17:9).

이러한 관찰은 신학적인 성찰의 결과가 아니다. 이는 인간이 본성적으로 신뢰할 수 없고 불성실하다는 지혜적인 관찰에서 비롯된 것이다.[11] 인간 문제의 핵심은 마음의 문제다.[12] 이 문제는 여기서 세 단어("거짓되고", "심히 부패한", "누가 능히 알리요")로 정리되어 있다. 인간은 교활하고, 부패하여 병들

---

11 W. Brueggemann, *A Commentary on Jeremiah: Exile and Homecoming*, 160.
12 크리스토퍼 라이트, 『예레미야 강해: 심판의 끝, 은혜의 시작』, 안종희 역(BST 시리즈; 서울: IVP, 2018), 282.

었으며, 도저히 이해할 수 없다. 즉 인간의 마음은 도저히 비교할 수 없을 정도로 도덕적으로 "교활하고", 회복의 소망이 없을 정도로 "부패하며", 따라서 "인간이 도저히 이해할 수 없다."[13] 사실 사람의 마음은 단순하지 않다. 사람의 생각과 의도는 다른 사람에게 숨겨져 있다. 그러나 야웨는 인간과는 다르게 사람의 마음을 꿰뚫어 보는 능력이 있다. 하나님 앞에서는 아무도, 그리고 아무것도 숨길 수 없다.

나 여호와는 **심장**(לֵב, 레브)을 살피며
폐부(כְּלָיוֹת, 켈라요트)를 시험하고
각각 그의 행위와 그의 행실대로 보응하나니(렘 17:10).

여기서 첫 단어인 "나"(אֲנִי, 아니)는 강조의 표현이다. 이것은 "누가 능히 이를 알리요"라는 절망적인 질문에 대한 의도적인 반응으로 보인다. 하나님은 "내가 안다. 나, 주는 마음을 살피는 자이며, 내적 존재를 시험하는 자"라고 말씀하신다.[14]

심장은 "생각과 의지의 터전"이고, 폐부(콩팥)는 "감정과 정서의 터전"이다.[15] 심장은 냉정하게 생각하고 결단하며, 콩팥은 감정적으로 느낀다. 아무튼 야웨 하나님은 사람의 마음을 정확하게 살피고 그 속을 감찰하실 수 있다.

"공의로 판단하시며

---

13 L. C. Allen, *Jeremiah: A Commentary* (OTL; Louisville: Westminster John Knox Press, 2008), 200.
14 크리스토퍼 라이트, 『예레미야 강해: 심판의 끝, 은혜의 시작』, 282.
15 J. A. 톰슨, 『예레미야(상)』, 591.

사람의(히브리어: 콩팥/신장) **마음**을 감찰하시는 만군의 여호와여,

나의 원통함을 주께 아뢰었사오니

그들에게 대한 주의 보복을 내가 보리이다" 하였더니(렘 11:20),

의인을 시험하사

그 **폐부**(콩팥/신장)와 **심장**을 보시는 만군의 여호와여,

나의 사정을 주께 아뢰었사온즉

주께서 그들에게 보복하심을 나에게 보게 하옵소서

(렘 20:12; 왕상 8:39; 시 139:23; 롬 8:27 등).

따라서 하나님은 인간의 모든 행동의 정확한 심판자가 되실 수 있다.

또한 여기서 "살피다"(חָקַר, 하카르)와 "시험하다"(בָּחַן, 바한)로 옮긴 히브리어 동사는 분사형으로 되어 있다. 이는 그냥 단 한 번의 행위를 가리키는 것이 아니라 "계속적인 주시"를 표현한다. 하나님은 사람의 중심을 계속해서 관찰하고 계신다. 결국 예레미야는 "행위와 결과의 관계"란 인간의 경험에 기초하는 것이 아니라 하나님의 능력과 행위를 통하여 입증된다는 점을 강조하고 있다. 야웨 하나님은 모든 인간 삶의 내적 실상을 보시고 정확히 살피시고 시험하시는 분이다. 하나님이 인간의 모든 동기, 의도, 행위에 관한 완전한 지식을 갖고 계시기 때문에 오직 그분만이 완전한 정의를 실행할 수 있다.[16]

예레미야는 이러한 경우를 한 속담을 인용하면서 설명한다.

불의로 치부하는 자는

---

[16] 크리스토퍼 라이트, 『예레미야 강해: 심판의 끝, 은혜의 시작』, 283.

자고새가 낳지 아니한 알을 품음 같아서

그의 중년에 그것이 떠나겠고

마침내 어리석은 자가 되리라(렘 17:11).

"자고새"는 스스로 알을 낳는 노력을 하지 않고 다른 새의 둥지에서 알을 빼앗아 품고 자기 새끼로 삼으려는 새로 알려져 있다. 그러나 아기 새가 알에서 부화해 나와서 자신의 힘으로 날 수 있게 되면 그 아기 새는 자신을 낳아준 어미 새에게로 되돌아간다.[17] 본래 자기의 것이 아닌 알을 품어 새끼로 키워봤자 나중에 그 새끼가 떠나듯이, 자기의 것이 아닌 부(富)를 남에게서 부당하게 빼앗아 올바르지 못한 방식으로 축적하는 사람은 그 부를 계속 누릴 수 없다.[18] 또한 "중년에"라는 표현은 "예상보다 이른"이라는 의미다.[19]

내(히스기야)가 말하기를

"나의 중년에 스올의 문에 들어가고

나의 여생을 빼앗기게 되리라" 하였도다(사 38:10).

남의 것을 부당하게 빼돌리거나 힘으로 빼앗아 불법으로 모은 재산은 "생각보다 빨리" 어느새 날아가 버리는 법이다. 요점은 다른 사람을 희생시키거나 무시한 대가로 부를 쌓은 사람들은 "마침내" 혹은 "졸지에" 예수님이 묘사하신 어리석은 부자와 같이 재산을 모두 잃고 수치를 당하게 된다는

---

17 W. McKane, *Jeremiah 1* (ICC; Edinburgh: T&T Clark, 1996), 399.
18 박동현, 『예레미야(1)』(대한기독교서회 창립 100주년 기념 성서주석; 서울: 대한기독교서회, 2006), 564.
19 W. Werner, *Das Buch Jeremia Kapitel 1-25*, 168.

것이다(참조. 눅 12:13-21; 약 5:1-6).[20]

이어지는 12-13절은 심판자이신 하나님을 찬양하는 영광송이다.

[12)]영화로우신 보좌여
시작부터 높이 계시며
우리의 성소이시며
[13)]이스라엘의 소망이신 여호와여,
무릇 주를 버리는 자는 다 수치를 당할 것이라.
무릇 여호와를 떠나는 자는 흙에 기록이 되오리니
이는 생수의 근원이신 여호와를 버림이니이다(렘 17:12-13).

12절은 히브리어 본문에 충실하여 "처음부터 높은 데 있는 영화로우신 보좌가 우리의 성소의 장소로다"로 옮기는 것이 더 낫다. 거의 대부분의 번역본이 이렇게 번역하고 있다.[21] "높은 데/높이"(מָרוֹם, 마롬)는 보통 "하늘"(שָׁמַיִם, 샤마임)과 동의어로 쓰이기도 한다.

여호와께서 그의 **높은**(מָרוֹם, 마롬) 성소에서 굽어보시며
하늘(שָׁמַיִם, 샤마임)에서 땅을 살펴보셨으니(시 102:19).

여기서 "우리의 성소"는 "하늘 성소"를 가리킨다.[22] 또한 "처음"은 "천지가 창조된 때"를 가리키는 듯하다.

---

20 크리스토퍼 라이트,『예레미야 강해: 심판의 끝, 은혜의 시작』, 284.
21 강성열,『예레미야: 1-25장』(한국장로교총회창립 100주년기념 표준주석; 서울: 한국장로교출판사, 2021), 310.
22 W. L. Holladay, *Jeremiah 1(Ch. 1-25)* (Hermeneia; Philadelphia; Fortress Press, 1986), 502.

> 1)여호와께서 다스리시니
> 스스로 권위를 입으셨도다.
> 여호와께서 능력의 옷을 입으시며
> 띠를 띠셨으므로
> 세계도 견고히 서서 흔들리지 아니하는도다.
> 2)주의 보좌는 **예로부터** 견고히 섰으며
> 주는 **영원부터** 계셨나이다(시 93:1-2).

이 구절은 천지가 창조되던 때부터 하나님이 진정으로 좌정하신 곳은 예루살렘이 아니고 하늘이라는 사실을 의미한다. 이는 예루살렘 성전을 난공불락으로 믿는 이들에 대한 반박이라 할 수 있다.[23]

> 너희는 이것이 "여호와의 성전이라, 여호와의 성전이라, **여호와의 성전이라**"
> 하는 **거짓말을 믿지 말라**(렘 7:4).

> 여호와께서 이와 같이 말씀하시되
> "**하늘은 나의 보좌요**
> **땅은 나의 발판이니**
> **너희가 나를 위하여 무슨 집을 지으랴?**
> 내가 안식할 처소가 어디랴"(사 66:1).

이어지는 13절에서 예레미야는 "이스라엘의 희망은 하늘 성소에 계시는

---

23 김명숙, 『예레미야서 1-25장』, 331.

여호와께 있음"을 고백한다. "흙에 기록된다"는 표현은 "지하세계"[24]보다는 "허무함이나 무상함"을 가리키는 것으로 보인다.[25] 생수의 근원이신 야웨를 저버린 사람은 땅 위의 글자 같이 바람이 불면 곧바로 사라지는 무상한 인생과 같다. 유다 백성의 죄악은 생수의 근원이신 야웨를 버린 사실에 있다. 예언자는 야웨를 떠난 자에게 상응하는 벌을 야웨가 내리실 것을 확신한다. 따라서 이 단락의 주제는 "하나님의 정당한 보응(보답)"이라 할 수 있다.[26]

예레미야는 생명과 풍요로 가는 길("그 잎사귀가 마르지 아니함과 같으니")이란 사람의 지혜와 힘을 통해서가 아니라(5절), 하나님에 대한 복종과 신뢰를 통하여 추구되어야 한다는 것을 보여준다. "사막의 떨기나무"(6절)가 될 것인가, 아니면 "물가에 심어진 나무"(8절)가 될 것인가. 다시 말해서 죽음과 삶의 운명은 신뢰의 대상에 의하여 결정된다. 야웨가 진정한 웰빙의 근원이다(7절). 이러한 야웨를 거부하고 사람을 신뢰하면 부패한 마음을 가진 자이고(9절), 탐욕스러운 자고새와 같다(11절). 이들의 의지와 감정을 간과하지 않고 늘 주목하고 계시는 하나님은 그들의 행위와 행실대로 보응하신다(10절). 하늘 성소에 계시는 야웨 하나님이 참 소망이다(12절). 생수의 근원, 즉 웰빙의 근원인 하나님을 외면한 자는 졸지에 폭망할 수 있다(13절).

---

[24] Baumgartner와 Dahood는 13절의 "땅"은 지하세계, 곧 스올로 이해해야 한다고 주장한 바 있다. W. Baumgartner, *Jeremiah's Poems of Lament*(1917), trans. by D. E. Orton (Sheffield: Almond Press, 1987), 52; M. Dahood, "The Metaphor in Jeremiah 17:13," *Biblica* 48, 1967, 109-110.
[25] G. Wanke, *Jeremia. Teilband 1: Jeremia 1,1-25,14*, 168.
[26] J. Schreiner, *Jeremia 1-25,14*, 108.

3. 자신의 정당성이 입증되기를 간구하는 예레미야: "나로 치욕을 당하게 마옵소서"(렘 17:14-18)

예레미야 17:14-18은 예레미야의 네 번째 탄원을 보여준다. 예레미야는 자신의 탄원 고백을 담은 찬양으로 시작한다.

> 여호와여,
> 주는 나의 찬송이시오니
> 나를 고치소서.
> 그리하시면 내가 낫겠나이다.
> 나를 구원하소서.
> 그리하시면 내가 구원을 얻으리이다(렘 17:14).

예레미야가 자신의 탄원기도를 이렇게 찬양으로 시작하는 것은 의도적으로 보인다. 즉 그는 자신을 조롱하고 핍박하는 사람들(15절)과는 다르게 자신은 하나님에 대한 신앙의 확신을 가지고 있음을 의도적으로 고백한 것이다. 예레미야는 하나님에 대한 확고한 신앙("주는 나의 찬송이시오니")을 고백하고 나자마자 하나님께 "나를 고치소서. 그리하시면 내가 낫겠나이다. 나를 구원하소서. 그리하시면 내가 구원을 얻으리이다"라고 간구한다. 이 구절은 15절의 인용구를 통해서 알 수 있듯이 단순히 질병으로부터의 치유를 다루는 것이 아니다. "고치소서"와 "구원하소서"라는 간구는 내적이고 정신적인 고통을 변화시켜줄 것을 간구하는 것이다.[27] 예레미야는 자신을 조롱하는 자들의 말을 바로 이어서 인용한다.

---

27 W. Werner, *Das Buch Jeremia Kapitel 1-25*, 170.

보라! 그들이 내게 이르기를

"여호와의 말씀이 어디 있느냐?

이제 임하게 할지어다" 하나이다(렘 17:15).

그들은 빈정거리는 투로 하나님의 역사에 대한 명확한 증거가 어디에 있는지를 묻고 있다. 하나님이 주신 말씀 하나에 모든 삶을 바친 예언자에게 가장 견디기 힘든 것은 자신을 통한 하나님의 말씀에 대한 주변 사람들의 조롱이었을 것이다. 예레미야는 이웃들의 몰이해와 수모에서 비롯된 "도덕적 고통"을 견디기가 매우 힘들었을 것이다.[28]

예레미야는 자신이 하나님의 부르심에 충실했음을 다시 한번 고백하고 있다.

나는 목자의 직분에서 물러가지 아니하고
주를 따랐사오며
재앙의 날도 내가 원하지 아니하였음을
주께서 아시는 바라.
내 입술에서 나온 것이 주의 목전에 있나이다(렘 17:16).

사실 그의 입에 주어진 재앙의 말씀은 그 스스로도 원하는 바가 아니었다. 즉 그는 자신의 멸망 선포를 기뻐한 것도 아니고 단지 하나님이 주신 말씀을 충실하게 선포했을 뿐이다. 그런데 그 멸망이 현실로 일어나지 않는 것처럼 보이자 백성들은 기고만장하여 예레미야를 조롱하고 있는 실정이다. 사태가 이 지경에 이르자 예레미야는 불안해지기 시작했을 것이다. 자신의

---

28   서인석, 『오늘의 구약성서 연구』(서울: 성바오로출판사, 1983), 194.

말씀을 이루시지 않고 예언자를 고통의 한복판에 방치한 것처럼 보이는 하나님 때문에 예레미야는 불안하고 공포에 빠진다.

주는 내게 두려움이 되지 마옵소서.
재앙의 날에
주는 나의 피난처시니이다(렘 17:17).

예언자의 정당성은 야웨께서 메시지를 지키고 자신의 말씀을 역사 속에서 성취함으로써 예레미야가 두려움에 빠지지 않는다는 점에서 입증된다. 그러고 나면 예언자의 적대자들은 그들이 옳지 않음을 스스로 깨닫게 될 것이다. 왜냐하면 그들은 심판의 날에 붕괴될 것이기 때문이다.

예레미야의 탄원기도는 다음과 같은 간구로 끝난다.

나를 박해하는 자로 치욕을 당하게 하시고
나로 치욕을 당하게 마옵소서.
그들은 놀라게 하시고
나는 놀라게 마시옵소서.
재앙의 날을 그들에게 임하게 하시며
배나 되는 멸망으로 그들을 멸하소서(렘 17:18).

이 간구는 개인적이고 인간적인 복수심을 표현한 것이 아니다.[29] 예레미야가 자신을 박해하는 자들의 멸망을 간구하는 것은 단순히 보복의 마음에서 나온 것이 아니다. 예레미야는 야웨의 말씀으로 선포한 현실과 이와는

---

29 서인석 신부는 이렇게 이해하고 있다. 서인석, 『오늘의 구약성서 연구』, 194-195.

모순되어 보이는 자신의 현실 사이에서 긴장을 느낀다. 예레미야의 간구는 이러한 긴장을 자기 스스로 견뎌내야 하는 고뇌에 찬 한 인간이 핍박받는 결과에서 비롯된 절규일 뿐만 아니라,[30] 동시에 자신의 정당성이 역사 속에서 만천하에 입증되기를 간절히 바라는 마음에서 나온 것이다.

유다 백성에게 심판이 임하여 그의 원수들이 공공연하게 수치를 당할 때 예레미야가 옳았음이 명확하게 드러날 것이다. 예언자의 옳음은 곧 그를 보내신 분의 옳음이다. 예레미야는 두렵고 떨리는 마음으로 자신이 이해하고 있는 하나님의 정당성이 입증되기를 간구하고 있는 것이다.

하나님의 사람 예레미야는 자신이 틀렸다고 증명될지도 모른다는 두려움과, 예언자로서의 신뢰성이 완전히 붕괴될지도 모른다는 불안 사이에서 자신의 정당함을 입증해달라고 간구한다. 하나님의 사람들에게는 이러한 내적인 고통이 때로는 있는 그대로 분출되어야 한다. 종종 가던 길을 잠시 멈추고 자신이 지금 가고 있는 방향이 과연 옳은가라는 자기 비판적인 성찰을 하는 자만이 하나님 앞에서 빠지기 쉬운 오만과 교만을 버리고 겸손한 자세를 지킬 수 있다.

4. 회복의 축제와 자기성찰의 날인 안식일: "내가 너희 조상들에게 명령함 같이 안식일을 거룩히 할지어다"(렘 17:19-27)

마지막 단락(19-27절)은 조금은 색다른 주제이면서 야웨를 버린 유다 백성의 죄악 중 하나인 안식일 준수의 문제에 대하여 자세히 기록하고 있다. 이 단락은 예루살렘의 평화가 안식일 준수에 달려 있음을 강조한다.[31] 안식일

---

30 G. Wanke, *Jeremia. Teilband 1: Jeremia 1,1-25,14*, 169.
31 김명숙, 『예레미야서 1-25장』, 335.

을 준수하면 재앙을 피할 수 있다는 희망이 제시되고 있다. 예레미야는 여기서 조건적인 설교를 행한 것으로 소개된다. 예레미야가 설교를 행한 장소로 언급된 "유다 왕들이 출입하는 평민의 문"이 정확히 어디를 가리키는지는 단정 지을 수 없다.

> 여호와께서 내게 이와 같이 말씀하시되 "너는 가서 **유다 왕들이 출입하는 평민의 문과 예루살렘 모든 문에 서서**"(렘 17:19).

이 설교를 "평민의 문과 예루살렘 모든 문"에 서서 행했다고 언급된 것으로 보아, 이 메시지는 예루살렘 지도층뿐만 아니라 모든 일반 대중에게까지 적용되어야 함을 알려주고 있다.

> 무리에게 이르기를 "이 문으로 들어오는 **유다 왕들**과 **유다 모든 백성**과 **예루살렘 모든 주민**인 너희는 여호와의 말씀을 들을지어다"(렘 17:20).

예레미야는 안식일에 일을 중단하고 그날을 거룩하게 지키라고 설교한다.

> [21] 여호와께서 이와 같이 말씀하시되 "**너희는 스스로 삼가서 안식일에 짐을 지고 예루살렘 문으로 들어오지 말며** [22] 안식일에 너희 집에서 짐을 내지 말며 어떤 일이라도 하지 말고 **내가 너희 조상들에게 명령함 같이** 안식일을 거룩히 할지어다"(렘 17:21-22).

그는 이러한 말씀이 그들의 조상들에게 이미 알려주었던 말씀임을 상기시킨다(참조. 출 20:8-10; 신 5:12-14). 그러나 조상들은 이 안식일 계명을 준수하지 않았다.

그들은 순종하지 아니하며 귀를 기울이지 아니하며 그 목을 곧게 하여 듣지 아니하며 교훈을 받지 아니하였느니라(렘 17:23).

24-27절에서 예레미야는 "이것 아니면 저것"이라는 조건적인 설교를 행한다. 이 설교는 안식일 준수에 대하여 순종하면 복이 임할 것이고(24-26절), 반대로 불순종하면 심판이 있을 것이라고 경고한다(27절). 이 단락은 예레미야가 심판만 선포하지 않았으며, 멸망을 원하지도 않았다는 16절과 관련하여 이를 해명하기 위해서 앞선 탄원단락(14-18절)과 연이어 나온 것 같다.[32]

예레미야의 이 메시지에 따르면 모든 것이 안식일에 달려 있다. 안식일을 준수하면 정치적인 상황이 안정된다.

[24)]여호와의 말씀이니라. "너희가 만일 삼가 나를 순종하여 안식일에 짐을 지고 이 성문으로 들어오지 아니하며 안식일을 거룩히 하여 어떤 일이라도 하지 아니하면 [25)]**다윗의 왕위에 앉아 있는 왕들과 고관들이 병거와 말을 타고 이 성문으로 들어오되 그들과 유다 모든 백성과 예루살렘 주민들이 함께 그리할 것이요 이 성은 영원히 있을 것이며**"(렘 17:24-25).

또한 안식일을 준수하면 하나님과의 친밀한 사귐의 관계를 이어주는 예배도 그 효력을 발생하게 된다.

사람들이 유다 성읍들과 예루살렘에 둘린 곳들과 베냐민 땅과 평지와 산지와 네겝으로부터 와서 **번제와 희생과 소제와 유향과 감사제물을 여호와의 성전**

---

32   J. Schreiner, *Jeremia 1-25,14*, 112.

에 가져오려니와(렘 17:26).

"유다 성읍들과 예루살렘에 둘린 곳들과 베냐민 땅과 평지(שְׁפֵלָה, 쉐펠라)와 산지와 네겝"은 실제로 유다 전역을 가리킨다. 26절은 유다 전역에서 사람들이 온갖 제물을 들고 예루살렘 성전으로 오리라는 것을 말한다.[33] 이는 야웨께서 그들의 예배를 기꺼이 받아주실 것임을 의미한다.[34]

그 반대로 안식일을 범하는 것은 하나님의 뜻을 위반하는 것이고, 하나님의 선물을 불신하는 것이다. 당연히 이에 합당한 심판이 따른다.

"그러나 만일 너희가 나를 순종하지 아니하고 안식일을 거룩되게 아니하여 안식일에 짐을 지고 예루살렘 문으로 들어오면 내가 성문에 불을 놓아 예루살렘 궁전을 삼키게 하리니 그 불이 꺼지지 아니하리라" 하셨다 할지니라 하시니라 (렘 17:27).

한마디로 예루살렘은 불태워질 것이다. 이는 다윗 왕조와 유다 왕국의 멸망, 성전의 파괴를 말한다.

결국 정치적인 삶의 안정(25절)과 예배의 효력 발생(26절)은 안식일에 달려 있다. 왜냐하면 안식일은 하나님의 뜻이 존중되고 하나님이 주시는 생명의 능력이 신뢰됨을 알려주는 가장 극적인 표시이기 때문이다. 따라서 안식일은 신앙 공동체를 이루는 가장 중요한 특징적인 표지다.

여기서 안식일은 회복될 예루살렘을 간절하게 기대하는 희망의 날이다. 그것은 과거의 영광들과 활기의 회복을 기대하는 날이다. 즉 안식일은

---

33 박동현, 『예레미야(1)』, 579.
34 강성열, 『예레미야: 1-25장』, 315.

하나님께서 예루살렘을 영광스러운 도시요, 과거처럼 다시 순례의 중심지가 되도록 하시겠다는 당신의 약속을 성취하실 것이라는 믿음과 관련된 미래의 희망의 상징이다. 다시 말해서 안식일 준수 자체가 회복의 희망을 미리 맛보고 기리는 축제의 시간이 된다.[35]

또 다른 측면에서 안식일을 준수하는 행위는 하나님께 복종함으로써 자신의 생명을 주인에게 되돌려 주는 것을 의미한다. 만약 사람들이 주기적으로 자신의 생명을 주인이신 하나님께 되돌리지 않는다면 정치적이고 종교적인 모든 시스템은 붕괴될 것이다.[36]

> 이스라엘 사람들은 매 7일째마다 자신의 자율성을 포기하고, 자신에 대한 하나님의 주권을 확인한다.[37]

아무튼 안식일은 유다 백성들에게서 널리 퍼져 유혹하고 있는 파괴적인 "자기-의존성"(self-reliance)의 중지를 요구한다. 자기-의존성은 유다 백성의 심각한 병리였다. 안식일을 충실히 지키는 것은 자기 자신을 하나님의 주권에 예속함으로써 이러한 자기-의존성을 포기하는 것이다.[38]

우리는 여기서 안식일의 새로운 의미를 배운다. 안식일은 회복의 희망을 미리 맛보는 "축제의 시간"이요, 주기적으로 자신의 생명을 주인에게 되돌림으로써 자기-의존성 및 자기-중심성(self-centeredness)을 포기하는 "자

---

35 로날드 클레멘츠, 『예레미야』, 김회권 역(현대성서주석; 서울: 한국장로교출판사, 2002), 176-177.
36 W. Brueggemann, *A Commentary on Jeremiah: Exile and Homecoming*, 166.
37 M. Tsavat, "The Basic Meaning of the Biblical Sabbath," *The Meaning of the Book of Job and Other Biblical Studies: Essays on the Literature and Religion of the Hebrew Bible* (New York: KTAV: Dallas: Institute of Jewish Studies, 1980), 39-52, 특히 48.
38 W. Brueggemann, *A Commentary on Jeremiah: Exile and Homecoming*, 167.

기 성찰의 시간"이다. 오늘날 드리는 매 주일의 주일성수도 이러한 안식일의 새 의미를 되살려서 하나님 나라의 회복을 미리 맛보는 축제의 날이요, 자신의 삶을 성령으로 세척하는 엄숙한 날이 되어야 할 것이다.

제16강

"공공의 적"이 되어버린 예레미야

"그들이 나의 생명을 해하려고 구덩이를 팠나이다"(렘 18:1-23)

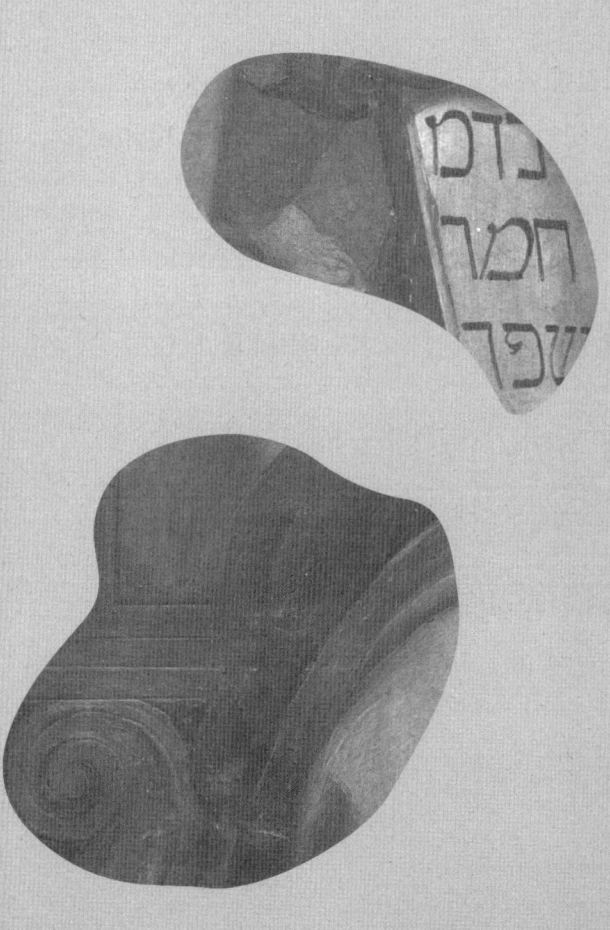

1. "세속의 공간"이 "계시의 공간"으로: "자기 의견에 좋은 대로 다른 그릇을 만들더라"(렘 18:1-6)

예레미야 18:1-6은 토기장이 비유의 상징행위를 묘사하고 있다. 이 단락은 상징행위의 3가지 구성요소를 모두 포함하고 있다. 즉 실행명령(1-2절), 실행보고(3-4절)와 해석(5-6절)이 기술된다. 야웨께서 예레미야에게 토기장이의 집으로 내려가라고 명하신다.

> 1)여호와께로부터 예레미야에게 임한 말씀에 이르시되 2)**"너는 일어나 토기장이의 집으로 내려가라.** 내가 거기에서 내 말을 네게 들려주리라" 하시기로(렘 18:1-2).

"내려가라"는 명령으로 유추하건대 아마도 이곳은 예레미야 19:2에 나오는 "하시드 문"(질그릇 조각 문) 가까이에서 힌놈의 골짜기로 내려가는 비탈에 있었던 같다. 예레미야는 그곳에서 토기장이가 진흙으로 그릇을 만드는 작업을 눈여겨 관찰한다.

> **내가 토기장이의 집으로 내려가서 본즉** 그가 녹로로 일을 하는데(렘 18:3).

토기장이는 그릇을 만들어 놓고 그 그릇에 흠집이 생기면 자기 마음에 드는 그릇이 나올 때까지 계속해서 그 일을 되풀이했다.

> 진흙으로 만든 그릇이 토기장이의 손에서 터지매 그가 그것으로 자기 의견에 좋은 대로 다른 그릇을 만들더라(렘 18:4).

그때 야웨께서 이러한 상징행위의 의미를 밝혀주신다.

> 5)그때에 여호와의 말씀이 내게 임하니라. 이르시되 6)"여호와의 말씀이니라. 이스라엘 족속아, **이 토기장이가 하는 것 같이 내가 능히 너희에게 행하지 못하겠느냐? 이스라엘 족속아, 진흙이 토기장이의 손에 있음 같이 너희가 내 손에 있느니라**"(렘 18:5-6).

6a절의 "이 토기장이가 하는 것 같이 내가 능히 너희에게 행하지 못하겠느냐?"라는 수사학적인 의문문은 야웨 하나님의 주권에 대하여 회의적인 청중을 전제로 하며 논쟁조로 상대를 설득시키려고 한다.[1] 이러한 예언자의 어투를 흔히 "논쟁의 말"(Disputationswort)이라고 한다. 여기서 이 논쟁의 말은 야웨 하나님의 "자유"와 "주권"을 강조한다.[2] 토기장이가 자유와 주권을 가지고 자신의 의도대로 진흙을 다루는 것과 같이 야웨도 그런 방식으로 이스라엘을 다루신다.

> 이스라엘 족속아, 진흙이 토기장이의 손에 있음 같이 너희가 내 손에 있느니라(렘 18:6b).

이스라엘은 자율적이거나 독립적이지 않고 완전히 야웨의 주도 안에 예속되어 있다.

토기장이의 손에 있는 진흙은 죽은 것이지만 하나님의 손안에 있는 인간은 살아 있는 존재다. 따라서 야웨는 자신의 자유와 주권을 당신의 생각

---

1 차준희, 『구약 신앙과의 만남』(서울: 대한기독교서회, 2002), 205-206.
2 W. Werner, *Das Buch Jeremia Kapitel 1-25* (NSKAT; Stuttgart: Verlag Katholisches Bibelwerk, 1997), 175.

대로만 일방적으로 몰고 가시는 것이 아니라 인간의 행동과 관련하여 행사하신다. 하나님의 계획은 인간의 태도에 따라 얼마든지 변경이 가능하다.³

이러한 점은 바로 이어지는 단락(7-12절)에서 상세히 묘사된다. 한 공동체의 돌이킴이 하나님의 돌이킴을 초래한다. 하나님의 주권은 고정관념에 묶인 것이 아니라 그 대상의 상황에 따라 심판과 구원을 자유롭게 행사하는 융통성 있는 "자유로운 주권"이다.⁴ 토기장이의 행동은 변형의 가능성을 분명히 보여준다.⁵ 야웨는 유다와 이스라엘을 향하여 심판을 계획하셨다. 그러나 회개와 새로운 시작의 가능성은 항상 열려 있다. 이스라엘이 하나님의 뜻에 맞지 않는 꼴을 갖추었다 하더라도 하나님은 그것으로 새로운 꼴을 만드실 수 있다는 것이다. 여기에 이미 심판을 넘어서는 구원의 희망이 암시되어 있다. 여기서 우리는 하나님께서 당신의 백성 이스라엘을 새롭게 빚고 창조하실 수 있음을 보여주는 적극적인 희망의 메시지를 읽을 수 있다.⁶

토기장이는 그릇에 흠집이 생기면 지체 없이 폐기한다. 자기 눈에 드는 제대로 된 그릇이 나올 때까지 계속해서 그 일을 되풀이한다. 하나님의 명령에 따라 우연히 토기장이가 그릇을 만드는 장면을 목격한 예레미야의 눈에는 갑자기 토기장이의 손에 놓인 진흙이 야웨의 손에 놓인 이스라엘 백성으로 보였다. 예레미야는 토기장이의 "그릇 작업"에서 하나님의 "구속 작업"을 깨달은 것이다. 그는 "세속사"에서 "구속사"를 본다. "세속의 공간"이 예언자에게는 하나님의 말씀을 새롭게 깨닫는 "계시의 장소"가 되

---

3 W. Rudolph, *Jeremia* (HAT; Tübingen: J. C. B. Mohr, 1968), 78.
4 박동현, 『주께서 나를 이기셨으니: 설교를 위한 예레미야서 연구』(개정증보판; 서울: 한국성서학연구소, 2000), 358.
5 R. P. Carroll, *The Book of Jeremiah* (OTL; Philadelphia: Westminster, 1986), 372.
6 로날드 클레멘츠, 『예레미야』, 김회권 역(현대성서주석; 서울: 한국장로교출판사, 2002), 179.

었다. 매일의 단순한 일상 속에서 야웨의 말씀을 발견하는 것이 예언자적 영성의 특징이다. 예레미야는 살구나무 가지를 볼 때도(렘 1:11-12), 끓는 가마솥을 볼 때도(렘 1:13-14), 진흙으로 일하는 토기장이의 집에서도 하나님의 말씀을 깨닫는다. 하나님은 성소 안에서만 말씀하시지 않는다. 깊은 영성은 성소뿐만 아니라 일상과 세상에서도 세미한 하나님의 음성을 듣게 한다.

2. 희망의 미래를 여는 회개: "너희는 각기 악한 길에서 돌이키라"(렘 18:7-12)

예레미야 18:7-12은 토기장이의 집에 방문하는 행위에 담긴 메시지를 좀 더 자세히 부연 설명하고 있다. 즉 하나님이 세상 만민들을 어떻게 다루시는가에 대하여 좀 더 광범위하게 성찰한다. 야웨 하나님은 당신이 어떤 민족이나 나라를 두고 그것을 뽑고, 파괴하고, 없애버리기로 선언할지라도 그 민족이 죄악에서 돌이키면 마음을 바꾸어 그들에게 내리려 했던 재앙을 거두리라고 말씀하신다.

> 7)내가 어느 민족이나 국가를 뽑거나 부수거나 멸하려 할 때에 8)**만일 내가 말한 그 민족이 그의 악에서 돌이키면** 내가 그에게 내리기로 생각하였던 재앙에 대하여 뜻을 돌이키겠고(렘 18:7-8).

그 반대도 성립한다. 즉 하나님은 언제든지 민족이나 나라를 세우고 심을 수 있다.

> 내가 어느 민족이나 국가를 건설하거나 심으려 할 때에(렘 18:9).

그러나 그 민족이 하나님 앞에서 그 목소리를 순종하지 않고 하나님 보시기에 "악한 것"(רַע, 라)을 행하면 하나님도 마음을 바꾸어 그들에게 베풀고자 했던 "선"(טוֹבָה, 토바)을 거둘 것이다.

> **만일 그들이 나 보기에 악한 것(רַע, 라)을 행하여 내 목소리를 청종하지 아니하면** 내가 그에게 유익하게 하리라고 한 **복**(טוֹבָה, 토바)에 대하여 뜻을 돌이키리라(렘 18:10).

구약 히브리어에서 "선"과 "악"을 뜻하는 낱말인 "토바"(טוֹבָה)와 "라"(רַע)는 본래 윤리적인 개념이기 이전에 삶과 관련된 개념이다. 곧 사람의 개인적이고 공동체적인 삶을 기름지게, 아름답게, 풍성하게 하는 것은 "토바"(טוֹבָה)이고, 사람의 삶을 메마르게, 어렵게, 고달프게, 힘들게 하는 것이 "라"(רַע)다.[7]

하나님이 약속하신 구원이나 예고하신 심판은 자동적으로 이루어지는 것이 아니라 그런 말씀에 해당하는 사람들의 반응과 결부된다. 즉 토기장이가 진흙으로 무엇을 만들지 결정하는 데는 진흙의 성질이 중요한 역할을 한다.[8] 이러한 맥락에서 11절의 재앙 예고는 유다와 예루살렘 사람들의 회개를 겨냥한다.

> 그러므로 이제 너는 유다 사람들과 예루살렘 주민들에게 말하여 이르기를 "여호와의 말씀에 보라! 내가 너희에게 재앙을 내리며 계책을 세워 너희를 치려 하노니 **너희는 각기 악한 길에서 돌이키며 너희의 길과 행위를 아름답게 하라**

---

7 박동현, 『주께서 나를 이기셨으니: 설교를 위한 예레미야서 연구』(개정증보판), 358.
8 J. A. 톰슨, 『예레미야(상)』, 최우성 역(반즈 신구약 성경주석; 서울: 크리스챤서적, 1992), 610.

하셨다" 하라(렘 18:11).

여기서 "길"이란 "생활방식"을 가리킨다. 따라서 "악한 길"이란 "악한 생활방식"을 가리킨다. 그러나 악한 생활방식에서 돌이키라는 회개 촉구는 벽에 부딪친다.

> 그러나 그들이 말하기를 "이는 헛되니 **우리는 우리의 계획대로 행하며 우리는 각기 악한 마음이 완악한 대로 행하리라**" 하느니라(렘 18:12).

이스라엘은 살아남을 수 있는 마지막 기회를 고의적으로 외면해버린다. 하나님의 마지막 제안은 최종적으로 거절당한다. 간절한 호소(11절) 뒤에 나온 이와 같은 노골적인 저항은 매우 충격적이다.[9] 이 구절은 이 단락을 종결 짓는 역할을 하는 동시에 다음 단락(13-17절)을 이어주는 다리 역할도 한다.

이 단락은 비록 회개의 가능성이 무산되었지만, 하나님은 인간의 회개의 가능성을 포기하지 않는다는 점을 드러내고 있다. 오히려 하나님은 끝까지 인간의 회개를 기대하고 요구하신다! 하나님은 자유의지를 가진 인간이 회개를 통하여 미래의 모습을 결정하도록 허용하시기도 한다.[10]

> 주 여호와의 말씀이니라. "내가 어찌 악인이 죽는 것을 조금인들 기뻐하랴. 그**가 돌이켜 그 길에서 떠나 사는 것을 어찌 기뻐하지 아니하겠느냐**"(겔 18:23).

회개의 문을 통과해야 미래를 향해 열려 있는 문으로 발을 들여놓을 수 있

---

9 크리스토퍼 라이트, 『예레미야 강해: 심판의 끝, 은혜의 시작』, 안종희 역(BST 시리즈; 서울: IVP, 2018), 301.
10 로날드 클레멘츠, 『예레미야』, 180.

는 법이다.

3. 처녀 이스라엘이 어찌 그럴 수가?: "처녀 이스라엘이 심히 가증한 일을 행하였도다"(렘 18:13-17)

예레미야는 18:13-17에서 이스라엘 백성의 비극적인 탈선에 대하여 말하고 있다. 하나님은 다음과 같이 탄식하신다.

> 그러므로 여호와께서 이와 같이 말씀하시니라.
> "너희는 누가 이러한 일을 들었는지
> 여러 나라 가운데 물어보라.
> **처녀 이스라엘이 심히 가증한 일을 행하였도다**"(렘 18:13).

여기서 이스라엘이 "처녀"로 언급된다. 구약성서에서 땅과 성읍들은 흔히 여성으로 인격화되어 표현된다. 이는 또한 순결과 결백을 암시한다. 순결하고 결백했던, 아니 순결하고 결백해야만 하는 이스라엘이 이제는 결코 순결하거나 결백하지 않다는 것이다.[11]

이어지는 14절은 자연현상을 끌어 쓰고 있다.

> **레바논의 눈**이 어찌 들의 바위를 떠나겠으며
> 먼 곳에서 흘러내리는 찬물이 어찌 마르겠느냐(렘 18:14).

11　P. C. Craigie, P. H. Kelley, J. F. Drinkard, Jr., *Jeremiah 1-25* (WBC; Dallas, Texas: Word Books, 1991), 444.

"레바논의 눈"은 결코 산꼭대기에서 사라지지 않으며, 그 원천에서 생긴 시내는 결코 흐르기를 멈추지 않는다.[12] 이것은 자연스러운 현상으로 이스라엘 사람이라면 누구나 알고 있는 사실이다. 즉 이 구절은 자연현상을 통하여 이스라엘의 기괴함을 표현한다. 백성의 행동은 자연법칙에도 어긋나고 상식적으로도 이해할 수가 없다는 것이다. 하나님의 백성이 하나님을 잊어버리고 허무한 것(거짓된 신들)에게 분향한 것이다.

무릇 내 백성은 나를 잊고
허무한 것에게 분향하거니와(렘 18:15a).

예레미야 18:13-15a이 고발을 주 내용으로 하고 있다면, 15b-17절은 이에 따른 심판을 묘사하고 있다.

이러한 것들은
그들로 그들의 길 곧 그 **옛길**에서 넘어지게 하며
곁길 곧 닦지 아니한 길로 행하게 하여(15a절).

"이러한 것들"은 야웨를 잊은 백성이 섬기는 "헛된 우상들"을 가리킨다.[13] "헛된 우상들"은 이스라엘을 "옛길"에서 넘어지게 하며 "곁길"로 행하게 할 것이다. 여기서 "옛길"이라는 표현은 이해하기가 어렵다. 아마도 "옛길"은 올바른 길을 가리키는 것 같다.[14]

---

12 크리스토퍼 라이트, 『예레미야 강해: 심판의 끝, 은혜의 시작』, 303.
13 박동현, 『예레미야(1)』(대한기독교서회 창립 100주년기념 성서주석; 서울: 대한기독교서회, 2006), 592.
14 W. H. Schmidt, *Das Buch Jeremia. Kapitel 1-20* (ATD; Göttingen: Vandenhoeck &

여호와께서 이와 같이 말씀하시되

"너희는 길에 서서 보며

옛적 길 곧 **선한 길**이 어디인지 알아보고 그리로 가라.

너희 심령이 평강을 얻으리라" 하나

그들의 대답이 "우리는 그리로 가지 않겠노라" 하였으며(렘 6:16).

"곁길"은 이스라엘이 미끄러지는 낭떠러지의 길을 가리키는 것 같다. 아무튼 이스라엘은 불안전하고 위험한 길로 걸어가야만 했다.[15] 이스라엘은 우상 때문에 그동안 가고 있던 "바른 길"에서 벗어나 엉뚱한 길, "잘못된 길"로 가게 되었다.[16]

이어서 하나님은 다음과 같이 선고하신다.

그들의 땅으로 두려움과 영원한 **웃음거리**가 되게 하리니

그리로 지나는 자마다 놀라서 **그의 머리를 흔들리라**(렘 18:16).

여기서 "웃음거리"(שְׁרִיקָה, 쉐루카)로 번역된 히브리어는 본래 "쉿 소리를 내다" 혹은 "휘파람을 불다"라는 뜻이다.[17] "휘파람 불기"는 그저 "조롱"하는 뜻만 지니는 것이 아니라 폐허가 된 땅에서 우글거린다고 생각되는 "귀신의 힘을 막기 위한 행동"으로 보인다.[18]

Ruprecht, 2008), 319.

15 G. Wanke, *Jeremia. Teilband 1: Jeremia 1,1-25,14* (ZBAT; Zürich: Theologischer Verlag, 1995), 175.
16 박동현, 『예레미야(1)』, 592.
17 W. Werner, *Das Buch Jeremia Kapitel 1-25,* 178.
18 W. Rudolph, *Jeremia* (HAT; Mohr Siebeck Tübingen, 31968), 123.

이 성읍으로 놀람과 **조롱거리**(שְׁרֵקָה, 쉐레카, 휘파람 불기)가 되게 하리니 그 모든 재앙으로 말미암아 지나는 자마다 놀라며 **조롱할 것이며**(שָׁרַק, 쇠라크, 휘파람을 불다) (렘 19:8).

예루살렘과 유다 성읍들과 그 왕들과 그 고관들로 마시게 하였더니 그들이 멸망과 놀램과 **비웃음**(שְׁרֵקָה, 쉐레카, 휘파람 불기)과 저주를 당함이 오늘과 같으니라(렘 25:18).

또한 "머리를 흔드는 행위"는 보통 경멸이나 조롱을 의미한다.

모든 지나가는 자들이 다 너를 향하여 박수치며
딸 예루살렘을 향하여 **비웃고**
머리를 흔들며 말하기를
"온전한 영광이라,
모든 세상 사람들의 기쁨이라 일컫던 성이 이 성이냐" 하며(애 2:15).

그러나 16절의 "머리를 흔드는 행위"는 휘파람 불기와 같이 공포에 질리거나 겁을 먹은 상태에서 불길한 힘이나 악마의 영향력을 쫓아내기 위한 방어적인 몸짓으로 보인다. 당시 사람들은 파괴되고 사람이 거주하지 않는 폐허 지역은 악마나 귀신이 점령하고 있다고 생각했기 때문에 이곳을 지나가는 사람들은 자신을 보호하기 위한 수단으로 머리를 흔들거나 휘파람을 불었다.[19] 하나님은 배은망덕한 이스라엘을 심판하심으로써 그들이 사는 곳이 두려움과 휘파람거리가 되도록 만드신다. 그곳을 지나가는 사람들은

---

[19] G. Wanke, *Jeremia. Teilband 1: Jeremia 1,1-25,14*, 175.

공포에 질려서 악한 기운으로부터 벗어나기 위하여 머리를 흔든다.

하나님의 심판은 여기서 멈추지 않는다. 그들은 먼지를 몰고 오고 뜨겁고 강한 바람인 아라비아 사막에서 불어오는 동풍으로 겨를 날려버리듯이 흩어질 것이다.

> 내가 그들을 그들의 원수 앞에서 흩어버리기를
> **동풍**으로 함같이 할 것이며(렘 18:17a; 참조. 렘 4:11; 13:24).

또한 하나님은 그들에게 등을 보이고 얼굴을 보이지 아니할 것이다.

> 그들의 재난의 날에는
> **내가 그들에게 등을 보이고**
> **얼굴을 보이지 아니하리라**(렘 18:17b).

하나님의 얼굴이 보이지 않는 곳에서는 하나님의 능력과 은혜가 활용될 수 없다. 그곳에는 죽음만이 엄습할 뿐이다.[20]

여기서 이스라엘은 "허무한 것"(거짓된 신들)에게 분향하는 행위가 큰 죄악으로 지적된다. "거짓 신들"은 가나안의 제의에서 발견되는 강력한 성적인 요소와도 관련된다. 따라서 거짓 신들은 탐욕, 성적인 방종, 물질에 대한 집착 등과 같은 거짓된 우상들로 해석될 수 있다. 사도 바울도 탐욕(탐심)을 우상숭배라고 해석하고 있다.

---

[20] W. Brueggemann, *A Commentary on Jeremiah: Exile and Homecoming* (Grand Rapids, Michigan: Wm. B. Eerdmans Publishing Co, 1998), 171.

땅에 있는 지체를 죽이라. 곧 음란과 부정과 사욕과 악한 정욕과 탐심이니 **탐심은 우상 숭배니라**(골 3:5).

오늘의 처녀 이스라엘인 하나님의 백성들인 우리도 거짓된 신이요 우상인 모든 탐욕으로부터 순결함과 결백함을 지켜내야 한다.

4. 비복음적인 기도?: "주께서 노하시는 때에 이같이 그들에게 행하옵소서"
(렘 18:18-23)

예레미야 18:18-23은 예레미야의 다섯 번째 탄원 본문에 해당한다. 예레미야는 대적자들의 말을 인용하면서 자신의 탄원을 시작한다.

> **오라! 우리가 꾀를 내어 예레미야를 치자.** 제사장에게서 율법이, 지혜로운 자에게서 책략이, 선지자에게서 말씀이 끊어지지 아니할 것이니 오라! 우리가 혀로 그를 치고 그의 어떤 말에도 주의하지 말자(렘 18:18).

예레미야의 대적자들이 의지하는 세력가들은 모두 한결같이 예레미야가 거짓된 조언자들이라고 규탄했던 자들이다. 예레미야는 제사장과 선지자들이 거짓을 행하는 자들이라고 비판한 적이 있다.

> 그러므로 내가 그들의 아내를 타인에게 주겠고
> 그들의 밭을 그 차지할 자들에게 주리니
> 그들은 가장 작은 자로부터 큰 자까지 다 욕심내며
> **선지자로부터 제사장까지 다 거짓을 행함이라**(렘 8:10).

이뿐만 아니라 예레미야는 지혜자들의 교만도 꾸짖은 적이 있다.

> 여호와께서 이와 같이 말씀하시되
> **"지혜로운 자는 그의 지혜를 자랑하지 말라.**
> 용사는 그의 용맹을 자랑하지 말라.
> 부자는 그의 부함을 자랑하지 말라"(렘 9:23).

이는 역으로 당시의 제사장들, 예언자들, 지혜자들 모두가 예레미야를 반대한다는 점을 보여주고 있다.[21] 그러나 백성들은 거짓 권위자들을 편들고, 예레미야를 거절할 뿐만 아니라 공격한다. 예레미야는 이러한 모든 권위자들의 적이 된다. 예언자의 메시지가 내뿜는 거친 톤은 특히 권위자들의 격렬한 적대감을 야기시켰을 것이다.

> 예레미야가 여호와께서 명령하신 말씀을 모든 백성에게 전하기를 마치매 **제사장들과 선지자들과 모든 백성이 그를 붙잡고 이르되 "네가 반드시 죽어야 하리라**"(렘 26:8).

18절은 예레미야에 대한 당시의 적대감이 얼마나 노골적이고 심각했는지를 잘 보여준다. "꾀를 내자"는 말은 그들의 반대가 돌발적이고 감정적인 반응이 아니라 위협적이고 의도적이었음을 표현한다.[22] "혀로 그를 치고"는 대적자들이 예언자를 공격하는 공개적인 발언을 말한다. 이는 중상모략이나 험담 그 이상을 가리킨다. 아마도 이는 예언자를 법정으로 끌고 가서 공

---

21 J. Schreiner, *Jeremia 1-25,14* (NEB; Würzburg: Echter Verlag, 21985), 116.
22 W. Brueggemann, *A Commentary on Jeremiah: Exile and Homecoming*, 171.

개적으로 고소하여 그를 공공의 적이요 국가의 적으로 낙인찍으려고 했음을 의미하는 것 같다.[23]

이때 예레미야는 하나님을 향하여 탄원기도의 문을 연다.

> 여호와여, 나를 돌아보사
> **나와 더불어 다투는 그들의 목소리를 들어보옵소서**(렘 18:19).

여기서 "다툼"(רִיב, 리브)은 법정용어로 소송과 같은 것을 가리킨다. 이는 예레미야가 법정에서 고소당한 상태임을 보여주며, 현재 그는 야웨의 변호를 간구하고 있다. 이어서 예레미야는 자신의 억울함을 하나님께 호소한다.

> **어찌 악으로 선을 갚으리이까마는**
> 그들이 나의 생명을 해하려고 구덩이를 팠나이다.
> 내가 주의 분노를 그들에게서 돌이키려 하고
> 주의 앞에 서서
> 그들을 위하여 유익한 말을 한 것을 기억하옵소서(렘 18:20).

예레미야는 자신의 생명을 해치려는 음모를 보고하면서 스스로 충격과 분노 속에서 억울해하면서 절규한다. 그는 적대자들을 향한 하나님의 분노를 돌이키려고 그동안 수없이 중보기도 해왔다는 사실을 상기시킨다. 사실 예레미야는 이들을 위하여 끊임없이 중보기도 한 일로 인하여 하나님으로부터 여러 차례 제지당한 바 있다.

---

23 W. Brueggemann, *A Commentary on Jeremiah: Exile and Homecoming*, 172.

그런즉 너는 이 백성을 위하여 기도하지 말라. 그들을 위하여 부르짖어 구하지 말라. 내게 간구하지 말라. 내가 네게서 듣지 아니하리라(렘 7:16).

그러므로 너는 이 백성을 위하여 기도하지 말라. 그들을 위하여 부르짖거나 구하지 말라. 그들이 그 고난으로 말미암아 내게 부르짖을 때에 내가 그들에게서 듣지 아니하리라(렘 11:14).

여호와께서 또 내게 이르시되 "너는 이 백성을 위하여 복을 구하지 말라"(렘 14:11).

여호와께서 내게 이르시되 "모세와 사무엘이 내 앞에 섰다 할지라도 내 마음은 이 백성을 향할 수 없나니 그들을 내 앞에서 쫓아 내보내라"(렘 15:1).

예레미야의 억울함과 분노와 절규는 결국 하나님께서 그의 대적들에게 무서운 복수를 해달라는 복수기도로 바뀐다. 중보기도가 복수기도로 바뀐다.

21)그들의 자녀를 기근에 내어주시며
그들을 칼의 세력에 넘기시며
그들의 아내들은 자녀를 잃고 과부가 되며
그 장정은 죽음을 당하며
그 청년은 전장에서 칼을 맞게 하시며
22)주께서 군대로 갑자기 그들에게 이르게 하사
그들의 집에서 부르짖음이 들리게 하옵소서(렘 18:21-22).

이 복수기도는 이러한 종류의 기도 가운데(렘 11:20; 12:3; 15:15; 17:18) 가장 끔찍한 간구다. 복수가 단순히 적대자에게만 국한되지 않고 그들의 아내들과 자녀들도 포함하고 있기 때문이다.[24] 예레미야의 복수기도는 적대자들을 반드시 심판해주실 것을 간구하며 끝난다.

> 그 악을 사하지 마옵시며
> 그들의 죄를 주의 목전에서 지우지 마소서(렘 18:23).

예레미야의 이러한 간구는 자신에게 강요된 부당한 고난을 묵묵히 수용하고 자신을 괴롭히며 죽이는 원수들을 위해서 용서의 기도를 하는 예수님의 태도와 비교하여 "비복음적인 기도"라고 부정적으로 평가되기도 한다.[25] 물론 그럴 수도 있다. 그러나 예레미야는 참으로 하나님의 예언자였다. 그는 석고로 만든 성인이나 감정이 없는 기계가 아니라 인간, 어쩌면 너무나 인간적인 인간이었다.[26] 이는 모든 헌신에도 불구하고("내가 주의 분노를 그들에게서 돌이키려 하고 주의 앞에 서서 그들을 위하여 유익한 말을 한 것을 기억하옵소서", 렘 18:20) 자신을 배반하고 선을 악으로 갚으며 자신을 죽이려고 하는 사람들을 향한 절규요 탄식이다.[27]

더 나아가 사실 이러한 심판의 간구는 무제한적이고 개인적인 복수의 필요성을 표현한 것이 아니다. 이는 야웨께서 예언자의 선포, 즉 야웨 자신의 말씀이 정당함을 입증해달라는 "정의의 요청"이다.[28] 적대자들의 죄가 합당하게 보복될 때만 예언자의 말씀, 즉 하나님의 말씀의 정당함이 입증

---

24 W. Rudolph, *Jeremia*, 125.
25 W. Rudolph는 이 구절을 주석하면서 "구약의 최고의 경건[예레미야의 경건]이라 할지라도 아직 신약의 경지에는 도달하지 못한다"라고 풀이하였다. W. Rudolph, *Jeremia*, 125.
26 존 브라이트, 『예레미야』, 번역실 역(국제성서주석; 서울: 한국신학연구소, 1990), 260.
27 서인석, "예레미야의 고백", 『오늘의 구약성서 연구』(서울: 성바오로출판사, 1983), 197.
28 G. Wanke, *Jeremia. Teilband 1: Jeremia 1,1-25,14*, 178.

된다. 예레미야는 청중들이 자신을 통해 전달된 하나님의 메시지를 거절하는 것은 결국 하나님 자체를 전적으로 거부하는 것이라고 인식한다. 하나님의 정죄의 메시지를 받고도 이를 심각하게 받아들이지 않고 오히려 반격을 가하는 자들을 향한 무조건적인 용서는 오히려 하나님의 공의를 왜곡시킬 수도 있다. 어떤 경우는 "비"복음적으로 들리는 기도가 "찐"복음적인 기도일 수도 있다.

제17강

예레미야의 겟세마네 기도

"어찌하여 내가 태에서 나와서 나의 날을
부끄러움으로 보내는고"(렘 20:1-18)

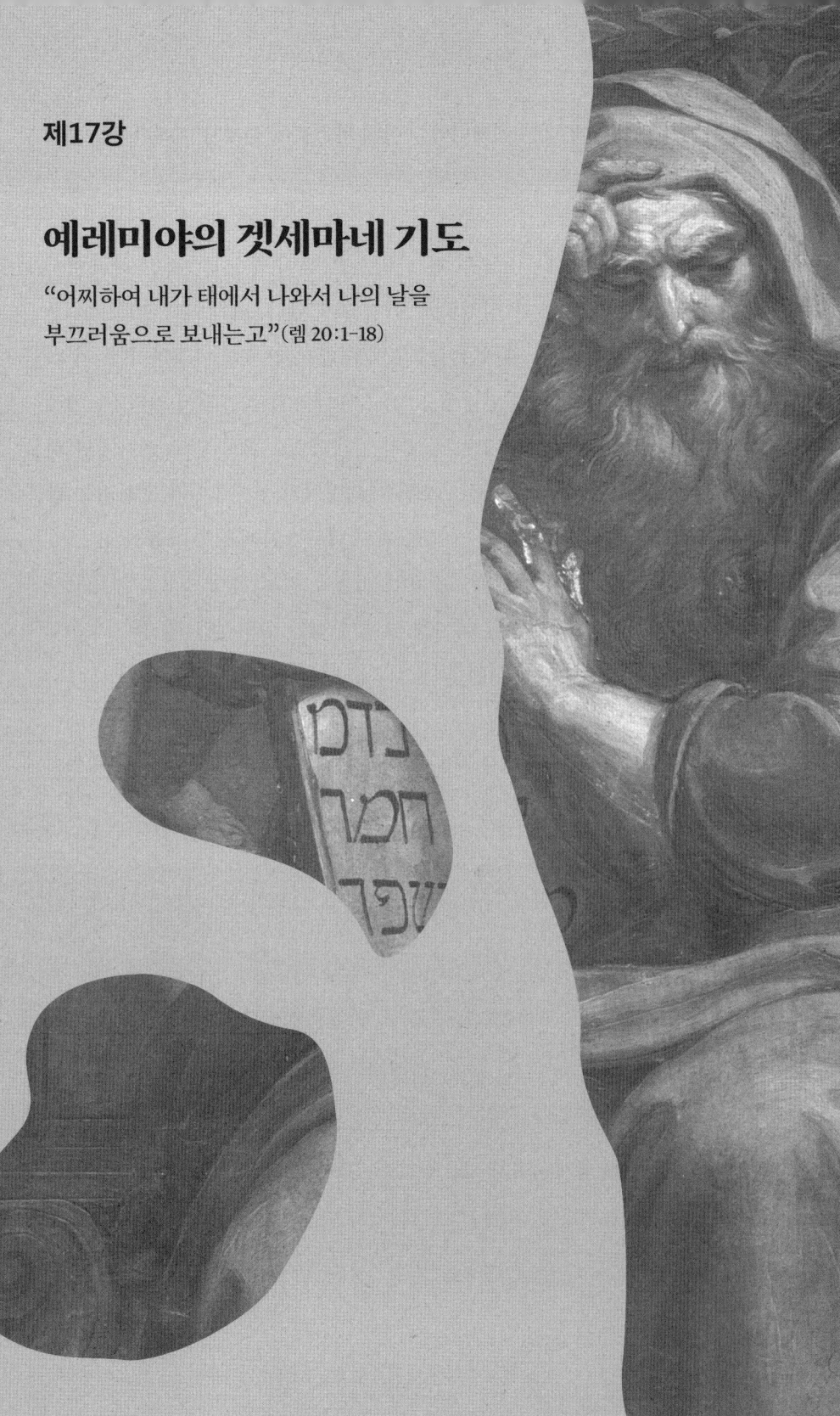

1. 처음으로 채찍에 맞는 예레미야: "이에 바스훌이 선지자 예레미야를 때리고"(렘 20:1-6)

보통 예레미야 19:1-20:6을 한 단락으로 묶어서 본다. 특히 예레미야 20:1-6은 19:14-15과 밀접하게 연결되어 있다. 예레미야 20:7-18은 11:18-23에서 시작된 예레미야의 고백문(탄원) 가운데 마지막이다. 이 탄원(혹은 고백록)은 바로 앞 단락인 20:1-6의 내용과 직결되어 있다. 즉 예레미야가 목에 씌우는 나무 고랑에 매여 공개적으로 매를 맞고 굴욕적인 대우를 받게 된 계기(렘 20:1-6)는 소위 예레미야의 고백록이라고 불리는 글들 중에서 마지막 단락(렘 20:7-18)을 위한 역사적인 배경을 제공한다.

따라서 예레미야 19:14-20:6의 내용을 먼저 간략하게 살펴보고자 한다. 예레미야는 백성들의 어른들 앞에서 행한 상징적인 행위의 의미(렘 19:1)를 이제는 예루살렘 성전 뜰에서 모든 백성들을 향해 선포한다.

> 예레미야가 여호와께서 자기를 보내사 예언하게 하신 도벳에서 돌아와 **여호와의 집 뜰에 서서 모든 백성에게 말하되**(렘 19:14).

예레미야는 도시의 심장부인 성전으로 가서 선포한다. 그는 성전 안에서 예루살렘의 멸망을 예언한다. 이러한 멸망 선포의 결정적인 이유는 그들이 하나님의 말씀을 듣지 않았다는 것이다.

> 만군의 여호와 이스라엘의 하나님께서 이와 같이 말씀하시되 "보라! 내가 이 성읍에 대하여 선언한 모든 재앙을 이 성읍과 그 모든 촌락에 내리리니 **이는 그들의 목을 곧게 하여 내 말을 듣지 아니함이라**" 하시니라(렘 19:15).

바스훌은 예레미야의 이 예언을 듣고 그를 채찍질하고(때리고), 성전 출입문 가운데 있는 베냐민의 윗 문에 목에 씌우는 나무 고랑을 채워 가둔다.

이에 **바스훌이 선지자 예레미야를 때리고** 여호와의 성전에 있는 베냐민 문 위 층에 **목에 씌우는 나무 고랑으로 채워 두었더니**(렘 20:2).

바스훌의 행위는 예레미야의 선포에 대한 공식적인 대응이지 개인적인 보복은 아니다.[1] 이는 반대자들을 신속하면서도 의도적으로 모질게 다루는 공개적이고도 합법적인 절차였다. 성전은 하나님의 임재의 실체였다. 그러므로 야웨 하나님이 임재하시는 성전을 공격하는 예레미야의 주장은 그냥 넘어갈 수 있는 사항이 아니었을 것이다. 따라서 예레미야는 중대한 정치범으로 간주되었고, 제사장 바스훌은 이 예언자를 협박하여 그를 침묵시킬 수밖에 없었을 것이다.[2] 이 구절은 예레미야가 당한 폭행에 대하여 구체적으로 언급한 첫 번째 본문이다.[3]

바스훌은 "성전의 총감독"(פָּקִיד נָגִיד, 파키드 나기드)이었다.[4]

임멜의 아들 제사장 바스훌은 **여호와의 성전의 총감독**(פָּקִיד נָגִיד, 파키드 나기드)이라. 그가 예레미야의 이 일 예언함을 들은지라(렘 20:1).

---

1   W. Werner, *Das Buch Jeremia Kapitel 1-25* (NSKAT; Stuttgart: Verlag Katholisches Bibelwerk, 1997), 184.
2   W. Brueggemann, *A Commentary on Jeremiah: Exile and Homecoming* (Grand Rapids, Michigan: Wm. B. Eerdmans Publishing Co, 1998), 179.
3   김명숙, 『예레미야서 1-25장』(거룩한 독서를 위한 구약성경 주해; 서울: 바오로딸, 2021), 362.
4   "총감독"이라는 직능 표시는 구약성서에서는 더 이상 나오지 않는다. G. Wanke, *Jeremia. Teilband 1: Jeremia 1,1-25,14* (ZBAT; Zürich: Theologischer Verlag, 1995), 181.

그의 직무는 성전과 그 경내에서의 질서를 관장하고, 또한 난동을 부리는 자들을 처리하는 것이었던 게 분명하다.

여호와께서 너를 제사장 여호야다를 대신하여 제사장을 삼아 **여호와의 성전 감독자로 세우심은** 모든 미친 자와 선지자 노릇을 하는 자들을 목에 씌우는 **나무 고랑과 목에 씌우는 쇠고랑을 채우게 하심이어늘**(렘 29:26).

그런데 예레미야 자신도 부르심을 받을 때부터 "열방의 총감독"(פָּקַד, 파카드)으로 임명된 바 있다.[5]

"보라! 내가 오늘 너를 **여러 나라와 여러 왕국 위에 세워**(פָּקַד, 파카드)
네가 그것들을 뽑고 파괴하며 파멸하고 넘어뜨리며
건설하고 심게 하였느니라" 하시니라(렘 1:10).

"성전의 총감독"인 바스훌이 감히 "열방의 총감독"인 예레미야를 거슬려서 행동하게 된 것은 매우 심각한 아이러니다.[6] 예레미야서에서는 처음으로 예레미야가 "선지자"로 불리고 있는 점도 눈에 띈다. 이는 바스훌이 감히 하나님이 보내신 예언자에게 엄청난 짓을 했다는 사실을 강조한다. 다음날 바스훌은 예레미야를 풀어준다.

다음날 바스훌이 예레미야를 목에 씌우는 나무 고랑에서 풀어주매 예레미야가 그에게 이르되 "여호와께서 네 이름을 바스훌이라 아니하시고 마골밋사빕

---

5   J. A. 톰슨, 『예레미야(상)』, 최우성 역(반즈 신구약 성경주석; 서울: 크리스챤서적, 1992), 637-638.
6   존 브라이트, 『예레미야』, 번역실 역(국제성서주석; 서울: 한국신학연구소, 1990), 264.

이라 하시느니라"(렘 20:3).

이때 예레미야는 바스훌에게 "사망(מִסָּבִיב, 밋사빕)의 두려움(מָגוֹר, 마골)"이라는 의미를 지닌 "마골 밋사빕"(מָגוֹר מִסָּבִיב, terror on every side)이라는 별명을 붙여준다. 예레미야는 바스훌이 사방으로 두려움 혹은 공포에 에워싸이게 되리라는 점을 알려준다. 이는 바스훌에 대한 개인적 보복을 말하는 것이 아니다. 유다 백성에게 닥칠 재난을 바스훌 개인을 중심으로 기술한 것이다.

예레미야는 온 유다가 바빌로니아의 공격을 받아 결국 포로로 끌려가고 온갖 귀중한 것들이 탈취를 당하며, 바스훌을 비롯하여 많은 사람들이 포로로 끌려간 그곳에서 죽게 될 것이라고 예언한다.

⁴⁾여호와께서 이와 같이 말씀하시되 "보라! 내가 너로 너와 네 모든 친구에게 두려움이 되게 하리니 그들이 그들의 원수들의 칼에 엎드러질 것이요 네 눈은 그것을 볼 것이며 **내가 온 유다를 바벨론 왕의 손에 넘기리니 그가 그들을 사로잡아 바벨론으로 옮겨 칼로 죽이리라**. ⁵⁾내가 또 이 성읍의 모든 부와 그 모든 소득과 그 모든 귀중품과 유다 왕들의 모든 보물을 그 원수의 손에 넘기리니 그들이 그것을 탈취하여 바벨론으로 가져가리라. ⁶⁾**바스훌아, 너와 네 집에 사는 모든 사람이 포로 되어 옮겨지리니 네가 바벨론에 이르러 거기서 죽어 거기 묻힐 것이라**. 너와 너의 거짓 예언을 들은 네 모든 친구도 그와 같으리라" 하셨느니라(렘 20:4-6).

4절에서 예언자는 처음으로 "포로기"를 언급한다.[7] 예레미야서에서 처음

---

7   W. Rudolph, *Jeremia* (HAT; Tübingen: J. C. B. Mohr, 1968), 129.

으로 대적과 포로지가 언급되는 구절이다.[8] 기원전 605년경 바빌로니아는 갈그미스 전투를 통해(렘 46:2) 결정적인 권력을 차지하게 된다.[9] 바빌로니아는 이때에 와서 비로소 고대 중동의 패권 국가로 등장하기 시작했다. 바스훌은 예레미야가 예언했던 대로(렘 20:6) 기원전 597년에 포로로 잡혀갔던 것이 분명하다. 그의 직책이 기원전 597년 마아세의 아들 스바냐에게 넘겨졌기 때문이다(렘 29:24, 26, 29).

예레미야는 여기서 처음으로 자신의 예언자직으로 인하여 육체적인 고통을 경험한다.[10] 예레미야가 공개적으로 처음 예언자로 불린 순간 채찍을 맞는다. 그가 지금까지 받았던 위협과 협박이 현실화되는 순간이다. 이제부터 예레미야의 고난은 내부적인 차원에서 외부적인 폭력을 당하는 차원으로 옮겨 간다.

2. 예레미야의 처절한 몸부림: "주께서 나보다 강하사 이기셨으므로"(렘 20:7-9)

예레미야 20:7-18은 예레미야의 탄원(고백) 가운데 마지막 단락이다. 이 단락은 흔히 7-13절의 탄원시와 14-18절의 자기 저주로 나눈다. 여기서는 탄원시 부분을 7-9절과 10-13절로 나누어 살펴보도록 한다. 예레미야의 탄원은 야웨께서 자신을 유혹했다고 고발하면서 시작한다.

여호와여,
주께서 나를 **권유하시므로**(פָּתָה, 파타)

---

8 C. M. Maier, *Jeremiah 1-25* (IEKAT; Stuttgart: Kohlhammer Verlag, 2022), 365.
9 J. Schreiner, *Jeremia 1-25,14* (NEB; Würzburg: Echter Verlag, 21985), 121.
10 W. Rudolph, *Jeremia*, 128.

내가 그 **권유**(פָּתָה, 파타)를 받았사오며

주께서 나보다 **강하사**(חָזַק, 하자크) 이기셨으므로

내가 조롱거리가 되니

사람마다 종일토록 나를 조롱하나이다(렘 20:7).

유감스럽게도 이 구절의 우리말 성서의 번역은 그 의미를 정확하게 드러내지 못한다. 여기서 쓰인 단어의 뉘앙스를 살려 사역하면 다음과 같다.

여호와여,

당신은 저를 **유혹하셨습니다**(פָּתָה, 파타).

저는 **유혹**(פָּתָה, 파타)에 넘어갔습니다.

당신은 저를 **강탈하셨습니다**(חָזַק, 하자크).

저는 당했습니다.

제가 온종일 비웃음거리가 되었고

모두가 저를 조롱합니다(렘 20:7, 필자 사역).

여기서 주목해야 할 대목은 "파타"(פָּתָה)와 "하자크"(חָזַק)라는 히브리어 동사다. "파타"(פָּתָה)는 처녀에게 성행위를 승낙하도록 설득, 유혹하는 것을 의미한다.[11]

사람이 약혼하지 아니한 처녀를 **꾀어**(פָּתָה, 파타) **동침하였으면** 납폐금을 주고 아내로 삼을 것이요(출 22:16; 참조. 호 2:14; 욥 31:9).

---

11   W. Rudolph, *Jeremia*, 130.

"하자크"(חזק)는 그녀의 의사에 반(反)하여 성행위가 이루어지는 것을 뜻한다. 일종의 성폭행을 말한다.

> 무리가 듣지 아니하므로 그 사람이 자기 첩을 **붙잡아**(חזק, 하자크) 그들에게 밖으로 끌어내매 그들이 그 여자와 관계하였고 밤새도록 그 여자를 능욕하다가 새벽 미명에 놓은지라 (삿 19:25).

> 그에게 먹이려고 가까이 가지고 갈 때에 암논이 그를 **붙잡고**(חזק, 하자크) 그에게 이르되 "나의 누이야, 와서 나와 동침하자" 하는지라 (삼하 13:11).

즉 "파타"(פתה)는 "유혹" 또는 "후리기"(남의 것을 갑자기 빼앗거나 슬쩍 가지다)를 뜻하고, "하자크"(חזק)는 "성폭행"을 뜻한다.[12] 이 두 단어가 나란히 사용되고 있는 것은 하나님과 인간의 관계가 지니는 복잡성을 여실히 보여준다. 즉 그것은 "유혹의 달콤함"과 "강간의 난폭함"을 나타낸다. 예레미야는 하나님의 유인과 강제, 호소와 억지, 매력과 억압을 동시에 느낀다. 그는 자발적인 동조와 강요된 굴복, 이 둘을 함께 의식하고 있다.

예언자의 의식 속에는 이 두 가지가 함께 작동하고 있다. 한편으로는 예언자를 흥분시키고 끌려들게 한 하나님의 정념(情念)이 있고, 다른 한편으로는 예언자를 막무가내로 강제하는 무제한적인 힘이 있다. 결과적으로 예언자는 설득에 동의하여 자발적으로 응답하는가 하면, 하나님의 압도하는 힘에 어쩔 수 없이 피동적으로 끌려가기도 한다.[13]

예레미야는 하나님이 자신의 입에 넣어준 말씀을 "성실하게" 혹은 "억

---

12 아브라함 J. 헤셸, 『예언자들』, 이현주 역 (서울: 삼인, 2004), 196; W. Brueggemann, *A Commentary on Jeremiah: Exile and Homecoming*, 181.
13 아브라함 J. 헤셸, 『예언자들』, 196-197.

지로" 전한다. 그 말씀은 "파멸"(הָמָס, 하마스)과 "멸망"(שֹׁד, 쇼드)이었다.

> 내가 말할 때마다 외치며
> **파멸**(הָמָס, 하마스)과 **멸망**(שֹׁד, 쇼드)을 선포하므로(렘 20:8a).

예언서에서 파멸과 멸망은 일반적으로 "사람들의 바르지 못한 행동들"을 가리키며 아울러 그에 대해 하나님이 벌주신 결과로 한 공동체가 겪는 "처참한 상황"을 뜻한다.[14] 사람들은 하나님의 이름으로 예언하는 예레미야의 폭력적인 언어에 분노했을 것이다. 그러나 그 당시 현실적으로는 아무 일도 일어나지 않았기 때문에 예레미야는 늘 비웃음과 조롱을 당할 수밖에 없었다.

> 여호와의 말씀으로 말미암아
> **내가 종일토록**
> **치욕과 모욕거리가 됨이니이다**(렘 20:8b).

이로 인해 예레미야는 마침내 백성에게 말씀 전하는 일을 집어치우려고 해 보았다.

> "내가 다시는 여호와를 선포하지 아니하며
> 그의 이름으로 말하지 아니하리라" 하면
> 나의 마음이 불붙는 것 같아서

---

[14] 박동현, 『주께서 나를 이기셨으니: 설교를 위한 예레미야서 연구』(개정증보판; 서울: 한국성서학연구소, 2000), 190.

> 골수에 사무치니
> 답답하여 견딜 수 없나이다(렘 20:9).

예레미야는 자신의 소명의 근원인 야웨에 대한 불신 때문에 파업으로 맞서 보려고 하였다. 그는 "악덕 고용주"로 보이는 야웨께 "예언자직 파업"으로 맞선다. 그러나 그는 야웨를 이길 수 없다. 이미 그의 안에서 야웨의 말씀이 "불"로 역사하기 때문이다.

> 그러므로 만군의 하나님 여호와께서 이와 같이 말씀하시니라.
> "너희가 이 말을 하였은즉 볼지어다.
> **내가 네 입에 있는 나의 말을 불이 되게 하고**
> 이 백성을 나무가 되게 하여 불사르리라"(렘 5:14).

> 여호와의 말씀이니라. "**내 말이 불같지 아니하냐?** 바위를 쳐서 부스러뜨리는 방망이 같지 아니하냐"(렘 23:29).

예레미야는 야웨의 소명을 포기하려는 순간 속이 타들어가는 듯한 고통을 경험한다. 야웨의 말씀은 살아 있는 또 다른 장기와 같이 선포자의 가슴에 깊이 파고 들어가서 그로 하여금 선포하도록 짓누른다.[15] 예레미야는 소명을 수행하면 사람들에 의한 "외적인 압박"(모든 사람의 비웃음과 조롱)을 감수해야 하고, 소명을 거부하면 야웨에 의한 "내적인 압박"(살이 아니라 뼈가 불타는 듯한)을 경험해야만 했다. 야웨의 말씀은 침묵하려는 예레미야를 "불고

15　D. H. Bak, *Klagender Gott - klagende Menschen: Studien zur Klage im Jeremiabuch* (BZAW; Berlin/New York: Walter de Gruyter, 1990), 197.

문"한다.[16] 불은 몸 안의 뼈에 있어서는 안 된다. 뼈를 해칠 뿐이다. 이것은 밖으로 분출되어야 한다. 불같은 하나님의 말씀은 밖으로 토해내야 한다.

예레미야는 하나님과의 관계에서 "유혹의 달콤함"과 "강간의 난폭함"을 동시에 느낀다. 그런데 여기의 초점은 신실하지도 않고 믿음직스러워 보이지도 않는 야웨의 처신에 있다. 급기야 예레미야는 사역을 중단하려고 하지만 더 큰 고통에 직면해야만 했다. 예언자는 자신이 원하는 대로만 할 수 없었으며, 자신이 해야만 하는 것을, 때로는 자신이 원하지 않는 것도 말해야 했다.[17] 예언자는 예언 사역 활동을 중지할 수도 없었고, 그가 받은 메시지를 어떤 방식으로 바꿀 수도 없다.

> 여호와께서 이와 같이 말씀하시니라. "너는 여호와의 성전 뜰에 서서 유다 모든 성읍에서 여호와의 성전에 와서 예배하는 자에게 **내가 네게 명령하여 이르게 한 모든 말을 전하되 한 마디도 감하지 말라**"(렘 26:2).

그가 선포하였던 메시지는 그가 선택한 것이 아니며, 하나님께서 그에게 주신 명령이었다.[18] 예레미야에게서 보듯이 하나님의 사람들이란 모름지기 그 누구보다도 하나님을 더 두려워하는 자들이다.

> 사자가 부르짖은즉
> 누가 두려워하지 아니하겠느냐?
> **주 여호와께서 말씀하신즉**

---

16 K. Seybold, *Der Prophet Jeremia: Leben und Werk* (Stuttgart: W. Kohlhammer, 1993), 160.
17 W. Rudolph, *Jeremia*, 131.
18 로날드 클레멘츠, 『예레미야』, 김회권 역 (현대성서주석; 서울: 한국장로교출판사, 2002), 192.

누가 예언하지 아니하겠느냐(암 3:8).

내가 복음을 전할지라도 자랑할 것이 없음은 내가 부득불 할 일임이라. **만일 복음을 전하지 아니하면 내게 화가 있을 것임이로다**(고전 9:16).

이 때문에 혹은 어찌할 수 없어서 하나님의 사람 예레미야는 하나님 앞에서 처절하게 몸부림친다. 사방의 적들로 둘러싸인 화(禍)보다 마음이 불붙는 것 같은 하나님의 사명의 화(火)가 더 뜨겁기에, 예레미야는 순종을 내려놓으면 해결될 문제를 자기 생을 저주하면서까지(렘 20:14) 그 사명을 힘들게 붙들고 있다.

3. 절망에서 찬양이: "여호와께 노래하라"(렘 20:10-13)

이어지는 탄원단락(렘 20:10-13)은 탄원(10절), 신뢰고백(11절), 간구(12절), 찬양(13절)으로 구성되어 있다. 이 탄원시(10-13절)는 "키"(כִּי, 왜냐하면) 문장을 통해 앞 단락의 예레미야의 탄원과 연결된다. 그러나 주제는 바뀐다. 이 단락에서는 예레미야가 백성을 향하여 선포했던 강포와 멸망이 예언자 자신에게 적용된다.[19] 예레미야는 바스훌을 향하여 "마골 밋사빕"(מָגוֹר מִסָּבִיב, 사방의 두려움)이라고 부른 적이 있다.

> 다음날 바스훌이 예레미야를 목에 씌우는 나무 고랑에서 풀어주매 예레미야가 그에게 이르되 "여호와께서 네 이름을 **바스훌이라 아니하시고 마골 밋사빕이라 하시느니라**"(렘 20:3).

19　J. Schreiner, *Jeremia 1-25*, 14, 122-123.

"마골 밋사빕"(מָגוֹר מִסָּבִיב)은 "사방의 테러/두려움"(Terror on every side)이라는 뜻이다.²⁰ 그런데 백성들은 예레미야가 바스훌에게 붙여주었던 "마골 밋사빕"(מָגוֹר מִסָּבִיב, 사방의 두려움)이란 표현을 가지고 오히려 예레미야를 조롱하였다.

> 나는 **무리의 비방**과
> **사방이 두려워함**(מָגוֹר מִסָּבִיב, 마골 밋사빕)을 들었나이다.
> 그들이 이르기를
> "고소하라. 우리도 고소하리라 하오며
> 내 친한 벗도 다 내가 실족하기를 기다리며
> 그가 혹시 유혹을 받게 되면
> 우리가 그를 이기어
> 우리 원수를 갚자 하나이다"(렘 20:10).

이는 적대자들의 비방과 계교가 "사방에서 두려움"으로 밀려든다고 묘사한 시편 31:13을 생각나게 한다.²¹

> **내가 무리의 비방을 들었으므로**
> **사방이 두려움으로 감싸였나이다**(מָגוֹר מִסָּבִיב, 마골 밋사빕).
> 그들이 나를 치려고 함께 의논할 때에
> 내 생명을 빼앗기로 꾀하였나이다(시 31:13).

---

20   이에 대한 자세한 논의를 위해서는 다음을 참조하라. W. L. Holladay, "The Covenant with the Patriarchs Overturned: Jeremiah's Intention in 'Terror on every side'(Jer 20:1-6)," *JBL* 91(1972), 305-320.

21   김명숙, 『예레미야서 1-25장』(거룩한 독서를 위한 구약성경 주해; 서울: 바오로딸, 2021), 369.

"마골 밋사빕"(מָגוֹר מִסָּבִיב, 사방의 두려움)은 예레미야가 자주 사용한 표현이기도 하다.

> 너희는 밭에도 나가지 말라.
> 길로도 다니지 말라.
> 원수의 칼이 있고
> **사방에 두려움**(מָגוֹר מִסָּבִיב, 마골 밋사빕)이 있음이라(렘 6:25).

> 여호와의 말씀이니라.
> "내가 본즉
> 그들이 놀라 물러가며
> 그들의 용사는 패하여 황급히 도망하며
> 뒤를 돌아보지 아니함은 어찜이냐?
> **두려움이 그들의 사방**(מָגוֹר מִסָּבִיב, 마골 밋사빕)에 있음이로다"(렘 46:5).

> 너희는 그들의 장막과 양 떼를 빼앗으며
> 휘장과 모든 기구와 낙타를 빼앗아다가 소유로 삼고
> 그들을 향하여 외치기를
> "**두려움이 사방**(מָגוֹר מִסָּבִיב, 마골 밋사빕)에 있다" 할지니라(렘 49:29).

이 때문에 "마골 밋사빕"(מָגוֹר מִסָּבִיב)이 오히려 예레미야의 별명이 되었다.

> 저기 지긋지긋한 **마골 밋사빕**(מָגוֹר מִסָּבִיב, 사방의 두려움)이 지나간다!

이 이름은 이제 예언자 자신을 가리키는 멸시와 비난의 이름으로 자신에게로 돌아왔다.[22] 예레미야의 적대자들은 그가 전한 하나님의 말씀을 거부하고 예언자를 조롱하는 수준에서 한걸음 더 나아가 그를 제거하려는 행동 단계까지 나아간다.

"그가 혹시 유혹을 받게 되면
우리가 그를 이기어
우리 **원수를 갚자**(נְקָמָה, 네카마)" 하나이다(10b절).

자신의 손으로 직접 원수를 갚으려는 적대자들의 이런 모습은 자기 힘으로 보복하려 하지 않는 예레미야와 대조된다.[23]

"공의로 판단하시며
사람의 마음을 감찰하시는 만군의 여호와여,
나의 원통함을 주께 아뢰었사오니
그들에게 대한 주의 보복(נְקָמָה, 네카마)**을 내가 보리이다**"
하였더니(렘 11:20).

여호와여,
주께서 아시오니
원하건대 주는 나를 기억하시며 돌보시사
나를 박해하는 자에게 보복하시고(נָקַם, 나캄)
주의 오래 참으심으로 말미암아

---

22 J. A. 톰슨, 『예레미야(상)』, 649.
23 김명숙, 『예레미야서 1-25장』, 370.

나로 멸망하지 아니하게 하옵시며

주를 위하여 내가 부끄러움 당하는 줄을 아시옵소서(렘 15:15).

예레미야는 사방이 두려움으로 가득 찬 상황에서 눈을 들어 하나님을 바라본다. 이제 예레미야의 유일한 호소의 근거는 가장 밑바탕에 있는 신앙밖에 없었다. 그는 이렇게 하나님에 대한 신뢰를 고백한다.

> 그러하오나 **여호와는 두려운 용사**(נִבּוֹר עָרִיץ, 기보르 아리츠) **같으시며**
> **나와 함께하시므로**
> **나를 박해하는 자들이 넘어지고**
> **이기지 못할 것이오며**
> 그들은 지혜롭게 행하지 못하므로
> 큰 치욕을 당하오리니
> 그 치욕은 길이 잊지 못할 것이니이다(렘 20:11).

여기서 "기보르 아리츠"(נִבּוֹר עָרִיץ)는 전통적으로 "무서운 전사", "무서운 투사"로 번역한다. 그런데 "아리츠"(עָרִיץ, 두려운)는 다른 곳에서는 "무서운 적들"이나 "사악한 자들"에 대해서만 사용된다.

> 내가 너를 악한 자의 손에서 건지며
> **무서운 자**(아리침)의 손에서 구원하리라(렘 15:21).

현재의 본문에서 이 용어는 야웨를 가리킨다. 이 구절은 구약에서 야웨를

"아리츠"로 언급하는 유일한 경우다.²⁴ 또한 "기보르"(גבור, 용사)는 예레미야 14:8-9에서 보듯이 도와주시고 온갖 어려움 가운데서 건져내어 주시는 분이 야웨이심을 뜻한다.²⁵

> ⁸⁾이스라엘의 소망이시오
> 고난당한 때의 구원자시여,
> 어찌하여 이 땅에서 거류하는 자 같이,
> 하룻밤을 유숙하는 나그네 같이 하시나이까?
> ⁹⁾어찌하여 놀란 자 같으시며
> 구원하지 못하는 **용사**(גבור, 기보르) 같으시니이까?
> 여호와여,
> 주는 그래도 우리 가운데 계시고
> 우리는 주의 이름으로 일컬음을 받는 자이오니
> 우리를 버리지 마옵소서(렘 14:8-9).

11절의 신뢰 고백은 하나님이 예레미야를 예언자로 삼으실 때 그와 함께하시며 구해주시겠다고 약속하신 예레미야 1:18-19을 생각나게 한다. 예레미야는 위기의 순간에 자신이 소명 받을 때 주어진 예레미야 1:18-19의 야웨의 약속을 회상한다.²⁶

> ¹⁸⁾"보라! 내가 오늘

---

24 P. C. Craigie, P. H. Kelley, J. F. Drinkard, Jr., *Jeremiah 1-25* (WBC; Dallas, Texas: Word Books, 1991), 485.
25 박동현,『주께서 나를 이기셨으니: 설교를 위한 예레미야서 연구』(개정증보판), 196.
26 J. A. 톰슨,『예레미야(상)』, 650.

> 너를 그 온 땅과 유다 왕들과
> 그 지도자들과 그 제사장들과 그 땅 백성 앞에
> 견고한 성읍, 쇠기둥, 놋성벽이 되게 하였은즉
> ¹⁹⁾**그들이 너를 치나 너를 이기지 못하리니**
> **이는 내가 너와 함께하여 너를 구원할 것임이니라."**
> 여호와의 말이니라(렘 1:18-19).

이를 통하여 예레미야는 마침내 야웨로의 방향을 다시 찾게 된다. 여기서 예레미야의 이러한 신뢰 고백은 두 가지 의도를 가지고 있다. 첫째, 진정한 신뢰를 표현한다. 그는 야웨의 능력이 의지할 만하고 기대할 만하다는 사실을 잊지 않고 있다. 둘째, 야웨 하나님께 동기(motivation)를 부여한다. 즉 야웨로 하여금 자신에 대한 당신의 책임을 기억하도록 자극을 주는 것이다.[27]

예레미야는 자신과 함께하시는 하나님을 기억하고 확신하게 되자 그분께 간구한다.

> 의인을 시험하사
> 그 **폐부**(신장, 콩팥: 감정과 정서의 자리)와
> **심장**(이성과 지성의 자리)을 보시는 만군의 여호와여,
> 나의 사정을 주께 아뢰었사온즉
> **주께서 그들에게 보복하심을**
> **나에게 보게 하옵소서**(렘 20:12).

---

[27] W. Brueggemann, *A Commentary on Jeremiah: Exile and Homecoming*, 182.

예레미야는 자신의 손으로 보복하지 않는다. 보복은 사람이 해서는 안 된다. 하나님이 하실 때까지 기다려야 한다.

> 그들이 실족할 그때에 **내가 보복하리라**.
> 그들의 환난 날이 가까우니
> 그들에게 닥칠 그 일이 속히 오리로다(신 32:35).

> 내 사랑하는 자들아, 너희가 친히 원수를 갚지 말고 하나님의 진노하심에 맡기라. 기록되었으되 **"원수 갚는 것이 내게 있으니 내가 갚으리라"**고 주께서 말씀하시니라(롬 12:19).

예레미야는 오직 야웨께서 자신의 특성에 합당하게 보복을 행하시기를 기도할 뿐이다. 이 단락은 13절의 찬양으로 끝난다.

> 여호와께 노래하라.
> 너희는 여호와를 찬양하라.
> **가난한 자의 생명을 행악자의 손에서 구원하셨음이니라**(렘 20:13).

이 구절은 7-12절의 클라이맥스에 해당하며, 탄원시의 한 요소인 기도 응답으로 인한 찬양으로 볼 수 있다.[28] 예레미야는 이 찬양을 통하여 야웨의 응답, 야웨의 개입, 자신의 무죄를 확신하고 있음을 드러낸다. 심각한 절망 상태에서 갑자기 하나님의 도움이 임할 것을 기뻐하는 기도 분위기의 급변

---

28 D. J. A. Clines, D. M. Gunn, "Form, Occasion and Redaction in Jeremiah 20," *ZAW* 88(1976), 390-409.

은 구약의 탄원 기도에서 종종 발견된다.

여호와께서 내 간구를 들으셨음이여,
여호와께서 내 기도를 받으시리로다(시 6:9).

나를 사자의 입에서 구하소서.
주께서 내게 응답하시고
들소의 뿔에서 구원하셨나이다(시 22:21).

이러한 기도 분위기의 급변은 실제적인 기도 체험에서 경험하는 사실이기도 하다.[29]

예레미야의 심정이 내적인 혼란과 외적인 박해로 야기된 압력 앞에 좌절당했을 때, 즉 그가 시련을 당하고 있을 때 야웨로 방향이 고정되자 오히려 야웨에 대한 신앙이 새로워졌고, 고요한 내적 평화를 경험하게 되었다. 마치 시편 23편의 시인이 사망의 음침한 골짜기에서 "주께서 나와 함께하심이라"는 확신으로 내적 고요함을 얻었듯이 말이다.

내가 사망의 음침한 골짜기로 다닐지라도
해를 두려워하지 않을 것은
주께서 나와 함께하심이라.
주의 지팡이와 막대기가 나를 안위하시나이다(시 23:4).

상황이 제아무리 절망이라 할지라도 중심이 야웨를 향하고 있다면 언제든

---

29 W. Rudolph, *Jeremia*, 133.

지 찬양이 흘러나올 수 있다. 믿음이 현실을 당장 바꾸지는 않는다. 믿음은 사실 삶의 주체인 나를 바꾸어놓을 뿐이다. 현실을 대하는 자세가 달라지면 현실도 그에 따라서 다른 모습을 띤다. 이것이 "신앙의 연금술"이다. 인생의 문제는 "객관적인 조건의 문제"가 아니라 "주관적인 해석의 문제"다. 그래서 해석은 의미를 빚는 일이기도 하다.[30] 믿음이 작동하면 절망에서도 찬양이 나온다.

4. 예레미야의 거룩한 흔들림: "내 생일이 저주를 받았다면"(렘 20:14-18)

예레미야 20:13에서 표현된 확신 있는 찬양의 여운이 채 끝나기도 전에 이어 나타나는 14-18절은 독자들을 당혹하게 한다. 이 단락에서 예레미야는 자신을 저주하고 있기 때문이다. 13절의 최고의 찬양에서 갑자기 14절의 지독한 절망의 애가로 급변한다. 이는 예레미야가 겪는 삶이 너무 복잡하고 문제투성이기 때문에 승리의 찬양 뒤에도 좀 더 언급할 것이 있음을 보여준다. 아마도 그는 심리적으로 매우 불안정한 상태에 있는 것 같다.[31] 예레미야는 갑자기 자신의 생일을 저주한다.

> **내 생일이 저주를 받았더면**(אָרוּר, 아루르),
> 나의 어머니가 나를 낳던 날이 복이 없었더면(렘 20:14).

히브리어 본문에서 이 단락은 "저주로다(אָרוּר), 그날 곧 내가 태어난 날"이라는 순서로 시작한다. 이 단락은 첫 단어인 "아루르"(אָרוּר, 저주로다)가 전체

---

30 김기석, "성공과 실패 사이", 「기독교사상」, 제53권 제7호, 통권 607호(2009년 7월), 126-132, 특히 131.
31 W. Brueggemann, *A Commentary on Jeremiah: Exile and Homecoming*, 185.

의 분위기를 형성한다. 특별히 예레미야는 자신의 생일을 저주하고 있다. 보통 저주는 인격을 가진 사람이나 원수를 대상으로 하는데 여기서는 생일 자체를 대상으로 하고 있다. 생일이 원수처럼 간주된다. 예레미야는 자신의 출생을 저주함으로써 자기 인생과 직무 전체를 근본적으로 문제 삼는다(참조. 렘 1:5). 더 나아가 그는 15절에서 사내아이가 출생했다는 좋은 소식을 자신의 아버지에게 전한 사람도 저주한다.

> 나의 아버지에게 소식을 전하여 이르기를
> "당신이 득남하였다" 하여
> **아버지를 즐겁게 하던 자가 저주를 받았더면**(אָרוּר, 아루르)(렘 20:15).

이어서 저주의 내용이 16절에 보다 자세하게 전개된다.

> 그 사람은 여호와께서 **무너뜨리시고**(הָפַךְ, 하파크)
> 후회하지 아니하신 성읍같이 되었더면,
> 그가 아침에는 **부르짖는 소리**(זְעָקָה, 제아카),
> 낮에는 **떠드는 소리**(תְּרוּעָה, 테루아)를 듣게 하였더면,
> 좋을 뻔하였나니(렘 20:16).

"여호와께서 무너뜨린 성읍"이라는 표현에서 사용된 "무너뜨리다"(הָפַךְ, 하파크) 동사는 창세기 19장에 나오는 소돔과 고모라의 멸망을 암시한다.

> 그 성들(소돔과 고모라)과 온 들과 성에 거주하는 모든 백성과 땅에 난 것을 다 **엎어 멸하셨더라**(הָפַךְ, 하파크)(창 19:25).

또 그가 아침에 들어야 할 "부르짖는 소리"(זְעָקָה, 제아카)와 낮에 들어야 할 "떠드는 소리"(תְּרוּעָה, 테루아)는 전쟁의 재난에 시달리는 상황을 묘사한다. 예레미야는 그 사람이 소돔과 고모라같이 심판받아 흔적도 없이 사라졌으면, 전쟁으로 죽었더라면 좋았을 것이라며 저주한다. 이 구절들은 야웨께서 이방 민족들을 불러들여 일으키신 전쟁의 재난에 시달리는 유다 백성의 모습을 보여준다.[32]

예레미야는 의도적으로 자신의 "출생"("내 생일")과 "출생 전달자"("아버지를 즐겁게 하던 자")를 저주함으로써 하나님을 저주하거나 부모를 저주하는 것을 피한다. 그는 어머니에 대한 저주 대신 자신의 생일을 저주하고, 아버지에 대한 저주 대신 아버지에게 자신의 출생을 알린 사람을 저주한다. 하나님과 부모를 저주하는 것은 이스라엘에서는 중대한 범죄였기 때문이다.

너는 **재판장**(אֱלֹהִים, 엘로힘: 하나님)을 모독하지 말며 백성의 지도자를 저주하지 말지니라(출 22:28).

자기의 아버지나 어머니를 저주하는 자는 반드시 죽일지니라(출 21:17).

만일 누구든지 **자기의 아버지나 어머니를 저주하는 자는 반드시 죽일지니** 그가 자기의 아버지나 어머니를 저주하였은즉 그의 피가 자기에게로 돌아가리라(레 20:9; 참조 레 24:15).

예레미야는 격정의 저주로 시작하지만, 신앙의 경계가 어디인지 놓치지 않는다. 또한 하나님과 부모들이 얼마만큼 존중되어야 하는지를 잘 알고 있

---

[32] 박동현, 『주께서 나를 이기셨으니: 설교를 위한 예레미야서 연구』(개정증보판), 201.

다. 욥도 아내가 하나님을 저주하라고 요구했지만, 그는 하나님을 저주하지 않았다.

> 9) 그의 아내가 그에게 이르되 "당신이 그래도 자기의 온전함을 굳게 지키느냐? **하나님을 욕하고 죽으라.**" 10) 그가 이르되 "그대의 말이 한 어리석은 여자의 말 같도다. 우리가 하나님께 복을 받았은즉 화도 받지 아니하겠느냐" 하고 이 모든 일에 **욥이 입술로 범죄하지 아니하니라**(욥 2:9-10).

예레미야도 욥과 같이 하나님을 저주하지 않았으며, 자신을 낳아준 아버지도 어머니도 저주하지 않았다. 자신의 생일을 저주할 뿐이다. 최악의 순간에도 마지막 선을 넘지는 않는다.

예레미야는 '차라리 어머니의 뱃속에서 죽었다면(17절), 이처럼 세상에 나와서 고통과 슬픔을 겪지 않아도 될 것인데' 하며 깊은 탄식으로 끝을 맺는다(18절).

> 17) 이는 **그가 나를 태에서 죽이지 아니하셨으며**
> **나의 어머니를 내 무덤이 되지 않게 하셨으며**
> 그의 배가 부른 채로 항상 있지 않게 하신 까닭이로다.
> 18) "**어찌하여 내가 태에서 나와서**
> 고생과 슬픔을 보며
> **나의 날을 부끄러움으로 보내는고**" 하니라(렘 20:17-18).

예레미야와 같이 경건한 사람도 내적으로 기분이 고양되는 순간에 다시 침체의 시간에 빠져들 수 있다. 예레미야는 일종의 조울증에 빠진 것 같다. 이 단락에서 우리는 이 예언자가 경험한 최악의 침체 순간을 만난다. 이것은 더 이상 "기도"가 아니라 일종의 "자기 저주"다.³³ 예레미야는 사방의 적들로 둘러싸인 화(禍)보다 마음이 불붙는 듯한 하나님의 사명의 화(火)가 더 뜨겁기에, 순종을 내려놓으면 해결될 문제를 자기 생(生)을 저주하면서까지 힘들게 붙들고 있다. 하나님의 사명은 구약의 예레미야에게도 예수님의 겟세마네 기도와 같은 고통과 절망의 기도를 드리게 만들었다.³⁴

예레미야는 마지막 탄원기도에서 "자신의 소명"과 "현재 자신의 삶"을 비교하면서 마구 흔들리고 있다. 그는 지금 자신이 감당하기 벅찬 소명의 길을 제대로 걸어가고 있는지조차도 분간할 수 없을 만큼 힘든 과정 한가운데 놓여 있다. 아마 모든 것을 다 던져버리고 도망치고 싶었을 것이다. 그런데 그렇게 하면 자신의 존재 자체뿐만 아니라 하나님까지도 부정해버리는 것이며, 또 전하지 않으면 타죽는 것 같기에 그렇게 할 수도 없다. 이런 견딜 수 없는 고통을 감내하며 하나님의 말씀을 전했지만, 사람들은 자신을 지지해주기는커녕 오히려 그를 죽이려고 덤벼든다. 이런 상황이 예레미야를 흔들리게 하고 있다. 그런데 예레미야의 흔들리는 바로 이 모습이 건강한 신앙인의 모습이 아닐까?

나침반은 항상 북쪽을 가리키고 있기 때문에 길 잃은 이들에게 길을 찾아주는 길잡이 역할을 한다. 그렇기에 어디에 있든지 나침반은 고정되어 있지 않고 북쪽을 향해 끊임없이 흔들리면서 움직인다. 나침반이 흔들림을 멈추고 고정되어 있다면 그것은 분명 고장 난 것이다. 북쪽을 찾기 위해 계속 움직여야 그 나침반은 정상이다. 만일 나침반의 바늘 끝이 불안해 보이는 전율을 멈추고 어느 한쪽에 고정될 때 우리는 그것을 버려야 한다. 그것은 더는 나침반이 아니기 때문이다. 나침반의 흔들림은 나침반이 정상임을

---

33   W. Rudolph, *Jeremia*, 133.
34   F. B. Huey, *Jeremiah, Lamentations* (NAC; Nashville: Broadmann Press, 1993), 192.

보여주는 표시다. 이와 마찬가지로 예레미야의 흔들림은 그가 어디에 있든지 올바른 신앙을 찾아 나아가기 위한 "거룩한 흔들림"이다. 이 흔들림은 자기 자신과의 끊임없는 깊은 대화에서 나온 결과다. 자신이 가고 있는 길의 방향이 옳은지 날마다 흔들리며 체크해야 건강한 영성을 유지할 수 있다. 흔들리고 있는 신앙은 성숙해가는 신앙이다.

제18강

예레미야의 궁전설교
"너희가 정의와 공의를 행하여" (렘 22:1-30)

1. 지도자의 근본 책무인 정의와 공의: "너희가 정의와 공의를 행하여"(렘 22:1-9)

예레미야 21:11의 "유다 왕의 집에 대한 여호와의 말"이라는 표현에 의하면 예레미야 21:11-22:30은 한 단위로 묶일 수도 있다. 그러나 여기서는 예레미야 22장의 내용을 중심으로 풀이하려고 한다. 야웨 하나님은 예레미야에게 "유다 왕의 집에 내려가서" 말씀을 선포하라고 명하신다.

> 여호와께서 이와 같이 말씀하시되 "너는 **유다 왕의 집에 내려가서** 거기에서 이 말을 선언하여"(렘 22:1).

유다의 궁전은 예루살렘 성전 아래쪽에 있었다.

> 유다의 고관들이 이 말을 듣고 **왕궁에서 여호와의 성전으로 올라가** 여호와의 성전 새 대문의 입구에 앉으매(렘 26:10; 참조. 렘 36:12; 왕하 11:19; 20:5).

따라서 예레미야가 서 있는 현 위치는 성전임을 알 수 있다. 그는 하나님의 명령에 의해 더 낮은 곳에 위치한 왕의 궁전으로 내려가야 했다. 그곳은 왕과 그의 신하들과 백성들이 모이는 곳이었다.[1]

> 이르기를 "다윗의 왕위에 앉은 유다 왕이여, **너와 네 신하와 이 문들로 들어오는 네 백성**은 여호와의 말씀을 들을지니라"(렘 22:2).

예레미야가 7장에서 예루살렘 성전 문 앞에 서서 "성전 설교"(temple sermon)

---

[1] J. Schreiner, *Jeremia 1-25:14* (NEB; Würzburg: Echter Verlag, 21985), 128-129.

를 했듯이 22장에서는 "유다 왕의 집", 즉 궁전 문 앞에 서서 "궁전설교"(palace sermon)를 한다.[2] 물론 성전 설교 때와 같이 궁전설교도 초청된 설교는 아니다. 예레미야는 초대받지 않은 "불청객 설교자"다.

이 궁전설교의 핵심 내용은 3절에서 언급되고 있다.

> 여호와께서 이와 같이 말씀하시되 "**너희가 정의**(מִשְׁפָּט, 미쉬파트)**와 공의**(צְדָקָה, 체다카)를 행하여 탈취당한 자를 압박하는 자의 손에서 건지고 이방인과 고아와 과부를 압제하거나 학대하지 말며 이곳에서 무죄한 피를 흘리지 말라"(렘 22:3).

이 내용은 유다 왕국의 중심 강령(綱領)에 해당한다. 예레미야 22:1-5은 21:11-12의 주제를 다시 부연하고 있다.

> 11)유다 왕의 집에 대한 여호와의 말을 들으라.
> 12)여호와께서 이와 같이 말씀하시니라.
> "다윗의 집이여,
> 너는 아침마다 **정의롭게**(מִשְׁפָּט, 미쉬파트) 판결하여
> 탈취당한 자를 압박자의 손에서 건지라.
> 그리하지 아니하면 너희의 악행 때문에
> 내 분노가 불같이 일어나서 사르리니
> 능히 끌 자가 없으리라"(렘 21:11-12).

즉 왕의 근본 책무는 "정의(מִשְׁפָּט, 미쉬파트, justice)와 공의(צְדָקָה, 체다카,

---

2 장일선, 『예레미야』(전망성서주해; 서울: 전망사, 1993), 120-121.

righteousness)"를 구현하는 데 있다. 예레미야는 정권의 일차적인 책무가 정의라고 본다. 그는 나라가 가난한 자의 권리를 지켜내지 않으면 국가적 재앙을 당한다고 주장한다. 따라서 "정의 실천과 가난한 자에 대한 변호"는 정권의 가장 중요한 역할이다.[3] 그런데 정의와 공의의 실천이 예레미야 21:11-12에서는 "유다 왕실"에게만 주어졌지만, 22:3에서는 "신하와 백성"에게도 부여되어 의무 대상이 확대되고 있다.[4] 정의와 공의의 실천은 힘 있는 사람은 물론이고 모든 사람이 의무적으로 행해야 하는 공공의 책무다.

이 두 단어(미쉬파트와 체다카)는 시편의 제왕시(帝王詩)에서도 자주 언급된다.

하나님이여,
주의 **판단력**(정의, מִשְׁפָּט, 미쉬파트)을 **왕**에게 주시고
주의 **공의**(צְדָקָה, 체다카)를 **왕의 아들**에게 주소서(시 72:1).

또한 예언자 이사야도 하나님이 유다 백성들에게 요구하시는 것이 "정의(מִשְׁפָּט, 미쉬파트)와 공의(צְדָקָה, 체다카)"라는 사실을 말한다.

무릇 만군의 여호와의 포도원은 이스라엘 족속이요
그가 기뻐하시는 나무는 유다 사람이라.
그들에게 **정의**(מִשְׁפָּט, 미쉬파트)를 바라셨더니 도리어 포학이요,
그들에게 **공의**(צְדָקָה, 체다카)를 바라셨더니

---

3 크리스토퍼 라이트, 『예레미야 강해: 심판의 끝, 은혜의 시작』, 안종희 역(BST 시리즈; 서울: IVP, 2018), 333.
4 김명숙, 『예레미야서 1-25장』(거룩한 독서를 위한 구약성경 주해; 서울: 바오로딸, 2021), 387.

도리어 부르짖음이었도다(사 5:7).

또한 정의와 공의가 미래에 임할 이상적인 통치자의 덕목으로도 언급된다.

> 그 정사와 평강의 더함이 무궁하며
> 또 다윗의 왕좌와 그의 나라에 군림하여
> 그 나라를 굳게 세우고
> **지금 이후로 영원히 정의(מִשְׁפָּט, 미쉬파트)와 공의(צְדָקָה, 체다카)로**
> **그것을 보존하실 것이라.**
> 만군의 여호와의 열심이 이를 이루시리라(사 9:7).

솔로몬을 찬양하는 축사에서도 이 두 단어가 나온다.

> "당신의 하나님 여호와를 송축할지로다. 여호와께서 당신을 기뻐하사 이스라엘 왕위에 올리셨고 **여호와께서 영원히 이스라엘을 사랑하시므로 당신을 세워 왕으로 삼아 정의(מִשְׁפָּט, 미쉬파트)와 공의(צְדָקָה, 체다카)를 행하게 하셨도다**" 하고(왕상 10:9).

잠언 저자는 지혜의 원리도 정의와 공의임을 말해주고 있다.[5]

> 나(지혜)는 **정의(צְדָקָה, 체다카)**로운 길로 행하며
> **공의(מִשְׁפָּט, 미쉬파트)**로운 길 가운데로 다니나니(잠 8:20).

---

5   W. Brueggemann, *A Commentary on Jeremiah: Exile and Homecoming* (Grand Rapids, Michigan: Wm. B. Eerdmans Publishing Co, 1998), 195.

이와 같이 정의와 공의는 우선적으로 왕에게 부여된 본질적인 책무에 해당한다. 왕이 정의와 공의를 실천하는지의 여부가 다윗 왕조의 존속 여부를 결정한다.

> **너희가 참으로 이 말을 준행하면** 다윗의 왕위에 앉을 왕들과 신하들과 백성이 병거와 말을 타고 이 집 문으로 들어오게 되리라(렘 22:4).

즉 왕의 권력은 사회 구성원들 가운데 어려운 처지에 있는 이들을 보호하며 보살펴 주고 무죄한 피를 흘리지 않도록 정의와 공의를 행사하는 데 사용되어야 한다.

야웨 하나님은 이 점을 다시 한번 단속하듯이 강조하신다.

> **"그러나 너희가 이 말을 듣지 아니하면** 내가 나를 두고 맹세하노니 이 집이 황폐하리라." 여호와의 말씀이니라(렘 22:5).

여기서 눈에 띄는 것은 야웨 하나님이 스스로에게 맹세하신다는 점이다. 물론 야웨는 자신보다 더 높은 권세가 없기 때문에 스스로에게 맹세하실 수밖에 없다. 그러나 더 나아가 이는 하나님의 말씀을 청종하지 않으면 앞으로 주어질 심판의 철회가 불가능하다는 점을 강조한다.[6]

여기서 "왕의 집"은 야웨의 눈에 숲이 우거진 "길르앗"의 나무와 같이, 그리고 "레바논"의 백향목같이 가치 있는 존재로 간주된다.[7]

---

6 W. Werner, *Das Buch Jeremia Kapitel 1-25* (NSKAT; Stuttgart: Verlag Katholisches Bibelwerk, 1997), 194.

7 G. Wanke, *Jeremia. Teilband 1: Jeremia 1,1-25,14* (ZBAT; Zürch: Theologischer Verlag, 1995), 195.

여호와께서 **유다 왕의 집**에 대하여 이와 같이 말씀하시니라.
"네가 내게 **길르앗** 같고
레바논의 머리이나"(렘 22:6a).

이 두 곳은 숲으로 유명했다. 또한 왕의 궁전은 이들 지역에서 나온 목재로 지어졌다.

그(솔로몬)가 **레바논 나무**로 **왕궁(레바논 수풀 궁)**을 지었으니 길이가 백 규빗이요 너비가 오십 규빗이요 높이가 삼십 규빗이라. **백향목 기둥**이 네 줄이요 기둥 위에 **백향목 들보**가 있으며(왕상 7:2).

흔히 길르앗과 레바논은 풍요로움과 아름다움의 상징이었다. 그러나 이 왕궁에 파멸이 예고된다.

내가 반드시 너로 광야와
주민이 없는 성읍을 만들 것이라(렘 22:6b).

더욱더 놀라운 것은 야웨께서 유다 나라를 치도록 파멸할 자를 준비하셨다는 사실이다.

내가 너를 파멸할 자를 준비하리니
그들이 각기 손에 무기를 가지고
네 아름다운 백향목을 찍어 불에 던지리라(렘 22:7).

여기서 "준비하다"는 말의 히브리어 뜻은 "성별하다"(קָדַשׁ, 카다쉬)이다. 하나님은 예레미야를 "성별/구별하여"(קָדַשׁ, 카다쉬) 열방의 예언자로 삼으신 것같이(렘 1:5), 파멸할 자를 "성별하여"(קָדַשׁ, 카다쉬) 유다 궁전이라는 아름다운 백향목을 찍어 불에 던지려고 하신다. 유다 왕국은 더 이상 돌이키라는 촉구 없이 혹독한 심판 아래 떨어지고 만다. 3-4절에서 언급된 생명으로 향하는 가능성이 이제는 완전히 무효가 된다. 유다 왕국은 마지막 남은 최후의 기회를 무시하여 절망적인 상황만을 자초하고 만다.

유다의 주변국들은 야웨 하나님이 당신의 성읍 예루살렘을 심판하신 사건을 의아해한다.

> 여러 민족들이 이 성읍으로 지나가며 서로 말하기를
> **"여호와가 이 큰 성읍에 이같이 행함은 어찌 됨인고" 하겠고**(렘 22:8).

그러면서도 주변의 이방인들도 그 이유를 정확하게 알고 있다.

> 그들이 대답하기는
> **"이는 그들이 자기 하나님 여호와의 언약을 버리고**
> **다른 신들에게 절하고**
> **그를 섬긴 까닭이라 하셨다"** 할지니라(렘 22:9).

여기서 제시하는 심판의 근거가 예레미야 22:3과 대조적이라는 점은 중요하다. 3절에 언급된 근거는 신학적이지 않고 전적으로 "윤리적"이다("이방인과 고아와 과부를 압제하거나 학대하지 말며"). 이에 반해 9절은 파멸의 원인으로 윤리적인 근거의 제시 없이 "신학적"인 것만 언급한다("자기 하나님 여호와의 언약을 버리고 다른 신들에게 절하고"). 그러나 3절의 윤리적 근거와 9절의 신학적인 근거는 사실상 같은 것으로 간주된다. 윤리와 신학이 하나라는

사실은 16절이 확인해주고 있다.[8]

"그는 **가난한 자와 궁핍한 자를 변호**하고 형통하였나니
이것이 **나를 앎**이 아니냐?"
여호와의 말씀이니라(렘 22:16).

"정의와 공의의 삶"(윤리)이 곧 "하나님을 바로 섬김"(신학/신앙)이요, 하나님을 바로 섬김이 곧 정의와 공의의 삶이다.

한 공동체의 위기는 무엇보다도 지도자가 정의와 공의를 무시하거나 가볍게 여기거나 실천하지 않음에 있다. 정의와 공의의 척도는 사회적인 약자들에 대한 대우에 달려 있다. 공동체의 필수 구성원인 약자들이 그 공동체 내에서 "우선적인 돌봄의 대상"이 되고 있는지가 정의의 도(道)와 공의의 도(道)를 재는 지표가 된다. 따라서 구약성서에서는 늘 약자들이 한 공동체의 공평과 정의의 정도를 가늠해주는 리트머스 시험지가 된다. 약자들의 권리가 정당하게 보호받지 못하는 공동체는 하나님의 심판을 자초한다.

사회적 권력을 맡은 자들은 사회적 힘이 없는 자들(특히 당연한 권리를 보호받지 못한 사람, 땅이 없는 사람, 집이 없는 사람, 가정이 없는 사람 등)을 위해 행동하고 말해야 한다. 어떤 정권의 도덕적 정당성과 자격을 판단하는 일차적인 테스트는 그 정권이 사회에서 가장 가난한 자와 가장 곤궁한 자를 위해 어떻게 행동하는가다.[9] 약자를 외면한 정권이나 교회나 개인은 하나님의 심판 대상이라는 점을 무겁게 인식해야 한다. 오늘 한국교회의 살길도 이 점에서 찾을 수 있다. 교회가 사회의 약자를 품으면, 사회도 교회를 품에 안

---

8   W. Brueggemann, *A Commentary on Jeremiah: Exile and Homecoming*, 197.
9   크리스토퍼 라이트, 『예레미야 강해: 심판의 끝, 은혜의 시작』, 334.

을 것이다.

2. 백성에게는 지지받았지만 하나님에게는 인정받지 못한 여호아하스: "그가 이곳으로 다시 돌아오지 못하고"(렘 22:10-12)

예레미야 22:10부터 유다의 특정한 왕들에 대한 진술이 기록되고 있다. 이 부분은 예레미야 활동 시기의 유다 왕들에 대하여 평가한다. 즉 여호아하스, 여호야김, 여호야긴에 대하여 기술하고 있다.[10] 예언자는 기원전 609년에 므깃도에서 이미 전사한 자(요시야)를 위하여 울지 말고(왕하 23:29-30), 이제 막 잡혀간 자(여호아하스)를 위하여 슬피 울라고 요구한다.

> 너희는 **죽은 자**(요시야)를 위하여 울지 말며
> 그를 위하여 애통하지 말고
> **잡혀간 자**(여호아하스)를 위하여 슬피 울라.
> 그는 다시 돌아와 그 고국을 보지 못할 것임이라(렘 22:10).

이러한 대조는 상당히 주목을 끈다. 왜 죽은 자보다 잡혀간 자를 위하여 슬퍼하라는 것인가? 여기서 죽은 자인 요시야는 자신의 고향에서 정당한 장례 절차에 따라서 안장되었다.

> **신복들이 그(요시야)의 시체를 병거에 싣고 므깃도에서 예루살렘으로 돌아와 그의 무덤에 장사하니** 백성들이 요시야의 아들 여호아하스를 데려다가 그에

---

10 이 왕들에 대한 신학적인 평가를 배제한 객관적이고도 역사적인 평가에 대해서는 다음을 참조하라. J. M. Miller, J. H. Hayes, *A History of Ancient Israel and Judah* (Philadelphia: Westminster; London: SCM, 1986), 391-415.

게 기름을 붓고 그의 아버지를 대신하여 왕으로 삼았더라(왕하 23:30).

이에 비해 잡혀간 자인 여호아하스는 이방 땅 이집트로 압송당해서 더는 자신의 고향으로 되돌아오지 못하고 거기서 마지막을 고하고 부정한 땅에 묻힌다.

바로 느고가 요시야의 아들 엘리아김을 그의 아버지 요시야를 대신하여 왕으로 삼고 그의 이름을 고쳐 여호야김이라 하고 **여호아하스는 애굽으로 잡아갔더니 그가 거기서 죽으니라**(왕하 23:34).

이러한 이유로 인하여 오히려 잡혀간 자가 죽은 자보다 더 못하다고 판단한 것 같다. 예레미야의 이 말을 직접 들은 사람들은 이 두 사람의 정체를 분명하게 알고 있었기 때문에 이 구절에서는 굳이 그 이름을 밝힐 필요가 없었던 것으로 보인다.[11]

11절에 와서 죽은 자와 잡혀간 자의 정체가 언급된다.

여호와께서 유다 왕 요시야의 아들 곧 그의 아버지 요시야를 이어 왕이 되었다가 이곳에서 나간 **살룸**(여호아하스)에 대하여 이와 같이 말씀하시니라. "그가 이곳으로 다시 돌아오지 못하고"(렘 22:11).

죽은 자는 요시야이고, 잡혀간 자는 그의 아들 여호아하스다. 살룸은 그의 본명이었으며, 그의 왕명은 여호아하스다. 역대기의 기록에 따르면, 여호아하스는 요시야의 네 번째 아들이다.

---

11 G. Wanke, *Jeremia. Teilband 1: Jeremia 1,1-25,14*, 196.

요시야의 아들들은 맏아들 **요하난**과 둘째 **여호야김**과 셋째 **시드기야**와 넷째 **살룸(여호아하스)**이요(대상 3:15).

여호아하스는 그의 부친이 전사한 이후 유다 국민들에 의해 왕위에 올랐다(왕하 23:30). 아마 여호아하스는 그의 부친 요시야의 개혁 정책을 따랐으며 개혁을 지지했던 사람들에 의하여 왕위에 옹립되었을 가능성이 높다. 그를 옹립한 사람들은 전반적으로 반(反)이집트파였을 것이다.[12] 예레미야는 백성이 세운 여호아하스가 잡혀갈 것이고 다시는 고국으로 돌아오지 못하고 그곳에서 죽을 것이라고 말한다.

잡혀간 곳에서 그(여호아하스)가 거기서 죽으리니 이 땅을 다시 보지 못하리라(렘 22:12).

예레미야의 예언대로 이집트의 파라오는 유다 백성들이 세운 여호아하스를 폐위시키고 그를 이집트로 끌고 갔으며 그의 형인 엘리아김을 왕으로 세워 그 이름을 여호야김으로 개명했다(왕하 23:31-35). 이러한 일을 통하여 바로는 자신이 유다의 주인임을 과시하였고, 요시야의 개혁정책이 지속되는 것을 저지하려고 하였다.[13]

열왕기하 23:32에 따르면 "여호아하스가 그의 조상들의 모든 행위대로 야웨 보시기에 악을 행하였더니"라고 기록하고 있다. 여호아하스는 백성의 지지는 받았지만, 하나님의 눈에는 벗어난 왕이었다. 사람들에게 인정받는 것도 중요하지만 사람들의 인정이 곧 하나님의 인정이 아닐 수도 있

12　J. A. 톰슨, 『예레미야(하)』, 최우성 역(반즈 신구약 성경주석; 서울: 크리스챤서적, 1993), 677.
13　J. Schreiner, *Jeremia 1-25:14*, 130.

다. 사람들에게는 감추어진 속사람이 그분께는 완전히 투시되기 때문이다. 사람의 눈뿐만 아니라 하나님의 눈도, 아니 하나님의 눈을 더 의식하는 삶이 지혜로운 삶이다.

3. 공권력을 사권력으로 남용한 여호야김: "네가 백향목을 많이 사용하여 왕이 될 수 있겠느냐"(렘 22:13-19)

예레미야 22:13-19은 여호야김에 관한 내용이다. 이 단락(13-19절)은 "화 있을진저"(הוֹי, 호이)라는 단어로 시작한다. 히브리어 "호이"(הוֹי, 화 있을진저)는 조가(弔歌)에서 기인한 것이다.

> 곧 그의 시체를 자기의 묘실에 두고 "오호라(הוֹי, 호이) 내 형제여" 하며 그를 위하여 슬피 우니라(왕상 13:30).

예언자는 청중들에게 죽음의 씨앗이 특정한 인간의 행위에 이미 내재해 있다는 사실을 생생하게 알리기 위해 죽은 자가 아닌 살아 있는 자를 향하여 곡을 하였다. 이러한 "화(禍) 외침"(Weherufe)은 죄의 지적과 형벌의 통고가 결합된 혼합 양식이다.[14] 예레미야는 여호야김을 향하여 곡소리를 한다.

> 불의로 그 집을 세우며
> 부정하게 그 다락방을 지으며
> 자기의 이웃을 고용하고

14　베르너 H. 슈미트, 『구약성서입문』, 차준희·채홍식 역(서울: 대한기독교서회, 2007), 260-261.

> 그의 품삯을 주지 아니하는 자에게
> **화 있을진저**(הוֹי, 호이)(렘 22:13).

여호야김의 허영심은 그가 통치하는 기간(기원전 608-598년) 동안 이집트에게 종속되어 막중한 공납의 의무가 있었던 현실을 생각할 때 더욱더 비난받을 만하다. 이러한 공납은 당연히 백성에게서 강제적으로 각출되었다.

> 여호야김이 은과 금을 바로에게 주니라. **그가 바로 느고의 명령대로 그에게 그 돈을 주기 위하여 나라에 부과하되 백성들 각 사람의 힘대로 액수를 정하고 은금을 징수하였더라**(왕하 23:35).

여호야김은 일반 백성들에게 무거운 세금을 강요함으로써 이집트에 바칠 은과 금을 강제로 짜냈다. 게다가 그는 많은 자유 시민을 자기의 궁궐 확장과 중건 공사에 임금도 주지 않고 강제로 동원하여 사실상 노예 신분으로 강등시켰다. 이것은 세금 납부의 형식으로 강요된 일종의 강제 노동력으로, 자유 시민들이 왕실을 섬기는 노역으로 부당하게 동원되었음을 가리킨다.[15]

여호야김은 자신의 왕궁에 덧붙여 올린 여러 층의 건물에 이집트 양식의 창문을 만들어 달았던 듯하다.[16]

> 그가 이르기를
> "내가 나를 위하여 큰 집과 넓은 다락방을 지으리라" 하고
> 자기를 위하여 **창문을 만들고**

---

[15] 로날드 클레멘츠, 『예레미야』, 210-211.
[16] C. M. Maier, *Jeremia 1-25* (IEKAT; Stuttgart: Kohlhammer Verlag, 2023), 390.

> 그것에 백향목으로 입히고
>
> 붉은빛으로 칠하도다(렘 22:14).

팔레스타인의 일반 집에서는 "창문"을 찾아보기 어렵다. 아마도 이 창은 소위 외형창문(Erscheinungsfenster)을 가리킬 것이다. 이곳에서 왕은 이집트의 파라오처럼 신하들의 충성 맹세를 받았을 것이다.[17] 이 모든 것은 솔로몬의 궁전과 같이 화려하고 사치스러웠다. 13-14절은 "건축 행위 자체"를 비난하는 것이 아니라 "불법적인 강제 부역"과 "건축의 사치스러움"을 비판하고 있다.[18]

예레미야는 여호야김을 그의 부친과 비교하여 직격탄을 날린다.

> 네가 백향목을 많이 사용하여 왕이 될 수 있겠느냐?
> **네 아버지**(요시야)가 먹거나 마시지 아니하였으며
> **정의**(מִשְׁפָּט, 미쉬파트)와 **공의**(צְדָקָה, 체다카)를 행하지 아니하였느냐?
> 그때에 그가 형통하였었느니라(렘 22:15).

여기서 여호야김은 "정의와 공의"라는 두 가지 기준에 의하여 평가받고 있다. 요시야는 결코 금욕적인 생활을 했던 것이 아니며 단지 왕의 신분에 적절하게 살았던 것이다("먹거나 마시지 아니하였으며").[19] 요시야는 가난하고 궁핍한 자들의 송사, 즉 성문과 같이 지역공동체의 송사를 처리하는 장소에서 억울함을 호소해도 아무도 들어주지 않는 사람들의 송사를 처리해주었다(참조. 렘 21:12). "정의와 공의"를 행한다는 것은 주로 법적이고 사회적인

---

17 J. Schreiner, *Jeremia 1-25, 14*, 131.
18 W. Werner, *Das Buch Jeremia Kapitel 1-25*, 195.
19 J. A. 톰슨, 『예레미야(하)』, 681.

영역에서 일어나는 일이다.

그러나 예레미야는 16절에서 한걸음 더 나아간다.

"그는 가난한 자와 궁핍한 자를 변호하고 형통하였나니
이것이 나를 앎이 아니냐?"
여호와의 말씀이니라(렘 22:16).

"정의와 공의를 행하는 것"을 "하나님을 아는 것"과 동일시한다. 구체적인 행함은 신앙의 근본적인 요소로 간주된다. 하나님을 안다는 것은 하나님의 뜻을 단순히 인식하는 것일 뿐만 아니라 특히 그 뜻대로 사는 것이다. 그러나 여호야김은 그와는 반대로 자신의 생각과 의도에 맞추어 자신의 유익에만 몰두하였다.[20]

그러나 네 두 눈과 마음은
탐욕과 무죄한 피를 흘림과
압박과 포악을 행하려 할 뿐이니라(렘 22:17).

여호야김의 눈과 마음은 오직 자신의 이익에만 쏠려 있다. 구약성서에서 "마음"이란 이해와 의지가 자리하는 곳이고, "눈"이란 주의(主意)와 근심에서 시작하여 욕구에까지 이르는 과정들을 대변한다.[21]

드디어 예레미야는 여호야김에 대하여 심판을 선고한다. 아무도 그의 죽음을 슬퍼하지 않는다.

---

20 G. Wanke, *Jeremia. Teilband 1: Jeremia 1,1-25,14*, 199.
21 G. Wanke, *Jeremia. Teilband 1: Jeremia 1,1-25,14*, 199.

그러므로 여호와께서 유다의 왕 요시야의 아들 여호야김에게 대하여
이와 같이 말씀하시니라.
"무리가 그를 위하여 '**슬프다**(הוֹי, 호이) 내 형제여,
슬프다(הוֹי, 호이) 내 자매여' 하며 통곡하지 아니할 것이며
그를 위하여 '**슬프다**(הוֹי, 호이) 주여,
슬프다(הוֹי, 호이) 그 영광이여' 하며
통곡하지도 아니할 것이라"(렘 22:18).

여호야김은 정상적으로 매장되지도 못한다(19절). "곧 그의 시체를 자기의 묘실에 두고 '오호라(הוֹי, 호이) 내 형제여' 하며 그를 위하여 슬피 우는"(왕상 13:30) 정상적인 매장이 이루어지지 않는다. 여호야김은 예루살렘 문밖에 던짐을 당하고 나귀같이 매장함을 당한다.

그가 끌려 예루살렘 문밖에 던져지고
나귀같이 매장함을 당하리라(렘 22:19).

왕이 죽었는데 사람들이 죽은 당나귀를 치우듯이 그 시체를 끌어다가 예루살렘 성 밖에 그냥 내던져 버린다는 것이다.[22] 그런데 여호야김의 죽음을 언급한 다른 성서 구절에서는 이러한 묘사가 나오지 않는다. 여호야김은 평안히 자연사한 것처럼 묘사된다.

여호야김이 그의 조상들과 함께 자매 그의 아들 여호야긴이 대신하여 왕이 되

---

[22] 박동현, 『예레미야(1)』(대한기독교서회 창립 100주년기념 성서주석; 서울: 대한기독교서회, 2006), 662.

니라(왕하 24:6).

아마도 그가 죽은 뒤에 느부갓네살이 여호야김의 무덤을 파헤쳐 유해를 흩어버렸던 것으로 추정된다.

> [1)]여호와의 말씀이니라. "그때에 사람들이 **유다 왕들의 뼈**와 그의 지도자들의 뼈와 제사장들의 뼈와 선지자들의 뼈와 예루살렘 주민의 뼈를 그 **무덤에서 끌어내어** [2)]그들이 사랑하며 섬기며 뒤따르며 구하며 경배하던 **해와 달과 하늘의 뭇별 아래에서 펼쳐지게 하리니 그 뼈가 거두이거나 묻히지 못하여 지면에서 분토 같을 것이며**"(렘 8:1-2).

> 그러므로 여호와께서 유다의 왕 여호야김에 대하여 이와 같이 말씀하시니라. "그에게 다윗의 왕위에 앉을 자가 없게 될 것이요 **그의 시체는 버림을 당하여 낮에는 더위, 밤에는 추위를 당하리라**"(렘 36:30).

자신에게 반기를 든 여호야김을 응징하러 온 느부갓네살은 이미 무덤에 묻힌 그를 처벌하기 위해서 그의 무덤을 파헤쳤을 개연성이 높다.[23]

여호야김은 권력으로 백성의 노동력을 착취하고 자신의 외형을 호화스럽게 치장하는 데만 혈안이 되어 있으며, 약자들의 탄식 소리를 철저히 외면함으로써 결국 하나님 자체를 무시하게 된다. 그의 마지막은 동물같이 비참하였다. 왕의 권력을 비롯한 모든 권력은 개인의 이익을 위한 "사권력"(私權力)이 아니라, 약자들의 탄식 소리를 들어주기 위하여 공평과 정의

---

23 W. Rudolph, *Jeremia* (HAT; Tübingen: J. C. B. Mohr, 1968), 141; 로날드 클레멘츠, 『예레미야』, 213.

를 집행하도록 주신 "공권력"(公權力)이다. "힘의 크기"보다 "힘의 방향"이 더 중요하다. 힘은 "사익"(여호야김)이 아니라 "공익"(요시야)의 방향으로 사용되어야 한다. 힘은 공동의 이익을 위해 쓰여야 하기 때문에 본질적으로 공권력이다. 공동의 것인 공권력을 개인적인 사권력으로 남용하면 결국에는 그 힘으로 오염되거나 변질되어 동물같이 비참한 신세가 될 것이다.

4. 인간적인 도움에 취해버린 예루살렘: "너를 사랑하는 자가 다 멸망하였음이라"(렘 22:20-23)

예레미야 22:20-23은 사실 특정 왕과는 무관한 내용이다. 그러나 이 단락은 18절의 조가(弔歌)와 관련하여 이 맥락에 들어온 것으로 보인다. 이외에도 20절과 23절의 레바논과 6절의 레바논이라는 지명도 예레미야 22장과 이 단락의 연관성을 더하여 준다.

20절은 "너"로 시작한다.

> 너는 **레바논**에 올라 외치며
> **바산**에서 네 소리를 높이며
> **아바림**에서 외치라.
> 이는 너를 사랑하는 자가 다 멸망하였음이라(렘 22:20).

여기서 "너"는 여성이기 때문에 왕을 향한 것이 아니라 흔히 여성으로 의인화되는 예루살렘을 가리키는 것으로 보인다. 여기서 "레바논과 바산과 아바림" 이 세 곳은 모두 산악지대로서 레바논은 북쪽에, 바산은 북동쪽에, 아바림은 남동쪽에 있다. 지리적으로 볼 때 이 세 산악지대는 예루살렘을 둘러싸고 있다. 또한 일반적으로 산들은 예레미야 3:21과 7:29에 따르면 호곡(號哭)하는 장소들이다.

> 소리가 **헐벗은 산** 위에서 들리니
> **곧 이스라엘 자손이 애곡하며 간구하는 것이라.**
> 그들이 그들의 길을 굽게 하며
> 자기 하나님 여호와를 잊어버렸음이로다(렘 3:21).

> 너의 머리털을 베어 버리고
> **벗은 산** 위에서 **통곡할지어다.**
> 여호와께서 그 노하신 바
> 이 세대를 끊어버리셨음이라(렘 7:29).

이 모든 지명은 팔레스타인 전역에서 호곡소리가 울려 퍼짐을 묘사하기 위해 동원된 것으로 보인다.[24] 레바논, 바산, 아바림의 높은 산악지대에 가서 외치고 소리치라는 것은 엄청난 재난이 유다 온 땅에 닥쳤다고 울부짖으라는 뜻이다. 또한 여기서 "사랑하는 자"란 유다가 의지하는 정치적 동맹국들을 말한다.[25]

> 멸망을 당한 자여,
> 네가 어떻게 하려느냐?
> 네가 붉은 옷을 입고
> 금장식으로 단장하고

---

[24] G. Wanke, *Jeremia. Teilband 1: Jeremia 1,1-25,14*, 200.
[25] W. Werner, *Das Buch Jeremia Kapitel 1-25*, 196.

눈을 그려 꾸밀지라도

네가 화장한 것이 헛된 일이라.

연인들이 너를 멸시하여 네 생명을 찾느니라(렘 4:30).

너를 사랑하던 자가 다 너를 잊고 찾지 아니하니

이는 네 악행이 많고

네 죄가 많기 때문에

나는 네 원수가 당할 고난을 네가 받게 하며

잔인한 징계를 내렸도다(렘 30:14).

그들이 홀로 떨어진 들나귀처럼 앗수르로 갔고

에브라임이 값 주고 **사랑하는 자들**을 얻었도다(호 8:9).

예루살렘의 하나님 말씀 거역은 한 번의 실수가 아니라 늘 반복되고 그칠 줄 모르는 거의 본성("습관")이 되어버렸다.

네가 평안할 때에 내가 네게 말하였으나

네 말이 "나는 듣지 아니하리라" 하였나니

네가 어려서부터 내 목소리를 청종하지 아니함이 네 습관이라(렘 22:21).

예레미야는 예루살렘을 향하여 심판을 선고한다.

네 목자들은 다 바람에 삼켜질 것이요

너를 사랑하는 자들은 사로잡혀 가리니

그때에 네가 반드시 네 모든 악 때문에 수치와 욕을 당하리라(렘 22:22).

여기서 "목자들"은 예루살렘의 지도자들과 귀족들을 가리킨다.[26] 이들은 실제로 기원전 597년에 바빌로니아로 추방되고 말았다.

> 14)그(바빌로니아의 왕 느부갓네살)가 또 예루살렘의 모든 백성과 **모든 지도자**와 모든 용사 만 명과 모든 장인과 대장장이를 사로잡아 가매 비천한 자 외에는 그 땅에 남은 자가 없었더라. 15)그가 여호야긴을 바벨론으로 사로잡아 가고 **왕의 어머니**와 **왕의 아내들**과 **내시들**과 **나라에 권세 있는 자**도 예루살렘에서 바벨론으로 사로잡아 가고 16)또 용사 칠천 명과 장인과 대장장이 천 명 곧 용감하여 싸움을 할 만한 모든 자들을 바벨론 왕이 바벨론으로 사로잡아 가고(왕하 24:14-16).

"너를 사랑하는 자"는 20절과 같은 유다의 정치적 동맹국들로서, 이들도 힘을 잃게 된다. 실제로 아시리아는 기원전 609년 바빌로니아에게 망했고, 이집트는 세력이 약화되어 "갈대 지팡이"(겔 29:6)로 전락했다.[27]

이 단락은 예루살렘 주민이 겪을 고난을 안타까워하면서 끝을 맺는다.

> 레바논에 살면서 백향목에 깃들이는 자여,
> 여인이 해산하는 고통 같은 고통이 네게 임할 때에
> **너의 가련함이 얼마나 심하랴**(렘 22:23).

여기서 "레바논"은 예루살렘을 가리키는 비유적인 표현이다. 물론 20절의 레바논과는 다르다. "백향목"은 엄청나게 많은 백향목이 사용된 예루살렘

---

26 J. A. 톰슨, 『예레미야(하)』, 684.
27 김명숙, 『예레미야서 1-25장』, 401.

의 궁전과 건물들을 가리킬 수 있다.[28] 그런데 사실 예루살렘은 레바논과 같이 도달하기도 어려운 거의 난공불락의 요새였다.

> 여호와께서 유다 왕의 집에 대하여 이와 같이 말씀하시니라.
> "네가 내게 길르앗 같고
> **레바논의 머리**이나
> 내가 반드시 너로 광야와 주민이 없는 성읍을 만들 것이라"(렘 22:6).

레바논은 높은 백향목 위의 새둥지와도 같았다.[29] 예루살렘은 레바논의 꼭대기 위에 있는 것처럼 혹은 백향목의 새둥지에 놓여 있는 것처럼 안전하다고 생각하였다. 그러나 이러한 성읍에도 심판이 임박했다. 결국 예루살렘에게 해산하는 여인의 진통 같은 아픔이 닥쳐올 것이다. 그때가 되면 예루살렘의 신음이 땅을 뒤흔들 것이요, 예루살렘의 가련함이 참으로 심할 것이다.[30]

자신을 사랑하는 자들(동맹국들)과 자신의 목자들(유다의 지도자들)을 하나님보다 더 신뢰하였던 예루살렘은 엄청난 고통을 겪게 될 것이다. 인간적인 관계와 배경을 하나님보다 더 든든하게 신뢰하는 것은 심각한 착각이다.

---

28 J. A. 톰슨, 『예레미야(하)』, 685.
29 J. Schreiner, *Jeremia 1-25, 14*, 133.
30 강성열, 『예레미야: 1-25장』(한국장로교총회창립 100주년기념 표준주석; 서울: 한국장로교출판사, 2021), 395-396.

5. 오아시스로 곡해된 신기루인 여호야긴: "다윗의 왕위에 앉아 유다를 다스릴 사람이 다시는 없을 것임이라"(렘 22:24-30)

예레미야 22:24-30은 이 장의 마지막 왕인 고니야, 즉 여호야긴에 관한 내용이다. 그는 여호야김의 아들이며 요시야의 손자다. 여호야긴은 기원전 598년에 왕으로 즉위하였으나, 그의 아버지 여호야김의 치명적인 정책에 대한 처벌로 곧바로 폐위되고 바빌로니아로 잡혀가서 그곳에서 장기간 포로로 살아야 했던 비운의 왕이다(렘 52:31-34; 왕하 25:27-30). 아마도 첫 번째 부분(24-27절)은 여호야긴 왕이 잡혀가기 직전에 선포되었던 것 같고, 두 번째 부분(28-30절)은 그 직후에 선포된 것으로 보인다.[31]

예레미야는 24-25절에서 여호야긴이 하나님의 오른손 인장반지(signet ring)라 해도 이를 빼서 바빌로니아의 느부갓네살에게 줄 것이라는 하나님의 말씀을 대언한다.

[24)]여호와의 말씀이니라. "나의 삶으로 맹세하노니 **유다 왕 여호야김의 아들 고니야가 나의 오른손의 인장반지라 할지라도 내가 빼어** [25)]네 생명을 찾는 자의 손과 네가 두려워하는 자의 손 곧 **바벨론의 왕 느부갓네살의 손과 갈대아인의 손에 줄 것이라**"(렘 22:24-25).

"인장반지"는 소유의 표지를 뜻하기도 한다.[32] 이 행동의 의미는 분명치 않으나 여호야긴이 왕위를 잃을 뿐만 아니라 그의 왕위 상실이 궁극적으로 그가 대표하던 다윗 왕조의 종말을 의미하는 것일 수도 있음을 암시한다.

---

31   존 브라이트, 『예레미야』, 번역실 역(국제성서주석; 서울: 한국신학연구소, 1990), 278; J. A. 톰슨, 『예레미야(하)』, 686.
32   P. Welten, "Siegel und Stempel," *Biblisches Reallexikon*, 1977, 299-307, 특히 299.

이러한 이해는 후대에 학개 예언자(기원전 520년)가 이 인장반지에 대한 예언을 다윗 왕조의 후손인 스룹바벨과 관련하여 언급한 것에서도 뒷받침된다.³³

> 만군의 여호와가 말하노라.
> "스알디엘의 아들 내 종 스룹바벨아,
> 여호와가 말하노라.
> **그날에 내가 너를 세우고**
> **너를 인장으로 삼으리니**
> **이는 내가 너를 택하였음이니라.**
> 만군의 여호와의 말이니라" 하시니라(학 2:23).

예레미야의 여호야긴에 대한 예언은 여기서 멈추지 않는다. 여호야긴은 그의 모친과 더불어 바빌로니아로 유배될 것이고 다시는 고향으로 귀환하지 못할 것이라고 한다.

> ²⁶⁾내가 너와 너를 낳은 어머니를 너희가 나지 아니한 다른 지방으로 쫓아내리니 너희가 거기에서 죽으리라. ²⁷⁾그들이 그들의 마음에 돌아오기를 사모하는 땅에 돌아오지 못하리라(렘 22:26-27).

왕권의 정체성을 대표하는 왕과 그의 어머니는 하나님에 의하여 포기되고 바빌로니아로 넘겨진다. 여기서 왕의 어머니인 모후가 언급되는 것이 뜻밖

---

33 로날드 클레멘츠, 『예레미야』, 김회권 역(현대성서주석; 서울: 한국장로교출판사, 2002), 215; 차준희, 유윤종, 『학개/스가랴/말라기』(대한기독교서회 창립 100주년 기념 성서주석; 서울: 대한기독교서회, 2006), 109.

으로 보일지도 모른다. 그러나 모후가 누구냐에 따라서 궁중의 권력이 누구의 손에 넘겨질지가 판가름 나기 때문에 이는 중요한 대목이었다.[34]

28-30절은 여호야긴이 기원전 598년에 바빌로니아로 끌려간 사건을 전제하고 있는 것 같다.

> [28)]이 사람 고니야(여호야긴)는 천하고 깨진 그릇이냐?
> **좋아하지 아니하는 그릇이냐?**
> **어찌하여 그와 그의 자손이 쫓겨나서**
> **알지 못하는 땅에 들어갔는고.**
> [29)]땅이여, 땅이여, 땅이여,
> 여호와의 말을 들을지니라(렘 22:28-29).

28절은 예레미야가 여호야긴의 비극적인 운명을 두고 탄식하는 말이다. 28a절의 이중 의문문("천하고 깨진 그릇이냐, 좋아하지 아니하는 그릇이냐")과 28b절의 삼중 의문문("어찌하여, 그와 그의 자손이 쫓겨나서, 알지 못하는 땅에 들어갔는고")은 여호야긴의 불행을 두고 안타까워하시는 야웨의 마음을 표현한다.[35]

29절에서 "땅이여, 땅이여, 땅이여" 하는 것은 마치 오직 죽은 사람의 이름만 반복해서 부르고 있는 넋이 나간 사람의 비탄이나 흐느낌과 같다. 이러한 일은 전혀 예기치 못한 것이고 믿을 수도 없는 것이다. "이 좋은 땅"이 이제는 죽음으로 내몰렸다.[36]

---

34 이 점에 대한 자세한 논의를 위해서는 다음을 참조하라. Ch. R. Seitz, *Theology in Conflict: Reactions to the Exile in the Book of Jeremiah* (Ph.D. dissertation, Yale University, 1986), 164-171.
35 박동현, 『예레미야(1)』, 671.
36 W. Brueggemann, *A Commentary on Jeremiah: Exile and Homecoming*, 204-205.

내가 말하기를 "내가 어떻게 하든지 너를 자녀들 중에 두며 **허다한 나라들 중에 아름다운 기업인 이 귀한 땅을 네게 주리라**" 하였고 내가 다시 말하기를 "너희가 나를 나의 아버지라 하고 나를 떠나지 말 것이니라" 하였노라(렘 3:19).

이 단락은 여호야긴에게 임할 불명예를 비유적으로 예고하는 신탁으로 마감한다.

> 여호와께서 이와 같이 말씀하시니라.
> "너희는 이 사람이 자식이 없겠고
> 그의 평생 동안 형통하지 못할 자라 기록하라.
> **이는 그의 자손 중 형통하여 다윗의 왕위에 앉아**
> **유다를 다스릴 사람이 다시는 없을 것임이라**" 하시니라(렘 22:30).

"자식이 없겠고"라는 말은 그가 아이를 갖지 못할 것이라는 뜻이 아니다. 실제로 그는 일곱 명의 자녀가 있었다.

> ¹⁷⁾사로잡혀 간 여고냐의 아들들은 그의 아들 스알디엘과 ¹⁸⁾말기람과 **브다야**와 **세낫살**과 **여가먀와 호사마와 느다뱌요**(대상 3:17-18).

바빌로니아 포로들에게 기름을 지급한 영수증을 보면 여호야긴에게는 적어도 다섯 명의 아들이 있었다는 사실이 입증된다.³⁷ 30절의 "자식이 없겠고"라는 말은 그의 아들들 가운데 유다의 왕위를 계승하는 일은 없을 것이

---

37 J. B. Pritchard, *Ancient Near Eastern Texts: Relating to the Old Testament* (Princeton, New Jersey: Princeton University Press, 1969), 308.

라는 뜻이다. 예레미야는 아마 여호야긴이 돌아와서 다윗 왕조를 회복할지도 모른다는 헛된 희망을 버리지 못했던 사람들을 대상으로 이 말을 전했을 것이다.[38] 예레미야는 다윗 왕조의 존속에 대한 하나님의 약속을 재해석하여 왕들이 백성들에게 공평과 정의를 행할 때에만 그 약속이 유효한 것으로 본다.

성서에 따르면 여호야긴은 양면성을 띠고 있다. 한편으로 그는 백성들의 희망이었고 다윗 왕조의 회복을 보여주는 살아 있는 마지막 불씨 역할을 하였다. 다른 한편으로 그는 백성들에게 전혀 도움이 되지 않았고 역사적으로 무기력한 자였다. 그는 자신에게 모아진 희망적 기대를 행사할 기회가 없었다. 예레미야에게도 여호야긴은 "희망의 인물"이 아니고, 깊은 "절망의 대상"일 뿐이다. 다윗 왕조 신앙의 핵심은 혈통이 아니라 역할에 있다. 즉 공평과 정의를 행하는 역할이 중요하다.

> 여호와의 말씀이니라. "보라! 때가 이르리니 **내가 다윗에게 한 의로운 가지를 일으킬 것이라**. 그가 왕이 되어 지혜롭게 다스리며 세상에서 **정의**(מִשְׁפָּט, 미쉬파트)**와 공의**(צְדָקָה, 체다카)**를 행할 것이며**"(렘 23:5).

유다 백성들은 여호야긴이라는 신기루에서 오아시스를 찾으려고 했다. 그러나 근거 없는 망상은 빨리 포기해야 새로운 길이 열리는 법이다.

---

[38] J. A. 톰슨, 『예레미야(하)』, 688.

제19강

거짓 예언자

"너희에게 예언하는 선지자들의 말을 듣지 말라"
(렘 23:9-32)

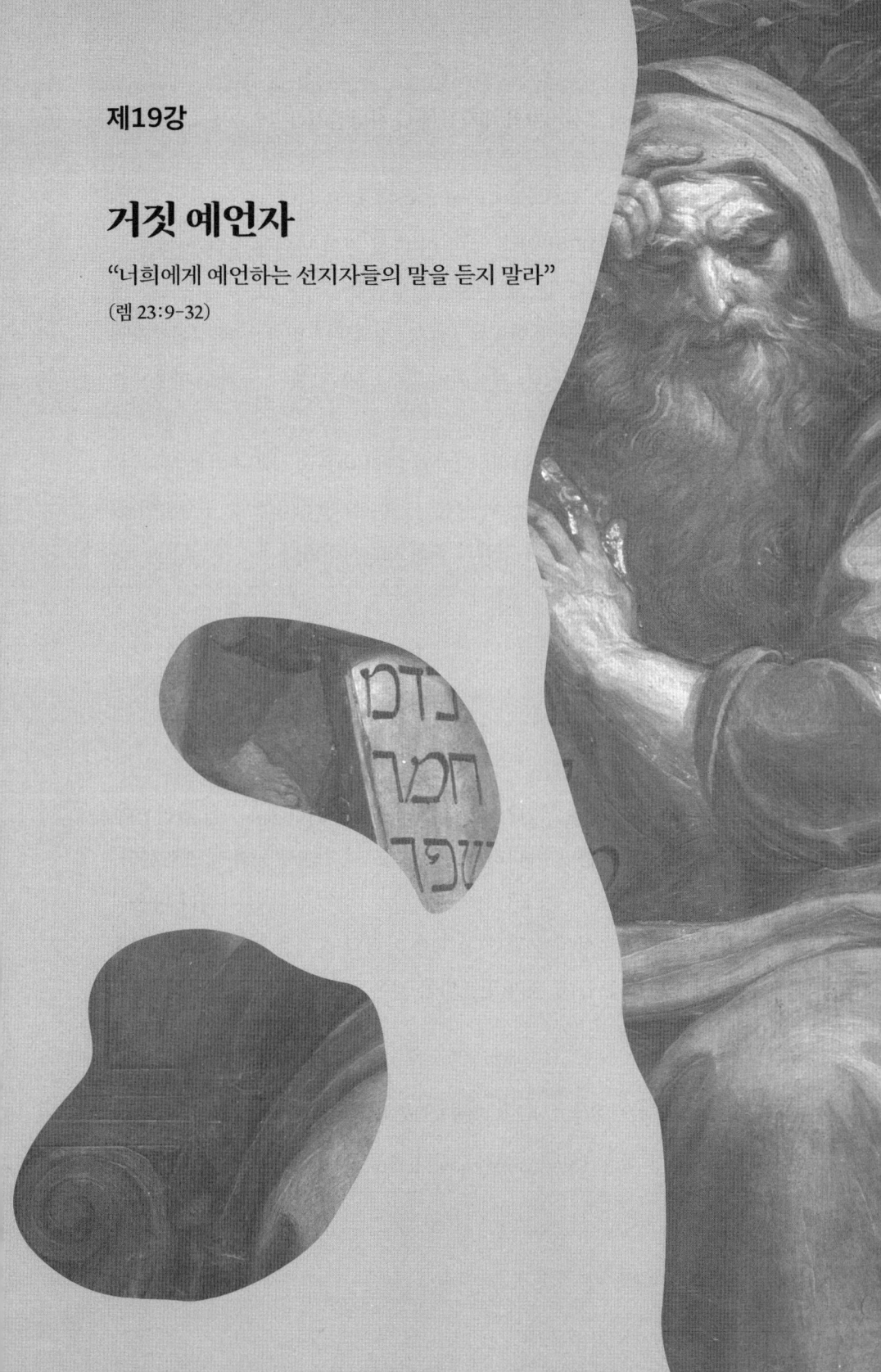

1. 예언자여! 너마저: "선지자와 제사장이 다 사악한지라"(렘 23:9-12)

예레미야 23:9-40은 모두 다섯 개의 단락(9-12절, 13-15절, 16-24절, 25-32절, 33-40절)으로 구성되어 있다. 아마 이 다섯 개의 단위들은 각기 다른 시기에 선포된, 원래 독립적으로 존재했던 말씀들이지만 그 주제가 모두 예언자에 관한 것이기 때문에 한곳에 모아진 것 같다.[1] 또한 9절의 "선지자들에 대한 말씀이라"는 어구는 예레미야 23:9-40 전체의 주제를 아우르는 표제다.

먼저 첫 번째 단락인 예레미야 23:9-12의 내용을 살펴보기로 하자. 이 단락은 예레미야의 탄식(9절), 고발(10-11절), 심판(12절)으로 구성되어 있다. 예레미야 23:9a은 탄식과 경악의 표현으로 시작한다.

> 내 마음이 상하며
> 내 모든 뼈가 떨리며
> 내가 취한 사람 같으며(렘 23:9a).

여기서 "마음"(לֵב, 레브)은 "인격의 중심"(the center of personality)을 가리킨다. 이는 감정적인 차원뿐만 아니라 의지적이고 지적인 활동까지 포함한다.[2] 그래서 "마음이 상하다"는 표현은 단순히 감정적인 슬픔이 아니라 마음이 극도로 혼란에 빠진 상태를 말한다. 또한 사람의 골격을 이루고 몸을 지탱하는 것이 뼈의 기능인데, 뼈가 떨린다는 것은 극심한 고뇌로 인해서 "사고

---

[1] J. A. 톰슨, 『예레미야(하)』, 최우성 역(반즈 신구약 성경주석; 서울: 크리스챤서적, 1992), 702.
[2] D. R Jones, *Jeremiah* (NVBC; Grand Rapids, Michigan: Eerdmans, 1992), 304.

체계"가 산산조각이 난 것을 말한다.³ 예레미야는 마음이 무너져 내리고 모든 뼈마디가 떨리며, 독한 술에 취해 인사불성이 된 사람 같았다.

그렇다면 왜 예레미야가 이렇게 되었는가? 이는 야웨와 그분이 주신 말씀 때문이다.

> 이는 여호와와
> 그 거룩한 말씀 때문이라(렘 23:9b).

이는 신접(神接)하여 의식을 상실한 황홀경에 빠진 상태를 묘사한 것이라기보다는 하나님의 말씀에 압도된 상태를 비유적으로 표현한 것으로 보인다.⁴

> **12)어떤 말씀이 내게 가만히 이르고**
> 그 가느다란 소리가 내 귀에 들렸었나니,
> **13)사람이 깊이 잠들 즈음**
> 내가 그 밤에 본 환상으로 말미암아 생각이 번거로울 때에
> **14)두려움과 떨림이 내게 이르러서**
> **모든 뼈마디가 흔들렸느니라.**
> **15)그때에 영이 내 앞으로 지나매**
> 내 몸에 털이 주뼛하였느니라(욥 4:12-15).

이는 연속적으로 이어지는 동료 거짓 예언자에 대한 고발과 심판 시리즈가 예레미야 자신의 생각이 아니라 하나님이 주신 말씀이라는 사실을 분명히

---

3 D. R. Jones, *Jeremiah*, 304.
4 W. H. Schmidt, *Das Buch Jeremia Kapitel 21-52* (ATD; Göttingen: Vandenhoeck & Ruprecht), 2013, 40.

제시하고, 예레미야 자신은 다른 거짓 예언자들과는 달리 하나님의 심판의 말씀에 전적으로 사로잡혀 있음을 의도적으로 보여준다(참조. 렘 23:16).

예레미야는 탄원의 원인이 되는 사실을 드러낸다. 유다 땅이 온통 "간음하는 자"로 가득하게 되었다는 것이다.

이 땅에 간음하는 자가 가득하도다(렘 23:10a).

"간음하다"는 뜻의 히브리어 "나아프"(נאף)는 혼인 관계를 깨뜨리는 성행위를 뜻한다. 이 단어는 예레미야서에서 9:2과 29:23 두 군데에 더 나온다.

내가 광야에서 나그네가 머무를 곳을 얻는다면
내 백성을 떠나가리니
그들은 다 **간음하는 자**(나아프)요
반역한 자의 무리가 됨이로다(렘 9:2).

"이는 그들이 이스라엘 중에서 어리석게 행하여 그 이웃의 아내와 **간음하며**(나아프) 내가 그들에게 명령하지 아니한 거짓을 내 이름으로 말함이라. 나는 알고 있는 자로서 증인이니라. 여호와의 말씀이니라" 하시니라(렘 29:23).

예레미야 9:2은 유다 백성의 타락상을 표현하고, 29:23은 이웃 아내와의 간통을 가리킨다. 예레미야 23:10에서의 "간음하다"는 유다의 성적 문란과 하나님을 저버리고 다른 신들을 섬기는 것 모두를 암시한다.[5] 안타깝게도

---

5   박동현, 『주께서 나를 이기셨으니: 설교를 위한 예레미야서 연구』(개정증보판; 서울: 한국성서학연구소, 2000), 220-221.

사람이 타락하면 죄 없는 자연계도 더불어 저주를 받아 땅이 메마르고 들의 풀밭들도 말라버린다.

> **저주로 말미암아 땅이 슬퍼하며**
> **광야의 초장들이 마르나니**
> 그들의 행위가 악하고
> 힘쓰는 것이 정직하지 못함이로다(렘 23:10b; 참조. 호 4:3 등).

유다의 비극은 사회의 구성원들이 모두 타락한다 할지라도 마지막까지 그래서는 안 되는 종교 지도자들도 타락했다는 사실에 있다. 절망적이게도 당시의 종교 지도자들도 예외가 아니었다.

> 여호와의 말씀이니라.
> **"선지자와 제사장이 다 사악한지라.**
> 내가 내 집에서도 그들의 악을 발견하였노라"(렘 23:11).

11a절에 해당하는 히브리어 본문에서는 "선지자 '도', 제사장 '도' 다 사악한지라"라는 구절이 사용된다. 여기서 "도"(םַּג, 감, 우리말 개역개정에는 생략됨)는 이러한 안타까운 점을 반영하고 있다. 그런데 이들의 악함이 하나님의 집(예루살렘 성전)에서 "도"(םַּג, 감) 공공연하게 발견된다(11b절). 11절은 "도"(םַּג, 감)라는 낱말을 세 번이나 반복적으로 사용함으로써 유다 백성 전체의 전적인 타락을 강조하고 있다. 직업상 야웨의 뜻을 받들어야 하는 사람들인 제사장과 예언자들마저도 야웨와의 연결을 파기해버렸다.[6] 그것도 성전('하나

---

6   G. Wanke, *Jeremia. Teilband 1: Jeremia 1,1-25,14* (ZBAT; Zürich: Theologischer Verlag,

님 앞')에서 말이다.

이런 상황에 이르자 심판은 불가피하였다. 하나님이 정한 때가 되면 그들에게 재앙이 닥칠 것이다.

"그러므로 그들의 길이
그들에게 어두운 가운데 미끄러운 곳과 같이 되고
그들이 밀어냄을 당하여
그 길에 엎드러질 것이라.
그들을 벌하는 해에
내가 그들에게 재앙을 내리리라."
여호와의 말씀이니라(렘 23:12).

여기서 "재앙"이라는 히브리어는 "라"(רַע)로서 10절의 "악"(רַע, 라), 11절의 "악"(רַע, 라)과 같은 단어다. "라"(רַע)를 행한 자에게는 "라"(רַע)로 되갚아질 것이다. 12절은 "야웨의 발언"이라는 어구로 끝난다.

여호와의 말씀이니라(נְאֻם יְהוָה, 네움 야웨).

최후의 양심 세력으로서 진실성과 도덕성을 지켜 나가야 할 안내자로서의 사명을 감당해야 하는 종교 지도자들마저 오히려 하나님의 집에서조차 악을 일삼기에 바빴으며, 혼란만 가중시켰다.[7] 하지만 적어도 종교 지도자들은 어느 시대를 막론하고 최후로 기댈 수 있는 도덕적 버팀목이 되어야 한다.

1995), 209.
[7] W. McKane, *JeremiahI(Ch. 1-25)* (ICC; Edinburgh: T.&T. 1986), 571.

2. 죄악의 원천인 예언자들: "사악이 예루살렘 선지자들로부터 나와서 온 땅에 퍼짐이라"(렘 23:13-15)

예레미야는 이어지는 단락(렘 23:13-15)에서 종교 지도자 가운데 하나인 예언자를 집중적으로 언급한다. 우선 예레미야는 기원전 722년 파국을 맞이한 북왕국의 근본적인 문제가 사마리아의 예언자에게서 비롯된 것임을 지적한다.

> 내가 사마리아 선지자들 가운데 우매함을 보았나니
> 그들은 바알을 의지하고 예언하여
> 내 백성 이스라엘을 그릇되게 하였고(렘 23:13).

그는 사마리아의 예언자와 예루살렘의 예언자들을 비교한다("내가 예루살렘 선지자들 가운데도 가증한 일을 보았나니", 렘 23:4a). 그런데 그 고발의 무게 중심은 예루살렘의 예언자들에게 기운다. 즉 예레미야는 예루살렘의 예언자가 저지른 죄악의 막중함을 강조한다. 사마리아의 예언자들이 "우매"하였다면(13절), 예루살렘의 예언자들은 "가증"하였다(14절). 전자가 보여준 것이 "기분 나쁜 차원"이라면, 후자는 "소름 끼치는 차원"이었다.[8] 사마리아의 예언자들은 야웨 단독숭배의 요구, 즉 제1계명을 어겼다. 이로 인하여 그들은 야웨의 백성들을 잘못 인도하여 그들을 타락시켰다(13절). 이에 비해 예루살렘 예언자들의 고발 내용은 한 가지가 아니라 여러 가지가 지적된다(14절).

14절은 예루살렘 예언자들의 가증한 행동을 비교적 자세하게 지적하

---

[8] 박동현, 『주께서 나를 이기셨으니: 설교를 위한 예레미야서 연구』(개정증보판), 212-213.

고 있다.

> 내가 예루살렘 선지자들 가운데도 가증한 일을 보았나니
> 그들은 간음을 행하며
> 거짓을 말하며
> 악을 행하는 자의 손을 강하게 하여
> 사람으로 그 악에서 돌이킴이 없게 하였은즉
> 그들은 다 내 앞에서 소돔과 다름이 없고
> 그 주민은 고모라와 다름이 없느니라(렘 23:14).

즉 예루살렘의 예언자들은 사마리아 예언자들의 종교적 탈선(렘 23:11)에 덧붙여 부도덕한 짓까지 저지르는 파렴치한이었다. 예레미야는 다른 곳에서도 유다가 이스라엘보다 더 악했다는 점을 지적한 바 있다.

> 여호와께서 내게 이르시되 **배역한 이스라엘은 반역한 유다보다 자신이 더 의로움이 나타났나니**(렘 3:11).

예루살렘의 예언자들은 실제적으로 "성적인 간음"을 행하였다. 이러한 사실은 14b절의 "그들은 소돔과 고모라 사람과 다름이 없느니라"는 표현을 통해서도 암시된다.[9]

또한 그들은 "거짓을 말한다"(הָלֹךְ בַּשֶּׁקֶר, 할라크 바쉐케르). 이 구절은 예레미야가 이전에 선포한 "그들이 가장 작은 자로부터 큰 자까지 다 탐욕을

---

[9] W. Brueggemann, *A Commentary on Jeremiah: Exile and Homecoming* (Grand Rapids, Michigan: Wm. B. Eerdmans Publishing Co, 1998), 210.

부리며[부정한 잇속만 챙기며] 선지자로부터 제사장까지 다 거짓을 행함이라(הֹלֵךְ בַּשֶּׁקֶר, 할라크 바쉐케르)"(렘 6:13)를 근거로 볼 때 예루살렘의 예언자들이 "돈에 매수"되어 있음을 가리키는 것 같다.

내 백성을 유혹하는 선지자들은 이에 물 것이 있으면 평강을 외치나
그 입에 무엇을 채워 주지 아니하는 자에게는 전쟁을 준비하는도다.
이런 선지자에 대하여 여호와께서 이르시되(미 3:5).

그들의 우두머리들은 뇌물을 위하여 재판하며
그들의 제사장은 삯을 위하여 교훈하며
그들의 선지자는 돈을 위하여 점을 치면서도
여호와를 의뢰하여 이르기를
"여호와께서 우리 중에 계시지 아니하냐?
재앙이 우리에게 임하지 아니하리라" 하는도다(미 3:11).

마지막으로 그들은 "악을 행하는 자의 손을 강하게 하여 사람으로 그 악에서 돌이킴이 없게 하였다"고 고발된다. 즉 이 예언자들은 악한 짓을 하는 사람들을 격려하여 사람마다 악함에서 돌아오지 않게 한 것이다. 여기서 "손을 강하게 하다"라는 표현은 시드기야의 통치 때 고관들이 예레미야를 고발하면서 사용한 표현과 대조를 이룬다.

이 사람[예레미야]이 백성의 평안(שָׁלוֹם, 샬롬)을 구하지 아니하고 재난을 구하오니 청하건대 이 사람을 죽이소서. 그가 이같이 말하여 **이 성에 남은 군사**

의 손과 모든 백성의 손을 약하게 하나이다(렘 38:4).[10]

참 예언자 예레미야가 하나님의 뜻에 어긋나는 국가 정책에 반기를 들었다면("손을 약하게 하다"), 거짓 예언자들은 그와는 정반대로 하나님의 뜻에 배치된 정책("악을 행하는 자")임에도 불구하고 감히 하나님의 이름으로 이를 정당화시켜주었다("손을 강하게 하다").

예레미야는 당시의 주도 세력에 의해서 늘 생명의 위협을 느껴야만 했고, 이와는 반대로 거짓 예언자들은 그들로부터 후한 대접을 받았을 것이다. 다시 말해서, "악을 행하는 자의 손을 강하게 하였다"는 것은 한 개인에게 해당하는 사항으로만 볼 것이 아니라 권력의 한가운데 있는 정치 지도자나, 궁중의 왕실 인물들이 자신들 집단의 이권을 위해서 취하는 일련의 잘못된 외교-종교-조세 정책 등과 같은 한 나라의 살림살이와 직결되는 것을 염두에 두고 한 말일 수도 있다.[11] 예루살렘의 예언자들은 권력과 결탁되어 있었다. 안타깝게도 당시 예루살렘의 예언자들은 육신의 정욕(성적 탈선), 안목의 정욕(물질 매수), 이생의 자랑(권력 결탁)이라는 세상의 유혹에 넘어간 것이다.

이는 세상에 있는 모든 것이 **육신의 정욕**과 **안목의 정욕**과 **이성의 자랑**이니

10　W. Brueggemann, *A Commentary on Jeremiah: Exile and Homecoming*, 210.
11　Ronald Clements도 이 구절에서 "거짓 예언자들이 왕실과 왕실의 정책들과 긴밀하게 결속되어 있다"고 본다. 로날드 클레멘츠, 『예레미야』, 김회권 역(현대성서주석; 서울: 한국장로교출판사, 2002), 221. 예레미야 당시에는 요시야의 종교개혁으로 말미암아 지방 성소들이 모두 폐쇄되고 예루살렘 성전만이 합법적인 성전으로 인정되자, 특히 예루살렘의 예언자들이나 제사장들이 누린 특권과 권한은 엄청나게 강해졌을 것이다. 지방의 모든 희생제물들이 그들에게 집중되었음은 물론이고(참조. 신 18:1-8), 그들의 발언권은 정치권에서도 무시하기 어려웠을 것이다. 이에 대한 보다 자세한 논의는 다음을 참조하라. 라이너 알베르츠, 『이스라엘 종교사(1)』, 강성열 역(고양: 크리스챤다이제스트, 2003), 466-476.

다 아버지께로부터 온 것이 아니요 세상으로부터 온 것이라(요일 2:16).

14절의 고발은 "그들은 다 내 앞에서 소돔과 다름없고 그 주민은 고모라와 다름이 없느니라"로 끝을 맺고 있다. 소돔과 고모라는 인간의 부패와 하나님의 무서운 심판을 보여주는 본보기로, 여기서는 심판의 불가피성을 표현하는 데 사용된다(참조. 창 18:20; 19:1-29).

결국 거짓 예언자들에게 심판이 선고된다.

보라! 내가 그들에게 쑥을 먹이며
독한 물을 마시게 하리니(15a절).

예레미야서에서는 이러한 표현이 이곳 외에 두 번 더 나온다.

우리가 어찌 가만히 앉았으랴?
모일지어다.
우리가 견고한 성읍들로 들어가서
거기에서 멸망하자.
우리가 여호와께 범죄하였으므로
우리 하나님 여호와께서 우리를 멸하시며
우리에게 **독한 물을 마시게 하심이니라**(렘 8:14).

그러므로 만군의 여호와 이스라엘의 하나님께서 이와 같이 말씀하시니라. "보라! 내가 그들 곧 이 백성에게 **쑥을 먹이며 독한 물을 마시게 하고**"(렘 9:15).

예루살렘의 예언자들이 죽임을 당할 수밖에 없는 이유가 제시된다.

이는 사악이 예루살렘 선지자들로부터 나와서

온 땅에 퍼짐이라(15b절).

결국 예루살렘의 예언자들이 유다 나라 전체 부패의 근본적인 원인이었다.
　예언자들이 죄악의 원천이라는 사실은 실로 충격적이다. 온 나라에 악이 퍼졌는데, 그 모든 악의 본산지가 바로 예루살렘 성전을 중심으로 한 예언자들이었다. 이것은 그들의 종교적이거나, 제의적이거나, 또는 도덕적인 "악"도 만만치 않지만, 그들이 정치권력과 결탁하여 눈감아주거나 허용한 잘못된 외교-종교 정책이 국가의 멸망을 자초했음을 가리킨다. 예언자의 타락이란 그가 악을 행한 것뿐만 아니라 악을 행하는 권력과 백성을 바로잡지 않은 것도 가리킨다. 종교 지도자들이 바로 살지 않고, 오도된 권력과 미혹된 대중을 질타하는 시대적 사명을 제대로 감당하지 못하면 그 나라는 망할 수밖에 없다.

3. "죽이는 구원 예언"과 "살리는 심판 예언": "그들을 악한 길과 악한 행위에서 돌이키게 하였으리라"(렘 23:16-22)

이 단락(렘 23:16-22)에 와서는 더는 예언자의 "윤리적인 오명"을 문제 삼지 않고, 그들이 선포한 "메시지의 내용과 출처"가 문제가 된다. 즉 본격적으로 거짓 예언자들의 정체를 폭로하면서 거짓 예언의 특징을 낱낱이 지적하고 있다.
　사실 예언자란 예레미야 1:7과 17절에서 살펴보았듯이 야웨께서 명령하신 바대로 말해야 하는 말씀의 심부름꾼이다. 그러나 거짓 예언자들은 자기 마음대로 예언한다.

만군의 여호와께서 이와 같이 말씀하시되

"너희에게 예언하는 선지자들의 말을 듣지 말라.

그들은 너희에게 헛된 것을 가르치나니

그들이 말한 묵시는 자기 마음으로 말미암은 것이요

여호와의 입에서 나온 것이 아니니라"(렘 23:16).

여기서 "헛된 것"의 히브리어 어근은 "헤벨"(הֶבֶל)이다. 이 단어의 사전적인 의미는 "숨", "바람", "덧없음" 등이다.[12] 거짓 예언자들의 말은 결국엔 "무"(無)이고, "완전한 공허"(nothingness)일 뿐이다.[13] 또한 "자기 마음으로 말미암은 것"이란 자기 유도적인 상태, 즉 일종의 환각 상태에서 환상을 보게 되는 그런 개념으로 보인다.[14] 따라서 "자기 마음으로 말미암은 묵시"란 "스스로 유도해낸 생각"(auto inspiration: 자기 유도적 환상)이라고 번역할 수 있다.[15] 이렇듯 자신의 욕망을 자신도 모르게 하나님의 이름으로 덧칠하는 경우가 많다. 이는 스스로 속고, 남을 속일 수밖에 없을 만큼 어떤 욕심이나 결함에 사로잡혀 있는 것이다(참조. 갈 6:7).[16] 이러한 일련의 행위는 백성들을 속이는 것일 뿐이다. 따라서 그것은 전혀 귀담아 들을 필요가 없다.

17절에서는 거짓 예언의 두 번째 특징이 언급된다.

항상 그들이 나를 멸시하는 자에게 이르기를

---

[12] K. Seybold, "הֶבֶל," *ThWAT* II, 1977, 334-343, 특히 337; 전도서 1:2에 등장하는 "헛되고 헛되며, 헛되고 헛되니 모든 것이 헛되도다"에서 "헛되다"라는 단어가 바로 "헤벨"(הֶבֶל)이다.

[13] W. L. Holladay, *Jeremiah 1: A Commentary on the Book of the Prophet Jeremiah Chapters 1-25* (Hermeneia; Philadelphia: Fortress Press, 1986), 634.

[14] P. C. Craigie, P. H. Kelley, J. F. Drinkard, Jr., *Jeremiah 1-25* (WBC; Dallas, Texas: Word Books, 1991), 587.

[15] 존 브라이트, 『예레미야』, 번역실 역(국제성서주석; 서울: 한국신학연구소, 1990), 283.

[16] 채영삼, 『그리스도인의 성장과 생활 속의 신앙』(서울: 이레서원, 2021), 202.

"너희가 평안하리라. 여호와의 말씀이니라" 하며
또 자기 마음이 완악한 대로 행하는 모든 사람에게 이르기를
"재앙이 너희에게 임하지 아니하리라" 하였느니라(렘 23:17).

즉 "근거 없는 평화"를 남발하는 것이다. 거짓 예언자들은 하나님을 멸시하면서 마음에 강퍅한 대로 행하는 자들에게도 평화(שׁלום)를 확언하고 재앙이 결코 임하지 않는다고 왜곡하여 말한다.

그들이 여호와를 인정하지 아니하며 말하기를
"여호와께서는 계시지 아니하니
재앙이 우리에게 임하지 아니할 것이요
우리가 칼과 기근을 보지 아니할 것이며"(렘 5:12).

"하나님을 멸시하다"에서 히브리어 동사 "나아츠"(נאץ, 멸시하다/무시하다)라는 어근은 "야웨를 부정하는 의미"가 강한 말이다. 여기서 파생한 말들 중 하나에 "신성모독"(blasphemy/desecration)이라는 단어가 있을 정도다.[17] 거짓 예언자들이 상대하는 자들은 "야웨의 말씀을 업수이 여기는 자들"과 "그 마음이 굳어진 채 살아가는 자들"이다. 즉 하나님을 무시하고 자기 고집대로 사는 자들이다. 이는 "타락한 예언자" 못지않게 "타락한 청중"이 있었음을 알려준다.[18]

예레미야는 18절에서 "천상회의"(divine/heavenly council, סוד)의 참석 여부를 질문한다.

---

17 P. C. Craigie, P. H. Kelley, J. F. Drinkard, Jr., *Jeremiah 1-25*, 587.
18 박동현, 『주께서 나를 이기셨으니: 설교를 위한 예레미야서 연구』(개정증보판), 226.

누가 **여호와의 회의**(סוֹד)에 참여하여 그 말을 알아들었으며
누가 귀를 기울여 그 말을 들었느냐(렘 23:18).

"천상회의"란 이 땅에 대한 중대한 결정을 내리기 위해 하나님이 천상의 존재들과 함께 모인 회의를 말한다. 이 천상회의는 야웨께서 직접 주재하고, 어떤 결정이 내려지면 이를 이 땅에 알리기 위해 메신저(주로 예언자)를 파송한다.

19)미가야가 이르되 "그런즉 왕은 여호와의 말씀을 들으소서. 내가 보니 **여호와께서 그의 보좌에 앉으셨고 하늘의 만군이 그의 좌우편에 모시고 서 있는데** 20)여호와께서 말씀하시기를 '**누가 아합을 꾀어 그를 길르앗 라못에 올라가서 죽게 할꼬**' 하시니 하나는 이렇게 하겠다 하고 또 하나는 저렇게 하겠다 하였는데 21)한 영이 나아와 여호와 앞에 서서 말하되 '내가 그를 꾀겠나이다' 22)여호와께서 그에게 이르시되 '어떻게 하겠느냐?' 이르되 '내가 나가서 거짓말하는 영이 되어 그의 모든 선지자들의 입에 있겠나이다.' 여호와께서 이르시되 '**너는 꾀겠고 또 이루리라. 나가서 그리하라**' 하셨은즉 23)이제 여호와께서 거짓말하는 영을 왕의 이 모든 선지자의 입에 넣으셨고 또 여호와께서 왕에 대하여 화를 말씀하셨나이다"(왕상 22:19-23).

6)그때에 그 스랍 중의 하나가 부젓가락으로 제단에서 집은 바 핀 숯을 손에 가지고 내게로 날아와서 7)그것을 내 입술에 대며 이르되 "보라! 이것이 네 입에 닿았으니 네 악이 제하여졌고 네 죄가 사하여졌느니라" 하더라. 8)내가 또 주의 목소리를 들으니 **주께서 이르시되 "내가 누구를 보내며 누가 우리를 위하여 갈꼬**" 하시니 그때에 내가 이르되 "내가 여기 있나이다. 나를 보내소서" 하였더니(사 6:6-8; 참조. 사 40:1-8).

이렇게 파송받은 예언자에게는 자신의 의견이나 사사로운 사견을 전할 자유가 없다. 그는 천상회의에서 결정된 판결만을 전할 뿐이다.[19] 이 구절은 거짓 예언자들이 참 예언자들의 특권인 천상회의에 참석하지 않았음을 지적하고, 그들의 예언의 출처가 하나님에게 있지 않고 그들 자신에게 있음을 드러낸다. 결국 18절은 16-17절에서 다루고 있는 예언자들이 하나님의 부르심을 받지 못한 예언자임을 밝히는 구절이다. 따라서 부르심을 받지 못한 자들이 예언자 행세하는 것에 대한 야웨의 노여움이 19-20절에 언급된다.

19-20절은 거짓 예언자들에 대한 징벌과 심판에 대한 것이다.

[19])보라! 여호와의 노여움이 일어나
폭풍과 회오리바람처럼 악인의 머리를 칠 것이라.
[20])여호와의 진노가
내 마음의 뜻하는 바를 행하여 이루기까지는 그치지 아니하나니
너희가 끝날에 그것을 완전히 깨달으리라(렘 23:19-20).

마침내 야웨의 분노가 "발한다/터져 나온다"(יָצָא). 보통 "야차"(יָצָא)는 하나님의 심판이 어디서부터 임한다는 암시도 없이 갑작스럽게 들이닥칠 때 쓰이기도 한다.[20] 그것은 마치 거대한 폭풍처럼 악인들의 머리 위로 빙빙 돌다가 일순간에 그들에게 휘몰아친다. 그들은 절대로 하나님의 심판이 없다고 철석같이 믿었다. 그러나 그들의 믿음은 아무 근거도 없었고, 또 급작스럽게 심판을 당하는 판이라 도저히 피할 재간도 없을 것이다. 예레미야는 "끝

19　이에 대한 자세한 내용을 위해서는 다음을 참조하라. E. T. Mullen, Jr., *The Assembly of the Gods* (Harvard Semitic Monograph; Chico, Calif.: Scholars Press, 1980).
20　H. D. Preuss, "יָצָא," *ThWAT* Ⅲ, 1982, 795-822, 특히 802.

날에"이르면 하나님의 뜻이 구원이 아니고 심판이었음을 알게 될 것이라고 말한다(20b절). 즉 큰 재난이 일어난 뒤에서야 비로소 거짓 예언자들은 진실을 깨닫게 될 것이다.

21-22절은 16-18절의 내용을 정리하고 있다.

> **21)이 선지자들은 내가 보내지 아니하였어도 달음질하며**
> 내가 그들에게 이르지 아니하였어도 예언하였은즉
> **22)그들이 만일 나의 회의에 참여하였더라면**
> 내 백성에게 내 말을 들려서
> 그들을 악한 길과 악한 행위에서 돌이키게 하였으리라(렘 23:21-22).

거짓 예언자들은 하나님의 파송(Sendung)과 위임(Auftrag)이 없이도, 즉 보냄을 받지도 않았을뿐더러 위임받은 말씀이 없음에도 불구하고 잘도 달려가고, 잘도 혀를 놀려댔다(21절).

> 여호와께서 내게 이르시되 "선지자들이 내 이름으로 거짓 예언을 하도다. **나는 그들을 보내지 아니하였고 그들에게 명령하거나 이르지 아니하였거늘** 그들이 거짓 계시와 점술과 헛된 것과 자기 마음의 거짓으로 너희에게 예언하는도다"(렘 14:14).

만약 그들이 천상회의에 참석하였다면 자신이 지어낸 말이 아니라 하나님의 말씀을 올바로 전하여 지도층들과 백성들을 악한 길과 악한 행위에서 돌이키게 했을 것이다(22절).

거짓 예언자들에게 나타나는 메시지의 본질적인 특징은 전혀 "현실에

탄탄히 뿌리를 내리지 못하고 있는 허황된 확신과 위로"[21]에 근거하고 있다는 것이다. 거짓 예언은 청중도 원하고 자신에게도 유익한, 그야말로 인기에 영합(迎合)한 거짓말이다.

> 선지자들은 거짓을 예언하며
> 제사장들은 자기 권력으로 다스리며
> **내 백성은 그것을 좋게 여기니**
> 마지막에는 너희가 어찌하려느냐(렘 5:31).

의로움과 거룩함을 상실한 자들에게 근거 없는 평강(בוֹלשׁ, 샬롬)과 구원을 남발하는 것은 그들을 살리는 것이 아니라 오히려 돌이킬 수 없는 죽음으로 내모는 것이다. "거짓 힐링"(healing)은 결국 "킬링"(killing)이 된다. 그들을 살리기 위해서는 하나님의 심판을 가감 없이 제대로 전해야 한다. 결국 거짓 예언자의 구원 예언은 모두를 죽이고, 참 예언자의 심판 예언은 모두를 살린다.

4. 가깝고도 먼 하나님: "나는 가까운 데에 있는 하나님이요 먼 데에 있는 하나님은 아니냐"(렘 23:23-24)

수사학적 의문문으로 구성된 이 두 구절(23-24절) 가운데 특히 23절은 이해하기 쉽지 않다.[22]

---

21 로날드 클레멘츠, 『예레미야』, 김회권 역(현대성서주석; 서울: 한국장로교출판사, 2002), 222.
22 70인역 성서(LXX)는 23절을 "나는 가까운 데 하나님이요 멀리 있지 않다"(I am a God at hand and not a God afar off)라고 한다. 이는 "멀리 있는 하나님은 아니냐"는 MT의 본문

여호와의 말씀이니라.
"나는 가까운 데에 있는 하나님이요
먼 데에 있는 하나님은 아니냐"(렘 23:23).

여기서 "하나님의 가까이 계심"은 "구원"을 상징한다.

너희는 여호와를 만날 만한 때에 찾으라.
가까이 계실 때에 그를 부르라(사 55:6; 참조. 시 34:18; 85:9; 148:14 등).

이에 반해 "하나님의 먼 데 계심"은 "심판"을 암시한다.

나를 멀리하지 마옵소서.
환난이 가깝고
도울 자 없나이다(시 22:11; 참조. 시 10:1).[23]

이에 따르면 23절은 17절에 언급된 거짓 구원 예언자들을 배격하는 것으로 이해된다. 예레미야는 예루살렘의 예언자들이 오직 구원 예언에만 몰두한 나머지 야웨의 심판 개입 가능성을 배제한 것을 비판한다.[24] 거짓 예언자들은 야웨 하나님을 구원의 하나님으로만 알고 있었다. 이 예루살렘 예언자들은 야웨 하나님을 예루살렘 성전 중심의 신학 체제의 영원한 옹호자로

과는 다르다. 이에 대한 자세한 논의를 위해서는 다음을 참조하라. W. E. Lemke, "The Near and the Distant God: A Study of Jer. 23:23-24 in its Biblical Theological Context," *JBL* 100(1981), 541-555, 특히 551.
23 G. Wanke, *Jeremia. Teilband 1: Jeremia 1,1-25,14*, 215.
24 W. Werner, *Das Buch Jeremia Kapitel 1-25*, 205.

묶어두었던 것이다.²⁵ 그러나 이러한 사상은 하나님의 주권적 자유를 제한하는 것이다. 마치 하나님을 자기 마음대로 부리는 격이다. 예레미야는 하나님을 무비판적인 체제 옹호자로만 간주하는 이러한 경향을 비판한다.²⁶

이어지는 24절의 말씀은 이러한 심판의 하나님으로부터 숨을 수 있는 공간은 하늘과 땅 그 어디에도 없다는 점을 분명히 한다.

여호와의 말씀이니라.
"사람이 내게 보이지 아니하려고
누가 자신을 은밀한 곳에 숨길 수 있겠느냐?
여호와가 말하노라
나는 천지에 충만하지 아니하냐"(렘 23:24; 참조 시 139:7-12).

23-24절에는 "여호와의 말씀이니라"(נְאֻם יְהוָה, 네움 야웨)는 야웨 발언 어구가 3번씩이나 반복된다. 이는 거짓 예언자들을 벌하시고자 하는 야웨의 결의가 강력함을 표현한다.

제아무리 뛰어난 종교 지도자라 할지라도 마치 하나님을 꿰뚫고 있는 것같이 하나님을 자신이 마음대로 조종할 수 있는 분으로 보는 것은 잘못이다. 하나님은 어떤 피조물에게도 당신의 정체를 다 드러내지 않는 분이시다(참조. 출 3:14). 또한 그 어떤 개념 안에도 가둘 수 없는 분이시다. 따라서 하나님을 자기 방식대로 이해하는 것은 잘못이다. 하나님에 대해서만큼은 모든 인간이 겸손해야 한다. 하나님은 "좋으신 하나님"이지만 때로는

---

25 W. Brueggeman은 렘 23장의 예루살렘 예언자들을 "왕궁-성전의 고용인"(the hirelings of the royal-temple establisgment)으로 이해한다. W. Brueggemann, *A Commentary on Jeremiah: Exile and Homecoming*, 209.

26 W. Brueggemann, *A Commentary on Jeremiah: Exile and Homecoming*, 213-214.

"나쁘신(?) 하나님" 같아 보일 때도 있다.

> 우리가 하나님께 복을 받았은즉 화도 받지 아니하겠느냐(욥 2:10).

5. 꿈 계시와 말씀 계시: "겨가 어찌 알곡과 같겠느냐"(렘 23:25-32)

이 단락(25-32절)은 예언의 출처인 "꿈 계시"와 "말씀 계시"를 비교하고 있다. 구약에서 꿈들이 적법한 신적 계시의 주요 수단이었다는 점은 이미 잘 알려진 사실이다(창 28:12-13; 37:5-11; 41장; 민 12:6; 삼상 28:6, 15; 욜 2:28). 예를 들면, 민수기 12:6은 꿈이 야웨께서 자기 자신과 그 말씀을 예언자들에게 알게 하신 수단이라고 명시한다.[27]

> 이르시되
> "내 말을 들으라.
> 너희 중에 선지자가 있으면
> 나 여호와가 환상으로 나를 그에게 알리기도 하고
> 꿈으로 그와 말하기도 하거니와"(민 12:6).

그런데 여기서는 처음으로 꿈을 통한 계시가 분명하게 비판받고 있다.

> 내 이름으로 거짓을 예언하는 선지자들의 말에 "내가 꿈을 꾸었다, 꿈을 꾸었다"고 말하는 것을 내가 들었노라(렘 23:25).

---

27 P. C. Craigie, P. H. Kelley, J. F. Drinkard, Jr., *Jeremiah 1-25*, 594-595.

거짓 예언자들이 마음에 간교한 것을 예언하면서 꿈을 끌어들이고 있기 때문이다.

> 거짓을 예언하는 선지자들이 언제까지 이 마음을 품겠느냐? **그들은 그 마음의 간교한 것을 예언하느니라**(렘 23:26).

거짓 예언자들은 자신의 마음의 생각에서 비롯된 꿈을 마치 하나님이 주신 것인 양 하나님의 이름을 사용하여 "거짓"으로 예언했던 것이다. 또한 거짓 예언자들은 자신들끼리 "서로"가 꾼 꿈에 대한 정보들을 공유한다.

> 그들이 **서로 꿈꾼 것을 말하니** 그 생각인즉(렘 23:27a).

이제는 자신의 꿈뿐만이 아니라 다른 거짓 예언자들의 꿈까지 도용하기에 이르렀다. 거짓 예언자들의 이러한 행태는 말씀 계시가 바닥이 드러났기 때문이기도 하겠지만, 그보다는 다분히 의도적이다.

> 그들의 조상들이 바알로 말미암아 내 이름을 잊어버린 것같이 내 백성으로 내 이름을 잊게 하려 함이로다(렘 23:27b).

28-29절에서는 "꿈 계시"와 "말씀 계시"가 분명하게 대조된다.

> [28]여호와의 말씀이니라. "**꿈을 꾼 선지자는 꿈을 말할 것이요 내 말을 받은 자는 성실함으로 내 말을 말할 것이라**. 겨가 어찌 알곡과 같겠느냐?" [29]여호와의 말씀이니라. "내 말이 불같지 아니하냐? 바위를 쳐서 부스러뜨리는 방망이 같지 아니하냐"(렘 23:28-29).

꿈 계시와 말씀 계시는 마치 겨(쭉정이)와 알곡과 같이 분명하게 구분된다 (28b절). 꿈을 받았다는 자는 꿈 이야기를 늘어놓지만, 하나님의 말씀을 받은 자는 "성실함"(אֱמֶת, 에메트)으로 그것을 전해야 한다(28a절). 이 "에메트"(אֱמֶת)는 25-26절에 연속으로 등장하는 거짓 예언자들의 태도인 "거짓"(שֶׁקֶר, 세케르)과 대조된다. 참 예언자들의 말씀에 대한 마음가짐을 "에메트"(אֱמֶת)를 사용하여 나타냄으로써, 그 두 집단의 근본적인 차이점을 대조적으로 잘 드러내 주고 있다. "거짓"과 "성실"은 마치 "쭉정이"와 "알곡"과 같이 그 쓰임새나 용도에서 너무나 확실하게 질적인 차이가 난다. 29절의 "내 말이 불같지 아니하냐? 반석을 쳐서 부스러뜨리는 방망이 같지 아니하냐"는 내용은 하나님의 말씀의 능력을 보여준다(참조. 렘 5:14; 50:23).

30-32절은 각기 "보라! 내가 예언자들을 대적하리니, 여호와의 발언이니라"(필자 사역)로 시작한다.

> 30) **여호와의 말씀이라.** "그러므로 보라! 서로 내 말을 도둑질하는 선지자들을 내가 치리라" 31) **여호와의 말씀이니라.** "보라! 그들이 혀를 놀려 '여호와가 말씀하셨다' 하는 선지자들을 내가 치리라" 32) **여호와의 말씀이니라.** "보라! 거짓 꿈을 예언하여 이르며 거짓과 헛된 자만으로 내 백성을 미혹하게 하는 자를 내가 치리라. 내가 그들을 보내지 아니하였으며 명령하지 아니하였나니 그들은 이 백성에게 아무 유익이 없느니라." **여호와의 말씀이니라**(렘 23:30-32).

이러한 구절은 보통 심판 선포의 첫머리에 나오는 어구로서, 이 구절들은 세 가지 심판 선포를 표현한다. 이 단락은 법정에서 마지막 선고를 하는 장면을 연상하게 한다. 하나님의 마지막 판결 내용에 따르면, 피고인 거짓 예언자들의 죄목은 세 가지다.

첫째, 하나님의 말씀을 "도둑질한 죄"요(30절).

둘째, 세 치 혀를 놀려대며 하나님의 말씀을 "사칭한 죄"요(31절).

셋째, 하나님의 백성들을 거짓말과 과장된 말로 잘못 인도한 "교란 죄"다(32절).

하나님은 이에 대하여 각각 그들을 "치리라!"고 하면서 심판을 선고하신다. 또 하나님은 거짓 예언자들에 관한 이 판결을 마무리하면서, 자신은 거짓 예언자들을 보낸 적도 없고, 말씀을 주어서 선포하라고 명한 적도 없다고 하신다. 마지막으로, 다음과 같은 의미심장한 말씀으로 여운을 남기신다.

> 이런 자들은 이 백성에게 아무런 유익도 주지 못하는 **백해무익(百害無益)한 자들이다**(렘 23:32b, 필자 사역).

제20강

법정에 선 예레미야

"네가 반드시 죽어야 하리라"(렘 26:1-24)

1. 메시지 변형의 유혹: "한 마디도 감하지 말라"(렘 26:1-7)

예레미야 7장이 성전 설교의 "내용"을 보여준다면, 26장은 그 설교에 대한 "반응"을 상세히 묘사한다. 예레미야 26장은 이른바 "예레미야의 수난 이야기" 혹은 "바룩의 예레미야 전기"라고 불리는 본문들(렘 19:1-20:6; 26-29장; 36-45장) 가운데 들어간다. 예레미야 26장은 모두 네 개의 단락으로 구성되어 있다.

① 1-7절: 예레미야가 행한 성전 설교에 대한 개요
② 8-15절: 예레미야의 체포와 심문
③ 16-19절: 예레미야를 위한 유다 장로들의 변론
④ 20-24절: 예언자 우리야의 처형 집행과 예레미야의 처형 모면

첫 번째 단락(1-7절)은 예레미야가 행한 성전 설교에 대한 배경과 내용을 간략하게 요약하고 있다. 예레미야가 이 설교를 행한 시점은 여호야김의 즉위 초였다.

유다의 왕 요시야의 아들 여호야김이 다스리기 시작한 때에 여호와께로부터 이 말씀이 임하여 이르시되(렘 26:1).

여기서 "다스리기 시작한 때" 즉 "즉위 초"란 히브리어로 "레쉬트 맘레쿠트"(רֵאשִׁית מַמְלְכוּת)인데 이는 아카드어 "레쉬 사르루티"(rēš šarrūti)에 해당한다.[1] 이 단어는 왕의 등극과 만 일 년 되는 다음 해 초(설날) 사이의 기간을

---

[1] J. R. Lundbom, *Jeremiah 21-36* (AB; New York: Doubleday, 2004), 285.

가리키는 전문 용어다. 따라서 "여호야김의 즉위 초"라는 표현은 막연히 통치의 시작을 의미하지 않고 왕의 즉위와 그다음 신년 사이의 기간, 즉 기원전 609년 9월경부터 기원전 608년 4월 사이의 기간을 말한다.[2]

예레미야는 "유다 모든 성읍에서 여호와의 성전에 와서 예배하는 자"(2절)들에게 말씀을 전해야 했다.

> 여호와께서 이와 같이 말씀하시니라. "너는 여호와의 성전 뜰에 서서 **유다 모든 성읍에서 여호와의 성전에 와서 예배하는 자에게** 내가 네게 명령하여 이르게 한 모든 말을 전하되"(렘 26:2a).

유다의 모든 성읍에서 사람들이 성전에 몰려드는 상황이라면 이날은 특별한 날로서 아마도 유다의 큰 절기였을 것이다.[3] 즉 이 성전 설교는 이스라엘의 모든 남자가 일 년에 세 차례 성전을 순례해야 한다는 순례축제에 대한 신명기 규정에 따른 큰 절기 때 행해졌을 것이다.

> [16)]너의 가운데 모든 남자는 **일 년에 세 번** 곧 **무교절과 칠칠절과 초막절에 네 하나님 여호와께서 택하신 곳에서 여호와를 뵈옵되** 빈손으로 여호와를 뵈옵지 말고 [17)]각 사람이 네 하나님 여호와께서 주신 복을 따라 그 힘대로 드릴지니라(신 16:16-17; 참조. 출 23:14-17).

그렇다면 아마도 이날은 세 가지 절기 가운데 가을에 지키는 수장절(the Feast of Booths, 초막절)이었을 것이다.[4] 예레미야는 백성들이 반감을 보일 것

---

2 존 브라이트, 『예레미야』, 번역실 역(국제성서주석; 서울: 한국신학연구소, 1990), 298.
3 W. Rudolph, *Jeremia* (HAT; Tübingen: J. C. B. Mohr, 1968), 169.
4 J. R. Lundbom, *Jeremiah 21-36* (AB; New York: Doubleday, 2004), 286.

이고 또 심각한 결과가 따르게 될 수도 있을 것이란 사실을 미리 인식하고 있었던 것이 틀림없다. 그렇기 때문에 그는 적어도 특정한 말을 "감하려는" 유혹을 받는 것이 당연했을 것이다.[5]

> 한 마디도 감하지 말라(렘 26:2b).

하나님은 예레미야에게 당신이 진정 원하시는 것은 유다의 멸망이 아니라 구원이라는 본심을 드러내신다.

> **그들이 듣고 혹시 각각 그 악한 길에서 돌아오리라.** 그리하면 내가 그들의 악행으로 말미암아 그들에게 재앙을 내리려 하던 뜻을 돌이키리라(렘 26:3).

하나님은 종종 자신의 본심을 당신의 사람들에게 드러내 보여주신다.

> 여호와께서 이르시되
> **"내가 하려는 것을 아브라함에게 숨기겠느냐"**(창 18:17).

> 주 여호와께서는 **자기의 비밀을**
> **그 종 선지자들에게 보이지 아니하시고는**
> **결코 행하심이 없으시리라**(암 3:7).

이어지는 4-6절은 예레미야가 행한 설교의 요약을 제공한다. 예레미야는

---

5   J. A. 톰슨, 『예레미야(하)』, 최우성 역(반즈 신구약 성경주석; 서울: 크리스챤서적, 1992), 748.

4-5절에서 유다 백성의 잘못을 고발하고 있다.

> ⁴⁾너는 그들에게 이와 같이 이르라. "여호와의 말씀에 너희가 나를 순종하지 아니하며 내가 너희 앞에 둔 내 율법을 행하지 아니하며 ⁵⁾내가 너희에게 나의 종 선지자들을 꾸준히 보내 그들의 말을 순종하라고 하였으나 너희는 순종하지 아니하였느니라"(렘 26:4-5).

백성들은 하나님께 순종하지 않았으며, 하나님의 율법(토라, תּוֹרָה)도 행하지 아니하였으며, 하나님이 보낸 예언자들의 말에도 순종하지 아니하였다. 이어서 하나님의 심판이 보다 직설적으로 표현된다.

> 내가 **이 성전을 실로같이 되게 하고** 이 성을 세계 모든 민족의 저줏거리가 되게 하리라(렘 26:6).

예레미야 당시 실로는 이미 폐허였으며 예루살렘과 성전에 주어질 파멸에 대한 생생한 그림으로 사용되었다. 아시리아 왕 산헤립의 예루살렘 침공으로부터 기적적으로 구원받은 기원전 701년 사건 이후(사 37-38장) 유다에서는 예루살렘 도시와 성전은 절대로 파멸되지 않는다는 신념이 사실상의 도그마(교리)가 되었음이 틀림없다.⁶ 아마도 이러한 점 때문에 "예루살렘 성전이 실로같이 파멸된다"는 부분이 예레미야가 개인적으로 생략하고 싶은 구절이었을지도 모른다.

아무튼 하나님은 세 번씩이나 기회를 제공하신다. 즉 하나님은 유다가 심판을 모면할 수 있도록 직접 말씀도 하시고, 토라도 주시고, 예언자들을

---

6 W. Rudolph, *Jeremia*, 170; J. R. Lundbom, *Jeremiah 21-36*, 288.

꾸준히 파송하셨다. 그럼에도 불구하고 그들이 듣지 않는다면 더 이상 심판은 돌이킬 수 없다고 하신다. 성전 설교의 초점은 "심판 예고"가 아니라 심판을 피할 수 있는 "기회 제공"에 있었다.

이러한 예레미야의 설교는 제사장들과 예언자들과 모든 백성이 듣고 있었다.

예레미야가 여호와의 성전에서 이 말을 하매 **제사장들과 선지자들과 모든 백성이 듣더라**(렘 26:7).

제사장들과 예언자들은 성전에서 제사 업무를 관장하던 인물들이었으며, 거기 있었던 모든 백성이란 제사를 드리기 위해 회중으로 참석했던 사람들이었을 것이다.[7]

보통 하나님이 예언자에게 주시는 말씀은 그 시대가 감당하기에는 부담스러운 것이다. 인간 예언자는 그 말씀 때문에 분명히 자신에게 화가 미칠 것이라는 사실을 알고 있기에 주저할 수밖에 없었을 것이다. 따라서 말씀을 전하는 자는 자신의 안위를 걱정하게 되어 받은 말씀을 "순화" 내지는 "완화"시키거나 "축소"하고자 하는 메시지 변형의 유혹에 빠지기 마련이다. 그러나 하나님의 말씀을 자기 방식대로 해석하거나 자기 편한 대로 변형시켜서는 안 된다. 메신저는 받은 말씀을 그대로 전해야 한다. 그것이 말씀 봉사자들이 걸어가야 하는 길이다. 주어진 말씀이 왜곡되는 순간부터 그의 사역도 왜곡되고 잘못된 길로 접어들기 때문이다. 유혹에 넘어가면 정체성을 잃는다.

---

[7] J. A. 톰슨, 『예레미야(하)』, 749.

2. 현상유지 vs. 현상개혁: "그를 붙잡고 이르되 '네가 반드시 죽어야 하리라'"
(렘 26:8-9)

이 부분(8-9절)은 예레미야가 성전 설교의 현장에서 체포되는 장면을 다루고 있다. 예레미야의 설교가 끝나기 무섭게 제사장들과 예언자들과 모든 백성이 그에게 몰려들어 그를 체포하였다.

> 예레미야가 여호와께서 명령하신 말씀을 모든 백성에게 전하기를 마치매 **제사장들과 선지자들과 모든 백성이 그를 붙잡고** 이르되 "네가 반드시 죽어야 하리라"(렘 26:8).

그들은 살기가 등등하여 예레미야를 죽이려고 하였다. "네가 반드시 죽어야 하리라"(מוֹת תָּמוּת, 모트 타무트)는 표현(삼상 14:44; 왕상 2:37, 42)은 재판 상황에서 특정한 범죄에 대한 사형 선고에 사용된 "모트 유마트"(מוֹת יוּמָת)라는 공식구(예를 들면, 출 21-23장의 여러 곳)를 생각나게 하며 판사가 최종적으로 사형을 선고할 때 사용한 단어들이다. 그러나 여기서의 이러한 표현은 "정식심리" 이전의 견해로서, 아마도 "군중심리"의 결과일 것이다.[8] 이후의 예수님도 이런 식의 흥분한 군중의 심리에 의하여 희생당하였다.

> [22] 빌라도가 이르되 "그러면 그리스도라 하는 예수를 내가 어떻게 하랴?" 그들이 다 이르되 "십자가에 못 박혀야 하겠나이다." [23] 빌라도가 이르되 "어찜이냐? 무슨 악한 일을 하였느냐?" 그들이 더욱 소리 질러 이르되 "십자가에 못

---

8   W. Brueggemann, *A Commentary on Jeremiah: Exile and Homecoming* (Grand Rapids, Michigan: Wm. B. Eerdmans Publishing Co, 1998), 234.

박혀야 하겠나이다" 하는지라(마 27:22-23).

당시 청중들의 입장에서 보면 예레미야는 그와 같은 사형 판결을 받아 마땅하였을 것이다.[9] 분노한 청중들은 예레미야의 성전 설교 가운데 상처받은 내용(예루살렘 성전의 파괴)을 외치면서 예레미야 주변에 모여들었다.

어찌하여 네가 여호와의 이름을 의지하고 예언하여 이르기를 "**이 성전이 실로 같이 되겠고 이 성이 황폐하여 주민이 없으리라**" 하느냐 하며 그 모든 백성이 여호와의 성전에서 예레미야를 향하여 모여드니라(렘 26:9).

여기서 "모이다"(קהל, 카할)라는 동사는 일반적으로 종교적인 목적으로 사람들이 모여든다는 의미로 쓰인다. 그런데 여기서는 적대감을 가진 사람들이 몰려든다는 의미로 쓰인다.

그들이 **모여서**(קהל, 카할) **모세와 아론을 거슬러** 그들에게 이르되 "너희가 분수에 지나도다. 회중이 다 각각 거룩하고 여호와께서도 그들 중에 계시거늘 너희가 어찌하여 여호와의 총회 위에 스스로 높이느냐"(민 16:3).

예루살렘 성전 안에서 이런 소란스러운 장면이 발생했다는 것은 백성들이 대단히 분노해 있었음을 시사한다.[10] 예레미야서에서 "여호와의 이름으로 예언하다"라는 표현은 거의 대부분 거짓 예언자들을 가리킬 때 사용한다(렘 14:14, 15; 23:25; 27:15; 29:9, 21; 참조. 렘 11:21). 따라서 이 말은 유다 백

---

9   존 브라이트, 『예레미야』, 299.
10 J. A. 톰슨, 『예레미야(하)』, 750.

성들이 예레미야를 거짓 예언자로 간주하여 그의 사형 판결을 요구한 것이다.[11]

> 만일 어떤 선지자가 내가 전하라고 명령하지 아니한 말을 제 마음대로 내 이름으로 전하든지 다른 신들의 이름으로 말하면 **그 선지자는 죽임을 당하리라 하셨느니라**(신 18:20).

그런데 9절에 요약된 백성들의 기소 내용은 예레미야가 행한 말을 "축소 왜곡"시킨 것이다. 예레미야는 4-5절에서 분명히 하나님을 청종하지 아니하면, 하나님의 토라를 행치 아니하면, 하나님이 보낸 예언자들의 말을 순종하지 아니하면 심판을 내리신다고 전하였다. 그러나 그들은 예레미야가 세 번씩이나 제시한 심판을 피할 수 있는 조건들을 의도적으로 생략해버리고 6절의 심판 내용만 부각하고 있다. 그들은 의도적으로 예레미야의 설교를 편집하고 왜곡한다. 이러한 왜곡 현상은 당시 제사장들과 예언자들의 완악함을 암시적으로 드러낸다.[12]

사실 예레미야의 이 설교는 "유다 모든 성읍에서 여호와의 성전에 와서 예배하는 자"(2절)에게 행한 것이다. 그런데 이 설교에 민감한 반응을 보인 사람들은 성전 예배에 참석하러 온 일반 사람들이 아니라 예루살렘 성전을 중심으로 활동하는 유다의 종교 지도자들인 제사장들과 예언자들이었다.[13] 당시의 성전 제사장들과 예언자들은 예레미야의 메시지가 자신들이 누리고 있었던 삶의 모든 근거에 심각한 위협이 된다고 간주한 것이다.

---

11 G. Wanke, *Jeremia. Teilband 2: Jeremia 25,15-52,34* (ZBAT; Zürch: Theologischer Verlag, 2003), 240.
12 G. Wanke, *Jeremia. Teilband 2: Jeremia 25,15-52,34*, 240.
13 박동현, 『주께서 나를 이기셨으니: 설교를 위한 예레미야서 연구』(개정증보판), 174.

그들은 예레미야를 처형해 기존 질서와 체제를 유지하려고 하였다. 그러나 외형적으로는 하나님을 변호하고 기존 체제의 현상유지(status quo)를 고수하려는 자들은, 불행하게도 성전과 도시를 치는 자가 예레미야가 아니고 야웨이심을 깨닫지 못했다.[14] 무비판적이고 몰이성적이며 무조건적인 체제 옹호는 때로 개혁을 원하시는 하나님을 대적하는 행위일 수도 있다.

3. "매우" 늦었지만 "아주" 늦은 것은 아니다: "그리하면 여호와께서 재앙에 대하여 뜻을 돌이키시리라"(렘 26:10-15)

예레미야 26:10-19은 소송 진행 과정에 대하여 구약성서에서 가장 자세하게 묘사하고 있다. 10-15절은 예레미야에 대한 고발과 예레미야의 자기변호 장면을 보여준다. 예레미야는 군중들에 의해 둘러싸인 상태에서 생명이 위태로웠다. 그런데 그 순간 다행히도 고관들(שׂרים, 사림)이 성전 가까이 있어서 적절한 법적 절차를 밟을 수 있었다.

> **유다의 고관들**이 이 말을 듣고 왕궁에서 여호와의 성전으로 올라가 여호와의 성전 새 대문(New Gate)의 입구에 앉으매(렘 26:10).

성전이 왕궁보다 더 높은 곳에 위치하고 있었기 때문에(렘 22:1) 고관들은 성전 쪽으로 올라와야만 했다. 아마도 이들은 이런 일에 대해 책임 있는 결정을 내릴 수 있는 권한을 가졌던 것 같다. 고대 이스라엘에서 재판은 일반적으로 성문에서 실행되었다.[15] 예레미야가 심문을 받게 되는 법정이 열

---

14 L. Stulman, *Jeremiah* (AOTC; Nashville: Abingdon Press, 2005), 239.
15 L. Köhler, *Hebrew Man* (London: SCM Press, 1956), 149-175.

린 곳은 "여호와의 성전 새 대문"이다. 이 "새 대문"은 예레미야 36:10에서 "성전 위 뜰의 문"(an upper Temple gate)으로도 언급되는데 정확한 위치는 아직도 확실하게 알려지지 않고 있다.[16]

제사장들과 예언자들은 "고발자"로 등장하고, 고관들은 "재판관"으로, 모든 백성은 "관중" 내지는 "목격자"로 나타난다.

> 제사장들과 선지자들이 고관들과 모든 백성에게 말하여 이르되(렘 26:11a).

고발자들의 기소가 시작된다.

> **이 사람은 죽는 것이 합당하니** 너희 귀로 들음같이 **이 성에 관하여**(이 성을 쳐서) **예언하였음이라**(렘 26:11b).

예레미야는 자신에 대한 기소가 끝나자 자기를 변호하기 시작한다(12-15절). 예레미야의 자기변호는 이중적인 내용을 담고 있다.

첫째, 그가 선포한 이 성전과 도시에 대한 공격은 자신의 말이 아니라 하나님의 말씀이다.

> **여호와께서 나를 보내사** 너희가 들은 바 모든 말로 이 성전과 이 성을 향하여 예언하게 하셨느니라(렘 26:12).

둘째, 이 말씀이 위협으로 들리지만 사실은 구원의 기회를 제공한다.

---

16   J. R. Lundbom, *Jeremiah 21-46*, 292.

그런즉 너희는 너희 길과 행위를 고치고 너희 하나님 여호와의 목소리를 청종하라. **그리하면 여호와께서 너희에게 선언하신 재앙에 대하여 뜻을 돌이키시리라**(렘 26:13).

이 위협은 임박한 죽음으로부터 빠져나오는 길을 제안한다. 현시점이 되돌릴 수 없을 정도로 "너무" 늦은 것은 아니기 때문이다.

예레미야는 자기변호를 마친 다음 자신의 운명을 청중들에게 맡긴다.

보라! **나는 너희 손에 있으니** 너희 의견에 좋은 대로 옳은 대로 하려니와(렘 26:14).

그는 자신이 하나님으로부터 위임받은 말씀(12-13절)과 자신의 운명(14절)을 분명하게 구분한다. 예레미야의 주된 관심은 "자신의 운명"보다는 하나님의 말씀을 거역함으로써 맞이하게 될 "유다의 운명"이었다.

너희는 분명히 알아라. 너희가 나를 죽이면 반드시 무죄한 피를 너희 몸과 이 성과 이 성 주민에게 돌리는 것이니라(렘 26:15).

이 점은 신명기법에 기록되어 있다.

네 하나님 여호와께서 네게 기업으로 주시는 땅에서 무죄한 피를 흘리지 말라. **이같이 하면 그의 피가 네게로 돌아가지 아니하리라**(신 19:10; 참조. 신 19:13).

유다 백성이 처한 현 상황이 "매우 늦은"(very late) 것은 사실이지만, 그렇다고 "너무 늦은"(too late) 것은 아니다.[17] 예레미야는 자기를 변명하기보다는 자기가 받은 말씀의 목적을 먼저 분명히 밝히면서 마지막까지도 유다의 각성을 촉구한다. 당시 예레미야의 의도는 "유다의 파멸"이 아니라 "유다의 각성"이었다. 어떠한 상황에서도 여전히 기회는 있다. 적어도 마지막 한 번의 기회는 언제든지 있다. 잘못을 깨닫든지, 새로운 사명을 깨닫든지, 새롭게 시작하는 데 "매우 늦을" 수는 있지만, 그렇다고 "너무 늦은" 것은 아니다.

4. 지도자의 반성과 공동체의 샬롬(מלשׁ) : "히스기야가 여호와를 두려워하여" (렘 26:16-19)

이 부분(렘 26:16-19)은 예레미야를 구명하려는 유다 장로들의 변론을 담아내고 있다. 재판관인 고관들과 한때 고발자들과 한편이었던 백성들은 고발하는 사람들("제사장들과 선지자들")과 고발당한 사람(예레미야), 양쪽 이야기를 다 들어본 뒤 고발당한 사람에게 죄가 없다고 판결을 내린다.

> **고관들과 모든 백성**이 **제사장들과 선지자들**에게 이르되 "이 사람이 우리 하나님 여호와의 이름으로 우리에게 말하였으니 죽일 만한 이유가 없느니라"(렘 26:16).

우선 백성들의 태도 변화가 눈에 띈다. 8절에서 백성들은 제사장들과 예언자들과 한편이 되어서 흥분하여 예레미야에게 폭력까지 가하려고 하였다. 11절에서 정식 재판이 시작되자 백성들은 "고발인들"인 제사장들, 예언자

---

17 W. Brueggemann, *A Commentary on Jeremiah: Exile and Homecoming*, 235.

들과는 약간 거리를 두고 "방청객" 혹은 "증인"으로 물러선다. 16절에 와서 백성들은 "재판관들"인 고관들의 편이 되어서 피고인 예레미야의 무죄 방면을 선언한다. 그러나 24절에 와서 백성들은 다시 한번 돌변하여 예레미야에게 적대적인 태도를 보인다.

제사장들과 선지자들과 모든 백성이 그를 붙잡고 이르되 "네가 반드시 죽어야 하리라"(렘 26:8).

제사장들과 선지자들이 고관들과 모든 백성에게 말하여 이르되(렘 26:11).

고관들과 모든 백성이 제사장들과 선지자들에게 이르되(렘 26:16).

사반의 아들 아히감의 손이 예레미야를 도와주어 **그를 백성의 손에 내어 주지 아니하여 죽이지 못하게 하니라**(렘 26:24).

여기서 백성들은 매우 변덕스러우며 군중심리에 쉽게 휩쓸린다. 상황에 따라서 수시로 자신의 생각과 판단을 바꾼다.[18] 이토록 군중심리는 불안정하고 무서운 것이다.

재판관들은 어떠한 예언자도 야웨의 말씀을 말하는 것 때문에 보복을 당해서는 안 된다는 사실에 근거하여 예레미야를 편들었다.[19] 예언자가 성전과 예루살렘에 재앙을 선포했더라도 참으로 야웨의 이름으로 그리했다면 문제될 것이 없다고 생각한 것으로 보인다. 재판관들은 예언의 "내용"보

---

[18] 강성열, 『예레미야: 26-52장』(한국장로교총회창립 100주년기념 표준주석; 서울: 한국장로교출판사, 2022), 27-28.
[19] 존 브라이트, 『예레미야』, 302.

다 그 내용의 진정성을 보증하는 "권위"를 더 중시했다. 즉 "무엇"을 예언했느냐보다 "누구의 명령"을 받아 말했느냐를 더 중시한 것이다.[20]

바로 그때 예레미야의 선포가 진정한 하나님의 말씀과 일치한다는 또 하나의 증거를 제시하는 무리들이 등장했다. 즉 유다 땅의 장로들이었다.

> 그러자 **그 지방의 장로 중 몇 사람**이 일어나 백성의 온 회중에게 말하여 이르기를(렘 26:17).

"장로들"이란 나이 든 어른을 뜻한다. 그들은 무시할 수 없는 권위를 가진 인생의 경험이 풍부한 어른들이다. 당시 장로들은 인생의 경험에서 쌓인 지혜가 많아서 중요한 조언자 역할을 떠맡곤 하였다.

> 르호보암 왕이 그의 아버지 솔로몬의 생전에 그 앞에 모셨던 **노인들**(장로들)**과 의논하여** 이르되 "너희는 어떻게 충고하여 이 백성에게 대답하게 하겠느냐"(왕상 12:6).

초기 시대부터 장로들은 법적인 분쟁이 발생했을 때 판결에 직접 관여하기도 하였다.

> 너희의 **장로들**과 **재판장들**은 나가서 그 피살된 곳의 사방에 있는 성읍의 원근을 잴 것이요(신 21:2).

---

[20] 박동현, 『예레미야(1)』(대한기독교서회 창립 100주년기념 성서주석; 서울: 대한기독교서회, 2006), 762.

장로들은 사태를 역사적인 맥락에서 살펴볼 수 있는 능력을 갖춘 사람들이다. 여기서도 그들은 지난 역사를 기억하는 사람으로 나온다.[21] 장로들은 젊은 세대가 알지 못하는 과거의 일을 기억하고 알려준다.

> 옛날을 기억하라.
> 역대의 연대를 생각하라.
> 네 아버지에게 물으라.
> 그가 네게 설명할 것이요.
> 네 **어른들**(장로들)**에게 물으라.**
> **그들이 네게 말하리로다**(신 32:7).

그들은 약 100년 전 히스기야가 통치하던 시절 모레셋 사람 미가 예언자(기원전 740[?]-700년)가 예루살렘 성전의 심판을 예언한 말씀을 상기시킨다.

> 시온은 밭같이 경작지가 될 것이며
> 예루살렘은 돌무더기가 되며
> 이 성전의 산은 산당의 숲과 같이 되리라(렘 26:18).

이 말씀은 미가 3:12의 내용과 거의 같다.[22]

> 이러므로 너희로 말미암아
> 시온은 갈아엎은 밭이 되고

---

21 J. R. Lundbom, *Jeremiah 21-36*, 294.
22 미가 전승과 예레미야 전승의 관계에 대하여는 다음을 참조하라. Jun-Hee Cha, *Micha und Jeremia* (BBB; Weiheim: Beltz Athenäum Verlag, 1996).

예루살렘은 무더기가 되고

성전의 산은 수풀의 높은 곳이 되리라(미 3:12).

이 본문은 구약의 한 본문이 또 다른 본문에 그 출처를 밝히면서 인용한 유일한 경우다.[23] 장로들은 예레미야의 성전 설교 내용과 대동소이한 미가의 예언에 히스기야 왕과 유다 백성들이 어떤 반응을 보였는지를 기억하고 소환한다.

유다의 왕 히스기야와 모든 유다가 그를 죽였느냐? **히스기야가 여호와를 두려워하여 여호와께 간구하매 여호와께서 그들에게 선언한 재앙에 대하여 뜻을 돌이키지 아니하셨느냐?** 우리가 이같이 하면 우리의 생명을 스스로 심히 해롭게 하는 것이니라(렘 26:19).

즉 당시의 왕 히스기야는 야웨를 두려워하여 야웨께 간구하였으며 아웨께서는 그들을 향한 재앙을 돌이키셨다는 것이다. 따라서 만약에 하나님의 말씀을 가감 없이 대변한 예언자 예레미야를 죽이면 우리 스스로 엄청난 재앙을 불러들이는 것이라고 일침을 가한다. 미가의 예언은 예루살렘을 하나님께서 심판하실 것이라는 예레미야의 메시지가 진실로 하나님의 말씀이었다는 주장을 입증해주고 강화시켰다.[24]

우리는 약 100년 전에 미가 예언자가 이 말씀을 전했을 때 히스기야가 어떤 반응을 보였는지 정확히 알 수는 없다. 다만 히스기야와 당시 유다 백성들이 미가의 예언을 달게 받고 그에 맞게 처신하여 재앙을 면했다는 사

---

23   J. R. Lundbom, *Jeremiah 1-20*, 294.
24   로날드 클레멘츠, 『예레미야』, 김회권 역(현대성서주석; 서울: 한국장로교출판사, 2002), 244.

실만큼은 예레미야 본문을 통하여 알게 된다. 아마도 이런 반응은 예루살렘 성전에서 이방제의를 제거하였던 열왕기하에 언급된 히스기야의 종교개혁을 암시하는 것으로 보인다.

> **그가 여러 산당들을 제거하며 주상을 깨뜨리며 아세라 목상을 찍으며** 모세가 만들었던 놋뱀을 이스라엘 자손이 이때까지 향하여 분향하므로 그것을 부수고 느후스단이라 일컬었더라(왕하 18:4).

아무튼 히스기야는 예언자를 제거하지 않았고 그의 권고를 진지하게 받아들여 그에 순종하였다. 이것이 심판을 모면할 수 있는 바른길이다.[25] 무엇보다도 지도자의 "겸허한 경청"과 "진정한 반성", 그리고 그에 따른 "적절한 행동"은 공동체에 임할 화를 면하게 할 수 있다. 지도자의 반성은 "권위의 상실"이 아니라 "권위의 세움"이 된다. 반성할 줄 아는 지도자는 어느 시대나 필요하다. 지도자의 귀가 막히면 국민들은 숨이 막힌다. 지도자의 반성은 공동체에 샬롬(שׁלום)을 가져다준다.

5. 신실한 소수자들이 있기에: "사반의 아들 아히감의 손이 예레미야를 도와주어"(렘 26:20-24)

예레미야 26장의 마지막 단락(20-24절)은 예레미야와 똑같은 예언을 선포한 또 하나의 예언자를 언급한다. 그는 기럇여아림의 우리야라는 예언자였다.

---

[25] J. Schreiner, *Jeremia 2: 25,15-52,34* (NEB; Würzburg: Echter Verlag, 1984), 157.

> 또 여호와의 이름으로 예언한 사람이 있었는데 곧 기럇여아림 스마야의 아들 **우리야라. 그가 예레미야의 모든 말과 같이 이 성과 이 땅에 경고하여 예언하매**(렘 26:20).

기럇여아림은 예루살렘으로부터 북서쪽으로 10km 떨어진 곳에 위치한다. 이곳은 오늘날의 데르 엘 아즈하르(der el-azhar)를 가리킨다(삼상 6:21; 7:1).[26] 우리야는 자신의 예언으로 생명의 위협을 느껴 이집트로 도주하였다.

> 여호야김 왕과 그의 모든 용사와 모든 고관이 그의 말을 듣고서 **왕이 그를 죽이려 하매 우리야가 그 말을 듣고 두려워 애굽으로 도망하여 간지라**(렘 26:21).

그러나 여호야김은 악볼의 아들 엘라단을 특사로 임명하여 이집트로 급파해 그를 체포해오도록 명령한다.

> 여호야김 왕이 사람을 애굽으로 보내되 곧 **악볼의 아들 엘라단과 몇 사람을 함께 애굽으로 보냈더니**(렘 26:22).

엘라단은 바룩이 기원전 604년에 예레미야의 두루마리를 낭독했을 때 왕실 도서관(서기관의 방)에 있었던 예레미야의 친구들 가운데 동석했던 사람이었으며, 여호야김에게 두루마리를 소각하지 말 것을 권고했던 대신 가운데 한 사람과 동일인이다.

---

26   J. Schreiner, *Jeremia 2: 25,15-52,34*, 157.

왕궁에 내려가서 서기관의 방에 들어가니 모든 고관 곧 서기관 엘리사마와 스마야의 아들 들라야와 악볼의 아들 **엘라단**과 사반의 아들 그마랴와 하나냐의 아들 시드기야와 모든 고관이 거기에 앉아 있는지라(렘 36:12).

엘라단과 들라야와 그마랴가 왕께 두루마리를 불사르지 말도록 아뢰어도 왕이 듣지 아니하였으며(렘 36:25).

그는 열왕기하 24:8에 언급된 여호야긴의 장인이었던 예루살렘의 엘라단과 동일인일지도 모른다.[27]

여호야긴이 왕이 될 때에 나이가 십팔 세라. 예루살렘에서 석 달간 다스리니라. 그의 어머니의 이름은 느후스다요 예루살렘 **엘라단**의 딸이더라(왕하 24:8).

그 당시 정치적 망명자들을 인도받는 문제는 기원전 2천 년대의 조약 문서들에서 하나의 조항으로 보통 삽입되곤 하였다.[28] 우리는 이집트의 느고가 기원전 609년에 여호야김을 왕위에 앉혔다는 사실에서 이집트와 유다 사이에는 군주-봉신 조약이 체결되어 있었을 것으로 충분히 짐작할 수 있다. 여호야김이 느부갓네살에게 충성 맹세를 했던 기원전 604년까지 유다의 왕은 자신을 왕으로 책봉한 이집트의 느고와 정치적으로 결속되어 있었다.

---

27 J. R. Lundbom, *Jeremiah 21-36*, 297; W. Rudolph는 엘라단의 아버지 악볼을 왕하 22:12 미가야의 아들 악볼과 동일인으로 간주하면서 엘라단이 여호야긴의 장인이라는 주장에 대해서는 다소 회의적인 입장을 표명한다. W. Rudolph, *Jeremia,* 171.

28 이집트의 람세스(Ramses) 2세와 히타이트의 하투실리스(Hattusilis) 3세(기원전 1275-1250년경) 간의 조약. J. B. Pritchard, *Ancient Near Eastern Texts: Relating to the Old Testament* (Princeton, New Jersey: Princeton University Press, 1969), 200-201, 203.

이런 상황에서 이집트로 망명 간 우리야를 압송하는 것은 그리 어려운 일이 아니었을 것이다.[29]

여호야김은 압송되어온 우리야를 칼로 죽이고 그의 시체를 평민의 묘지에 던져버렸다.

> 그들이 우리야를 애굽에서 연행하여 여호야김 왕에게로 그를 데려오매 왕이 칼로 그를 죽이고 **그의 시체를 평민의 묘지에 던지게 하니라**(렘 26:23).

남유다 역사상 하나님의 예언자를 처형시킨 왕은 여호야김이 유일하다.[30] 우리야의 참혹한 운명은 그의 시신 처리로 더욱 악화된다. 그는 관례적인 가족묘에 안장되지 못하였고, 가난한 평민의 묘실에 던져졌다.

> [37]"청하건대 **당신의 종을 돌려보내옵소서. 내가 내 고향 부모의 묘 곁에서 죽으려 하나이다.** 그러나 왕의 종 김함이 여기 있사오니 청하건대 그가 내 주 왕과 함께 건너가게 하시옵고 왕의 처분대로 그에게 베푸소서" 하니라. [38]왕이 대답하되 "김함이 나와 함께 건너가리니 나는 네가 좋아하는 대로 그에게 베풀겠고 또 네가 내게 구하는 것은 다 너를 위하여 시행하리라" 하니라. [39]백성이 다 요단을 건너매 왕도 건너가서 왕이 바르실래에게 입을 맞추고 그에게 복을 비니 그가 자기 곳으로 돌아가니라(삼하 19:37-39).

시신을 가난한 평민의 묘실에 던지는 것은 죽음 이후까지 철저히 능욕을 가하는 행위였다.[31] 구약에서 예언자의 처형 사실이 기록되고 있는 경우는

29	J. R. Lundbom, *Jeremiah 21-36*, 297.
30	버나드 W. 앤더슨, 『구약성서탐구』, 김성천 역(서울: CLC, 2017), 567.
31	J. Schreiner, *Jeremia 2: 25,15-52,34*, 158.

우리야 외에 스가랴 선지자가 유일하다(대하 24:20-22).[32]

예레미야와 동일한 선포를 한 우리야는 이집트로 망명을 떠났음에도 불구하고 거기로부터 예루살렘으로 압송을 당하면서까지 무참하게 처형을 당하였다. 이제는 이집트도 아니고 예루살렘의 한복판에 홀로 남아 있는 예레미야의 운명이 궁금해진다. 다행스럽게도 예레미야는 사반의 아들 아히감이 보호함으로써 우리야와 같은 운명에서 구원받는다.

사반의 아들 아히감의 손이 예레미야를 도와주어 그를 백성의 손에 내어 주지 아니하여 죽이지 못하게 하니라(렘 26:24).

예레미야는 한평생 서기관 사반의 가문과 친밀한 관계를 맺었다.[33] 사반의 아들 아히감은 당시 여호야김을 섬기고 있었으며, 동시에 예레미야를 보호할 수 있을 정도의 능력을 가진 자였다. 아마도 그는 예레미야의 석방에 찬성을 표했던 새 대문의 재판에 좌정하였던 고관들 가운데 한 사람이었을지도 모른다.[34]

당시 왕은 자신의 권력으로 예언자(우리야)를 처형한 반면에, 그의 수하에 있던 고위 관리들(고관들[16절]과 아히감)은 그들의 권한과 지위를 활용하여 죄 없는 예언자(예레미야)를 살려내고 보호한다. 여기에는 유다 장로들의 용감한 발언도 한몫을 감당한다(17절). 예언자에 대한 박해와 대중의 부화

---

32 J. A. 톰슨, 『예레미야(하)』, 753.
33 "예레미야를 보호하기 위한 그의 간섭은 단순히 개인적인 친절로만 간주되어서는 안 되고 예레미야의 태도와 지위에 대한 깊은 존경에서 연유한 것으로 보아야 할 것이다. 아히감은 확실히 예레미야가 결코 비열한 민족 반역자가 아니며, 나라와 백성들의 안녕과 복리를 깊이 생각하는 애국자요 종교적으로 깊이 헌신된 인물이라는 것을 알았다." 로날드 클레멘츠, 『예레미야』, 246.
34 J. R. Lundbom, *Jeremiah 21-36*, 298.

뇌동과 국가적인 유린에도 불구하고 이러한 신실한 소수자들이 존재했다. 그들이 예레미야를 보호하고 그의 메시지를 보존함으로써 새로운 공동체의 핵심이 된다.[35] 흑암을 헤치고 나올 희망찬 새로운 시대는 "신실한 소수자"(faithful minority)의 용감한 행동에 의해서 열린다. 이들이 공의가 사라지지 않고, 예언자의 목소리가 억눌리지 않도록 모험을 감행할 때 희망은 타오른다. 악이 승리하도록 하는 유일한 일은 선한 사람들이 아무것도 하지 않는 것이다![36]

---

[35] L. Stulman, *Jeremiah*, 236.
[36] L. Stulman, *Jeremiah*, 242.

제21강

예레미야 vs. 하나냐

"예레미야의 목에서 멍에를 빼앗아 꺾고"
(렘 28:1-17)

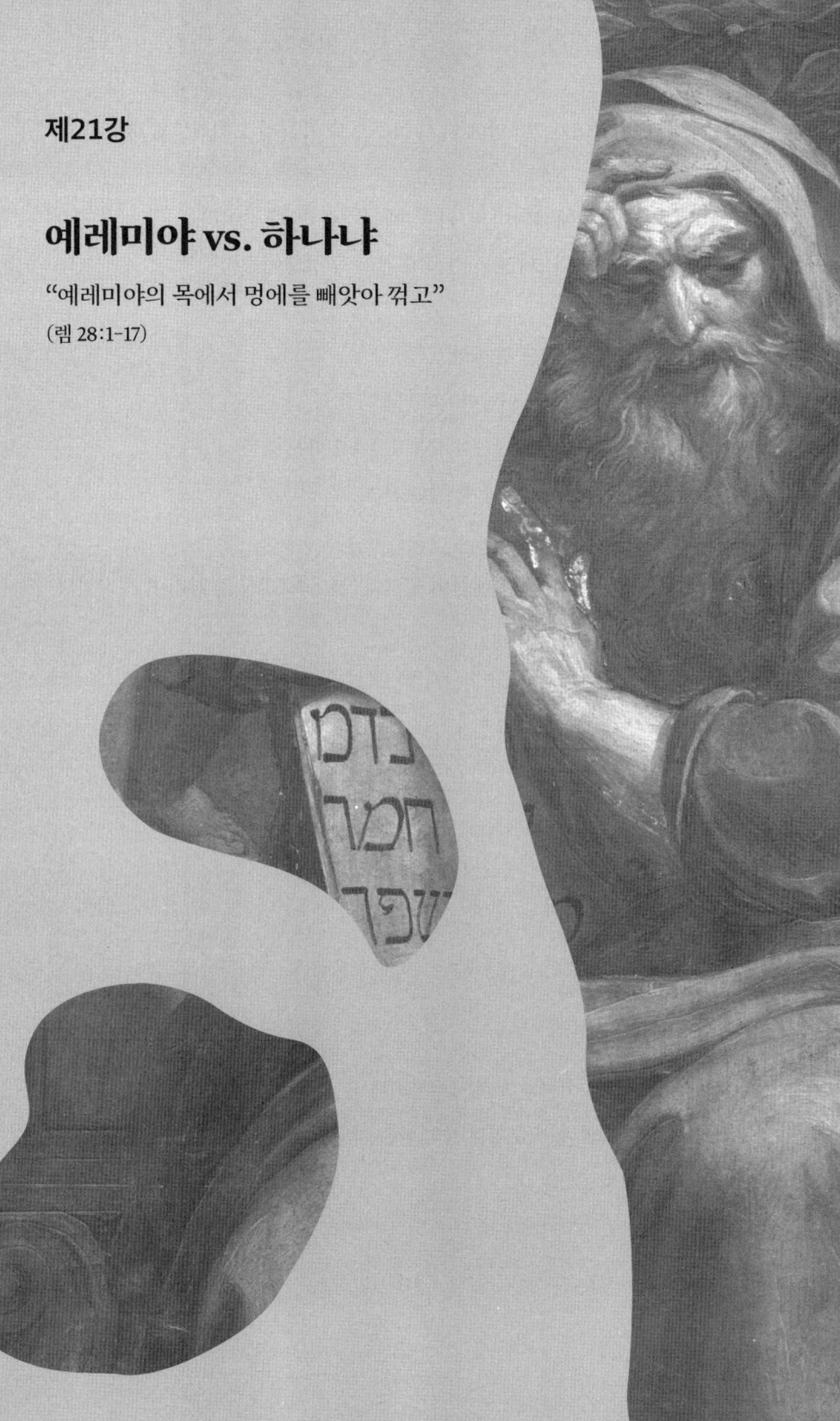

1. 2년 vs. 70년: "내가 2년 안에 다시 이곳으로 되돌려 오리라"(렘 28:1-4)

예레미야 28장은 예레미야와 거짓 예언자들의 대결이라는 큰 테두리(렘 27-29장) 안에 속한다. 28장은 다음과 같이 구성되어 있다.

① 1-4절: 하나냐의 구원 예언
② 5-11절: 이에 대한 예레미야의 반응과 침묵
③ 12-14절: 하나님의 말씀이 예레미야에게 다시 임함
④ 15-17절: 하나냐의 죽음에 관한 진술

예레미야 28장은 하나냐의 예언이 공표된 연대와 대상을 알리며 시작한다.

그해 곧 유다 왕 시드기야가 다스리기 시작한 지 사 년 다섯째 달 기브온앗술의 아들 **선지자 하나냐**가 여호와의 성전에서 제사장들과 모든 백성이 보는 앞에서 **내게 말하여** 이르되(렘 28:1).

여기서 "그해 곧 유다 왕 시드기야가 다스리기 시작한 지 사 년 다섯째 달"이란 앞장인 예레미야 27장에서 이스라엘의 이웃나라들이 예루살렘에 모여 유다와 함께 바빌로니아의 손아귀에서 벗어날 계획을 세웠던 그해를 가리킨다.

유다의 왕 시드기야를 보러 예루살렘에 온 사신들의 손에도 그것(줄과 멍에)을 주어 **에돔의 왕과 모압의 왕과 암몬 자손의 왕과 두로의 왕과 시돈의 왕**에게 보내며(렘 27:3).

이는 기원전 594년에 해당한다.[1] 이때는 첫 번째 유배(기원전 597년)와 두 번째 유배(기원전 587년) 사이에 속한다. 즉 유다가 바빌로니아의 1차 침공을 받아 여호야긴 왕과 왕족들, 귀족들을 비롯한 상류층들이 유배된 이후를 말한다(왕하 24:10-17). 따라서 1절은 예레미야 27장에서 반바빌로니아 동맹 연합전선을 구축하기 위해서 주변 소국가들의 사신들이 모인 예루살렘 국제회의에서 이를 반대하며 홀로 나무 멍에를 메고 있는 예레미야의 참석을 전제하고 있다.[2]

또한 하나냐의 이 예언은 "내게 말하여", 즉 예레미야 개인을 향한 것이다. 하나냐는 예루살렘 성전에서 제사장들과 모든 백성이 보는 앞에서 공개적으로 예레미야에게 예언을 말한다. 예레미야는 바로 직전에 예루살렘의 국제회의장에서 유다를 포함한 나라들이 바빌로니아를 3대에 걸쳐 섬겨야 할 것이라고 예언한 바 있다.

모든 나라가 **그**와 **그의 아들**과 **손자**를 그 땅의 기한이 이르기까지 섬기리라. 또한 많은 나라들과 큰 왕들이 그 자신을 섬기리라(렘 27:7).

"3대"란 약 70년을 가리킨다.

여호와께서 이와 같이 말씀하시니라. "바벨론에서 **칠십 년이 차면** 내가 너희를 돌보고 나의 선한 말을 너희에게 성취하여 너희를 이곳으로 돌아오게 하리라"(렘 29:10).

---

1 G. Wanke, *Jeremia. Teilband 2: Jeremia 25,15-52,34* (ZBAT; Zürch: Theologischer Verlag, 2003), 251.
2 W. Werner, *Das Buch Jeremia Kapitel 25-52* (NSKAT; Stuttgart: Verlag Katholisches Bibelwerk, 2003), 36.

즉 예레미야는 70년이 지나야 비로소 귀환하여 회복될 수 있다고 예언한 것이다. 이에 대하여 하나냐는 하나님의 집 예루살렘 성전이 2년 안에 모두 회복된다고 예언한다. 이 예언은 일명 "하나냐의 성전 설교"(기원전 594년)라고 불릴 수 있다. 여호야김 즉위 초(기원전 608년)에 있었던 예레미야의 성전 설교가 심판 예언이었다면(렘 7장과 26장), 시드기야 통치 4년(기원전 594년)에 선포된 하나냐의 성전 설교는 구원 예언이다. 예레미야는 기원전 594년에도 여전히 심판을 예언하였고, 같은 해 하나냐는 동일한 장소에서 구원을 예언한 것이다. 두 예언자의 예언이 여기에서 정면으로 충돌한다. 하나냐의 구원 예언 내용은 다음과 같다.

2)만군의 여호와 이스라엘의 하나님이 이같이 일러 말씀하시기를 "**내가 바벨론의 왕의 멍에를 꺾었느니라.** 3)내가 바벨론의 왕 느부갓네살이 이곳에서 빼앗아 바벨론으로 옮겨 간 여호와의 성전 모든 기구를 **이 년 안에 다시 이곳으로 되돌려 오리라.** 4)내가 또 유다의 왕 여호야김의 아들 여고니야와 바벨론으로 간 **유다 모든 포로를 다시 이곳으로 돌아오게 하리니** 이는 내가 바벨론의 왕의 멍에를 꺾을 것임이라. 여호와의 말씀이니라" 하니라(렘 28:2-4).

여기서 그의 예언은 다음과 같은 세 가지로 정리된다.

첫째, 바빌로니아의 통치가 곧 종결된다(2절).
둘째, 바빌로니아로 탈취된 성전 기물들이 2년 안에 본래의 자리로 되돌아온다(3절).
셋째, 여호야긴과 기원전 597년에 바빌로니아로 유배된 유다인들이 곧 귀환한다(4절).

이 내용은 당시 온 백성의 간절한 염원이기도 하였다. 백성들은 국가적으로 염원하는 기도 제목이 응답될 것을 확신한다. 하나냐의 메시지를 들은 온 백성들의 폭발적 호응과 반응이 눈에 선하다.

1절에서 하나냐는 "기브온 앗술의 아들"로 소개된다(1절). 우리말 성경의 "기브온 앗술의 아들"은 "기브온 출신 앗술의 아들"을 의미한다. "하나냐"란 이름의 뜻은 "야웨는 자비하시다"이다.[3] 그는 예레미야와 같이 예루살렘에서 그리 멀리 떨어지지 않은 곳인 베냐민 지역 출신이며, 성전에서 활동하는 예언자로 나온다.[4] 기브온은 유다에서 긴 역사를 지닌 유명한 성소가 있는 곳이다(참조. 삼하 21:9; 왕상 3:4-5; 9:2).[5] 이곳은 여호수아가 태양을 잠시 머물도록 한 장소이며(수 10:12-14), 솔로몬에게 지혜를 주시겠다는 하나님의 약속이 주어진 곳이기도 하다(왕상 3:4-15).

고고학적 발굴에 따르면, 예레미야 시대의 기브온은 상당히 발달한 포도주 산업의 중심지였으며, 귀족의 집들이 즐비했고, 거대한 저수지가 있어서 기근에도 문제없는 지역이었다. 이곳은 오늘날 엘-집(el-Jib)을 가리키고, 이는 예루살렘에서 북서쪽으로 약 10km 떨어진 곳에 위치한다. 아무튼 "기브온의 하나냐"라는 표현은 그가 번영한 도시의 성공한 예언자였음을 암시한다.[6]

2절에서 하나냐가 사용한 "만군의 여호와 이스라엘의 하나님"이라는 포괄적인 신명(神名)은 이스라엘의 하나님이 성전에 좌정하고 계신 야웨라

---

[3] J. A. 톰슨, 『예레미야(하)』, 최우성 역(반즈 신구약 성경주석; 서울: 크리스챤서적, 1992), 772.

[4] G. L. Keown, P. J. Scalise, T. G. Smothers, Jr., *Jeremiah 26-52* (WBC; Dallas, Texas: Word Books, 1995), 53.

[5] H. -J. Kraus, *Prophetie in der Krisis: Studien zu Texten aus dem Buch Jeremia* (Neukirchen-Vluyn: Neukirchener Verlag, 1964), 86.

[6] D. R. Jones, *Jeremiah* (NCBC; Grand Rapids, Michigan: Eerdmans, 1992), 357.

는 사실을 강조한다. 이 신명은 자신의 신뢰의 근거가 야웨 하나님이 시온에 임재하시고 시온을 보호하신다는 사실에 기초함을 드러낸다. 하나냐는 아시리아에 의한 엄청난 위기(기원전 701년) 속에서 예언 활동을 했던 이사야를 의존하고 있는 것으로 보인다.[7]

> 그러므로 주 여호와께서 이같이 이르시되
> **"보라! 내가 한 돌을 시온에 두어 기초를 삼았노니**
> 곧 시험한 돌이요
> **귀하고 견고한 기촛돌이라.**
> 그것을 믿는 이는 다급하게 되지 아니하리로다"(사 28:16).

하나냐의 선포는 "내가 바벨론의 왕의 멍에를 꺾었느니라"에서 알 수 있듯이 완료형 시제를 사용하고 있다. 이러한 "예언자적 완료형"(prophetic perfect)은 2-4절의 약속이 확실히 실현될 것을 표현한다.[8] 3절의 "이 년 안에"라는 기간 진술 또한 하나냐의 예언의 확실성을 보증한다.

유대인 철학자 부버(M. Buber)가 언급했듯이 예레미야 일생의 최대의 위기는 하나냐라고 하는 동료 예언자와의 격돌이다. 이 격돌은 생명을 담보해야 했다. 즉 목숨을 건 대결이었다.[9] 만약 의로운 자와 사악한 자의 싸움이라면 두 진영의 갈등을 목격하고 있는 백성의 입장에서 옳고 그름을 쉽게 분별할 수 있을 것이다. 그러나 이번 상황은 다르다. 항상 외톨이로 고

---

7 J. Schreiner, *Jeremia 2: 25,15-52,34* (NEB; Würzburg: Echter Verlag, 1984), 53.
8 C. Schneider, *Krisis des Glaubens: Zur Frage der sogenannten falschen Prophetie im Alten Testament* (Berlin: Evangelische Verlaganstalt, 1988), 53.
9 클라우스 코흐, 『예언자들(2): 바벨론과 페르시아 시대』, 강성열 역(서울: 크리스챤다이제스트, 1999), 94.

립되어 늘 이상해 보이며 한편으로는 대다수에게 불신까지 당했던 예레미야와 공인된 예언자들 가운데서도 존경받는 지도자로 보이는 하나냐와의 대결이다. "왕따"와 "인기 짱", "비주류"와 "주류", "아싸"와 "인싸"의 맞대결이라 할 수 있다. 현재의 본문은 하나냐를 예루살렘의 예언자와 같이 부도덕한 자로 말하지 않으며(렘 23:14), 포로지에서 활동하고 있는 예언자 아합과 시드기야 같이 비윤리적인 자로 말하고 있지도 않다(렘 29:23).

> 내가 **예루살렘 선지자들** 가운데도 가증한 일을 보았나니
> **그들은 간음을 행하며**
> 거짓을 말하며
> 악을 행하는 자의 손을 강하게 하여
> 사람으로 그 악에서 돌이킴이 없게 하였은즉
> 그들은 다 내 앞에서 소돔과 다름이 없고
> 그 주민은 고모라와 다름이 없느니라(렘 23:14).

> "이는 **그들**(예언자 아합과 시드기야)이 이스라엘 중에서 어리석게 행하여 **그 이웃의 아내와 간음하며** 내가 그들에게 명령하지 아니한 거짓을 내 이름으로 말함이라. 나는 알고 있는 자로서 증인이니라. 여호와의 말씀이니라" 하시니라(렘 29:23).

하나냐는 예언자의 권위적인 언어(메신저 공식)를 사용하고 있으며("만군의 여호와께서 이같이 말씀하신다"), 자신의 예언이 확실함을 강조하는 "예언자적 완료형"을 구사하기도 한다.[10] 그런데 서로 다른 두 명의 진지한 예언자가

---

10 D. R. Jones, *Jeremiah*, 355.

맞서고 있다.[11] 2년이냐, 70년이냐? 누구의 예언이 참이고, 누구의 예언이 거짓인가? 이는 상반된 주장 앞에서 늘 옳고 그름을 바로 분별해야 하는 우리 모두의 과제이기도 하다.

2. 전통 기준과 성취 기준: "나와 너 이전 선지자들이"(렘 28:5-11)

이어지는 다음 단락(5-11절)은 하나냐의 확신에 찬 예언에 대한 예레미야의 반응을 보여주고 있다. 5절은 "선지자 예레미야가 선지자 하나냐에게 말한다"고 기술한다. 1절에서는 예언자 하나냐가 예언자 예레미야에게 말하였다. 야웨의 예언자들끼리 대놓고 치고받는다.

> **선지자 예레미야가** 여호와의 성전에 서 있는 제사장들과 모든 백성들이 보는 앞에서 **선지자 하나냐에게 말하니라**(렘 28:5).

이는 한 예언자가 야웨의 이름으로 다른 예언자를 반박하고 있다는 사실을 최대한 강조함으로,[12] 예언자 대 예언자의 갈등을 첨예화시키고 있다. 자신의 예언과는 정반대인 하나냐의 예언에 대한 예레미야의 반응은 뜻밖이다.

> 선지자 예레미야가 말하니라. "**아멘, 여호와는 이같이 하옵소서.** 여호와께서 네가 예언한 말대로 이루사 여호와의 성전 기구와 모든 포로를 바벨론에서 이곳으로 되돌려 오시기를 원하노라"(렘 28:6).

---

11 W. Rudolph, *Jeremia* (HAT; Tübingen: J. C. B. Mohr, 1968), 179.
12 존 브라이트, 『예레미야』, 번역실 역(국제성서주석; 서울: 한국신학연구소, 1990), 328.

이는 조롱하는 말투가 아니다. 유다 백성의 일원으로서 예레미야는 진심으로 자신의 "흉한 예언"보다는 하나냐가 말하는 "길한 예언"대로 되기를 원했던 것 같다.[13] 예레미야는 그 순간에 하나냐의 행동과 인격의 외적인 측면에서 거짓됨을 발견할 수 없었을 것이다.[14]

이제 예레미야의 반격이 시작된다.

> 그러나 너는 내가 네 귀와 모든 백성의 귀에 이르는 이 말을 잘 들으라(렘 28:7).

예레미야는 하나냐를 거짓 예언자로 부르지 않고, 다만 참 예언과 거짓 예언을 구분하는 두 가지 기준만 제시한다.

첫째, "전통 기준"(Traditionskriterium)이다. 참 예언은 과거 위대한 예언자들의 전통 위에 서 있어야 한다.

> **나와 너 이전의 선지자들**이 예로부터 많은 땅들과 큰 나라들에 대하여 **전쟁과 재앙과 전염병**을 예언하였느니라(렘 28:8).

둘째, "성취 기준"(Erfüllungskriterium)이다. 평화(שׁלוֹם)의 예언일 경우는 반드시 성취되어 입증되어야만 그것이 진실임이 밝혀진다.[15]

> **평화를 예언하는 선지자는 그 예언자의 말이 응한 후에야** 그가 진실로 여호와께서 보내신 선지자로 인정받게 되리라(렘 28:9).

---

13 존 브라이트, 『예레미야』, 328.
14 D. R. Jones, *Jeremiah*, 355.
15 G. Wanke, *Jeremia. Teilband 2: Jeremia 25,15-52,34*, 252.

이 성취 기준은 신명기 신학을 계승한 것이다.

> 만일 선지자가 있어 여호와의 이름으로 말한 일에 증험도 없고 성취함도 없으면 이는 여호와께서 말씀하신 것이 아니요 그 선지자가 제 마음대로 한 말이니 너는 그를 두려워하지 말지니라(신 18:22).

물론 성취 기준은 서로 다른 두 가지 예언이 첨예하게 충돌하는 시점에서는 도움이 되지 못한다. 게다가 성취 기준은 하나님의 계획이 변경될 수도 있는 가능성을 열어둔다. 예레미야는 이러한 가능성을 인정했기 때문에 하나냐의 예언을 거부할 수 없었다.[16] 하나님은 사람의 기도를 들으시고 자신의 뜻을 바꾸기도 하시기 때문이다.

> 1)주 여호와께서 내게 보이신 것이 이러하니라. 왕이 풀을 벤 후 풀이 다시 움돋기 시작할 때에 주께서 메뚜기를 지으시매 2)메뚜기가 땅의 풀을 다 먹은지라. 내가 이르되 **"주 여호와여, 청하건대 사하소서. 야곱이 미약하오니 어떻게 서리이까"** 하매 3)**여호와께서 이에 대하여 뜻을 돌이키셨으므로 이것이 이루어지지 아니하리라.** 여호와께서 말씀하셨느니라(암 7:1-3).

하나냐는 예레미야의 말이 끝나기가 무섭게 예레미야의 목에서 멍에를 취하여 꺾어버렸다.

> 선지자 하나냐가 선지자 예레미야의 목에서 멍에를 빼앗아 꺾고(렘 28:10).

---

16 G. L. Keown, P. J. Scalise, T. G. Smothers, Jr., *Jeremiah 26-52* (WBC; Dallas, Texas: Word Books, 1995), 56.

"멍에를 메는 자"(예레미야)와 "멍에를 꺾는 자"(하나냐)가 공개석상에서 극명하게 대립한다. 당시에는 "꺾는 자"가 멋있어 보이고, 승자로 보이지만, 역사는 "메는 자의 손"을 들어준다. 멍에를 꺾는 행위는 일반적으로 참 예언자들이 취하는 일종의 상징 행위다. 이는 바빌로니아 왕 느부갓네살의 멍에를 꺾어버리리라는 것을 의미한다.

> 모든 백성 앞에서 하나냐가 말하여 이르되 "여호와께서 이와 같이 말씀하시니라. '**내가 이 년 안에 모든 민족의 목에서 바벨론의 왕 느부갓네살의 멍에를 이와 같이 꺾어버리리라**' 하셨느니라" 하매(렘 28:11a).

한 예언자가 또 다른 예언자의 상징 행위를 파괴하는 것은 선례가 없는 일이다.[17] 하나냐는 여기서 줄과 멍에를 목에 걸고 있는 예레미야의 상징 행위(렘 27:2)에 자신의 상징 행위로 맞선다. 10-11절의 하나냐의 행위는 개인적으로 하나님의 말씀을 거부한 것이고, "바벨론 왕을 섬기라. 그리하면 살리라"(렘 27:12, 17)는 하나님의 명령을 정면으로 불복한 것이다. 그러나 이 순간 예레미야에게는 더 이상 하나님의 말씀이 없었다. 그는 침묵할 수밖에 없었고, 자기 길을 묵묵히 가야만 했다.

> 선지자 예레미야가 자기의 길을 가니라(렘 28:11b).

아마도 예레미야는 하나님의 뜻을 더 정확하게 가늠하려고 시간의 여유를 가지려 한 것으로 보인다.[18] 하나냐가 한 말에 대해 하나님이 무엇이라 말씀

---

17 G. L. Keown, P. J. Scalise, T. G. Smothers, Jr., *Jeremiah 26-52*, 56.
18 T. E. Fretheim, *Jeremiah* (Smyth and Helwys Bible Commentary; Macon, Georgia: Smyth and Helwys, 2002), 395.

하실지 기다릴 필요가 있었기 때문이다.[19]

　　하나님의 말씀을 대언(代言)한다는 한 예언자의 주장이 진실한지의 여부는 그것이 어떻게 "수령"("여호와의 말씀이니라")되었는지 또는 그 예언이 어떤 "정형공식문구"("만군의 여호와 이스라엘의 하나님이 이같이 일러 말씀하시기를")로 표현되었는지에 근거해서만 결정될 수는 없었다. 또한 극적인 "상징행위"("멍에를 빼앗아 꺾고")의 실연(實演)마저도 예언의 진위 여부를 결정할 수 있는 근거가 되지는 못했다.[20] 이 점에서 예레미야와 하나냐는 한 치의 차이도 없이 아주 팽팽하게 맞서고 있다.

　　오직 전체적인 예언자적 전통의 빛 아래에서 하나님의 말씀을 듣는 것만이(렘 28:8) 하나님의 뜻이 어디에 있는가에 대한 진정하고도 권위 있는 앎을 제공할 수 있다. 예언은 보다 큰 모집단(母集團)인 이스라엘의 예언전통과 분리되지 않고 깊이 관련되어 있어야 한다. 예언은 이러한 관련하에서 수령되고 실행되어야 한다. 새로운 예언은 "이전 예언들과의 관련성"(전통 기준) 아래에서 점검되어야 할 뿐만 아니라(예루살렘 성전에 대한 미가의 예언 [미 3:12]처럼), 이미 발생하고 있는 "실제적인 사건들과 관련"되어서도 검증될 필요가 있다. 궁극적인 진리의 계시는 역사적인 사실성, 즉 예언의 역사적인 실현을 통해서만 발견될 수 있다.[21] 전통과 현실의 깊은 대화에서 역사하시는 하나님의 뜻을 간파해야 하는 것이 우리의 영원한 숙제다.

---

19 김명숙, 『예레미야서 26-52장: 거룩한 독서를 위한 구약성경 주해』(서울: 바오로딸, 2021), 45.
20 로날드 클레멘츠, 『예레미야』, 김회권 역(현대성서주석; 서울: 한국장로교출판사, 2002), 259.
21 로날드 클레멘츠, 『예레미야』, 김회권 역(현대성서주석; 서울: 한국장로교출판사, 2002), 259.

3. 국가의 운명보다 더 중요한 하나님의 의로움: "바벨론의 왕 느부갓네살을 섬기게 하였으니"(렘 28:12-14)

예언자 하나냐가 예언자 예레미야의 목에서 멍에를 꺾어버린 후에 야웨의 말씀이 예레미야에게 다시 임하였다.

> 선지자 하나냐가 선지자 예레미야의 목에서 멍에를 꺾어버린 후에 **여호와의 말씀이 예레미야에게 임하니라.** 이르시기를(렘 28:12).

이제 유다의 목에는 꺾어버릴 수 있는 "나무 멍에"가 아니라 더는 꺾어버릴 수 없는 "쇠 멍에"가 주어졌다.

> 너는 가서 하나냐에게 말하여 이르기를 "여호와의 말씀에 네가 나무 멍에들을 꺾었으나 그 대신 **쇠 멍에들**을 만들었느니라"(렘 28:13).

바빌로니아의 통치를 받아들이는 것이 하나님의 확고부동한 뜻이었다.

> 만군의 여호와 이스라엘의 하나님께서 이와 같이 말씀하시니라. "**내가 쇠 멍에로 이 모든 나라의 목에 메워 바벨론의 왕 느부갓네살을 섬기게 하였으니 그들이 그를 섬기리라**"(렘 28:14a).

예레미야는 자신이 8절에서 언급한 종류의 신탁을 고집스럽게 반복하여 선포하지 않는다. 그는 하나님의 말씀이 임한 후에야 비로소 다시 예언한다. 예언자에게는 하나님의 말씀에 대한 처분권이 없다. 야웨의 주권적 자

유에 의해서 말씀이 새로 임할 때까지 기다려야 했다.²²

느부갓네살에게는 전권(全權)이 주어졌다. 그는 사람들에 대한 주권을 행사할 뿐만 아니라 그 주권은 들짐승들에게도 행사될 것이다.

> 내가 들짐승도 그에게 주었느니라(렘 28:14b).

이것은 인간이 가질 수 있는 최상의 통치권이다. 그 위에는 오직 야웨만 계실 뿐이다.²³ 느부갓네살은 모든 세계에 대한 통치권을 위임받은 하나님의 "새로운 아담"(new adam)이 되었다.²⁴

야웨 하나님이 당신의 성소를 포기하고 백성을 버릴 수도 있다는 생각은 유다 백성들이 쉽게 받아들이기에는 너무나 끔찍한 상황처럼 보였을 것이다. 하지만 이 일은 역사적으로 일어났다. 예레미야는 이미 그런 일이 발생하기 전에 앞으로 일어날 것이라고 예언하였다. 하나냐는 하나님께서 유다와 예루살렘의 이익들을 보호하기 위하여 언제든지 개입할 수 있다는 전통적인 믿음을 재확증하고 있었다. 왜냐하면 신과 그와 언약관계에 있는 나라 사이에 형성된 전통적인 관계에 따르면 이것은 당연한 기대였기 때문이다. 그런데 하나님은 당신 자신의 영광과 의로움을 보호하기로 결정하셨고, 그럼으로써 그는 예루살렘과 유다에 무서운 심판을 가하셨다.²⁵

하나님의 선택은 단순히 하나님의 호의를 덧입은 백성(이스라엘)을 보호하는 것을 의미하지 않는다. 오히려 이스라엘의 운명이 하나님의 섭리를 만천하에 증거해야 한다. 하나님의 참된 실재와 성품에 부합하지 않는 평화

---

22 J. Schreiner, *Jeremia 2: 25, 15-52, 34*, 54.
23 J. A. 톰슨, 『예레미야(하)』, 775.
24 W. Brueggemann, *A Commentary on Jeremiah: Exile and Homecoming*, 253.
25 로날드 클레멘츠, 『예레미야』, 260.

와 번영은 이스라엘을 위한 진정한 복지와 평화일 수 없다.[26] 하나님의 백성에게 가장 심각한 위협은 국가의 독립성을 상실하는 것이 아니라 국가적이고 개인적인 차원에서 하나님에 대한 신앙과 섬김의 신실성이 부패하는 것이다.[27] 참 예언자는 세계역사라는 넓은 차원의 맥락에 기초한다. 거짓 예언자는 자기 백성의 안녕만 추구하는 폐쇄적인 전망에 기초한다.[28] 그는 개인이나 국가의 운명에 갇혀서 하나님의 더 넓은 차원을 보지 못한다. 편협한 민족주의나 맹목적인 국가주의도 하나님 앞에서는 상대화될 수 있다. 하나님의 의로움이 한 개인이나 국가의 운명보다 더 중요하다.

4. 참 신앙 vs. 이데올로기: "이 백성에게 거짓을 믿게 하는도다"(렘 28:15-17)

마지막 단락(렘 28:15-17)은 마치 재판의 최종 판결문을 보는 것 같다. 15절에서는 하나냐의 죄가 지적된다.

> 선지자 예레미야가 선지자 하나냐에게 이르되 "하나냐여, 들으라. **여호와께서 너를 보내지 아니하셨거늘 네가 이 백성에게 거짓을 믿게 하는도다**"(렘 28:15).

16절에서는 하나냐에 대한 사형이 선고된다.

> 그러므로 여호와께서 이와 같이 말씀하시되 "내가 너를 지면에서 제하리니 네

---

26 로날드 클레멘츠, 『예레미야』, 261.
27 G. L. Keown, P. J. Scalise, T. G. Smothers, Jr., *Jeremiah 26-52*, 59.
28 G. von Rad, "Die falschen Propheten"(1933), R. Smend (Hrgs), *Gesammelte Studién zum Alten Testament*, Bd. 2. Th 348; 1973, 212-223, 특히 222.

가 여호와께 패역한 말을 하였음이라. '네가 금년에 죽으리라' 하셨느니라" 하더니(렘 28:16).

17절은 예레미야의 예언대로 하나냐가 죽었다는 사실을 알려준다.

선지자 하나냐가 그해 일곱째 달에 죽었더라(렘 28:17).

하나냐가 거짓을 믿게 했다는 비난은 하나냐를 특별히 도덕적인 의미에서 사기꾼이거나 민중 선동가로 격하시키는 것이 아니다. 여기서의 초점은 오히려 현실 인식과 밀착된 신(神) 인식의 문제였다. 예레미야의 적대적인 라이벌인 하나냐도 확고한 신학전승에 기초하고 있었던 것으로 보인다. 그는 단순히 값싼 민간종교의 대표자가 아니었다. 이 본문이 진술하듯이 하나냐의 행동은 도덕적인 면에서 비난받고 있지 않다.[29]

사실 하나냐의 선포는 시온이 적들의 공격에도 존속할 것이라는 이사야의 선포와 유사하다.[30] 그러나 하나냐의 선포에는 분명히 문제가 있다. 그의 근본적인 문제는 이사야의 시온신학을 무분별하게 반복하고 있다는 점이다. 그는 이사야 당시와 자신이 놓인 현재의 역사적이고 실존적인 상태 간의 심오한 차이를 분별하지 못했다.[31] 하나냐는 당시의 공동체가 처한 현 상황에 대한 비판적인 렌즈를 사용하지 않고 분별없이 기존의 전승만을 반복하고 있을 뿐이었다.[32]

---

29 J. Schreiner, *Jeremia 2: 25,15-52,34*, 55.
30 L. Stulman, *Jeremiah* (AOTC; Nashville: Abingdon Press, 2005), 249.
31 Th. W. Overholt, *The Threat of Falsehood: A Study in the Theology of Book of Jeremiah* (Naperville: Alec R. Allenson, 1970), 41.
32 E. Osswald, *Falsche Propheten im Alten Testament* (Tübingen, 1962), 21-22.

또 한 가지 문제를 지적할 수 있다. 예레미야는 이전의 말씀에서 거짓을 신뢰하는 것을 하나님을 잊어버리는 것과 연관시킨다.

> 네가 나를 잊어버리고 거짓을 신뢰하는 까닭이라(렘 13:25).

하나냐의 죄는 유다 백성으로 하여금 거짓을 믿게 함으로써 결국 하나님을 망각하게 했다는 것이다. 이는 왜 하나냐가 하나님의 이름으로 예언했음에도 불구하고 배교 설교에 해당하는 책임을 질 수밖에 없었는지를 알려준다. 신명기 13장에 따르면 "다른 신을 섬기자"고 말한 예언자는 야웨 하나님에 대한 배교를 선동한 심각한 죄를 범한 것이다. 하나냐가 이러한 어휘를 사용하지 않았음에도 불구하고 내용상 이러한 죄를 범한 것으로 취급되었기에 사형이 선고된 것이다. 거짓을 믿는 것은 곧 하나님을 떠나는 것이고 이는 다른 신을 섬기는 것과 다르지 않다.[33]

예레미야의 입장은 당시 다수의 견해와는 전혀 다른 외로운 목소리였고, 그 어떤 동조자도 없었다. 그는 다만 진실을 위해서 외롭게 투쟁했던 예언자였다. 따라서 그는 그럴듯한 논리로 무장한 확신에 찬 다수의 공격을 받아야 했다. 그러나 그는 기존 예언전승(8절)과 더불어 겸손히 역사 속에서 새롭게 들려오는 야웨의 말씀에 철저히 의지하였다(12절). 예레미야는 하나님이 새롭게 말씀하실 때까지 기다릴 줄 알았다. 이에 반해 하나냐는 과거의 전승에만 매인 나머지 새로운 역사 속에서 새롭게 들려오는 하나님의 말씀에 둔감했다. 때로 전통은 쇄신의 정신을 짓누르는 우상이 될 수도 있다. 어제의 신앙적 확신은 오늘의 도그마(교리)나 이데올로기로 굳어질 수 있다. 그것만을 무조건 맹종하는 것은 결국 하나님의 뜻에 저항하는 것

---

[33] G. L. Keown, P. J. Scalise, T. G. Smothers, Jr., *Jeremiah 26-52*, 58.

이 될 수도 있다. 불행하게도 하나냐는 기존의 신학전승을 분별없이 되풀이했다. 이는 참된 신앙이 아니고 이데올로기에 지나지 않으며,[34] 거짓이 될 수도 있다. 신앙전승은 역사 속에서 늘 새롭게 해석되어야 한다. 새 시대에는 새 신앙이 필요하다. 물론 하나님이 깨닫게 해주실 때까지 겸손히 기다리면서 말이다.

---

34 하나냐의 이데올로기에 대한 분석으로는 다음을 참조하라. H. Mottu, "예레미야와 하나니야의 대결: 구약성서 예언에서의 이데올로기와 진리",「신학사상」, 58(1987), 587-609.

제22강

예레미야의 편지

"너희는 집을 짓고 거기에 살며"(렘 29:1-32)

1. 새 시대, 새 신앙: "내가 사로잡혀 가게 한 그 성읍의 평안을 구하라"(렘 29:1-7)

예레미야 29장은 참 예언과 거짓 예언의 문제를 중심주제로 취급하는 26-28장을 마감하는 종결장이면서 동시에 30-31장의 희망선포를 이어주는 다리 역할을 한다.[1] 예레미야 29장은 예루살렘과 바빌로니아 간에 오고 간 편지로 구성된 길고 긴 산문체 단락이다. 여기에는 적어도 네 통의 편지가 포함되어 있다.

① 예레미야가 포로들에게 보낸 편지(1-14절, 21-23절)
② 예레미야가 스마야에게 보낸 편지(편지의 주요 본문이 잘려 나가서 흔적만 단편적으로 남아 있는 편지; 24절)
③ 바빌로니아의 스마야가 예루살렘의 스바냐에게 보낸 편지(25-28절)
④ 예레미야가 포로들에게 보낸 또 하나의 추가적인 편지(31-32절)[2]

먼저 첫 번째 단락인 1-7절을 살펴보기로 한다. 이 본문은 누가 언제 어디에 있는 누구에게 어떻게 편지를 보냈는지를 자세히 밝히는 1-3절의 긴 표제로 시작한다. 1절은 "그리고"라는 접속사로 시작한다.

> 그리고(히브리어 본문) 선지자 예레미야가 예루살렘에서 이 같은 편지를 느부갓네살이 예루살렘에서 바벨론으로 끌고 간 포로 중 남아 있는 장로들과 제사장들과 선지자들과 모든 백성에게 보냈는데(렘 29:1).

---

[1] G. L. Keown, P. J. Scalise, T. G. Smothers, Jr., *Jeremiah 26-52* (WBC; Dallas, Texas: Word Books, 1995), 69.
[2] 로날드 클레멘츠,『예레미야』, 김회권 역(현대성서주석; 서울: 한국장로교출판사, 2002), 261.

이는 예레미야 29장이 앞선 장인 28장과 연속된 이야기임을 보여준다. 예레미야 28장은 1절에서 "시드기야가 즉위한 지 4년"이라는 시기를 보여준다. 이 시기는 기원전 595/594년을 가리킨다. 따라서 예레미야 29장의 편지는 기원전 595/4년에 쓰였을 것이다.[3]

또한 예레미야 29:2은 기원전 597년의 제1차 바빌로니아 포로 사건을 가리킨다.

> 그때는 **여고니야**(여호야긴) 왕과 왕후와 궁중 내시들과 유다와 예루살렘의 고관들과 기능공과 토공들이 **예루살렘에서 떠난 후라**(렘 29:2).

> 14)그(느부갓네살)가 또 예루살렘의 모든 백성과 모든 지도자와 모든 용사 만 명과 모든 장인과 대장장이를 사로잡아 가매 비천한 자 외에는 그 땅에 남은 자가 없었더라. 15)그가 **여호야긴을 바벨론으로 사로잡아 가고** 왕의 어머니와 왕의 아내들과 내시들과 나라에 권세 있는 자도 예루살렘에서 바벨론으로 사로잡아 가고 16)또 용사 칠천 명과 장인과 대장장이 천 명 곧 용감하여 싸움을 할 만한 모든 자들을 바벨론 왕이 바벨론으로 사로잡아 가고 17)바벨론 왕이 또 여호야긴의 숙부 맛다니야를 대신하여 왕으로 삼고 그의 이름을 고쳐 시드기야라 하였더라(왕하 24:14-17).

그 기간 동안에는 바빌로니아가 정치적으로 불안정했고, 아마도 바빌로니아의 불안한 내정은 바빌로니아에 유배되어온 사람들 가운데 조기 송환에 대한 설익은 기대감을 불러일으켰을 수도 있었을 것이다.

예레미야의 편지가 우선 장로들을 수취인으로 하고 있다는 사실은 바

---

[3] 차준희, 『구약신앙과의 만남』(서울: 대한기독교서회, 2002), 210-211.

빌로니아로 끌려간 포로 공동체가 특정 지역에서 고대 이스라엘의 옛 마을 체제를 유지했음을 알려준다. 유다 포로들은 장로들을 수장으로 한 자치조직을 갖추고 있었다.

여섯째 해 여섯째 달 초닷새에 나는 집에 앉았고 **유다의 장로들은 내 앞에 앉아 있는데** 주 여호와의 권능이 거기에서 내게 내리기로(겔 8:1; 참조. 겔 14:1).

따라서 촌락의 대표자인 장로들이 예언자의 대화 상대자가 되는 것은 당연했다.[4] 고대 이스라엘 사회에서 장로는 원래 가족의 수장이거나 씨족의 수장으로서 왕정수립 이전에는 공식적인 사건을 처리하는 중요한 역할을 감당했고, 왕정수립 이후에도 그 역할이 완전히 사라지지는 않았다.[5]

그러자 **그 지방의 장로 중 몇 사람**이 일어나 백성의 온 회중에게 말하여 이르기를(렘 26:17).

이에 **이스라엘 왕이 나라의 장로를 다 불러 이르되** "너희는 이 사람이 악을 도모하고 있는 줄을 자세히 알라. 그가 내 아내들과 내 자녀들과 내 은금을 빼앗으려고 사람을 내게 보냈으나 내가 거절하지 못하였노라"(왕상 20:7).

왕이 보내 **유다와 예루살렘의 모든 장로를 자기에게로 모으고**(왕하 23:1).

4　G. Wanke, *Jeremia. Teilband 2: Jeremia 25,15-52,34* (ZBAT; Zürch: Theologischer Verlag, 2003), 260.
5　J. Schreiner, *Jeremia 2: 25,15-52,34* (NEB; Würzburg: Echter Verlag, 1984), 169.

또한 바빌로니아로 끌려간 사람들은 흔히 생각하는 것과는 달리 여러 지역에 뿔뿔이 흩어지지도 않았고, 노예로 팔리지도 않았다. 그들은 특정 지역들에서 "유다인 자치구"를 형성하였다.[6]

    이에 내가 **델아빕**에 이르러 그 사로잡힌 백성 곧 그발강가에 거주하는 자들에게 나아가 그중에서 두려워 떨며 칠 일을 지내니라(겔 3:15; 참조. 스 2:59).

또한 그들은 아주 긴밀하게 결속된 공동체를 이루며 살았고, 그들의 고국과 정기적으로 서신을 왕래하며 연락을 유지할 수도 있었다.[7]
    열왕기하 22장에 따르면 고위급 관리였던 사반과 대제사장인 힐기야는 요시야의 종교개혁에 상당히 깊숙하게 개입했다. 그들은 왕조 시대가 몰락해가는 유다에서 야웨 신앙에 기초한 정책을 옹호했던 사람들이다. 이들 가문은 이러한 그들의 기본 입장을 바꾸지 않았으며 예언자 예레미야의 선포에도 긍정적이었음이 틀림없다. 특히 사반 가문 사람들은 여호야김(기원전 608-597년)이 통치하던 시절에도 예레미야에 대한 왕의 추궁을 거역하면서까지 예레미야를 보호했고, 예언자의 편에 서 주었다.

    사반의 아들 아히감의 손이 예레미야를 도와주어 그를 백성의 손에 내어 주지

---

[6] 유다인 유배민들의 바빌로니아 생활에 대한 최근의 연구에 대해서는 다음을 참조하라. H. J. Stipp, *Jeremia 25-52* (HAT; Tübingen; Mohr Siebeck, 2019), 197-204.

[7] "이런 일이 가능했던 이유에 대한 가장 설득력 있는 설명은 바벨론 당국자들이 바벨론에 와 있는 포로들이 유다에서 무슨 일이 일어나고 있는지에 대하여 최신 정보를 제공받도록 확실하게 의도하였다고 보는 것이다. 비슷한 이유로 바벨론 당국자들은 유다에서 왕으로 임명된 시드기야가 사실상 볼모로 잡혀 있는 바벨론 포로들의 안전을 잊어버리지 말도록 경고하려고 했던 것이다. 바벨론 포로들의 지위는 다양한 방법들로 시드기야로부터 충성과 복종, 그리고 정기적인 조공 예물을 강제로 짜내는 데 효과적인 수단으로 이용되고 있었다." 로날드 클레멘츠, 『예레미야』, 263-264.

아니하여 죽이지 못하게 하니라(렘 26:24; 참조. 렘 36장).

그들은 고위층 가문이었음에도 불구하고 아마도 정치적으로 본다면 예레미야와 같은 친바빌로니아 입장을 취했기 때문에 이 후손들은 당시 왕족과 귀족들, 상류층들이 모두 유배당하는 바빌로니아 1차 포로(기원전 597년) 대상에서 제외될 수 있었다(참조. 왕하 24:10-17). 또한 사반의 손자인 그달랴는 유다 왕국이 완전히 몰락하는 기원전 587년 사건 이후에 바빌로니아에 의해서 유다의 총독으로 임명되기도 하였다(참조. 렘 40-41장).

이러한 맥락에서 시드기야가 통치하던 시기에 선포되었던 예레미야의 설교는 정치적인 측면에서만 본다면 바빌로니아의 지배를 지지하는 것으로 보인다. 따라서 3절이 느부갓네살에게 보낸 사신과 예레미야의 편지 전달자로 친바빌로니아 인사인 엘라사와 그마랴를 언급하는 것은 자연스러운 일로 이해된다.[8]

유다의 왕 시드기야가 바벨론으로 보내어 바벨론의 왕 느부갓네살에게로 가게 한 **사반의 아들 엘라사**와 **힐기야의 아들 그마랴** 편으로 말하되(렘 29:3).

이 두 사람은 구약성서에서 오직 이곳에서만 등장한다.[9] 그들은 어쩌면 서방의 소국가들 중에서 반란을 계획했다가 무위로 끝나고 만 사건(참조. 렘 27장)에 대해서 적극 해명하고 느부갓네살에 대한 시드기야의 충성심을 재차 확인시켜주기 위해 파견되었을 것이다.[10]

---

8   G. Wanke, *Jeremia. Teilband 2: Jeremia 25,15-52,34*, 260.
9   L. Stulman, *Jeremiah* (AOTC; Nashville: Abingdon Press, 2005), 251.
10 J. A. 톰슨, 『예레미야(하)』, 최우성 역(반즈 신구약 성경주석; 서울: 크리스챤서적, 1992), 783.

당시 유다 백성들의 민간신앙 관점에 따르면 바빌로니아의 승리는 곧 야웨의 패배와 맞물려 있다. 부정한 이방 땅에 체류하는 것은 동시에 일상의 생활을 이끌어주고 생명을 보존시켜주는 예배와의 단절을 의미한다. 모든 일상생활의 근본에는 야웨 하나님에 대한 제의가 뿌리 깊게 결부되어 있다. 집을 짓고, 씨를 뿌리고, 후손을 낳는 것은 야웨의 복이 담보될 때만 가능하다. 이러한 일들은 부정한 땅에서는 결코 불가능하다.

> 여호와께서 이와 같이 말씀하시기를
> "네 아내는 성읍 가운데서 창녀가 될 것이요
> 네 자녀들은 칼에 엎드러지며
> 네 땅은 측량하여 나누어질 것이며
> **너는 더러운 땅에서 죽을 것이요**
> 이스라엘은 반드시 사로잡혀 그의 땅에서 떠나리라" 하셨느니라(암 7:17).

> 그들은 여호와의 땅에 거주하지 못하며
> 에브라임은 애굽으로 다시 가고
> **앗수르에서 더러운 것을 먹을 것이니라**(호 9:3).

유다인들이 야웨께로 가까이 가기 위해서는 스스로 정(淨)하여야 하고 음식 규정도 준수해야만 한다. 그러나 이와 같은 것이 이방의 땅에서는 불가능하다.

> 13)또 여호와께서 이르시되 "**내가 여러 나라들로 쫓아내어 흩어버릴 이스라엘 자손이 거기서 이같이 부정한 떡을 먹으리라**" 하시기로 14)내가 말하되 "아하, 주 여호와여, 나는 영혼을 더럽힌 일이 없었나이다. 어려서부터 지금까지 스스

로 죽은 것이나 짐승에게 찢긴 것을 먹지 아니하였고 가증한 고기를 입에 넣지 아니하였나이다"(겔 4:13-14).

또한 현재 예루살렘 성전에 계시는 야웨의 현존이 바빌로니아라는 이방 땅에 있는 사람들에게도 동일하게 영향을 주는지는 확실하지 않았을 것이다. 이러한 상황에서 유다 포로들은 다양하게 반응하였다. 야웨를 등지고 보다 강한 이방신들을 향하여 "배교"하기도 하고(겔 14:3), "절망"에 빠지기도 하고(겔 18:2; 33:10), 맹목적이고 오도(誤導)된 믿음에 "광신적으로 몰입"하기도 하였다(겔 13:1-16; 렘 28:1-4).[11]

이러한 역사적 상황에 놓인 유다 디아스포라에게 주어진 최초의 편지가 오늘의 본문이다. 먼저 4절은 역사의 실질적인 주관자는 느부갓네살이 아니라 야웨이심을 분명히 명시하고 있다.

만군의 여호와 이스라엘의 하나님께서 예루살렘에서 바벨론으로 사로잡혀 가게 한 모든 포로에게 이와 같이 말씀하시니라(렘 29:4).

이어지는 5-7절은 예레미야의 실질적인 편지 내용을 담아내고 있다. 예레미야는 포로지에서 집을 짓고, 농사를 짓고, 결혼을 하여 번성을 꾀하라고 강력하게 요구한다.

5) 너희는 **집을 짓고 거기에 살며 텃밭을 만들고 그 열매를 먹으라**. 6) **아내를 맞이하여 자녀를 낳으며** 너희 아들이 아내를 맞이하며 너희 딸이 남편을 맞아 그들로 자녀를 낳게 하여 너희가 거기에서 번성하고 줄어들지 아니하게 하라

---

11 G. Wanke, *Jeremia. Teilband 2: Jeremia 25,15-52,34*, 261.

(렘 29:5-6).

한마디로 포로지에서 돌아올 것이라는 헛된 꿈을 접고 그곳에서 뿌리를 내리고 뼈를 묻으라는 것이다. 예레미야는 장기체류를 수용하고 조기귀환이라는 헛된 기대를 포기하도록 종용한다. 또한 예레미야는 바빌로니아 포로들에게 자신의 적들을 위해서 기도하라고 촉구한다.

너희는 내가 사로잡혀 가게 한 그 성읍의 평안을 구하고 **그를 위하여 여호와께 기도하라**. 이는 그 성읍이 평안함으로 너희도 평안할 것임이라(렘 29:7).

유다의 예루살렘 성전을 약탈하였고, 예루살렘 도시를 정복하고, 유다의 왕과 지도층들을 유배시킨 자들이 저주의 대상이 아니고 중보기도의 대상이라는 것이다. 그들이 미워하는 이방의 강대국을 위해 간구하라는 명령은 당시의 문헌에는 유례가 없는 전혀 새로운 것이다.[12]

예언자는 지금까지 들어보지 못한 전혀 새로운 사실을 밝힌다. 이스라엘이 이방 땅에서도 야웨께 기도할 수 있다는 것은 옛날부터 내려온 전통적인 사고방식을 깨뜨리는 놀라운 일이다. 여기서 지금까지 의심 없이 받아들여온 야웨와 성전 및 제의와의 단단한 배타적인 결합이 끊어지고 성전이 없는 이방 땅에서도 야웨와의 교제가 가능하다는 새로운 가능성이 열린다.

하나님이 포로들에게 중보기도를 요구하는 것은 야웨께서 이미 이스라엘의 기도를 들어주실 준비가 되어 있다는 사실을 간접적으로 확고히 하는 것이다. 예레미야는 지금까지 가지고 있었던 야웨 신앙에 대한 사고의

---

[12] 존 브라이트, 『예레미야』, 번역실 역(국제성서주석; 서울: 한국신학연구소, 1990), 338.

완전한 변혁을 요구한다. 새로운 상황에서는 하나님도 새롭게 이해되어야 한다. 새로운 시작은 확고하게 붙잡고 있었던 지금까지의 사고방식을 내려놓아야만 가능하다.[13]

예언자의 신앙은 포로에 처한 유다의 정치적인 상황에 대하여 철저하게 실용주의적이고 현실주의적인 입장을 취한다. 지배자가 평안해야 피지배자도 평안할 수 있다.

임금들과 높은 지위에 있는 모든 사람을 위하여 하라. 이는 우리가 **모든 경건과 단정함으로 고요하고 평안한 생활을 하려 함이라**(딤전 2:2).

그러나 예레미야의 확신은 사실 이러한 실용주의와 현실주의를 넘어서고 있다. 그의 확고한 명령형은 이 약하고 작은 유다 공동체에 뜻밖의 "선교적 책임"을 부과한다.[14] "열방의 선지자"(A Prophet to the Nations)인 예레미야(렘 1:5)는 동족 유다가 이방 나라에서 "이방의 빛"(A Light to the Nations)으로 살아야 한다는 새로운 비전을 제시하고 있다.[15]

그가 이르시되
"네가 나의 종이 되어 야곱의 지파들을 일으키며
이스라엘 중에 보전된 자를 돌아오게 할 것은 매우 쉬운 일이라.
내가 또 너를 **이방의 빛**으로 삼아

---

13 G. Wanke, *Jeremia. Teilband 2: Jeremia 25,15-52,34*, 262.
14 W. Rudolph, *Jeremia* (HAT; Tübingen: J. C. B. Mohr, 1968), 183.
15 "이 본문은 야웨의 활동이 팔레스타인을 넘어서는 것을 말하고 있다. 야웨의 활동영역 확장은 곧 이방 신들의 활동력을 의심하게 하는 것으로 이는 야웨에 대한 신관(神觀)의 보편화(Universalisierung)를 향하는 첫 걸음이었다." G. Wanke, *Jeremia. Teilband 2: Jeremia 25,15-52,34*, 262.

나의 구원을 베풀어서 땅 끝까지 이르게 하리라"(사 49:6).

한 작은 공동체는 포로로 끌려오는 방식으로 제국의 보다 넓은 세계로 초대된다. 새로운 시대정신을 제시했던 예레미야는 이러한 역사 이해로써 포로 공동체가 자신만의 안위와 분파적인 생존만을 위하는 소극적 태도로 움츠려드는 것을 방지하고, 더 넓은 세계를 위해서 해야 할 "선교적 사명"을 깨닫게 한다.[16] 새 시대에는 새 신앙이 필요하다. 눈이 뜨이면 "포로지"가 "선교지"로 바뀐다.

2. 희망의 배움터인 포로지: "너희를 향한 나의 생각을 내가 아나니 너희에게 미래와 희망을 주는 것이니라"(렘 29:8-14)

이어지는 본문인 8-9절과 10-14절은 각기 독립된 이야기로 다루어질 수도 있으나 여기서는 한 단락으로 묶어서 살펴보기로 한다. 8-9절은 바빌로니아에 있는 거짓 예언자에 대한 경고를 보여주고, 10-14절은 포로로 끌려간 유다 사람들이 70년이라는 기간이 차면 본국으로 되돌아올 것이라는 하나님의 약속을 보여준다.

바빌로니아에 있는 예언자들도 예루살렘에 있는 예언자들과 다르지 않았다. 바빌로니아에서도 예루살렘의 하나냐와 같은 거짓 예언자들이 판치고 있었다. 이들은 점을 치고 꿈을 꾸는 자들의 집단이었다.

너희는 너희 **선지자**나 **복술가**나 **꿈꾸는 자**나 **술사**나 **요술자**가 이르기를 "너

---

16 W. Brueggemann, *A Commentary on Jeremiah: Exile and Homecoming* (Grand Rapids, Michigan: Wm. B. Eerdmans Publishing Co, 1998), 258.

희가 바벨론의 왕을 섬기게 되지 아니하리라" 하여도 너희는 듣지 말라(렘 27:9).

이들은 바빌로니아에 있는 유다 포로들에게 조기에 귀환할 것이라는 근거 없는 허황된 꿈을 유포하고 있었을 것이다.

만군의 여호와 이스라엘의 하나님께서 이와 같이 말씀하시니라. "**너희 중에 있는 선지자들에게와 점쟁이에게 미혹되지 말며** 너희가 꾼 꿈도 곧이 듣고 믿지 말라"(렘 29:8).

예레미야는 유다와 바빌로니아에서 활개 치고 있는 구원을 약속하는 예언자들의 예언이 하나님과 무관한 거짓 예언임을 폭로하고 엄중히 경계한다.

"내가 그들을 보내지 아니하였어도 **그들이 내 이름으로 거짓을 예언함이라.**" 여호와의 말씀이니라(렘 29:9).

하나님의 뜻은 당시 백성들이 열망했던 조기송환이 아니었다.
　예레미야 29:10-14은 성서 전체에서 가장 강력하고 가장 심도 깊은 회복 선포 가운데 하나다.[17] 예레미야는 유다인들의 포로 기간이 70년이 차면 그들을 본국으로 귀환시키겠다는 하나님의 뜻을 분명하게 공표한다.

여호와께서 이와 같이 말씀하시니라. "바벨론에서 **칠십 년이 차면** 내가 너희를 돌보고 나의 선한 말을 너희에게 성취하여 너희를 이곳으로 돌아오게 하리

17　W. Brueggemann, *A Commentary on Jeremiah: Exile and Homecoming*, 258.

라"(렘 29:10).

여기서 "70년"이란 2-3세대에 해당하는 기간으로(렘 27:7),[18] 정확한 수치라기보다는 유다의 바빌로니아 포로 기간과 맞먹는 대략적인 수치로 보인다.[19] 즉 바빌로니아의 느부갓네살이 왕으로 등극한 기원전 605년부터 페르시아의 고레스에 의해서 바빌로니아가 합병된 539년까지 계산하면 약 66년이 된다.[20] 바빌로니아 제국이 태동하는 시점에서 그 제국의 생명력이 70년 정도에 지나지 않음을 미리 예견한 예레미야의 통찰력이 놀랍기만 하다.

10절의 구원 선포는 예언자적 전망의 분명한 변화를 드러낸다. 이 구원선포는 완전히 변화된 야웨의 의지를 보여준다.[21]

여호와의 말씀이니라. "너희를 향한 나의 생각을 내가 아나니 **평안이요 재앙이 아니니라.** 너희에게 **미래와 희망을 주는 것이니라**"(렘 29:11).

여기서 하나님의 섭리의 급반전이 포착된다. 물론 이러한 확신이 지금까지 줄기차게 외쳤던 예레미야의 심판을 무효로 돌리는 것은 아니다. 오히려 심판을 겪고 난 이후에 펼쳐질 야웨의 최종적인 해결책을 확신하는 것이다.[22]

---

[18] 예레미야의 70년 예언에 대한 자세한 논의를 위해서는 다음을 참조하라. G. L. Keown, P. J. Scalise, T. G. Smothers, Jr., *Jeremiah 26-52*, 73-75.
[19] W. Rudolph, *Jeremia*, 184.
[20] W. Werner, *Das Buch Jeremia Kapitel 25-52* (NSKAT; Stuttgart: Verlag Katholisches Bibelwerk, 2003), 44.
[21] G. Wanke, *Jeremia. Teilband 2: Jeremia 25,15-52,34*, 267.
[22] W. Brueggemann, *A Commentary on Jeremiah: Exile and Homecoming*, 258.

10절에서 언급한 심판과 구원이라는 두 가지 주제는 예레미야의 메시지 전체를 형성하는 두 가지 근본구조다. 예언자의 메시지는 심판이 주종을 이루지만 심판이 마지막은 아니다. 심판 이후의 구원이 예언자의 궁극적인 메시지다.

"보라! 내가 오늘
너를 여러 나라와 여러 왕국 위에 세워
네가 그것들을 뽑고 파괴하며 파멸하고 넘어뜨리며
건설하고 심게 하였느니라" 하시니라(렘 1:10).

예레미야의 구원선포는 심판을 경험하고 그 심판을 하나님의 정당한 행위로 인정하는 전제가 선행된다는 점에서 하나냐의 구원선포와는 질적으로 전혀 다르다.

예레미야가 보여주는 하나님의 파격은 계속 이어진다.

[12]너희가 내게 부르짖으며 내게 와서 기도하면 **내가 너희들의 기도를 들을 것이요** [13]너희가 **온 마음**으로 나를 구하면 나를 찾을 것이요 나를 만나리라(렘 29:12-13).

과거에 하나님은 예레미야가 백성을 위해 바치던 중보기도를 줄기차게 금하셨다(렘 7:16; 11:14; 14:11; 15:1). 이제는 백성이 드리는 기도를 들어주실 것이다. 성전이 없는 바빌로니아에서도 하나님은 백성이 기도하면 들어주실 것이다.[23]

---

23   김명숙, 『예레미야서 26-52장: 거룩한 독서를 위한 구약성경 주해』(서울: 바오로딸, 2021),

13절에서 "너희의 온 마음"(בְּכָל־לְבַבְכֶם, 콜-레바브켐)이란 본래 감정을 가리키는 것이 아니라 "너희의 의지와 힘을 다하여" 혹은 "전심으로"(all your heart)라는 의미를 지닌다.[24] 하나님을 향한 남김 없는 헌신을 가리키는 이러한 온전한 헌신은 신명기 신앙의 특징이기도 하다.

> 너는 마음을 **다하고** 뜻을 **다하고** 힘을 **다하여** 네 하나님 여호와를 사랑하라 (신 6:5; 참조. 신 13:3).

야웨는 완전히 혹은 온전히 헌신하는 사람을 원하신다. 이러한 사람만이 새로워질 수 있다. "하나님을 찾는 모든 시도가 헛되고(암 8:12; 호 5:6), 예언자의 중보기도조차 아무런 응답이 없다(렘 7:16; 11:14; 14:11)"는 포로기 이전 예언자의 심판 메시지는 이제 그 심판이 실현된 이후 포기된다.[25]

그런데 이러한 일은 오로지 야웨 하나님에게서 비롯된 것이다.

> 이것은 여호와의 말씀이니라. "**나는 너희들을 만날 것이며 너희를 포로 된 중에서 다시 돌아오게 하되** 내가 쫓아 보내었던 나라들과 모든 곳에서 모아 사로잡혀 떠났던 그곳으로 돌아오게 하리라." 이것은 여호와의 말씀이니라(렘 29:14).

여기서 "만날 것이며"("만나지리라"라는 우리말 개역한글판의 번역이 원문에 더 가깝다)로 옮긴 히브리 동사는 재귀형(再歸形)이어서 하나님이 스스로를 만남

55.
24 존 브라이트, 『예레미야』, 336.
25 G. Wanke, *Jeremia. Teilband 2: Jeremia 25,15-52,34*, 267.

의 대상이 되도록 내놓으신다는 뜻을 지닌다.[26] 이스라엘이 돌이키고 미래의 구원을 경험하게 되는 것은 오로지 하나님의 결단에 의해서만 가능하다.

여기에는 이미 일어난 심판이 공정하지 못했다는 언급도 없고, 하나님의 구원이 이스라엘의 특별한 공로로 인한 것이라는 언급도 없다. 이스라엘이 다시 하나님께 용납된다는 새로운 가능성을 만드신 분은 오직 하나님 한 분이시다.[27] 즉 하나님의 인간을 향해 "먼저 다가가심"이 인간의 "하나님께로의 다가감"을 가능하게 한다. 이제 이 두 가지의 서로를 향한 다가감은 동시에 구원의 상승작용(Synergismus)을 가능케 한다.[28] 14절의 "내가 쫓아 보내었던 나라들과 모든 곳에서 모아"라는 구절은 이 말씀이 바빌로니아의 디아스포라만으로 제한하지 않고, 전 세계로 흩어진 유다 디아스포라(diaspora) 전체를 포괄하고 있음을 분명하게 보여준다.[29]

이 단락(10-14절)의 핵심은 예레미야가 포로들의 조기 송환과 고향과 전토와 재산의 조기 회복을 예기하는 거짓된 낙관주의를 분쇄하는 데 있다. 예레미야의 입장에서 보면, 희망과 구원의 확신은 유치한 애국심과 하나님께서 바빌로니아 세력을 신속하게 궤멸시키고 유다의 포로들을 고향으로 돌려보낼 것이라는 근거 없는 기대감에 의지하지 않아야 한다. 오히려 구원은 현재 경험해야 하는 바빌로니아의 통치 현실을 고통스럽게 받아들이는 용기 위에서 구축된다. 먼저 고통의 현실을 억지로 부정하지 말고, 있는 그대로 수용해야 한다.

---

26 박동현, 『주께서 나를 이기셨으니: 설교를 위한 예레미야서 연구』(개정증보판; 서울: 한국성서학연구소, 2000), 381.
27 G. Wanke, *Jeremia. Teilband 2: Jeremia 25,15-52,34*, 267.
28 W. Werner, *Das Buch Jeremia Kapitel 25-52*, 45.
29 G. Wanke, *Jeremia. Teilband 2: Jeremia 25,15-52,34*, 268.

결과적으로 유다 포로들은 이방 땅에서의 포로살이 상황에 적응해야 했으며, 그것을 견디는 법을 배워야 했다. 삶이란 어떤 방식으로든 견뎌낼 때 비로소 의미를 빛게 된다. 그제야 인간은 삶에 숨겨져 있는 "비밀스러운 햇볕", 즉 밀양(密陽)을 만날지도 모른다. 냉혹하고 위협적인 포로살이 동안의 기다림과 생존 기간은 영적 연단의 세월이요 회개의 기회가 된다. 영적인 연단 기간이 끝나면 이스라엘은 "전심으로" 하나님을 찾을 수 있을 것이다.[30]

구약에서 포로의 고난은 하나님의 희망이 가장 강력하고도 특징적으로 작동하는 모체(母體)가 된다. 포로지는 하나님의 신실하신 약속이 심오하고 새롭게 실현되는 장소다. 따라서 포로들은 지속적인 경건과 참회 행동에 더 몰두해야 한다. 더 나아가 포로의 삶을 통하여 자신의 삶을 재정립해야 한다.[31]

> 3) 다만 이뿐 아니라 우리가 환난 중에도 즐거워하나니 이는 **환난은 인내를**, 4) **인내는 연단을, 연단은 소망을** 이루는 줄 앎이로다(롬 5:3-4).

포로지는 희망이 동터 오르는 곳이며, 희망의 하나님을 새롭게 배우는 곳이기도 하다.

---

30   로날드 클레멘츠, 『예레미야』, 265.
31   W. Brueggemann, *Hopeful Imagination: Prophetic Voices in Exile* (Philadelphia: Fortress, 1986), 259.

3. 허상 허물기: "그들에게 상하여 먹을 수 없는 몹쓸 무화과 같게 하겠고"(렘 29:15-20)

예레미야 29:15-20은 본국에 있는 다윗 계열의 왕권과 예루살렘에 대한 심판을 내용으로 하고 있다. 예레미야는 포로로 잡혀간 유다인들이 바빌로니아에서도 하나님이 자신들을 위하여 예언자를 보내셨다고 자랑스럽게 말하고 있음을 지적한다.

> 너희가 말하기를 **"여호와께서 우리를 위하여 바벨론에서 선지자를 일으키셨느니라"**(렘 29:15).

바빌로니아에서 활동했던 예언자들은 예루살렘에서 아직 다윗의 후손이 다스리고 있다는 사실에 큰 희망을 걸었을 것이다(참조. 렘 23:5-8). 그러나 예레미야는 당시 유다의 왕(시드기야)과 유다에 남아 있는 사람들이 희망의 근거가 될 수 없음을 단호하게 잘라 말하고 있다.

> 16)**다윗의 왕좌에 앉은 왕과 이 성에 사는 모든 백성** 곧 너희와 함께 포로 되어 가지 아니한 너희 형제에게 여호와께서 이와 같이 말씀하셨느니라. 17)만군의 여호와께서 이와 같이 말씀하시되 "보라! 내가 칼과 기근과 전염병을 그들에게 보내어 **그들에게 상하여 먹을 수 없는 몹쓸 무화과 같게 하겠고**"(렘 29:16-17).

예레미야는 이들을 "상하여 먹을 수 없는 몹쓸 무화과"로 지칭한다. 이는 예레미야 24장과 맥을 같이하고 있다. 예레미야는 24장에서 유다 백성을 좋은 무화과와 나쁜 무화과에 비유하여 선포한 적이 있다. 이에 따르면 바

바빌로니아로 유배된 포로들이 "좋은 무화과"이고, 본국에 남아 있는 사람들이 "나쁜 무화과"로 평가된다. 이는 아직 유다에 살고 있는 사람들을 비난함과 동시에 기원전 597년에 포로로 잡혀가 있는 자들을 격려하는 의도를 갖고 있다.[32]

아무튼 본국에 남아 있는 유대인들에게는 심판이 여전히 유효하다.

내가 칼과 기근과 전염병으로 그들을 뒤따르게 하며 **그들을 세계 여러 나라 가운데에 흩어 학대를 당하게 할 것이며** 내가 그들을 쫓아낸 나라들 가운데에서 저주와 경악과 조소와 수모의 대상이 되게 하리라(렘 29:18).

그들은 고집스럽게 하나님의 말씀을 거역하기 때문에 하나님의 심판에서 제외될 수 없다.

여호와의 말씀이니라. "**너희들이 내 말을 듣지 않았기 때문이니라.** 내가 내 종 선지자들을 너희들에게 꾸준히 보냈으나 **너희는 그들의 말을 듣지 않았느니라.**" 여호와의 말씀이니라(렘 29:19).

그들은 구원의 미래에 참여할 수 없다. 예레미야는 이 단락(15-20절)에서 바빌로니아에서 등장한 예언자들이 불러일으킨 망상의 뿌리, 즉 다윗 계열의 왕에게 걸고 있는 희망의 불씨를 냉정하리만큼 단호하게 꺼버리고 있다.

그런즉 내가 예루살렘에서 바벨론으로 보낸 너희 모든 포로여, 여호와의 말씀을 들을지니라(렘 29:20).

---

32 J. A. 톰슨, 『예레미야(하)』, 787.

유효기간이 이미 지나버린 과거의 달콤함에서 과감히 벗어나지 못하고 그곳에 머뭇거리다가는 급기야 건강한 판단력을 상실하고 "망상의 노예"로 전락하고 만다. 때로는 냉정하리만큼 끊을 것은 끊어야 한다. 허상을 허물어야 실상과 만날 수 있다.

4. 도덕적 타락과 신학적 왜곡: "그 이웃의 아내와 간음하며 거짓을 내 이름으로 말함이라"(렘 29:21-23)

이 단락(21-23절)은 바빌로니아에 있는 예언자를 향한 심판의 말씀을 기록하고 있다. 예레미야는 바빌로니아에서 거짓 예언을 하고 있었던 골라야의 아들 아합과 마아세야의 아들 시드기야에게 심판을 선고하고(21-22절) 그 이유를 제시한다(23절). 이들의 선포 내용을 정확히는 알 수 없으나 중요한 것은 그것이 하나님의 뜻에 반하는 거짓 예언이었다는 사실이다.

> 만군의 여호와 이스라엘의 하나님께서 골라야의 아들 **아합**과 마아세야의 아들 **시드기야**에 대하여 이와 같이 말씀하시니라. "**그들은 내 이름으로 너희에게 거짓을 예언한 자라**. 보라! 내가 그들을 바벨론의 왕 느부갓네살의 손에 넘기리니 그가 너희 눈앞에서 그들을 죽일 것이라"(렘 29:21).

이들이 퍼뜨리는 소문은 느부갓네살에게도 전달되었고 두 사람은 결국 화형에 처해지게 된다.

> 바벨론에 있는 유다의 모든 포로가 그들을 저줏거리로 삼아서 이르기를 "여호와께서 **너를 바벨론 왕이 불살라 죽인 시드기야와 아합 같게** 하시기를 원하노라" 하리니(렘 29:22).

바빌로니아 연대기는 기원전 595/4년에 바빌로니아 내에서 소요가 있었음을 암시하고 있다.[33] 포로로 잡혀간 유다인 중 일부가 이 사건에 연루되어 있었던 것으로 보인다. 이때 최소한 두 명의 유다인이 느부갓네살에 의해 처형되었던 것 같다.[34] 그들은 백성들을 사주하여 반란을 일으키게 하는 정치적 범죄에 연루되어 있었던 것으로 보인다. 느부갓네살은 그들을 불에 태워 죽였다. 이것은 바빌로니아에서 오랜 기간에 걸쳐서 사용되었던 처벌 방식이었다(함무라비법전, 25, 110, 157; 단 3:6).[35]

그런데 예레미야는 그들이 불살라 처형된 일에 대하여 다른 이유를 제시한다.

"**이는 그들이 이스라엘 중에서 어리석게 행하여 그 이웃의 아내와 간음하며 내가 그들에게 명령하지 아니한 거짓을 내 이름으로 말함이라**. 나는 알고 있는 자로서 증인이니라. 여호와의 말씀이니라" 하시니라(렘 29:23).

이 구절의 "그들이 이스라엘 중에서 어리석게 행하여 그 이웃의 아내와 간음하며"에서 "어리석게 행하다"는 표현은 창세기 34:7("부끄러운 일 곧 행하지 못할 일을 행하였음이더라")에서도 언급되는 것과 같이 "성적인 범죄"를 말한다. 고대 이스라엘에서 이러한 죄는 화형으로 다스려졌다.[36]

석 달쯤 후에 어떤 사람이 유다에게 일러 말하되 "네 며느리 다말이 행음하였고 그 행음함으로 말미암아 임신하였느니라." 유다가 이르되 "**그를 끌어내어**

---

33 D. J. Wiseman, *Chronicles of Chaldaean Kings (626-556 B.C.) in the British Museum* (London: British Museum, 1956), 36, 73.
34 J. A. 톰슨,『예레미야(하)』, 782.
35 J. A. 톰슨,『예레미야(하)』, 788.
36 J. Schreiner, *Jeremia 2: 25,15-52,34*, 170.

불사르라"(창 38:24).

> 어떤 제사장의 딸이든지 행음하여 자신을 속되게 하면 그의 아버지를 속되게 함이니 **그를 불사를지니라**(레 21:9).

이 예언자들은 윤리적으로 범죄를 저질렀을 뿐만 아니라 하나님의 이름으로 거짓을 예언하였다. 아마도 여기서 말하는 "거짓 예언 행위"는 바빌로니아의 혼란한 상황에 편승하여 성급하게 포로들의 조기 환송을 하나님의 이름으로 선동한 일종의 정치적인 행동으로 간주되었을 것이다. 포로 생활이 곧 끝나리라는 아합과 시드기야의 예언이 바빌로니아에게는 위협이나 반역으로 간주되었음이 틀림없다. 어찌 되었든 전자의 죄목도 이스라엘의 화형 죄에 해당하고, 후자의 죄목도 바빌로니아에서는 화형 죄로 처벌되었다.

결국 이 두 예언자는 불순종의 모델로 간주되어 저주 속담의 주인공이 되었다.

> 바벨론에 있는 유다의 모든 포로가 **그들을 저줏거리로 삼아서** 이르기를 "여호와께서 너를 바벨론 왕이 불살라 죽인 시드기야와 아합 같게 하시기를 원하노라" 하리니(렘 29:22).

이 두 예언자는 오늘날 "도덕적 타락"과 "신학적 왜곡"을 경계할 때마다 실례로 거명되는 사람이 되었다. 도덕적 타락과 신학적 왜곡이라는 두 가지 유혹은 특히 하나님의 사람들에게는 늘 엄격하게 점검되어야 할 대목이다.

5. 하나님의 시간표: "내가 내 백성에게 행하려 하는 복된 일을 그가 보지 못하리라"(렘 29:24-32)

이 단락(24-32절)은 예레미야의 편지로 인한 이후의 영향을 소개하고 있다. 위에서 간단하게 언급하였듯이 24절은 예레미야가 스마야에게 보낸 편지로, 편지의 주요 본문이 잘려 나가서 흔적만 단편적으로 남아 있음을 보여 주고, 25-28절은 바빌로니아의 스마야가 예루살렘의 스바냐에게 보낸 편지이고, 31-32절은 예레미야가 포로들에게 보낸 또 하나의 추가적인 편지다. 전체적으로 본다면 바빌로니아의 "거짓 예언자 스마야"와 예루살렘의 "참 예언자 예레미야"의 대결이라고 정리할 수 있다.

이 대결은 일단 조기 귀환이라는 푸른 꿈에 취해 흥분했던 유다 포로들에게 하나님의 뜻은 장기체류라고 찬물을 퍼부었던 예레미야의 편지가 발단이 되었다. 예레미야는 바빌로니아에 있는 스마야에게 편지를 띄운다.

> 너는 **느헬람 사람 스마야**에게 이같이 말하여 이르라(렘 29:24).

바빌로니아에서 활동한 구원 예언자의 대변자인 스마야는 현재 예루살렘 성전의 제사장인 마아세야의 아들 스바냐에게 편지를 띄웠다.

> 만군의 여호와 이스라엘의 하나님께서 이와 같이 말씀하여 이르시되 "네(스마야)가 네 이름으로 예루살렘에 있는 모든 백성과 **제사장 마아세야의 아들 스바냐**와 모든 제사장에게 글을 보내 이르기를"(렘 29:25).

스바냐는 열왕기하 25:18에 따르면 예루살렘 성전의 부제사장이었다. 그는 왕의 명령으로 예레미야와 몇 차례 만난 적도 있었다.

여호와께로부터 예레미야에게 말씀이 임하니라. "시드기야 왕이 말기야의 아들 바스훌과 **제사장 마아세야의 아들 스바냐를 예레미야에게 보내니라**"(렘 21:1).

시드기야 왕이 셀레먀의 아들 여후갈과 **마아세야의 아들 제사장 스바냐**를 선지자 예레미야에게 보내 청하되 "너는 우리를 위하여 우리 하나님 여호와께 기도하라" 하였으니(렘 37:3).

당시 스바냐는 예루살렘 성전의 감독자였다.

여호와께서 너를 제사장 여호야다를 대신하여 제사장을 삼아 **여호와의 성전 감독자**로 세우심은 모든 미친 자와 선지자 노릇을 하는 자들을 목에 씌우는 나무 고랑과 목에 씌우는 쇠 고랑을 채우게 하심이어늘(렘 29:26).

성전 감독자(temple overseer)의 임무 중 하나는 미친 사람과 자칭 예언자라고 하는 자들을 붙들어 두고 감금시키는 것이었다. 스마야의 요구는 예레미야를 붙잡아 감금하라는 것이다.

이제 네가 어찌하여 너희 중에 선지자 노릇을 하는 **아나돗 사람 예레미야를 책망하지 아니하느냐**(렘 29:27).

아마도 예레미야의 첫 번째 편지(렘 29:5-7)가 바빌로니아에 있는 구원 예언자들의 강력한 반발을 불러일으킨 듯하다.

그(예레미야)가 바벨론에 있는 우리(스마야)에게 편지하기를 "오래 지내야 하리니 너희는 집을 짓고 살며 밭을 일구고 그 열매를 먹으라 하셨다" 하니라 (렘 29:28).

그런데 어찌 된 영문인지 스바냐는 스마야의 요구를 묵살하고 오히려 그의 편지를 예레미야에게 들려준다.

제사장 스바냐가 스마야의 글을 선지자 예레미야에게 읽어서 들려줄 때에(렘 29:29).

이때 예레미야는 포로들에게 또다시 편지를 보내라는 하나님의 명령을 받는다.

여호와의 말씀이 예레미야에게 임하여 이르시되(렘 29:30).

예레미야는 늘 하나님의 말씀에 따라서 행동한다. 하나님의 말씀이 없으면 일단 멈추고, 말씀이 떨어지면 지체 없이 움직인다. 그는 거짓 예언자 하나냐의 조귀 귀환 예언을 현장에서 듣고 말없이 자신의 자리로 돌아간다. 이후 하나님의 말씀이 예레미야에게 임하자 다시 예언 활동을 재개한다.

11) 모든 백성 앞에서 하나냐가 말하여 이르되 "여호와께서 이와 같이 말씀하시니라. '내가 이 년 안에 모든 민족의 목에서 바벨론의 왕 느부갓네살의 멍에를 이와 같이 꺾어버리리라' 하셨느니라" 하매 **선지자 예레미야가 자기의 길을 가니라**. 12) 선지자 하나냐가 선지자 예레미야의 목에서 멍에를 꺾어버린 후에 **여호와의 말씀이 예레미야에게 임하니라** 이르시기를(렘 28:11-12).

스마야도 하나님이 보내지 않은 거짓 예언자였다.

> 너는 모든 포로에게 전언하여 이르기를 "여호와께서 느헬람 사람 스마야를 두고 이같이 말씀하셨느니라. '내가 그를 보내지 아니하였거늘 스마야가 너희에게 예언하고 너희에게 거짓을 믿게 하였도다'"(렘 29:31).

하나님은 그 거짓 예언자에게 책임을 묻지 않을 수 없다.

> 그러므로 여호와께서 이와 같이 말씀하시니라. "보라! 내가 느헬람 사람 스마야와 그의 자손을 벌하리니 그가 나 여호와께 패역한 말을 하였기 때문에 이 백성 중에 살아남을 그의 자손이 하나도 없을 것이라. 내가 내 백성에게 행하려 하는 복된 일을 그가 보지 못하리라" 하셨느니라. 이것은 여호와의 말씀이니라(렘 29:32).

거짓 예언자 스마야와 그의 자손들은 바빌로니아의 유다 포로들을 향한 하나님의 계획인 "복된 일"(טוב, 토브), 즉 "본국으로의 귀환"을 경험하지 못할 것이다.

본국으로의 귀환은 전적으로 야웨의 시간표에 따라서 실현될 것이다.

1) **범사에 기한**(제만, 크로노스)**이 있고**
천하만사가 다 때(에트, 카이로스)**가 있나니**
2) 날 때가 있고 죽을 때가 있으며
심을 때가 있고 심은 것을 뽑을 때가 있으며
3) 죽일 때가 있고 치료할 때가 있으며
헐 때가 있고 세울 때가 있으며

⁴⁾울 때가 있고 웃을 때가 있으며

슬퍼할 때가 있고 춤출 때가 있으며

⁵⁾돌을 던져 버릴 때가 있고 돌을 거둘 때가 있으며

안을 때가 있고 안는 일을 멀리할 때가 있으며

⁶⁾찾을 때가 있고 잃을 때가 있으며

지킬 때가 있고 버릴 때가 있으며

⁷⁾찢을 때가 있고 꿰맬 때가 있으며

잠잠할 때가 있고 말할 때가 있으며

⁸⁾사랑할 때가 있고 미워할 때가 있으며

전쟁할 때가 있고 평화할 때가 있느니라(전 3:1-8).

귀환이 곧바로 혹은 쉽게 이루어지지는 않을지 몰라도 때가 되면 반드시 이루어질 것이다.

그 작은 자가 천 명을 이루겠고
그 약한 자가 강국을 이룰 것이라.
때가 되면 나 여호와가 속히 이루리라(사 60:22).

그러므로 하나님의 능하신 손 아래에서 겸손하라.
때가 되면 너희를 높이시리라(벧전 5:6).

경거망동하지 않고 인내하며 끝까지 하나님의 때를 기다리는 것도 신앙인이 취해야 할 중요한 신앙적 자세 가운데 하나다.

제23강

새 언약

"내가 이스라엘 집과 유다 집에 새 언약을 맺으리라"(렘 31:15-34)

1. 통곡과 탄식의 종식: "라마에서 슬퍼하며 통곡하는 소리가 들리니"(렘 31:15-17)

예레미야 30-31장은 예레미야서 내에서 가장 많은 약속의 말들이 모여 있다. 여기서는 회복이 가장 두드러진 주제로 등장한다.[1] 따라서 이 두 장은 북왕국에 대한 이른바 "위로의 소책자"(Little Book of Consolation)라고 불린다.[2] 예레미야 31장은 "여호와의 말씀이니라"(1절)라는 서론구로 시작하여, 여러 개의 짧은 선포들을 모았다. 대부분의 선포는 북왕국 이스라엘의 남은 자를 위한 희망의 메시지다. 예레미야 31장 전체를 구분하면 다음과 같다.

① 1절: 서론구
② 2-6절: 이스라엘의 회복
③ 7-9절: 포로들의 귀향
④ 10-14절: 시온으로 귀환한 자들의 기쁨
⑤ 15-22절: 통곡과 탄식의 종식
⑥ 23-26절: 의로운 처소
⑦ 27-30절: 후손의 증가
⑧ 31-34절: 새 언약
⑨ 35-37절: 구원의 불멸
⑩ 38-40절: 야웨의 성지

여기서는 예레미야 31장의 핵심 단락이라 할 수 있는 15-34절의 내용만을

---

1 도널드 E. 고웬, 『구약 예언서 신학』, 차준희 역(서울: 대한기독교서회, 2004), 277.
2 베르너 H. 슈미트, 『구약성서입문』, 차준희·채홍식 역(서울: 대한기독교서회, 2007), 331.

살펴보기로 한다. 먼저 이 가운데 첫 번째 단락인 예레미야 31:15-22을 보기로 한다.[3] 이 단락은 라헬의 통곡(15-17절)과 에브라임의 참회(18-20절), 처녀 이스라엘에 대한 약속(21-22절)의 내용으로 구성되어 있다. 첫 번째 소단락(15-17절)은 이스라엘의 가장 변두리에서 들려오는 소리에 주의를 기울이면서 시작한다.

> 여호와께서 이와 같이 말씀하시니라.
> **"라마에서 슬퍼하며 통곡하는 소리가 들리니**
> 라헬이 그 자식 때문에 애곡하는 것이라.
> 그가 자식이 없어져서 위로받기를 거절하는도다"(렘 31:15).

이 목소리의 주인공인 라헬은 요셉과 베냐민의 어머니다. 흔히 요셉의 집은 북왕국 이스라엘을 가리킨다.

> 너희는 여호와를 찾으라. 그리하면 살리라.
> 그렇지 않으면 그가 불같이 **요셉의 집**에 임하여 멸하시리니
> 벧엘에서 그 불들을 끌 자가 없으리라(암 5:6; 참조. 슥 10:6; 왕상 11:28).

따라서 라헬은 북이스라엘의 시조 할머니인 셈이다. 이런 맥락에서 라헬의 자식들이란 북왕국 이스라엘 사람들을 의미한다. 이 탄식은 기원전 722년

---

[3] 이 단락에 대한 자세한 논의를 위해서는 다음을 참조하라. B. W. Anderson, "The Lord Has Created Something New: A Stylistic Study of Jer 31:15-22," *CBQ* 40 (1978), 463-478; P. Trible, *God and the Rhetoric of Sexuality* (Overtures to Biblical Theology; Philadelphia: Fortress, 1978), 40-50.

북왕국의 완전한 파국을 전제하고 반영한다(왕하 17장).[4]

라마에 있는 라헬의 무덤(오늘날의 엘람[er-rām], 예루살렘의 북쪽 약 19km 지점)은 예레미야의 고향인 아나돗에서 그리 멀리 떨어져 있지 않다.[5] 예레미야는 라헬의 무덤을 배회하면서, 한 세기 전(기원전 722년)에 아시리아 사람에 의해서 포로로 잡혀간 후손들(아들들)을 위해 통곡하는 북왕국 이스라엘의 어머니의 영혼을 상상한다.[6] 라헬의 통곡 소리에 "네 일에 삯을 받을 것인즉 그들이 그의 대적의 땅에서 돌아오리라"라는 하나님의 일방적인 약속의 말씀이 주어진다.

> 여호와께서 이와 같이 말씀하시니라.
> "네 울음소리와 네 눈물을 멈추어라.
> **네 일에 삯을 받을 것인즉**
> **그들이 그의 대적의 땅에서 돌아오리라."**
> 여호와의 말씀이니라(렘 31:16).

여기서 "네 일에 삯을 받을 것이다"라는 표현은 "네가 자식을 낳아서 키운 것이 헛된 일이 아니라"는 뜻이다. 예언자는 절망의 상황에서 장래의 희망을 예시한다.

> **"너의 장래에 소망이 있을 것이라.**
> 너의 자녀가 자기들의 지경으로 돌아오리라"

---

4 W. Werner, *Das Buch Jeremia Kapitel 25-52* (NSKAT; Stuttgart: Verlag Katholisches Bibelwerk, 2003), 61.
5 J. Schreiner, *Jeremia 25,25-52,34* (NEB; Würzburg: Echter Verlag, 1984), 184.
6 존 브라이트,『예레미야』, 번역실 역(국제성서주석; 서울: 한국신학연구소, 1990), 401.

여호와의 말씀이니라(렘 31:17).

희망의 선물이 탄원자의 절망을 압도한다.

네 울음소리와 네 눈물을 멈추어라(렘 31:16a).

하나님의 백성들에게 영원한 절망은 없다. 하나님은 당신의 백성들이 자신의 잘못으로 겪는 괴로움 가운데서 울부짖는 소리조차 놓치지 않고 들으시고 위로하시며 결국에는 도우시기 때문이다. "라헬의 하나님"은 언제 어디서나 절망 가운데 신음하는 사람들에게 희망을 주신다.[7]

2. 소용돌이치는 긍휼: "그를 위하여 내 창자가 들끓으니"(렘 31:18-20)

이어지는 예레미야 31:18-20에서는 라헬의 손자인 에브라임이 시야에 들어온다. 이스라엘의 어머니가 슬피 울고(15절), 하나님이 응답하신 후(16-17절), 잃어버린 자식이 말하기 시작한다(18-19절). 18절은 이렇게 시작한다.

에브라임이 스스로 탄식함을
내가 분명히 들었노니(렘 31:18a).

이어서 에브라임의 탄식조 고백이 18b-19절에 인용된다. 먼저 18b절의 인용은 다음과 같다.

---

[7] 박동현, 『주께서 나를 이기셨으니: 설교를 위한 예레미야서 연구』(개정증보판; 서울: 한국성서학연구소, 2000), 260.

주께서 나를 징벌하시매

멍에에 익숙하지 못한 송아지 같은 내가 징벌을 받았나이다.

주는 나의 하나님 여호와이시니

나를 이끌어 돌이키소서.

그리하시면 내가 돌아오겠나이다(렘 31:18b).

에브라임은 마치 "멍에에 익숙하지 못한 송아지" 같은 자신이 하나님으로부터 징벌을 받았다고 고백한다(참조. 호 4:16; 10:11). 이는 에브라임이 "길들지 않은 송아지"처럼 하나님이 메워주신 멍에를 거부하고 그 줄을 끊었음을 암시한다.[8]

내가 지도자들에게 가서

그들에게 말하리라.

그들은 여호와의 길,

자기 하나님의 법을 안다 하였더니

그들도 일제히 멍에를 꺾고 결박을 끊은지라(렘 5:5).

여기서 하나님의 "징벌"은 일종의 교육수단이다.

이는 여호와의 말씀이라.

"내가 너와 함께 있어 너를 구원할 것이라.

너를 흩었던 그 모든 이방을 내가 멸망시키리라.

---

[8] 김명숙, 『예레미야서 26-52장: 거룩한 독서를 위한 구약성경 주해』(서울: 바오로딸, 2021), 97.

그럴지라도 너만은 멸망시키지 아니하리라.

그러나 내가 법에 따라 너를 징계할 것이요

결코 무죄한 자로만 여기지는 아니하리라"(렘 30:11; 참조. 렘 46:28).

19절의 인용 내용은 이 대목을 보다 자세히 묘사한다.

내가 돌이킨 후에 뉘우쳤고

내가 교훈을 받은 후에 내 볼기를 쳤사오니

이는 어렸을 때의 치욕을 지므로

부끄럽고 욕됨이니이다 하도다(렘 31:19).

에브라임은 벌을 받고 나서야 비로소 깨닫게 되었다. 그는 스스로 "뉘우쳤고", 자신의 "볼기를 쳤다.""자기 볼기를 치는 행위"는 이스라엘에서뿐만 아니라 고대 중동 전역에서도 있었던 "고통과 애도의 몸짓"이었다.[9]

인자야,

너는 부르짖어 슬피 울지어다.

이것이 내 백성에게 임하며

이스라엘 모든 고관에게 임함이로다.

그들과 내 백성이 함께 칼에 넘긴 바 되었으니

너는 네 넓적다리를 칠지어다(겔 21:12).

---

[9] J. B. Pritchard, *Ancient Near Eastern Texts: Relating to the Old Testament* (Princeton, New Jersey: Princeton University Press, 1969), 108; J. A. 톰슨,『예레미야(하)』, 최우성 역(반즈 신구약 성경주석; 서울: 크리스챤서적, 1992), 826.

이러한 행위는 우리의 표현으로 하면 "가슴을 치다"에 해당한다.

에브라임이 수치를 느낀다는 점("이는 어렸을 때의 치욕을 지므로 부끄럽고 욕됨이니이다")에서 그들은 자신의 행실에 대하여 부끄러워할 줄 몰랐던 유다 사람들과는 구분된다.

> 여호와여,
> 주의 눈이 진리를 찾지 아니하시나이까?
> 주께서 그들을 치셨을지라도
> 그들이 아픈 줄을 알지 못하며
> 그들을 멸하셨을지라도
> 그들이 징계를 받지 아니하고
> **그들의 얼굴을 바위보다 굳게 하여**
> **돌아오기를 싫어하므로**(렘 5:3; 참조. 렘 6:15; 8:12).

에브라임의 깨달음은 참회와 부끄러움과 탄식을 일깨운다. 에브라임은 자신의 하나님이신 야웨께 회개할 수 있는 힘을 달라고 간구한다.

> 주는 나의 하나님 여호와이시니,
> **나를 이끌어 돌이키소서.**
> **그리하시면 내가 돌아오겠나이다**(렘 31:18b).

에브라임은 자신이 회개할 수 있도록 도와달라고 간청한다. 에브라임 스스로는 회개가 불가능하다.[10] 하나님의 주권적 이끄심이 있어야 회개도 가능

---

10   W. Rudolph, *Jeremia* (HAT; Tübingen: J. C. B. Mohr, 1968), 197.

하다. 회개마저도 하나님의 선물이요 은혜다.

> 그들이 이 말을 듣고 잠잠하여 하나님께 영광을 돌려 이르되 그러면 **하나님께서 이방인에게도 생명 얻는 회개를 주셨도다** 하니라(행 11:18).

회개가 구원과 회복의 조건이지만 회개는 사람의 공로가 아니고, 회개 자체도 하나님의 은혜의 선물이다.[11]

따라서 구원은 하나님의 행동의 변화가 선행되어야 한다. 이 점은 이어지는 에브라임의 고백에 대한 하나님의 응답에서 구체적으로 묘사된다.

> "에브라임은 **나의 사랑하는 아들 기뻐하는 자식**이 아니냐?
> 내가 그를 책망하여 말할 때마다 **깊이 생각하노라**.
> 그러므로 그를 위하여 **내 창자가 들끓으니**
> 내가 반드시 그를 **불쌍히 여기리라**."
> 여호와의 말씀이니라(렘 31:20).

여기서 "깊이 생각하다"(זָכַר, 자카르)와 "불쌍히 여기다"(רָחַם, 라함)라는 두 동사는 하나님이 긍정적으로 문제를 해결하도록 하는 원동력을 가리킨다.[12] 특히 "내 창자가 들끓다"라는 표현은 히브리어를 그대로 번역하면 "내 창자들이 그를 향하여 폭풍 치듯이 움직이다"이다. 흔히 하는 말로 사랑하는

---

11 크리스토퍼 라이트, 『예레미야 강해: 심판의 끝, 은혜의 시작』, 안종희 역(BST 시리즈; 서울: IVP, 2018), 456.
12 W. Brueggemann, *A Commentary on Jeremiah: Exile and Homecoming* (Grand Rapids, Michigan: Wm. B. Eerdmans Publishing Co, 1998), 288.

자식을 생각하면 "속이 뒤집어진다", "어찌할 바를 모르겠다"와 같다.[13] 구약성서에서 이처럼 야웨에 대하여 심리적이고 격정적인 표현을 사용한 경우는 찾아보기 힘들다.[14] 이는 선배 예언자 호세아(기원전 750-725년)에게서 배운 것으로 보인다. 호세아 11:8-9에서와 같이 야웨의 진노는 에브라임에 대한 자신의 사랑으로 극복된다.

> [8)]에브라임이여,
> 내가 어찌 너를 놓겠느냐?
> 이스라엘이여,
> 내가 어찌 너를 버리겠느냐?
> 내가 어찌 너를 아드마같이 놓겠느냐?
> 어찌 너를 스보임같이 두겠느냐?
> **내 마음이 내 속에서 돌이키어**
> **나의 긍휼이 온전히 불붙듯 하도다.**
> [9)]내가 나의 맹렬한 진노를 나타내지 아니하며
> 내가 다시는 에브라임을 멸하지 아니하리니
> **이는 내가 하나님이요 사람이 아님이라.**
> **네 가운데 있는 거룩한 이니**
> 진노함으로 네게 임하지 아니하리라(호 11:8-9).

이 구절(호 11:8-9)은 진노를 억누르는 하나님의 사랑을 생생하게 드러내 준다. 8절에서는 "공의에 근거한 심판의지"와 "사랑에 근거한 구원의지"가

---

13 박동현, 『주께서 나를 이기셨으니: 설교를 위한 예레미야서 연구』(개정증보판), 269.
14 박동현, 『주께서 나를 이기셨으니: 설교를 위한 예레미야서 연구』(개정증보판), 269.

하나님 안에서 격렬하게 충돌한다.¹⁵ 하나님의 구원의지와 사랑이 하나님 자신의 심판의지와 진노에 맞서 싸운다. "내 마음이 내 속에서 돌이키어"에서 "돌이키다"(הָפַךְ, 하파크)의 문자적 의미는 "무너지다"이다. 이 문구는 "야웨의 심판의지가 무너져 내린다"는 의미다. 그 자리에 하나님의 긍휼이 불타오른다.

9절은 하나님이기에 당신의 결정을 되돌릴 수 있음을 선언한다. 하나님(의 구원의지와 사랑)이 하나님 자신(의 심판의지와 진노)을 이기신다. 하나님이 하나님과 싸우시고, 사랑의 하나님이 진노의 하나님을 이기신 것이다. 이러한 "하나님의 자기극복"은 죄로 인해 멸망할 수밖에 없는 인간에게 주어지는 마지막 구원의 가능성이다. 하나님은 자신을 포기하심으로써 죽음에 넘겨진 인간에게 생명을 회복할 수 있는 가능성을 열어주신다. "하나님의 자기극복"의 동기는 부성적 사랑에서 나온다. 어떻게 해서라도 아들을 살리시려는 그분의 사랑이 죄의 파괴적 세력을 무력화시킨다.¹⁶

이스라엘이 어렸을 때에 내가 사랑하여
내 아들을 애굽에서 불러냈거늘(호 11:1).

야웨의 속을 휘저었던 이 아버지의 사랑이 결국 자신의 신실하지 못한 자식에게 자비를 베푸는 근거다. 이러한 부성적 사랑을 통하여 에브라임이 야웨께로 향하는 길이 다시 열린다.

예레미야 31:18-20은 누가복음 15장의 "잃어버린 아들의 비유의 전주곡"¹⁷이라 할 수 있다. 하나님은 당신을 거역한 백성을 내치지 않고 변함

---

15 김필회, 『호세아 주석서』(한국구약학총서; 용인: 프리칭아카데미, 2010), 386.
16 김필회, 『호세아 주석서』, 387.
17 W. Rudolph, *Jeremia*, 197.

없이 자신의 백성으로, 곧 자식으로 여기신다. "에브라임의 하나님"은 방탕한 자식이라도 포기하지 않고 끝까지 기다리며 불쌍히 여기는 사랑 많으신 아버지 같은 분이다. 창자가 들끓는 소용돌이치는 하나님 아버지의 긍휼이 우리를 살린다.

3. 역기능의 회복: "여자가 남자를 둘러싸리라"(렘 31:21-22)

예레미야 31:21-22에서는 에브라임이 "처녀 이스라엘"로 의인화된다. 여기서 예언자는 하나님의 백성("처녀 이스라엘")에게 그들이 사로잡혀 끌려가던 길을 기억하여, 바로 그 길로 되돌아와서 그들의 성읍들에서 다시 살 것을 권고하고 있다.

> **처녀 이스라엘아,**
> 너의 이정표를 세우며
> 너의 푯말을 만들고
> 큰 길 곧 네가 전에 가던 길을 마음에 두라.
> 돌아오라.
> **네 성읍들로 돌아오라**(렘 31:21).

여기서 "이정표"는 길의 표시로서 쌓아둔 돌무더기를 가리키고, "푯말"은 길을 알리기 위해 만들어진 것을 묘사한다. 처녀 이스라엘은 환대받고 있으며, "성읍들로 돌아오라"는 초대를 받는다.

그들은 22절에서 "반역한 딸"로 지칭된다.

> **반역한 딸아,**

네가 어느 때까지 방황하겠느냐(렘 31:22a).

예레미야는 이와 비슷한 표현을 멸망한 북왕국 이스라엘 사람들에게 돌아오기를 촉구할 때 사용한 적이 있다.

"배역한 자식들아,
돌아오라.
내가 너희의 배역함을 고치리라" 하시니라(렘 3:22; 참조. 렘 3:14).

즉 예레미야서에서 "반역한"이라는 단어는 주로 회개의 촉구라는 맥락에서 사용된다. 예레미야는 그녀에게 새로운 일을 알려준다.

여호와가 새 일을 세상에 **창조하였나니**
곧 여자가 남자를 둘러싸리라(렘 31:22b).

여기서 "창조하다"에 해당하는 히브리어 "바라"(בָּרָא) 동사는 구약성서 전체에서 야웨의 행동을 나타낼 때만 쓰인다.

태초에 하나님이 천지를 **창조하시니라**(בָּרָא, 바라; 창 1:1).

이 동사는 야웨의 창조적인 행위를 인간의 행동과 비교하는 것을 허락하지 않는다. 야웨의 창조는 이 세상 그 어떤 것과도 비교할 수 없다. 또한 히브리어 바라(בָּרָא) 동사는 예레미야서에서 이곳에 한 번밖에 나오지 않는다.[18]

---

18 강성열, 『예레미야: 26-52장』(한국장로교총회창립 100주년기념 표준주석; 서울: 한국장로

따라서 예레미야 31장의 중심 주제인 회복 혹은 구원은 야웨께서 단독으로 일으키신 유례를 찾아볼 수 없는 사건임을 강조하며, 지금까지의 상황의 철저한 변화로 요약된다.[19]

야웨께서 전혀 새로운 일을 창조하신다. 이 일은 "여자가 남자를 둘러싸는 것"이다. 그런데 이 수수께끼 같은 표현은 아직도 설득력 있는 풀이가 불가능하다. 이 구절은 풀릴 수 없는 난해구(crux interpretum)다.[20] 이 구절은 아마도 예레미야서 전체에서 가장 이해하기 어려울 것이다.[21] 적어도 이러한 새로운 일이 심판에서 구원으로의 급변으로 이해되는 점은 분명하다.[22] 추정컨대, 여기서 "여자"를 이스라엘(패역한 딸)과 이스라엘의 행동으로 본다면, 이스라엘이 다시 사랑으로 포옹해오기를 기다리는 "남자"는 바로 야웨 하나님이시다. 백성들이 자신의 하나님을 둘러싸야 한다. 야웨는 이를 자신의 놀라운 행위로 가능하게 한다.[23]

즉 여자는 이스라엘에 대한 의인화된 표현이고, 남자는 야웨를 의인화한 것이다. 간음한 아내 이스라엘은 남편 야웨에게 이혼당하고 쫓겨나야 했지만, 이제 그에게로 돌아와서 다시 그에게 속하게 된다(호 2:14-20).[24] 남편의 품을 떠난 아내가 다시 본 남편에게로 오는 것은 율법으로 금지되었다(신 24:1-4; 참조. 렘 3:1-5). 그러나 여기서는 가능하다. 하나님이 이 일을 가능하게 하기 위해 전혀 새로운 것을 창조하시기 때문이다. "반역한 백성"

교출판사, 2022), 132.
19 G. Wanke, *Jeremia. Teilband 2: Jeremia 25,15-52,34* (ZBAT; Zürch: Theologischer Verlag, 2003), 289.
20 J. R. Lundbom, *Jeremiah 21-36* (AB; New York: Doubleday, 2004), 451.
21 D. R. Jones, *Jeremiah* (NCBC; Grand Rapids, Michigan: Eerdmans, 1992), 395.
22 G. Wanke, *Jeremia. Teilband 2: Jeremia 25,15-52,34*, 289.
23 J. Schreiner, *Jeremia 25,25-52,34* (NEB; Würzburg: Echter Verlag, 1984), 186.
24 J. A. 톰슨, 『예레미야(하)』, 최우성 역(반즈 신구약 성경주석; 서울: 크리스챤서적, 1992), 827.

이 "아름다운 신부"로 변화된 것은 주권적 창조자이신 하나님의 역사, 곧 새로운 창조라고 생각할 수밖에 없다.[25] 하나님의 창조적 행위로써 스스로 몸을 판 아내인 "반역한 딸" 이스라엘이 점이나 흠이 없는 신부인 "처녀 이스라엘"이 되어 하나님께 돌아올 것이다.[26] 남편이신 하나님의 품을 떠나 바람난 반역한 딸 이스라엘이 하나님께로 다시 돌아오게 된다. 즉 집 나간 여인이 다시 집으로 돌아온다.

집에서 쫓겨난 자식들이 하나님께로 돌아오고(15-17절), 징벌로 집에서 쫓겨난 고집 센 자식들이 아버지인 하나님께로 돌아오고(18-20절), 집을 박차고 나간 여인들이 본 남편인 하나님께로 돌아온다(21-22절). 자식들의 귀환은 "아버지의 불타는 사랑"으로 가능했고(20절), 여인들의 귀환은 "남편의 새 창조"로 가능했다(22절). 온 가족이 함께 극적으로 상봉하게 된다. 흩어졌던 가족들이 회복된다. 야웨께서 이 땅에서 창조하실 새로운 일은 깨지고 역기능적인 하나님의 가족을 치료하고 회복시키는 일도 포함한다.[27] 이 모든 변화는 야웨 하나님이 홀로 일으키신다. 하나님은 유례를 찾아볼 수 없는 전혀 새로운 일도 새로 창조하시면서까지 당신의 백성을 회복시키시는 분이시다.

4. 내일의 빛 아래서: "의로운 처소여, 거룩한 산이여"(렘 31:23-26)

예레미야 31:23-26은 회복의 주제를 한층 더 부연 설명한다. 이 단락에서는 이러한 회복이 유다와 예루살렘에게 무슨 의미가 있는지를 밝힌다. 따

---

25 크리스토퍼 라이트, 『예레미야 강해: 심판의 끝, 은혜의 시작』, 455.
26 크리스토퍼 라이트, 『예레미야 강해: 심판의 끝, 은혜의 시작』, 454.
27 K. M. O. Connor, "Jeremiah," *The Oxford Bible Commentary*, J. Barton, J. Muddiman(ed.) (Oxford, N.Y.: Oxford University Press, 2001), 487-528, 특히 514.

라서 이 단락은 에브라임과 이스라엘의 북쪽 지역에 대한 관심을 견지했던 앞 단락(렘 31:15-22)과 균형을 이룬다. 이러한 균형은 이스라엘이 하나의 백성이라는 믿음에서 연유된다.[28]

이 단락은 다음과 같은 선포로 시작한다.

만군의 여호와 이스라엘의 하나님께서 이와 같이 말씀하시니라.
"내가 그 사로잡힌 자를 돌아오게 할 때에
그들이 유다 땅과 그 성읍들에서 **다시** 이 말을 쓰리니
'곧 의로운 처소여,
거룩한 산이여,
여호와께서 네게 복 주시기를 원하노라' 할 것이며"(렘 31:23).

여기서 메신저 공식의 이중적 확장("만군의 여호와와 이스라엘의 하나님")은 이어지는 야웨의 말씀을 특별히 강조한다. 또한 "다시"라는 단어는 예루살렘에서 찬양 소리가 그친 시간이 있었음을 암시한다. 즉 성전이 더럽혀지고 하나님은 성전을 떠나셨기에 찬송 소리가 그친 것이다. 이제 유다는 "시온은 하나님과 하나님의 백성이 만나는 장소"라는 것을 고백하는 옛날의 예전적 문구를 다시 기억해낸다.[29] "거룩한 산", 시온에서의 예배가 다시 살아난 것이다. 야웨 하나님은 다시 한번 당신의 백성들을 축복하기 위해 그들 중에 거하게 될 것이다.

유다의 모든 성읍에 사는 사람들(농부)과 들에 사는 사람들(유목민)이

---

28 로날드 클레멘츠, 『예레미야』, 김회권 역(현대성서주석; 서울: 한국장로교출판사, 2002), 286.
29 W. Brueggemann, *A Commentary on Jeremiah: Exile and Homecoming* (Grand Rapids, Michigan: Wm. B. Eerdmans Publishing Co, 1998), 289.

함께 평화로이 시온의 거룩함에 참여하게 될 것이다.

> 유다와 그 모든 **성읍의 농부**와 **양 떼를 인도하는 자**가 거기에 함께 살리니(렘 31:24).

농부들과 유목민들은 전통적으로 적대적인 관계였다. 양 떼가 경작지에 들어오지 못하게 막으려는 농부와 양 떼에게 풀을 뜯겨야 하는 목동 사이에는 알력이 생길 수밖에 없다.[30] 그런데 이들이 화목하게 지낼 것이다.[31] 모든 갈등이 해소된다. 왜냐하면 하나님이 자기 백성을 포로 생활에서 다시 건져내셔서 새로운 삶을 선사하시기 때문이다.

> 이는 내가 그 피곤한 심령을 상쾌하게 하며 모든 연약한 심령을 만족하게 하였음이라(렘 31:25).

이 단락의 마지막 절인 26절에는 예기치 않은 이상한 해설이 등장한다.

> 내가 깨어 보니 내 잠이 달았더라(렘 31:26).

이 구절의 의미는 확실하지 않다. 아마도 이 구절은 이 약속이 꿈이나 밤에 본 환상(night vision)에서 비롯됨을 가리키는 것으로 보인다.[32] 이 구절은 스가랴 예언자가 본 "밤의 환상"과 유사하다.

---

[30] 김명숙, 『예레미야서 26-52장: 거룩한 독서를 위한 구약성경 주해』(서울: 바오로딸, 2021), 104.
[31] L. Stulman, *Jeremiah* (AOTC; Nashville: Abingdon Press, 2005), 271.
[32] G. Wanke, *Jeremia. Teilband 2: Jeremia 25,15-52,34*, 290.

> **내가 밤에 보니** 한 사람이 붉은 말을 타고 골짜기 속 화석류나무 사이에 섰고 그 뒤에는 붉은 말과 자줏빛 말과 백마가 있기로(슥 1:8).

> 내게 말하던 천사가 다시 와서 **나를 깨우니 마치 자는 사람이 잠에서 깨어난 것 같더라**(슥 4:1).

유다와 예루살렘의 회복을 예고하는 내용이라 매우 달콤하게 느껴진 듯하다. 우리는 23-25절의 시나리오를 예언자가 하나님의 계시를 매개로 현 상황을 넘어선 현실을 마음속으로 그리는 상상의 행위로도 간주할 수 있다. 우리가 여기서 듣는 것은 현재와 현재의 가능성들이 아니라 현재와는 전혀 다른 미래에 관한 것이다.[33]

    예언자는 하나님을 통하여 현재와는 다른 미래의 세계를 앞당겨 보며 꿈꾼다. 즉 예언자는 오늘을 분석하여 내일을 예측하는 것이 아니라 반대로 내일의 빛 아래서 오늘을 해석한다. 다른 말로 하면, 예언자들은 종말론적 시각을 갖고 현재를 조명한다. 그런 점에서 예언자는 오늘을 사는 것이 아니라 종말을 산다. 하나님의 백성들의 삶도 종말론적 하나님 나라의 전망에서 늘 조명되고 조정되고 조절되어야 한다. 인생의 절대기준은 현재가 아니고 종말이요, 삶이 아니고 죽음이다. 하나님 앞에 서게 될 날을 의식하며, "죽음 앞에서"(coram morte) "죽음을 기억하며"(memento mori) 사는 것이 지혜로운 삶이다. 적어도 내일의 빛 아래에서 오늘을 바라본다면 오늘을 보다 새롭게 살아갈 것이다.

---

[33] W. Brueggemann, *A Commentary on Jeremiah: Exile and Homecoming*, 289.

5. 상생(上生)에서 상생(相生)으로: "사람의 씨와 짐승의 씨를 이스라엘 집과 유다 집에 뿌릴 날이 이르리니"(렘 31:27-30)

예레미야 31:27-30은 하나님의 말씀으로 시작한다.

> **여호와의 말씀이니라.** "보라! 내가 사람의 씨와 짐승의 씨를 이스라엘 집과 유다 집에 뿌릴 날이 이르리니"(렘 31:27).

야웨께서 미래에 이 땅에 창조하실 새 일의 첫걸음에는 이스라엘과 유다의 인구 증가도 있다. 전쟁과 유배를 통하여 줄어든 백성의 수는 야웨의 행위를 통하여 새로운 번성을 경험하게 된다. 이는 사람과 짐승의 씨를 뿌리는 그림을 통하여 묘사된다. 여기서 짐승의 증가는 단순히 백성의 증가에 따른 사람들의 생존에 필수적인 식량의 측면이 고려된 것이라기보다는[34] 하나님이 노아와 언약을 맺을 때 언약의 파트너로 사람(노아)만이 아니라 모든 생물도 포함하는 생태학적 언약(ecological covenant)을 맺었듯이, 이 또한 생태학적 회복으로 이해해야 한다.

> [13]내가 내 무지개를 구름 속에 두었나니 이것이 **나와 세상 사이의 언약의 증거니라.** [14]내가 구름으로 땅을 덮을 때에 무지개가 구름 속에 나타나면 [15]내가 **나와 너희와 및 육체를 가진 모든 생물 사이의 내 언약**을 기억하리니 다시는 물이 모든 육체를 멸하는 홍수가 되지 아니할지라(창 9:13-15).

---

34 Wanke는 이 본문에서 짐승의 증가를 사람의 증가에 상응하는 식량의 증산으로 이해한다. G. Wanke, *Jeremia. Teilband 2: Jeremia 25,15-52,34*, 291.

> 그날에는
> 내가 그들을 위하여 **들짐승과 공중의 새와**
> **땅의 곤충과 더불어 언약을 맺으며**
> 또 이 땅에서 활과 칼을 꺾어 전쟁을 없이하고
> 그들로 평안히 눕게 하리라 (호 2:18).

생태학적 갱신은 무너진 이 땅을 재건하고 다시 심으려는 하나님의 의도를 이루는 결정적인 국면이다.[35]

28절은 예레미야 1:10에서 사용된 여섯 개의 동사를 사용한다.

> "보라! 내가 오늘 너를 여러 나라와 여러 왕국 위에 세워 네가 그것들을 **뽑고**(נָתַשׁ, 나타쉬) **파괴하며**(נָתַץ, 나타츠) **파멸하고**(אָבַד, 아바드) **넘어뜨리며**(הָרַס, 하라스) **건설하고**(בָּנָה, 바나) **심게 하였느니라**(נָטַע, 나타)" 하시니라 (렘 1:10).

> "깨어서(שָׁקַד, 샤카드) 그들을 뿌리 **뽑으며**(נָתַשׁ, 나타쉬) **무너뜨리며**(נָתַץ, 나타츠) **전복하며**(הָרַס, 하라스) **멸망시키며**(אָבַד, 아바드) 괴롭게 하던(רָעַע, 라아) 것과 같이 내가 깨어서(שָׁקַד, 샤카드) 그들을 **세우며**(בָּנָה, 바나) **심으리라**(נָטַע, 나타)." 여호와의 말씀이니라 (렘 31:28).

네 가지 부정적인 동사("뿌리 뽑다/무너뜨리다/전복하다/멸망시키다")는 다섯 번째 동사인 "괴롭게 하다"(רָעַע, 라아)가 첨부되면서 보다 더 강화된다. 이 절에서 가장 중요한 사실은 다섯 가지 동사로 표현된 심판이 모두 이미 실행되었다는 점이다. 더 이상의 위협은 없다. 하나님은 지금까지 부정적인 것

---

35 L. Stulman, *Jeremiah*, 271.

들의 실행을 "깨어서"(שָׁקַד, 샤카드) 감시해왔다. 즉 심판의 약속이 완전히 실현되도록 감시해왔다. 이제는 구원의 약속이 실현되도록 여전히 "깨어서"(שָׁקַד, 샤카드) 감시하고 계신다.[36]

이제 "뽑고 파괴하는 시기"는 지나갔고 "세우고 심는 시간"이 올 것이다. 심판의 시기가 지나가고 갱신과 회복의 시간이 다가온다는 메시지를 명료하게 밝히기 위한 이 대립적인 이미지들의 주도면밀한 교차적 배치와 균형감이 돋보인다. 이러한 표현은 구약성서의 모든 예언문학에서 눈에 띄는 의미심장한 특징이다(사 5:1-7과 27:2-6을 비교하라).[37]

29-30절은 기원전 587년 이후 불붙었던 문제에 대하여 언급한다. 바빌로니아에 사로잡혀 와 사는 사람들 사이에서 "신 포도 속담"이 떠돌았다.

> 그때에 그들이 말하기를 "다시는 **아버지가 신 포도를 먹었으므로 아들들의 이가 시다** 하지 아니하겠고"(렘 31:29; 참조. 겔 18:2).

이 당시는 이전 세대들이 저질렀던 죄로 인하여 국가적 징벌을 받고 죄 없는 후손이 포로로 끌려갔기 때문에 야웨가 불공평하다는 생각이 널리 퍼져 있었다.[38]

> 우리 조상들은 범죄하고 없어졌으며
> **우리는 그들의 죄악을 담당하였나이다**(애 5:7).

36　W. Brueggemann, *A Commentary on Jeremiah: Exile and Homecoming*, 290.
37　로날드 클레멘츠, 『예레미야』, 287.
38　W. Werner, *Das Buch Jeremia Kapitel 25-52* (NSKAT; Stuttgart: Verlag Katholisches Bibelwerk, 2003), 67.

그런데 너희는 이르기를 "**주의 길이 공평하지 아니하다**" 하는도다. 이스라엘 족속아, 들을지어다. 내 길이 어찌 공평하지 아니하냐? 너희 길이 공평하지 아니한 것이 아니냐(겔 18:25).

사실 이 속담은 출애굽기 20:5-6과 민수기 14:18을 오해한 데서 비롯된 것이다.

⁵⁾그것들에게 절하지 말며 그것들을 섬기지 말라. 나 네 하나님 여호와는 질투하는 하나님인즉 **나를 미워하는 자의 죄를 갚되 아버지로부터 아들에게로 삼사 대까지 이르게 하거니와** ⁶⁾나를 사랑하고 내 계명을 지키는 자에게는 천 대까지 은혜를 베푸느니라(출 20:5-6).

"여호와는 노하기를 더디하시고
인자가 많아 죄악과 허물을 사하시나
형벌 받을 자는 결단코 사하지 아니하시고
**아버지의 죄악을 자식에게 갚아
삼사 대까지 이르게 하리라**" 하셨나이다(민 14:18).

이 두 본문의 본 뜻은 어버이가 지은 죄 때문에 자녀들이 반드시 벌을 받는다는 것이 아니라, 어버이가 지은 죄의 부정적인 결과가 자녀들에게도 영향을 미친다는 것이다. 아무튼 조상의 죄의 결과는 이 땅에서의 사람과 짐승의 증가로 가시적으로 제거된 것처럼, 조상의 죄와 후손의 파멸적 운명 사이의 관련성도 역시 깨져버린다.[39]

---

[39]   G. Wanke, *Jeremia. Teilband 2: Jeremia 25,15-52,34*, 291.

신 포도를 먹는 자마다 그의 이가 신 것 같이 **누구나 자기의 죄악으로 말미암아 죽으리라**(렘 31:30).

아버지는 그 자식들로 말미암아 죽임을 당하지 않을 것이요 자식들은 그 아버지로 말미암아 죽임을 당하지 않을 것이니 **각 사람은 자기 죄로 말미암아 죽임을 당할 것이니라**(신 24:16).

2)너희가 이스라엘 땅에 관한 속담에 이르기를 "**아버지가 신 포도를 먹었으므로 그의 아들의 이가 시다고 함은 어찌 됨이냐?**" 3)주 여호와의 말씀이니라. "내가 나의 삶을 두고 맹세하노니 **너희가 이스라엘 가운데에서 다시는 이 속담을 쓰지 못하게 되리라**. 4)모든 영혼이 다 내게 속한지라. 아버지의 영혼이 내게 속함 같이 그의 아들의 영혼도 내게 속하였나니 **범죄하는 그 영혼은 죽으리라**"(겔 18:2-4).

조상이나 부모의 죄로 인하여 벌을 받는 것이 아니라 각자의 잘못으로 인하여 자신의 벌을 받는 것이다. 벌은 죄를 범한 사람이 받는 것이다. "죄의 연좌제"는 비성경적이다.[40] "저주의 유전"은 없다. "환경적 저주"만 있을 뿐이다.

하나님은 당신이 창조하신 모든 피조물이 이 땅에서 함께 평화롭게 공존하고 "상생"(相生)하기를 원하신다. 특정 피조물의 차별적이고 계급적인 "상생"(上生)은 모든 생명체를 파멸로 이끈다. 하나님의 백성의 회복은 "흩어진 가족의 하나 됨"(15-22절)과 "적대적인 사람들 간의 화해"(23-26절), "모든 인간과 생물들의 생태학적 회복"(27-30절)을 통하여 성취된다.

---

40 차준희, 『교회 다니면서 십계명도 몰라?』(서울: 국제제자훈련원, 2012), 51.

하나님의 구원 대상은 인간만이 아니라 모든 피조물임을 특히 인간들인 우리가 유념해야 한다.

[19]아버지께서는 모든 충만으로 예수 안에 거하게 하시고 [20]그의 십자가의 피로 화평을 이루사 **만물 곧 땅에 있는 것들이나 하늘에 있는 것들이 그로 말미암아 자기와 화목하게 되기를 기뻐하심이라**(골 1:19-20).

하나님의 모든 작품(피조물) 가운데 가장 문제를 일으키는 존재가 인간이기 때문이다. 인간의 못된 죄성을 고치기 위해서 하나님은 당신의 아들 예수 그리스도를 희생시키기까지 하셨다. 지구의 역사를 12시간으로 볼 때 11시 59분이 훨씬 지나서 태어난 인간들의 무지와 교만으로 지구 환경을 파괴해 우리 인간이 "짧고 굵게 살다간 종(種)"으로 남지 않도록 신앙인들이 앞장서고 늘 "깨어서"(שָׁקַד, 샤카드) 감시해야 한다. 하나님의 피조물인 자연이 살아야 우리도 자연히 산다. 하나님의 피조물이 모두 사는 길은 "계급적 상생"(上生)이 아니라 "평등적 상생"(相生)이다. 모두 상생(上生)에서 상생(相生)으로 가야 한다.

6. 석비(石碑)에서 심비(心碑)로: "내가 이스라엘 집과 유다 집에 새 언약을 맺으리라"(렘 31:31-34)

예레미야 31:31-34은 그 유명한 "새 언약"(בְּרִית חֲדָשָׁה, 베리트 하다샤, New Covenant)의 약속을 담고 있다.[41] 새 언약은 "성서 전체를 통해 가장 심오하

---

41 "베리트"(בְּרִית, 언약)에 대하여는 다음의 항목을 참조하라. G. E. Mendenhall, G. A. Herion, "Covenant," *ABD* 1 (1992), 1179-1202; E. Kutsch, "Bund I. Altes Testament," *Theologische Realenzyklopädie* VII (1981), 397-403.

고 감동적인 구절 중 하나임이 틀림없다."[42] 이 언약의 파트너는 "이스라엘 집과 유다 집"이다.

> 여호와의 말씀이니라. 보라! 날이 이르리니 내가 **이스라엘 집과 유다 집**에 **새 언약**(חָדָשָׁה בְּרִית, 베리트 하다샤)을 맺으리라(렘 31:31).

이 약속은 옛 하나님의 백성인 두 나라가 차례로 완전히 멸망한 뒤(기원전 722년과 587년) 단념 상태에 있을 때 그들에게 주어진 것으로 보인다. 비참하게 살아남은 자들이 포로기간 중에 이제 그의 마지막 희망을 포기하려고 하던 참이었다.[43] 이때 이 약속이 주어진 것이다.

형용사 "새로운"(חָדָשׁ, 하다쉬)이 구약성서에서 명사 "언약"(בְּרִית, 베리트)과 결합되는 경우는 여기 이외에는 없다.[44] 31절이 구약성서에서 "새 언약"에 대해서 언급하는 유일한 구절이다.[45] 이 선언은 전적으로 하나님의 일방적인 주도권 아래 주어진다. 새 언약 체결은 하나님의 단독적인 행위다. 깨어진 관계를 반드시 회복시키겠다는, 그야말로 하나님의 비장한 결심의 산물이다.[46]

32절은 31절에서 말하고 있는 새 언약과 대조를 이루는 옛 언약에 관해서 말하고 있다.

---

[42] 존 브라이트, 『예레미야』, 408.
[43] 한스 발터 볼프, "새 언약에서 새로운 것이란 과연 무엇인가?—예레미야 31:31-34을 중심으로: 유대인과 기독교인의 대화를 위해", 『예언과의 만남』, 차준희 역(서울: 대한기독교서회, 1999), 81-103, 특히 84-85.
[44] R. P. Carroll, *The Book of Jeremiah* (OTL; Philadelphia: Westminster, 1986), 610.
[45] J. A. 톰슨, 『예레미야(하)』, 832.
[46] 류호준, "위로의 책과 새 언약", 「그말씀」, 172, 2003년 9월, 110-129, 특히 121.

"이 언약(새 언약)은 내가 그들의 조상들의 손을 잡고 이집트 땅에서 인도하여 내던 날에 맺은 것과 같지 아니할 것은 내가 그들의 남편(בַּעַל, 바알)이 되었어도 그들이 **내 언약**(옛 언약)을 깨뜨렸음이라." 여호와의 말씀이니라(렘 31:32).

옛 언약은 출애굽 이후 이스라엘이 시내산에서 하나님과 맺은 언약(시내산 언약 혹은 모세 언약)을 가리킨다.

세계가 다 내게 속하였나니 너희가 내 말을 잘 듣고 **내 언약**을 지키면 너희는 모든 민족 중에서 내 소유가 되겠고(출 19:5; 참조. 출 24:7-8).

그런데 이스라엘은 야웨와 맺은 시내산 언약을 파기했다.

그들이 내 말 듣기를 거절한 자기들의 선조의 죄악으로 돌아가서 다른 신들을 따라 섬겼은즉 **이스라엘 집과 유다 집이 내가 그들의 조상들과 맺은 언약을 깨뜨렸도다**(렘 11:10).

야웨는 여기서 자신이 이스라엘의 "주인/남편"(בַּעַל, 바알)이심을 분명히 밝힌다. 여기서 쓰인 히브리 동사 "바알"(בָּעַל)은 이스라엘이 섬겨오던 가나안 신 "바알"을 연상시킨다.[47] 따라서 이 표현은 가나안 신 바알이 이스라엘의 "주인/남편"이 아니라 야웨 자신이 이스라엘의 "주인/남편"이라는 것을 강조한다. 이스라엘은 자신의 주인이자 남편이신 야웨를 버림으로써 옛 언약

---

47   구약성서에서 야웨를 주어로 하여 이 동사(바알)가 쓰인 경우는 이 본문과 예레미야 3:14 두 군데밖에 없다. 박동현, 『주께서 나를 이기셨으니: 설교를 위한 예레미야서 연구』(개정증보판), 280.

을 파기했다.

> 내 백성이 두 가지 악을 행하였나니
> **곧 그들이 생수의 근원되는 나를 버린 것과**
> 스스로 웅덩이를 판 것인데
> 그것은 그 물을 가두지 못할 터진 웅덩이들이니라(렘 2:13).

이제 옛 언약과는 차원이 다른 새 언약이 선언된다.

> 그러나 그날 후에 내가 이스라엘 집과 맺을 언약은 이러하니 곧 **내가 나의 법**(תּוֹרָה, 토라)**을 그들의 속에 두고 그들의 마음에 기록하여** 나는 그들의 하나님이 되고 그들은 나의 백성이 될 것이다(렘 31:33).

옛 언약은 하나님의 법(תּוֹרָה, 토라)을 돌판 위에 새겼다면 새 언약은 이스라엘 "속"에, 즉 인간의 사고와 생각과 의지의 중심부인 "마음"에 기록할 것이다.

> 여호와께서 모세에게 이르시되 "너는 산에 올라 내게로 와서 거기 있으라. 네가 그들을 가르치도록 내가 율법과 계명을 친히 기록한 **돌판**을 네게 주리라"(출 24:12).

> 여호와께서 시내산 위에서 모세에게 이르시기를 마치신 때에 증거판 둘을 모세에게 주시니 이는 **돌판**이요 하나님이 친히 쓰신 것이더라(출 31:18).

> 여호와께서 모세에게 이르시되 "너는 **돌판** 둘을 처음 것과 같이 다듬어 만들

라. 네가 깨뜨린 처음 판에 있던 말을 내가 그 판에 쓰리니"(출 34:1).

이른바 하나님의 법을 "석비"(石碑)가 아니라 "심비"(心碑)에 기록한다.[48]

> 너희는 우리로 말미암아 나타난 그리스도의 편지니 이는 먹으로 쓴 것이 아니요 오직 살아 계신 하나님의 영으로 쓴 것이며 또 **돌판**에 쓴 것이 아니요 오직 육의 **마음판**에 쓴 것이라(고후 3:3).

일종의 심장 수술이 행해진다. 돌처럼 굳은 심장이 하나님의 수술로 제거되고 새롭고 살 같이 부드러운, 살아 있는 기능을 발휘하는 심장이 이식될 것이다.[49] 이는 이스라엘이 하나님의 법을 따르도록 마음 자체를 바꾸시겠다는 것이다.

> [39] "내가 그들에게 **한 마음**과 한 길을 주어 자기들과 자기 후손의 복을 위하여 항상 나를 경외하게 하고 [40]내가 그들에게 복을 주기 위하여 그들을 떠나지 아니하리라" 하는 영원한 언약을 그들에게 세우고 나를 경외함을 **그들의 마음에 두어 나를 떠나지 않게 하고**(렘 32:39-40).

> [26] **또 새 영을 너희 속에 두고 새 마음을 너희에게 주되 너희 육신에서 굳은 마음을 제거하고 부드러운 마음을 줄 것이며** [27] 또 내 영을 너희 속에 두어 너희로 내 율례를 행하게 하리니 너희가 내 규례를 지켜 행할지라(겔 36:26-27).

---

48 류호준, "위로의 책과 새 언약", 123-124.
49 한스 발터 볼프, "새 언약에서 새로운 것이란 과연 무엇인가?—예레미야 31:31-34을 중심으로: 유대인과 기독교인의 대화를 위해", 『예언과 만남』, 92.

사실 이 구절은 다음과 같은 잠재적인 질문에 대한 응답이다. 만일 이스라엘의 과거 죄악들이 이스라엘 자신을 거의 멸절시킬 정도의 무서운 심판을 초래하였다면, 미래의 회복이 일어난 후에라도 똑같은 운명이 이스라엘에게 닥치지 않는다는 확신을 어디서 찾을 수 있을 것인가? 이에 대한 답변으로 주어진 것이 하나님께서 당신 자신의 사랑의 능력으로 이스라엘 사람들의 심장 속에 언약의 법을 새겨주시겠다는 약속이다.[50] 이제 하나님과 회복된 이스라엘 공동체 사이에는 "진정한 연대감"(genuine solidarity)이 형성될 것이다.[51]

34절은 새 언약의 결과에 대해서 말한다. 더 이상 "여호와에 대한 지식"을 가르칠 필요가 없는 사회가 된다는 것이다.

> 그들이 다시는 각기 이웃과 형제를 가리켜 이르기를 "**너는 여호와를 알라 하지 아니하리니 이는 작은 자로부터 큰 자까지 다 나를 알기 때문이라**"(렘 31:34a).

호세아는 백성들이 구원의 때가 되면 야웨를 알게 된다고 약속한 바 있다.

> 진실함으로 네게 장가들리니
> **네가 여호와를 알리라**(호 2:20).

이에 근거하여 본다면 "모두가 여호와를 안다"라는 것은 곧 완전한 구원의 때가 되었음을 뜻한다.[52] 이러한 구원의 완성이 어떻게 가능할까? 이는 하

---

[50] 로날드 클레멘츠, 『예레미야』, 289.
[51] W. Brueggemann, *A Commentary on Jeremiah: Exile and Homecoming*, 293.
[52] 박동현, 『주께서 나를 이기셨으니: 설교를 위한 예레미야서 연구』(개정증보판), 287.

나님의 용서로서만 가능하다.

"내가 그들의 악행을 사하고 다시는 그 죄를 기억하지 아니하리라." 여호와의 말씀이니라(렘 31:34b).

여기서 "용서"란 완전한 "면죄", 즉 하나님과 그의 뜻을 전적으로 무시했던 행동에 관하여 책임을 묻지 않는다는 것이고, "기억하지 않음"은 법률용어로서 법정에서 더 이상 그 악한 사건을 문제 삼지 않고 그 소송을 최종적으로 "기각"시키는 것을 의미한다.[53]

이 구절은 회개를 전제하지 않고도 용서를 약속한다. 인간의 현 상태와 관련한 예레미야서의 메시지는, 그러한 희망이 인간의 변화를 가능하게 하는 하나님의 약속에 전적으로 의존하고 있다고 일관성 있게 주장한다. 예레미야는 "종말론적 용서"를 말하고 있다. 즉 단지 인간으로 하여금 처음부터 다시 시작하게 하려는 것이 아니라, 아예 다시는 죄를 짓지 않도록 인간 자체를 변화시키는 것이다.[54]

여호와의 말씀이니라.
"그날 그때에는
이스라엘의 죄악을 찾을지라도 없겠고
유다의 죄를 찾을지라도 찾아내지 못하리니
이는 내가 남긴 자를 용서할 것임이라"(렘 50:20).

---

[53] 한스 발터 볼프, "새 언약에서 새로운 것이란 과연 무엇인가? — 예레미야 31:31-34을 중심으로: 유대인과 기독교인의 대화를 위해",『예언과의 만남』, 98-99.
[54] 도널드 E. 고웬,『구약 예언서 신학』, 278.

용서는 하나님의 놀라운 사역의 가장 중요한 토대가 된다. 하나님의 용서는 내면의 근본적인 변화, 하나님과의 친밀감, 신실한 삶을 기뻐하는 포용적인 공동체를 가능하게 한다.[55] 야웨 신앙은 용서에 깊이 뿌리를 내리고 있다.[56] 야웨가 용서하시기 때문에 모든 새로운 것이 가능하다. 하나님은 죄와 처벌의 악순환을 부수신다. 이스라엘이 다른 곳에서 새로운 가능성을 갖고 다시 시작할 수 있는 이유는 바로 이 악순환이 깨지기 때문이다.[57]

하나님이 그의 백성과 함께 맺을 새 언약은 기독교 신학의 핵심이다. 신약의 저자들은 이 새 언약이 예수의 죽음을 통해 이루어졌다고 이해하였다.

> 이것은 죄 사함을 얻게 하려고 많은 사람을 위하여 흘리는 바 **나의 피 곧 언약의 피니라**(마 26:28).

> 이르시되 "이것은 많은 사람을 위하여 흘리는 **나의 피 곧 언약의 피니라**"(막 14:24).

> 저녁 먹은 후에 잔도 그와 같이 하여 이르시되 "이 잔은 **내 피로 세우는 새 언약이니** 곧 너희를 위하여 붓는 것이라"(눅 22:20).

> 식후에 또한 그와 같이 잔을 가지시고 이르시되 "이 잔은 **내 피로 세운 새 언약이니** 이것을 행하여 마실 때마다 나를 기념하라" 하셨으니(고전 11:25; 참

---

55 L. Stulman, *Jeremiah*, 274.
56 W. Brueggemann, *A Commentary on Jeremiah: Exile and Homecoming*, 294.
57 W. Brueggemann, *To Build, To Plant: A Commentary on Jeremiah 26-52* (ITC; Grand Rapids: Wm. B. Eerdmans Publishing Co, 1991), 72.

조. 히 8:7-13).

새 언약은 일찍이 이스라엘 역사에서 본 적이 없는 실로 엄청난 구원의 약속이다. 이 본문은 인간의 본성에 대한 철저한 절망을 전제로 하여 그 절망을 뛰어넘는 야웨의 사랑이 새로운 구원을 이룬다는 것을 알려준다.[58]

심장 수술을 받아 새 마음을 가진 완전히 새로운 인간(33절)은 우리 역사 가운데 예수에게서 나타났다. 우리에게는 예수님이 현존하는 희망이다. 우리는 내적인 갈등 속에서 날마다 예수의 영이 우리의 반항을 정복하기를 간구하며 그것을 기대하며 산다.

하나님에 대하여 가르치는 일의 폐지(34a절)는 우리가 광신자가 되기를 원하지 않는다면 순전히 먼 장래의 환상이다. 곧 종말의 날에 가서야 이루어질 현실이다.

> 내 거룩한 산 모든 곳에서 해 됨도 없고
> 상함도 없을 것이니
> **이는 물이 바다를 덮음 같이**
> **여호와를 아는 지식이 세상에 충만할 것임이니라** (사 11:9).

현재는 하나님을 아는 일에 전심전력을 다해야 한다.

죄 용서의 약속(34b절)은 명백히 예수 안에서 역사적으로 실현되었고, 완전히 현존하고 있다. 예수님은 우리의 모든 과거에 분명한 마지막 선을 그어 놓으셨다. 따라서 우리는 모든 죄에서 완전히 해방되는 종말의 날, 즉 완전한 성취의 그날까지 당분간 "의인이면서 동시에 죄인"(simul

---

[58] 박동현, 『주께서 나를 이기셨으니: 설교를 위한 예레미야서 연구』(개정증보판), 288.

justus et peccator)인 채로 머문다. 우리는 예수 안에서 "성취"(Erfüllung)와 "완성"(Vollendung) 사이의 긴장, 즉 "새 언약의 성취" 안에서 "새 언약의 완성"을 향하여 늘 새롭게 시작해야 한다.[59] 새 언약은 예수님의 초림으로 "이미"(already) 이루어졌다. 이때 이미 성취되었다. 그러나 "아직"(not yet)은 온전히 이루어진 것이 아니다. 예수님의 재림으로 완성될 것이다. 그래서 성령께서 우리를 전적으로 그리스도의 형상으로 변화시킬 때까지 우리는 계속 자라가야 한다.

우리가 다 하나님의 아들을 믿는 것과 아는 일에 하나가 되어 **온전한 사람을 이루어 그리스도의 장성한 분량이 충만한 데까지 이르리니**(엡 4:13).

---

[59] 한스 발터 볼프, "새 언약에서 새로운 것이란 과연 무엇인가?—예레미야 31:31-34을 중심으로: 유대인과 기독교인의 대화를 위해",『예언과의 만남』, 101.

제24강

불타는 두루마리 책

"불에 던져서 두루마리를 모두 태웠더라"
(렘 36:1-32)

1. "말"(言)로 못하면 "글"(書)로: "책에 있는 여호와의 모든 말씀을 낭독하니라"(렘 36:1-8)

예레미야 36장은 구두로 선포된 예언들을 문서로 보존하는 작업에 관하여 구약성서 전체에서 가장 자세한 정보를 제공하고 있다. 즉 이 장은 예언 선포의 문서화에 대하여 설명한다. 따라서 이는 예언서의 형성 과정을 다룬다고 할 수 있다. 이런 면에서 예레미야 36장은 "예레미야서의 형성에 관한 기원론"이라 일컬을 수 있다. 이 장은 예레미야의 말을 바룩이 받아 적은 두루마리 책에 관한 내용이다. 이 단락은 다음과 같이 구분한다.

① 1-8절: 두루마리의 기록 명령
② 9-12절: 바룩에 의한 첫 번째 낭독
③ 13-19절: 바룩에 의한 두 번째 낭독
④ 20-26절: 여후디에 의한 세 번째 낭독
⑤ 27-32절: 두루마리의 재기록

예레미야 36:1에 따르면 여호야김 4년에 야웨의 말씀이 예레미야에게 임한다.

> **유다의 요시야 왕의 아들 여호야김 제사 년**에 여호와께로부터 예레미야에게 말씀이 임하니라. 이르시되(렘 36:1).

---

1 H. M. Wahl, "Die Entstehung der Schriftprophetie nach Jer 36," *ZAW* 110 (1998), 365-389 특히 377.

이때는 기원전 605년으로 고대 중동 세계에 엄청난 변혁이 일어났다. 바빌로니아의 나보폴라사르가 죽고 그 뒤를 이어서 느부갓네살이 왕으로 즉위했다(렘 25:1). 고대 중동의 패권을 쥐고 있었던 아시리아가 사라지고 새로운 강력한 제국 바빌로니아가 등장한 것이다. 그는 군주이면서 동시에 군사령관으로서 그해 유프라데스 강변 갈그미스에서 이집트를 격퇴시켰다.

> 애굽에 관한 것이라. 곧 유다의 요시야 왕의 아들 **여호야김 넷째 해에 유브라데 강가 갈그미스에서 바벨론의 느부갓네살 왕에게 패한 애굽의 왕 바로느고의 군대에 대한 말씀이라**(렘 46:2).

갈그미스에서의 이집트의 패배는 팔레스타인에도 정치적으로 중요한 변화를 유도하였다.[2] 이 해를 기점으로 하여 팔레스타인에 대한 헤게모니(hegemonie, 권력)가 바빌로니아의 손에 떨어지게 된 것이다. 이때 이집트는 국제 무대에서 물러나게 되었다. 고대 중동은 바빌로니아의 세상이 되었다.

> **애굽 왕이 다시는 그 나라에서 나오지 못하였으니** 이는 바벨론 왕이 애굽강에서부터 유브라데강까지 애굽 왕에게 속한 땅을 다 점령하였음이더라(왕하 24:7).

이제 유다도 급변하는 국제 정치에서 자신의 입장을 분명히 드러내지 않으면 안 될 형편에 처하게 되었다.

이러한 국제 정세하에서 하나님은 예레미야에게 두루마리 책에 그가

---

[2] G. Wanke, *Jeremia. Teilband 2: Jeremia 25,15-52,34* (ZBAT; Zürch: Theologischer Verlag, 2003), 333.

소명을 받은 요시야 왕 때부터 지금까지 이미 역사에서 사라진 북이스라엘과, 앞으로 멸망할 위기에 놓인 유다, 그리고 이방 나라에 대하여 주신 말씀을 기록하라고 명령하신다.

> 너는 두루마리 책을 가져다가 내가 네게 말하던 날 곧 요시야의 날부터 오늘까지 **이스라엘과 유다와 모든 나라에 대하여 내가 네게 일러 준 모든 말을 거기에 기록하라**(렘 36:2).

두루마리는 보통 때에는 말아두었다가 읽을 때는 펼쳐 볼 수 있도록 파피루스나 짐승의 가죽을 길게 이어 만든 것이다. 일반적으로 한 두루마리는 10m가 될 정도로 길었기 때문에 성서의 책 한 권을 다 적어 넣을 수도 있었다.[3] 여기서 이 두루마리 책은 야웨의 명령에 의해서 형성된다. 이 책의 목적은 유다로 하여금 청종하고 회개하여 재앙을 피하도록 하는 것이다.

> "**유다 가문**이 내가 그들에게 내리려 한 모든 재난을 듣고 **각기 악한 길에서 돌이키리니** 그리하면 내가 그 악과 죄를 용서하리라" 하시니라(렘 36:3).

즉 이 두루마리 책은 단순히 정보를 제공하기 위한 것도 아니고, 논증을 위한 문서도 아니다. 이는 임박한 재앙을 피하도록 삶을 변화시키기 위해서 주어진 것이다.[4]

이 두루마리 책의 기록은 바룩이 떠맡게 된다. 예레미야는 구술하고 바룩은 대필한다.

---

[3] A. Lemaire, "Writing and Writing Materials," *ABD* VI (1992), 999-1008 특히 1003.
[4] W. Brueggemann, *A Commentary on Jeremiah: Exile and Homecoming* (Grand Rapids, Michigan: Wm. B. Eerdmans Publishing Co, 1998), 346.

이에 예레미야가 네리야의 아들 바룩을 부르매 **바룩이 예레미야가 불러주는 대로 여호와께서 그에게 이르신 모든 말씀을 두루마리 책에 기록하니라**(렘 36:4).

바룩 벤 네리야(네리야의 아들 바룩)는 26절과 32절에 따르면 서기관이다.

왕이 왕의 아들 여라므엘과 아스리엘의 아들 스라야와 압디엘의 아들 셀레먀에게 명령하여 **서기관 바룩**과 선지자 예레미야를 잡으라 하였으나 여호와께서 그들을 숨기셨더라(렘 36:26).

이에 예레미야가 다른 두루마리를 가져다가 **네리야의 아들 서기관 바룩**에게 주매 그가 유다의 여호야김 왕이 불사른 책의 모든 말을 예레미야가 전하는 대로 기록하고 그 외에도 그 같은 말을 많이 더하였더라(렘 36:32).

그는 최근에 왕궁 문서보관실에서 발견된 "서기관 베레키야(바룩의 긴 꼴 이름) 벤 네리야의 것"이라는 도장으로 보아 "왕궁 서기관"이었음이 틀림없다. 당시 서기관이란 글을 아는 사람이 많지 않았던 고대 이스라엘에서 단순히 문서를 만들고 보관하는 일만 한 것이 아니라 왕궁 사무실에서 국가 살림살이나 주요 행정을 돌보던 고위급 행정 공무원을 가리킨다.[5] 즉 당시 왕궁 서기관은 오늘날의 "국무장관"(secretary of state)에 해당하는 직급 높은 관리였다.[6]

예레미야는 붙잡힌 상태였기 때문에 성전에 출입할 수 없었다.

---

[5] A. J. Saldarini, "Scribes," *ABD* V (1992), 1012-1016 특히 1012-1013.
[6] J. R. Lundbom, *Jeremiah 21-36* (AB; New York: Doubleday, 2004), 597.

> 예레미야가 바룩에게 명령하여 이르되 "**나는 붙잡혔으므로 여호와의 집에 들어갈 수 없으니**"(렘 36:5).

여기서 "붙잡히다"라는 단어는 예레미야 33:1과 39:15에서처럼 육체적 감금 상태를 의미하지 않는다.

> **예레미야가 아직 시위대 뜰에 갇혀 있을 때**에 여호와의 말씀이 그에게 두 번째로 임하니라. 이르시되(렘 33:1).

> **예레미야가 감옥 뜰에 갇혔을 때**에 여호와의 말씀이 그에게 임하니라. 이르시되(렘 39:15).

19절에 따르면 예레미야는 자유로이 활동할 수 있는 상태였기 때문이다.

> 이에 고관들이 바룩에게 이르되 "**너는 가서 예레미야와 함께 숨고** 너희가 있는 곳을 사람에게 알리지 말라" 하니라(렘 36:19).

이는 예레미야의 성전 출입이 금지당했다는 의미인 것 같다.[7] 그가 어떤 이유로 성전 출입을 금지당했는지에 대해서는 현재의 본문에서는 아무 말도 하지 않는다. 아마도 예레미야 20:1-6의 바스훌 감금 사건이나 26장의 성전 설교 사건과 관련하여 그는 성전 출입을 금지당했을 것이다.[8] 예레미야는 비교적 많은 사람이 집결하는 금식일을 택하여 성전에서 낭독하도록 한다.

7　존 브라이트, 『예레미야』, 번역실 역(국제성서주석; 서울: 한국신학연구소, 1990), 308.
8　J. A. 톰슨, 『예레미야(하)』, 최우성 역(반즈 신구약 성경주석; 서울: 크리스챤서적, 1992), 897.

⁶⁾너는 들어가서 내가 말한 대로 두루마리에 기록한 **여호와의 말씀을 금식일에 여호와의 성전에 있는 백성의 귀에 낭독하고 유다 모든 성읍에서 온 자들의 귀에도 낭독하라.** ⁷⁾그들이 여호와 앞에 기도를 드리며 각기 악한 길을 떠나리라. 여호와께서 이 백성에 대하여 선포하신 노여움과 분이 크니라(렘 36:6-7).

8절은 우선 바룩이 앞서 예레미야가 말한 대로 하였다는 점을 간단히 알려 준다.

네리야의 아들 바룩이 선지자 예레미야가 자기에게 명령한 대로 하여 여호와의 성전에서 책에 있는 여호와의 모든 말씀을 낭독하니라(렘 36:8).

그 자세한 내용은 이어 나오는 9절 이하의 본문에서 언급된다.

하나님은 예레미야가 하나님의 말씀을 직접 선포할 수 없는 상황에 직면하자 또 다른 방법을 깨우쳐 주신다. 두루마리에 기록하는 방법을 알려주신 것이다. 하나님의 말씀은 결국 모든 장애물을 뛰어넘는다. 예언자가 말씀을 직접 전할 수 없으면 그의 서기관이 대타로 등장하여 이를 전달한다. 서기관이 못하면 또 다른 이가 말씀을 전달한다.⁹ "말"(言)로 안 되면 "글"(書)을 통해서라도 하나님의 말씀은 전달되어야 한다. "선포 사역"이 막히면 "문서 사역"이 바통을 잇는다.

---

9   W. Werner, *Das Buch Jeremia Kapitel 25-52* (NSKAT; Stuttgart: Verlag Katholisches Bibelwerk, 2003), 106.

2. 바룩의 전략적 선택: "사반의 아들 서기관 그마랴의 방에서 낭독하니라"
(렘 36:9-12)

여호야김 오 년 구 월에 모든 백성에게 금식이 선포된다.

> **유다의 요시야 왕의 아들 여호야김의 제오 년 구 월**에 예루살렘 모든 백성과 유다 성읍들에서 예루살렘에 이른 모든 백성이 여호와 앞에서 금식을 선포한지라(렘 36:9).

아마도 바룩은 금식일이 선포될 때까지 기다렸던 것으로 판단된다.[10] 바룩은 야웨의 성전에 있는 새 대문(New Gate) 어귀 곁에 있는 사반의 아들 서기관 그마랴의 방에서 모든 백성에게 낭독한다.

> 바룩이 여호와의 성전 위뜰 곧 여호와의 성전에 있는 **새 문 어귀 곁에 있는 사반의 아들 서기관 그마랴의 방에서** 그 책에 기록된 예레미야의 말을 모든 백성에게 낭독하니라(렘 36:10).

이때 바룩이 기록한 두루마리 책의 첫 번째 낭독이 이루어진다. 이 문이 어떤 문을 가리키는지 정확히 알 수는 없다. 아마도 이곳에 있었던 그마랴의 방은 최대한 많은 백성에게 메시지를 전달할 수 있는 장소였을 것이다.[11] 또한 그마랴의 방은 예레미야 35:4에 언급된 방과 같이 성전 현관의 입구에 있었을 것이다.

---

10   D. R. Jones, *Jeremiah* (NCBC; Grand Rapids, Michigan: Eerdmans, 1992), 443.
11   D. R. Jones, *Jeremiah*, 443.

여호와의 집에 이르러 익다랴의 아들 하나님의 사람 하난의 아들들의 방에 들였는데 **그 방은 고관들의 방 곁이요 문을 지키는 살룸의 아들 마아세야의 방 위더라**(렘 35:4).

이 장소는 12절과 20절에 나오는 서기관의 방이 있는 곳과는 구분되어야 한다.

왕궁에 내려가서 서기관의 방에 들어가니 모든 고관 곧 서기관 엘리사마와 스마야의 아들 들라야와 악볼의 아들 엘라단과 사반의 아들 그마랴와 하나냐의 아들 시드기야와 모든 고관이 거기에 앉아 있는지라(렘 36:12).

그들이 두루마리를 **서기관 엘리사마의 방**에 두고 뜰에 들어가 왕께 나아가서 이 모든 말을 왕의 귀에 아뢰니(렘 36:20).

이 장소들은 "성전 영역"이 아니라 성전의 남쪽에 위치한 "왕궁 영역"에 속한 곳이기 때문이다.[12] 바룩이 낭독한 장소는 성전 구역에 속한 곳이었다. 이러한 지형적 조건뿐만 아니라 바룩이 낭독의 장소로 그마랴의 방을 택한 것은 예레미야가 그마랴의 아버지 사반의 가족과 친밀한 관계를 유지하고 있었음을 암시한다(렘 26:24; 29:3; 39:14).[13] 따라서 바룩이 그마랴의 방에서 낭독한 것은 다분히 의도적이다. 이때 바룩이 두루마리 책을 읽는 것을 들은 사람 중에는 방의 주인인 그마랴의 아들이요, 요시야 왕 때 개혁에 앞장섰던 서기관 사반의 손자인 미가야가 있었다.

---

12 G. Wanke, *Jeremia. Teilband 2: Jeremia 25,15-52,34*, 335-336.
13 사반의 가족에 대해서는 다음을 참조하라. W. Werner, *Das Buch Jeremia Kapitel 25-52*, 111-112.

> **사반의 손자요 그마랴의 아들인 미가야가 그 책에 기록된 여호와의 말씀을 다 듣고**(렘 36:11).

그는 당시 대단한 정치적 명문가에 속했으며, 그를 통하여 두루마리 책의 내용은 고위 관리들에게 손쉽게 다가갈 수 있게 되었다.

> 왕궁에 내려가서 서기관의 방에 들어가니 모든 고관 곧 서기관 엘리사마와 스마야의 아들 들라야와 악볼의 아들 엘라단과 **사반의 아들 그마랴**와 하나냐의 아들 시드기야와 모든 고관이 거기에 앉아 있는지라(렘 36:12).

즉 미가야는 바룩이 낭독한 말씀을 다 들은 다음 왕궁 서기관의 방으로 갔다. 이곳은 아마 왕궁 부속 서기관 집무실이었을 것이다.

바룩은 의도적으로 성전 가까이에 있으며 예레미야와 친분이 있는 사반의 아들 서기관 그마랴의 방에서 두루마리 책을 낭독한다. 그는 예레미야의 성전 설교에서 경험했듯이 감히 예루살렘 성전에서 이 내용을 공개적으로 낭독하는 것이 얼마나 위험한 일인지를 잘 알고 있었기에 이 일을 이해하고 도와줄 수 있는 사람의 방을 먼저 찾은 것으로 보인다. 자신을 받아줄 수 있는 사람들에게 먼저 접근하여 하나님의 말씀을 전달하는 바룩의 전략적 선택이 돋보인다. 정당하고 옳은 일에도 전략이 필요하다. 때로는 비둘기같이 순결하기만 해서는 안 되고, 뱀같이 지혜로워야 한다.

> 보라! 내가 너희를 보냄이 양을 이리 가운데로 보냄과 같도다. 그러므로 **너희는 뱀같이 지혜롭고 비둘기같이 순결하라**(마 10:16).

3. 고위 장관들의 "윈 앤 윈"(win and win): "너는 가서 예레미야와 함께 숨고"(렘 36:13-19)

미가야는 자신이 들은, 바룩이 낭독한 말씀을 왕실 부속 서기관 집무실에 있던 고위 장관(고관)들에게 전한다.

> **미가야가** 바룩이 백성의 귀에 책을 낭독할 때에 **들은 모든 말을 그들에게 전하매**(렘 36:13).

이들은 구시의 증손 셀레먀의 손자 느다냐의 아들 여후디를 바룩에게 보내고 그와 더불어 문제의 두루마리 책을 가져오도록 한다.

> 이에 모든 고관이 **구시의 증손 셀레먀의 손자 느다냐의 아들 여후디를 바룩에게 보내** 이르되 "너는 백성의 귀에 낭독한 두루마리를 손에 가지고 오라. **네리야의 아들 바룩이 두루마리를 손에 가지고 그들에게로 오니**"(렘 36:14).

여기서 여후디의 혈연관계를 삼 대에 걸쳐 소개하는 것은 여후디가 낯설지만 매우 중요한 인물이었음을 말한다. 고위 장관들은 바룩을 부르고 두루마리 책의 내용을 다시 한번 낭독하도록 요청한다. 이것은 바룩이 기록한 두루마리 책의 두 번째 낭독이 된다. 이러한 절차는 긴장을 고조시키고 드라마틱한 영향을 첨가한다. 여기서는 눈여겨볼 만한 대조가 드러난다. 15절에서 바룩은 초청을 받아 두루마리 책을 낭독한다.

> 그들이 바룩에게 이르되 "앉아서 이를 우리 귀에 낭독하라." **바룩이 그들의 귀에 낭독하매**(렘 36:15).

16절은 이들의 반응을 묘사한다.

> **그들이 그 모든 말씀을 듣고 놀라 서로 보며** 바룩에게 이르되 "우리가 이 모든 말을 왕에게 아뢰리라"(렘 36:16).

이들은 이 모든 말씀을 듣고 매우 놀란다(두려워하다). 여기서 "놀라다"(פָּחַד, 파하드)라는 동사는 겁을 먹고 무서워하며 놀람을 뜻함과 동시에 그 때문에 몸이 벌벌 떨리는 것을 가리킨다.[14] 이들이 왜 두려워하고 떨는지에 대해서는 본문이 더 이상 말해주지 않는다. "왕에게 아뢰리라"에서 "알리다"는 부정사 절대형과 미완료형이 함께 사용되는 강조의 의미를 갖는다. 이는 "꼭 이야기 드려야 하겠다"는 구문상의 강조를 의미한다.[15] 이들이 들은 사안은 중대한 것이었기에 그 내용을 왕에게 보고하지 않을 수 없었다.

그들은 우선 이 두루마리 책이 하나님의 예언자에게서 온 것인지 아니면 바룩에게서 나온 것인지를 확인하고자 하였다.

> 그들이 또 바룩에게 물어 이르되 "**너는 그가 불러주는 이 모든 말을 어떻게 기록하였느냐?** 청하노니 우리에게 알리라"(렘 36:17).

바룩은 예레미야가 들려준 것을 받아 적었다고 경위를 설명한다.

> 바룩이 대답하되 "**그가 그의 입으로 이 모든 말을 내게 불러주기로 내가 먹으로 책에 기록하였노라**"(렘 36:18).

14　H. P. Müller, "פחד" *ThWAT* 6 (1989), 552-562 특히 553.
15　박동현, 『주께서 나를 이기셨으니: 설교를 위한 예레미야서 연구』(개정증보판; 서울: 한국성서학연구소, 2000), 294.

여기서 예레미야는 "그"로 불린다. 아마도 예레미야와 바룩의 관계는 이 사람들에게도 이미 잘 알려져 있었던 것으로 보인다. 그들은 하나님의 말씀의 전달자들이 목숨을 잃지 않을까 염려하여 바룩과 예레미야에게 몸을 숨기라고 충고한다.

> 이에 고관들이 바룩에게 이르되 **"너는 가서 예레미야와 함께 숨고 너희가 있는 곳을 사람에게 알리지 말라"** 하니라(렘 36:19).

그들은 여호야김 왕이 예언자의 메시지를 받아들이지 않을 것을 이미 눈치 챘고, 무언가 격한 반응이 나올 것으로 예상하였음이 틀림없다. 여호야김은 이미 3년 전인 기원전 608년에 예언자 우리야를 이집트에서 구인하여 처형한 바 있다(렘 26:20-24).

고위 장관들은 다급한 상황 속에서도 본연의 자세에서 흐트러짐이 없다. 이들은 우선 미가야의 전언에만 의존하지 않고 그 말의 발설자를 직접 대면하여 정확한 내용을 확인한다. 여기서 더 나아가 그 말의 진원자도 알아본다. 그들은 사태의 긴박성과 심각성을 간파하고, 왕에게 전달할 수밖에 없는 사안임을 깨닫는다. 그러나 이를 왕에게 알려야 하는 신하의 의무를 행하기 전에, 이후에 밀어닥칠 칼부림을 막기 위해 먼저 진원자인 예레미야와 발설자인 바룩을 피신시킨다. 이들의 이러한 처신은 왕의 신하로서의 의무도 행하고 무고한 자의 피 흘림도 방지하는 참으로 지혜로운 "윈 앤 윈"(win and win)의 태도다.

4. 위험 "전"(before)이 아니라 위험 "속"(in)에서: "여호와께서 그들을 숨기셨더라"(렘 36:20-26)

고위 장관들은 문제의 두루마리 책을 안전하게 보존하기 위해서 그 책을 서기관 엘리사마의 방에 두고 왕에게 나아가서 그 사실을 고하였다.

> **그들이 두루마리를 서기관 엘리사마의 방에 두고** 뜰에 들어가 왕께 나아가서 이 모든 말을 왕의 귀에 아뢰니(렘 36:20).

그런데 왕은 대신들의 전언(傳言)에 만족하지 않고 여후디를 보내어 그 두루마리 책을 가져오게 하고 낭독하도록 시킨다.

> **왕이 여후디를 보내어 두루마리를 가져오게 하매** 여후디가 서기관 엘리사마의 방에서 가져다가 왕과 왕의 곁에 선 모든 고관의 귀에 낭독하니(렘 36:21).

이는 여후디에 의한 두루마리 책의 세 번째 낭독이 된다. 22절의 기록에 의하면 이때는 구 월이었다.

> **그때는 아홉째 달이라.** 왕이 겨울 궁전에 앉았고 그 앞에는 불 피운 화로가 있더라(렘 36:22).

우리가 사용하는 양력에 따르면 이때는 12월이나 1월로 겨울에 해당한다. 여호야김은 겨울 궁전에 앉아 있었다. 여기서 겨울 궁전이란 궁전에서 따로 떨어진 건물이라기보다는 난방을 위하여 겨울 햇빛을 쏘이기 위하여 돌출된 궁전의 한 부분으로, 궁전 내의 겨울용 거실을 의미한다. 거대한 저택

이나 왕궁 같은 곳에서는 추운 계절에 사용할 수 있는 방들이 있었다.¹⁶

"**겨울 궁과 여름 궁을 치리니**
상아 궁들이 파괴되며
큰 궁들이 무너지리라."
여호와의 말씀이니라(암 3:15).

여호야김은 낭독이 끝날 때마다 서기관의 칼로 두루마리 책을 갈기갈기 자르고 화롯불에 던져서 모두 불태워버렸다.

여후디가 서너 쪽을 낭독하면 **왕이 칼로 그것을 연하여 베어 화로 불에 던져서 두루마리를 모두 태웠더라**(렘 36:23).

왕이 두루마리 책을 제거한 것은 이를 통하여 그 내용의 효력이 상실될 거라 생각했음을 보여준다.¹⁷ 이와 같이 의도적으로 야웨의 말씀의 능력을 제거하려는 왕의 행위는 그의 불신앙을 극명하게 드러내 준다. 이는 오히려 "전쟁"(칼)의 "도가니"(화로)에 빠질 예루살렘의 운명을 미리 보여주게 되었다.¹⁸

16절에서 왕의 고관(고위 장관)들은 이 내용을 접하고 "두려움"(פַחַד, 파하드)에 사로잡혔다. 그러나 24절의 왕과 그의 측근들은 전혀 "두려워하지"(פָחַד, 파하드) 않았다. 두려워하는 고관과 무감각한 왕과 그의 측근들이

---

16 J. A. 톰슨, 『예레미야(하)』, 902.
17 G. Wanke, *Jeremia. Teilband 2: Jeremia 25,15-52,34*, 337.
18 김명숙, 『예레미야서 26-52장: 거룩한 독서를 위한 구약성경 주해』(서울: 바오로딸, 2021), 178.

매우 대조적이다.

> **그들이 그 모든 말씀을 듣고 놀라**(פחד, 파하드) 서로 보며 바룩에게 이르되 "우리가 이 모든 말을 왕에게 아뢰리라"(렘 36:16).

> **왕과 그의 신하들이 이 모든 말을 듣고도 두려워하거**(פחד, 파하드)**나 자기들의 옷을 찢지 아니하였고**(렘 36:24).

유다에 재난이 닥치리라는 말씀을 듣고도 전혀 겁내지 않을 정도로 이들의 마음은 강퍅해지고 말았다. 사려 깊은 몇몇 고위 장관들의 만류에도 불구하고 여호야김은 하나님의 말씀이 담긴 두루마리 책을 불사르는 만행을 저지르고 만다.

> **엘라단과 들라야와 그마랴가 왕께 두루마리를 불사르지 말도록 아뢰어도** 왕이 듣지 아니하였으며(렘 36:25).

왕의 만행은 여기서 그치지 않았다. 그는 이 두루마리 책의 발설자인 예레미야와 기록자인 바룩을 체포하도록 명령을 내린다. 아마도 그들을 처형할 계획이었던 것으로 보인다. 그러나 야웨 하나님이 당신의 종들을 숨기셨다.

> 왕이 왕의 아들 여라므엘과 아스리엘의 아들 스라야와 압디엘의 아들 셀레먀에게 명령하여 서기관 바룩과 선지자 예레미야를 잡으라 하였으나 **여호와께서 그들을 숨기셨더라**(렘 36:26).

이것이 예언자 예레미야의 마지막 공식 출현이 되었다. 이후로 예레미야는 숨어 지내야만 했다.

예레미야와 바룩은 예언자 우리야같이 처형될 뻔하였다(렘 26:20-24). 그러나 하나님은 이들을 보호해주셨다. 이는 "내가 너와 함께하여 너를 구원하리라"(렘 1:8)는 약속과 "내가 너를 악한 자의 손에서 건지며 무서운 자의 손에서 구원하리라"(렘 15:21)는 하나님의 약속이 성취된 것이다. 하나님은 당신의 종들을 위험에 빠지기 "직전"(before)이 아니라 위험에 빠진 "가운데"(in)서 보호하신다.

5. 불에 타도 없어지지 않는 하나님의 말씀: "그 외에도 그 같은 말을 많이 더 하였더라"(렘 36:27-32)

왕이 두루마리 책을 불사른 후에 야웨의 말씀이 예레미야에게 다시 임하였다.

> 왕이 두루마리와 바룩이 예레미야의 입을 통해 기록한 말씀을 불사른 후에 여호와의 말씀이 예레미야에게 임하니라. 이르시되(렘 36:27).

하나님은 첫 두루마리 책의 모든 말을 다시 기록하게 하신다.

> 너는 다시 다른 두루마리를 가지고 **유다의 여호야김 왕이 불사른 첫 두루마리의 모든 말을 기록하고**(렘 36:28).

이어서 만행을 저지른 여호야김에 대하여 심판을 선포하신다.

> 29)또 유다의 여호야김 왕에 대하여 이와 같이 말하기를 "여호와의 말씀에 네

가 이 두루마리를 불사르며 말하기를 '네가 어찌하여 바벨론의 왕이 반드시 와서 이 땅을 멸하고 사람과 짐승을 이 땅에서 없어지게 하리라' 하는 말을 이 두루마리에 기록하였느냐" 하도다. 30)그러므로 **여호와께서 유다의 왕 여호야김에 대하여 이와 같이 말씀하시니라. "그에게 다윗의 왕위에 앉을 자가 없게 될 것이요 그의 시체는 버림을 당하여 낮에는 더위, 밤에는 추위를 당하리라**"(렘 36:29-30).

겨울 궁에 "앉아 있던" 왕(22절)과는 대조적으로 다윗의 왕위에 "앉을 사람"이 그에게 없을 것이다(30절). 여기서 22절과 30절의 "앉다"(יָשַׁב, 야샤브)라는 동사가 동일한 히브리어다. 그의 아들 여호야긴은 기원전 597년에 바빌로니아의 포로로 압송된다. 이는 여호야김에게서 다윗의 왕위에 앉을 자가 없으리라는 심판이 성취된 것으로 보인다.

또한 겨울과 화로라는 춥고 따뜻한 이미지는 밤의 추움과 낮의 더움으로 나타난다. 이러한 이미지들은 현재의 모습과 미래의 모습을 대비시켜준다. 즉 지금은 겨울에 따뜻한 난로에 앉아서 추위를 피하고 있는 왕이지만, 앞으로 그의 시체는 그렇게 추위를 피하지 못하고 또한 더위도 피하지 못할 것이다. 왕은 자신이 지은 죄에 상응하는 벌을 받게 될 것이다.

예루살렘 성이 기원전 598년에 바빌로니아 군대에 항복한 이후 이미 죽은 여호야김의 시신은 수치스럽게 파헤쳐져 그의 반역에 대한 바빌로니아의 보복이 얼마나 잔인한가를 과시하는 증거로 공개되었을 가능성이 크다.[19] 하나님의 심판은 왕에게만 국한되지 않는다. 왕뿐만 아니라 왕의 후손과 신하들도 그들의 죄악으로 벌을 받을 것이고, 예루살렘 주민과 유다 사

---

[19] 로날드 클레멘츠, 『예레미야』, 김회권 역(현대성서주석; 서울: 한국장로교출판사, 2002), 318.

람들도 재난을 당할 것이다.

> 또 내가 **그와 그의 자손**과 **신하들**을 그들의 죄악으로 말미암아 벌할 것이라. 내가 일찍이 그들과 **예루살렘 주민**과 **유다 사람**에게 그 모든 재난을 내리리라 선포하였으나 그들이 듣지 아니하였느니라(렘 36:31).

예레미야 36장은 "유다의 요시야 왕의 아들 여호야김"으로 시작한다. 이 장은 "경건한 왕 아버지 요시야"와 "불경건한 왕 아들 여호야김"을 의도적으로 대조시킨다. 여호야김의 아버지 요시야 왕은 발견된 율법책을 읽었을 때 자신의 옷을 "찢었다"(קָרַע, 카라).

> 왕이 율법책의 말을 듣자 곧 그의 옷을 **찢으니라**(קָרַע, 카라)(왕하 22:11).

요시야 왕은 사람을 보내어 그 말씀에 순종해서 우상을 "불태웠다"(שָׂרַף, 샤라프).

> 또 유다 여러 왕이 태양을 위하여 드린 말들을 제하여 버렸으니 이 말들은 여호와의 성전으로 들어가는 곳의 근처 내시 나단멜렉의 집 곁에 있던 것이며 또 태양 수레를 **불사르고**(שָׂרַף, 샤라프)(왕하 23:11).

> 또한 이스라엘에게 범죄하게 한 느밧의 아들 여로보암이 벧엘에 세운 제단과 산당을 왕이 헐고 또 그 산당을 **불사르고**(שָׂרַף, 샤라프) 빻아서 가루를 만들며 또 아세라 목상을 **불살랐더라**(שָׂרַף, 샤라프)(왕하 23:15).

그러나 여호야김은 두루마리 책을 읽을 때 자신의 옷을 "찢지"(קָרַע, 카라)

않고 오히려 그 두루마리 책을 칼로 "찢었고"(קרא, 카라), 칼로 찢은 그 두루마리 책을 불타는 화로 속에 던져서 완전히 "불태워버렸다"(שׂרף, 샤라프). 아버지 요시야는 율법책을 읽고 "자신의 옷을 찢고" "우상을 불태웠다." 이와는 대조적으로 아들 여호야김은 두루마리 책을 읽고 "그 책을 찢고" 또 그 책을 불태웠다." 자신을 찢으면 모두가 살고, 남을 찢으면 모두가 죽는다.

예레미야 36장은 이 단어들을 통해서 두 사람의 대조적인 면을 부각시킨다. 따라서 예레미야 36장은 열왕기하 22장의 구조와 매우 유사함을 알 수 있다. 그 두루마리 책은 먼저 국가관리의 손에 놓이게 되었고(왕하 22:9-10; 렘 36:10-11), 이에 대한 왕의 반응(왕하 22:11-13; 렘 36:23-26), 그 반응 이후의 예언(왕하 22:15-20; 렘 36:28-31)이 유사하다.[20]

두 번째 두루마리 책은 소실된 첫 번째 두루마리 책의 내용보다 더 많이 증보되었다.

> 이에 예레미야가 다른 두루마리를 가져다가 네리야의 아들 서기관 바룩에게 주매 **그가 유다의 여호야김 왕이 불사른 책의 모든 말을 예레미야가 전하는 대로 기록하고 그 외에도 그 같은 말을 많이 더하였더라**(렘 36:32).

여호야김이 두루마리 책을 불태워 제거하였지만 그 내용이 작동하는 것을 막을 수는 없었다.[21] 예언서(두루마리)를 불태운다고 하나님의 말씀까지 없앨 수 있는 건 아니다.[22] 왕의 거부는 오히려 보다 포괄적인 두루마리 책을 낳는 결과를 가져왔다. 왕의 행동은 두루마리의 위협을 제거하지도 못했고

---

20 이에 대한 자세한 논의는 다음을 참조하라. C. D. Isbell, "II Kings 22:3-23:24 and Jeremiah 36: A Stylistic Comparison," *JSOT* 8 (1978), 33-45.
21 R. P. Carroll, *The Book of Jeremiah* (OTL; Philadelphia: Westminster, 1986), 663.
22 김명숙, 『예레미야서 26-52장: 거룩한 독서를 위한 구약성경 주해』, 181.

자신의 문제만을 증대시켰다.[23]

왕은 구두로 선포된 예언에 대하여 듣기를 거절함으로써 궁극적으로 훨씬 더 많은 수의 세대―그의 세대뿐만 아니라 많은 후세대―가 오히려 그 말씀의 청중(타깃)이 되는 상황을 초래하였다. 예언은 기록된 형태로 보존되면서 새로운 능력과 활력을 띠게 되었다. 그것은 더 많은 다양한 상황에서 읽히고 또 읽힐 수 있게 되었다. 예레미야의 예언들을 적은 두루마리를 불사르려고 시도했던 여호야김의 노력은 하나님의 말씀을 파손하기는커녕 오직 그것이 새로운 활력과 더 넓은 적용 범위를 획득하는 결과를 가져왔을 뿐이었다.[24] 하나님의 말씀은 사람들에 의해서 배척받고 불태워 소실되는 수난 가운데서도 끝까지 살아서 움직이고 있다.

> 하나님의 말씀은 살아 있고 활력이 있어 좌우에 날 선 어떤 검보다 예리하여 혼과 영과 및 관절과 골수를 찔러 쪼개기까지 하며 또 마음의 생각과 뜻을 판단하나니(히 4:12).

하나님의 말씀은 온갖 장벽과 억압을 뛰어넘어 오히려 더 강해진다. 하나님의 말씀은 불같은 시험을 당해도 한층 더 단단해지고 활력을 갖게 된다.

23　W. Brueggemann, *A Commentary on Jeremiah: Exile and Homecoming*, 353.
24　로날드 클레멘츠, 『예레미야』, 322-323.

제25강

예레미야의 마지막 설교

"내 말과 그들의 말 가운데서 누구의 말이 진리인지 알리라"(렘 44:1-30)

1. 망하고도 정신 못 차리는 유다 백성: "너희 악행과 너희 아내들의 악행을 잊었느냐"(렘 44:1-14)

예레미야 44장은 기원전 587년의 유다 왕국 멸망 사건으로 야웨의 심판 예고가 역사적으로 입증되었음에도 불구하고 그의 동료들이 여전히 거부하고 있는 야웨의 심판의 말씀을 계속해서 담대하게 선포한 예레미야의 마지막 말씀이다.[1] 이 장에는 유다 왕국이 완전히 몰락한 이후 이집트에 있는 유다인들을 향한 예레미야의 말씀이 담겨 있다. 이 장은 출애굽 사건(출 1-14장)과 그 사건의 전주곡인 요셉 이야기(창 37-50장)를 제외하면, 하나님의 백성들이 이집트에서 어떤 삶을 살았는지를 보여주는 유일한 본문이다.[2] 이 장은 다음과 같이 구분된다.

① 1-14절: 예레미야의 설교
② 15-19절: 백성들의 공개적인 반론
③ 20-30절: 반론에 대한 예레미야의 응답과 심판 선포

먼저 첫 번째 단락인 예레미야 44:1-14은 다음과 같이 구성되어 있다.

ⅰ) 1-6절: 지난 유다 역사의 회고
ⅱ) 7-10절: 유다 백성들을 향한 책망
ⅲ) 11-14절: 이들에 대한 심판의 말씀

---

1 J. Schreiner, *Jeremia 25,25-52,34* (NEB; Würzburg: Echter Verlag, 1984), 234.
2 L. Stulman, *Jeremiah* (AOTC; Nashville: Abingdon Press, 2005), 343

1절은 예레미야에게 임한 말씀의 대상이 되는 네 지역이 나열된다.

> 애굽 땅에 사는 모든 유다 사람 곧 **믹돌**과 **다바네스**와 **놉**과 **바드로스** 지방에 사는 자에 대하여 말씀이 예레미야에게 임하니라 이르시되(렘 44:1).

이 가운데 믹돌(Migdol), 다바네스(Tachpanhes), 놉(Nof)은 모두 이집트 북부 지역에 위치한다.[3] 바드로스(Patros)만 이집트 남부 지역에 있다(참조. 사 11:11; 겔 29:14; 30:14). 이 지역들은 유다인 디아스포라들이 거주한 곳이다. 유다인들은 나일강 근처의 델타 지역과 이집트 북쪽 지역뿐만 아니라 이집트 전역에 흩어져서 거주하였다. 예레미야가 바룩과 함께 억지로 끌려온 곳은 다바네스였다.

> **애굽 땅에 들어가 다바네스에 이르렀으니** 그들이 여호와의 목소리를 순종하지 아니함이러라(렘 43:7).

예레미야의 선포 지역에 다바네스 이외의 지역들이 포함되는 것으로 보아 그의 선포는 최근에 이집트에 도착한 피난민들뿐만 아니라 이미 이집트에 거주하였던 유다 사람 모두를 포함하는 것으로 보인다(1절).

예레미야는 이집트에 있는 유다 사람들에게 먼저 유다 왕국의 멸망 사건을 상기시킨다.

---

[3] "믹돌"은 이집트 탈출 때 이스라엘 백성이 지나간 경로 가운데 하나이며, "다바네스"의 동쪽에 위치한 것으로 추정되며 이집트의 최북단 국경 지역으로 간주된다(참조. 출 14:2; 민 33:7; 겔 29:10; 30:6). "놉"은 보통 멤피스(Memfis)로 불리며, 이곳은 카이로 남쪽에 위치한 고대 제국의 수도였다. W. Werner, *Das Buch Jeremia Kapitel 25-52* (NSKAT; Stuttgart: Verlag Katholisches Bibelwerk, 2003), 142-143.

만군의 여호와 이스라엘의 하나님께서 이와 같이 말씀하시니라. "너희가 예루살렘과 유다 모든 성읍에 내린 나의 모든 재난을 보았느니라. **보라! 오늘 그것들이 황무지가 되었고 사는 사람이 없나니**"(렘 44:2).

본국에 있는 유다 사람들은 우상을 숭배함으로 하나님의 진노를 불러들였다.

이는 그들이 자기나 너희나 너희 조상들이 **알지 못하는 다른 신들에게 나아가 분향하여 섬겨서 나의 노여움을 일으킨 악행으로 말미암음이라**(렘 44:3).

하나님은 모든 예언자를 총동원하여 파송하고 "제발 내가 미워하는 이 역겨운 짓을 하지 말아라"고 줄곧 타일렀다.

내가 나의 모든 종 선지자들을 너희에게 보내되 끊임없이 보내어 이르기를 "너희는 내가 미워하는 이 가증한 일을 행하지 말라" 하였으나(렘 44:4).

그러나 그들은 순종하지 않고 다른 신에게 향을 피우는 일을 멈추지 않고 계속하였다.

그들이 듣지 아니하며 귀를 기울이지 아니하고 **다른 신들에게 여전히 분향하여** 그들의 악에서 돌이키지 아니하였으므로(렘 44:5).

이에 대하여 야웨 하나님은 유다 성읍들과 예루살렘 거리를 불살라버릴 수밖에 없었고, 그곳은 황무지와 폐허가 되어버렸다.

나의 분과 나의 노여움을 쏟아서 유다 성읍들과 예루살렘 거리를 불살랐더니 **그것들이 오늘과 같이 폐허와 황무지가 되었느니라**(렘 44:6).

7절은 "그러나 이제"(וְעַתָּה, 베아타)라는 단어로 시작한다.

(그러나 이제, 히브리어 성서) 만군의 하나님 이스라엘의 하나님 여호와께서 이와 같이 말씀하셨느니라. "너희가 어찌하여 큰 악을 행하여 자기 영혼을 해하며 유다 가운데에서 너희의 남자와 여자와 아이와 젖 먹는 자를 멸절하여 남은 자가 없게 하려느냐"(렘 44:7).

우리말 성서에는 번역되지 않은 이 어구("그러나 이제")는 수사적 장치로서 과거에서 현재로 전환할 때 쓰인다.[4] 7절부터는 예언자의 설교가 명백하게 이집트에 거주하는 유다 사람들을 향하고 있다. 이들은 이미 예루살렘과 유다에 심판을 불러들였던 죄악을 이집트에서도 계속 저지름으로써 멸망을 자초하고 있다.

어찌하여 너희가 너희 손이 만든 것으로 나의 노여움을 일으켜 **너희가 가서 머물러 사는 애굽 땅에서 다른 신들에게 분향함으로** 끊어버림을 당하여 세계 여러 나라 가운데에서 저주와 수치거리가 되고자 하느냐(렘 44:8).

여기서 "너희 손이 만든 것"이란 표현은 그들이 손으로 만들어낸 작품(우상의 형태)이나 또는 "그들이 행한 짓거리"를 뜻한다.[5] 이어지는 구절에서는

---

[4] J. R. Lundbom, *Jeremiah 37-52* (AB; New York: Doubleday, 2004), 158.
[5] J. A. 톰슨, 『예레미야(하)』, 최우성 역(반즈 신구약 성경주석; 서울: 크리스챤서적, 1993), 986.

잘못된 우상숭배에서 특히 중요한 역할을 한 사람들로 부인들이 언급된다.

> 9)너희가 유다 땅과 예루살렘 거리에서 행한 너희 조상들의 악행과 유다 왕들의 악행과 **왕비들의 악행**과 너희의 악행과 **너희 아내들의 악행**을 잊었느냐? 10)그들이 오늘까지 겸손하지 아니하며 두려워하지도 아니하고 내가 너희와 너희 조상들 앞에 세운 나의 율법과 나의 법규를 지켜 행하지 아니하느니라 (렘 44:9-10).

이는 17-19절에 묘사하고 있는 하늘 여신을 숭배하는 의식과 관련되어 있다. 이 의식은 특별히 여성들에게 매력적이었을 것이다.[6]

드디어 하나님의 심판이 선고된다(11-14절). 하나님의 심판은 단호하였다. 그는 온 유다를 멸망시키기로 작정하신다.

> 그러므로 만군의 여호와 이스라엘의 하나님께서 이와 같이 말씀하시니라. "보라! 내가 얼굴을 너희에게로 향하여 환난을 내리고 **온 유다를 끊어버릴 것이며**"(렘 44:11).

하나님은 이집트 땅에 들어가 정착하기로 마음을 굳힌 유다의 남은 자들을 붙잡아 그곳에서 모두 멸하실 것이다. 여기에는 빈부귀천("낮은 자로부터 높은 자까지")을 가리지 않는다.

> 내가 또 애굽 땅에 머물러 살기로 고집하고 그리로 들어간 유다의 남은 자들

---

6 G. L. Keown, P. J. Scalise, Th. G. Smothers, Jr., *Jeremiah 26-52* (WBC; Dallas, Texas: Word Books, 1995), 265.

을 처단하리니 그들이 다 멸망하여 애굽 땅에서 엎드러질 것이라. 그들이 칼과 기근에 망하되 **낮은 자로부터 높은 자까지 칼과 기근에 죽어서 저주와 놀램과 조롱과 수치의 대상이 되리라**(렘 44:12).

심판의 대상으로 모든 유다 사람이 포함된다. 이집트에 있는 유다 사람들을 향한 심판은 예루살렘에 임했던 심판에 상응한다.

내가 예루살렘을 벌한 것 같이 애굽 땅에 사는 자들을 칼과 기근과 전염병으로 벌하리니(렘 44:13).

이들 가운데 피하거나 살아남아 소원대로 돌아와서 살고자 하여 유다 땅에 돌아올 자가 없을 것이다. 도망하는 자들 외에는 돌아올 자가 없을 것이다.

"애굽 땅에 들어가서 거기에 머물러 살려는 유다의 남은 자 중에 피하거나 살아남아 소원대로 돌아와서 살고자 하여 유다 땅에 돌아올 자가 없을 것이라. **도망치는 자들 외에는 돌아올 자가 없으리라**" 하셨느니라(렘 44:14).

여기서 "도망하는 자들"이란 이 단락의 맥락에서 보면 구원받은 "남은 자"라기보다는 "심판의 증인"으로 이해된다.[7] 만약에 남은 자가 있다면, 이들은 남은 자 가운데 남은 자로서 이미 가치를 상실한 "잔존자"(殘存者)에 불과하다.[8]

---

7   G. Wanke, *Jeremia. Teilband 2: Jeremia 25,15-52,34* (ZBAT; Zürch: Theologischer Verlag, 2003), 382.
8   W. Brueggemann, *A Commentary on Jeremiah: Exile and Homecoming* (Grand Rapids, Michigan: Wm. B. Eerdmans Publishing Co, 1998), 406.

여호와께서 이와 같이 말씀하시되

"목자가 사자 입에서

양의 두 다리나 귀 조각을 건져냄과 같이

사마리아에서 침상 모서리에나

걸상의 방석에 앉은 **이스라엘 자손도 건져냄을 입으리라**"(암 3:12).

유다 백성들은 하나님을 배반하고 우상을 섬김으로 국가의 멸망이라는 절망적인 경험을 했음에도 불구하고 아직도 정신을 못 차린다. 유다 백성들은 국가의 멸망을 경험하고 이집트로 피란을 왔다. 그들은 본국에서부터 해왔던 우상숭배가 새로운 살길이라고 생각하는 듯, 새롭게 둥지를 튼 이집트에서도 그 우상숭배를 고집한다. 하나님의 품을 떠난 탕자의 방황은 멈출 줄 모른다. 국가가 멸망하고 예루살렘 성전은 불에 타서 사라진 상황에서도 유다 백성은 정신을 차리지 못한다.

2. 여전히 풍요와 축복만: "그때에는 우리가 먹을 것이 풍부하며 복을 받고" (렘 44:15-19)

예레미야의 경고는 집단적인 저항에 부딪힌다. 예레미야 44:15은 "모든 남자와 모든 여인과 모든 백성"이 들고 일어났다고 묘사한다.

그리하여 자기 아내들이 다른 신들에게 분향하는 줄을 아는 **모든 남자**와 곁에 섰던 **모든 여인** 곧 애굽 땅 바드로스에 사는 **모든 백성**의 큰 무리가 예레미야에게 대답하여 이르되(렘 44:15).

여기서 "모든"(כל, 콜)이라는 형용사가 세 번이나 반복된다. 이는 집단적인 행동, 집단적인 책임성, 집단적인 허물을 강조한다.[9] 이들은 예레미야의 경고를 공개적으로 단호하게 거역한다.

> 네가 여호와의 이름으로 우리에게 하는 말을 **우리가 듣지 아니하고**(렘 44:16).

그리고 자신들이 유다 땅에서 해오던 대로 "하늘의 여왕"(the Queen of Heaven)을 섬기겠다고 선언한다.

> 우리 입에서 낸 모든 말을 반드시 실행하여 **우리가 본래 하던 것** 곧 우리와 우리 선조와 우리 왕들과 우리 고관들이 **유다 성읍들과 예루살렘 거리에서 하던 대로 하늘의 여왕에게 분향하고 그 앞에 전제를 드리리라**(렘 44:17a).

백성들은 하늘의 여왕을 섬길 때는 먹을 것도 풍부하며 복도 받고 재난을 당하지도 않았으나, 이 섬김을 폐하자 칼과 기근에 멸망을 당한 것이라고 확신한다.

> 17b)그때에는 우리가 먹을 것이 풍부하며 복을 받고 재난을 당하지 아니하였더니 18)우리가 하늘의 여왕에게 분향하고 그 앞에 전제 드리던 것을 폐한 후부터는 모든 것이 궁핍하고 칼과 기근에 멸망을 당하였느니라 하며(렘 44:17b-18).

하늘의 여왕을 섬길 때가 국가의 전성기였다는 생각은 아마도 최장기 통

---

9   L. Stulman, *Jeremiah*, 340.

치자였던 므낫세 시대(기원전 696-642년)를 가리키는 것 같다(왕하 21:3-7).[10] 하늘의 여왕 숭배를 폐한 것은 종교개혁을 단행한 요시야 시대(기원전 639-609년)를 암시하는 것 같다(왕하 23:4-5; 대하 34:1-7). 하늘의 여왕 숭배를 중지시킨 요시야 왕은 이집트의 느고와 싸우다 전사하였다(왕하 23:29). 느고는 반(反)이집트 성향인 요시야의 아들 여호아하스를 유배하고 요시야의 또 다른 아들인 엘리야김을 여호야김으로 개명하여 왕으로 앉혔다(왕하 23:34). 여호야김은 이집트에 조공을 바치느라 세금을 걷어야 했고, 이에 따라 백성의 삶은 피폐해졌을 것이다(왕하 23:35). 그다음 왕인 여호야긴은 바빌로니아로 유배당하였고(왕하 24:10-17), 시드기야 시대에는 유다 왕국이 몰락을 맞는다(왕하 25:1-7). 그래서 백성은 하늘의 여왕 숭배를 중지한 탓에 온갖 재앙이 닥쳤다고 생각하게 된 것이다.[11]

주로 여자들이 주도적으로 참여하였던 이 하늘의 여왕 숭배 제사에 남편들의 후원도 있었음을 첨언(添言)하고 있다.

> 여인들은 이르되 "우리가 하늘의 여왕에게 분향하고 그 앞에 전제를 드릴 때에 **어찌 우리 남편의 허락이 없이 그의 형상과 같은 과자를 만들어 놓고 전제를 드렸느냐**" 하는지라(렘 44:19).

19절은 남편들도 이 숭배의식에 깊이 관련되어 있음을 말하고 있다.[12] 예레미야 7:17-19에는 이런 제사의식에 대해 보다 자세하게 설명되어 있다.

10　김명숙,『예레미야서 26-52장: 거룩한 독서를 위한 구약성경 주해』(서울: 바오로딸, 2021), 253.
11　김명숙,『예레미야서 26-52장: 거룩한 독서를 위한 구약성경 주해』, 254.
12　G. L. Keown, P. J. Scalise, Th. G. Smothers, Jr., *Jeremiah 26-52*, 266.

17)"너는 그들이 유다 성읍들과 예루살렘 거리에서 행하는 일을 보지 못하느냐? 18)**자식들은 나무를 줍고 아버지들은 불을 피우며 부녀들은 가루를 반죽하여 하늘의 여왕을 위하여 과자를 만들며 그들이 또 다른 신들에게 전제를 부음으로 나의 노를 일으키느니라.**" 19)여호와의 말씀이니라. "그들이 나를 격노하게 함이냐? 자기 얼굴에 부끄러움을 자취함이 아니냐?"(렘 7:17-19)

거기에는 모든 가족이 다 연루되었다. 즉 아이들은 나무를 모았고, 아비들은 불을 피웠으며, 여자들은 하늘 여왕에게 바칠 과자를 만들기 위해 가루를 반죽하였다. 신들에게 곡식과 떡, 과자를 제물로 바치는 것은 고대 중동 사회에서 잘 알려져 있었다.[13] 이 과자는 하늘 여신의 모양을 본뜬 것으로 추정된다. 아마 이 과자 모양은 천체 여신의 상징적인 대리를 표하는 별 모양의 형태이거나 시리아와 팔레스타인에서 널리 유포된 나체의 여신상이었을 것이다.[14]

여기서 하늘 여왕이 정확하게 누구를 가리키는지는 확실치 않다. 학자들은 아스다롯(Astarte, 메소포타미아의 이슈타르[Ishtar])이나 아낫(Anat) 또는 아세라(Asherah) 등이 그에 해당할 것이라고 주장한다.[15] 아무튼 이 여신은 생명력을 소생시키는 신으로 숭배되었다. 이 여신은 여인들 사이에서 산모의 안전한 출산, 건강한 자녀 출산, 질병으로부터의 구원을 확보하는 데 필수적인 능력을 가진 자로 숭앙(崇仰)되었다. 자녀 출산과 결부된 위험들, 광범위한 유아 사망, 여러 가지 알 수 없는 방법들로 질병이 어린 생명들을 앗아가는 현실은 그 생명의 여신에게 한층 더 증가된 매력과 외경심의 후광

---

13 J. A. 톰슨, 『예레미야(하)』, 991.
14 G. Wanke, *Jeremia. Teilband 2: Jeremia 25,15-52,34*, 383
15 이와 관련한 다양한 견해에 대하여는 다음을 참조하라. J. Day, *Yahweh and the Gods and Goddesses of Canaan* (Sheffield: Sheffield Academic Press, 2000), 144-150.

을 덧입혀 주었다. 그러므로 하늘 여신 숭배제의는 많은 세대 동안 이스라엘과 유다의 백성들에게 끊임없이 실행되었으며, 거의 뿌리 뽑을 수 없는 유혹이었다.[16]

아마도 이 백성들은 비교적 오랫동안 평온했던 므낫세의 통치 기간(기원전 696-642년)을 생각하고 있었을 것이다. 므낫세의 시대는 온갖 비(非)야웨 종교가 자유롭게 허락되었다. 그 뒤 요시야가 종교개혁(기원전 622년)을 단행함으로써 이방 신들을 없애버렸다. 일군의 유다 사람들은 요시야의 개혁을 구국적 조치가 아닌, 오히려 나라의 쇠망을 재촉한 것으로 보았던 것 같다. 그들은 국가적으로 개혁을 단행했는데도 국가적인 재앙을 당한다는 것은 분명히 이 개혁으로 인해 이방 신 예배가 금지되자 여러 신들이 분노했기 때문이라고 생각하게 되었다.[17] 한마디로 우상은 번영을, 야웨는 고통만 준다는 것이다.

이스라엘은 처음부터 이중적인 종교 전통에 익숙해 있었다. 한편으로는 강력한 국가적인 토대 위에 구축되고 도덕적으로 높은 엄격성과 의도성을 가진 "야웨 종교"(Yahwism)가 있었고, 다른 한편으로는 생명력을 부양시키고 증진시키는 일을 최우선시하는 "생명력의 종교"가 있었다. 특히 이 종교 전통은 바알 신과 여신 아낫의 종교 제의 전통을 중심으로 유지되었다. 이 제의의 목적은 풍요와 다산, 축복을 증진시키고, 죽음으로부터 보호하는 데 있다. 이 자연적 종교는 도덕적인 요구들의 족쇄에 전혀 매여 있지 않았으며, 오직 적당한 희생 제사를 바치고 소정의 제의들을 준수하기만을 요구한다(17절). 이에 비해 예레미야가 옹호하던, 야웨 예배에 대한 엄격한 예언자적인 전통은 더 사려 깊은 성찰을 불러일으키는 종교를 요구하였

---

16 로날드 클레멘츠, 『예레미야』, 김회권 역(현대성서주석; 서울: 한국장로교출판사, 2002), 359.
17 존 브라이트, 『예레미야』, 번역실 역(국제성서주석; 서울: 한국신학연구소, 1990), 390.

다. 그것은 하나님의 계명들에 대한 순종과 도덕적인 공명정대를 요구하였다.[18]

오늘날 우리의 주된 관심이 늘 풍요와 다산, 축복이라면 우리는 야웨 하나님과 관계없는 우상인 하늘 여왕을 섬기고 사는 것이다. 이 여신은 적당한 제물과 예배 의식만으로도 만족시킬 수 있다. 그러나 우리 하나님 야웨는 계명에 순종하며 삶으로 제사를 드리는 자를 원하신다.

[1]그러므로 형제들아, 내가 하나님의 모든 자비하심으로 너희를 권하노니 **너희 몸을 하나님이 기뻐하시는 거룩한 산 제물로 드리라**. 이는 너희가 드릴 영적 예배니라. [2]너희는 이 세대를 본받지 말고 오직 마음을 새롭게 함으로 변화를 받아 하나님의 선하시고 기뻐하시고 온전하신 뜻이 무엇인지를 분별하도록 하라(롬 12:1-2).

3. 진리 따라 한평생: "내 말과 그들의 말 가운데서 누구의 말이 진리인지 알리라"(렘 44:20-30)

예레미야는 유다 사람들의 반론을 듣고 이에 대하여 책망조로 반박하고(렘 44:20-23) 그들에게 최종적인 심판을 선포한다(렘 44:24-30). 예레미야는 유다 사람들의 조상과 왕들과 고관들과 백성들이 유다 성읍들과 예루살렘 거리에서 우상을 섬긴 것을 야웨께서 기억하고 계신다는 점을 부각한다.

[20]예레미야가 남녀 모든 무리 곧 이 말로 대답하는 모든 백성에게 일러 이르되 [21]"너희가 너희 선조와 너희 왕들과 고관들과 유다 땅 백성이 유다 성읍들

---

18 로날드 클레멘츠, 『예레미야』, 361-362.

과 예루살렘 거리에서 분향한 일을 여호와께서 기억하셨고 그의 마음에 떠오른 것이 아닌가"(렘 44:20-21).

여기서 "기억하다"(זָכַר, 자카르)는 단어는 하나님이 잊고 있다가 갑자기 생각하셨다는 의미가 아니다. 히브리어 "자카르"(זָכַר, 기억하다)는 실제적으로 주목하고 깊숙이 관여하는 것을 뜻한다.[19] 이스라엘 자손들이 이집트에서 종살이를 할 때 하나님이 언약을 기억하시고 그들을 억압에서 구원하셨다.

하나님이 그들의 고통 소리를 들으시고 **하나님이 아브라함과 이삭과 야곱에게 세운 그의 언약을 기억하사**(זָכַר, 자카르)(출 2:24; 참조. 출 6:5).

이 경우에 기억함은 하나님의 은혜로운 구원 행위를 직접적으로 이끈다. 그런데 예레미야의 선포에서 하나님의 기억하심은 징벌을 일으킨다.

야웨 하나님은 이집트의 유다 공동체가 거짓 신들을 숭배한 것에 대하여 책임을 물으신다. 그들은 우상을 섬길 뿐만 아니라 야웨의 목소리에 순종하지 않고 야웨의 율법과 규례와 권고들을 행치 않았기 때문에 그들에게 재앙이 들이닥친 것이다.

[22]**여호와께서 너희 악행과 가증한 행위를 더 참을 수 없으셨으므로 너희 땅이 오늘과 같이 황폐하며 놀램과 저줏거리가 되어 주민이 없게 되었나니** [23]**너희가 분향하여 여호와께 범죄하였으며 여호와의 목소리를 순종하지 아니하고 여호와의 율법과 법규와 여러 증거대로 행하지 아니하였으므로 이 재난이 오늘과 같이 너희에게 일어났느니라**(렘 44:22-23).

---

19 L. Stulman, *Jeremiah*, 341.

유다 역사에 대한 해석이 전혀 다르다. 유다 백성들은 국가의 멸망이 우상 신들을 제거함에서 비롯했다고 보았고, 예레미야는 백성들이 우상 신들을 숭배하여 하나님이 진노하심으로써 국가가 멸망했다고 해석한다.

유다 사람들은 자기들이 서원한 것을 지켜야 한다고 끝까지 고집한다.

24) 예레미야가 다시 모든 백성과 모든 여인에게 말하되 "애굽 땅에서 사는 모든 유다 사람이여, 여호와의 말씀을 들으라. 25) 만군의 여호와 이스라엘의 하나님께서 이와 같이 말씀하시되 '**너희와 너희 아내들이 입으로 말하고 손으로 이루려 하여 이르기를 우리가 서원한 대로 반드시 이행하여 하늘의 여왕에게 분향하고 전제를 드리리라**' 하였은즉 '너희 서원을 성취하며 너희 서원을 이행하라' 하시느니라"(렘 44:24-25).

이들의 고집은 돌이키기에는 이미 늦었다. 각자가 갈 길을 가고 그 결과를 스스로 책임질 수밖에 없다. 그래서 예레미야는 "너희 서원을 성취하며 너희 서원을 이행하라"고 비꼬는 투로 말하며 더 이상 권고하지 않는다. 그 대신 그들의 고집스러운 행실에 대한 심각한 결과만을 알려준다. 이집트에 거하는 모든 유다 사람은 칼과 기근으로 망하여 멸절될 것이다.

26) 그러므로 애굽 땅에서 사는 모든 유다 사람이여 여호와의 말씀을 들으라. 여호와께서 말씀하시되 "보라! 내가 나의 큰 이름으로 맹세하였은즉 애굽 온 땅에 사는 유다 사람들의 입에서 다시는 내 이름을 부르며 '주 여호와의 살아 계심을 두고 맹세하노라' 하는 자가 없으리라. 27) 보라! 내가 깨어 있어 그들에게 재난을 내리고 복을 내리지 아니하리니 **애굽 땅에 있는 유다 모든 사람이 칼과 기근에 망하여 멸절되리라**"(렘 44:26-27).

이러한 심판은 11-14절에서 이미 언급한 것과 크게 다르지 않다.

그러나 여기서는 "주 여호와의 살아 계심을 두고 맹세하노라 하는 자가 없으리라"(26b절)는 표현을 통하여 심판의 심각성과 확실성을 강조한다. "주 여호와의 살아 계심을 두고 맹세하노라"는 맹세 양식(Eidesformel)은 예레미야 16:14-15과 23:7-8의 구원 선포를 암시한다.

14)여호와의 말씀이니라. "그러나 보라! 날이 이르리니 다시는 이스라엘 자손을 애굽 땅에서 인도하여 내신 여호와께서 살아 계심을 두고 맹세하지 아니하고 15)이스라엘 자손을 북방 땅과 그 쫓겨났던 모든 나라에서 인도하여 내신 **여호와께서 살아 계심을 두고 맹세하리라.** 내가 그들을 그들의 조상들에게 준 그들의 땅으로 인도하여 들이리라"(렘 16:14-15).

7)그러므로 여호와의 말씀이니라. "보라! 날이 이르리니 그들이 다시는 이스라엘 자손을 애굽 땅에서 인도하여 내신 여호와의 사심으로 맹세하지 아니하고 8)이스라엘 집 자손을 북쪽 땅, 그 모든 쫓겨났던 나라에서 인도하여 내신 **여호와의 사심으로 맹세할 것이며** 그들이 자기 땅에 살리라" 하시니라(렘 23:7-8).

그곳에서 이 양식은 유다 사람들이 흩어진 나라들로부터 고향으로 귀환할 것이라는 희망의 약속을 표현하고 있다. 그러나 여기서 이집트에 있는 유다 사람들은 미래의 구원에서 제외된다. 그들은 하나님의 구원 계획에 참여할 자리가 없다.[20]

"보라! 내가 깨어 있어(שׁקד, 쇼케드) 그들에게 재난을 내리고 복을 내리

---

20   G. Wanke, *Jeremia. Teilband 2: Jeremia 25,15-52,34*, 384.

지 아니하리니"(27a절)라는 말씀도 이스라엘의 회복을 약속하는 예레미야 31:27-28의 구원 약속을 염두에 둔 표현이다.

> 27)여호와의 말씀이니라. "보라! 내가 사람의 씨와 짐승의 씨를 이스라엘 집과 유다 집에 뿌릴 날이 이르리니 28)깨어서 그들을 뿌리 뽑으며 무너뜨리며 전복하며 멸망시키며 괴롭게 하던 것과 같이 **내가 깨어서**(שָׁקַד, 쇼케드) **그들을 세우며 심으리라.**" 여호와의 말씀이니라(렘 31:27-28).

이들에게는 이러한 약속마저도 박탈된다. 28절은 심판의 칼에서 살아남은 소수의 사람이 생존할 것을 예고한다.

> 그런즉 **칼을 피한 소수의 사람**이 애굽 땅에서 나와 유다 땅으로 돌아오리니 애굽 땅에 들어가서 거기에 머물러 사는 유다의 모든 남은 자가 내 말과 그들의 말 가운데서 **누구의 말이 진리인지 알리라**(렘 44:28).

이 남은 자들은 대대적인 심판의 증인 역할을 한다.[21] 이들을 통하여 예레미야의 말과 유다 사람들의 말 가운데 어떤 말이 진리였는지가 밝혀질 것이다.

28절은 아마도 기원전 568년에 발생한 바빌로니아 왕 느부갓네살의 이집트 침공 사건과 관련이 있어 보인다(렘 43:8-13; 46:13-17). 이 침공은 이집트가 더 이상 주변 국가들의 반란에 동조할 수 없도록 하려고 시도한 것이다. 바빌로니아 왕은 속국의 지도자들과 백성들을 가혹하게 다루었다.

---

21 G. Wanke, *Jeremia. Teilband 2: Jeremia 25,15-52,34*, 385.

> 그(느부갓네살)가 와서 애굽 땅을 치고
> 죽일 자는 **죽이고**
> 사로잡을 자는 **사로잡고**
> 칼로 칠 자는 **칼로 칠 것이라**(렘 43:11).

바빌로니아의 이집트 침공은 아주 화려하게 장식된 이집트의 신전들을 가혹하게 약탈하고 노략질하는 형태로 이루어질 것이다.

> 12)"내가 **애굽 신들의 신당들을 불지르리라**. 느부갓네살이 그들을 불사르며 그들을 사로잡을 것이요 목자가 그의 몸에 옷을 두름 같이 애굽 땅을 자기 몸에 두르고 평안히 그곳을 떠날 것이며 13)그가 또 애굽 땅 **벧세메스의 석상들을 깨뜨리고 애굽 신들의 신당들을 불사르리라**" 하셨다 할지니라 하시니라(렘 43:12-13).

그것은 이집트의 신들을 격렬하게 모독하는 짓이며 더 나아가서는 이집트의 신들이 얼마나 무기력한가를 증명하는 행동이 될 것이다. 예레미야는 느부갓네살의 이집트 침공을 야웨 하나님의 심판의 도구로 해석하였다.

> 그리고 너는 그들에게 말하기를 "만군의 여호와 이스라엘의 하나님께서 이와 같이 말씀하시되 '보라! **내가 내 종 바벨론의 느부갓네살 왕을 불러오리니** 그가 그의 왕좌를 내가 감추게 한 이 돌들 위에 놓고 또 그 화려한 큰 장막을 그 위에 치리라'"(렘 43:10).

야웨 하나님의 의지와 권능을 피할 수 있는 어떤 피난처도 있을 수 없다. 기원전 568년 느부갓네살이 이집트로 행진해 들어갔을 때 그것은 유다에 남

아 있던 사람들이 이집트로 피신한 것이 치명적인 오류였다는 증거로 보였을 것이다.[22]

예레미야는 이집트에서 유다 사람들을 벌할 심판의 표징을 제시한다.

> 여호와의 말씀이니라. "**내가 이곳에서 너희를 벌할 표징이 이것이라.** '내가 너희에게 재난을 내리리라' 한 말이 반드시 이루어질 것을 그것으로 알게 하리라"(렘 44:29).

유다 왕 시드기야가 느부갓네살에 의하여 죽임을 당한 것 같이(기원전 587년), 이집트의 왕 호브라(Hofra, 기원전 589-570년)가 원수의 손에 암살당한다는 것이다. 이집트의 왕 호브라의 죽음이 유다 심판의 표징이다.

> "보라! 내가 유다의 시드기야 왕을 그의 원수 곧 그의 생명을 찾는 바벨론의 느부갓네살 왕의 손에 넘긴 것 같이 **애굽의 바로 호브라 왕을 그의 원수들 곧 그의 생명을 찾는 자들의 손에 넘겨주리라.**" 여호와께서 이와 같이 말씀하셨느니라(렘 44:30).

아프리스(Apries)라고도 하는 호브라는 기원전 588년 바빌로니아에게 반항하면 시드기야를 도와주겠다고 약속하고 유다에 군대를 파견한 이집트 왕이다.[23]

바로(호브라)의 군대가 애굽에서 나오매 예루살렘을 에워쌌던 갈대아인이 그

---

22 로날드 클레멘츠, 『예레미야』, 356.
23 D. R. Jones, *Jeremiah* (NCBC; Grand Rapids, Michigan: Eerdmans, 1992), 482.

소문을 듣고 예루살렘에서 떠났더라(렘 37:5).

이집트로 피신한 유다인들은 당시 자기들 편이 되어준 호브라를 마치 보호자처럼 생각했을 것이다. 그런 그가 죽으면 그 죽음이 자기들에게 닥칠 재앙의 신호탄처럼 느껴지게 될 것이다.[24] 그래서 이집트의 왕 호브라의 죽음이 표징이 될 수 있다는 것이다.

예레미야는 호브라가 느부갓네살의 손에 넘겨질 것이라고 말하지 않고 다만 그의 대적의 손에 넘겨질 것이라고 말했다. 호브라는 그의 통치 말년인 기원전 570년에 이르러 리비야 전투 중에 일어난 군대 반란을 진압하고자 아마시스(Amasis) 장군을 파견하였다. 그러나 아마시스(현재의 Ahmose II, 기원전 570-526년)는 자신이 왕임을 선포하고 호브라와 맞서서 실질적인 통치권을 행사하다가 그로부터 3년 후 호브라를 처형하였다. 이 아마시스가 기원전 568년 느부갓네살의 침공을 맞이하게 되었다.[25] 호브라의 죽음은 예레미야의 예언이 진실됨을, 즉 유다 사람들에게 심판이 임할 것이라는 확실성을 더해주었을 것이다.

예레미야 44장은 구약성서 전체에서 야웨에 대한 직접적인 반항 가운데 가장 강력한 경우 중 하나다. 이 장은 이집트에 잔존해 있는 유다 사람들에게 임할 피할 수 없는 심판을 강조하고 있다.[26] 느부갓네살은 기원전 568년에 이집트를 침공한다(28절). 이때는 이미 예레미야가 80세가 넘어가기 때문에 아마도 이전에 죽었을 것이다. 아무튼 예레미야 44장의 이야기는 우리가 그에 대하여 들을 수 있는 마지막 부분이다. 동족과의 갈등과 싸움

---

24 김명숙, 『예레미야서 26-52장: 거룩한 독서를 위한 구약성경 주해』, 257.
25 J. R. Lundbom, *Jeremiah 37-52*, 167-168.
26 G. L. Keown, P. J. Scalise, Th. G. Smothers, Jr., *Jeremiah 26-52*, 269.

그리고 이 싸움의 실패가 그의 인생의 마지막까지 동반되었다.[27] 예레미야의 마지막 말씀은 "내 말과 그들의 말 가운데서 누구의 말이 진리인지 알리라"는 것이었다. 그는 하나님으로부터 받은 자신의 소신을 끝까지 굽히지도 않았고 포기하지도 않았다.

원치 않는 이집트까지 끌려와서 마지막 순간까지 동족 유다의 집단적인 반대를 경험했던 예레미야(16절). 예언 활동 초기에 선포한 내용(렘 7:17-20)을 마지막 순간에도 또다시 반복해야만 했던 예레미야(25절). 그는 일생을 바쳐서 40년 넘게 하나님의 말씀을 외쳤지만 유다 사람들의 삶은 변화되지 않았다(23절). 그래도 그는 그들이 듣든지 아니 듣든지 진리만을 외쳤다.

> 그들은 심히 패역한 자라. **그들이 듣든지 아니 듣든지 너는 내 말로 고할지어다**(겔 2:7).

진리는 듣는 사람들의 동의 여부에 달려 있지 않다. 그에게는 "청중의 반응"보다는 "메시지를 올바로 전달"하는 것이 더 중요했다. 그는 눈앞에 보이는 다수의 사람을 보지 않았고, 오직 보이지 않는 하나님 한 분만을 상대했다. 한평생 진리만을 따른 한 예언자의 삶이 있었기에 오늘날까지 야웨 신앙이 그 생명력을 유지하는 것이다.

주변 사람들에게도 인정받고 하나님께도 인정받을 수 있다. 그러나 경우에 따라서는 사람의 인식 차원을 넘어서는 차원도 있다. 이때부터는 자신만의 길을 걸어야 한다. 오직 하나님만을 의식하며 자신의 길을 걷는 것이다. 이러한 삶이 유별나게 보일지도 모른다. 어쩌면 왕따의 삶을 살지도

---

27 W. Rudolph, *Jeremia* (HAT; Tübingen: J. C. B. Mohr, 1968), 263.

모른다. 그러나 하나님 앞에서의 삶의 행로가 진지하고 진정성이 있다면, 이해하는 사람이 조금씩 생길 것이다. 예레미야는 그 길을 걸어갔다. 외로움과 고독의 길이었지만, 아마도 세상이 알 수 없는 보람과 기쁨의 길이었을 것이다(렘 15:16). 나는 나의 길을 가련다. 나를 부르신 그분만을 의식하며, 다른 사람의 삶과 비교하지 않고, 다만 과거의 나와 비교하면서, 주어진 삶에 감사하며 순간순간 즐기며 살고 싶다. 이 길이 선배 예레미야가 먼저 걸어간 길이 아닐까.

부록

초보자를 위한 예레미야서와 예레미야애가의 개관과 메시지[1]

이 글은 예레미야서와 예레미야애가를 처음으로 접하는 분들을 위한 간결한 안내서다. 안내를 따라 먼저 각 장에 대한 설명을 간단히 숙지하고, 그다음 해당 성경 본문을 찾아서 읽으면 도움이 될 것이다. 동일한 장소도 가이드에 따라 다른 빛을 드러낸다. 전문 가이드의 손을 잡고 예레미야서와 예레미야애가 여행을 따라가 보자.

[1] 공동선(렘 1-3장)

예레미야는 요시야 왕이 통치하던 기원전 627/6년에 소명을 받아 예언자로 사역을 시작한다. 유다 왕국 멸망 이후 그는 이집트로 끌려가서 기원전 585년경 사역과 생애를 마감한 것으로 보인다. 예레미야는 약 40년간 예언자 사역을 했는데, 기원전 587년 유다의 멸망을 직접 체험한 유일한 예언자다. 국가 멸망이라는 참으로 불행한 시절에 예언 활동을 한 그는 "눈물의 예언자"라는 별명을 얻었다.

〈렘 1:1-3〉은 예레미야의 출신과 소명 연대와 활동 기간을 보여준다. 예레미야는 베냐민 땅 아나돗의 제사장 힐기야의 아들이다. 그는 요시야 왕 13년에 소명을 받아 유다의 마지막 왕 시드기야의 말년까지 예언 활동을 했다. 〈렘 1:4-10〉은 유명한 예레미야의 소명 기사다. 소명 기사에는 4

---

1 이 원고는 CGNTV의 〈공동체성경읽기〉(2021년 8월 6일부터 26일까지 방영)에서 소개된 내용을 다시 다듬은 글이다.

가지 단계와 요소가 있다. 여기서는 ① 하나님의 "부름"(5절), ② 부름에 대한 예레미야의 "거절"(6절), ③ 하나님의 "설득"(7절), ④ 하나님의 "약속"(8절)으로 이어지는 예언자의 소명 과정이 상세히 기록된다. 〈렘 1:11-16〉은 하나님의 심판을 의미하는 두 가지 환상을 소개한다. 예레미야는 "살구나무 환상"과 북으로부터 기울어진 "끓는 가마 환상"을 보게 된다. 〈렘 1:17-19〉은 예레미야의 파송 장면이다.

〈렘 2-3장〉은 예레미야의 활동 초기에 주로 이미 멸망한 북왕국 지역에 살던 사람들에게 전한 예언과 말씀이다. 〈렘 2:1-3〉은 이스라엘 백성이 하나님께 신실했던 광야 시절을 인애(사랑)와 결혼의 모습으로 그린다. 호세아와 같이 하나님과 이스라엘의 관계를 부부관계로 묘사한 것이다. 〈렘 2:4-25〉은 그 이후 약속의 땅에서 신실하지 못했던 삶을 지적한다. 〈렘 2:26-37〉은 이스라엘과 유다의 심판을 선고한다.

〈렘 3:1-5〉은 하나님 백성의 음란과 행악을 책망하는 내용이다. 〈렘 3:6-25〉은 이스라엘의 배역과 유다의 반역을 지적한다. 예레미야는 이스라엘과 유다의 관계를 자매로 표현한다. 이는 나중에 에스겔서에서도 다시 나온다. 이어서 배역한 이스라엘에게 죄를 자복하고 돌아오라고 촉구한다.

정리하면, 예레미야의 소명에서 배울 바가 있다. 모든 사람은 하나님의 뜻과 섭리 속에서 태어나고, 하나님에 의해서 주어진 삶을 산다. 즉 우리 모두는 하나님의 부르심을 받은 소명자다. 예레미야는 "열방의 선지자"(여러 나라의 선지자)로 소명을 받는다. 열방이란 유다를 포함한 이방 나라 전체를 말한다. 소명자들은 자신이 속한 공동체(가정, 교회, 민족, 국가)의 이익을 넘어서, 하나님의 뜻인 "공동선"(共同善, common good)을 추구한다. 하나님의 부르심을 받은 자들은 나를 넘어서 우리와 전체의 유익을 우선하는 삶을 살아간다.

[2] 한 사람을 찾습니다(렘 4-6장)

〈렘 4-6장〉은 유다와 예루살렘에 대한 재난 예언을 담고 있는 모음집이다. 〈렘 4:1-2〉은 이스라엘에게 말한 것이고, 〈렘 4:3-6장〉까지는 유다와 예루살렘 백성에게 말한 것이다. 〈렘 4:1-2〉은 진정한 돌이킴이 무엇을 의미하는지 설명한다. ① 우상들을 버리는 것, ② 진실과 정의와 공의를 행하는 것, ③ 하나님께만 맹세하는 것이 진정한 회개다. 〈렘 4:3-4〉은 하나님의 말씀을 마음으로 받아들이라고 권면한다. 〈렘 4:5-10〉은 북방의 적군이 유다 땅을 황폐하게 하리라는 심판 예언이다. 7절의 "사자"는 바빌로니아 왕 느부갓네살을 가리킨다. 심판의 날에는 왕과 지도자들, 제사장들과 예언자들 모두 놀랄 것이다. 〈렘 4:11-18〉은 예루살렘이 적군에 의해서 에워싸임을 당할 것을 예언한다. 〈렘 4:19-22〉은 예레미야가 앞으로 닥칠 멸망을 미리 내다보고 아파하는 장면을 묘사한다. "슬프고 아프다. 내 마음속이 아프고 내 마음이 답답하여 잠잠할 수 없으니 이는 나의 심령이 나팔소리와 전쟁의 경보를 들음이로다"(19절). 〈렘 4:23-28〉은 다가오는 멸망에 대한 예레미야의 환상이다. 예레미야는 환상을 통해 시온 백성이 "내게 화가 있도다. 죽이는 자로 말미암아 나의 심령이 피곤하도다"(31절)라는 고통의 소리를 듣는다.

〈렘 5:1-11〉은 더 이상 용서받을 수 없는 예루살렘의 허물과 반역에 대하여 언급하고 있다. 하나님은 예루살렘 도시에서 정의를 행하며 진리를 구하는 자가 한 명이라도 있다면 용서하려고 하셨다. 그러나 예루살렘에는 정의와 진리의 사람이 한 명도 없었다. 〈렘 5:12-19〉은 하나님이 이스라엘을 이방인에게 넘기실 것을 예언한다. 이 백성들은 심판을 예고하는 예언자들을 조롱했다. "선지자들은 바람이라. 말씀이 그들의 속에 있지 아니한즉"(13절). 〈렘 5:20-31〉은 깨닫지 못하는 백성의 죄를 지적하고 있다. "어리석고 지각이 없으며 눈이 있어도 보지 못하며 귀가 있어도 듣지 못하는 백성이여, 이를 들을지어다"(21절).

〈렘 6:1-8〉은 예루살렘을 벌 받을 성이라고 부르며, 예루살렘의 멸망을 예고하고 있다. 〈렘 6:9-15〉은 하나님의 경고의 말씀을 듣지 않는 당신의 백성에게 심판을 선포하고 있다. 〈렘 6:16-21〉은 하나님의 말씀과 율법을 거절하는 완고한 백성에게 심판을 예고한다. 〈렘 6:22-26〉은 예레미야가 북방에서 오는 적군을 두고 탄식하는 내용이다. 〈렘 6:27-30〉은 예레미야 개인을 향한 하나님의 말씀이다. 예레미야는 자기 백성을 살펴보고 평가해야 하는 검열관의 역할을 맡게 된다.

정리하면, 예레미야 5:1에서 배울 점이 발견된다. 아브라함 시대에 소돔과 고모라는 의인 열 명이 없어서 멸망당했다. 예레미야는 정의를 행하며 진리를 구하는 한 사람을 찾는다. 하나님은 예루살렘에서 신실한 사람 한 명만 찾아도 예루살렘 도시를 용서하겠다고 하신다. 때로는 의인 한 명이 한 도시를 구원할 수도 있다.

[3] 진정한 자랑(렘 7-9장)

〈렘 7:1-15〉은 유명한 "예레미야의 성전 설교"다. 이 성전 설교는 기원전 608년 여호야김 즉위 초에 선포되었다. 예레미야는 예루살렘 성전 문 앞에 서서 이 성전이 실로 성소와 같이 파괴될 것이라고 감히 설교했다. 당시 유다 백성들은 세상에서 온갖 죄악을 저지르면서도 성전에서 적당한 제사만 드리면 모든 것이 용서되고 구원받는다고 믿었다. 예레미야는 성전이 "도적의 소굴"이 되어버렸다고 일갈했다. 〈렘 7:16-28〉은 유다와 예루살렘의 우상숭배와 거짓된 예배를 질타하고 있다. 예레미야에게 유다 백성을 위해 중보기도를 하지 말라고 말씀하실 만큼 백성에 대한 하나님의 진노는 엄청났다. 〈렘 7:29-34〉은 힌놈 골짜기의 죄악상을 고발하고 있다. 힌놈 골짜기에서 유다 자손은 어린이를 제물로 바치는 만행을 저질렀다.

〈렘 8:1-3〉은 이미 죽은 유다인들의 뼈가 무덤에서 파헤쳐지고 흩뿌림을 당하는 능욕을 당할 것을 말한다. 그러나 당시 살아 있는 자의 운명이 그러한 죽음보다 더 비참할 것을 예고한다. 〈렘 8:4-13〉은 눈이 먼 백성과 엉터리 지도자들에 대하여 고발한다. 백성들은 짐승들보다 더 지각이 없다. 지도자들인 지혜자와 서기관, 예언자와 제사장도 거짓을 행한다. 〈렘 8:14-17〉은 공포에 빠진 백성의 모습을 보여준다. 〈렘 8:18-9:1〉은 예레미야의 탄원이다. 예레미야의 눈에는 백성이 사로잡혀 가는 모습이 벌써 보인다. 예레미야는 백성의 곤경이 마음속 깊이 파고들어 몹시 괴로워한다.

〈렘 9:2-11〉은 유다와 예루살렘의 간음과 반역을 고발하고 그에 따른 심판을 예고한다. 악, 불성실, 불신, 사기, 비방, 거짓말, 기만이 그들의 잘못으로 언급된다. 결국 예루살렘과 유다는 폐허가 되고 승냥이들만 사는 곳이 될 것이다. 〈렘 9:12-16〉은 이들의 죄악이 예부터 내려온 바알 숭배에 있음을 지적한다. 〈렘 9:17-22〉은 심판이 확실하므로 "곡하는 부녀들" 즉 "지혜로운 부녀들"(전문직)을 지금 미리 불러와서 조가를 부르게 하라고 한다. 심판이 임박했음을 알리는 것이다. 〈렘 9:23-24〉은 올바른 자랑을 말한다. 올바른 자랑은 하나님을 아는 것과 하나님이 "사랑"(헤세드)과 "정의"(미쉬파트)와 "공의"(체다카)를 행하시는 분임을 깨닫는 것이다. 〈렘 9:25-26〉은 이스라엘도 마음의 할례를 받지 못했기 때문에 심판에서 벗어나지 못함을 말하고 있다.

정리하면, 하나님이 가르쳐주시는 진정한 자랑에서 배울 바가 있다. 진정한 자랑은 하나님을 아는 것과 하나님이 사랑과 정의와 공의를 행하는 분임을 깨닫는 것이다. 하나님은 이 일을 기뻐하신다. 하나님을 아는 것은 단지 지적 깨달음이나 내적 영성의 문제가 아니라 가치관의 변화와 그에 따른 실천적 헌신의 문제다. 즉 이 땅에서 "사랑과 정의와 공의"를 행하는 것이 하나님을 진정으로 아는 것이다.

[4] 의심할 용기(렘 10-12장)

〈렘 10:1-10〉은 우상의 가르침과 참 하나님 야웨를 대조하고 있다. 나무와 도끼로 만든 우상들은 화를 주거나 복을 주지 못한다(5절). 야웨는 "참 하나님"이고, "살아 계신 하나님"이며, "영원한 왕"이다(10절). 〈렘 10:11-16〉은 만물의 조성자이신 야웨를 찬양하는 내용이다. 모든 것을 친히 창조하시고 마련하신 야곱의 하나님은 다르다. 〈렘 10:17-25〉은 유다의 멸망으로 인한 백성의 탄식과 백성을 대신한 예언자의 기도를 기록하고 있다. 예레미야는 "여호와여, 나를 징계하옵시되 너그러이 하시고 진노로 하지 마옵소서. 주께서 내가 없어지게 하실까 두려워하나이다"(24절)라고 백성을 대신하여 하나님께 기도한다.

〈렘 11:1-17〉은 하나님과의 언약을 깨뜨린 하나님의 백성과 그 언약 파기의 결과를 전해주고 있다. 유다 백성은 모세 시대에 하나님과 맺은 언약의 조항들에 순종하길 거부했다. 그 결과로 하나님은 백성이 순종하면 주시기로 한 "복" 대신, 불순종했을 때 약속한 "처벌"을 내리실 것이다. 여기서도 하나님은 크게 진노하셔서 예레미야에게 백성을 위한 중보 기도를 하지 말라고 하신다(참조. 렘 7:16; 14:11; 15:1). 〈렘 11:18-23〉은 예레미야의 첫 번째 탄원 본문 혹은 고백 본문이다. 예레미야는 고향 아나돗 사람들의 예레미야 암살 계획에 대하여 듣고 충격을 받아 탄원한다. 하나님은 예레미야의 탄원을 들으시고 아나돗 사람에게 재앙을 내리실 것을 알려주신다(23절).

〈렘 12:1-6〉은 예레미야의 두 번째 탄원 본문 혹은 고백 본문이다. 예레미야는 악한 자들이 형통함과 반역한 자의 평안함에 충격을 받는다. 그는 악한 자들과 반역한 자들을 나무와 같이 의인으로 취급하시는 하나님의 처사를 이해할 수 없었다. 예레미야는 그들에 대한 처벌을 간구한다. 그러나 하나님의 냉정한 답변만 듣게 된다. 이어서 아무도 믿지 말라는 하나님의 경고가 떨어진다. 예레미야의 탄원은 받아들여지지 않는다. 〈렘 12:7-13〉은 자기 백성의 멸망으로 인한 하나님의 탄식을 묘사한다. 하나님은 자기 백성에게 진노하셔서 그들을 벌하실 수밖에 없었지만, 그래도 그들을 사랑하셔서 그들 때문에 괴로워하신다. 〈렘 12:14-17〉은 이웃 나라에 대한 경고다. 그들도 야웨 하나님을 예배한다면, 장차 이스라엘이 받게 될 하나님의 복을 받을 것이다.

정리하면, 예레미야의 탄원 본문에서 배울 바가 있다. 예레미야의 개인적인 절규는 다른 예언서나 고대의 종교 문헌에서도 유례가 없다. 예레미야는 의심과 반항, 자기 연민과 절망이라는 신앙의 시련들을 겪으면서, "의심할 용기"를 갖고 하나님 앞에 섰다. 하나님 앞에서 따질 것을 숨기지 않고 드러내는 용기가 필요하다. 하나님은 언제든지 당신에게 직접 따지고 부르짖으라고 권고하신다(렘 33:3).

[5] 분별의 영성(렘 13-15장)

〈렘 13:1-11〉은 예언자의 상징 행위다. 예언자들은 말로만 하나님을 대변하는 것이 아니다. 그들은 행동과 삶으로 하나님의 뜻을 드러냈다. 예레미야는 하나님의 말씀을 따라 썩어서 못 쓰게 된 허리띠를 통하여 유다와 예루살렘이 바빌로니아로 사로잡혀 갈 것을 상징적으로 미리 보여준다. 〈렘 13:12-14〉은 포도주 가죽부대와 관련한 격언으로 오직 취하기를 기다리는 이 땅의 모든 주민과 지도자들을 조롱한다. 〈렘 13:15-17〉은 백성의 교만에 대하여 경고한다. 〈렘 13:18-27〉은 예루살렘을 의인화하여 수치를 당할 것을 예고한다. 예루살렘은 음란과 간음과 음행을 저지른 까닭에 발가벗겨진 채 거리에 내세워져서 모든 사람의 비웃음거리가 된 여자에 견준다.

렘 14장은 가뭄이라는 중심 낱말 아래 모은 본문들이다. 〈렘 14:1-6〉은 가뭄으로 인하여 온 나라에 닥친 끔찍한 상황을 묘사한다. 〈렘 14:7-9〉은 예언자 예레미야가 백성들을 대신하여 하나님께 탄원하고, 자기 백성에게 자비를 베풀어 달라고 기도하는 내용이다. 〈렘 14:10-16〉에서는 하나님이 백성의 탄원을 거절한다. 유다 백성은 이런저런 우상을 찾아다녔기 때문에 큰 가뭄의 재앙이 닥친 것이다(10절). 예레미야에게 백성을 위해 더는 기도하지 말라는 명령이 내려진다(11절). 백성들이 거짓 예언자들에게 잘못 이끌렸다고 해서, 그것이 하나님 앞에 변명의 근거가 될 수는 없다. 백성들도 거짓 예언자와 동일한 처벌을 받게 된다. 〈렘 14:17-18〉은 예언자의 탄식이다. 여기에는 끔찍하고 절망적인 상황이 반영된다. 〈렘 14:19-22〉은 백성이 탄원하는 내용이다.

〈렘 15:1-4〉은 유다 백성에게 임할 운명을 말하고 있다. 하나님은 유다 백성을 멸망시키기로 작정하셨다. 오래전 모세와 사무엘이 백성을 위하여 하나님께 간구했을 때는 하나님께서 마음을 바꾸셨다. 하지만 이제는 그들의 기도마저도 하나님의 마음을 바꾸지 못한다. 〈렘 15:5-9〉은 하나님의 탄식이다. "네가 나를 버렸고 내게서 물러갔으므로 네게로 내 손을 펴서 너를 멸하였노라. 이는 내가 뜻을 돌이키기에 지쳤음이로다"(6절). 〈렘 15:10-21〉은 예레미야의 세 번째 탄원 본문이다. 예레미야는 세상에서 "다투는 자와 싸우는 자"로 살아야 하는 인생을 한탄한다(10절). 그는 심한 고통으로 소명에 대한 확신이 흔들린다(18절). 예레미야는 보다 굳세져야 하고, 백성에게 휩쓸리지 말라는 훈계를 듣는다.

정리하면, 특히 분별에 관하여 배울 바가 있다. 거짓 예언자들의 거짓된 평강 예언에 안주한 유다 백성들도 하나님의 심판을 면할 수 없었다. 거짓 예언자들은 칼과 기근에 멸망할 것이고, 그들의 예언을 분별없이 받아들인 백성도 기근과 칼로 죽임을 당할 것이다. 거짓 예언을 따른 백성도 거짓 예언자에게 임하는 심판과 동일한 처벌을 받는다. 참과 거짓을 구분하는 "분별의 영성"이 필요하다.

[6] 저주 기도(렘 16-18장)

〈렘 16:1-9〉은 하나님이 예레미야 개인에게 주신 명령이다. 임박한 심판을 피할 수 없다는 것을 상징적으로 보여주기 위해서 하나님은 예레미야에게 결혼을 포기하고 장례식과 혼인식 잔치에도 참여하지 말라고 하신다. 〈렘 16:10-13〉은 이러한 심판이 마음의 완악함을 따라 행하고, 하나님에게 순종하지 않았기 때문이라고 분명히 지적한다. 〈렘 16:14-15〉은 포로에서 돌아올 것을 예언한다. 〈렘 16:16-18〉은 다가오는 심판을 다시 알려준다. 이 구절은 어부와 포수에 관한 이미지를 사용하여 이 심판에서 아무도 피할 수 없음을 강조한다. 〈렘 16:19-21〉은 예레미야의 기도다. 그는 장차 모든 민족이 야웨 하나님께 순종하고 예배할 것을 확신하고 기도를 드린다.

〈렘 17:1-4〉은 유다의 죄와 처벌에 관한 내용이다. 유다의 죄는 아주 심각하기 때문에 철필로 오랫동안 보존될 것이라고 말한다. 〈렘 17:5-13〉은 여러 가지 말씀을 담고 있다. 공통된 주제는 하나님이 의인은 상 주시고, 악인은 처벌하신다는 것이다. 인간의 힘과 능력을 의지하는 자는 사막의 떨기나무와 같은 저주를 받을 것이고, 야웨를 의지하는 자는 물가에 심은 나무와 같은 복을 받을 것이다(5-8절). 하나님은 "의지와 결단의 자리"인 심장을 살피며, "감정과 정서의 자리"인 폐부를 시험하사 모든 사람의 행위와 행실을 오차 없이 보응하신다(9-11절). 생수의 근원이신 야웨를 버리는 자의 인생은 책이 아니라 흙에 기록될 것이다(12-13절). 〈렘 17:14-18〉은 예레미야의 네 번째 탄원 본문이다. 예레미야는 자신의 재앙 선포가 실현되지 않고 사람들의 조롱거리가 되자 무척 괴로워하며 하나님께 탄원한다. 〈렘 17:19-27〉은 안식일을 준수할 것을 말하고 있다.

〈렘 18:1-12〉은 유명한 토기장이의 비유다. 이스라엘 족속은 토기장이인 하나님의 손에 있는 진흙이다. 토기의 완성 여부는 진흙의 상태에 달려 있다. 그러나 진흙인 이스라엘은 악한 길에서 전혀 돌이키지 않는다. 〈렘 18:13-17〉은 하나님이 유다 백성의 이해할 수 없는 배신을 지적하고 탄식하는 내용이다. 이들의 행동은 전 세계적으로도 유례가 없는 기가 막히는 일이었다. 〈렘 18:18-23〉은 예레미야의 다섯 번째 탄원 본문이다. 예레미야는 자신을 죽이려는 대적자들의 음모에 맞서서 하나님께 그에 마땅한 심판을 내려달라고 호소한다.

정리하면, 예레미야의 다섯 번째 탄원 본문에서 또 하나 배울 점이 발견된다. 예레미야는 일명 "복수의 기도"를 하고 있다. 그는 대적자는 물론 그 자녀들도 죽여주시고, 그들의 아내는 자녀를 잃고 과부가 되게 해달라고 기도한다. 때로는 이런 기도도 가능하다. "저주 기도"는 하나님께 드리는 기도다. 감춰진 행동 계획이 아니다. 저주는 분노를 하나님께만 표현한 것뿐이다. 이는 내가 직접 복수하지 않겠다는 다짐이고, 복수를 하나님께 위임하는 것이다. 성경은 살의의 분노를 행동으로 옮기지 말고, 기도를 통하여 하나님께 내보이라고 가르친다.

[7] 약자가 살아야 전체가 산다(렘 19-22장)

〈렘 19:1-15〉은 깨진 옹기에 관한 상징행동이다. 예레미야는 토기장이의 옹기를 사서 힌놈의 아들 골짜기에 이르러 공개적으로 깨뜨리라는 명령을 실행한다. 예루살렘과 유다의 심판을 공개적으로 선포한 것이다. 자식들을 제물로 바쳐서 다산의 복을 받기 바랐던 바로 그 사람들이 포위당하여 죽을 지경에 이르자 자기 자식들을 잡아먹을 수밖에 없는 끔찍한 사실도 예고한다(9절).

〈렘 20:1-6〉은 바스훌이 예레미야를 학대하는 사건을 다룬다. 바스훌은 성전 경내의 질서를 유지하는 성전의 총감독 임무를 맡은 제사장이었다. 바스훌은 예루살렘의 멸망을 선포한 예레미야를 때리고 고랑을 채웠다. 예레미야는 바스훌과 그의 집 식솔들에게 바빌로니아로 끌려가 죽게 될 것을 예고한다. 〈렘 20:7-18〉은 예레미야의 여섯 번째 탄원 본문이다. 예레미야는 예언자 직책의 부담으로 인하여 탄원하며, 자신의 출생을 저주함으로써 자기의 직무 전체를 근본적으로 문제 삼는다.

〈렘 21:1-10〉은 예루살렘의 패망에 대한 예고다. 예레미야는 시드기야 왕에게 예루살렘의 멸망을 예고한다. 그는 백성들을 향하여 이제 결정을 내리라고 마지막으로 촉구한다. 저항은 "사망의 길"이고, 항복은 "생명의 길"이다(8절). 〈렘 21:11-14〉은 유다 왕의 집에 내린 경고와 심판의 말씀이다. 11절의 "유다 왕의 집에 대한 여호와의 말을 들으라"는 구절은 21:11-23:8까지의 "왕가(王家)에 관한 말씀"의 제목이다. 백성을 정의롭게 돌보는 것이 왕의 첫째 임무다.

〈렘 22:1-9〉은 유다 왕가에 대한 말씀이다. 이 단락은 렘 21:11-12의 진술을 더 상세하게 설명한다. 왕은 정의(미쉬파트)와 공의(체다카)를 위하여 애쓰고, 특히 약자와 법의 보호를 받지 못하는 사람들의 편을 들어주어야 한다. 왕이 이런 의무를 다할 때 왕조가 계속 지켜질 수 있다. 안타깝게도 이런 의무를 저버린 유다 왕조에게 심판이 예고된다. 〈렘 22:10-30〉은 살룸(여호아하스) 왕, 여호야김 왕, 고니야 왕(여호야긴)에 대한 말씀이다. 〈10-

12절〉은 요시야의 아들 살룸의 운명에 관한 말씀이다. 〈13-19절〉은 살룸의 동생 여호야김에 대한 고발과 심판의 말씀이다. 그는 아버지 요시야가 행한 정의와 공의를 행하지 않았다. 당연히 이에 따른 심판이 예고된다. 〈20-23절〉은 예루살렘의 멸망에 대하여 탄식하는 내용이다. 〈24-30절〉은 여호야김의 아들 고니야(여호야긴)의 유배에 관한 말씀이다.

정리하면, 지도자들의 첫 번째 책무가 그가 속한 공동체의 정의와 공의를 세우는 것이라는 사실이 매우 중요하다. 정의와 공의는 이방인과 고아와 과부와 같은 기본적인 권리를 보호받지 못하는 약자들을 돌보는 것이다. 공동체의 약자들이 보호받으면 그 공동체는 계속 보존될 것이다. 약자를 살리면 전체가 산다.

[8] 유혹 백신인 말씀(렘 23-25장)

〈렘 23:1-8〉은 악한 목자들에 대한 심판과 의로운 왕에 대한 약속을 보여준다. 악한 목자들은 양 떼를 흩으며 몰아내고 돌보지 않는다. 의로운 왕은 지혜롭게 다스리며 정의와 공의를 행할 것이다. 〈렘 23:9-32〉은 거짓 예언자들에 대한 말씀이다. 〈9-12절〉은 하나님의 말씀이 없이 악을 행하는 거짓 예언자에 대하여 말한다. 예레미야는 거짓 예언자와는 달리 하나님의 거룩한 말씀에 압도된 자로 나타난다(9절). 〈13-15절〉은 예루살렘 예언자들의 타락을 언급한다. 그들은 성적으로 타락하고, 물질에 매수되고, 권력과 결탁해 있다. 거짓 예언자들은 "이성"(sex)과 "물질"(money)과 "권력"(power)의 3대 유혹에 깊이 빠져 있다. 〈16-24절〉은 하나님의 보냄과 위임이 없는데도, 열심히 달음질하는 거짓 예언자에 대하여 말하고 있다. 거짓 예언자들은 무면허 예언자들이다. 이들은 자기 마음에서 스스로 만들어낸 묵시로 사기를 친다. 근거 없는 평안만 남발하고 다닌다. 〈25-32절〉은 하나님의 말씀을 도둑질하는 거짓 예언자에 대하여 말한다. 거짓 예언자는 "꿈을 통한 계시"를 말하고, 참 예언자는 "말씀을 통한 계시"를 말한다. "꿈 계시"는 겨이고, "말씀 계시"는 알곡이다. 〈33-40절〉은 "여호와의 엄중한 말씀"이다. 백성들은 예레미야의 말씀을 부담(엄중함)으로 느낀다.

〈렘 24:1-10〉은 두 광주리 무화과에 대한 환상을 다루고 있다. 이 환상은 유다 백성들이 기원전 597년 느부갓네살 왕에 의해서 바빌로니아로 사로잡혀 간 후에 주어진다. 이때 하나님의 백성들이 분리된다. 본토에 남겨진 사람들과 유배된 사람들 중에서 어느 쪽이 정당한 하나님의 백성으로 간주되어야 하는지의 문제가 발생한다. 이에 대한 대답이 이 환상이다. 포로로 잡혀간 자들은 좋은 무화과에 비유되고, 예루살렘에 남아 있는 자들은 나쁜 무화과에 비유된다. 포로로 잡혀간 자들이 앞으로 회복될 하나님 나라의 정당한 백성이라는 것이다.

〈렘 25:1-14〉은 유다 나라가 70년 동안 바빌로니아 왕을 섬길 것을 예언하는 내용이다. 이 언급은 예레미야서에서 바빌로니아 포로 기간이 70년이 될 것을 명시하는 최초 발언이다. 70년은 한평생을 가리킨다. 아무도 징벌이 끝날 때까지 살아남지 못할 것이다. 〈렘 25:15-38〉은 모든 나라의 심판에 대하여 예레미야가 본 환상이다. 예언자는 독이 든 술잔을 하나님의 손에서 받아 모든 민족이 그 잔에서 하나님의 진노를 마시게 하라는 명령을 받는다.

정리하면, 참과 거짓 예언의 차이에서 배울 바가 있다. 이성(異性)과 물질과 권력에 넘어가면 거짓이다. 이 세 가지 유혹으로부터 자신을 지켜내지 못하면 거짓된 삶을 사는 것이다. 이러한 유혹은 예나 지금이나 강력하게 우리를 노린다. 참 예언자는 하나님의 거룩한 말씀에 온전히 붙들려 산다. 말씀이 유혹을 막아준다. 말씀은 유혹을 물리치는 백신이다.

[9] 마사지 vs. 메시지(렘 26-28장)

〈렘 26:1-19〉은 예레미야가 성전 설교를 하고 체포되었다가 간신히 풀려나는 사건을 전해준다. 렘 7장은 "성전 설교의 내용"을 보여주고, 26장은 "성전 설교의 결과"를 알려준다. 이 설교는 여호야김 즉위 초인 기원전 608년에 일어난 사건이다. 예언자는 예루살렘 성전이 실로같이 파괴된다고 예언했다. 이 설교로 예레미야는 체포되어서 소송에 휘말리게 된다. 몇몇 장로가 100여 년 전 미가가 전한 성전파괴 예언을 근거로 제시하여 예레미야의 생명을 살린다. 〈렘 26:20-24〉은 예언자 우리야의 처형 사건을 다루고 있다. 우리야는 예레미야와 똑같은 예언을 하고, 이집트로 도주하였음에도 불구하고 인터폴에 붙들려 와서 처형당한다. 남유다 역사상 하나님의 예언자를 처형시킨 왕은 여호야김 한 사람밖에 없다.

〈렘 27:1-22〉은 느부갓네살의 멍에에 대한 예레미야의 설교다. 여기서 예레미야는 바빌로니아는 곧 망할 것이므로 느부갓네살에게 저항해야 한다고 주장하는 거짓 예언자들과 싸운다. 3절에 열거된 유다의 이웃 나라들(에돔, 모압, 암몬, 두로, 시돈)은 기원전 594년 유다와 함께 동맹을 맺어 바빌로니아의 손아귀에서 벗어날 계획을 세운다. 이른바 안티-바빌로니아 동맹을 결성하기 위한 예루살렘 국제회의가 열린 것이다. 이 국제회의 현장에 예레미야가 줄과 멍에를 목에 메고 난입했다. 예레미야는 바빌로니아에 대한 반란에 공개적으로 반대한다. 그러면서 바빌로니아를 통한 하나님의 심판을 달게 받아야 한다고 선포한다. 바빌로니아에 저항하면 죽게 되고, 바빌로니아를 섬겨야 백성이 산다는 것이다.

〈렘 28:1-17〉은 예언자 하나냐와 예레미야의 정면충돌 사건을 묘사하고 있다. 참 예언과 거짓 예언을 둘러싼 논쟁은 예레미야가 하나냐를 만나는 장면에서 최고점에 이른다. 예레미야는 바빌로니아에 복종하는 것을 지지하는 사람을 대변하고, 하나냐는 바빌로니아의 원수인 이집트의 도움을 구하여 바빌로니아의 통치에 저항하기를 원했던 사람들을 대변한다. 예레미야는 70년이 지나야 회복된다고 예언했고, 하나냐는 2년 안에 회복된다고 예언한다. 하나냐의 거짓 예언은 예레미야도 개인적으로 바라는 바다. 이에 대하여 예레미야는 "아멘, 여호와는 이같이 하옵소서"라고 반응한다. 그러나 자신의 바람을 뒤로하고 하나님의 뜻을 기다린다. 결국 하나냐의 예언은 거짓으로 판명되었고, 그는 죽임을 당한다.

정리하면, 2년 안에 모든 것이 회복된다는 하나냐의 평강 예언은 "메시지"(message)가 아니고 "마사지"(massage)였다. 메시지는 청중이 들어야 할 하나님의 말씀이고, 마사지는 청중이 듣기 원하는 인간의 말이다. 하나냐는 말씀으로 죄악을 마사지하는 설교자다. 거짓 힐링(healing)은 사람을 오히려 킬링(killing)한다. 우리는 익숙한 마사지에 현혹되면 안 되고, 낯선 메시지에 귀를 기울여야 한다. 말씀 강단이 달콤한 마사지로만 채워지지 않도록 늘 경계해야 한다.

[10] "포로지"에서 "선교지"처럼 살다(렘 29-30장)

〈렘 29:1-23〉은 바빌로니아로 끌려간 유다인들에게 보낸 예레미야의 편지다. 〈1-9절〉은 편지의 발신자, 수신자, 전달자와 더불어 그 내용을 소개한다. 이 편지의 전달자는 기원전 594년에 시드기야가 느부갓네살에게 보낸 공식 사절단이다. 이 사절단 중 한 사람이 예레미야와 관계가 좋았던 서기관 사반 집안 사람이다. 이를 통해 예레미야는 포로지에 있는 유다인들에게 하나님의 뜻을 전한다. 여기서 흩어진 유대인을 향한 하나님의 본심이 처음으로 공개된다. 이 편지의 내용은 이후로 하나님의 백성들이 자기들의 고향이 아닌 낯선 세계에서, 또는 낯선 통치자들의 지배 아래에서 살아야 할 경우에 반복적으로 되새겼던 가르침이다. 편지의 핵심은 하나님의 백성이 유배된 곳은 하나님이 의도적으로 보낸 곳이라는 내용이다. 그곳에서 조기 귀환의 헛된 꿈을 접고, 뼈를 묻을 각오로 최선의 삶을 경주하고, 대적의 평안을 위하여 기도하라고 한다. 〈10-14절〉은 성경 전체에서 가장 강력한 회복 선포를 보여준다. 이 구절은 70년이 차면 본국으로 돌아올 수 있다고 확신한다. 그리고 하나님의 본심을 드러낸다. "너희를 향한 나의 생각을 내가 아나니 평안이요 재앙이 아니리라. 너희에게 미래와 희망을 주는 것이니라"(11절). 하나님은 자기 백성을 멸망으로 끝내지 않고 새롭게 시작할 수 있는 은혜를 베푸신다. 〈15-23절〉은 본국 예루살렘과 유다의 심판을 예고하고, 이어서 바빌로니아의 거짓 예언자인 아합과 시드기야에게 임할 심판도 예고한다. 〈렘 29:24-32〉은 거짓 예언자 스마야에게 보낸 예레미야의 편지다. 바빌로니아의 포로지에 있었던 스마야는 예루살렘의 성전 감독자에게 본국에서 심판 예언을 하고 있는 예레미야를 구금하라고 편지를 보낸다. 하나님은 스마야가 보냄 받은 적이 없는 거짓 예언자임을 예레미야에게 알려주신다. 예레미야는 바빌로니아에서 근거 없는 헛된 구원을 남발했던 거짓 예언자 스마야에게 심판을 선고한다.

예레미야 30-31장은 이스라엘과 유다를 향한 "위로의 작은 책"이라고 불린다. 〈렘 30:1-3〉은 "위로의 작은 책"의 머리말이다. 〈렘 30:4-11〉은 이스라엘과 유다의 구원을 예고한다. 예레미야는 이스라엘을 다스리던 자들의 종말을 내다본다. 그는 재난 이후 해방이 올 것을 앞당겨서 선포한다. 〈렘 30:12-17〉은 이스라엘의 상처를 치료하는 내용이다. 하나님은 고칠 수 없는 상처도 치료해주신다. 〈렘 30:18-24〉은 예루살렘의 회복과 재건에 관한 내용이다. 왕정도 새롭게 세워질 것이다. 무엇보다도 하나님이 자기 백성과 맺을 언약도 새롭게 하실 것이다.

정리하면, 오늘의 본문 가운데 가장 중요한 메시지는 하나님의 백성이 놓인 곳이 외견상 "포로지"로 보이지만, 실상은 "선교지"라는 사실이다. 우리의 눈에 의미 없어 보이는 지금의 자리가 하나님이 의도적으로 인도한 자리다. 하나님의 백성은 목적 없이 표류하지 않고 목적을 가지고 항해한다. 우리는 이끌리지 않고 이끌고 산다.

[11] 절망 속에서 희망을 내다보다(렘 31-32장)

〈렘 31:1-14〉은 이스라엘의 귀환을 말하고 있다. 여기서 이스라엘은 북왕국을 가리킨다. 북왕국은 기원전 722년에 아시리아에 의해서 패망했다. 그때 북왕국 사람들은 아시리아가 지배했던 여러 나라 지역으로 흩어지게 되었다. 예레미야는 이미 100여 년 전에 여러 나라로 흩어진 북왕국 사람들, 즉 "주의 백성 이스라엘의 남은 자"가 이제는 귀환할 것을 예언하고 있다. 옛 북왕국의 중심지인 에브라임산 전체에서는 시온으로 향하는 순례의 외침이 울려 퍼질 것이다(6절). 과거에 열방들은 이스라엘의 멸망을 지켜보았는데, 이제는 하나님이 자기 백성에게 다시 향하시는 것도 지켜보게 될 것이다(10절). 〈렘 31:15-22〉은 라헬의 애곡과 하나님의 위로에 관한 내용이다. 라헬은 요셉과 베냐민의 어머니다. 요셉의 두 아들이 에브라임과 므낫세다. 그렇다면 라헬은 북왕국 중심 지파인 에브라임과 므낫세의 시조 할머니다. 라마는 라헬의 무덤이 있는 장소다. 하나님은 라마에서 들려오는 에브라임의 탄식소리를 들으시고 그를 불쌍히 여기실 것이다. 〈렘 31:23-30〉은 이스라엘이 흩어진 곳에서 되돌아와서 다시 복을 받게 될 것을 말하고 있다. 〈렘 31:31-34〉은 유명한 "새 언약"에 관한 본문이다. 하나님은 자기 백성의 사면과 회복을 예고하시면서 언약 관계의 갱신도 약속하신다. "새 언약" 본문은 예레미야의 모든 본문 가운데 가장 큰 영향을 끼쳤다. 새 언약은 예수께서 성만찬을 제정하실 때 성취된 것으로 해석된다. 〈렘

31:35-40〉은 하나님이 이스라엘과 맺으신 언약은 깨뜨리지 않으심을 강조하고 있다. 하나님이 창조하신 세계의 질서(법도)가 깨질 수 없듯이 자기 백성에 대한 하나님의 성실하심도 끄떡없다.

〈렘 32:1-15〉은 예레미야가 아나돗의 밭을 매입하는 일을 묘사한다. 이때는 기원전 588년경으로 예루살렘이 파괴되기 1년 전이다. 예레미야는 감옥에 억류된 상태였다. 그런데 뜻밖에도 아나돗의 밭을 매입하라는 하나님의 명령을 받는다(6-8절). 이는 상징적인 행동으로 유다 왕국이 다시 회복되리라는 확신을 보여준다. 〈렘 32:16-25〉은 예레미야의 기도다. 예레미야는 세계 창조에서부터 이스라엘의 구원까지 하나님의 위대한 행동을 찬양한다. 그러나 지금은 이 백성이 하나님께 불순종하여 바빌로니아에 넘겨지게 되었는데 밭을 매입하라니요? 〈렘 32:26-44〉은 하나님의 대답이다. 하나님은 이 백성을 벌하여 포로로 보낼 수밖에 없지만, 그 이후 그 땅으로 회복시킬 것을 약속하신다.

정리하면, 하나님은 유다 국가 멸망 직전에 밭을 매입하도록 하신다. 여기에 중요한 메시지가 담겨 있다. 하나님은 짙은 어둠 속에서도 새벽을 준비하고 계신다. 국가적 멸망이라는 절망의 상황이 끝이 아니라는 것이다. 절망 이후에도 삶은 지속된다. 절망이 끝은 아니다. 하나님은 절망 속에서도 희망을 내다보고 준비하신다.

[12] 언약과 약속 모두에게 충성해야(렘 33-35장)

〈렘 33:1-13〉은 예루살렘과 유다의 회복에 관한 내용이다. 이스라엘의 하나님이실 뿐만 아니라 모든 일을 이루시는 야웨는 그 어떤 사람도, 예언자조차도 생각해낼 수 없는 엄청난 변화를 계획하신다. 유다와 이스라엘은 죄악을 용서받고 포로지에서 회복될 것이다. 인적이 거의 끊긴 성읍에 다시 일상생활의 기쁨이 차고 넘치게 될 것이다. 성전 예배도 평소 방식대로 다시 거행될 것이다. 〈렘 33:14-26〉은 다윗 및 레위인과 맺은 영원한 언약에 관한 내용이다. 〈14-18절〉에 따르면, 공의로운 가지인 새로운 다윗에 대한 옛 약속이 성취될 것이다. 〈19-22절〉은 다윗 언약과 레위인 언약이 영원할 것을 약속한다. 다윗의 자손은 셀 수 없게 될 것이고, 레위인의 자손도 바다의 모래와 같이 될 것이다. 〈23-26절〉은 하나님이 친히 정하신 자연법칙과 친히 맺으신 언약을 계속 지키실 것을 약속하고 있다.

〈렘 34:1-7〉은 시드기야 왕에 대한 하나님의 말씀이다. 이 말씀은 유다 왕국 멸망 1년 전인 기원전 588년에 주어졌다. 이때는 바빌로니아와 그 지배 아래 있는 나라들이 예루살렘을 완전히 포위했다. 예루살렘을 제외한 유다 지역인 라기스와 아세가만 겨우 남은 상태다. 하나님은 예루살렘이 함락되기 직전에 시드기야의 죽음을 알려주신다. 〈렘 34:8-22〉은 시드기야가 하나님 앞에서 맺은 언약을 어기는 사건을 보도한다. 예루살렘이 포위되었을 때 시드기야 왕은 경제적인 이유에서 또는 군사적인 이유에서 예루살렘 주민들과 계약을 맺고 모든 노비를 풀어주기로 약속했다. 성을 지키기 위해서는 모든 사람의 손이 필요했을 것이다. 그런데 이집트의 구원 부대가 포위당한 유다를 도우러 나타났고, 바빌로니아 군대가 잠시 물러났을 때 노비의 주인들은 계약을 취소했다. 풀어주었던 노비들을 다시 잡아들이자 예레미야는 이에 맞섰다. 노비를 자유롭게 하는 것은 성전에서 엄숙하게 약속되었고, 이미 실행된 것이었기 때문이다. 이는 하나님의 이름을 더럽힌 것이다.

〈렘 35:1-19〉은 레갑 족속의 모범에 관하여 소개한다. 이 본문은 기원전 597년 이전의 시기로 돌아간다. 예루살렘에 피난 온 사람 가운데 레갑 족속이 있었다. 이들은 정착생활의 안락한 풍요를 거부하고 소박한 유목생활을 지속하라는 조상의 명령을 평생 준수하며 살았다. 이들에게는 미래의 생존이 보장된다. 시드기야와 예루살렘과 유다 지도층들의 배신과 레갑 족속의 충성이 대조된다.

정리하면, 배신과 충성의 대조에서 배울 바가 있다. 예루살렘과 유다의 지도층들은 하나님과의 언약도 제멋대로 무시한다. 그러나 레갑 사람들은 조상의 명령에도 충직하게 충성한다. 하나님과의 약속(언약)도 시류에 따라 뒤집는 사람들과 사람(조상)과의 약속(명령)도 한평생 지켜낸 사람들이 매우 대조된다. 언약을 어기면 언약의 복도 무너진다. 언약을 지켜내면 언약의 복도 세워진다. 하나님과의 언약은 물론이고 사람 간의 약속에도 충성해야 한다.

[13] 나를 찢으면 모두가 산다(렘 36-38장)

〈렘 36:1-10〉은 바룩이 성전에서 두루마리를 낭독하는 내용이다. 이 본문의 배경은 느부갓네살이 갈그미스에서 이집트 군대를 물리친 운명적인 해인 기원전 605년이다. 고대 근동의 패권이 바빌로니아의 손안에 들어온 것이다. 예레미야는 자신이 하나님으로부터 받아서 지난 23년 동안 전한 모든 말씀을 두루마리 책에 기록하라는 명령을 받았다. 바룩은 이를 두루마리 책에 받아 적는다. 그리고 나서 성전 출입이 금지된 예레미야를 대신해 예루살렘 성전에서 그 말씀을 낭독한다. 〈렘 36:11-19〉은 바룩이 고관들을 향해 두루마리를 낭독하는 내용이다. 고관들은 국무회의 자리에서 바룩의 입을 통해 직접 그 내용을 청취하고(일종의 청문회), 두려워한다. 아마도 이는 당시 국제 정세에 결정적인 영향을 주는 하나님의 최후통첩인 듯 보인다. 〈렘 36:20-26〉은 여호야김이 두루마리를 태우는 사건이다. 여호야김은 기록된 하나님의 말씀을 듣자마자 칼로 자르고 화로에 불살라 버렸다. 그리고 바룩과 예레미야를 체포하라고 명령한다. 〈렘 36:27-32〉은 예레미야가 또 다른 두루마리를 쓰는 사건이다. 이어서 하나님의 말씀을 불태운 여호야김에 대한 심판이 예고된다. 그리고 첫 번째 두루마리보다 더 많은 내용이 추가된 증보판 두루마리가 탄생한다.

〈렘 37:1-10〉은 예레미야가 시드기야 왕에게 경고하는 내용이다. 시드기야 왕은 바빌로니아에 대한 항복과 항전 사이에서 통치 기간 10년 내내 동요한다. 예레미야는 잠시 퇴각한 바빌로니아가 다시 침공할 것을 시드기야에게 예고한다. 〈렘 37:11-15〉은 예레미야가 체포되어 감옥에 갇히는 내용이다. 예레미야는 바빌로니아에 맞서야 한다는 주전파들에 의해서 체포된다. 〈렘 37:16-21〉은 시드기야가 예레미야에게 은밀히 물어보는 내용이다. 예레미야는 비밀회동에서 시드기야가 바빌로니아의 왕에게 넘겨지게 된다는 말을 전한다.

〈렘 38:1-13〉은 예레미야가 구덩이 속에 갇히는 사건이다. 시위대 뜰에 갇혀 있었던 예레미야는 방문객들과 교제가 가능했다. 주전파 고관들의 강력한 항의로 예레미야는 생명이 위험한 구덩이로 옮겨지나 왕궁 관리인 구스인 에벳멜렉이 왕의 승낙을 받아 예레미야를 구덩이에서 건져낸다. 〈렘 38:14-28〉은 시드기야와 예레미야의 마지막 대화다. 시드기야와 예레미야의 세 번째이자 마지막 비밀회동인 셈이다. 예레미야의 마지막 메시지도 바빌로니아에 항복하라는 것이었다.

정리하면, 하나님의 말씀을 불태웠던 여호야김의 만행에서 메시지가 보인다. 요시야는 하나님의 율법책이 낭독되었을 때 자기 옷을 찢었다. 그러나 여호야김은 자기 옷을 찢기를 거부하고 오히려 하나님의 말씀을 찢어 불태웠다. 남을 찢으면 남도 죽고 나도 죽지만, 나를 찢으면 남도 살고 나도 산다. 나를 찢으면 모두가 산다.

[14] 시궁창에서도 연꽃은 핀다(렘 39-41장)

〈렘 39:1-10〉은 예루살렘의 함락 사건을 다룬다. 렘 39-45장은 예루살렘 함락과 그 뒷일에 대하여 구약성경에서 가장 자세히 알려준다. 18개월에 걸쳐 바빌로니아의 포위 상황을 버티던 예루살렘은 결국 시드기야 통치 11년 되는 해(기원전 587년)에 함락되고 만다. 〈렘 39:11-18〉은 예레미야의 석방을 다룬다. 예레미야는 바빌로니아 왕의 명령에 의해서 감옥 뜰에서 석방되고 그다랴의 보호를 받게 된다. 하나님은 에벳멜렉이 하나님을 신뢰하며 한 일을 기억하시고 그의 구원을 약속하신다.

〈렘 40:1-6〉은 예레미야가 유다에 머물기로 마음먹는 내용을 보여준다. 바빌로니아의 사령관 느부사라단은 느부갓네살 왕의 명령에 따라 포로로 결박되어 끌려가던 중 라마에서 예레미야를 발견하고 석방시킨다. 예레미야는 당시 초토화된 수도 예루살렘의 기능을 대신한 미스바로 간다. 그곳은 사반의 손자 아히감의 아들 그다랴가 있던 곳이다. 〈렘 40:7-12〉은 그다랴가 총독으로 임명되는 내용을 소개한다. 그다랴는 상류층 집안 출신이다. 그의 할아버지 사반은 요시야 왕 때 서기관을 지냈다. 그의 아버지 아히감은 예레미야의 성전 소송에서 예레미야를 도와주었다. 이러한 사실은 이 가문이 예레미야와 같이 바빌로니아에 항복하는 것을 지지했음을 암시한다. 그다랴는 바빌로니아 사람들뿐만 아니라 유다 사람들도 신임한 것으로 보인다. 그다랴는 미스바에서 유다의 총독으로 임명된다. 총독으로 시급히 돌볼 일은 그해의 농작물 가운데서 건질 수 있는 것을 지금이라도 거두어들이는 것이었다. 〈렘 40:13-16〉은 이스마엘의 그다랴 암살 계획을 알려준다. 암몬 자손의 왕은 유다가 그다랴를 중심으로 새로운 질서를 잡아가기 시작하자 이를 불편해한다. 암몬 왕은 다윗의 후손인 이스마엘을 사주하여 벼락 출세자로 보이는 그다랴를 암살하려고 한다. 왕족인 이스마엘의 눈에는 귀족 출신 그다랴의 손에 유다의 운명이 맡겨진 상황이 그리 달갑지 않았을 것이다.

〈렘 41:1-18〉은 그다랴가 이스마엘에게 암살되는 사건을 묘사한다. 그다랴는 왕족이며 왕의 장관인 이스마엘 일행에 의해서 암살을 당한다. 국가 멸망 이후 유다는 또다시 대혼란에 빠진다. 그다랴의 정책을 지지했던 요하난과 다른 사람들이 이스마엘을 추격했으나 그를 잡지 못했다. 바빌로니아 사람들의 보복이 두려워 요하난과 다른 사람들은 이집트로의 도망을 결정한다.

정리하면, 국가 멸망 전후의 혼란한 시기에 발생한 두 사람의 구원이 주목된다. 한 사람은 예레미야를 죽음의 구덩이에서 건져낸 에벳멜렉이다. 또 한 사람은 바빌로니아의 사령관에 의해서 감옥에서 석방된 예레미야. 엄청난 심판의 회오리 속에서도 구원의 역사는 멈추지 않았다. 심판의 한복판에서도 구원은 있다. 시궁창에서도 연꽃은 핀다.

[15] "청중의 동의"보다 "역사의 동의"(렘 42-44장)

〈렘 42:1-6〉은 백성들이 예레미야에게 자신들을 위하여 기도하기를 요청하는 내용이다. 이집트로 도망가려고 하는 백성들이 예레미야에게 자신들을 위해 기도해줄 것을 부탁하고, 하나님이 응답하시는 대로 다 이행할 것을 두 번이나 다짐하며 약속한다. 〈렘 42:7-22〉는 예레미야의 기도에 대한 하나님의 응답을 보여준다. 예레미야는 기도한 지 10일 후에 하나님의 응답을 받았다. 하나님의 응답은 이집트로 도망하는 것이 아니라 유다 땅에 머무는 것이었다. 예언자는 주문받는 대로 답하는 것이 아니라, 하나님이 말씀하셨다는 확신이 생겨야 대답한다. 그는 하나님의 말씀을 들으면 하나님이 좋은 일을 베푸시겠다는 약속도 전달한다.

〈렘 43:1-7〉은 예레미야가 이집트로 끌려가는 내용이다. 이때 예레미야가 대언한 하나님의 말씀은 거부당한다. 아마도 그동안 이집트로 달아나고 싶은 마음이 너무 강해진 나머지 아무도 예레미야의 말을 더 이상 귀담아 듣지 않았을 것이다. 그들은 예레미야를 거짓 예언자로 몰아붙인다(2절). 하나님의 말씀을 위조했다는 죄를 덮어씌운 것이다. 하나님의 뜻을 구했던 이들이 결국은 자신들의 뜻을 따른다. 이들은 예레미야와 바룩까지 강제로 이집트로 끌고 간다. 〈렘 43:8-13〉은 예레미야가 느부갓네살의 이집트 침공을 예언하는 내용이다. 예레미야는 이집트의 다바네스에서 유다 백성들에게 하나님의 뜻을 예언한다. 유다의 도주자들이 이집트로 이주해도 느부갓네살을 피할 수 없다는 것이다. 느부갓네살이 이집트까지 침공하여 그들을 굴복시킬 것이기 때문이다. 그들이 피신한 이집트도 안전지대가 아니다.

〈렘 44:1-30〉은 예레미야의 마지막 설교다. 예언자의 마지막 메시지는 이집트에서 동족 유다의 우상숭배를 비판하는 것이다. 이집트에 정착한 유다 사람들은 보란 듯이 우상인 "하늘의 여왕"(The Queen of Heaven)을 섬긴다. 이 신은 "다산(多産)의 여신"을 가리킨다. 따라서 하늘의 여왕 숭배는 특히 여자들을 중심으로 가정에서 인기가 많았다. 이들은 이방 신들의 숭배를 장려했던 므낫세 왕의 오랜 통치 기간에는 나라가 평안하고 번영했으며, 이방 신들을 없앤 요시야 왕과 더불어 불행이 시작되었다고 주장한다. "우상은 번영을 주고, 야웨는 고통만 준다"고 오해한 것이다. 결국 예레미야는 이들에게 심판을 선포할 수밖에 없다. 이후 역사는 그의 말이 진리임을 보여준다.

정리하면, 예레미야의 초기 설교와 마지막 설교가 동일하다는 점에서 메시지를 발견할 수 있다. 예레미야는 40년 동안 동일한 메시지를 전했지만, 백성들은 바뀌지 않았고 듣지도 않았다. 그럼에도 예레미야는 일평생 자신의 메시지를 바꾸지 않았다. 그의 마지막 선포이며 확신에 찬 소리가 귓전에 메아리친다. "내 말과 그들의 말 가운데서 누구의 말이 진리인지 알리라"(28절). 진리는 "청중의 동의"가 아니라 "역사의 동의"로 입증된다.

[16] 열방을 품고 이들을 위해 우시는 하나님(렘 45-48장)

〈렘 45:1-5〉은 하나님이 바룩에게 주신 구원의 약속이다. 예레미야서에서 개인에게 구원을 약속하는 본문은 두 군데밖에 없다. 하나는 에벳멜렉에게 주신 약속이고(렘 39:15-18), 나머지 하나는 바룩에게 주신 약속이다. 하나님이 모든 육체에 내리시는 심판의 소용돌이 속에서는 바룩이라도 예외일 수 없다. 하지만 그는 살아남으리라는 구원의 약속이 주어진다.

〈렘 46-51장〉은 이방신탁 모음집이다. 〈렘 46:1-12〉은 이집트가 갈그미스에서 패할 것을 말한다. 이 예언의 말씀은 기원전 605년에 벌어진 갈그미스 전투와 관련된다. 이 전투에서 이집트의 느고가 느부갓네살에게 패한다. 느고의 패전은 당시 세계 역사뿐만 아니라 예레미야의 선포에도 결정적인 영향을 끼쳤다. 〈렘 46:13-26〉은 이집트에 느부갓네살이 쳐들어올 것을 말한다. 실제로 기원전 568년에 느부갓네살은 나일 삼각주까지 밀고 들어왔다. 〈렘 46:27-28〉은 하나님이 이스라엘을 구원할 것을 말한다. 이스라엘을 흩었던 이방 나라들이 다 멸망당해도 이스라엘은 살아남을 것이다.

〈렘 47:1-7〉은 블레셋에 대한 하나님의 심판을 말한다. 블레셋 사람들은 기원전 12세기경 에게해(海) 지역에서 가나안 남쪽 해안 광야로 이주해왔다. 이들은 이스라엘 사람들과 자주 다투었다. 가사와 아스글론은 블레셋의 다섯 도시 가운데 속한다. 여기서 언급된 두로와 시돈은 페니키아의 북쪽 도시이며, 아마도 블레셋과 동맹을 맺은 것 같다.

〈렘 48:1-10〉은 모압에 대한 하나님의 심판을 말한다. 모압 고원은 사해 동쪽에 있으며 해발 1000m 정도 된다. 모압 사람과 이스라엘은 자주 충돌하였으며, 한때 이스라엘이 모압 땅을 통치하기도 하였다. 모압 사람들은 자기들이 만들어 놓은 "요새"(업적)와 "모아둔 것들"(보물)을 의지하지만, "파멸하는 자"인 느부갓네살의 공격을 받아 무너질 것이다. 〈렘 48:11-25〉은 모압의 도시들에 대한 하나님의 심판을 말한다. 한때 강했던 모압의 여러 도시에서 울부짖는 소리가 들릴 것이다. 〈렘 48:26-39〉은 모압이 조롱거리가 될 것을 말한다. 이스라엘을 조롱하였던 교만한 모압이 이제는 조롱거리가 될 것이다. 〈렘 48:40-47〉은 모압이 도망할 수 없음을 말한다. 그러나 이 단락은 모압의 회복 예언으로 끝난다.

정리하면, 모압은 자만과 자기만족으로 인하여 심판을 받는다. 그런데 모압 신탁에서 "하나님이 모압을 위해 우신다"는 표현이 세 번이나 나온다(31, 32, 36절). 하나님이 자기 백성은 물론이고 "다른 나라 백성의 고난을 보고도 우신다"는 사실은 하나님의 성품에 대한 놀랍고 중요한 통찰이다. 우리 하나님은 열방을 품으시고 이들을 위해서 울고 계시는 "열방의 하나님"이시다.

[17] 열방도 하나님의 손안에(렘 49-50장)

〈렘 49장〉은 다섯 나라에 대한 예언으로 구성되어 있다. 〈렘 49:1-6〉은 암몬에 대한 하나님의 심판을 말한다. 암몬 사람들과 이스라엘 백성은 자주 전쟁을 하였다. 암몬 사람들은 북왕국 이스라엘 지파들이 기원전 722년에 아시리아에 의해서 사로잡혀 간 뒤에 얍복 남쪽에 있는 갓 지파의 땅을 자기들 것으로 차지한 듯하다. 이스라엘은 자기 소유를 되찾고 불법적인 소유자를 그 땅에서 몰아낼 것이다. 〈렘 49:7-22〉은 에돔에 대한 하나님의 심판을 말한다. 에돔 사람들은 모압 사람들의 남쪽 이웃이다. 야곱의 형 에서가 그들의 조상으로 통한다. 에돔은 그들의 혈족인 이스라엘 백성들과 끊임없이 다투었다. 이후 에돔의 교만은 그들의 몰락의 원인이 된다. 에돔은 기원전 550년이 지난 다음 나바트 사람들에게 완전히 멸망당했다. 〈렘 49:23-27〉은 시리아(아람)의 수도 다메섹에 대한 하나님의 심판을 말한다. 예레미야 당시 이집트와 바빌로니아는 다메섹을 두고 서로 격렬히 싸우기도 하였다. 〈렘 49:28-33〉은 게달 족속과 하솔에 대한 하나님의 심판을 말한다. 게달과 하솔은 시리아에 있는 아라비아 사막의 유목민 부족들이다. 느부갓네살은 기원전 599-598년에 아라비아 부족들을 마구 약탈했다. 천막촌을 이루고 살던 유목민들에게는 성문이나 문빗장이 없어서 이들과 이들의 가축들은 무방비 상태였기에 적들이 쉽게 탈취해갈 수 있었다. 〈렘 49:34-39〉은 엘람에 대한 하나님의 심판을 말한다. 엘람은 페르시아만에 위치한 나라다. 시드기야 때 유다 사람들은 엘람 사람들이 바빌로니아에 대항하여 자기들에게 도움이 되기를 바랐을 것이다.

〈렘 50-51장〉은 바빌로니아의 몰락을 예언하고 있다. 이로써 이방 민족들에 대한 심판의 말씀이 끝난다. 〈렘 50:1-10〉은 바빌로니아의 심판과 이스라엘의 귀환에 관한 내용이다. 바빌로니아는 기원전 539년에 페르시아 왕 고레스의 수중에 떨어진다. 이스라엘은 바빌로니아에서 빨리 나오라는 명령을 받았다. 〈렘 50:11-16〉은 바빌로니아의 멸망을 말한다. 이들이 심판을 받는 것은 야웨께 범죄하였기 때문이다. 〈렘 50:17-20〉은 이스라엘의 귀환을 말한다. 하나님이 "이스라엘의 남긴 자"를 용서하실 것이다. 〈렘 50:21-46〉은 바빌로니아에 대한 하나님의 심판을 말한다. 하나님은 바빌로니아 제국을 다른 열방을 부수는 "온 세계의 망치"로 사용하셨다(23절). 그러나 이제는 그 쇠망치를 부수어버릴 것이다. 이는 그들의 교만이 자초한 일이다(29절). 결국 약탈하는 자가 약탈당하는 자가 될 것이다.

정리하면, 이방 나라에 대한 심판의 말씀은 하나님이 모든 열방을 다스리고 계신다는 점을 보여준다. 이방 나라들이 야웨 하나님을 모른다고 할지라도, 정의와 공의의 하나님 앞에서 책임을 져야 하고 하나님께 심판을 받는다. 야웨 하나님은 이스라엘의 "민족 신"이나 "국가 신"이 아니라, 열방을 창조하시고 통치하시는 "우주적인 하나님"이시다. 열방도 하나님의 손아래 있다.

[18] 쓰임 받는 자라도 버림받을 수 있다(렘 51장)

〈렘 51:1-10〉은 바빌로니아의 상처는 치료할 수 없음을 말한다. 1절의 "나를 대적하는 자"는 바빌로니아를 가리키는 암호다. 여기서는 바빌로니아가 갑자기 파멸될 것을 말한다. 바빌로니아의 상처는 치료가 불가능하다. 〈렘 51:11-14〉은 메대 족속을 통한 바빌로니아의 심판을 말한다. 페르시아의 고레스가 바빌로니아를 치는 전쟁을 할 때, 일찍이 고레스에게 항복한 메대 사람들과 다른 민족들이 그를 도왔다. 〈렘 51:15-19〉은 야웨 하나님에 대한 찬양이다. 야웨 하나님을 능력과 지혜와 명철로 창조하신 분으로 찬양하며 만물의 창조주가 이스라엘의 하나님이심을 밝히고 있다.

〈렘 51:20-26〉은 바빌로니아의 쓰임 받음과 버림받음에 관한 내용이다. 여기서 바빌로니아는 두 가지로 비유된다. 하나는 심판의 도구인 "하나님의 철퇴"다(20절). 다른 하나는 스스로 멸망을 겪어야 하는 "멸망의 산"이다(25절). 바빌로니아는 아무짝에도 쓸모없는 폐허의 산이 될 것이다. 그 이유는 바빌로니아가 예루살렘 성읍과 성전을 파괴한 데 있다. 한때는 쓰임 받았지만, 이제는 버림을 받는다. 〈렘 51:27-33〉은 바빌로니아를 칠 군대에 관한 내용이다. 군대의 깃발과 나팔은 나라에서 사람들을 전쟁으로 부르는 신호로 쓰인다. 하나님은 바빌로니아를 심판할 군대를 불러 모으신다.

〈렘 51:34-40〉은 이스라엘을 위하여 보복하시는 하나님에 관한 내용이다. 이스라엘은 강도 및 살인죄로 바빌로니아를 하나님께 고발한다. 하나님은 자기 백성의 권리를 회복시켜주시고, 그들을 파멸시킨 자들에게는 정당한 형벌을 내리시겠다고 약속하신다. 〈렘 51:41-44〉은 바빌로니아에 대한 탄식이다. 바빌로니아가 이미 멸망했다고 가정하여 표현한 것이다. 세삭은 바빌로니아를 가리키는 암호다. 벨은 바빌로니아의 신이다.

〈렘 51:45-53〉은 바빌로니아에 있는 이스라엘 백성에 대한 하나님의 메시지다. 바빌로니아에 있던 이스라엘 백성들은 반란과 정변의 소문에 놀라지 말고 그곳에서 제때 빠져 나와야 한다. 〈렘 51:54-58〉은 바빌로니아의 멸망에 관한 내용이다. 그곳에서 큰 파멸의 소리가 들릴 것이다. 〈렘 51:59-64〉은 예레미야의 메시지가 바빌로니아로 전달되는 내용이다. 예레미야는 바룩의 형제 스라야에게 바빌로니아에 대한 말씀이 기록된 책을 주어 다 읽고 강 속에 던지라고 한다.

정리하면, 악은 영원히 승리하지 못한다. 교만, 탐욕, 공격, 폭력, 죽음은 궁극적으로는 멸망할 것이다. 하나님은 압제가 영원히 지속되도록 허용하지 않으신다. 압제의 상징인 바빌로니아는 어느 시대나 존재한다. 그러나 바빌로니아는 시한부다. 언젠가는 돌처럼 가라앉을 것이다. 한때 쓰임 받은 자라도 한순간에 버림받을 수 있다. 그러기에 선 줄로 생각하는 자는 넘어질까 조심해야 한다(고전 10:12).

[19] 작은 희망의 빛(렘 52장)

〈렘 51:64〉은 "예레미야의 말이 이에 끝나니라"라고 기록하고 있다. 그렇다면 예레미야서는 51장이 마지막이다. 따라서 52장은 부록이다. 이 부록 부분은 열왕기하 24:18-25:30의 내용에서 차용한 것으로 보인다.

〈렘 52:1-10〉은 시드기야의 체포와 죽음에 관한 내용이다. 시드기야는 은밀히 야반도주하다가 체포되어 바빌로니아 왕에게 끌려갔고, 아들들의 처형을 목도해야만 했으며, 두 눈이 뽑힌 채 놋사슬로 결박되어 바빌로니아에 끌려가서 죽는 날까지 옥에 억류되었다고 전해진다. 〈렘 52:11-23〉은 성전의 파괴에 관한 내용이다. 사령관 느부사라단은 야웨의 성전과 왕궁을 불사르고, 예루살렘 사면 성벽도 헐어버렸고 많은 사람을 포로로 사로잡아 갔다. 유다 땅에는 가난한 백성만 남기고 그들로 포도원을 관리하는 자와 농부가 되게 하였다. 또한 예루살렘 성전에서는 귀중품들을 탈취해갔다. 〈렘 52:24-30〉은 유다 백성의 유배에 관한 내용이다. 예레미야는 세 번의 포로에 관하여 언급하고 있다. 첫 번째 포로는 기원전 597년에 있었다. 두 번째 포로는 기원전 587년에 있었다. 세 번째 포로는 기원전 582년에 있었다. 이 세 번째 포로는 열왕기하에 기록되어 있지 않다. 〈렘 52:31-34〉은 1차 포로 때 끌려간 여호야긴 왕의 사면에 관하여 기록하고 있다.

이 부록은 예레미야의 심판 예언과 구원 예언이 옳았음을 입증한다. 예레미야가 심판을 예언한 대로 시드기야는 처형되었고, 예루살렘 성전은 철저히 파괴되었다. 그리고 유다 백성들은 포로로 사로잡혀 갔다. 예레미야의 심판 예언은 당대에는 거절되었으나, 역사는 그의 손을 들어주었다. 예레미야의 구원 예언도 예기치 않은 다윗의 후손 여호야긴의 사면 복권으로 희미하게나마 꿈틀거리기 시작한다. 이는 작은 희망의 빛이지만 예레미야의 구원 예언을 상기시키는 확실한 빛이다.

구약의 정경 예언자 가운데 유다와 예루살렘 성전의 멸망(기원전 587년)을 실제로 체험한 유일한 예언자가 바로 예레미야다. 예레미야는 국가와 성전 멸망의 근본적인 원인이 백성들이 사랑(헤세드), 정의(미쉬파트), 공의(체다카)의 하나님을 버리고(렘 9:24), 세상적인 풍요를 약속하는 우상을 섬긴 것에 있음을 줄기차게 선포했다. 그는 사역 초기(렘 1:16)에도 사역 말기(렘 44:7-8)에도 동일한 메시지를 전했다. 영적 우상숭배와 도덕적 악행은 밀접하게 연관되어 있다. 우상숭배는 야웨를 버리는 것이다. 야웨를 버리는 것은 야웨의 길을 버리는 것을 말한다. 야웨의 길에는 종교적인 것은 물론이고 사회적이고 정치-경제적인 영역의 긍휼과 정의가 포함된다. 예레미야의 외침이 오늘의 한국교회에도 크게 들려온다.

[15]네 아버지(요시야)가…정의와 공의를 행하지 아니하였느냐?
그때에 그가 형통하였었느니라.
[16]그는 가난한 자와 궁핍한 자를 변호하고 형통하게 하였나니
이것이 나를 앎이 아니냐(렘 22:15-16).

[20] 기억이 미래를 연다(애 1-2장)

"예레미야애가"라는 책 제목은 그리스어 번역 성경인 70인역에서 유래한다. 히브리어 성경의 책 제목은 이 책의 첫 단어인 "에이카"(어찌하여!)다. 예레미야애가에서 "애"는 "슬픔 애(哀)" 자이고 "가"는 "노래 가(歌)" 자로, 애가는 "슬픔의 노래"라는 의미다. 예레미야애가는 기원전 587년 바빌로니아 왕 느부갓네살에 의하여 유다가 멸망당하고 예루살렘 성전이 파괴된 사건을 슬퍼하며 쓴 다섯 개의 시를 모은 책이다.

〈애 1:1-11〉은 시인이 슬퍼하는 내용이다. 예루살렘을 한 여인으로 견주면서(딸 시온), 어디서나 존중받던 공주가 과부가 되었다고 한다(1절). 이전에 이 여인을 원했던 "친구들", 곧 이웃 민족들이 이제는 그를 곤경 가운데 그냥 내버려둔다(2절). 절기에 와서 제물을 드리는 사람이 더 이상 없기 때문에 제사장들도 수입이 없다(4절). 버림받은 가운데 예루살렘이 좋았

던 지난날을 회상한다. 자신의 불행은 자신이 죄를 지은 데서 비롯되었음도 깨닫는다(8절). 〈애 1:12-22〉은 예루살렘의 입에서 직접 터져 나오는 탄식의 말이다. 예루살렘이 당한 대재난은 하나님이 진노하신 결과다. 예루살렘은 절망적인 상황에서 오로지 하나님께 부르짖고, 자신의 재난을 즐거워하는 자들에게 보복해달라고 간구한다.

〈애 2:1-12〉은 예루살렘이 황폐해지고 파괴된 모습을 묘사한다. 시인은 하나님이 진노의 날에 그의 "발판"(언약궤 혹은 성전)을 기억하지 않으셨다고 슬퍼한다(1절). 하나님은 딸 시온을 원수같이 다루셨다(4절). 성전은 약탈당했을 뿐만 아니라 완전히 불타 버렸다(6-7절). 성벽도 허물어졌다(8절). 어린 자녀와 젖 먹는 아이들이 기절하거나 죽음을 당한다(11-12절). 〈애 2:13-19〉은 시인이 예루살렘을 상대로 말하는 내용이다. 시인은 비참한 운명을 맞은 성읍을 위로한다. "처녀 딸 시온"에서 처녀는 예루살렘 백성에 대한 애정 어린 상징 표현이다. 시인은 딸 시온을 향하여 쉬지 말고 하나님께 기도할 것을 권면한다. 〈애 2:20-22〉은 시인이 하나님께 간구하는 내용이다. 그는 고통이 너무 커서 마땅히 받을 벌의 정도를 넘어섰다고 한탄한다. "주께서 누구에게 이같이 행하셨는지요. 여인들이 어찌 자기 열매 곧 그들이 낳은 아이들을 먹으오며"(20절). 극단적인 상황에서나 벌어지는 카니발리즘(cannibalism)이 발생한 것이다.

정리하면, 이런 참혹한 역사적 사실을 은폐하지 않고 정기적으로 드러낸다는 사실에서 배울 바가 있다. 역사를 망각하면 그 역사가 다시 반복되기 때문에, 잊어버리고 싶은 아픈 역사이지만 잊지 않고 정기적으로 기억하는 것이다. 그래야 슬픔의 역사는 기억의 감옥에 갇히고, 현실로 그 몸을 드러내지 못한다. 아픔과 슬픔과 치욕의 역사라도 기억해야 반복하지 않는다. 기억이 밝은 미래를 여는 법이다.

[21] 드러냄의 영성 (애 3-5장)

예레미야애가 3장은 세 부분으로 구성되어 있다. 첫째, 〈애 3:1-20〉은 황폐와 절망을 묘사한다. 여기서 시인은 자기 자신의 형편에 대해서 말한다. "나의 힘과 여호와께 대한 내 소망이 끊어졌다 하였도다"(18절). 〈19-20절〉은 앞에 나온 고난 묘사의 요약으로 보인다. 둘째, 〈애 3:21-39〉은 회상과 희망을 말한다. 시인은 하나님의 신실하심을 알면 근시안적으로 불평하지 않고 견딜 수 있다고 말한다. "사람이 여호와의 구원을 바라고 잠잠히 기다림이 좋도다"(25절). 더 나아가 고난이 하나님의 본심이 아니라는 사실도 희망의 근거가 된다(33절). 셋째, 〈애 3:40-66〉은 고백과 회복을 말한다. 시인은 회개하고 자신의 죄악을 고백하면(40절) 하나님께서 회복시켜주실 것이라고 한다. 이어서 그는 대적들을 벌하도록 간구한다.

〈애 4:1-6〉은 예루살렘의 포위와 점령 그리고 파괴 이후 그 주민이 겪은 고난을 묘사한다. 순금과도 같은 보배로운 예루살렘 주민들이 이제는 아무도 눈여겨보지 않는 질그릇처럼 되었다(1-2절). 〈애 4:7-11〉은 굶주림 때문에 발생한 처참한 여러 가지 상황을 묘사한다. 〈애 4:12-16〉은 안전한 요새로 통했던 예루살렘이 함락되는 어처구니없는 사건을 다루고 있다. 이 책임은 예언자들과 제사장들의 죄악에 있다. 〈애 4:17-20〉은 예루살렘의 마지막 날들에 발생한 헛된 시도들을 언급한다. 〈애 4:21-22〉은 에돔 사람들에게 내릴 형벌을 선포하고 있다.

〈애 5:1-5〉은 예루살렘 함락 이후 유다 땅에 남은 자들의 탄원을 표현한다. 유다 땅과 집은 바빌로니아 사람들에게 점령당하였고, 유다 사람들은 자신의 땅에서 나오는 물과 땔감도 적들에게 값을 치러야 했다. 남자들은 점령군을 위하여 힘에 부치도록 부역을 해야 했다. 〈애 5:6-7〉은 과거 유다의 동맹 정책을 언급하면서 조상들의 죄악과 자신들의 죄악을 자인한다.

〈애 5:8-18〉은 유다가 겪고 있는 심한 굴욕적 상황을 조목조목 기술하고 있다. 유다는 바빌로니아의 하급 관리들과 용병들의 지배를 받아야 했고(8절), 성읍 바깥에서 양식을 얻으려면 강도들의 습격으로 목숨을 걸어야만 했다(9절). 한마디로 마음에 기쁨이 그쳤고, 춤은 변하여 슬픔이 되어버렸다(15절). 〈애 5:19-22〉은 마지막 탄식조의 간구다. 19절은 "찬양의 고백"이고, 20절은 "진솔한 탄원"이고, 21절은 "겸허한 간구"다. 마지막 22절은 "분노"다. 뜻밖의 결론이다. 즉 "해답 없는 결론"으로 끝이 난다.

정리하면, 예레미야애가는 마지막 절에서 분노를 표출하면서 끝난다. 우리도 애가의 시인과 같이 "이상적인 모습"과 "지금의 모습" 사이에의 모순적 간극을 억지로 은폐하거나 속이지 말고 있는 그대로 드러내야 한다. 그 모순을 눈물로 토해내고 솔직하게 드러냄으로써 고통의 시간을 "하나님 앞에서" 견뎌내야 한다. 경건의 가면을 벗어 던지고 솔직하게 드러내야 새로운 희망이 싹터 오른다. 분노를 발산해야 희망이 자란다. 솔직한 드러냄도 영성이다.

참고문헌

1. 주석류

Allen, L. C. *Jeremiah: A Commentary*. OTL; Louisville: Westminster John Knox Press, 2008.

Bracke, J. M. *Jeremiah 1-29*. WBC; Louisville, Kentucky: Westminster John Knox Press, 2000.

Bracke, J. M. *Jeremiah 30-52 and Lamentations*. WBC; Louisville, Kentucky: Westminster John Knox Press, 2000.

Brueggemann, W. *A Commentary on Jeremiah: Exile and Homecoming*. Grand Rapids: Michigan: Wm. B. Eerdmans Publishing Co, 1998.

Brueggemann, W. *To Pluck Up, To Tear Down: A Commentary on the Book of Jeremiah 1-25*. ITC; Grand Rapids: Wm. B. Eerdmans Publishing Co, 1988.

Brueggemann, W. *To Build, To Plant: A Commentary on Jeremiah 26-52*. ITC; Grand Rapids: Wm. B. Eerdmans Publishing Co, 1991.

Carroll, R. P. *Jeremiah*. OTL; London: SCM Press, 1986.

Carvalho, C. *Reading Jeremiah: A Literary and Theological Commentary*. Reading the Old Testament; Georgia: Smyth and Helwys, 2016.

Cornill, C. H. *Das Buch Jeremia erklärt*. Leipzig: Tauchnitz, 1905.

Craigie, P. C., Kelley, P. H., Drinkard, J. F. Jr. *Jeremiah 1-25*. WBC; Dallas, Texas: Word Book, 1991.

Duhm, B. *Das Buch Jeremia*. Kurzer Hand-Commentar zum Alten Testament. Tübingen: J. C. B. Mohr, 1901.

Fischer, G. *Jeremia 1-25*. HThKAT; Freiburg/Basel/Wien: Herder Verlag, 2005.

Fischer, G. *Jeremia 26-52*. HThKAT; Freiburg/Basel/Wien: Herder Verlag, 2005.

Fretheim, T. E. *Jeremiah*. Macon, GA: Smyth and Helwys, 2002.

Goldingay, J. *The Book of Jeremiah*. NICOT; Grand Rapids, Michigan: Eerdmans,

2021.

Herrmann, S. *Jeremia 1(1,1-19)*. BK; Neukirchen-Vluyn: Neukirchener Verlag, 1986.

Herrmann, S. *Jeremia 2(1,4-2,37)*. BK; Neukirchen-Vluyn: Neukirchener Verlag, 1990.

Holladay, W. L. *Jeremiah 1: A Commentary on the Book of the Prophet Jeremiah Chapters 1-25*. Hermeneia; Philadelphia: Fortress Press, 1986.

Holladay, W. L. *Jeremiah 2. A Commentary on the Book of the Prophet Jeremiah Chapters 26-52*. Hermeneia; Philadelphia: Fortress Press, 1989.

Huey, F. B. Jr. *Jeremiah, Lamentations*. NAC; Nashville, Tennessee: Broadman Press, 1993.

Jones, D. R. *Jeremiah*. NCBC; Grand Rapids, Michigan: Eerdmans, 1992.

Keown, G. L., Scalise, P. J., Smothers, T. G. *Jeremiah 26-52*. WBC; Dallas, Texas: Word Book, 1995.

King, P. J. *Jeremiah: An Archaeological Companion*. Louisville, Kentucky: Westminster John Knox Press, 1993.

Longman III, T. *Jeremiah, Lamentation*. NIBCOT; Peabody, MA/Milton Keynes, 2008(이철민 역, 『예레미야/예레미야애가』, UBC; 서울: 성서유니온, 2017).

Lundbom, J. R. *Jeremiah 1-20*. AB; New York: Doubleday, 1999.

Lundbom, J. R. *Jeremiah 21-36*. AB; New York: Doubleday, 2004.

Lundbom, J. R. *Jeremiah 37-52*. AB; New York: Doubleday, 2004.

Maier, C. M. *Jeremia 1-25*. IEKAT; Stuttgart: Kohlhammer Verlag, 2022.

McKane, W. *Jeremiah. vol. I: Introduction and Commentary on Jeremiah I-XXV*. ICC; Edinburgh: T&T Clark, 1986.

McKane, W. *Jeremiah. vol. II: Commentary on Jeremiah XXVI-LII*. ICC; Edinburgh: T&T Clark, 1996.

McKeating, H. *The Book of Jeremiah*. Epworth Commentaries, London: Epworth Press, 1999.

Miller, P. D. "The Book of Jeremiah." *The New Interpreter's Bible*. vol. VI. Nashville: Abingdon Press, 2001.

Nicholson, E. W. *Jeremiah 1-25*. CBC; Cambridge: Cambridge University Press, 1973.

Nicholson, E. W. *Jeremiah 26-52*. CBC; Cambridge: Cambridge University Press, 1975.

O'Connor, K. M. "Jeremiah." *The Women's Bible Commentary*. Eds. C. A. Newsom, S. H. Ring. Louisville, KY: Westminster/John Knox Press, 1992, 169-177.

Rudolph, W. *Jeremia*. HAT; Tübingen: J. C. B. Mohr, 31968.

Schmidt, W. H. *Das Buch Jeremia Kapitel 1-20*. ATD; Göttingen: Vandenhoeck & Ruprecht, 2008.

Schmidt, W. H. *Das Buch Jeremia Kapitel 21-52*. ATD; Göttingen: Vandenhoeck & Ruprecht, 2013.

Schreiner, J. *Jeremia 1-25,14*. NEB; Würzburg: Echter Verlag, ²1985.

Schreiner, J. *Jeremia 25,15-52,34*. NEB; Würzburg: Echter Verlag, 1984.

Sharp, C. J. *Jeremiah 26-52*. IECOT; Stuttgart: Kohlhammer Verlag, 2022.

Stipp, H. J. *Jeremia 25-52*. HAT; Tübingen: Mohr Siebeck, 2019.

Stulman, L. *Jeremiah*. AOTC; Nashville, TN: Abingdon Press, 2005.

Wanke, G. *Jeremia. Teilband 1: Jeremia 1,1-25,14*. ZBAT; Zürich: Theologischer Verlag, 1995.

Wanke, G. *Jeremia. Teilband 2: Jeremia 25,15-52,34*. ZBAT; Zürich: Theologischer Verlag, 2003.

Weiser, A. *Das Buch Jeremia Kapitel 1-25,14*. ATD; Göttingen: Vandenhoeck & Ruprecht, 1952.

Weiser, A. *Das Buch Jeremia Kapitel 25,15-52,34*. ATD; Göttingen: Vandenhoeck & Ruprecht, 1955.

Werner, W. *Das Buch Jeremia Kapitel 1-25*. NSKAT; Stuttgart: Verlag Katholisches Bibelwerk, 1997.

Werner, W. *Das Buch Jeremia Kapitel 25-52*. NSKAT; Stuttgart: Verlag Katholisches Bibelwerk, 2003.

강성열. 『예레미야: 1-25장』. 한국장로교총회창립 100주년기념 표준주석; 서울: 한국장로교출판사, 2021.

강성열. 『예레미야: 26-52장』. 한국장로교총회창립 100주년기념 표준주석; 서울: 한국장로교출판사, 2022.

김명숙. 『예레미야서 1-25장』. 거룩한 독서를 위한 구약성경 주해; 서울: 바오로딸, 2021.

김명숙. 『예레미야서 26-52장』. 거룩한 독서를 위한 구약성경 주해; 서울: 바오로딸, 2021.

라이트, 크리스토퍼. 『예레미야 강해: 심판의 끝, 은혜의 시작』. BST 시리즈; 안종희 역, 서울: IVP, 2018.

H. 렐만. 『예레미야/예레미야애가』. 틴데일 구약주석; 유창걸 역, 서울: 기독교문서선교회, 2017.

박동현. 『예레미야(1)』. 대한기독교서회 창립 100주년기념 성서주석; 서울: 대한기독교서회, 2006.

박동현. 『예레미야(2)』. 대한기독교서회 창립 100주년기념 성서주석; 서울: 대한기독교서회, 2006.

브라이트, 존. 『예레미야』. 국제성서주석; 번역실 역, 서울: 한국신학연구소, 1990.

이상근. 『구약주해 예레미야』. 대구: 성등사, 1993.

장일선. 『예레미야』. 전망성서주해; 서울: 전망사, 1993.

클레멘츠, 로날드. 『예레미야』. 현대성서주석; 김회권 역, 서울: 한국장로교출판사, 2002.

톰슨, J. A. 『예레미야(상)』. 반즈 신구약 성경주석; 최우성 역, 서울: 크리스챤서적, 1992.

톰슨, J. A. 『예레미야(하)』. 반즈 신구약 성경주석; 최우성 역, 서울: 크리스챤서적, 1993.

2. 단행본

Bach, R. *Die Aufforderungen zur Flucht und zum Kampf im alttestamentlichen Prophetenspruch*. WMANT; Neukirchen-Vluyn: Neukirchener Verlag, 1962.

Bak, D. H. *Klagender Gott-klagende Menschen: Studien zur Klage im Jeremiabuch.* BZAW 193; Berlin/New York: Walter de Gruyter, 1990.

Baumgartner, W. *Jeremiah's Poems of Lament.* Trans. by David E. Orton. Sheffield: Almond Press, 1987 [=*Die Klagegedichte des Jeremia.* BZAW 32; Giessin: Alfred Töpelmann, 1917].

Böhmer, S. *Heimkehr und neuer Bund: Studien zu Jeremia 30-31.* Göttingen: Vandenhoeck & Ruprecht, 1976.

Brueggemann, W. *Hopeful Imagination: Prophetic Voices in Exile.* Philadelphia: Fortress, 1986.

Brueggemann, W. *Like Fire in the Bones: Listening for the Prophetic Word in Jeremiah.* Minneapolis: Fortress Press, 2006.

Brueggemann, W. *The Theology of the Book of Jeremiah.* Cambridge: Cambridge University Press, 2007.

Carroll, R. P. *From Chaos to Covenant.* New York: Crossroad, 1981.

Carroll, R. P. *Jeremiah.* Old Testament Guides; Sheffield: JSOT Press, 1989.

Cha, J. H. *Micha und Jeremia.* BBB 107; Weinheim: Beltz Athenäum Verlag, 1996.

Crenshaw, J. L. *Prophetic Conflict.* BZAW 124, Berlin/New York: Walter de Gruyter, 1971.

Crouch, C. L. *An Introduction to the Study of Jeremiah.* T&T Clark Approaches to Biblical Studies; Bloomsbury T&T Clark, 2017.

Cunliffe-Jones, H. *The Book of Jeremiah.* London: SCM Press, 1960.

Day, J. *Yahweh and the Gods and Goddesses of Canaan.* Sheffield: Sheffield Academic Press, 2000.

de Vaux, R. *Ancient Israel,* Vol. 1. New York: McGraw-Hill, 1961.

de Vaux, R. *Ancient Israel: Its Life and Institution.* London: Darton, Longman & Todd Ltd., 1961.

Diamond, A. R. *The Confessions of Jeremiah in Context: Scenes of Prophetic Drama.* JSOT Supp 45; Sheffield: JSOT Press, 1987.

Diamond, A. R. O., O'Connor, K. M., Stulman, L.(ed.) *Troubling Jeremiah.* JSOT. SS 260; Sheffield: Sheffield Academic Press, 1999.

Fischer, G. *Jeremia: Der Stand der theologischen Diskussion*. Darmstadt: Wissenschaftliche Buchgesellschaft, 2007.

Fischer, G. *Jeremia: Prophet über Völker und Königreiche*. Biblische Gestalten; Evangelische Verlagsanstalt, 2015.

Fischer, G. *Jeremiah Studies*. FAT 139; Tübingen: Mohr Siebeck, 2020.

Friebel, K. G. *Jeremiah's and Ezekiel's Sign-Acts*. JSOT Supp 283; Sheffield: Academic Press, 1999.

Green, B. *Jeremiah and God's plans of Well-being*. Columbia: University of South Carolina Press, 2013.

Groß, W. (ed.) *Jeremia und die »deuteronomistische Bewegung«*. BBB 98; Weinheim: Beltz Athenäum Verlag, 1995.

Herrmann, S. *Jeremia: Der Prophet und das Buch*. EdF 271; Darmstadt: Wissenschaftliche Buchgesellschaft, 1990.

Holladay, W. L. *Jeremiah: A Fresh Reading*. New York: The Pilgrim Press, 1990.

Holladay, W. L. *The Root SHUB in the Old Testament: With Particular Reference to its Usage in Covenantal Context*. Leiden: E. J. Brill, 1958.

Hunter, M. J. *A Guide to Jeremiah*. SPCK International Study Guide 30; Cambridge, ²1997.

Kessler, M.(ed.) *Reading the Book of Jeremiah: A Search for Coherence*. Winona Lake, Indiana: Eisenbrauns, 2004.

Kilpp, N. *Niederreissen und Aufbauen: Das Verhältnis von Heilsverheissung und Unheilsverkündigung bei Jeremia und im Jeremiabuch*. BTS 13; Neukirchen-Vluyn: Neukirchener Verlag, 1990.

King, P. J. *Jeremiah: An Archaeological Companion*. Louisville: Westminster and John Knox Press, 1993.

Köhler, L. *Hebrew Man*. London: SCM Press, 1956.

Kraus, H.-J. *Prophetie in der Krisis: Studien zu Texten aus dem Buch Jeremia*. Neukirchen-Vluyn: Neukirchener Verlag, 1964.

Lundbom, J. R. *Jeremiah Closer Up: The Prophet and the Book*. Sheffield: Sheffield Phoenix Press, 2010(구애경·박지혜 역, 『예레미야서 더 가까이 보기』, 대한기

독교서회, 2016).

Lundbom, J. R. *Writing Up Jeremiah: The Prophet and the Book.* Eugene, Oregon: Cascade Books, 2013.

Miller J. M., Hayes, J. H. *A History of Ancient Israel and Judah.* Philadelphia: Westminster; London: SCM, 1986.

Miller, P. D. Jr. *Sin and Judgment in the Prophets.* SBL Monograph; Chico, Calif.: Scholars Press, 1982.

Miller, P. D. Jr., Roberts, J. J. M. *The Hand of the Lord: A Reassessment of the "Ark Narrative" of 1 Samuel.* The Johns Hopkins Near Eastern Studies; Baltimore: The Johns Hopkins University, 1977.

Nicholson, E. W. *Preaching to the Exiles: A Study of the Prose Tradition in the Book of Jeremiah.* New York: Schocken Books, 1971.

O'Connor, K. M. *The Confessions of Jeremiah: Their Interpretation and Role in Chapters 1-25.* SBLDS 94; Atlanta: Society of Biblical Literature and Scholars Press, 1988.

Osswald, E. *Falsche Propheten im Alten Testament.* Tübingen, 1962.

Overholt, Th. W. *The Threat of Falsehood: A Study in the Theology of Book of Jeremiah.* Naperville: Alec R. Allenson, 1970.

Park-Taylor, G. H. *The Formation of the Book of Jeremiah: Doublets and Recurring Phrases.* SBLMS 51; Atlanta: Society of Biblical Literature, 2000.

Perdue L. G., Kovacs, B. W. *A Prophet to the Nations: Essays in Jeremiah Studies.* Winona Lake: Eissenbrauns, 1984.

Pohlmann, K. -F. *Studien zum Jeremiabuch.* Göttingen: Vandenhoeck und Ruprecht, 1978.

Polk, T. *The Prophetic Persona: Jeremiah and the Language of the Self.* JSOT Supp 32; Sheffield: JSOT Press, 1984.

Pritchard, J. B. *Ancient Near Eastern Texts: Relating to the Old Testament.* Princeton, New Jersey: Princeton University Press, 1969.

Schley, D. G. *Shiloh: A Biblical City in Tradition and History.* JSOTS; Sheffield: JSOT Press, 1989.

Schneider, C. *Krisis des Glaubens: Zur Frage der sogenannten falschen Prophetie im Alten Testament.* Berlin: Evangelische Verlaganstalt, 1988.

Seybold, K. *Der Prophet Jeremia: Leben und Werk.* Urban-Taschenbücher; Stuttgart: Kohlhammer, 1993.

Sharp, C. J. *Prophecy and Ideology in Jeremiah: Struggles for Authority in the Deutero-Jeremianic Prose.* London: T&T Clark, 2003.

Smith, M. S. *The Laments of Jeremiah and Their Contexts: A Literary and Redactional Study of Jeremiah 11-20.* SBLMS 42; Atlanta: Scholars Press, 1990.

Stacey, W. D. *Prophetic Drama in the Old Testament.* London: Epworth, 1990.

Stipp, H.-J. *Studien zum Jeremiabuch: Text und Redaktion.* FAT 96; Tübingen: Mohr Siebeck, 2016.

Thiel, W. *Die deuteronomistische Redaktion von Jeremia 1-25.* WMANT 41, Neukirchen-Vluyn: Neukirchener Verlag, 1973.

Thiel, W. *Die deuteronomistische Redaktion von Jeremia 26-45.* WMANT 52, Neukirchen-Vluyn: Neukirchener Verlag, 1981.

Trible, P. *God and the Rhetoric of Sexuality.* Overtures to Biblical Theology; Philadelphia: Fortress, 1978.

Tsevat, M. *The Meaning of the Book of Job and Other Biblical Studies: Essays on the Literature and Religion of the Hebrew Bible.* New York: KTAV; Dallas: Institute of Jewish Studies, 1980.

Weippert, H. *Die Prosareden des Jeremiabuches.* BZAW 132; Berlin and New York: Walter de Gruyter, 1973.

Weippert, H. *Schöpfer des Himmels und der Erde: Ein Beitrag zur Theologie des Jeremiabuches.* SBS 102; Stuttgart: Verlag Katholisches Bibelwerk, 1981.

Wiseman, D. J. *Chronicles of Chaldaean Kings (626-556 B.C.) in the British Museum.* London: British Museum, 1956.

고웬, 도널드 E. 『구약 예언서 신학』. 차준희 역. 서울: 대한기독교서회, 2004.

김광남. 『한국교회, 예레미야에게 길을 묻다: 길 잃은 교회를 위한 대화체 예레미야 강해』. 서울: 아바서원, 2013.

김근주. 『특강 예레미야: 파괴하고 무너뜨려라 그것이 은혜의 시작이다』. 서울: IVP, 2013.

김기석. 『끙끙 앓는 하나님: 예레미야 산책』. 의왕: 꽃자리, 2017.

김진우. 『이스라엘? 이스라엘!』. 서울: 대한기독교서회, 2003.

김창대. 『예레미야서의 해석과 신학』. 서울: 새물결플러스, 2020.

김필회. 『호세아 주석서』. 한국구약학총서; 용인: 프리칭아카데미, 2010.

드라이차, M., 힐브란츠, W., 슈미트, H. 『구약성서연구 방법론: 주석방법론 입문서』. 하경택 역. 서울: 비블리카아카데미아, 2005.

류호준. 『인간의 죄에 고뇌하시는 하나님: 류호준 교수의 예레미야서 묵상』. 서울: 이레서원, 2006.

맥컨빌, J. G. 『심판을 넘어서 회복의 약속으로: 예레미야서의 신학과 메시지』. 성기문 역. 서울: 그리심, 2008.

모벌리, 월터. 『예언과 분별』. 박규태 역. 서울: 새물결플러스, 2015.

보컴, 리처드. 『예수: 생애와 의미』. 김경민 역. 서울: 비아, 2016.

박동현. 『주께서 나를 이기셨으니: 설교를 위한 예레미야서 연구』(개정증보판). 서울: 한국성서학연구소, 2000.

박동현. 『예레미야서 연구』. 서울: 한국성서학연구소, 2003.

볼프, 한스 발터. 『예언과의 만남』. 차준희 역. 서울: 대한기독교서회, 1999.

브렌드 J. 『예레미야서』. 김건태 역. 서울: 가톨릭출판사, 1996.

서인석. 『오늘의 구약성서 연구』. 서울: 성바오로출판사, 1983.

슈미트, 베르너 H. 『구약성서입문』. 차준희, 채홍식 역. 서울: 대한기독교서회, 2007.

슈미트, 한스-크리스토프. 『구약, 어떻게 공부할 것인가?: 구약학 연구 안내서』. 차준희, 김정훈 역. 서울: 대한기독교서회, 2014.

스위니, 마빈 A. 『예언서』. 홍국평 역. 구약학입문시리즈; 서울: 대한기독교서회, 2015.

스트런, 브랜트 A. 『간추린 구약개론』. 정의현 역. 서울: CLC, 2022.

알베르츠, 라이너. 『이스라엘 종교사(1)』. 강성열 역. 고양: 크리스챤다이제스트, 2003.

앤더슨, 버나드 W. 『구약성서탐구』. 김성천 역. 서울: CLC, 2017.

장성길.『이스라엘의 구원과 회복의 드라마: 예레미야서 주해』. 서울: 이레서원, 2007.

차준희(편저).『구약 예언서 이해』. 천안: 한국신학연구소, 1996.

차준희.『구약성서의 신앙』. 천안: 한국신학연구소, 1997.

차준희.『구약신앙과의 만남』. 서울: 대한기독교서회, 2002.

차준희.『출애굽기 다시보기』. 서울: 프리칭아카데미, 2004.

차준희·유윤종.『학개/스가랴/말라기』. 대한기독교서회 창립 100주년 기념 성서주석; 서울: 대한기독교서회, 2006.

차준희.『예레미야서 다시 보기』. 서울: 프리칭아카데미, 2007.

차준희.『최근 구약 예언서 이해』. 한국구약학총서 6; 서울: 프리칭아카데미, 2008.

차준희.『교회 다니면서 십계명도 몰라?』. 서울: 국제제자훈련원, 2012.

차준희.『예언서 바로 읽기』. 서울: 성서유니온선교회, 2013.

차준희.『최근 한국교회의 예언서 설교: 역사와 양식에 기초하라!』. 한국구약학연구소구약학문고 7; 서울: 대한기독교서회, 2013.

차준희.『시인의 영성(2): 시편 51-100편 해설과 묵상』. 서울: 새물결플러스, 2022.

차준희.『구약 예언서 수업』. 서울: 감은사, 2024.

채영삼.『그리스도인의 성장과 생활 속의 신앙』. 서울: 이레서원, 2021.

코흐, 클라우스.『예언자들(2): 바벨론과 페르시아 시대』. 강성열 역. 서울: 크리스챤다이제스트, 1999.

폰 라트, 게르하르트.『예언자들의 메시지』. 김광남 역. 서울: 비전북, 2011.

피터슨, 유진.『주와 함께 달려가리이다』(개정판). 서울: IVP, 2019.

한희철.『예레미야와 함께 울다: 무릎 꿇고 손가락으로 읽는 예레미야』. 의왕: 꽃자리, 2018.

함만, 아달베르.『교부와 만나다』. 이연학, 최원호 역. 서울: 비아, 2019.

헤셸, 아브라함 J.『예언자들』. 이현주 역, 서울: 삼인, 2004.

3. 논문 및 정기간행물

Albertz, R. "Jer 2-6 und die Frühzeitverkündigung Jeremias." *ZAW* 94 (1982), 20-47.

Anderson, B. W. "The Lord Has Created Something New: A Stylistic Study of Jer 31:15-22." *CBQ* 40 (1978), 463-478.

Becking, B. "'A Voice Was Heard in Ramah.'" *BZ* 38 (1994b), 229-242.

Berlin, A. "Jeremiah 29:5-7: A Deuteronomic Allusion." *HAR* 8 (1984), 3-11.

Cha, Jun-Hee. *Micha und Jeremia*. BBB; Weiheim: Beltz Athenaum Verlag, 1996.

Christensen, D. L. "'Terror on Every Side' in Jeremiah." *JBL* 92 (1973), 498-502.

Clines, D. J., Gunn, D. M. "Form, Occasion and Redaction in Jeremiah 20." *ZAW* 88 (1976), 390-409.

Clines, D. J., Gunn, D. M. "'You Tried to Persuade Me' and 'Violence! Outrage!' in Jeremiah xx 7-8." *VT* 28 (1978) 20-27.

Crenshaw, J. L. "A Living Tradition: The Book of Jeremiah in Current Research." *Int* 37 (1983a), 117-129.

Dahood, M. "The Metaphor in Jeremiah 17:13." *Biblica* 48 (1967), 109-110.

Deist, F. E. "The Punishment of the Disobedient Zedekiah." *JNSL* 1 (1971), 71-72.

Deroche, M. "Jeremiah 2:2-3 and Israel's Love for God During the Wilderness Wanderings." *CBQ* 45 (1983b), 364-376.

Drotts, W. D. "A Study of the Prophet Jeremiah Compared and Contrasted with Martin Luther King Jr., with guidelines for Prophetic Ministry Today." Unpublished D. Min. Thesis, San Francisco Theological Seminary, 1973.

Eissfeldt, O. "Jeremias Drohorakel gegen Ägypten und gegen Babel." *Verbannung und Heimkehr* [Festschrift für Wilhelm Rudolph]. Ed. Arnulf Kuschke, Tübingen: Mohr (Siebeck), 1961, 31-37.

Emerton, J. A. "The Meaning of the Verb ḥāmas in Jeremiah 13,22." *Prophet und Prophetenbuch* [Festschrift für Otto Kaiser]. BZAW 185. Eds. V. Fritz et al. Berlin and New York: Walter de Gruyter, 1989, 19-28.

Fensham, F. C. "Nebukadrezzar in the Book of Jeremiah." *JNSL* 10 (1982), 53-65.

Fischer, G. "Zum Text des Jeremiabuches." *Biblica* 78 (1997), 307-328.

Fischer, G. "Jeremia/Jeremiabuch." *⁴RGG* 4 (2001), 414-423.

Fishbane, M. "The Well of Living Water: A Biblical Motif and Its Ancient Transformations." *Sha'arei Talmon: Studies in the Bible, Qumran, and the Ancient Near East Presented to Shemaryahu Talmon*. Eds. M. Fishbane & E. Tov. Winona Lake, IN: Eisenbrauns, 1992, 271-284.

Fox, M. V. "Jeremiah 2:2 and the 'Desert Ideal'." *CBQ* 35 (1973), 441-450.

Grätz, H. "Gedalja Sohn Achikam's Dauer seiner Statthalterschaft und Datum seines gewaltsamen Todes." *MGWJ* 19 (1870), 268-275.

Görg, M. "Das Tempelwort in Jer 7,4." *BN* 18 (1982), 7-14.

Habel, N. C. "Appeal to Ancient Tradition as a Literary Form." *ZAW* 88 (1976), 253-272.

Hermisson, H.-J. "Die ≫Königsspruch≪-Sammlung im Jeremiabuch." in: ders., *Studien zu Prophetie und Weisheit*. Gesammelte Aufsätze, Hrsg. J. Barthel, H. Jauss, K. Koenen, FAT 23; Tübingen 1998, 37-58.

Hermisson, H.-J. "Jahwes und Jeremias Rechtsstreit. Zum Thema der Konfessionen Jeremias." in: ders., *Studien zu Prophetie und Weisheit*. Gesammelte Aufsätze, Hrsg. J. Barthel, H. Jauss, K. Koenen, FAT 23; Tübingen 1998, 5-36.

Hermisson, H.-J. "Kriterien ≫Wahrer≪ und ≫falscher≪ Prophetie im Alten Testament. Zur Auslegung von Jeremia 23,16-22 und Jeremia 28,8-9." in: ders., *Studien zu Prophetie und Weisheit*. Gesammelte Aufsätze, Hrsg. J. Barthel, H. Jauss, K. Koenen, FAT 23; Tübingen 1998, 59-76.

Herrmann, S. "Forschung am Jeremiabuch." *TLZ* 102 (1977a), 482-490.

Herrmann, W. "Jeremia 23,23f als Zeugnis der Gotteserfahrung im babylonischen Zeitalter." *BZ* 27 (1983), 155-166.

Heltzer, M. L. "Some Questions Concerning the Economic Policy of Josiah, King of Judah." *IEJ* 50 (2000), 105-108.

Hess, R. S. "Hiphil Forms of QWR in Jeremiah VI 7." *VT* 41 (1991), 347-350.

Hertzberg, H. W. "Jeremia und das Nordreich Israel." *TLZ* 77 (1952), 595-602.

Hobbs, T. R. "Some Proverbial Reflections in the Book of Jeremiah." *ZAW* 91 (1979),

62-72.

Holladay, W. L. "The Covenant with the Patriarchs Overturned: Jeremiah's Intention in 'Terror on every side' (Jer 20:1-6)." *JBL* 91 (1972), 305-320.

Holt, E. K. "Jeremiah's Temple Sermon and the Deuteronomists: An Investigation of the Redactional Relationship Between Jeremiah 7 and 26." *JSOT* 36 (1986), 73-87.

Ittmann, N. *Die Konfessionen Jeremias*. WMANT 54; Neukirchen-Vluyn: Neukirchener Verlag, 1981.

Isbell, C. D. "II Kings 22:3-23:24 and Jeremiah 36: A Stylistic Comparison." *JSOT* 8 (1978), 33-45.

Kang, Sa-Moon. "The Authentic Sermon of Jeremiah in Jeremiah 7:1-20." Fox, M. V. a. o. (eds.). *Texts, Temples, and Tradition*. A Tribute to Menahem Haran. Winona Lade, Indiana: Eisenbrauns, 1996, 147-162.

Kessler, M. "Jeremiah 25,1-29: Text and Context. A Synchronic Study." *ZAW* 109 (1997), 44-70.

Kooij, Arie van der. "The Death of Josiah according to 1 Esdras." *Textus* 19 (1998), 97-109.

Krašovec, J. "Vergebung und neuer Bund nach Jer 31,31-34." *ZAW* 105 (1993), 428-444.

Kutsch, E. "Weisheitsspruch und Prophetenwort: Zur Traditionsgeschichte des Spruches Jer 9,22-23." *BZ* 25 (1981), 161-179.

Lemke, W. E. "The Near and the Distant God: A Study of Jer. 23:23-24 in its Biblical Theological Context." *JBL* 100 (1981), 541-555.

Lemke, W. E. "Jeremiah 31:31-34." *Int* 37 (1983), 183-187.

Lewin, E. D. "Arguing for Authority: A Rhetorical Study of Jeremiah 1.4-19 and 20.7-18." *JSOT* 32 (1985), 105-119.

Lindars, B. "'Rachel Weeping for Her Children': Jeremiah 31:15-22." *JSOT* 12 (1979), 47-62.

Lipschits, O. "Nebuchadrezzar's Policy in 'Ḫattu-Land' and the Fate of the Kingdom of Judah." *UF* 30 (1998), 467-487.

Lundbom, J. R. "Rhetorical Structures in Jeremiah 1." *ZAW* 103 (1991a), 193-210.

Lundbom, J. R. "Jeremiah 15,15-21 and the Call of Jeremiah." *SJOT* 9 (1995), 143-155.

Malamat, A. "Jeremiah and the Last Two Kings of Judah." *PEQ* 83 (1951), 81-87.

Malamat, A. "The Last Kings of Judah and the Fall of Jerusalem." *IEJ* 18 (1968), 137-156.

Malamat, A. "Josiah's Bid for Armageddon: The Background for the Judean-Egyptian encounter in 609 B. C." *JANES* 5 (1973), 267-279.

McKane, W. "Jeremiah and the Rechabites." *ZAW* 100 Suppl. (1988), 106-123.

McKane, W. "Jeremiah and the Wise." *Wisdom in Ancient Israel* [Essays in Honour of J. A. Emerton]. Ed. John Day et al, Cambridge: Cambridge University Press, 1995, 142-151.

Metzger, M. "'Thron der Herrlichkeit': Ein Beitrag zur Interpretation von Jeremia 17,12f." *Prophetie und geschichtliche Wirklichkeit im alten Israel* [Festschrift für Siegfried Herrmann]. Eds/ Rüdiger Liwak and Siegfried Wagner. Stuttgart: W. Kohlhammer GmbH., 1991, 237-262.

Miller, P. D. Jr. "The Divine Council and Prophetic Call to War." *VT* 18 (1968), 100-107.

Miller, P. D., Leander E. K. (Ed) "The Book of Jeremiah." *NIB* 6, Nashville: Abingdon, 2001, 555-926.

Min, Young-Jin. *The Minuses and Pluses of the LXX Translation of Jeremiah Compared with the Massoretic Text: Their Classification and Possible Origins.* Unpublished Ph. D. Dissertation, Hebrew University, Jerusalem, 1977.

Na'aman, N. "The Kingdom of Judah under Josiah." *Tel Aviv* 18 (1991), 3-71.

Nadelman, Y. "The identification of Anathoth and the Soundings at Khirbet Deir esSidd." *IEJ* 44 (1994), 62-74.

Nasuti, H. P. "A Prophet to the Nations: Diachronic and Synchronic Readings of Jeremiah 1." *HAR* 10 (1986), 249-266.

Neef, H.-D. "Gottes Treue und Israels Untreue: Aufbau und Einheit von Jeremia 2,2-13." *ZAW* 99 (1987), 37-58.

Overholt, T. W. "Jeremiah 27-29: The Question of False Prophecy." *JAAR* 35 (1967), 241-249.

Overholt, T. W. "King Nebuchadnezzar in the Jeremiah Tradition." *CBQ* 30 (1968), 39-48.

Overholt, T. W. "Jeremiah 2 and the Problem of Audience Reaction." *CBQ* 41 (1979), 262-273.

Pearce, R. A. "Shiloh and Jer. vii 12, 13 & 15." *VT* 23 (1973), 105-108.

Preuss, H. D. "יצא." *ThWAT* III, 1982, 795-822.

Rad, G. von. "Die falschen Propheten" (1933). R. Smend (Hrgs.), *Gesammelte Studien zum Alten Testament*, Bd. 2. ThB 48; 1973, 212-223.

Ramsey, P. "Elements of a Biblical Political Theory." *JR* 29 (1949), 258-283.

Reimer, D. J. "The 'Foe' and the 'North' in Jeremiah." *ZAW* 101 (1989), 223-232.

Reimer, D. J., Johannes C. de Moor (Ed). "Political Prophets?" *Intertextuality in Ugarit and Israel*. OS 40; Leiden: Brill, 1998, 126-142.

Reventlow, H. G. "Gattung und Überlieferung in der 'Tempelrede Jeremias': Jer 7 und 26." *ZAW* 81 (1969), 315-352.

Roberts, J. M. "The motif of the Weeping God in jeremiah and Its Background in the Lament Tradition of the Ancient Near East." *OTE* 5 (1992), 361-374.

Robinson, B. P. "Jeremiah's New Covenant: Jer 31,31-34." *JSOT* 15 (2001), 181-204.

Sarna, N. M. "The Abortive Insurrection in Zedekiah's Day (Jer. 27-29)." H. L. Ginsberg volume. Ed. Menahem Haran. *Eretz-Israel* 14. Jerusalem: Israel Exploration Society, 1978, 89-96.

Schmidt, W. H. "Jeremias Berufung. Aspekte der Erzählung Jer 1,4-9 und offene Fragen der Auslegung." W. Zwickel (Hg.), *Biblische Welten*, FS. M. Metzger, OBO 123; Freiburg (Schweiz)/Göttingen, 1991, 183-198.

Schreiner, J. "Tempeltheologie im Streit der Propheten. Zu Jer 27 und 28." *BZ NF* 31 (1987), 1-14.

Schreiner, J. "Jeremia und die joschijanische Reform. Probleme – Fragen – Antworten." W. Groß (Hg.), *Jeremia und die »deuteronomistische Bewegung«*,

BBB 98; Weinheim: Beltz Athenäum Verlag, 1995.

Seidel, B. "Freunde und Feinde Jeremias unter den Beamten Judas der spätvorexilischen Zeit." *BZ NF* 41 (1997), 28-53.

Seitz, Ch. R. *Theology in Conflict: Reactions to the Exile in the Book of Jeremiah*. Ph.D. dissertation, Yale University, 1986.

Stamm, J. J. "Der Name Jeremia." *ZAW* 100 Suppl. (1988), 100-106.

Sweeney, M. A. "Jeremiah 30-31 and King Josiah's Program of National Restoration and Religious Reform." *ZAW* 108 (1996), 569-583.

Thiel, W. "Der Prophet Jeremia und das Jeremiabuch." *ZZ* 39 (1985), 190-195.

Thiel, W. "Ein Vierteljahrhundert Jeremia-Forschung." *VuF* 31 (1986), 32-52.

Wahl, H. "Die Entstehung der Schriftprophetie nach Jer 36." *ZAW* 110 (1998), 365-389.

Weippert, H. "Das wort vom neuen Bund in Jeremiah xxxi 31-34." *VT* 29 (1979), 336-351.

Welten, P. "Siegel und Stempel." *Biblisches Reallexikon*, 1977, 299-307.

Wessels, W. J. "Jeremiah 22,24-30: A Proposed Ideological Reading." *ZAW* 101 (1989), 232-249.

Wilcoxen, J. A. "The Political Background of Jeremiah's Temple Sermon." *Scripture in History and Theology* [Essays in Honor of J. Coert Rylaarsdam]. Eds. Arthur L. Nerrill and Thomas W. Overholt. Pittsburgh: The Pickwick Press, 1977, 151-166.

Zimmerli, W. "Visionary Experience in Jeremiah." *Israel's Prophetic Tradition*. Eds. Richard Coggins et al. Cambridge: Cambridge University Press, 1982, 95-118.

Zipor, M. A. "'Scenes from a Marriage': According to Jeremiah." *JSOT* 65 (1995), 83-91.

구덕관. "예레미야의 신학사상." 「협성신학논단」 2(1999년 가을), 25-50.

김기석. "성공과 실패 사이." 「기독교사상」 607(2009년 7월), 126-132.

김의원. "예레미야 31:31-34에 나타난 새 계약의 새로운 면 연구(I)." 「신학지남」 제51권 제3호(1984년 9월), 7-43.

김의원. "예레미야 31:31-34에 나타난 새 계약의 새로운 면 연구(II)."「신학지남」 제51권, 제4호(1984년 12월), 7-57.

김중은. "참 예언자와 거짓 예언자의 영성 비교 연구."「기독교사상」 396(1991년 12월), 81-97.

김지찬. "새 언약의 새로움: 렘 31:31-34를 중심으로."「구약신학저널」 5(2001), 249-268.

김필회. "예레미야 소명기사(1:4-10)의 역사적 이해."「구약논단」 18(2005), 86-104.

류호준. "하나님의 파토스와 예언자 예레미야: 예레미야 30:12-17을 중심으로." 「구약신학저널」 1(2000), 51-76.

류호준. "예언자의 종교-제의(宗敎-祭儀) 비판과 그 현대적 의미(예레미야의 성전 설교를 중심으로)."「백석학원 25주년 기념 논문집」, 25, 2001.

류호준. "위로의 책과 새 언약."「그말씀」 172(2003년 9월), 100-129.

리차드, 로렌스. "깨어진 언약(예레미야 11-15장)."「그말씀」 61(1997년 8월), 89-93.

민영진. "거짓 예언과 거짓 평화."「평화·통일·희년」 서울: 대한기독교서회, 1995, 27-40.

모티, H. "예레미야와 하나냐의 대결: 구약성서 예언서의 이데올로기와 진리."「신학사상」 58(1987), 587-609.

박동현. "탄식하는 하나님, 탄식하는 사람들: 예레미야서에 나타난 탄식현상."「예언과 목회(II)」, 서울: 한국장로교출판사, 1993, 11-39.

박혜경. "예레미야서를 통해서 본 예언자의 해방전통과 여성신학: 예레미야 30-31장을 중심으로."「한국여성신학」 13(1993년 3월), 46-56.

박호용. "인지공식이 나타나는 예레미야 본문의 특성."「신학과 문화」 9(2000), 52-70.

이형원. "예레미야는 열방의 선지자인가? 예레미야서 46-51장의 문학비평적 연구."「복음과 선교」 16(1993), 305-324.

임동원. "희망의 예언자 예레미야."「신학과 현장」 9(1999), 150-179.

임진숙. "예레미야의 소명시기에 대한 연구."「세계의 신학」 23(1994년 여름), 104-130.

서인석. "예레미야의 고백록."「오늘의 구약성서연구」, 서울: 성바오로출판사, 1983, 181-208.

장일선. "예레미야와 고대 이스라엘 전승."「신학연구」 27(1986), 131-170.

정중호. "예레미야 MT의 기원에 관한 연구."「계명신학」 6(1991), 53-74.

정찬. "딸 내 백성의 울부짖는 소리: 예레미야서 8:4-9:10에 나타난 민중의 한(恨)에 관한 연구."「제2종교개혁을 향하여: 한별 임태수 박사 회갑 기념 논문집」. 천안: 민중신학연구소, 2004, 402-427.

차준희. "예레미야의 선포에 나타난 미가의 예언자 논박전승의 영향: 미 3,6f와, 렘 14,14f; 23,16.21.30f를 중심으로."「현대와 신학」 18(1994), 114-136.

차준희. "예레미야의 성전설교와 미가전승."「구약논단」 1(1995), 205-232.

차준희. "예언 선포에 나타난 '해산의 진통 이미지'에 대한 주석적 연구: 미가 예언과 예레미야 예언을 중심으로."「순신대학교 교수 논총」 6(1995), 211-224.

차준희. "예언자의 '탄식촉구'에 대한 연구: 미가 예언과 예레미야 예언을 중심으로."「순신대학교 교수 논총」 7(1995), 437-452.

차준희. "예언의 계층 현상에 대한 연구."「순신대학교 교수논총」 9(1996), 7-23.

차준희. "예레미야의 선포에 나타난 미가전승."「목회와 신학」 91(1997), 176-179.

차준희. "'바람'과 '망상'의 예언자: 미가와 예레미야의 전승사적 관계."「구약과 신학의 세계」, 박준서 교수 헌정논문집, 서울: 한들출판사, 2001, 82-97.

차준희. "'유혹', '평강' 그리고 '부끄러움'의 예언자: 미가와 예레미야의 전승사적 관계."「성령과 신학」 18(2002), 39-57.

허성균. "아나돗사람 예레미야: 렘 1:1-3을 중심으로 하여."「신학과 목회」 8(1994), 1-27.

4. 사전류

Douglas, J. D. (ed.) *The New Bible Dictionary*. 1962.

Lemaire, A. "Writing and Writing Materials." *ABD* VI, 1992, 999-1008.

Müller, H. P. "פחד." *ThWAT* 6 (1989), 552-562.

Preuss, H. D. "יצא." *ThWAT* III, 1982, 795-822.

Saldarini, A. J. "Scribes." *ABD* V, 1992, 1012–1016.

Seybold, K. "הבל." *ThWAT* II, 1977, 334–343.

예레미야의 영성
눈물의 예언자 예레미야의 처절한 삶과 치열한 메시지

Copyright ⓒ 차준희 2024

1쇄 발행 2024년 9월 13일
2쇄 발행 2025년 3월 5일

지은이 차준희
펴낸이 김요한
펴낸곳 새물결플러스

편 집 왕희광 정인철 노재현 이형일 나유영 노동래
디자인 황진주 김은경
마케팅 박성민
총 무 김명화 이성순
영 상 최정호
아카데미 차상희

홈페이지 www.holywaveplus.com
이메일 hwpbooks@hwpbooks.com
출판등록 2008년 8월 21일 제2008-24호
주 소 (우) 04114 서울시 마포구 신촌로28가길 29
전 화 02) 2652-3161
팩 스 02) 2652-3191

ISBN 979-11-6129-286-1 93230

책값은 뒤표지에 있습니다.